Kooperation und Abgrenzung

Detlef Schmiechen-Ackermann

VERÖFFENTLICHUNGEN
DER HISTORISCHEN KOMMISSION FÜR NIEDERSACHSEN
UND BREMEN

XXXIX

Niedersachsen 1933–1945

Band 9

# Kooperation und Abgrenzung

Bürgerliche Gruppen, evangelische Kirchengemeinden
und katholisches Sozialmilieu in der Auseinandersetzung
mit dem Nationalsozialismus in Hannover

von

Detlef Schmiechen-Ackermann

1999

VERLAG HAHNSCHE BUCHHANDLUNG HANNOVER

# Kooperation und Abgrenzung

Bürgerliche Gruppen, evangelische Kirchengemeinden
und katholisches Sozialmilieu in der Auseinandersetzung
mit dem Nationalsozialismus in Hannover

von
Detlef Schmiechen-Ackermann

1999

VERLAG HAHNSCHE BUCHHANDLUNG HANNOVER

Eine Veröffentlichung aus dem Projekt „Widerstand, Verweigerung und Verfolgung in der Zeit des Nationalsozialismus in Hannover und Umgebung", gefördert von der Volkswagenstiftung und geleitet von Herbert Obenaus, Hans-Dieter Schmid und Wilhelm Sommer.

Gefördert mit Hilfe von Forschungsmitteln
des Landes Niedersachsen

Die Deutsche Bibliothek – CIP-Einheitsaufnahme
**Schmiechen-Ackermann, Detlef:**
Kooperation und Abgrenzung : bürgerliche Gruppen, evangelische Kirchengemeinden und katholisches Sozialmilieu in der Auseinandersetzung mit dem Nationalsozialismus / Detlef Schmiechen-Ackermann. - Hannover : Hahn, 1999
 (Veröffentlichungen der Historischen Kommission für Niedersachsen
 und Bremen ; 39 : Niedersachsen 1933-1945 ; Bd. 9)
 ISBN 3-7752-5819-1

Umschlagabbildung:

Umzug anläßlich der Eröffnung des 4. („braunen") Landeskirchentages, 28. August 1933

ISBN 3-7752-5819-1

© 1999 Verlag Hahnsche Buchhandlung Hannover

Gesamtherstellung: poppdruck, Langenhagen

# Inhalt

Seite

Vorwort .................................................................. 11

Einleitung   Nationales Lager, Katholisches Sozialmilieu, evangelische
Kirchengemeinden und der Nationalsozialismus in Hannover ........... 13

Verzeichnis der benutzten Abkürzungen ............................ 18

## Teil 1
HERRSCHAFTSKONFLIKTE IM NATIONALEN LAGER: SELBSTANPASSUNG UND AUSSCHALTUNG LIBERALER, KONSERVATIVER UND VÖLKISCHER PARTEIEN UND GRUPPEN 1930–1937 ......................................... 21

Bürgerliche Parteien und Gruppen in Hannover 1930–1937: Forschungsstand und Quellenlage ........................................ 23

1. Der Weg der Liberalen ins gesellschaftliche Abseits und die konsequente Verweigerungshaltung bürgerlicher Demokraten gegenüber der NSDAP ............................................................... 26

2. Der Zerfall einer Regionalpartei: Welfische Bewegung und Deutschhannoveraner (DHP) ...................................................... 36

3. Das Scheitern der Deutschnationalen: eigene Unterwerfung statt Zähmung Hitlers ................................................................ 43

4. Anpassung und Selbstliquidierung: „Der Stahlhelm. Bund der Frontsoldaten" ............................................................. 53

5. Kleinere völkische Organisationen im Konkurrenzkampf mit der NSDAP: Tannenbergbund, Kampfbund Oberland und Wulle-Bewegung ............................................................... 67

6. Abweichler und Unzufriedene in den eigenen Reihen: die nationalsozialistischen Oppositionsgruppen in Hannover ..................... 79

7. Von der Unterstützung der „nationalen Erhebung" zur bürgerlichen Opposition – ein Fazit ................................................ 99

Quellen- und Literaturverzeichnis ................................ 101

Teil 2
## EVANGELISCHE CHRISTEN ZWISCHEN KOOPERATION UND VERWEIGERUNG .................... 107

Forschungsstand und Quellenlage .................... 109

1. Die hannoversche Landeskirche 1918–1933: Voraussetzungen und Rahmenbedingungen des Kirchenstreites .................... 116

1.1 Die Organisation der hannoverschen Landeskirche: Verfassung, Struktur, Traditionen .................... 116

1.2 Die lutherische Kirche in der Stadt Hannover .................... 118

1.3 In der gesellschaftlichen Defensive: der Kampf der Kirche gegen Freidenkertum und Arbeiterbewegung in den Jahren der Weimarer Republik .................... 121

1.3.1 Kirchenaustrittsbewegung und kirchliche Gegenmaßnahmen .................... 121

1.3.2 Der Kampf um die Bekenntnisschule .................... 129

1.4 Gesellschaftspolitische Positionen in der Kirche. .................... 131

1.4.1 Kirchenpolitische Gruppierungen .................... 131

1.4.2 Parteipolitische Bindungen in der Pfarrerschaft .................... 134

1.4.3 Der Christlich-soziale Volksdienst als Versuch einer protestantischen Partei .................... 135

2. Die Gleichschaltung der Kirche .................... 138

2.1 Ein Vorspiel: die Münchmeyer-Affäre 1928 .................... 138

2.2 Frühe Organisationen völkisch eingestellter Pfarrer .................... 140

2.3 Kirchliche Reaktionen in der Machtergreifungsphase .................... 141

2.4 Die Etablierung der Deutschen Christen und ihre Machtübernahme in der Institution Kirche .................... 146

2.5 Die schwankende Position des Landesbischofs .................... 156

3. Der innerkirchliche Machtkampf (Oktober 1933–März 1935) .................... 161

3.1 Die Krise der Deutschen Christen .................... 161

3.2 Die Formierung der Bekenntniskreise .................... 167

3.3 Die Zuspitzung der Auseinandersetzungen im Sommer und Herbst 1934 .................... 169

| | | |
|---|---|---|
| 3.4 | Aufbau und Strukturen der Bekenntnisgemeinschaft | 172 |
| 3.5 | Die Niederlage der Deutschen Christen | 173 |
| 3.6 | Erste Eingriffe durch Staat und Partei | 177 |
| 4. | „Innere Befriedung" oder offensive Bekenntnisposition? (1935–1939) | 180 |
| 4.1 | Kirchenführung und Staat gehen aufeinander zu | 180 |
| 4.2 | Mehrheitsmeinung und Opposition in der Bekenntnisgemeinschaft | 181 |
| 4.3 | Zerfallstendenzen bei den Deutschen Christen | 184 |
| 4.4 | Die ausgefallenen Kirchenwahlen 1937 und das verschärfte staatliche Vorgehen gegen die kirchliche Opposition | 187 |
| 4.5 | Zurückdrängen der kirchlichen Jugend- und Sozialarbeit | 190 |
| 4.6 | Kritik am Landesbischof und Kursänderung in der Bekenntnisgemeinschaft | 191 |
| 4.7 | Pastor Brinkmann predigt gegen den Judenhaß | 192 |
| 5. | Kirchliches Leben und Konfliktverhalten in ausgewählten Gemeinden | 194 |
| 5.1 | Von der nationalen Begeisterung zur Wahrung des Bekenntnisses: die Herrenhäuser Kirchengemeinde | 194 |
| 5.1.1 | Das soziale Umfeld: Herrenhausen und die Eisenbahnerkolonie Leinhausen | 194 |
| 5.1.2 | Pastor Rasch stellt sich gegen den nationalen Rausch | 195 |
| 5.1.3 | Langsam wachsende Einsichten: der Prozeß der Distanzierung von den Deutschen Christen | 200 |
| 5.2 | Das Zurückdrängen der Deutschen Christen in der Lutherkirchengemeinde | 208 |
| 5.2.1 | Die Nordstadt: Kirche am Brennpunkt der politischen und sozialen Konflikte | 208 |
| 5.2.2 | Aufbruchstimmung und Enttäuschung der volkskirchlichen Hoffnungen | 211 |
| 5.2.3 | Die Gemeindepfarrer verdrängen die Deutschen Christen aus ihrer Machtposition in der Gemeinde | 216 |

| | | |
|---|---|---|
| 5.3 | Der Kampf zwischen Bekenntnisanhängern und Deutschen Christen im Lindener Kirchenkreis | 221 |
| 5.3.1 | Die Lindener Mischung: ein proletarisches Sozialmilieu | 221 |
| 5.3.2 | Ähnliche Ausgangspositionen, aber unterschiedlicher Verlauf des Kirchenstreites | 223 |
| 5.3.3 | „Zwei Gemeinden in einem Gotteshaus" – Begrenzung der Konflikte an der Zionskirche durch „Nebeneinanderarbeiten" | 224 |
| 5.3.4 | Die Deutschen Christen der Martinsgemeinde zwischen den Fronten: Streit mit den Bekenntnisanhängern und Schwierigkeiten mit NS-Behörden | 229 |
| 5.3.5 | Erbitterte Fronten: Pastor Brüdern setzt sich in der Bethlehemgemeinde erfolgreich gegen die deutsch-christlichen Angriffe zur Wehr | 235 |
| 5.3.6 | Exponierte Minderheiten, unbeteiligte Mehrheit des Kirchenvolkes | 248 |
| 5.4 | Konsequente Verweigerung gegen deutsch-christliche Machtansprüche: die Kirchengemeinde Kirchrode | 252 |
| 5.4.1 | Zwischen Villa und Erwerbslosensiedlung: eine heterogene Gemeinde am Rande der Stadt | 252 |
| 5.4.2 | Die mißglückte Gleichschaltung | 252 |
| 5.4.3 | Verweigerung des Minderheitenrechtes für die Deutschen Christen | 256 |
| 5.4.4 | Bestürzung über die Judenverfolgung | 259 |
| 5.4.5 | Der Streit um die Eidesleistung | 261 |
| 5.4.6 | Seelsorgearbeit im Zeichen des Krieges | 263 |
| 5.5 | Konstellationen der innerkirchlichen Auseinandersetzungen auf der Gemeindeebene | 264 |
| 6. | Innere Mission zwischen Aufbruchstimmung und Existenzbedrohung | 267 |
| 6.1 | Das Stephansstift steht 1933 „mitten in der Bewegung" | 267 |
| 6.2 | Die Gleichschaltung der Inneren Mission und das Scheitern Hustedts | 270 |
| 6.3 | „Kirchenkampf" in einer diakonischen Anstalt: Vorsteher Wolff setzt im Stephansstift die „neutrale" hannoversche Linie durch | 274 |
| 6.4 | Konflikte, Verweigerungshaltungen und Eingriffe in anderen Einrichtungen der Inneren Mission | 285 |

| | | |
|---|---|---|
| 7. | Institutionelle Loyalität und individuelle Verweigerungshaltungen in der Kriegszeit (1939–1945) | 287 |
| 7.1 | Der Kurs der hannoverschen Kirchenleitung und die staatliche Kirchenpolitik | 287 |
| 7.2. | Die Randexistenz der Deutschen Christen | 294 |
| 7.3 | Die Bekenntnisgemeinschaft während der Kriegszeit | 297 |
| 7.4 | Pastor Klose nennt Goebbels einen Lügner | 302 |
| 7.5 | Das Verweigerungsverhalten Pastor Jacobshagens | 303 |
| 7.6 | Überwachung oppositioneller Pfarrer | 306 |
| 8. | Ein belasteter Neuanfang: Rechtfertigung und „kirchliche Selbstreinigung" nach dem Krieg | 311 |
| 8.1 | Entnazifizierung als lästige Pflicht | 311 |
| 8.2 | Der Fall Hustedt | 313 |
| 8.3 | Der erzwungene Rücktritt des Landesbischofs | 315 |
| 9. | Zwischen Kooperation und Verweigerung: Kirchenführung und evangelische Christen in Hannover 1933–1945. Ein Fazit | 318 |
| | Quellen- und Literaturverzeichnis | 323 |

Teil 3

RÜCKZUG UND SELBSTBEHAUPTUNG DES KATHOLISCHEN MILIEUS ............... 333

Forschungsstand und Quellenlage ............... 335

| | | |
|---|---|---|
| 1. | Zuwanderer und Außenseiter: das soziale Profil der katholischen Minderheit in Hannover | 339 |
| 2. | Die Entfaltung des katholischen Milieus in der Diaspora | 344 |
| 2.1 | Religiöse und gesellige Vereine | 344 |
| 2.2 | Die katholische Presse | 346 |

| | | |
|---|---|---|
| 2.3 | Die Christlichen Gewerkschaften | 346 |
| 2.4 | Der Politische Katholizismus: die Zentrumspartei und das Wahlverhalten der Katholiken in Hannover | 349 |
| 2.5 | Das Nebeneinander von relativer Stabilität in den Milieukernen und gleichzeitigen Auflösungserscheinungen an den Rändern des katholischen Sozialmilieus in den Jahren der Republik | 352 |
| 3. | Erosion und Resistenz des katholischen Milieus während der nationalsozialistischen Herrschaft | 359 |
| 3.1 | Der nationalsozialistische Angriff auf die Milieustrukturen | 359 |
| 3.2 | Gemeindeleben in den dreißiger und vierziger Jahren | 367 |
| 3.2.1 | Nachlassende Integrationskraft an den Rändern und Zusammenrücken im Kernbereich des katholischen Milieus | 367 |
| 3.2.2 | Milieuerosion in einer neu entstehenden Mittelschichtsgemeinde: St. Heinrich in der Südstadt | 372 |
| 3.2.3 | Verdichtung der Glaubensgemeinschaft in einer gewachsenen Arbeitergemeinde: St. Benno in Linden-Nord | 374 |
| 3.3 | Opposition in resistenten Milieukernen | 385 |
| 3.3.1 | Das Verweigerungsverhalten eines katholischen Unternehmers: Friedrich Kochheim | 385 |
| 3.3.2 | Opposition und Verfolgung einzelner Geistlicher | 392 |
| 3.3.3 | Ansätze politischer Opposition: der Kreis um Bernhard Pfad | 400 |
| 4. | Kriegserfahrung und Neubeginn | 401 |
| 5. | Die katholische Minderheit in Hannover 1933–1945: ein „resistentes" Milieu? | 405 |
| Quellen- und Literaturverzeichnis | | 410 |
| Abbildungsnachweis | | 416 |

# Vorwort

Die Volkswagenstiftung hat in den Jahren 1986 bis 1989 ein Projekt des Historischen Seminars der Universität Hannover gefördert, das dem Thema „Widerstand, Verweigerung und Verfolgung in der Zeit des Nationalsozialismus in Hannover und Umgebung" galt. Der räumliche Schwerpunkt des Projekts lag in der Stadtregion Hannover, es sollten sowohl die Formen von Widerstand und Verweigerung aus dem Arbeitermilieu als auch die aus dem bürgerlichen Milieu untersucht werden. Methodisch war das Projekt vielfältig angelegt, es berücksichtigte sowohl den milieu- als auch den organisationsgeschichtlichen Ansatz. In dem vorliegenden Band untersucht Detlef Schmiechen-Ackermann die Reaktionen der protestantischen Amtskirche und des evangelischen Kirchenvolks auf die nationalsozialistische Herrschaft. Er geht darüber hinaus auf die Auseinandersetzung zwischen der katholischen Kirche und dem Nationalsozialismus in Hannover ein, ferner auf Herrschaftskonflikte der Nationalsozialisten mit bürgerlichen Gruppen, besonders aus dem völkischen Lager.

Es ist beabsichtigt, daß auf die Darstellung von Schmiechen-Ackermann eine Edition der „Sozialistischen Blätter" folgt, die von 1933 bis August 1936 illegal in Hannover erschienen sind und mit Hilfe eines im Stadtgebiet organisierten Verteilerrings, punktuell aber auch außerhalb der Stadt, verbreitet wurden. Der kommentierten Dokumentation dieses auch überregional bedeutsamen Periodikums des sozialdemokratischen Widerstands soll dann eine Darstellung des aus dem sozialdemokratisch geprägten Arbeitermilieu Hannovers geleisteten Widerstands folgen. Während der Band von Schmiechen-Ackermann auf das Stadtgebiet von Hannover konzentriert ist, wird die Untersuchung über die Sozialdemokratie auch das Umland einbeziehen. Sie wird im Unterschied zum vorliegenden, milieugeschichtlich angelegten Band stärker auf die Organisationsgeschichte gerichtet sein. Diese Darstellung wird zudem Untersuchungen über die Splittergruppen enthalten, die im Umfeld der SPD und zwischen SPD und KPD Widerstandsaktivitäten gegen die nationalsozialistische Herrschaft enwickelten: über den Internationalen Sozialistischen Kampfbund (ISK) und die Sozialistische Arbeiterpartei (SAP). In welcher Form die Projektergebnisse über die KPD und über die NS-Herrschaft in Hannover während des Zweiten Weltkriegs veröffentlicht werden, ist noch offen.

Das hannoversche Projekt zur Untersuchung von Widerstand und Verweigerung in der Zeit des Nationalsozialismus wurde seinerzeit in Abstimmung mit einem gleichgerichteten Projekt der Historischen Kommission für Niedersachsen und Bremen zum Komplex „Niedersachsen 1933–1945" durchgeführt. Ergebnisse der Erforschung der stadthannoverschen Sozialdemokratie und der Evangelischen Kirche in der Zeit des Nationalsozialismus wurden auf der Jahrestagung der Historischen Kommission 1989 in Rinteln vorgetragen und diskutiert und dann im Niedersächsischen Jahrbuch für Landesgeschichte 1990 veröffentlicht. Außer in kleineren Publikationen wurden 1994 weitere Forschungsergebnisse des Projekts, so zur Geschichte der KPD, bei einer Konferenz vorgestellt, auf der es vergleichend um Widerstand und Verweigerung in Hannover und Leipzig ging. Hans-Dieter Schmid hat die Vorträge im gleichen Jahr unter dem Titel „Zwei Städte unter dem Hakenkreuz" herausgegeben.

Der Abschluß des Projekts über Widerstand, Verweigerung und Verfolgung fiel mit der Öffnung der sowjetischen Archive zusammen, in denen wichtige Materialien zur Geschichte der hannoverschen SPD und KPD in der NS-Zeit auftauchten. Ihre Erhebung war mit Schwierigkeiten verbunden, die die Veröffentlichung der Projektergebnisse verzögerten. Der Zugang zu diesen Archiven eröffnete aber auch die Chance, wichtige neue Quellen in die historische Untersuchung einbeziehen zu können.

Herbert Obenaus          Hans-Dieter Schmid          Wilhelm Sommer

# Einleitung

## Nationales Lager, katholisches Sozialmilieu, evangelische Kirchengemeinden und der Nationalsozialismus in Hannover

Während in einem weiteren Darstellungsband des Forschungsprojektes „Widerstand und Anpassung in der Zeit des Nationalsozialismus in Hannover" vor allem die Niederlage der Arbeiterbewegung und die Zerschlagung des organisierten Widerstandes der Sozialdemokraten im Mittelpunkt steht, rückt im vorliegenden Band die Auseinandersetzung des in Hannover protestantisch geprägten „nationalen Lagers"[1] und des katholischen Sozialmilieus mit dem Nationalsozialismus im Mittelpunkt.

In Teil 1 werden zunächst die von den Nationalsozialisten weitgehend problemlos bewältigten Herrschaftskonflikte mit den liberalen und konservativen Parteien und Organisationen sowie die Rivalitäten mit den konkurrierenden völkischen Gruppen thematisiert. Aufgrund des politischen Selbstverständnisses dieser Kreise und ihrer Mitwirkung an der als „nationale Erhebung" gedeuteten Machtübergabe an Hitler kann man in diesen Fällen nicht von „Widerstand" gegen den Nationalsozialismus sprechen, selbst wenn die entsprechenden Organisationen nach der Machtübernahme zur Selbstauflösung gedrängt oder durch Maßnahmen von Staat oder Partei verfolgt wurden. Dies gilt in besonderem Maße für die auch in Hannover aus den Reihen von SA und NSDAP hervorgegangene nationalsozialistische Oppositionsgruppe, für die Anhänger der um Otto Strasser gescharten „Schwarzen Front" sowie für die völkischen Splittergruppen der „Deutsch-Sozialistischen Partei" und der deutschvölkischen Wulle-Bewegung.

Neben der Deutschnationalen Volkspartei (DNVP) sind für Hannover auch die Deutsche Volkspartei (DVP) und die deutschhannoversche Welfenpartei (DHP) als Teile eines lokal besonders festgefügten rechtsbürgerlichen Blockes zu verstehen, der bereits seit Mitte der zwanziger Jahre kommunalpolitisch eine Mehrheitsbildung der die Republik tragenden Parteien verhinderte und den politischen Rechtskurs Oberbürgermeister Menges unterstützte. So kam es bezeichnenderweise 1933 zunächst zu keinem spektakulären Einschnitt in den kommunalen Machtverhältnissen. Zudem fühlten sich die meisten Anhänger der rechtsbürgerlichen Parteien nach der Machtübertragung an Hitler keineswegs als politische Verlierer, sondern sahen viele ihre gesellschaftspolitischen Vorstellungen weitgehend bestätigt. Unter

---

1   Hier anknüpfend an die Theorie des „Dreilager-Systems" (mit einem nationalen, einem katholischen und einem sozialistischen Wähler-„Lager"), in der das liberale Wählerpotential als Teilmenge des „nationalen Lagers" gedeutet wird. Zusammenfassend hierzu: Karl Rohe, Wahlen und Wählertraditionen in Deutschland. Kulturelle Grundlagen deutscher Parteien und Parteisysteme im 19. und 20. Jahrhundert, Frankfurt am Main 1992, S. 65 ff. und 144 ff.

diesen Umständen ist es zur Ausbildung einer bürgerlichen Opposition in Hannover nur in schwachen Ansätzen und zudem erst sehr spät gekommen.

Von einer Bereitschaft zum „Widerstand" oder zumindest zu einer konsequenten Verweigerungshaltung gegen Hitler kann nur im Hinblick auf einzelne Personen gesprochen werden, die aus der bei den Wahlen in der Spätphase der Weimarer Republik aufgeriebenen Deutschen Demokratischen Partei (DDP) stammten und ihrer demokratischen Grundhaltung treu blieben. Sie vertraten damit eine absolute Minderheitenposition bürgerlichen Verhaltens gegenüber einem breiten Spektrum, das von pragmatischer Anpassung bis zu euphorischer Zustimmung reichte.

Der Überblick über die bürgerlichen Gruppen und Parteien spart die Zentrumspartei und ihr protestantisches Pendant, den Christlich-soziale Volksdienst, zunächst aus. Beide werden in ihrem konfessionellen Milieukontext behandelt, also in den Beiträgen über die evangelischen und katholischen Bevölkerungskreise. Zeitlich wird in Teil 1 der Bogen von den letzten Jahren der Republik bis zum Ende der Konsolidierungsphase der nationalsozialistischen Herrschaft[2] gespannt, wobei allerdings die Jahre von 1932 bis 1935, in denen die meisten bürgerlichen und völkischen Konkurrenzorganisationen von den Nationalsozialisten ausgeschaltet werden konnten, den Schwerpunkt bilden.

Traditionen und Vorgeschichte der hier behandelten Parteien werden jeweils nur knapp skizziert, da sie in einem anderen, aus demselben Forschungsprojekt hervorgehenden Darstellungsband im Kontext der hannoverschen Kommunalpolitik behandelt werden. Spätere Ansätze bürgerlicher Opposition – so etwa die Beteiligung von Hannoveranern am Umsturzversuch des 20. Juli 1944[3] und an regimekritisch eingestellten bürgerlichen Kontaktkreisen – sollen in einem weiteren Darstellungsband zu „Widerstand und Anpassung in der Zeit des Nationalsozialismus in Hannover" im Zusammenhang mit der Kriegszeit behandelt werden.

Bei weitem umfangreicher und detaillierter als der Überblick über die politischen Organisationen des Bürgertums ist der zweite Beitrag, der sich mit der Haltung von Kirchenvolk, Pfarrern und Kirchenleitung der evangelisch-lutherischen Landeskirche in den dreißiger und vierziger Jahren beschäftigt. Dies ist durchaus angemessen, da die evangelische Kirche in der dominant protestantischen Provinzhauptstadt Hannover gewissermaßen eine die einzelnen Parteien und Gruppen überwölbende Klammer des lokalen bürgerlich-nationalen Milieus darstellte und sich daher an ihrem Beispiel milieuspezifische Verhaltensweisen herausarbeiten lassen, ohne daß der Blickwinkel auf parteipolitische Organisationsstrukturen verengt werden muß. Im Mittelpunkt von Teil 2 steht die Frage nach den tatsächlichen Auswirkungen des

---

2    Als Orientierungspunkt für die Periodisierung der NS-Herrschaft dient hierbei Norbert Frei, Der Führerstaat. Nationalsozialistische Herrschaft 1933 bis 1945, München 1987, wo die nationalsozialistische Herrschaft in drei Phasen differenziert wird: Formierung (1933/34), Konsolidierung (1935–1938) und Radikalisierung (1938–1945).

3    Als knappe Zusammenfassung: Klaus Mlynek, Hannover in der Weimarer Republik und unter dem Nationalsozialismus 1918–1945, in: ders./Waldemar Röhrbein (Hg.), Geschichte der Stadt Hannover, Band 2: Von Beginn des 19. Jahrhunderts bis in die Gegenwart, Hannover 1994, S. 405–577, hier S. 563.

sogenannten Kirchenkampfes an der kirchlichen Basis, die exemplarisch anhand einiger exemplarischer Gemeinden untersucht wird. An ausgewählten Beispielen wird die Spannbreite des Verhaltens, die von begeisterter Zustimmung und loyaler Kooperation bis zu partieller Verweigerung und punktuellem Widerstand reichte, aufgezeigt. Dabei werden drei Handlungsebenen berücksichtigt: erstens der innerkirchliche Machtkampf zwischen den Deutschen Christen und der in Hannover sehr gemäßigten Bekenntnisgemeinschaft, zweitens das Verhalten der Institution Kirche gegenüber den Herausforderungen des nationalsozialistischen Staates und drittens die mutige Oppositionshaltung einzelner Pfarrer gegen das Unrechtsregime.

Dabei wird insgesamt deutlich, daß der auf breiter Front festzustellenden Anpassung und loyalen Mitarbeit im nationalsozialistischen Staat nur vergleichsweise geringe Potentiale der Verweigerung und Widerständigkeit gegenüberstehen. So kann – jedenfalls für Hannover – weder von einem „Kirchenkampf" gegen den Staat noch von einer breit angelegten „Resistenz" des volkskirchlichen Protestantismus gesprochen werden. Vielmehr zeigt die auf die kirchliche Basis (also die Gemeinden und die Pfarrerschaft) ausgerichtete Untersuchung, daß in der von Bischof Marahrens prinzipiell staatsloyal geführten hannoverschen Landeskirche die Handlungsspielräume für die kirchliche Opposition besonders eng waren. Im Gegenzug hielt sich freilich auch die Verfolgung oppositioneller kirchlicher Kreise durch die lokalen nationalsozialistischen Herrschaftsagenturen in sehr moderaten Bahnen.

Der dritte Beitrag widmet sich dem katholischen Sozialmilieu, dessen Konfrontation mit dem nationalsozialistischen Regime entscheidend durch die in Hannover gegebene Diasporasituation beeinflußt wurde. Von den hannoverschen Nationalsozialisten offensichtlich als „quantité négligeable" angesehen, konnten kirchentreue Katholiken sich durch den Rückzug in die verbliebenen Nischen des Systems und durch glaubensmäßig fundierte Selbstbehauptungsstrategien gewisse Freiräume bewahren, ohne daß man pauschal von einem gegen die NS-Diktatur „resistenten" Milieu sprechen könnte. Vielmehr ist auch im Hinblick auf den katholischen Bevölkerungsteil quantitativ eine deutliche Erosion der traditionellen Milieubindungen zu konstatieren, von der sich freilich punktuell relativ resistente Milieukerne weitgehend abschotten konnten.

Die drei hiermit vorgelegten Teiluntersuchungen sind Ergebnisse des von der Stiftung Volkswagenwerk geförderten Forschungsprojektes „Widerstand, Verweigerung und Verfolgung in Hannover und Umgebung in der Zeit des Nationalsozialismus", das von 1986 bis 1989 an der Universität Hannover unter Leitung von Prof. Dr. Herbert Obenaus, Dr. Hans-Dieter Schmid und Akad. Oberrat Wilhelm Sommer durchgeführt wurde. Eine erste Zusammenschau wichtiger Projektergebnisse wurde der Öffentlichkeit bereits 1992 mit der Ausstellung „Widerstand im Abseits" im Historischen Museum Hannover präsentiert.[4] Zudem sind ausgewählte

---

4 Vgl. hierzu auch das Begleitheft zur Ausstellung: Herbert Obenaus u. a., Widerstand im Abseits. Hannover 1933–1945. Beiträge zur Ausstellung, Hannover 1992. Hierin als knappe Zusammenfassungen der in diesem Band behandelten Komplexe: Detlef Schmiechen-Acker-

Projektergebnisse, vor allem zum Arbeiterwiderstand[5] und zur evangelischen Kirche[6], bereits in mehreren Aufsätzen publiziert worden. Vor dem Hintergrund der aktuellen Debatte über die hannoversche Landeskirche in der NS-Zeit[7] schien es nunmehr dringend geboten, die bereits seit längerem fertiggestellte und daher 1996 nochmals überarbeitete Lokalstudie zu den evangelischen Kirchengemeinden sowie die hierzu parallel angelegte Studie über das katholische Diasporamilieu in Hannover zu publizieren.

Ein zunächst im Rahmen dieses Bandes geplanter eigenständiger Beitrag über die zahlenmäßig sehr kleine evangelisch-reformierte Kirche in der Stadt Hannover mußte aufgrund der problematischen Quellenlage entfallen.[8] Weitere Formen des religiösen Dissenses mit dem Nationalsozialismus (vor allem oppositionelles Verhalten aus den Reihen der „Ernsten Bibelforscher" und der Freikirchen) werden gegebenenfalls später noch an anderer Stelle behandelt werden. Da die drei in diesem Darstellungsband zusammengefaßten Beiträge sich mit einem breiten Spektrum gesellschaftlicher Gruppen beschäftigen und somit auf der Auswertung ganz unterschiedlicher Quellenbestände beruhen, werden einführende Bemerkungen zu Forschungsstand und Quellenlage jeweils am Anfang der für sich stehenden Teile gegeben.

---

mann/Christine Seeger, Evangelische Christen zwischen Kooperation und Verweigerung (S. 67–69) sowie Detlef Schmiechen-Ackermann, Das katholische Milieu in der Auseinandersetzung mit dem Nationalsozialismus (S. 70–73).

5   Vor allem: Herbert Obenaus, Probleme der Erforschung des Widerstands in der hannoverschen Sozialdemokratie 1933 bis 1945, in: NJBL 62 (1990), S. 77–96; Hans-Dieter Schmid, zur Sozialstruktur des organisierten Widerstands der Arbeiterschaft in Hannover, in: Frank Bajohr (Hg.), Norddeutschland im Nationalsozialismus, Hamburg 1993, S. 123–147.

6   Detlef Schmiechen-Ackermann, Vom „alten Kämpfer" zum kirchlichen Opponenten. Die gebrochene Lebensgeschichte des Pastors Paul Jacobshagen in der Zeit des Nationalsozailismus, in: HannGbll NF 43 (1989), S. 179–198; ders., Nazifizierung der Kirche – Bewahrung des Bekenntnisses – Loyalität zum Staat: Die Evangelische Kirche in der Stadt Hannover 1933 bis 1945, in: NJBL 62 (1990), S. 97–132; ders., Gemeindeleben und Konfliktverhalten im evangelischen „Kirchenkampf" in Hannover, in: Hans-Dieter Schmid (Hg.), Zwei Städte unter dem Hakenkreuz. Widerstand und Verweigerung in Leipzig und Hannover 1933–1945, S. 223–242; ders., „Kirchenkampf" oder modus vivendi? Zum Verhalten von Pfarrern, Gemeinden und Kirchenleitung der Evangelisch-lutherischen Landeskirche Hannovers in den Jahren der nationalsozialistischen Diktatur, in: Heinrich Grosse/Hans Otte/Joachim Perels (Hg.), Bewahren ohne Bekennen? Die hannoversche Landeskirche im Nationalsozialismus, Hannover 1996, S. 223–252; Hans-Dieter Schmid, „Kirchenkampf" in Vahrenwald? Eine städtische Kirchengemeinde in der Zwischenkriegszeit, in: ebd. , S. 271–289.

7   Als Zwischenbilanz, in der die kontroversen Standpunkte ausführlich dargestellt und diskutiert werden: Grosse u. a., Bewahren.

8   Mittlerweile liegt hierzu aber zumindest eine auf breiter Quellenbasis beruhende überregionale Untersuchung vor: Sigrid Lekebusch, Die Reformierten im Kirchenkampf. Das Ringen des Reformierten Bundes, des Coetus reformierter Prediger und der reformierten Landeskirche Hannover um den reformierten Weg in der Reichskirche, Köln 1994. Als ältere Darstellung eines persönlich Beteiligten: Friedrich Middendorf, Der Kirchenkampf in einer reformierten Kirche. Geschichte des Kirchenkampfes während der nationalsozialistischen Zeit innerhalb der evangelisch-reformierten Kirche in Nordwestdeutschland, Göttingen 1961.

Herzlich bedanken möchte ich mich bei allen Zeitzeuginnen und Zeitzeugen, mit denen Interviews geführt werden konnten. Ohne die Schilderung ihrer subjektiven Erfahrungen wären manche Fragen nicht in das Blickfeld gerückt und der Blick auf das Alltagsleben unter dem NS-Regime abstrakter geblieben. Wichtige Anregungen zu den in diesem Band vorgelegten Analysen gehen auf Susanne Döscher-Gebauer und Michael Bayartz zurück, mit denen gemeinsam auch eine Vielzahl an Interviews durchgeführt wurde. Mein Dank gilt weiterhin allen Mitarbeiterinnen und Mitarbeitern der von mir genutzten Archive, insbesondere Herrn Dr. Otte und seinem Mitarbeiterteam vom Landeskirchlichen Archiv, das nicht müde wurde, meinen großen Aktenhunger zu stillen und mir jederzeit mit Rat und Tat zur Seite stand. In angenehmer Erinnerung ist mir manche Stunde in den beengten Räumlichkeiten der Kirchengemeindearchive, etwa in der Lutherkirche, in St. Michaelis Ricklingen, in St. Martin Linden und St. Nikolai Limmer. Für die interessierte Unterstützung, die ich durch zahlreiche Pastorinnen und Pastoren, Diakone und Gemeindemitarbeiterinnen erfahren habe, möchte ich stellvertretend Dr. Jan-Claf Rüttgardt von der Herrenhäuser Kirche danken, der mir wichtige Zugänge zur Geschichte seiner Gemeinde vermittelt hat. Ohne die freundliche Unterstützung aus der Bennogemeinde wäre das hier exemplarisch nachgezeichnete Profil eines katholischen Diasporamilieus unter dem Nationalsozialismus farblos geblieben. Schließlich gilt mein Dank den Institutionen, die freundlicherweise die Abdruckgenehmigung für die beigefügten Fotos erteilt haben, allen voran also dem Historischen Museum sowie dem Landeskirchlichen Archiv in Hannover.

# Verzeichnis der benutzten Abkürzungen

| | |
|---|---|
| APU | Altpreußische Union |
| AR | Altregistratur |
| ASt | Archiv des Stephansstiftes Hannover |
| BA | Bundesarchiv |
| BAHi | Bistumsarchiv Hildesheim |
| BDC | Berlin Document Center |
| BGV | Bischöfliches Generalvikariat |
| BVK | Bürgervorsteherkollegium |
| CDA | Christlich-Demokratische Arbeitnehmerschaft |
| CDU | Christlich-Demokratische Union |
| CVJM | Christlicher Verein junger Männer |
| DAF | Deutsche Arbeitsfront |
| DC | Deutsche Christen |
| DDP | Deutsche Demokratische Partei |
| DEK | Deutsche Evangelische Kirche |
| DHP | Deutschhannoversche Partei |
| DNVP | Deutschnationale Volkspartei |
| DSP | Deutsch-soziale Partei |
| DVFB | Deutschvölkische Freiheitsbewegung |
| DVP | Deutsche Volkspartei |
| EGH | Evangelischer Gemeindebote für Herrenhausen und Leinhausen |
| ev.-luth. | evangelisch-lutherisch |
| EZ | Evangelische Zeitung |
| EZA | Evangelisches Zentralarchiv Berlin |
| FDP | Freie Demokratische Partei |
| Gestapa | Geheimes Staatspolizeiamt in Berlin |
| GStA | Geheimes Staatsarchiv, Berlin-Dahlem |
| GWU | Geschichte in Wissenschaft und Unterricht |
| HA | Hannoverscher Anzeiger |
| HAZ | Hannoversche Allgemeine Zeitung |
| Hg. | Herausgeber |

| | |
|---|---|
| Hann.Gbll. NF | Hannoversche Geschichtsblätter, Neue Folge |
| HJ | Hitlerjugend |
| HLZ | Hannoversche Landeszeitung |
| HP | Hannoversche Presse |
| HT | Hannoversches Tageblatt |
| HVZ | Hannoversche Volkszeitung |
| ID/DC | Informationsdienst der Deutschen Christen |
| IfZ | Institut für Zeitgeschichte, München |
| IML/ZPA | Institut für Marxismus-Leninismus/Zentrales Parteiarchiv der Sozialistischen Einheitspartei Deutschlands (heute: Stiftung Archiv der Parteien und Massenorganisationen der DDR im Bundesarchiv) |
| ISK | Internationaler Sozialistischer Kampfbund |
| JCH | Journal of Contemporary History |
| JGNK | Jahrbuch der Gesellschaft für niedersächsische Kirchengeschichte |
| Jungdo | Jungdeutscher Orden |
| KABl. | Kirchliche Amtsblatt der evangelisch-lutherischen Landeskirche Hannovers |
| Kap. | Kapitel |
| KgmA | Kirchengemeindearchiv |
| KJVD | Kommunistischer Jugendverband Deutschlands |
| KKA | Kirchenkreisarchiv |
| KPD | Kommunistische Partei Deutschlands |
| Kl. Erw. | Kleine Erwerbungen |
| KZ | Konzentrationslager |
| KZG | Kirchliche Zeitgeschichte |
| LKA | Landeskirchliches Archiv Hannover |
| LM | Lutherische Monatshefte |
| MdL | Mitglied des Landtages |
| NAZ | Neue Arbeiter-Zeitung |
| NHK | Neuer Hannoverscher Kurier |
| NJBL | Niedersächsisches Jahrbuch für Landesgeschichte |
| NL | Nachlaß |
| NHStA | Niedersächsisches Hauptstaatsarchiv |
| NSBO | Nationalsozialistische Betriebszellen-Organisation |
| NSDAP | Nationalsozialistische Deutsche Arbeiterpartei |
| NSDFB | Nationalsozialistischer Deutscher Frontkämpferbund |

| | |
|---|---|
| NSKK | Nationalsozialistisches Kraftfahrerkorps |
| NSLB | Nationalsozialistischer Lehrerbund |
| NStA | Niedersächsisches Staatsarchiv |
| NSV | Nationalsozialistische Volkswohlfahrt |
| NTZ | Niedersächsische Tagesezeitung |
| OG | Ortsgruppe |
| OLG | Oberlandesgericht |
| OLKR | Oberlandeskirchenrat |
| OSAF | Oberster SA-Führer |
| Pg. | Parteigenosse (der NSDAP) |
| RM | Reichsmark |
| RMdI | Reichsministerium des Innern |
| RMKiA | Reichsministerium für kirchliche Angelegenheiten |
| RP | Regierungspräsident der Provinz Hannover |
| RSHA | Reichssicherheitshauptamt |
| RTW | Reichstagswahl |
| SA | Sturmabteilungen der NSDAP |
| SD | Sicherheitsdienst der SS |
| SG | Sondergericht |
| SPD | Sozialdemokratische Partei Deutschlands |
| SS | Schutz-Staffel der NSDAP |
| StA | Staatsarchiv |
| Stapo | Staatspolizei(leit)stelle Hannover |
| StdA | Stadtarchiv |
| StVjB Han | Statistische Vierteljahresberichte der Stadt Hannover |
| TAJB | Tel Aviver Jahrbuch für deutsche Geschichte |
| Uschla | Untersuchungs- und Schlichtungsausschuß |
| VGH | Volksgerichtshof |
| VjZG | Vierteljahreshefte für Zeitgeschichte |
| ZfG | Zeitschrift für Geschichtswissenschaft |
| ZStA | Zentrales Staatsarchiv Potsdam (vorübergehend: Bundesarchiv, Abteilungen Potsdam; heute: Bundesarchiv, Berlin) |

Teil 1

Herrschaftskonflikte im nationalen Lager:
Selbstanpassung und Ausschaltung liberaler,
konservativer und völkischer Parteien und Gruppen
1930–1937

# Bürgerliche Parteien und Gruppen in Hannover 1930–1937: Forschungsstand und Quellenlage

Während zur Geschichte der hannoverschen Arbeiterbewegung eine Reihe von Arbeiten vorliegen[1], sind soziale Lage und politische Verhaltensmuster des hannoverschen Bürgertums im 20. Jahrhundert bisher nur punktuell und ausschnitthaft behandelt worden.[2] So ist beispielsweise die konkrete Tätigkeit und vor allem die Wirksamkeit der bürgerlichen Parteien, Interessengruppen und Vereine auf der kommunalen Ebene weitgehend unerforscht. Eine Geschichte des Bürgervorsteherkollegiums fehlt ebenso wie eine strukturelle Analyse zur Organisationsgeschichte der NSDAP, die die lokale Entfaltung der Hitlerbewegung im nationalen Milieu nachzeichnen würde.[3] Allerdings liegen für einzelne Fragestellungen Beiträge vor, auf die zurückgegriffen werden konnte. So sind im Begleitheft zu der 1978 gezeigten Ausstellung „Hannover im 20. Jahrhundert" einige Grundlinien des öffentlichen Lebens in Hannover konturiert.[4] Die Konfrontation bürgerlicher Institutionen mit dem an die Macht gelangten Nationalsozialismus hat Klaus Mlynek anhand der Gleichschaltung der hannoverschen Bürgervereine[5], Anke Dietzler am Beispiel der nationalsozialistischen Einflußnahme auf die Tageszeitungen untersucht.[6] In einem Sammelbeitrag skizziert Alheidis von Rohr ganz knapp das Ver-

---

1 Vgl. dazu den Literaturüberblick zum sozialdemokratischen und kommunistischen Widerstand in dem entsprechenden Band zu „Widerstand und Anpassung in der Zeit des Nationalsozialismus in Hannover".
2 Eine instruktive Zusammenfassung der bislang vorliegenden Forschungen bietet: Klaus Mlynek, Hannover in der Weimarer Republik und unter dem Nationalsozialismus 1918–1945, in: ders./ Waldemar Röhrbein (Hg.), Geschichte der Stadt Hannover, Band 2: Vom Beginn des 19. Jahrhunderts bis in die Gegenwart, Hannover 1994, S. 405–577, speziell S. 430ff., 452ff. und 498f.
3 Beispielhaft für die Produktivität eines solchen Milieuansatzes: Rudy Koshar, Social Life, Local Politics and Nazism. Marburg 1880–1935, Chapel Hill 1986. Immerhin liegen mehrere Untersuchungen zur Organisationsgeschichte des NSDAP-Gaues Südhannover-Braunschweig vor der Machtergreifung vor: Jeremy Noakes, The Nazi Party in Lower Saxony 1921–1933, Oxford 1971; John Farquharson, The NSDAP in Hanover and Lower Saxony 1921–1926, in: JCH 8 (1973), S. 103–120, und Hanna Behrend, Die Beziehungen zwischen der NSDAP-Zentrale und dem Gauverband Süd-Hannover-Braunschweig 1921–1933. Ein Beitrag zur Führungsstruktur der nationalsozialistischen Partei, Frankfurt am Main/Bern 1981.
4 Hannover im 20. Jahrhundert. Aspekte der neueren Stadtgeschichte. Beiträge zur Ausstellung, Historisches Museum am Hohen Ufer, Hannover 1978.
5 Klaus Mlynek, Die Gleichschaltung der hannoverschen Bürgervereine in der NS-Zeit, in: Hann Gbll NF 34 (1980), Heft 3–4, S. 183–209.
6 Anke Dietzler, Ausschaltung, Gleichschaltung, Anpassung – die hannoverschen Tageszeitungen nach der nationalsozialistischen Machtübernahme, in: Hann Gbll NF 41 (1987), S. 193–271 sowie dies., Zur Gleichschaltung des kulturellen Lebens in Hannover 1933, in: Hannover 1933. Eine Großstadt wird nationalsozialistisch. Beiträge zur Ausstellung im Historischen Museum am Hohen Ufer, Hannover 1981, S. 157–178 (hierin über die Tageszeitungen: S. 157–163).

halten des Frontsoldatenbundes Stahlhelm, der welfischen Bewegung und anderer bürgerlicher Gruppen.[7] Einen guten Einblick in oppositionelle Regungen gegen das nationalsozialistische Regime in den Jahren 1933 bis 1935 vermitteln zudem die von Mlynek edierten Lageberichte der hannoverschen Staatspolizeistelle und des Regierungspräsidenten.[8]

Ähnlich bruchstückhaft wie die publizierten Forschungsergebnisse ist auch die lokale Quellenüberlieferung. Eine wichtige Grundlage für nahezu alle Unterkapitel bildeten die im Bestand des Regierungspräsidenten (Hann. 180 Hann. II)[9] im Niedersächsischen Hauptstaatsarchiv Hannover überlieferten Meldungen und Einzelberichte der Staatspolizeistelle Hannover. Zudem fanden sich in weiteren Beständen das Hauptstaatsarchivs sowie in denen des Stadtarchivs Hannover verstreut einzelne Materialien zu den hier behandelten bürgerlichen Gruppen. Grundsätzlich wurde die vor Ort zur Verfügung stehende, lückenhafte Überlieferung durch die Heranziehung von diversen Quellenbeständen aus überregionalen Archiven ergänzt. In den Beständen des Bundesarchivs fanden sich in diversen Zusammenhängen für die hannoversche Situation aussagekräftige Quellen.[10] Von großer Bedeutung war vor allem die Überlieferung der Akten des Reichssicherheitshauptamtes[11], die nach dem Zusammenbruch der DDR und des hieraus resultierenden freien Zugangs zu den ostdeutschen Archiven durch die zwischenzeitlich im Bundesarchiv, Abteilungen Potsdam (heute wieder in der Berliner Dienststelle des Bundesarchivs) verwahrten Teilbestände St 3 und PSt 3 ergänzt werden konnte. Ein Teil dieser Akten wurde vom Verfasser seinerzeit noch an ihrem früheren Aufbewahrungsort im ehemaligen Institut für Marxismus-Leninismus/Zentralen Parteiarchiv der SED in Berlin eingesehen. Wichtige personenbezogene Vorgänge und Daten konnten aus den im Berlin Document Center (heute: Dokumentenzentrale im Bundesarchiv,

---

7 Alheidis von Rohr, Bürgerlich, national, welfisch. Zum Verhalten einiger Gruppen in Hannover [Unternehmer, Freimaurerlogen, Stahlhelm, Jungdeutscher Orden, Welfische Bewegung], in: Hannover 1933, S. 145–156.

8 Klaus Mlynek (Bearb.), Gestapo Hannover meldet... Polizei- und Regierungsberichte für das mittlere und südliche Niedersachsen zwischen 1933 und 1937, Hildesheim 1986.

9 Aus arbeitstechnischen Gründen werden die Akten aus dem Niedersächsischen Hauptstaatsarchiv im folgenden mit der in den späten achtziger Jahren, also zum Zeitpunkt der ursprünglichen Quellenrecherchen, üblichen Signatur zitiert, auch wenn diese inzwischen verändert worden ist. Es wird gebeten, die entsprechenden Konkordanzen zu benutzen.

10 Zu nennen sind vor allem: R 45 III (DDP bzw. Staatspartei), R 72 (Stahlhelm), NS 25 (Hauptamt für Kommunalpolitik), NS 26 (Hauptarchiv), die Kleinen Erwerbungen Nr. 294 (Überlieferungssplitter zur DHP) und 627 (Erinnerungsbericht Wienbeck), die Nachlässe von Reinhold Wulle (NL 204) und Otto Schmidt (NL 211) sowie die „Sammlung Schuhmacher". Da die ursprünglich im Bundesarchiv Koblenz verwahrten Quellenbestände zur NS-Zeit etwa zeitgleich mit der Endredaktion dieses Manuskriptes in die Berliner Dienststelle des Bundesarchivs transferiert worden sind und zudem auch die zuvor in der Potsdamer Dienststelle des Bundesarchiv verwahrten zentralen staatlichen NS-Akten, die sich im Besitz der DDR befunden hatten, nun mit diesem Quellenfundus vereinigt worden sind, wird in den Nachweisen auf eine ergänzende Ortsangabe verzichtet und durchgängig nur mit BA (= Bundesarchiv) zitiert.

11 Diese tragen die Signatur R 58, sofern sie sich vor der Wiedervereinigung Deutschlands im Besitz des Bundesarchivs in Koblenz befunden haben, die Signaturen St 3 oder PSt 3, sofern sie im Zentralen Staatsarchiv der DDR in Postdam (in den frühen neunziger Jahren zunächst weitergeführt als: Bundesarchiv, Abteilungen Potsdam) verwahrt wurden.

Berlin) gesammelten Unterlagen gewonnen werden. Die Bestände des Institutes für Zeitgeschichte in München boten vor allem wertvolle Hinweise zu den überregionalen Zusammenhängen der rechtsbürgerlichen Oganisationen, insbesondere der Schwarzen Front. Zu den bürgerlichen Parteien (DHP, DVP und DNVP) konnten wichtige regionalspezifische Unterlagen im Niedersächsischen Staatsarchiv in Wolfenbüttel und im Stadtarchiv Braunschweig ausgewertet werden.

Schließlich erbrachte die Auswertung der hannoverschen Tageszeitungen zahlreiche Hinweise zur Auseinandersetzung der bürgerlichen Parteien und Gruppen mit dem Nationalsozialismus. Komplett ausgewertet wurden für 1932 und 1933 der sozialdemokratische „Volkswille" und die nationalsozialistische „Niedersächsische Tageszeitung". Nur punktuell hinzugezogen wurden die anderen hannoverschen Tageszeitungen und Parteiblätter.

# 1. Der Weg der Liberalen ins gesellschaftliche Abseits und die konsequente Verweigerungshaltung bürgerlicher Demokraten gegenüber der NSDAP

Hannover hatte sich nie zu einer liberalen Hochburg entwickelt, da es weder über ein breit entfaltetes Bildungsbürgertum noch ein weltoffenes Handelsbürgertum verfügte, das den politischen Liberalismus zu einer die Stadt prägenden Kraft hätte machen können. Während des Kaiserreiches entwickelte sich die ehemalige welfische Residenz durch eine relativ späte, aber nachhaltige Industrialisierung zur modernen Großstadt, erhielt gleichzeitig aber auch eine starke Prägung als typische preußische Provinzhauptstadt, in der die großen Verwaltungsbehörden eine wichtige Rolle spielten. Dementsprechend konnte sich an der Leine ein liberales Milieu weitaus weniger entfalten als beispielsweise in Berlin, München, Hamburg oder Frankfurt am Main. Nimmt man die von Nipperdey[1] gestellte Frage auf, ob das wilhelminische Deutschland wirklich nur eine autoritär geprägte Untertanen-Gesellschaft oder nicht vielmehr gleichzeitig auch eine sich modernisierende, für Reformen offene Gesellschaft war, so wird man wohl konstatieren müssen, daß im bürgerlichen Hannover tatsächlich eher der von Heinrich Mann skizzierte „Untertan" zu Hause war als die Wissenschaftler und Künstler, Politiker und Unternehmer, die dem Projekt der „Moderne" wichtige Impulse gaben. Der erzkonservative Stadtdirektor Tramm kann als Symbol für diese konservativ-autoritäre Ausrichtung des hannoverschen Bürgertums stehen. Auch in den Jahren der Republik blieben kritische Demokraten wie Theodor Lessing, Künstler wie Kurt Schwitters oder der die Avantgarde fördernde Museumsdirektor Alexander Dorner letztlich Außenseiter.[2]

In welchem Maße der bürgerliche Liberalismus politisch zunächst in die Defensive gedrängt und schließlich ins gesellschaftliche Abseits gedrückt wurde, zeigt der Blick auf die lokalen Wahlergebnisse[3]. Bei der Wahl zur Nationalversammlung hatten im Januar 1919 über 25 000 Hannoveraner der Deutschen Demokratischen Partei (DDP) – das sind 10,7 % in Hannover bei 16,6 % im Reichsdurchschnitt – und über 31 000 hannoversche Wähler der Deutschen Volkspartei (das sind für die DVP 13,1 % in Hannover bei nur 4,4 % im Reichsdurchschnitt) ihre Stimme gegeben. Somit hatten die beiden liberalen Parteien zusammen ein für großstädtische Ver-

---

[1] Thomas Nipperdey, War die Wilhelminische Gesellschaft eine Untertanen-Gesellschaft?, in: ders., Nachdenken über die deutsche Geschichte. Essays, München, S. 172–185.

[2] Zur gleichwohl beachtlichen Entwicklung von Kunst und Kultur im Hannover der Weimarer Jahre: Mlynek, Hannover, S. 461 ff.

[3] Zur reichsweiten Entwicklung der Wahlergebnisse vgl. Konstanze Wegner (Bearb.), Linksliberalismus in der Weimarer Republik. Die Führungsgremien der Deutschen Demokratischen Partei und der Deutschen Staatspartei 1918–1933, eingeleitet von Lothar Albertin, Düsseldorf 1980, hier S. XIV ff.

hältnisse⁴ sogar leicht überdurchschnittliches Ergebnis erzielt, wobei allerdings die von Anfang an relativ schwache Position der linksliberalen DDP ins Auge fällt. Zudem büßte diese innerhalb von fünf Wochen in Hannover über die Hälfte ihrer Wähler ein: Bei den Wahlen zur Landesversammlung, die nur eine Woche nach denen zur Nationalversammlung stattfanden, erhielt sie nur noch 18 950, bei den Bürgervorsteherwahlen am 23. Februar 1919 nur noch 12 259 Stimmen. Während sich die Linksliberalen dann bis zum Beginn der Weltwirtschaftskrise bei einer absoluten Stimmenzahl von etwa 9 000 bis 10 000 und damit einem Wähleranteil von ungefähr 4 % stabilisieren konnten, erfolgte seit 1929 erneut ein schwerer Einbruch.⁵

Einen anderen politischen Weg als die Demokratische Partei hatte die Deutsche Volkspartei⁶ eingeschlagen. Sie rückte in den zwanziger Jahren reichsweit mehr und mehr nach rechts, in Hannover sogar in ganz besonderem Maße. Unter Führung von Ewald Hecker, der bereits 1932 zu den Nationalsozialisten umschwenkte⁷ und während des Dritten Reiches als Präsident der Industrie- und Handelskammer Hannover fungierte, und Dr. Walther Jänecke, dem Verleger des Hannoverschen Kuriers, war die Deutsche Volkspartei nicht in der Lage, in der hannoverschen Kommunalpolitik liberale Prinzipien zum Tragen zu bringen. Im bürgerlichen „Ordnungsblock" gaben die rechtskonservativen Interessensvertreter sowie die Deutschnationalen den Ton an. Im Ergebnis konnte Oberbürgermeister Menge den Bürgerblock für sein autoritäres Regiment funktionalisieren, ohne den einzelnen Parteien wesentlichen Einfluß auf die Kommunalpolitik in Hannover einräumen zu müssen. So konnte die vom rechtskonservativen „Ordnungsblock" wirkungsvoll

---

4 In Großstädten mit mehr als 100 000 Einwohnern erzielten DDP und DVP bei der Wahl zur Nationalversammlung am 19. 1. 1919 durchschnittlich 19,7 % der Stimmen. Alle reichsweiten Wahlergebnisse nach Jürgen Falter/Thomas Lindenberger/Siegfried Schumann, Wahlen und Abstimmungen in der Weimarer Republik, München 1986. Alle hannoverschen Wahlergebnisse nach den Angaben im Statistischen Vierteljahresbericht für die Stadt Hannover 1/1929 und den im Stadtarchiv Hannover (AR, BVK 69) vorhandenen Wahlunterlagen.

5 Zur Entwicklung des (Links-)Liberalismus auf Reichsebene: Dieter Langewiesche, Liberalismus in Deutschland, Frankfurt am Main 1988, S. 233 ff.; Lothar Albertin, Liberalismus und Demokratie am Anfang der Weimarer Republik. Eine vergleichende Analyse der Deutsche Demokratischen Partei und der Deutschen Volkspartei, Düsseldorf 1972; Werner Stephan, Aufstieg und Verfall des Linksliberalismus 1918–1933. Geschichte der Deutschen Demokratischen Partei, Göttingen 1973; Reinhard Opitz, Der deutsche Sozialliberalismus 1917–1933, Köln 1973; Hartmut Schustereit, Linksliberalismus und Sozialdemokratie in der Weimarer Republik. Eine vergleichende Betrachtung der Politik der DDP und der SPD 1919–1930, Düsseldorf 1975; Werner Schneider, Die Deutsche Demokratische Partei in der Weimarer Republik 1924–1930, München 1978; Wegner/Albertin, Linksliberalismus; Friedrich Sell, Die Tragödie des deutschen Liberalismus, Baden-Baden 1981, 2. Aufl.; Larry Eugene Jones, German liberalism and the dissolution of the Weimar party system 1918–1933, Chapel Hill 1988; Joachim Stang, Die Deutsche Demokratische Partei in Preußen 1918–1933, Düsseldorf 1994; Jürgen R. Winkler, Sozialstruktur, politische Traditionen und Liberalismus. Eine empirische Längsschnittstudie zur Wahlentwicklung in Deutschland 1871–1933, Opladen 1995.

6 Speziell zur DVP: Lothar Doehn, Politik und Interesse. Die Interessenstruktur der Deutschen Volkspartei, Meisenheim am Glan 1970; Wolfgang Hartenstein, Die Anfänge der Deutschen Volkspartei 1918–1920, Düsseldorf 1962.

7 Vgl. hierzu Mlynek, Hannover, S. 522 f. und Von Rohr, Bürgerlich, S. 146.

eingebundene Volkspartei in Hannover seit Mitte der zwanziger Jahre kaum noch als politische Vertretung des Liberalismus verstanden werden.

Auf der lokalen Ebene wird der starke Bedeutungsverlust dieser traditionellen Partei der bürgerlichen Mitte, der sich auch intern in einer weitgehenden Politikunfähigkeit und im organisatorischen Zerfall der Parteistrukturen äußerte, nicht nur an den kontinuierlich schlechter werdenden Wahlergebnissen deutlich.[8] Als symbolträchtiges Indiz hierfür kann auch das im Frühjahr 1933 festzustellende Einschwenken des bis dahin nationalliberalen „Kuriers" auf die nationalsozialistische Linie gelten.[9] Öffentlich wahrnehmbarer Protest oder gar Widerstand gegen die Nationalsozialisten ist in Hannover von den Rechtsliberalen nicht ausgegangen. Sie verschwanden sang- und klanglos von der politischen Bühne und paßten sich an die Gegebenheiten des neuen Staates an.[10]

Demgegenüber versuchten die Linksliberalen, eine neue politische Strategie bürgerlicher Politik zu entwickeln. Nach dem für die DDP ungünstigen Ausgang der Reichstagswahl vom September 1930 bemühte man sich durch einen deutlichen Rechtsschwenk um eine Verbreiterung der organisatorischen Basis. Für den 8. November 1930 wurde der dritte außerordentliche reichsweite Parteitag der DDP nach Hannover einberufen, auf dem die Auflösung der alten Partei und der Zusammenschluß mit dem „Jungdeutschen Orden" Artur Mahrauns[11] beschlossen wurde. Einen Tag später fand an gleicher Stelle der Gründungsparteitag der Deutschen Staatspartei statt.

Als Vertreter des gastgebenden Ortsvereins Hannover hielt Dr. Martin Frommhold die Begrüßungsansprache, in der er zwar gegen einen auf Berlin fixierten Zentralismus, aber für eine umfassende Reichsreform als „wahrhaft nationale Aufgabe" Stellung bezog. Der wichtigste Grundpfeiler der neuen Staatspartei solle die Hervorhebung und die Betonung des Nationalbewußtseins, des nationalen Willens sein.[12] In einer programmatischen Rede des hannoverschen Professors Dr. Erich Obst wurde die Übernahme nationaler Standpunkte in der Staatspartei wesentlich drastischer akzentuiert. Obst interpretierte den Ausgang der Reichstagswahl vom 14. 9. 1930, bei der die NSDAP riesige Stimmengewinne verzeichnet hatte, als den „verzweifelten, aber dennoch ungemein kraftvollen Aufschrei des deutschen Volkes gegen das, was in

---

8 Bei der Reichstagswahl 1928 konnte die DVP noch einen Stimmenanteil von 10,1 % erreichen, 1930 4,5 %, in den beiden Wahlen des Jahres 1932 nur noch 1,2 % bzw. 2,1 % und im März 1933 wieder 1,2 %.
9 Dietzler, Gleichschaltung, S. 161.
10 Zur Reichsebene: Hans Booms, Die Deutsche Volkspartei, in: Erich Matthias/Rudolf Morsey (Hg.), Das Ende der Parteien 1933, Düsseldorf 1960, S. 521–539.
11 Eine Betrachtung des Jungdeutschen Ordens und seines Verhaltens gegenüber den Nationalsozialisten vor und nach 1933 wurde an dieser Stelle ausgespart, da eine ausführliche Behandlung im Rahmen einer Studie von Michael Bayartz über Jugend und Jugendoppposition in Hannover vorgesehen war. Als ganz knappe Skizze zum Jungdo in Hannover: von Rohr, Bürgerlich, S. 151 f. Überregional zum Jungdo: Alexander Kessler, Der Jungdeutsche Orden auf dem Wege zur Deutschen Staatspartei, München 1981, 2. Aufl.; Klaus Hornung, Der Jungdeutsche Orden, Düsseldorf 1985.
12 Protokoll des Gründungsparteitages der Deutschen Staatspartei vom 9. 11. 1930 in Hannover, BA: R 45 III, 8, fol. 56–115, hier Bl. 57/58.

Versailles gegen uns gesündigt wurde". Er sprach von „wirtschaftlicher Versklavung" und „Kriegsschuldlüge" und gab der „Wiederherstellung der deutschen Ehre" sogar Vorrang vor der wirtschaflichen Gesundung des Reiches. Weiter forderte der Redner die Rückgabe der deutschen Kolonien, die Beseitigung jeglicher Reparationsverpflichtungen, die Revision der Grenzziehung zwischen Deutschland und Polen sowie die Rüstungsfreiheit für das Reich.[13] Das hier entworfene außenpolitische Programm unterschied sich von den Hetztiraden völkischer und nationalsozialistischer Propagandisten nur dadurch, daß antisemitische Akzente fehlten.

Innenpolitisch blieben dagegen einige liberale Grundpositionen gewahrt. Die Staatspartei bekannte sich nachdrücklich zum parlamentarischen System und bezog Stellung gegen jede Form der Diktatur. Sozialpolitisch wandte man sich gegen die als „reaktionär" bezeichnete Tendenz, „die Frau in ihrer beruflichen Stellung und der finanziellen Bewertung ihrer Arbeit herabzudrücken."[14] Im Ergebnis bedeutete die Fusion mit dem Jungdeutschen Orden eine spürbare Wende der Demokratischen Partei nach rechts. Linksliberale und bürgerliche Pazifisten, die zuvor in der DDP ihre politische Heimat gehabt hatten, traten der Staatspartei nicht bei, sondern wandten sich nun eher der Sozialdemokratie zu oder schlossen sich der bereits im Sommer 1930 neugegründeten, aber bedeutungslos bleibenden Gruppe der „Unabhängigen Demokraten" an.

Die innere Entwicklung der DDP und der aus ihr hervorgegangenen Staatspartei sowie die internen Debatten ihrer Führungsgremien auf Reichsebene können im Rahmen dieser Studie nicht ausführlich behandelt werden.[15] Vielmehr sollen im folgenden ausgewählte Fragen, wie die nach der Zusammenarbeit mit anderen Parteien oder nach den gesellschaftspolitischen Grundpositionen, unter besonderer Berücksichtigung der führenden hannoverschen Repräsentanten betrachtet werden.

Bereits im Frühjahr 1931 bemerkte die sozialdemokratische Parteizeitung „Volkswille", daß sich die Staatspartei anscheinend doch wieder auf ihre alten demokratischen Traditionen zu besinnen scheine. Bei einer Versammlung des Ortsvereins Hannover habe der bereits erwähnte Professor Obst die Maßnahmen der Nationalsozialisten als „antideutsch" kritisiert. Eine Störung der Veranstaltung durch etwa 30 bis 40 anwesende Nationalsozialisten sei durch als Saalschutz eingesetzte Reichsbannerleute unterbunden worden.[16]

---

13 Prof. Dr. Erich Obst (Hannover), Grundzüge einer aktiven deutschen Außenpolitik. Rede auf dem Gründungsparteitag der Deutschen Staatspartei am 9. 11. 1930 in Hannover, BA: R 45 III, 8, Bl. 104–112. Obst war von Januar bis November 1931 erster Vorsitzender der Staatspartei im Wahlkreis Südhannover-Braunschweig.
14 So die beim Parteitag vom 27. 9. 1931 angenommenen Anträge und die „Richtlinien der Deutschen Staatspartei", BA: R 45 III 47, Bl. 129/130 und 150.
15 Hierzu Stephan, Aufstieg; Wegner, Linksliberalismus; Burkhard Gutleben, Volksgemeinschaft oder Zweite Republik? Die Reaktionen des deutschen Linksliberalismus auf die Krise der 30er Jahre, in: TAJB 17 (1988), S. 259–284.
16 Volkswille, 14. 3. 1931.

Wichtige Funktionen in der DDP und später in der Staatspartei bekleideten in Hannover Adam Barteld[17], Martin Frommhold und Wilhelm Riehn. Der Landtagsabgeordnete Barteld hatte im Herbst 1930 anläßlich einer Mitgliederversammlung des DDP-Ortsvereins Hannover seine Präferenzen im Hinblick auf die Zusammenarbeit mit anderen Parteien klar umrissen: Jedes „Paktieren mit Nationalsozialisten und Kommunisten" sei abzulehnen. Dagegen sei nun für die Sozialdemokraten, die DVP, die Wirtschaftspartei und die gemäßigten Konservativen „die entscheidende Stunde gekommen". Diese demokratischen Parteien müßten nun „beweisen, ob sie bereit seien, das Parteiinteresse gegenüber dem des Volkes und des Staates zurückzustellen, ob sie zielbewußt aufbauen oder in die Katastrophe treiben wollten". Barteld setzte sich ausdrücklich für eine aktive Bekämpfung des Radikalismus ein, um die Gefahr einer Diktatur zu überwinden.[18] Bei einem regionalen Gründungsparteitag im Januar 1931 wurde er als Vertreter des Wahlkreises Südhannover-Braunschweig im Reichsvorstand der Staatspartei gewählt und später auch als Spitzenkandidat für die preußische Landtagswahl bestätigt.[19]

Im November 1931 wurde der Jurist Dr. Martin Frommhold auf einem Wahlparteitag zum ersten Vorsitzenden der neugebildeten Staatspartei in Südhannover-Braunschweig bestimmt. Als Pfarrerssohn 1880 geboren, war Frommhold in Chemnitz aufgewachsen, hatte Rechts- und Staatswissenschaft studiert und war 1903 in Leipzig promoviert worden, wo er anschließend eine Laufbahn in der städtischen Verwaltung einschlug. Im Herbst 1908 übernahm er das Bürgermeisteramt in Westerland auf Sylt, 1915 in Stade. Seit 1925 war Frommhold als Präsident der Landesversicherungsanstalt Hannover tätig.[20] Bei der Wahl des Landeshauptmannes für die Provinz Hannover unterlag er 1931 als gemeinsamer Kandidat von Sozialdemokraten und Linksliberalen dem konservativen Verdener Rechtswanwalt Hagemann nur knapp. Von 1919 bis 1933 war Frommhold als Fraktionsvorsitzender der DDP und später der Staatspartei im Provinziallandtag an herausgehobener Stelle tätig. Die Protokolle des Parteivorstandes belegen, daß nicht nur Barteld, der kontinuierlich die hannoverschen Interessen in den reichsweiten Entscheidungsgremien der Staatspartei wahrnahm, sondern auch Frommhold, der gelegentlich an den Sitzungen der Parteispitze teilnahm, für ein Zusammengehen mit der SPD und die „schärfste Ablehnung des Nationalsozialismus"[21] eintraten. So stellte Barteld im Hinblick auf den Reichstagswahlkampf im Sommer 1932 ganz unmißverständlich

---

17 Adam Barteld (geb. 1876), Oberpostinspektor, 1919–1932 für die DDP bzw. die Staatspartei Mitglied des Preußischen Landtages; 1918–1922 sowie 1925–1930 Mitglied im Provisorischen Hauptvorstand bzw. im Parteiausschuß der DDP, 1930–1933 Mitglied im Geschäftsführenden Vorstand der Staatspartei (Vgl. Wegner/Albertin, Linksliberalismus, S. 35 Anm. 34).
18 Bericht im HA, 23. 10. 1930.
19 Zeitungsausschnittsammlung in NHStA Hannover: VVP 17, 2396 (Herkunft der Quelle nicht zu ermitteln).
20 Für wertvolle Hinweise zur Person Frommholds danke ich Hartmut Lohmann, Göttingen.
21 So z. B. Barteld in einer Sitzung des Geschäftsführenden Vorstandes der Deutschen Staatspartei am 28. April 1932 im Demokratischen Klub in Berlin (Wegner/Albertin, Linksliberalismus, S. 704 f.).

fest: „Der Kampf geht gegen die Reaktion und da ist unser Platz neben der Sozialdemokratie."[22]

Erneut erlitt die Staatspartei bei dieser Wahl dramatische Verluste. Reichsweit fiel ihr Stimmenanteil von 3,8 % (dem Ergebnis der DDP von 1930) auf nur noch 1 %, so daß man sich im Hinblick auf die Novemberwahl 1932 zu einer Wahlverbindung mit der Wirtschaftspartei (Reichspartei des Deutschen Mittelstandes)[23] entschloß. Trotz dieser verzweifelten Versuche, die eigenen Kräfte zu stabilisieren und möglichst wieder zu verbreitern, erreichte die Staatspartei in den Wahlen der Jahre 1932 und 1933 in Hannover nur noch rund 3000 Wähler und wurde mit einem Stimmenanteil von höchstens 1 % zur Splitterpartei degradiert. Als im September 1932 bei einer Krisensitzung des Gesamtvorstandes über den Vorschlag debattiert wurde, die Staatspartei aufzulösen, zog der Reichstagsabgeordnete Höpker-Aschoff eine vernichtende Bilanz: „Wir haben seit langem die schärfsten Gegensätze in der Partei selber. Der Versuch von 1930, eine Partei mit breiter Basis ins Leben zu rufen, ist gescheitert, wenn er auch gemacht werden mußte... Nach allen Erfahrungen in den letzten Wahlkämpfen kann man behaupten, daß aus der Staatspartei eine machtvolle Organisation nicht mehr entstehen kann."[24] Dagegen vertraten Barteld und Frommhold die Ansicht, man müsse die Partei aufrecht erhalten, um die bürgerlichen Kräfte der Mitte nicht gänzlich heimatlos zu machen.[25]

Dennoch trat Frommhold Mitte März 1933 als Vorsitzender des Wahlkreisverbandes und der Ortsgruppe Hannover der Staatspartei zurück[26], nachdem er wegen seiner Amtsführung als Präsident der Landesversicherungsanstalt angegriffen worden war. In der nationalsozialistischen Tagespresse hatte man ihm Verschwendung von öffentlichen Geldern vorgeworfen und seine Amtsenthebung gefordert.[27]

---

22 Sitzung des Gesamtvorstandes der Deutschen Staatspartei am 7. 7. 1932 in Berlin (Wegner/Albertin, Linksliberalismus, S. 737).
23 Zu dieser Splitterpartei: Martin Schumacher, Mittelstandsfront und Republik. Die Wirtschaftspartei – Reichspartei des deutschen Mittelstandes 1919–1933, Düsseldorf 1972.
24 Wegner/Albertin, Linksliberalismus, S. 743.
25 Noch Mitte Mai 1933 beriet der Gesamtvorstand der Staatspartei darüber, in welchen Formen die politische Arbeit fortgeführt werden könne. Erst am 28. Juni 1933 erfolgte die freiwillige Auflösung der Partei. Als Göring und Kerrl im Juli 1933 in ihrer Funktion als Präsident des Reichstages bzw. des Preußischen Landtages die Mandate der Staatspartei für eingezogen erklärten, da diese seinerzeit durch eine Listenverbindung mit der inzwischen verbotenen SPD hervorgegangen seien, baten die in Berlin anwesenden Abgeordneten der Staatspartei – unter ihnen der spätere Bundespräsident Theodor Heuss – darum, als Fraktionslose oder Hospitanten in der NSDAP ihre Mandate wahrnehmen zu dürfen, wie dies doch allen anderen Gruppen, die für das Ermächtigungsgesetz gestimmt hätten, zugebilligt worden sei (der Briefwechsel dazu in BA: R 45 III 61). Zum Prozeß der (Selbst-)Auflösung der Parteien: Karl Dietrich Bracher, Die Auflösung der Weimarer Republik. Eine Studie zum Problem des Machtverfalls in der Demokratie, Düsseldorf, 1985, 5. Aufl., S. 58 ff. sowie Erich Matthias/Rudolf Morsey, Die Deutsche Staatspartei, in: dies. (Hg.), Ende der Parteien, S. 29–97.
26 Stader Tageblatt, 15. 1. 1933.
27 Interview mit Rudolf Hillebrecht, geführt von Herbert Obenaus und Detlef Schmiechen-Ackermann, Forschungsprojekt Widerstand in Hannover. Vgl. hierzu auch die Hinweise zu Frommhold in: Hartmut Lohmann, „Hier war doch alles nicht so schlimm." Der Landkreis Stade in der Zeit des Nationalsozialismus, Stade 1991, S. 123 und 411.

Frommhold hielt der Verleumdungskampagne der Nationalsozialisten psychisch nicht stand: Er erschoß sich am 10. April 1933 in seinem Dienstzimmer.[28] In bewußter Distanz zur nationalsozialistischen Rufmordkampagne erklärte Superintendent Rohde bei der Trauerfeier auf dem Seelhorster Friedhof, daß Frommhold an den Stätten seines beruflichen Wirkens vieles geleistet habe, was unvergessen bleiben werde. Seine „Berufs- und Mannesehre" blieben unversehrt.[29] Noch deutlicher äußerte sich im Namen der Staatspartei Dr. Wilhelm Riehn, der führende Kommunalpolitiker der hannoverschen Linksliberalen, in einem kurzen Nachruf, der als Todesanzeige im Hannoverschen Anzeiger veröffentlicht wurde und beinahe den Charakter einer politischen Demonstration gewann: „Ein tragisches Schicksal entriß uns unseren früheren Vorsitzenden Dr. jur. Martin Frommhold. Er war uns Freund und Führer. Ein deutscher Mann von lauterstem Charakter und vornehmer Gesinnung. Wir danken ihm für die Dienste, die er unserem Volke leistete. Wir stehen hinter ihm, auch über seinen Tod hinaus."[30]

Neben seiner beruflichen Tätigkeit als Facharzt an der Kinderheilanstalt in der Ellernstraße hatte Riehn die DDP in den Jahren der Republik im hannoverschen Bürgervorsteherkollegium vertreten.[31] Sein Haus im großbürgerlichen Hindenburgviertel (Seelhorststr. 34) hatte sich in diesen Jahren zu einem Treffpunkt bürgerlich-demokratischer Kreise in Hannover entwickelt und es blieb auch nach 1933 ein Anlaufpunkt für die kleine, distanziert zum Hitlerregime stehende liberale Gesinnungsgemeinschaft.[32] Trotz der nationalsozialistischen Hetze hielt Familie Riehn auch die Kontakte zu ihren jüdischen Freunden aufrecht. So ist belegt, daß ein regelmäßiger Briefkontakt mit dem nach Theresienstadt deportierten Dr. Max Bergmann[33], einem Kollegen aus der Kinderheilanstalt, bestand. In den ersten Kriegsjahren versorgte Frau Riehn zudem jüdische Bekannte mit Lebensmitteln.[34]

Neben Riehn und Frommhold ist noch ein dritter liberaler Exponent bürgerlicher Verweigerung gegen den Nationalsozialismus zu nennen. Franz Henkel hatte sich nach einer Lehre als technischer Kaufmann erfolgreich weitergebildet und 1912 in

---

28 Nach einer Meldung der Agentur WTB vom 10. 4. 1933, die in der NTZ am 11. 4. 1933 verbreitet wurde.
29 HA, 14. 4. 1933: Trauerfeier für Dr. Frommhold.
30 Todesanzeige der Deutschen Staatspartei, gez. Dr. Riehn, für Martin Frommhold im HA, 13. 4. 1933.
31 Nach Kriegsende wurde Wilhelm Riehn erneut in den Rat der Stadt Hannover gewählt.
32 Im Winter 1935/36 notierte Gertrud Bäumer, die häufiger im Hause Riehn verkehrte, im Gästebuch der Familie: „Herzlich dankbar für das Erleben dauernder, aus den Wurzeln lebendiger Gesinnungsgemeinschaft." (Gästebuch der Familie Riehn, Privatbesitz). Gertrud Bäumer war vor 1933 Vorsitzende des Bundes Deutscher Frauenvereine und seit 1919 MdR für DDP bzw. Staatspartei gewesen. Sie arbeitete auf Reichsebene in den Führungsgremien der DDP mit und zählte zur Parteiprominenz.
33 Dr. Max Bergmann, Arzt an der Kinderheilanstalt, 1941 zusammen mit seiner Tochter Elisabeth deportiert und kurz vor der Befreiung vom Faschismus in Auschwitz ermordet. Der Sohn Leopold ist vermutlich in Riga ermordet worden. Für diese Informationen danke ich Marlis Buchholz.
34 Interview mit Hartmut Riehn, Hildesheim, 25. 4. 1988, geführt von Susanne Döscher-Gebauer und Michael Bayartz, Forschungsprojekt Widerstand in Hannover, sowie Unterlagen aus dem Privatbesitz Riehn.

*Mut zu individueller Verweigerung: der Kinderarzt Dr. Wilhelm Riehn (hier vor der Kinderheilanstalt) war in Hannover der Kopf einer distanziert zum Regime stehenden linksliberalen Gesinnungsgemeinschaft.*

Hannover-Linden die Orpil-Seifenwerke gegründet, die er zu einem erfolgreichen Unternehmen ausbaute. Henkel zählte zu den Gründungsmitgliedern der DDP und gehörte bis zu ihrer Auflösung auch dem Parteivorstand an. Zusätzlich engagierte er sich in der Liga für Menschenrechte, der Deutschen Friedensgesellschaft, im Verein gegen Antisemitismus, im Kartell der Republikanischen Verbände sowie im Reichsbanner und war Vorsitzender des Republikanischen Clubs in Hannover. Der Staatspartei scheint er als ausgewiesener Linksliberaler nicht mehr angehört zu haben, wobei möglicherweise der Unvereinbarkeitsbeschluß der Staatspartei gegenüber der Deutschen Friedensgesellschaft eine entscheidende Rolle gespielt haben könnte.

Aufgrund seines Engagements nachhaltig als dezidierter Nazigegner ausgewiesen, wurde er zwischen 1933 und 1938 sechsmal von der Gestapo verhaftet und mißhandelt, um Geständnisse über illegale Verbindungen von ihm zu erpressen.[35] So erscheint seine Beteiligung an der von dem Gewerkschafter und Sozialdemokraten Albin Karl organisierten Untergrundbewegung als logische Konsequenz eines aufrechten Demokraten. Dieser Kreis um Albin Karl, in dem man gegen Ende des Krieges Vorbereitungen für einen politischen Neubeginn nach der Befreiung vom Faschismus traf und der aufgrund seiner breiten gesellschaftlichen Basis, die von den unterschiedlichen Gruppen der Arbeiterbewegung bis zu Mitgliedern der Bekennenden Kirche und gläubigen Katholiken reichte, wurde von der britischen Besatzungsmacht als die Organisation in Hannover angesehen, der man aufgrund ihrer Widerstandtätigkeit und ihrer Kompetenz Verantwortung für den Wiederaufbau übertragen konnte. Als einer der wenigen unbelasteten Repräsentanten des Bürgertums wurde Franz Henkel im April 1945 zum Präsidenten der Industrie- und Handelskammer Hannover gewählt und von Januar bis Oktober 1946 in der Nachfolge von Gustav Bratke[36] als Oberbürgermeister von Hannover eingesetzt. Zudem gehörte er in der ersten Wahlperiode (1947–1951) dem Niedersächsischen Landtag an. In der neugegründeten Demokratischen Union (seit 1948 Freie Demokratische Partei, FDP) zunächst zum Landesvorsitzenden bestimmt, wurde er bald als zu energielos kritisiert und abgelehnt. Bereits im Dezember 1948 charakterisierte ihn ein Dossier der britischen Besatzungsmacht als „verbrauchte politische Kraft."[37]

---

35 Nach den Angaben zur Person bei Andreas Röpcke, Who's Who in Lower Saxony. Ein politisch-biographischer Leitfaden der britischen Besatzungsmacht 1948/49, in: NJBL 55 (1983), S. 243–309, hier S. 279, sowie nach einer Meldung des Neuen Hannoverschen Kuriers vom 25. 1. 1946. Leider konnten diese Vorgänge aus den zur Verfügung stehenden Quellen nicht detaillierter recherchiert werden. In den wenigen erhaltenen Unterlagen der Stapostelle Hannover taucht Franz Henkel nicht auf. Seine privaten Unterlagen sind vermutlich bei einem Bombenangriff vernichtet worden. Ein Nachlaß scheint nicht zu existieren.
36 Als nach britischem Vorbild die Funktionen des Oberbürgermeisters und des Oberstadtdirektors getrennt wurden, hatte sich Bratke für den letzteren Posten entschieden.
37 Röpcke, Who's Who in Lower Saxony, S. 297. Im Original heißt es: „A spent political force."

Die konsequente Verweigerungshaltung[38] führender Vertreter der zahlenmäßig eher schwachen linksliberalen Kreise in Hannover – im Falle der Familie Riehn das Festhalten an einer demokratischen Gesinnungsgemeinschaft und die Unterstützung verfolgter Juden, bei Martin Frommhold der Selbstmord als Antwort auf eine als ausweglos betrachtete Situation, bei Franz Henkel die aktive Beteiligung am Widerstand – ist vor dem Hintergrund von massenhafter Anpassung und Unterstützung der Hitlerdiktatur in den anderen bürgerlichen Gruppen besonders hervorzuheben.

---

38 Zur liberalen Opposition gegen Hitler: Wolfgang Benz, Eine liberale Widerstandsgruppe und ihre Ziele, in: VjZG 29 (1981), S. 437–447; Horst R. Sassin, Liberale im Widerstand. Die Robinsohn-Strassmann-Gruppe 1934–1942, Hamburg 1993; ders., Liberalismus und Widerstand, in: Peter Steinbach/Johannes Tuchel (Hg.), Widerstand gegen den Nationalsozialismus, Bonn 1994, S. 208–218.

## 2. Der Zerfall einer Regionalpartei: Welfische Bewegung und die Deutschhannoveraner (DHP)

Der Abstieg der auf welfischen Traditionalismus gegründeten Deutschhannoverschen Partei (DHP) von einer einflußreichen Regionalpartei mit einer insbesondere in den kleinbürgerlichen Schichten breiten Wählerbasis zu einer unbedeutenden bürgerlichen Splittergruppe ist bereits geschildert worden.[1] Ähnlich wie DDP und DVP erlebte die DHP als Wählerpartei in den zwanziger Jahren einen Sturz ins Bodenlose. Hatte sie bei den Reichstagswahlen 1920 in der Provinz Hannover noch ein Fünftel der Stimmen erringen können, so bewegte sie sich 1932/33 bei 2 bis 3 %.[2] Die Gefahr des völligen Niederganges wurde inbesondere von den jüngeren Parteimitgliedern erkannt. So wandte sich der hannoversche Rechtsanwalt von Engelbrechten als Sprecher der Arbeitsgemeinschaft Junger Deutsch-Hannoveraner im Februar 1932 mit einem neuen Programmentwurf an seine Parteifreunde. Er erklärte dazu: „Es dürfte feststehen, daß die DHP bei kommenden Wahlen wie die sämtlichen anderen zwischen NSDAP und KPD stehenden Parteien stark zurückgehen wird. Wir Jüngeren sind uns darüber klar, daß dieses Zurückgehen zum größten Teil in äußeren Verhältnissen liegt, die wir hinnehmen müssen!... An uns Jüngeren liegt es, die DHP mit einem neuen Willen zu erfüllen und sie zum Kampfinstrument auszubauen, das eingesetzt werden kann, wenn die falschen Apostel, die auch unsere Heimat vernebelt haben, vor aller Welt entlarvt sein werden."[3]

Auch in sich war die Partei in Fraktionen zerstritten. In den Jahren der Republik verloren die beiden Gruppen, die bewußt an die deutschhannoverschen Traditionen anknüpften, an Einfluß. Dem streng monarchistisch und welfisch orientierten Flügel unter Führung des Hauptmannes von der Decken, der sich insbesondere auf die „Deutsche Legion"[4] und die „Hannoversche Landeszeitung" stützen konnte, stand ursprünglich eine offenere Gruppe mit einem „gewissen demokratischen Ein-

---

1  Zur Geschichte der DHP im Überblick: Elke Haase, Studien zur Geschichte der Deutsch-hannoverschen Partei 1890–1933, Göttingen 1978; für das Kaiserreich: Hans-Georg Aschoff, Welfische Bewegung und politischer Katholizismus 1866–1918. Die Deutsch-hannoversche Partei und das Zentrum in der Provinz Hannover während des Kaiserreiches, Düsseldorf 1987.
2  Das Wahlergebnis für die Provinz Hannover nach Mlynek, Gestapo, S. 10.
3  Begleitbrief zum Programmentwurf der Arbeitsgemeinschaft Junger Deutsch-Hannoveraner, 15. 2. 1932, NHStA Hannover: Hann. 310 III 68.
4  Die „Deutsche Legion" war im November 1918 gegründet worden, um die Unabhängigkeit Hannovers von Preußen, wenn nötig auch mit Waffengewalt, durchzusetzen. Die Namensgebung orientierte sich an der Königlich Deutschen Legion der Befreiungskriege. Programmatisch knüpfte man an die nach der Annexion Hannovers durch Preußen im Jahre 1866 ins Leben gerufene Welfenlegion an. Die Organisation war in Heimatverbände und Kameradschaften gegliedert (Von Rohr, Bürgerlich, S. 145 ff.).

schlag" gegenüber, die sich um den hannoverschen Bürgervorsteher Heinrich Langwost[5], seine Zeitung „Wahrheit und Recht" und den von ihm ins Leben gerufenen „Orden Heinrich der Löwe" gruppierte. Diese Richtung knüpfte an die während des Kaiserreiches praktizierte partielle Zusammenarbeit mit der Sozialdemokratie an und war daher in den Anfangsjahren der Republik durchaus interessiert, zusammen mit der Sozialdemokratie eine Koalition zu bilden, sofern diese die hannoverschen Partikularinteressen unterstützt hätte. Der vorübergehende Parteiausschluß von Langwost (1925) belegt zum einen die Härte der innerparteilichen Auseinandersetzungen, zum anderen die inzwischen eingetretene Schwächung der demokratiefähigen Richtung in der DHP. Aber auch der monarchistisch-konservative Flügel, der sich zunächst durchgesetzt hatte, blieb nicht stabil. So wurde bereits 1925 in einem Zeitungsartikel kolportiert, diese Richtung sei von einem hannoverschen Adligen mit der Bezeichnung „gelbweiß-lackierte Deutschnationale" belegt worden.[6] In der Tat verloren die welfischen Traditionen langsam auch in der DHP ihre absolute Verbindlichkeit, und in der Partei dominierte immer stärker eine Strömung, die sich eher als spezifische Ausprägung einer regional verwurzelten rechtskonservativen Partei verstand. Als ein typischer Vertreter dieser Tendenz kann Arthur Menge gesehen werden, der wegen seines unsozialen Verhaltens gegenüber der Arbeiterschaft im April 1924 vom Vorstand der DHP gezwungen wurde, sein Mandat im Bürgervorsteherkollegium niederzulegen und sich in der Folgezeit bisweilen von der Partei distanzierte, dann aber wieder auf ihren Listen kandidierte. Das Charakteristische dieser Entwicklung muß wohl darin erblickt werden, daß ein Teil der Deutschhannoveraner sich im rechtskonservativ-völkischen Milieu zunehmend flexibel orientierte. So wurden in der Tagespresse Oberbürgermeister Menge, ganz nach der jeweiligen politischen Ausrichtung der Zeitungen, gleichzeitig deutschhannoversche, deutschnationale oder nationalsozialistische Neigungen nachgesagt. In der Tat waren in der hannoverschen Kommunalpolitik seit der Mitte der zwanziger Jahre die Übergänge im Lager der Rechtskonservativen, Völkischen und Nationalsozialisten fließend geworden.[7] Damit war die Zersetzung der DHP als eigenständiger politischer Kraft vorprogrammiert.

---

5 Langwosts politische Einstellung scheint sich seit Mitte der zwanziger Jahre erheblich verändert zu haben. Wird er 1925 noch als führender Exponent der kleinbürgerlichen und mit demokratischen Kräften kooperationswilligen Strömung genannt, so bezog er Anfang der dreißiger Jahre vehement für die Monarchie und gegen die Sozialdemokratie Stellung. Von Rohr (Bürgerlich, S. 154) charakterisiert ihn daher als Vertreter des „extrem monarchistischen konservativen Flügels" der DHP.
6 Zeitungsausschnittsammlung zur Geschichte der DHP, StdA Braunschweig: G X 6, 308.
7 Dieser Vorgang der gegenseitigen organisatorischen Durchdringung und personellen Verquickung nationalkonservativer bürgerlicher Parteien, Vereine und Verbände mit den neu entstehenden nationalsozialistischen Organisationen konnte für die Großstadt Hannover im Rahmen des Forschungsprojektes „Widerstand und Verweigerung in Hannover" aus arbeitsökonomischen Gründen nicht detaillierter untersucht werden. Für das überschaubare Feld der Universitätsstadt Marburg liegt hierzu eine beispielgebende Studie von Koshar (Social Life) vor, die Entstehung und Aufstieg der NS-Bewegung aus den bürgerlichen Organisationen exemplarisch nachweist.

Als Reaktion auf die Märzwahlen 1933[8] forderte das Direktorium der DHP die Parteimitglieder auf, sich an der nun eingeleiteten nationalen Aufbauarbeit zu beteiligen, aber nicht „mit fliegenden Fahnen zu anderen größeren Gruppen" überzugehen.[9] Die von der DHP unterhaltene „Landeszeitung" vermittelte ihrer Leserschaft die Sichtweise, daß mit der Machtübernahme der Hitlerregierung ein „Systemwechsel vor sich gegangen (sei), der nicht mehr rückgängig gemacht werden kann." Entsprechend gab man als Parole aus: „Mitmachen, damit sich alles zum Guten wende."[10] Binnen weniger Wochen wurden weitergehende Schritte der Anpassung vollzogen. Anfang April teilte Langwost auf einer öffentlichen Versammlung im Burghaus mit, daß die beiden gewählten Bürgervorsteher der DHP – neben ihm selbst handelte es sich noch um den Kaufmann Friedrich-Wilhelm Nolte – sich der nationalsozialistischen Rathausfraktion angeschlossen hätten. Dies sei aus der Erwägung heraus geschehen, daß ein Zusammengehen mit den „rein preußisch eingestellten Deutschnationalen" und dem Zentrum, das die alte Linie der Windthorstschen Politik verlassen habe, nicht in Frage kommen könne. Dagegen gehe man „in sehr vielen Punkten gemeinsam mit der NSDAP", in der man vor allem die in letzter Zeit zu Tage getretenen föderativen Kräfte unterstützen wolle.[11] Die deutschhannoverschen Abgeordneten im Provinziallandtag folgten bald darauf diesem Beispiel und ließen sich ebenfalls in die NSDAP-Fraktion aufnehmen.[12] Einige langjährige Mitglieder verließen daraufhin die DHP. In einer Austrittserklärung ist von einer „bedingunglosen Unterwerfung unter den Sieger" die Rede, die man in „alter Welfentreue" nicht mitmachen wolle. Dies sei die Todesstunde der Deutschhannoverschen Partei. Ein anderer Enttäuschter erklärte: „Ich bin und bleibe Welfe... Hannoveraner nennt sich jeder, der in und um Hannover geboren ist, und eben daran krankt es in unseren Reihen, weil das Welfische immer mehr vernachlässigt wurde".[13]

Am 3. Mai 1933 versuchte der Parteivorstand mit einer Erklärung unter dem Titel „Auf neuen Wegen zu alten Zielen" zum einen die Mitgliedschaft bei der Stange zu halten und sich zum anderen gegenüber den Nationalsozialisten zu legitimieren. So heißt es in dieser Verlautbarung, daß man niemals einen übersteigerten Parlamentarismus gutgeheißen habe und nunmehr auf neuen Wegen die „alten völkisch gesunden Ziele" der DHP anstreben wolle. Innerhalb des großdeutschen Reiches solle die Kultur und Eigenart Niedersachsens gepflegt werden.[14] Der Widerspruch zwischen dem aussichtslosen Versuch, die eigene Organisation zu erhalten, und ei-

---

8 Bei der Reichstagswahl am 5. März 1933 mußte die DHP weitere Verluste hinnehmen, bei den Wahlen zum Provinziallandtag am 12. März 1933 konnte sie Stimmengewinne verbuchen.
9 Aufruf des Direktoriums der DHP in der Hannoverschen Landeszeitung vom 19. 3. 1933.
10 Wilhelm Plog, Und nach der Revolution?, in: Hannoversche Landeszeitung, 19. 3. 1933.
11 Bericht über die Rede von Langwost auf einer Versammlung der DHP im Burghaus, HA 9. 4. 1933.
12 Die NTZ berichtete am 4. 7. 1933, Fraktionsführer Kube habe die Landtagsabgeordneten Biester und Langwost auf ihren Antrag hin als Hospitanten in die Fraktion der NSDAP übernommen.
13 Mehrere Austrittserklärungen befinden sich im NHStA Hannover: Hann. 310 III 27.
14 Erklärung des Direktoriums der DHP, veröffentlicht im HA, 9. 5. 1933.

ner forcierten Anpassung an die neuen Verhältnisse war offensichtlich. Unter dem Eindruck der neuen Machtverhältnisse forderte Herzog Ernst August Anfang Mai 1933 in Wittingen die Teilnehmer des letzten Treffens der „Deutschen Legion" auf, dem Führer und Kanzler Adolf Hitler zu folgen.[15] Am 1. Juli 1933 zog der Parteivorstand die logische Konsequenz aus der von ihm nicht mehr beeinflußbaren Entwicklung und beschloß die Selbstauflösung der DHP. Dazu hieß es: „Seit der Erklärung des Direktoriums vom 3. Mai hat sich die Überzeugung von der Notwendigkeit eines einheitlichen Vorgehens aller vaterländischen und nationalen Kreise verstärkt. Das Vaterland verlangt restlosen Einsatz aller aufbauenden Kräfte unter einer starken Führung. Die Deutsch-hannoversche Partei löst sich daher auf, getreu ihrem stets bewiesenen Eintreten für Heimat und Vaterland, und bittet ihre Anhänger, das alte Gedankengut der Treue auch dem neuen Reiche dienstbar zu machen..."[16]

Ein Teil der deutsch-hannoverschen Parteimitglieder schloß sich der NSDAP an, andere zogen sich aus der Politik zurück. Mit der Selbstliquidierung der DHP war allerdings die welfische Bewegung noch keineswegs zerfallen, da sie sich auf eine starke Traditionsbindung weiter Bevölkerungskreise in der Provinz Hannover stützen konnte. Zudem existierten neben der Deutschhannoverschen Partei etliche welfisch geprägte Verbände und Vereine. Neben der bereits erwähnten „Deutsche Legion" waren vor allem der Herzogin-Victoria-Luise-Bund, der Großdeutsche Orden „Heinrich der Löwe", der „Hannoversche Heimat- und Königsbund" sowie die an zahlreichen Orten bestehenden Kriegervereine, die im Hannoverschen Landeskriegerverband zusammengeschlossen waren, von Bedeutung. Alle diese Organisationen wurden Mitte Juli durch ein Dekret des neuen Oberpräsidenten Viktor Lutze zum 1. September 1933 aufgelöst.[17]

Die Deutsche Legion soll 1933 in Hannover noch etwa 80 bis 100 Mitglieder umfaßt haben. Diese wurden von ihrem Landesführer Heinz Matthes im August 1933 von ihrem Eid entbunden. Herzog Ernst August forderte sie auf, in die SA einzutreten, um beim nationalen Wiederaufstieg „an erster Stelle" mitzuarbeiten. Entgegen einer gemachten Zusage wurden die Legionäre auf verschiedene SA-Stürme aufgeteilt, so daß ihr Zusammenhalt schnell verloren ging. Der 1923 als Konkurrenzorganisation zur Legion gegründete Großdeutsche Orden (Grodo) „Heinrich der Löwe", der 1932 in der Provinz Hannover über rund 200 Mitglieder verfügte, erfuhr das gleiche Schicksal. Er wurde Ende August 1933 aufgelöst. Auch aus seinen Reihen wurde ein Teil der Mitglieder in die SA übernommen.[18]

---

15 Bericht im HA, 9. 5. 1933.
16 Erklärung des Direktoriums der DHP vom 1. Juli 1933, veröffentlicht am 2. 7. 1933 im HA und in der Hannoverschen Landeszeitung.
17 Der Oberpräsident der Provinz Hannover, Viktor Lutze, in diversen Schreiben an die Vorsitzenden der einzelnen welfisch beeinflußten Organisationen, Juli und August 1933 (NHStA Hannover: Hann. 80 Hann. II 745).
18 Von Rohr, Bürgerlich, S. 152 ff. sowie NHStA Hannover: Hann. 80 Hann. II 745.

Als Vorsitzender zeigte Wilhelm von der Decken am 14. September 1933 dem Oberpräsidenten die vollzogene Auflösung[19] des Hannoverschen Heimat- und Königsbundes an, der erst im September 1932 im Burghaus zu Hannover gegründet worden war. Obwohl die Führung der DHP dieser überparteilich angelegten Neugründung ablehnend gegenüber stand, hatte dieser Bund bald über 200 Mitglieder gewinnen können. Die in der Satzung festgelegten Ziele der Organisation waren die Wiederherstellung der hannoverschen Unabhängigkeit und der monarchischen Staatsform sowie „die Vereinigung mit dem Welfenlande Braunschweig".[20] An einer vom Heimat- und Königsbund im Burghaus veranstalteten Feierstunde zu Ehren des Welfenherzogs hatten im November 1932 sogar etwa 800 Sympathisanten teilgenommen. Die politische Polizei maß dieser neugegründeten deutschhannoverschen Organisation dennoch keine herausgehobene Bedeutung zu. Am 26. August 1933 wurde die Auflösung des Bundes offiziell bekanntgegeben. Die von Langwost gehegten Hoffnungen auf eine Wiederherstellung des Bundes blieben vergeblich.

Der „Herzogin-Viktoria-Luise-Bund", eine Vereinigung welfisch gesinnter Frauen, die sich 1919 zunächst als „Deutsch-hannoverscher Frauenbund" zusammengefunden und sich 1924 nach ihrer neuen Patronin umbenannt hatte, bestand 1932 immerhin aus 56 Ortsgruppen. Zu einem „Gelöbnis der Treue und Anhänglichkeit" waren 1928 rund 3000 Frauen auf der Marienburg zusammengekommen. Auch dieser hauptsächlich auf dem Gebiet der Wohlfahrtspflege aktive Verein wurde Ende August 1933 aufgelöst.[21]

Die Auflösung der traditionellen Kriegervereine bereitete mehr Schwierigkeiten. Oberst a.D. von Alten war als deren Vorsitzender von Oberpräsident Lutze aufgefordert worden, den Hannoverschen Landeskriegerverband e.V. als Dachorganisation sowie die ihm angehörenden örtlichen Kriegervereine aufzulösen, da sie ebenfalls unter den Erlaß zur Auflösung sämtlicher deutsch-hannoverscher Organisationen fielen.[22] Die Kriegervereine erhoben jedoch gegen diese Maßnahme Einspruch und reichten eine Denkschrift ein, in der sie unter Verweis auf ihre Satzungen darlegten, daß sie gar keine deutschhannoverschen Zweigvereine, sondern „unpolitische" und parteipolitisch neutrale Organisationen seien. Der Landesverband habe „im Sinne der von Adolf Hitler erstrebten wahren Volksgemeinschaft seine Mitglieder aus allen Schichten der Bevölkerung gewonnen" und mit der ihm angegliederten Sterbekasse „gleichzeitig im Sinne des Führers ein echtes Hilfswerk für die ihm angehörenden in Not befindlichen Volksgenossen organisiert." Überhaupt habe man sich seit Gründung der Vereinigung „durchaus in den Bahnen bewegt, die Adolf Hitler jetzt als Richtlinien für das ganze Volk festgelegt hat." Daher könne es nicht im Sinne des Führers sein, wenn eine „segenreich wirkende Organisation alter Frontkrieger und Soldaten" zerschlagen werde und somit bitte man um Rücknah-

---

19 NHStA Hannover: Hann. 80 Hann. II 745, Bl. 28.
20 NHStA Hannover: Hann. 80 Hann. II 745, Bl. 1–6.
21 Die Vollzugsmeldung der Auflösung ist erhalten in NHStA Hannover: Hann. 80 Hann. II 745 Bl. 27. Zum Bund selber: Von Rohr, Bürgerlich, S. 153.
22 NHStA Hannover: Hann. 80 Hann. II 745, Bl. 25.

me der Auflösungsverfügung.[23] Nach zahlreichen Einwendungen, mehreren Fristverlängerungen und der Androhung des Oberpräsidenten, die noch bestehenden Organisationen zwangsweise zu liquidieren, hatten sich bis August 1934 erst sechs der ursprünglich elf in der Stadt Hannover bestehenden Kriegervereine aufgelöst. Mittlerweile hatte der Kriegerverein Hannover I, unterstützt vom Kriegerverein Hannover-List und dem Marienstädter Kriegerverein, sogar eine Eingabe an das Preußische Innenministerium gerichtet.[24] Erst nach und nach konnten diese renitenten Traditionsvereine des rechtskonservativen Milieus zunächst in den Kyffhäuserbund überführt und im nächsten Schritt dann automatisch der SA-Reserve II zugeschlagen werden.[25]

Mit der geschäftsmäßig korrekten Liquidierung der eigentlichen Parteiorganisation der DHP war eine Abwicklungsstelle unter Leitung des hannoverschen Rechtsanwaltes von Engelbrechten beauftragt worden. Eine staatspolizeiliche Überprüfung ergab im März 1934, daß diese auftragsgemäß arbeitete. Soweit notwendig, wurde noch Verbindung zu den ehemaligen Mitgliedern gehalten, Kontakte zu Vereinen bestanden aber nicht mehr. Versuche, die DHP-Parteiorganisation illegal weiterzuführen, wurden nicht unternommen.[26] Im Mai 1934 richtete die Staatspolizei noch einmal ihr besonderes Augenmerk auf die Anhänger der Welfenbewegung. Insbesondere in einzelnen ländlichen Orten hatten sich frühere DHP-Angehörige in „Stammtischen" und „Clubs" zusammengefunden, um einen informellen Zusammenhalt zu bewahren. Die Stapostelle wies die Ortspolizeibehörden an, diesen

Ein Plakat, das manchem zu denken geben sollte

*Mit der Aktion gegen „Miesmacher" und „Nörgler" starteten die Nationalsozialisten im Frühjahr 1934 eine Propagandaoffensive gegen Kritiker aus dem konservativ-nationalen Milieu* (NTZ, 25. 5. 1934).

---

23 Die Denkschrift ist überliefert in NHStA Hannover: Hann. 80 Hann. II 745, Bl. 34–42.
24 Bericht der Stapostelle Hannover über die Hannoverschen Kriegervereine, 27. 8. 1934, NHStA Hannover: Hann. 80 Hann. II 745, Bl. 86.
25 NHStA Hannover: Hann. 80 Hann. II 745, Bl. 43 ff.
26 Bericht der Stapostelle Hannover vom 5. 3. 1934, NHStA Hannover: Hann. 80 Hann. II 745, Bl. 67.

Kreisen zu eröffnen, daß ihre Zusammenkünfte nicht mehr geduldet würden, weil dort „Nörgelei und Miesmacherei an der Tagesordnung" seien. Nötigenfalls werde man aufgrund des Gesetzes gegen die Neubildung von Parteien staatspolizeilich gegen die Beteiligten vorgehen.[27] Etliche frühere Mitglieder der Welfenpartei hatten sich nach deren Auflösung auch dem Heimatbund angeschlossen, der sich in „Heimatschutz Niedersachsen"[28] umbenannt hatte. Eine im Herbst 1935 durchgeführte staatspolizeiliche Überprüfung wegen des Verdachtes, daß in diesem Verein welfische Kreise ihr „reaktionäres Treiben" entfalten würden, ergab aber keine Beanstandungen.[29] Ein durchaus symbolischer Schlußstrich unter den Zerfallsprozeß der welfischen Bewegung wurde gezogen, als das ehemalige Parteiarchiv der DHP mit Einverständnis des Welfenherzogs Ernst August dem Gauarchiv der NSDAP als Sammlung angegliedert wurde. In der frühen Nachkriegszeit ist es in Gestalt der Niedersächsischen Landespartei zwar noch einmal zu einer Wiederbelebung der welfischen Traditionen gekommen, auf längere Sicht hat sich aber das in der NS-Zeit forcierte Abschleifen dieser regionalspezifischen politischen Traditionen fortgesetzt.

---

27 Stapostelle Hannover an die Ortspolizeibehörden, am 19. und am 31. Mai 1934, NHStA Hannover: Hann. 80 Hann. II 789, Bl. 81 und 101. Das Vorgehen gegen einen deutsch-hannoverschen Zirkel im Kreis Peine wird eingehend geschildert im Lagebericht der Staatspolizeistelle Hannover für Mai 1934, 4. Juni 1934, abgedruckt in: Mlynek, Gestapo, S. 150 f.
28 Zur Heimatbewegung: Werner Hartung, Konservative Zivilisationskritik und regionale Identität am Beispiel der niedersächsischen Heimatbewegung 1895–1913, Hannover 1991.
29 Rundschreiben der Stapostelle Hannover an die Ortspolizeibehörden vom 10. 9. 1935 und Bericht der Stapostelle an das Gestapa vom 3. 10. 1935, NHStA Hannover: Hann. 80 Hann. II 792, Bl. 72 und 793, Bl. 20.

## 3. Das Scheitern der Deutschnationalen: eigene Unterwerfung statt Zähmung Hitlers

Die von weiten Kreisen der Bevölkerung stürmisch gefeierte „nationale Erhebung" des Jahres 1933 war ein Produkt von zwei sich ergänzenden, aber auch miteinander konkurrierenden Kräften. Hitlers NSDAP war es bis zum Beginn der dreißiger Jahre zum einen gelungen, die Energien der völkischen und antisemitischen Szene zu bündeln und schließlich zur dominierenden Milieupartei des nationalen Lagers[1] aufzusteigen, zum anderen hatte sie durch ihr populistisches Auftreten und über die mit den SA-Stürmen sich ausbreitende nationalsozialistische Subkultur auch eine radikalisierte, schichtenübergreifende[2] Massenbasis formieren können. Die in der Deutschnationalen Volkspartei (DNVP)[3] organisierten Rechtskonservativen verloren dagegen in der Weltwirtschaftskrise einen Teil ihrer Wählerschaft an die Nationalsozialisten, konnten erst in den letzten Wahlen der Republik ihre Position wieder stabilisieren und erwiesen sich schließlich für Hitler als unverzichtbare Partner auf dem legalen Weg der Machtergreifung.

Zu Beginn der dreißiger Jahre war das Verhältnis von Rechtskonservativen und Nationalsozialisten durch gleichzeitige Kooperation und Konkurrenz gekennzeichnet. Die im Oktober 1931 proklamierte „Harzburger Front" kann hierfür als Beispiel stehen. Einerseits demonstrierten NSDAP, DNVP, Stahlhelm und „vaterländische Verbände" den gemeinsamen Kampfeswillen der „nationalen Opposition", andererseits war man gegenseitig bemüht, auf Kosten des Bündnispartners an Einfluß zu gewinnen. Für Hitler ging es darum, durch eine Zusammenarbeit mit den Rechtskonservativen an Reputation und Akzeptanz im etablierten Bürgertum zu gewinnen, die rechtsbürgerlichen Gruppen wiederum wollten den populären Hitler benutzen, um ihr Ansehen in breiten Bevölkerungskreisen zu verbessern. Dabei

---

1 Im Sinne des von Karl Rohe (Wahlen und Wählertraditionen in Deutschland. Kulturelle Grundlagen deutscher Parteien und Parteiensysteme im 19. und 20. Jahrhundert, Frankfurt am Main 1992) entfalteten Begriffs des nationalen Wählerlagers und des auf Lepsius zurückgehenden Idealtypus des konservativen Sozialmilieus. Vgl. hierzu M. Rainer Lepsius, Parteiensystem und Sozialstruktur: zum Problem der Demokratisierung der deutschen Gesellschaft, in: Gerhard A. Ritter (Hg.), Deutsche Parteien vor 1918, Köln 1973, S. 56–80.
2 Daher bezeichnet Jürgen W. Falter, Hitlers Wähler, München 1991, S. 364 ff., die NSDAP als eine durch die Negation des bestehende Parteiensystems bestimmte „Volkspartei des Protestes".
3 Überregional zur Geschichte der DNVP: Werner Liebe, Die Deutschnationale Volkspartei 1918–1924, Düsseldorf 1956; Heidrun Holzbach, Das „System Hugenberg". Die Organisation bürgerlicher Sammlungspolitik vor dem Aufstieg der NSDAP, Stuttgart 1981; Amrei Stupperich, Volksgemeinschaft oder Arbeitersolidarität. Studien zur Arbeitnehmerpolitik der DNVP, Göttingen 1982; Hermann Weiß/Paul Hoser (Hg.), Die Deutschnationalen und die Zerstörung der Weimarer Republik. Aus dem Tagebuch von Reinhold Quaatz 1928–1933, München 1989; Christian Trippe, Konservative Verfassungspolitik 1918–1923. Die DNVP als Opposition in Reich und Ländern, Düsseldorf 1995.

gab man sich der Illusion hin, man könne die Hitlerbewegung zwar benutzen, um eine Rechtsregierung zu etablieren, die Nationalsozialisten in diesem Bündnis aber wirkungsvoll „einrahmen" und „zähmen".[4]

Nachdem im Vorfeld der Reichpräsidentenwahl vom Frühjahr 1932 die „Harzburger Front" öffentlich sichtbar auseinanderbrach und Hitler gegen Hindenburg kandidierte, war das letzte Jahr der Republik von einer zum Teil scharfen Konkurrenz zwischen Nationalsozialisten und Deutschnationalen gekennzeichnet.[5] In diesem „wilden Kampfjahr mit seinen unaufhörlichen Wahlen und Volksabstimmungen"[6] erreichten die Rechtskonservativen bei der Novemberwahl erstmals wieder eine Stabilisierung ihrer kontinuerilich wegbrechenden Wählerbasis.[7]

In diesem Herbstwahlkampf 1932 fanden mehrere „Rededuelle" zwischen Vertretern der DNVP und der NSDAP statt. Zunächst hatte der deutschnationale Abgeordnete Otto Schmidt[8] in Berlin-Neukölln, in der „Neuen Welt" an der Hasenheide, ein vielbeachtetes Streitgespräch mit Goebbels geführt. Nach diesem Vorbild fanden auch in Hannover zwei „Rededuelle" statt, am 28. Oktober in einer NSDAP-Veranstaltung mit mehr als 10 000 Teilnehmern in einem Riesenzelt auf dem Schützenplatz und am 1. November 1932 in einer DNVP-Versammlung in der Stadthalle. Zwischen den Kontrahenden war vereinbart worden, daß auf Rust als Hauptredner der Nazi-Versammlung für die DNVP zunächst Oberstleutnant a.D.

---

4   Dazu ausführlich: Gotthard Jasper, Die gescheiterte Zähmung. Wege zur Machtergreifung 1930–1934, Frankfurt am Main 1986.
5   Der letzte Vorsitzende der deutschnationalen Reichstagsfraktion, Otto Schmidt, stellt in seinen Erinnerungen heraus, daß es aufgrund des offensiven Vorgehens von Hitler zu einem wirklichen Bündnis in Harzburg gar nicht mehr gekommen sei, sondern vielmehr nur nach außen der Eindruck gewahrt worden sei: „So war das Ergebnis der Tagung durchaus *negativ*, wenn sie auch nach aussen hin, aus begreiflichen Prestigegründen *aller* beteiligten Gruppen in scheinbarer Einigkeit über die Bühne ging. In Wirklichkeit gab es *kein Bündnis*, keine Harzburger Front. Denn diese war am Tage von Harzburg selbst zerplatzt! Mit Harzburg begann dagegen derjenige Kampf zwischen DNVP und NSDAP, der sich in späteren Wahlkämpfen zu so erbitterter Schärfe steigerte." (Hervorhebungen im Original). So Otto Schmidt, Harzburg (in BA: NL 211/71). Vgl. auch den publizierten Erinnerungsbericht: Otto Schmidt-Hannover, Umdenken oder Anarchie. Männer, Schicksale, Lehren, Göttingen 1959, hierin S. 259 ff.: „Die Wahrheit über Harzburg".
6   Diese Charakterisierung stammt aus den Lebenserinnerungen von Dr. Erich Wienbeck (1876–1947), während der Republik Erster Syndikus der Handwerkskammer Hannover, 1920–33 MdR für die DNVP im Wahlkreis Hannover-Süd, Mitglied im Stahlhelm, seit April 1933 durch Vermittlung Hugenbergs Ministerialdirektor im Preußischen Minsiterium für Wirtschaft und Arbeit und Reichskommissar für den Mittelstand (BA: Kl. Erw. 627, Erinnerungsbericht aus dem Jahre 1946, S. 269).
7   Seit der Reichstagswahl vom Dezember 1924, wo die DNVP mit über 6 Millionen Stimmen (20,5 %) ihr bestes Ergebnis erzielt hatte, mußte sie bis 1932 kontinuierlich Stimmenverluste hinnehmen. Sie erreichte reichsweit 1928 4,38 Millionen Stimmen (14,2 %), 1930 2,46 Millionen (7,0 %) und im Juli 1932 nur noch 2,28 Millionen Stimmen (8,9 %).
8   Otto Schmidt (1888–1971), Pastorensohn, 1924–1933 Reichstagsabgeordneter der DNVP für den Wahlkreis Osthannover, organisierte 1925 den Wahlkampf für Reichspräsident Hindenburg, wohnte zunächst in Hannover, später in Berlin, wo er „im politischen Stabe Hugenbergs" wirkte, wurde im April 1933 zum letzten Vorsitzenden der deutschnationalen Reichstagsfraktion gewählt; beruflich u. a. im Verwaltungsrat des Scherl-Verlages und im Aufsichtsrat der Ufa tätig (BA: NL 211 und Kl. Erw. 627, Erinnerungsbericht von Erich Wienbeck).

Feldmann[9] mit einem Redebeitrag antworten durfte. Der Führer der hannoverschen DNVP, Wienbeck, erinnert sich an diese Wahlveranstaltung: „Hier wurde der ganze Propagandazauber, den wir nicht kannten, in Scene gesetzt. Riesenmusiklärm, Fahneneinmarsch, gigantische Bilder, der ‚Führer' kommandierte Massen, alles Massen, alles in Uniform – kurz ein Schauplatz des Triumphes von vornherein. Selbstverständlich die Eintrittskarten für Nichtparteigenossen unererreichbar, unser Redner allein auf weiter Flur..."[10]

Auch im Hinblick auf die vier Tage später im Kuppelsaal der Stadthalle stattfindende Gegenversammlung hatte die Geschäftsstelle der DNVP es versäumt, den Kartenvorverkauf in ihrem Sinne zu steuern, so daß sich im Saal mehr „Braunhemden" als eigene Anhänger befanden. DNVP-Redner Otto Schmidt wurde in seiner Rede mehrfach durch lärmende SA-Leute unterbrochen, während Rusts Erwiderung von „brausendem Beifall" begleitet wurde. „Zum Schlußwort unseres Redners kam es nicht mehr, er wurde verschlungen von der donnernden Parteihymne der Hitlerjünger",[11] erinnert sich Wienbeck, der die „wenig glückliche" Versammlung leitete. Wegen der von Nazis verursachten Tumulte mußte die Veranstaltung am Ende sogar polizeilich aufgelöst werden. Vom äußeren Verlauf her nicht einmal ungerechtfertigt triumphierte die Niedersächsische Tageszeitung: „Auch die zweite Schlacht von den Deutschnationalen verloren".[12] Während die NSDAP-Veranstaltung auf dem Schützenplatz und das agitatorische Auftreten Rusts vor allem auf die erneute Mobilisierung der eigenen Mitglieder und Sympathisanten zielte, bemühte sich Schmidt um eine inhaltliche Auseinandersetzung mit der nationalsozialistischen Politik. Goebbels sei in der „Hasenheide" die Antworten auf die von ihm gestellten Fragen schuldig geblieben und Hitler habe das Auseinanderbrechen der „nationalen Opposition" zu verantworten. Letztendlich komme es gar nicht darauf an, wer Deutschland rette, sondern, daß es gerettet würde. „In Überschätzung ihrer Macht- und Wirkungsmöglichkeiten hat die NSDAP im letzten Jahr Totalitätsansprüche erhoben, die zu Gunsten der Linken verwirrte Teilkämpfe und unklare Fronten schufen. Den massenagitatorischen Erfolgen der NSDAP stehen schwere Fehler auf dem Gebiet ihrer politischen Führung gegenüber. Der Bruch von Harzburg, die Präsidentschaftskandidatur Hitlers, der 13. August[13] sind Etappen auf falschem Wege. Setzt die NSDAP ihre Fehler fort, so gleitet sie in den Marxismus hinein, verstrickt die in ihr wirkenden Kräfte in schwere Richtungskämpfe und Seelenkon-

---

9 Feldmann war bis 1933 Landesführer des DNVP-Gaues Hannover und Vorsitzender des Alldeutschen Verbandes, konvertierte 1934 aber zu den Nationalsozialisten, was ihm „ein Mandat im Hitlerreichstag eintrug", von seinen früheren Parteifreunden aber als „Verrat" gewertet wurde (BA: Kl. Erw. 627, Erinnerungen Wienbeck, S. 246).
10 Wienbeck, Erinnerungsbericht 1946, S. 246.
11 Ebd.
12 NTZ 3. 11. 1932, Titelseite. Eine ausgewogenere Bewertung fand die Veranstaltung im Hannoverschen Anzeiger, ebenfalls am 3. 11. 1932, wo im wesentlichen kommentarlos über beide Reden berichtet wurde.
13 Nach Verhandlungen mit Schleicher und Papen lehnte Hitler die ihm von Hindenburg angebotene Vizekanzlerschaft ab und forderte stattdessen die „volle Regierungsverantwortung".

flikte und schaltet sich für die grossen Aufgaben neuer Nationalpolitik zwangsläufig aus."[14]

Obwohl die Deutschnationalen in organisatorischer Hinsicht nicht mit der nationalsozialistischen Propagandamaschine mithalten konnten und zudem nicht über ein der SA vergleichbares Reservoir an Aktivisten für den Straßenwahlkampf verfügten, scheint der Versuch einer politischen Auseinandersetzung über die richtige „nationale" Politik zumindest von Teilen des Bürgertums positiv aufgenommen worden zu sein. Jedenfalls konnte die DNVP bei der Reichstagwahl am 6. November 1932 ihre Stimmenzahl in Hannover fast verdoppeln, auf nunmehr 8,0 %.[15] In einzelnen Wahllokalen gehobener bürgerlicher Wohnviertel erreichte sie bis zu 30 % und stellte damit in diesen Quartieren die eindeutige Dominanz der NSDAP im rechten Wählerlager in Frage. Im großbürgerlichen Milieu hatte die NSDAP eindeutig einen Rückschlag erlitten, der im Zusammenhang mit dem in rechtskonservativen Kreisen virulenten Zähmungskonzept zu sehen sein dürfte. Nachdem eine feste Einbindung der Hitlerbewegung in die „nationale Opposition" gescheitert war, galt es nun, die eigene Position in deutlicher Abgrenzung von der NSDAP zu festigen. Bei den Reichstags- und Gemeindewahlen vom März 1933, zu denen die Deutschnationalen gemeinsam mit dem „Stahlhelm" als „Kampffront Schwarz-Weiß-Rot" angetreten waren, setzte sich dieser Aufwärtstrend aber nicht fort. Bei einer sehr hohen Wahlbeteiligung von 92,8 % konnte die rechtskonservative „Kampffront" in Hannover trotz eines geringen Stimmenzugewinns ihren prozentualen Stimmenanteil mit 7,8 % nur knapp behaupten, während sich die Nationalsozialisten von 34,9 % auf 42,3 % der Stimmen verbesserten.[16]

Eine detaillierte Schilderung der Entwicklungen, die schließlich zur Machtübergabe an Hitler führten, würde an dieser Stelle den Rahmen sprengen.[17] Festzuhalten bleibt, daß am 30. Januar 1933 Hitler von Reichspräsident Hindenburg zum Kanzler eines „Kabinetts der nationalen Konzentration" ernannt wurde, in dem die nationalsozialistischen Minister Frick und Göring sowie Hitler von acht rechtskonservativen Kabinettsmitgliedern „eingerahmt" wurden.[18] Bald zeigte sich jedoch, daß

---

14 Aus dem von der Pressestelle der DNVP veröffentlichten Wortprotokoll der Rede Otto Schmidts am 1. 11. 1932 in der hannoverschen Stadthalle (BA: NL 211/34).
15 Auf die DNVP entfielen bei der Novemberwahl 1932 in Hannover 23 265 Stimmen gegenüber nur 12 976 im Juli 1932 und 11 858 bei der Reichstagwahl 1930.
16 Bei den letzten Reichstagswahlen am 5. März 1933 profitierte vor allem die NSDAP von dieser nationalen Begeisterung. Sie konnte reichsweit 5,5 Millionen Stimmen (von 11,74 auf 17,28 Mill.) hinzugewinnen und erreichte einen Stimmenanteil von 43,9 %. Die rechtskonservative „Kampffront" konnte dagegen kaum Stimmen hinzugewinnen und erreichte nur noch 8 % (im November 1932 8,9 %). Hitler konnte durch die Märzwahlen seine Position festigen: die Koalitionsregierung hatte eine knappe absolute Mehrheit erreicht (NSDAP und DNVP zusammen 51,9 %) und die Nationalsozialisten hatten gleichzeitig ihre Position ausbauen können.
17 Einschlägig dazu: Bracher, Auflösung; Ders./Wolfgang Sauer/Gerhard Schulz, Die nationalsozialistische Machtergreifung. Studien zur Errichtung des totalitären Herrschaftssystems in Deutschland 1933/34, Köln 1962, 2. Aufl.; Klaus Megerle, Die nationalsozialistische Machtergreifung, Berlin 1982.
18 Frick wurde Innenminister, Göring Minister ohne Geschäftsbereich sowie gleichzeitig Reichskommissar für den Luftverkehr, und zudem mit der Wahrnehmung der Geschäfte des preußi-

die Nationalsozialisten, gestützt auf den nun kulminierenden Straßenterror der SA und die von Hitler, Frick und Göring besetzten Schlüsselpositionen, ihre Macht zunehmend ausbauen konnten, ohne dabei von den rechtskonservativen Kräften noch kontolliert werden zu können. Nach dem Reichtagsbrand verschafften sich die Nationalsozialisten mit der Verordnung des Reichspräsidenten „zum Schutz von Volk und Staat" und dem Instrument der „Schutzhaft" sehr wirkungsvolle Mittel zur Bekämpfung aller politischen Gegner, die zunächst freilich nur gegen den tatsächlichen bzw. befürchteten Widerstand aus den Reihen der Arbeiterschaft eingesetzt wurden.

Der Zusammenbruch des demokratischen „Systems" wurde in weiten Teilen des national eingestellten Bürgertums als konservative Revolution, als die von Hitler propagierte „nationale Erhebung" mißverstanden. Mit dem „Tag von Potsdam", der symbolträchtigen Eröffnung des neuen Reichstages am 21. März 1933, wurden die konservativen Bevölkerungskreise noch einmal öffentlichkeitswirksam umworben. Die folgenden Monate, in denen die Zerschlagung der Arbeiterorganisationen und die Gleichschaltung der bürgerlichen Öffentlichkeit vorangetrieben wurde, charakterisiert ein deutschnationaler Funktionsträger in seinen Erinnerungen folgendermaßen: „Zwar wurden wir – die Deutschnationalen – in der politischen Arena noch geduldet, waren doch Hugenberg im ersten Kabinett Hitlers dreifacher Minister[19], unser Fraktionsmitglied, der Oberfinanzrat Bang, Staatssekretär, der Stahlhelmführer Seldte Arbeitsminister, Papen Vizekanzler geworden. Aber auch in unseren Reihen bröckelten immer mehr ab, so oft wir auch predigten, daß es doch wenigstens noch einige vernünftige Leute geben müsse gegenüber einer Flut, die sich unbekannte und vielleicht unheilvolle Wege bahnte. Es nutzte alles nichts. Die damals zweifellos musterhafte Organisation und die disziplinierte Schlagkraft der Hitlerbewegung, vor der selbst Hindenburg kapituliert hatte, die Morschheit aller wirtschaftlichen Verhältnisse, riß alles zu ihm [gemeint ist Hitler, Anm. d.Vf.] hin..."[20]

Die Ausschaltung der organisatorischen Basis der inzwischen in „Deutschnationale Front" umbenannten DNVP erfolgte durch eine gezielte Aktion im Frühsommer. Auf Anordnung des Geheimen Staatspolizeiamtes sollten in den Morgenstunden des 20. Juni[21] 1933 in ganz Preußen die Geschäftsstellen und Heime der deutschnationalen „Kampfringe"[22] und ihrer Jugendorganisation „Bismarckbund" sowie die Wohnungen ihrer Führer durchsucht werden. Die Häuser und Büros seien zu schließen, das vorhandene Material zu beschlagnahmen und die Führer in „Schutzhaft" zu nehmen. Bereits vor Beginn der Aktion stand fest, daß am 21. Juni 1933

---

    schen Innenministeriums beauftragt. Von den restlichen Ministern gehörten Hugenberg und Gürtner der DNVP, Seldte dem Stahlhelm an, fünf waren parteilos.
19  Hugenberg führte auf Reichsebene das Wirtschafts- und Landwirtschaftsminsterium und fungierte zudem als preußischer Handelsminister.
20  Wienbeck, Erinnerungsbericht 1946, S. 270.
21  Tatsächlich fand die Aktion in Hannover erst am 21. Juni 1933 ab 9 Uhr morgens statt (Bericht der Stapostelle Hannover an das Gestapa, 22. 6. 1933, NHStA Hannover: Hann. 80 Hann. II 798, Bl. 73–75). Dazu auch ein ausführlicher Bericht in der NTZ vom 23. 6. 1933.
22  Sie hatten ursprünglich „Kampfstaffeln junger Deutschnationaler" geheißen.

ein Verbot der betreffenden Verbände ausgeprochen werden würde.[23] Dieses erfolgte aufgrund der Reichstagsbrandverordnung, da angeblich „Kommunisten und sonstige staatsfeindliche Elemente Aufnahme in die Formationen der Deutschnationalen Kampfringe gefunden" hätten.[24] Reichskampfringführer von Bismarck wies diese Anschuldigung zwar sofort zurück[25], aber selbst Hugenberg konnte die Liquidierung der Verbände nicht verhindern. Sogar zwei Neffen des deutschnationalen Parteiführers waren verhaftet worden. Verbittert stellte dieser fest: „Gegenüber den Verboten und der Art ihrer Durchführung gibt es für mich und meine Freunde trotz meiner Zugehörigkeit zur Regierung keine Abwehr. Es ist widersinnig, uns, den alten Vorkämpfern für den nationalen Staat, eine Gemeinschaft mit Kommunisten und Marxisten oder irgendeine Illoyalität gegen den von uns selbst ersehnten nationalen Staat zuzutrauen."[26]

Die Ermittlungsberichte der Staatspolizei belegen zumindest für Hannover eindeutig, daß es sich um eine willkürliche Maßnahme machtpolitischer Art und nicht um die Abwehr gegen eine Unterwanderung von links handelte. Im Vorfeld der geplanten Aktion hatte die hannoversche Staatspolizeistelle berichtet, daß man in ganz Südniedersachsen keinerlei Beobachtungen über eine kommunistische oder marxistische Durchsetzung der „Kampfgemeinschaft junger Deutschnationaler" gemacht habe. In Hannover gehörten im Sommer 1933 rund 100 Personen den uniformierten Kampfstaffeln an, hinzu kämen etwa 40 Mitglieder der Jungkompanie und 30 Jugendliche in der Pfadfindergruppe „Nibelungenbund".[27] In einem anderen Bericht wurde festgestellt, daß der Landesführer des der Partei angegliederten Deutschnationalen Arbeiterbundes, August Günther, den Aufbau deutschnationaler Betriebszellen aus politischen Gründen ablehne. Der Ortsgruppe Hannover des Deutschnationalen Arbeiterbundes gehörten ohnehin nur rund 450 Mitglieder an.[28] Der als Gegengewicht zur nationalsozialistischen „Mittelstands"-Propagada intendierte und nun ebenfalls verbotene „Deutschnationale Bund für den gewerblichen Mittelstand" umfaßte in der Stadt Hannover zwar auf dem Papier 150 Mitglieder, trat aber öffentlich überhaupt nicht in Erscheinung und hatte noch nicht

---

23 Funkspruch des Gestapa an alle Staatspolizeistellen in Preußen, 19. 6. 1933, BA: R 58/1028, Bl. 5.
24 Der Wortlaut in: Ursachen und Folgen. Vom deutschen Zusammenbruch 1918 und 1945 bis zur staatlichen Neuordnung Deutschlands in der Gegenwart. Hg. von Herbert Michaelis und Ernst Schraepeler, Band 9: Das Dritte Reich. Die Zertrümmerung des Parteienstaates und die Grundlegung der Diktatur, Berlin 1964, S. 214.
25 Nach einer Meldung in der Niederdeutschen Zeitung vom 22. 6. 1933; vgl. auch die NTZ vom 23. 6. 1933.
26 Hugenbergs Entlassungsgesuch an Reichspräsident von Hindenburg, 26. 6. 1933, veröffentlicht in: Ursachen und Folgen, Band 9, Dokument 2065a, S. 218.
27 Funkspruch der Stapostelle an das Gestapa, 17. 6. 1933, NHStA Hannover: Hann. 80 Hann. II 798, Bl. 60. Die zunächst angenommene Zahl von rund 130 aktiven Mitgliedern in den Kampfstaffeln wurde im Stapobericht vom 22. 6. (ebd., Bl. 74) korrigiert. In die Listen waren 93 Männer eingetragen.
28 Funkspruch der Stapostelle Hannover an das Gestapa, 19. 6. 1933, NHStA Hannover: Hann. 80 Hann. II 798, Bl. 61.

einmal eine vereinsmäßige Organisation entwickeln können.[29] Zusammenfassend ist festzuhalten, daß die deutschnationalen Verbände in Hannover quantitativ keine wesentliche Rolle spielten und nicht unterwandert waren. Von einer Gefahr für die öffentliche Sicherheit und den inneren Frieden konnte also keine Rede sein.

Dies spiegelt sich auch deutlich im ersten von zwei Sonderberichten der Staatspolizei Hannover über die Aktion gegen die Kampfringe wider. Am 21. Juni morgens wurden in Hannover der örtliche Führer der Kampfgemeinschaft, Rechtanwalt Dr. Otto Kleinrath[30], der Führer der uniformierten Kampfstaffeln und der Jungkompanien, Hauptmann a.D. Hilmar von Boetticher, sowie drei Unterführer verhaftet. Geschäftsstelle und Heim der Kampfgemeinschaft im Papenstieg 4 wurden durchsucht und anschließend durch die Polizei versiegelt. Im Bericht heißt es ausdrücklich: „Die Sichtung des beschlagnahmten schriftlichen Materials hat keinerlei Anhaltspunkte für eine staatsfeindliche Betätigung des Kampfringes oder seiner Führer ergeben." Die Überprüfung der Mitgliederkartei ergab, daß sich unter den 93 in den Kampfstaffeln organisierten Männern drei ehemalige Kommunisten und zwei frühere Reichsbannerleuten befanden, die erst im April 1933 eingetreten waren. Die Führer der Kampfgemeinschaft gaben zu Protkoll, daß vor jeder Aufnahme in ihre Organisation eine „strenge Prüfung des politischen Vorlebens des Bewerbers" erfolgt sei. Die Staatspolizei bestätigte, daß der Adjutant des Kampfstaffelführers von Boetticher in zweifelhaften Fällen sogar bei der Gestapo Auskunft über die in Frage kommenden Personen eingeholt hatte.[31] Die Auflösung der deutschnationalen Kampfstaffeln erfolgte in Hannover ohne Zwischenfälle.[32] In einem zweiten Sonderbericht, den man eine Woche später nach Berlin übermittelte, wurden die beschlagnahmten Materialien einer detaillierteren Analyse unterzogen. Das bislang offensichtlich nicht wunschgemäße Untersuchungsergebnis wurde nun modifiziert: „In den Anweisungen, Kampfbefehlen usw. der Kampfringführer wird immer wieder die Verfechtung der monarchistischen Idee unter dem Symbol der schwarz-weiß-roten Farben herausgestellt."[33] Die Niederdeutsche Zeitung, das Sprachrohr der Deutschnationalen in Hannover, wurde zunächst in eingeschränktem Umfang weitergeführt, stellte aber zum Jahresende ihr Erscheinen ganz ein.[34]

---

29 Bericht der Stapostelle Hannover an das Gestapa, 23. 6. 1933, NHStA Hannover: Hann. 80 Hann. II 798, Bl. 71. Sein Verbot in Preußen ist belegt durch einen Funkspruch des RMdI an alle Ortspolizeibehörden vom 20. 6. 1933, BA: R 58/1028, Bl. 8.
30 Kleinrath gehörte zu den wenigen Laien, die in der Bekenntnisgemeinschaft der ev.-luth. Landeskirche Hannovers eine führende Rolle spielten. In diesem Zusammenhang wurde er später nochmals in „Schutzhaft" genommen.
31 Bericht der Staatspolizeistelle Hannover an das Gestapa, 22. 6. 1933, NHStA Hannover: Hann. 80 Hann. II 798, Bl. 73–75.
32 Bericht von Feldmann in einer Sitzung des Reichsführerstabes der Deutschnationalen Front am 26. 6. 1933 in Berlin (BA: NL 211/30).
33 Sonderbericht der Stapostelle Hannover an das Gestapa, 29. 6. 1933, NHStA Hannover: Hann. 80 Hann. II 798, Bl. 77–82. Nur am Rande erwähnt wurde die Aktion gegen die Deutschnationalen im Halbmonatsbericht des Regierungspräsidenten an den Preußischen Innenminister vom 6. Juli 1933 (in: Mlynek, Gestapo, S. 62/63).
34 Dietzler, Gleichschaltung, S. 159 f.

Aufgrund der Durchsetzung nationalsozialistischen Einflusses in allen Bereichen des öffentlichen Lebens, der reichsweit durchgeführten Maßnahmen gegen die deutschnationalen Organisationen und des Rückzugs von Hugenberg aus dem Kabinett der Koalitionsregierung Hitler waren die Deutschnationalen immer stärker unter Druck geraten. Folgerichtig wurde in einer Landesführersitzung der Deutschnationalen Front am 27. Juni 1933 „in Erkenntnis der Tatsache, daß der Parteienstaat überwunden ist", die Selbstauflösung der Partei beschlossen.[35] Im Gegenzug hatte Hitler zugesichert, daß die deutschnationalen Parteigänger als „voll- und gleichberechtigte Mitkämpfer des nationalen Deutschland anerkannt" würden. Damit hatte er jene Konkurrenzorganisation ausgeschaltet, die ihm wenige Monate zuvor die Machtübernahme erst ermöglicht hatte.

Über eine illegale Fortführung deutschnationaler Organisationen ist in Hannover nichts bekannt geworden.[36] Im Oktober 1933 wurde lediglich ein Verfahren wegen Vorbereitung zum Hochverrat gegen einen Schlachter eingeleitet, der in den Jahren 1932 und 1933, jeweils nur für ein paar Monate, zuerst der DHP und dann der DNVP angehört hatte. Er wurde verhaftet, als er eine an die Teilnehmer des Deutschen Juristentages in Leipzig gerichtete Flugschrift mit systemkritischen Inhalt von einem befreundeten Kaufmann, der anscheinend die Kriminalpolizei einschaltete, vervielfältigen lassen wollte. Er forderte darin die Beseitigung der Hitlerregierung, weil sie „deutschfeindlich" sei und durch ihre Maßnahmen mittelbar dem Kommunismus Vorschub leiste, indem sie die Wut der Bevölkerung provoziere. Auch in der polizeilichen Vernehmung gab der Inhaftierte an, daß der Staat nicht von Bestand sein könne, wenn die Unzufriedenheit in der Bevölkerung ständig zunehme.[37]

Im Frühjahr 1934 propagierte die NSDAP eine Aktion „Gegen Wühlmäuse und Reaktion!", mit deren Hilfe auch unliebsame Kritik aus dem bürgerlich-konservativen Milieu ausgeschaltet werden sollte. Die „alte Garde", so der stellvertretende hannoversche Gauleiter Schmalz am 2. Mai 1934 im ehemaligen Gewerkschaftshaus, werde einen „kurzen, harten Kampf gegen die Reaktion von links bis rechts" führen. Bis zum 30. Juni sollte in einem „großangelegten Propagandafeldzug" gegen alle „Miesmacher und Hetzer, gegen alle unfruchtbaren Kritikaster und Saboteure am Aufbauwerk des Führers" vorgegangen werden.[38] In den folgenden Wochen wurden in der nationalsozialistischen Tagespresse wiederholt Warnungen an

---

35 Protokoll der Sitzung der Landesführer der Deutschnationalen Front am 27. 6. 1933 in Berlin (BA: NL 211/30). Der Wortlaut der Erklärung ist abgedruckt in: Ursachen und Folgen, Band 9, Dokument 2067, S. 221 f.). Zum Ende der DNVP bzw. der Deutschnationalen Front: Friedrich Freiherr Hiller von Geringen, Die Deutschnationale Volkspartei, in: Erich Matthias/Rudolf Morsey (Hg.), Das Ende der Parteien 1933, Düsseldorf 1960, S. 541–652; Schmidt-Hannover, Umdenken, S. 349 ff.; die einschlägigen Quellen sind abgedruckt in: Ursachen und Folgen, Band 9, Dokumente 2065a und 2065b, S. 214–219.

36 Als Überblick für die Reichsebene: Ekkehard Klausa, Politischer Konservatismus und Widerstand, in: Peter Steinbach/Johannes Tuchel (Hg.), Widerstand gegen den Nationalsozialismus, Bonn 1994, S. 219–234.

37 Bericht des hannoverschen Oberstaatsanwaltes an den Oberreichsanwalt in der Strafsache gegen August B. wegen Vorbereitung zum Hochverrat, 8. 10. 1933, StA Münster: OJ 807/33. Über den weiteren Ausgang des Verfahrens ist nichts bekannt.

38 NTZ, 3. 5. 1934, Leitartikel.

„die reaktionären Klüngel"[39] gerichtet und schließlich einzelne Exempel statuiert.[40] So wurde Rittmeister a.D. von Kramsta, der ein gegen den Adel gerichtetes, mit einem „Führer"-Zitat aufgemachtes Schaufensterplakat der Deutschen Arbeitsfront moniert und dem Geschäftsinhaber angedroht hatte, er und seine „Standesgenossen" würden seinen Laden nicht mehr betreten, als „Staatsfeind" und „Saboteur an der Volksgemeinschaft" entlarvt. Da von Kramsta auch gegen die Gleichschaltung der Adelsgenossenschaft protestiert und sich angeblich damit gebrüstet hatte, bei der sog. Volksabstimmung im November 1933 mit „Nein" gestimmt zu haben, wurde er als „reaktionärer Volksschädling, der mit zynischer Offenheit überall seine feindselige Einstellung gegen den Nationalsozialismus öffentlich zur Schau trägt", zunächst von der Gestapo für einige Tage in „Schutzhaft" genommen und bald darauf ein zweites Mal für acht Wochen im Konzentrationslager Papenburg inhaftiert.[41] Aus propagandistischen Gründen wurde die Zielrichtung der Aktion in der Presse deutlich hervorgehoben: Der Fall von Kramsta solle „allen denjenigen zur Mahnung dienen, welche heute noch der Ansicht sind, ungestraft ihr loses Mundwerk gegen den Staat Adolf Hitlers aufreißen zu können...".[42] Konservative Opponenten sollten wirkungsvoll ruhiggestellt werden.

Abschließend soll noch ein Blick auf den Alldeutschen Verband[43] und seine Gleichschaltung geworfen werden. Im Gegensatz zur Deutschnationalen Volkspartei, zum Frontsoldatenbund „Stahlhelm", zu den Freikorps und vielen kleineren nationalistischen Gruppen und Organisationen, die vom Erfahrungshintergrund des Weltkrieges und der Novemberrevolution ausgehend in den Jahren der Republik ihre Aktivtäten entfalteten, repräsentierte diese 1891 zunächst als „Allgemeiner Deutscher Verband" gegründete Organisation in besonderer Weise die bereits aus den Traditionen des Kaiserreiches heraus entstandene Form des Nationalismus. In der hannoverschen Ortsgruppe gaben nach der Machtübernahme ehemalige Deutschnationale, die zur NSDAP übergegangen waren, den Ton an. Als lokaler Vorsitzender des Alldeutschen Verbandes fungierte der frühere Vorsitzende der DNVP in Hannover, Otto von Feldmann, der im November 1933 auf der Einheitsliste der NSDAP in den sog. Reichstag der Nationalsozialisten delegiert worden war. Ein Überwachungsbericht der Staatspolizei vermerkt, daß der Alldeutsche Verband im Herbst 1934 eine „rege Werbetätigkeit" entfaltet habe und sich durch Zulassung von Gästen bei seinen internen Versammlungen darum bemühe, neue Mitglieder zu gewinnen. Eine Mitgliederversammlung im großen Saal des Hotels „Ernst August" in Hannover sei am 12. Oktober 1934 immerhin von 400 Teilnehmern besucht gewesen, wogegen früher nur etwa 70 bis 100 Personen an diesen

---

39 NTZ, 12./13. 5. 1934.
40 Neben dem im folgenden behandelten Fall von Kramsta handelte es sich bei den Betroffenen um einen Rittergutsbesitzer aus Oberg bei Peine (NTZ, 12. 5. 1934) sowie um einen Oberingenieur der Firma Riedel-de-Haën in Seelze (NTZ, 25. 5. 1934).
41 Berichte in der NTZ am 11. 5., 12./13. 5., 23. 5. und 24. 5. 1934.
42 Kurzmeldung auf der Titelseite der NTZ, 12./13. 5. 1934, unter der Überschrift „Die erste Wühlmaus gefangen!"
43 A. Kruck, Geschichte des Alldeutschen Verbandes 1890–1939, Wiesbaden 1954; Andrew G. Whiteside, Georg Ritter von Schönerer. Alldeutschland und sein Prophet, Graz u. a. 1981.

Versammlungen teilgenommen hätten.[44] Als Hauptredner trat Freiherr von Freytagh-Loringhoven auf, der seit 1924 deutschnationaler Reichstagsabgeordneter gewesen war und zudem dem Parteivorstand der DNVP angehört hatte. Auch er hatte 1933 „die Pferde gewechselt" und war zur NSDAP übergetreten, wofür er ebenfalls mit einem „Reichstags"-Mandat belohnt wurde. Im Alldeutschen Verband sammelten sich nach 1933 diejenigen Deutschnationalen, die persönlich keine Vorbehalte gegen eine aktive Mitarbeit im nationalsozialistischen Herrschaftssystem hatten. Im Januar 1935 konnte der Verbandsvorsitzende Heinrich Claß bei einem „Reichsverbandstag", der im „Parkhaus" in Hannover stattfand, feststellen, daß die Organisation sich in einer Aufwärtsbewegung befinde.[45] Trotz einer weitgehenden politischen Übereinstimmung mit der Hitlerregierung wurde in den äußeren Formen aber offensichtlich ein eigener Stil gewahrt. Mehrfach monierte die Staatspolizei, daß die Versammlungen nicht mit dem Hitlergruß eröffnet oder beschlossen würden. Offensichtlich stießen die routinemäßig abgegebenen Bekenntnisse zum NS-Staat auf eher begrenzte Begeisterung.[46] Anläßlich einer Vortragsveranstaltung in Hildesheim sprach der dortige Regierungspräsident gar von einem „Treffen reaktionärer Kreise".[47] Bis 1939 wurde der Alldeutsche Verband im „Dritten Reich" noch geduldet, dann aber mit der Begründung aufgelöst, er habe seine Mission erfüllt.

---

44 Lagebericht der Stapostelle Hannover für den Monat Oktober 1934 an das Gestapa, 4. 11. 1934 (Mlynek, Gestapo, S. 256 f.).
45 Lagebericht der Stapostelle Hannover für den Monat Januar 1935 an das Gestapa, 5. 2. 1935 (Mlynek, Gestapo, S. 299 f.).
46 Mlynek, Gestapo, S. 256, 337, 504 und besonders 514.
47 Lagebericht des Hildesheimer Regierungspräsidenten für die Monate April und Mai 1935 an den Reichsinnenminister, 1. 6. 1935 (Mlynek, Gestapo, S. 381 f.).

## 4. Anpassung und Selbstliquidierung: „Der Stahlhelm. Bund der Frontsoldaten"

„Die Kräfte, die den Staat von Weimar im Frühjahr 1933 zur Strecke brachten, haben ihren Ursprung in den von deutschen Soldaten des Weltkrieges geschaffenen Organisationen, der NSDAP und dem Stahlhelm", resümierte eine Darstellung der Geschichte des Frontsoldatenbundes im Jahr 1933.[1] Die gewählte Formulierung verweist auf die ambivalente Rolle des „Stahlhelms" in der Phase der Machtergreifung: Der Bund der Frontsoldaten war, ebenso wie die Deutschnationalen, für Hitler ein wichtiger Bündnispartner auf dem Weg zur Macht, andererseits stand er in einem Konkurrenzverhältnis zu SA und NSDAP. „Tatsächlich war es Ende 1932 oft unmöglich zu bestimmen, wen die Röhmschen Schlägertrupps oder die Goebbels'schen Propagandisten mehr haßten – die „Marxisten" oder die Stahlhelmer"[2], charakterisiert Berghahn dieses konfliktträchtige Verhältnis zwischen dem nationalistischen Soldatenbund und der populistischen Hitlerbewegung.

Aus einer „Erinnerungsgemeinschaft alter Frontsoldaten" heraus hatte sich bereits in den frühen Jahren der Republik ein straff organisierter Wehrverband entwickelt, der der Weimarer Demokratie ablehnend gegenüberstand und nationalistisches, antisemitisches und völkisches Gedankengut verbreitete. Der Stahlhelm war ein wesentliches Element der „nationalen Opposition", die seit Beginn der Weltwirtschaftskrise mit zunehmender Intensität auf die Beseitigung des parlamentarischen „Systems" hinarbeitete.[3] In der Kampagne gegen den Young-Plan kooperierte man 1929 erstmals auch mit den Nationalsozialisten, was diesen eine wachsende Akzeptanz im rechtskonservativen Bürgertum einbrachte. Durch die Beteiligung an der „Harzburger Front" und im Januar 1933 auch am „Kabinett der nationalen Konzentration" hoffte man, die eigene Machtposition auszubauen. Unter Führung von Franz Seldte, der in der Koalitionsregierung Hitler Arbeitsminister geworden war, vollzog sich ganz im Gegensatz zu den hochgeschraubten Erwartungen aber ein Prozeß der politischen und organisatorischen Selbtliquidierung.[4]

---

1 Martin Bochow, Männer unter dem Stahlhelm. Vom Werden, Wollen und Wirken des Stahlhelm-Bund der Frontsoldaten, Stuttgart/Berlin/Leipzig 1933, 2. Aufl.
2 Volker R. Berghahn, Der Stahlhelm. Bund der Frontsoldaten 1918–1935, Düsseldorf 1965, S. 243.
3 Alois Klotzbücher, Der politische Weg des Stahlhelms, Bund der Frontsoldaten, in der Weimarer Republik. Ein Beitrag zur Geschichte der „Nationalen Opposition" 1918–1933, Phil. Diss. Tübingen 1964 sowie Peter Fritzsche, Between Fragmentation and Fraternity: Civic Patriotism and the Stahlhelm in Bourgeois Neighborhoods during the Weimar Republic, in: TAJB 17 (1988), S. 123–144.
4 Einschlägig zur Organisationsgeschichte ist immer noch die bereits zitierte Darstellung von Berghahn. Darüber hinaus existieren etliche Berichte und Darstellungen von Beteiligten. Instruktiv vor allem: Theodor Duesterberg, Der Stahlhelm und Hitler, Hameln 1950. Aus zeitge-

Im niedersächsischen Bereich hatte das Zentrum der Frontsoldaten-Organisation urprünglich in Hildesheim gelegen, wo zunächst auch der Sitz des neu gebildeten Landesverbandes Hannover etabliert worden war. Im September 1924 versammelten sich zu einem Frontsoldatentag des Landesverbandes etwa 7000 Stahlhelmer in Hannover, das in der Folgezeit einen spürbaren Aufschwung in der Stahlhelm-Organisation nahm: im Herbst 1925 wurde die Zentrale der Landesorganisation in die Provinzhauptstadt verlegt und im Herbst 1927 ein eigenständiger Gau Hannover-Stadt gebildet. Neben dem Kern des Stahlhelms, der sich aus Frontsoldaten des Ersten Weltkrieges zusammensetzte, wurden ungediente Männer in einem Stahlhelm-Landsturm, Jugendliche zwischen 10 und 17 Jahren im „Scharnhorst-Bund" und junge Männer zwischen 17 und 21 Jahren im „Jungstahlhelm" zusammengefaßt. Zudem bestand in Hannover eine Gruppe des „Bundes Königin Luise", in der Frauen, die dem Frontsoldatenbund nahestanden, soziale Arbeit leisteten. Stahlhelm und Jungstahlhelm zählten um 1930 rund 16 000 Mitglieder im Landesverband Hannover, etwa eine halbe Million im Reich.[5]

Seit Sommer 1930 stand Generalleutnant a.D. Ulrich von Henning auf Schönhoff an der Spitze des Landesverbandes. Eine seiner schwierigsten Aufgaben bestand darin, trotz der immer wieder notwendigen Kooperation mit den rechtsbürgerlichen Parteien dem Stahlhelm ein gewisses Maß an politischer Handlungsfähigkeit zu erhalten. Nachdem man sich von den Positionen der DVP zunehmend entfernt hatte, hatte sich neben der DNVP in der Provinz Hannover auch die DHP als potentieller konservativer Bündnispartner angeboten. In den Jahren 1929 und 1930 wurden Verhandlungen „über die Herstellung freundnachbarlicher Beziehungen zwischen dem Stahlhelm und der niedersächsischen Bewegung" geführt, bei denen Henning dem Führer der welfischen Deutschen Legion versicherte, man unterstütze den Föderalismus der Deutschhannoveraner. Freilich wurde die angestrebte Annäherung empfindlich durch das Verhalten eines örtlichen Stahlhelmführers in Bremervörde gestört, dem angekreidet wurde, daß er den Stahlhelmkameraden den Besuch einer NSDAP-Veranstaltung zur Pflicht gemacht habe und überhaupt versuche, die DHP systematisch zu schwächen, um ihre Mitglieder in den Stahlhelm zu überführen.[6]

In zunehmendem Maße wurde die Stellung des Stahlhelms zwischen der aufstrebenden nationalsozialistischen Massenbewegung und der traditionellen bürgerlichen Rechten zum Problem. Eine klare Parole könne nicht ausgegeben werden, konstatierte Henning bei einer Wahlkampfveranstaltung im April 1932, weil die Stimmung in den einzelnen Gauen des Stahlhelms sehr unterschiedlich sei: hier stark für Hitler, dort stark für Hugenberg. Selbstverständlich aber sei, daß man kei-

---

nössischer Sicht: Der Stahlhelm, Band 1: Erinnerungen und Bilder aus den Jahren 1918–1933, hg. im Auftrag von Franz Seldte, Berlin 1932; Bochow, Männer; Hans Henning Freiherr Grote, Der Stahlhelm muß sein. Vom Frontsoldaten zum Volkskriegertum, Berlin 1933; Der NSDFB (Stahlhelm). Geschichte, Wesen und Aufgabe des Frontsoldatenbundes, Berlin 1935; Fünfzehn Jahre Stahlhelm in Niedersachsen, zusammengestellt von O. Lippelt und E. Huckstorf, Braunschweig 1936.

5   Fünfzehn Jahre Stahlhelm sowie Von Rohr, Bürgerlich, S. 147 ff. Die Altersgrenze des „Jungstahlhelm" wurde übrigens später nach oben verschoben.
6   BA: R 72/1.

ne Stimme „dem System" gebe. Die DNVP sei eine „ruhige, abgeklärte Partei", der man als Stahlhelm „frisches Blut zuführen" wolle, wenn diese sich darauf einlasse. Hitler trete dagegen oft überheblich auf und wolle „alles allein machen", daher brauche er eine Warnung. Andererseits, so von Henning, sei die NSDAP ein „starkes, vielleicht das stärkste Element für die Gesundung des Volkes. Wer es gut meint mit ihr, und ich tue das, muß für gewisse Widerstände sorgen, für ruhige Entwicklung sorgen."[7]

Um ein Auseinanderbrechen aufgrund der unterschiedlichen parteipolitischen Präferenzen, die innerhalb des Stahlhelms zum Teil hart aufeinandertrafen, zu vermeiden, hatte man zu Beginn des Krisenjahres 1932 auf der Reichsebene beschlossen, sich aus der Parteipolitik weitgehend herauszuhalten und sich ganz auf zwei zentrale Felder der gesellschaftspolitischen Arbeit zu konzentrieren: den Freiwilligen Arbeitsdienst und den Wehrsport. Berghahn wertet diesen Rückzug aus der aktiven Politik als den Beginn der „politische Selbstliquidierung" des Stahlhelms.[8] Tatsächlich befand sich die Bundesführung 1932 in einer strategisch sehr schwierigen Situation, da sich innerhalb der Organisation eine vertikale Trennunglinie abzeichnete. Während unter den Stahlhelmführern nach wie vor deutschnationale Anschauungen relativ stark vertreten waren, neigte die Gefolgschaft in weiten Gebieten des Reiches zunehmend zu Hitler und seiner NSDAP.[9] Den sich hieraus ergebenden Problemen versuchte der hannoversche Landesführer von Henning zu begegnen, indem er sich bemühte „auch den Anschein einer Bindung mit einer Partei zu vermeiden".[10] Im Mai 1932 zog er persönliche Konsequenzen und erklärte seinen Austritt aus der DNVP[11]. Der Grund hierfür liege nicht in einem Abrücken von seiner deutschnationalen Gesinnung, erkärte Henning, sondern allein in der Tatsache, daß die neue Zielrichtung der Bundespolitik zumindest von den Landesführern verlange, daß sie parteipolitisch nicht gebunden seien.[12] Trotz dieses Versuches, die Bedeutung des Parteiaustrittes zu relativieren, erklärte im Gegenzug der Gauführer der Deutschnationalen, Otto von Feldmann, nun seinen Austritt aus dem Stahlhelm.[13] Insbesondere monierte er, daß Henning sich so auffällig distanziere, während gleichzeitig in Brandenburg die dortigen Stahlhelmführer als deutschnationale Abgeordnete in den Preußischen Landtag gewählt worden seien. Von Henning antwortete daraufhin, daß er keinen Druck auf seine Unterführer ausüben werde, ebenfalls die Partei zu verlassen. Er persönlich glaube sogar, durch seine Ungebundenheit die Ziele der DNVP nun wirkungsvoller unterstützen zu können, denn die

---

7 Stichworte für den Vortrag des Landesführers [Henning] am 3. April 1932, BA: R 72/5, Bl. 153.
8 Berghahn, Stahlhelm, S. 231 ff.
9 Berghahn, Stahlhelm, S. 231.
10 Von Henning an Otto Schmidt, 28. 1. 1932, BA: NL 211/29.
11 Nach Marklowsky (Schlesien) und Lenz (Bayern) war er bereits der dritte Stahlhelmführer, der die DNVP verließ (Otto Schmidt an von Feldmann, 21. 5. 32, BA: NL 211/29).
12 Von Henning an von Feldmann, 19. 5. 1932, BA: NL 211/29. Diese Erklärung erscheint plausibel, da sowohl Stahlhelmführer, die zur deutschnationalen Seite neigten (wie z. B. Mahnken) als auch mit dem Nationalsozialismus sympathisierende (wie z. B. der Brandenburger Landesführer Morozowitz) diesen Weg gingen.
13 Von Feldmann an von Henning, 20. 5. 32, ebd.

Verhältnisse in Hannover unterschieden sich eben wesentlich von denen in Brandenburg: „Die Brandenburger Stahlhelmer sind in ihrer Masse deutschnational eingestellt, die hannoverschen dagegen in ihrer Masse nationalsozialistisch".[14]

Einen herben Rückschlag mußte von Henning im August 1932 einstecken, als der bisherige Führer des hannoverschen Jungstahlhelms, Hauptmann a.D. Freiherr Roeder von Diersburg, infolge von Differenzen mit der Landesverbandsführung aus der Organisation ausschied und ein eigenes „Wehrkorps Roeder" aufstellte, in dem jeglicher parteipolitische Einfluß ausgeschaltet bleiben sollte. Da zusammen mit Roeder etwa 70 der rund 100 jugendlichen Mitglieder den Jungstahlhelm verließen, mußte diese Formation im Gau Hannover ganz aufgelöst werden.[15] Diesen spürbaren Einbruch in der praktischen Arbeit konnte auch die im September 1932 erfolgte Gründung einer Ortsgruppe Hannover der „Gesellschaft der Freunde des Stahlhelms" nicht ausgleichen.[16]

Die in der Führungsspitze des Stahlhelms so kontrovers beurteilte Frage der Beteiligung am Kabinett Hitler hat anscheinend in Hannover zu keinen offenen Konflikten geführt. Bekanntermaßen machte sich der erste Bundesführer Seldte für die Mitarbeit in der Koalitionsregierung stark, während Duesterberg als zweiter Bundesführer den Nationalsozialisten sehr skeptisch gegenüberstand und erst nach massiver Überredung und nur sehr zögernd seine Einwilligung zu dem Bündnis mit Hitler gab.[17] Nach der Machtübergabe an die Regierung Hitler wurde – wie auch in vielen anderen Orten – der errungene Erfolg mit einem gemeinsamen Marsch der nationalsozialistischen Sturmabteilungen und des Stahlhelms begangen, der in Hannover am 5. Februar 1933 stattfand.[18] Angesichts des bald deutlich werdenden Machtzuwachses der Nationalsozialisten waren der Stahlhelm und die DNVP allerdings im Vorfeld der von Hitler durchgesetzten Neuwahl des Reichstages am 5. März 1933 noch einmal enger zusammengerückt und hatten die „Kampffront Schwarz-Weiß-Rot" gebildet, um vereint ein möglichst starkes Gegengewicht zur NSDAP darzustellen. Zwei Tage vor der Wahl trat Seldte gemeinsam mit DNVP-

---

14 Von Henning an von Feldmann, 24. 5. 1932, ebd.
15 Bericht des hannoverschen Polizeipräsidenten an den RP, 10. 9. 1932, NHStA Hannover: Hann. 80 Hann. II 742, Bl. 452–460.
16 Unter Führung von Oberst a.D. Hermann Duckstein hatten sich in diesem Kreis etwa 400 Mitglieder zusammengefunden. Die Stapostelle Hannover charakterisiert die Organisation in ihrem Bericht vom 23. 7. 1934 wie folgt: „Die Mitglieder sind meist ältere einflußreiche Persönlichkeiten der Industrie und Wirtschaft und gehören zum Teil der NSDAP und anderen nationalen Verbänden an. Zwecke der ‚Gesellschaft der Freunde des Stahlhelm' ist die ideelle und finanzielle Unterstützung des Stahlhelm, jetzt NSDFB, der aus beruflichen und gesundheitlichen Gründen am aktiven Dienst verhinderten Personen und vergleichbar mit den fördernden Mitgliedern der SS." (NHStA Hannover: Hann. 180 Hann. II 754).
17 Zu den Vorgängen im Vorfeld der Bildung des Hitler-Kabinetts ausführlich: Berghahn, Stahlhelm, S. 245 ff. sowie aus der subjektiven Warte eines Hauptbeteiligten: Duesterberg, Stahlhelm. Vgl. auch seinen Bericht (vom 27. 4. 1946) über die Ereignisse am 30. 1. 1933, IfZ: ZS 1700. Duesterberg war zu diesem Zeitpunkt wegen seiner Ablehnung Hitlers und aufgrund seiner im Sommer 1932 bekanntgewordenen jüdischen Abstammung bereits heftig von der nationalsozialistischen Presse attackiert worden.
18 Dazu Befehl von Henning, 31. 1. 1933, BA: R 72/6, Bl. 19 und Bericht in der NTZ am 6. 2. 33.

Landesführer von Feldmann bei einer großen Wahlkundgebung im Kuppelsaal der Stadthalle auf.[19] Bekanntermaßen erreichten die am „Kabinett der nationalen Konzentration" beteiligten Kräfte in dieser letzten, aufgrund massiver Wahlbeeinflussung schon unter irregulären Verhältnissen stattfindenden Reichstagswahl zusammen eine knappe Mehrheit, wobei allerdings vor allem die NSDAP ihre Position verbessern konnte.

Bald darauf begann die Entmachtung des Stahlhelms. Waren gerade noch Stahlhelmer bei der Durchkämmung von Arbeitervierteln und der Verfolgung von politischen Gegnern Seite an Seite mit SA- und SS-Leuten als Hilfspolizisten eingesetzt worden[20], so demonstrierte Hitler nur drei Wochen nach der Märzwahl unmißverständlich, daß er nicht zu einer gleichberechtigten Partnerschaft mit dem Stahlhelm gewillt war, sondern auf die Unterordnung des Bundes unter die nationalsozialistische Bewegung drängte. In Braunschweig statuierte der nationalsozialistische Ministerpräsident Klagges ein Exempel, dem als Vorwand diente, daß zahlreiche ehemalige Sozialdemokraten, Reichsbannerleute und Kommunisten die Aufnahme in den Stahlhelm beantragt hatten. Noch bevor die örtliche Stahlhelmführung sich mit dieser Antragsflut auseinandersetzen konnte, verbot Klagges kurzerhand den Stahlhelm im Freistaat Braunschweig[21] und ließ rund 1350 Personen, lokale Führer und Unterführer des Stahlhelms sowie Eintrittswillige, vorübergehend verhaften. Erst nachdem Seldte eine Massenaufnahme ausgeschlossen und den Braunschweiger Landesverbandsführer Schrader abgelöst hatte, wurde das Verbot wieder aufgehoben.[22]

In Hannover bemühte sich der Bund der Frontsoldaten dagegen erfolgreicher um eine möglichst konfliktfreie Mitarbeit im neuen Staat. Bei einem im Saal des Burghauses veranstalteten „Deutschen Abend" erklärte der Führer des Gaues Hannover-Stadt, Generalmajor Teschner, Stahlhelm und SA verträten keine gegensätzlichen Positionen, sondern wollten beide das gleiche. Neuaufnahmen würden entgegen anderslautender Gerüchte nur stattfinden, wenn ein Antragsteller zwei zuverlässige Bürgen beibringen könne und eine sechswöchige Probezeit zufriedenstellend absolviert habe. Differenzierter setzte sich Landesführer von Henning mit der

---

19 Ein ausführlicher Bericht dazu im HA, 5. 3. 1933, unter dem angesichts des späteren Einflußverlustes des „Stahlhelm" fast schon prophetischen, seinerzeit aber natürlich anders gemeinten Titel „Seldtes letzter Appell".
20 Am 22. 2. 1933 ordnete Göring für Preußen – die anderen Länder folgten nach ihrer Gleichschaltung – auf dem Erlaßwege die Bildung einer Hilfspolizei aus SA, SS und Stahlhelm an. Am 8. März 1933 verfügte das Bundesamt des Stahlhelms, daß geeignete Stahlhelmangehörige benannt werden sollten (Berghahn, S. 252). Letztendlich wurden damit eine Konstellation fortgesetzt, die sich in den letzten Jahren der Republik entwickelt hatte. Aus einer Aufstellung des Stahlhelm-Bundesamtes geht hervor, daß allein in der Zeit von Januar bis September 1931 in Hannover vier Stahlhelmangehörige bei Kämpfen mit Angehörigen der linken Parteien verletzt worden waren (Bundesamt des Stahlhelms, Zusammenstellung der Überfälle auf Stahlhelm-Kameraden, die seit dem 1. Januar 1931 verübt wurden, 15. 9. 1931, NStA Wolfenbüttel: 12 A Neu Fb 13h, N5, 16050).
21 Die Verbotsverfügung ist veröffentlicht in Ursachen und Folgen, Band 9, S. 226, Dokument 2069.
22 Bericht dazu im HA, 30. 3. 1933.

Lage auseinander und rief die Anwesenden auf, trotz der Vorgänge in Braunschweig der Hitlerregierung die Treue zu halten: „Ich bin überzeugt, daß die Regierung uns, den Stahlhelm, noch einmal gebrauchen (sic!) wird. Wir müssen unterscheiden zwischen dem Prinzip der Massen und dem der Männer. Wir im Stahlhelm haben Männer. Ich glaube, daß diese Männer der nationalen Regierung einmal wertvoll sein werden. Daß wir uns hinter die Regierung stellen, hat erstens einen innenpolitischen Grund: Die nationale Revolution ist wohl durchgebrochen, aber ihr Sieg ist noch nicht sichergestellt. Marxisten und Kommunisten warten nur darauf, zum Gegenstoß einzusetzen. Aus diesem Grunde müssen wir versuchen, immer wieder das Trennende zu vergessen, um mit der nationalen Regierung und der SA zusammenzuhalten. Der zweite Punkt liegt in der außenpolitischen Linie. Ich glaube, daß das Ausland nur auf den Sprung in der nationalen Front wartet und dann so geschickt sein wird, in diese Front einen Keil zu treiben... Drittens möchte ich sagen, daß uns weltanschaulich nichts von den Nationalsozialisten trennt. Wir werden also zusammen marschieren, solange die Ehre und Würde des Stahlhelms und seiner Führer nicht angegriffen werden."[23]

In einem Artikel der Verbandszeitung, der sich unter dem Titel „Die Lügenhetze gegen den ‚Stahlhelm'" mit der Hetzkampagne nationalsozialistischer Blätter gegen den Bund auseinandersetzte, wird Henning mit einer Erklärung zitiert, in der er sich gegen die Behauptung verwahrt, er habe die NSDAP angegriffen. „Hätte ich das getan, so würde ich der ganzen Arbeit, die ich seit vier Jahren zu leisten versuche, in das Gesicht geschlagen haben. Denn jeder, der mich kennt, weiß, daß ich solange ich den Landesverband Hannover führe, alles daran gesetzt habe, um ein gutes Verhältnis zwischen dem Stahlhelm und der NSDAP, soweit das in meinen Kräften liegt, herzustellen."[24] Eine scharfe Trennungslinie zog von Henning dagegen zum Tannenbergbund. Da dieser gegen die christliche Kirche arbeite und sich gegen die nationale Regierung gestellt habe, sei eine Zugehörigkeit von Stahlhelmkameraden zu dieser Organisation unmöglich.[25]

Hennings Positionen wurden hier eingehender geschildert, weil er als ein typischer Repräsentant der eher traditionell orientierten Gruppe von Stahlhelmführern gelten darf. Mit ihm begegnet uns ein national und völkisch gesinnter, durch seine Identität als Frontsoldat geprägter Konservativer, der während der Weimarer Republik zunächst in der DNVP seine Heimat gefunden hatte. Weltanschaulich trennte ihn offensichtlich nur wenig von der Hitlerbewegung, die sich aufgrund ihrer politischen Erfolge seit 1930 als potentieller Bündnispartner zu einer alternativen Option entwickelte. Dagegen wird die braune Massenbewegung ambivalent gesehen: Einerseits distanziert man sich von dem unkultivierten, aggresiven und zudem uneinheitlichen Auftreten der SA, andererseits wird anerkannt, daß mit ihr eine weitreichende Mobilisierung breiter Bevölkerungskreise für nationalistische Ziele er-

---

23 Bericht über den „Deutschen Abend" des Stahlhelms im Burghaus am 8. 4. 1933 (HA, 10. 4. 1933).
24 Hannoverscher Stahlhelm, Dienstliches Organ der Landesverbände im Stahlhelm, BdF. Stahlhelm-Zeitung für Stadt und Provinz Hannover, 16. 4. 1933 (BA: R 72/2, Bl. 168).
25 Von Henning an die Gaue des Landesverbandes Hannover, 20. 4. 1933 (BA: R 72/6, Bl. 68).

reicht wird. Hitler selbst wird als Führer und „Trommler" bewundert, als „Staatsmann" und vor allem als Bündnispartner aber eher skeptisch beurteilt, weil er als maßlos, überheblich und unzuverlässig gilt. Letztendlich sind es taktische Gründe, die den Ausschlag für das Zusammengehen mit den Nationalsozialisten geben. Während die Deutschnationalen sehr konkret fürchten müssen, durch den Konkurrenzkampf der Parteien Pfründe und parteipolitische Machtpositionen einzubüßen und daher bereits im Krisenjahr 1932 zwar für die „nationale Erhebung", aber gleichzeitig auch gegen den wachsenden Einfluß der NSDAP kämpfen, spielen solche Überlegungen zur Eindämmung der Nationalsozialisten im Stahlhelm eher eine untergeordnete Rolle. Bewußt hat man sich politisch für beide Seiten offengehalten: die bürgerlich etablierten rechtskonservatien Nationalisten in der DNVP und die als neue gesellschaftliche Kraft auftretende erfolgreiche Hitlerbewegung. Die Chance einer „nationalen Erhebung", der Beseitigung des verhaßten Weimarer Regimes, auf die man in den Jahren der Republik kontinuierlich hingearbeitet hatte, wird nun ergriffen, obwohl man sich des Risikos bewußt ist, das in der Zusammenarbeit mit Hitler liegt. Führer wie von Henning sehen dabei offensichtlich, daß sie sich auf eine Gratwanderung einlassen: hier das möglicherweise endgültige Scheitern der nationalistischen Bewegung in Deutschland vor Auge, dort der drohende Verdrängungswettbewerb mit dem aggressiven und propagandistisch überlegenen Nationalsozialismus. Nach der Machtübernahme hegt man die unrealistische Hoffnung, durch loyale Mitarbeit im neuen Staat von Hitler als gleichberechtigter Partner akzeptiert zu werden. Aus heutiger Sicht erscheint das Scheitern des Stahlhelms somit als folgerichtig und absehbar. Die eigenen Kräfte wurden überschätzt, die von einer populistischen Bewegung und ihren vom totalen Willen zur Macht getriebenen Führern ausgehende Gefahr unterschätzt.

Seit April 1933 nahm die Selbstliquidierung des Stahlhelms rasante Formen an. Der erste Bundesführer Franz Seldte, der sich auf ein unwiderrufliches Zusammengehen mit Hitler festgelegt hatte und selbst der NSDAP beigetreten war[26], ließ seinen Stellvertreter Duesterberg mit Gewalt absetzen, als dessen wachsende Distanz zum Kabinett Hitler in einen regelrechten Machtkampf in der Führungsspitze des Bundes gemündet war.[27] Nach einer Zeitungsmeldung trug der Gau Hannover-Stadt daraufhin dem gerade entmachteten zweiten Bundesführer ostentativ die Eh-

---

26 Dokument 2071 in Ursachen und Folgen, Band 9, S. 227/228.
27 Ein Bericht Duesterbergs über seine gewaltsame Absetzung als zweiter Bundesführer des Stahlhelms am 26. April 1933 ist auszugsweise abgedruckt in Ursachen und Folgen, Band 9, Seite 226/227 (Dokument 2070). Nach Darstellung Duesterbergs (Stahlhelm, S. 54 ff.) ließ Seldte ihn und seine Mitarbeiter handstreichartig durch den Berliner Landesführer von Stephani aus dem Bundesamt entfernen, wo Duesterberg die Geschäfte geführt hatte, seit Seldte seinen Dienstpflichten als Arbeitsminister nachkommen mußte. Zuvor sei Seldte mehrfach mit seinem Vorhaben gescheitert, Duesterberg durch den Bundesrat absetzen zu lassen. Bei der Landesführersitzung am 29. April 1933 wäre Seldtes Position vermutlich unmöglich geworden, da 18 von 23 Landesverbänden hinter ihm, Duesterberg, gestanden hätten. Zu diesen zählte auch der Landesverband Hannover. Vgl. auch Berghahn, Stahlhelm, S. 259 ff. Freimütige Kritik an dem Vorgehen Seldtes auch in: Der Stahlhelm muß sein! Vom Frontsoldaten zum Volkskriegertum, Berlin 1933.

59

renmitgliedschaft an.[28] Von Henning habe ihm, so Duesterberg in seinen Erinnerungen, in diesen Tagen das „Du" angeboten.[29] Mehrere Landesführer traten zurück oder wurden ihrer Ämter enthoben, darunter auch von Henning.[30] Zu seinem Nachfolger wurde der bisherige zweite Landesführer und Gauführer Hannover-Stadt, Generalmajor a.D. Teschner, ernannt. Als dessen Stellvertreter fungierte Rittmeister a.D. Baron Hans Bruno von Alten bereits bei der am 1. Mai als öffentliche Großveranstaltung zelebrierten Schwertweihe auf dem Welfenplatz.[31] Auch in Hannover solle der noch verbliebene deutschnationale Einfluß nun systematisch ausgeschaltet werden, konstatierte ein kritischer Beobachter der Vorgänge.[32] Am 22. Juni wurde der Bund der Frontsoldaten nach Verhandlungen zwischen Hitler und Seldte schließlich offiziell gleichgeschaltet. Dabei sollte der „Kernstahlhelm", der die Bundesmitglieder über 35 Jahre umfaßte, unter seinem Bundesführer Seldte eine gewisse organisatorische Eigenständigkeit behalten, wobei allerdings den Mitgliedern eine andere Parteizugehörigkeit als die zur NSDAP untersagt wurde. Dagegen sollten der Jungstahlhelm bzw. Wehrstahlhelm sowie der Scharnhorst-Bund als eigenständige Organisationen aufgelöst und in die Reihen der SA bzw. der Hitlerjugend integriert werden.[33]

Am 23. und 24. September 1933 fand in Hannover eine Reichsführertagung des Stahlhelms statt, an der rund 25 000 Stahlhelmführer und 5 000 Fahnenträger sowie zahlreiche Gäste teilnahmen.[34] Vor der in der Stadthalle versammelten NS-Prominenz – neben Hitler waren auch Himmler, Hess und Röhm sowie die Kabinettsmitglieder Papen und Blomberg anwesend – legte Franz Seldte noch einmal öffentlichkeitswirksam sein Bekenntnis zu Hitler ab: „Heute, meine Kameraden, setzte ich wiederum auf eine Sache, auf eine Karte, auf einen Mann: Ich setzte unsere Sache, die Sache des Stahlhelms, auf Adolf Hitler!"[35]

---

28 Niederdeutsche Zeitung, 29./30. April/1. Mai 1933.
29 Duesterberg, Stahlhelm, S. 71.
30 Nach Duesterbergs Darstellung (Stahlhelm, S. 71) sind die Landesführer Ritter von Lenz (Bayern), Graf Eulenburg (Ostpreußen) und von Henning (Hannover) freiwillig von ihren Ämtern zurückgetreten. In einer Meldung des HA (3. 5. 1933) heißt es dagegen, von Henning sei beurlaubt worden. Die Niederdeutsche Zeitung berichtete am 4. 5. 1933, auch Mahnken (Landesverband Weser) sei als Landesführer und zudem als Reichskommissar für den freiwilligen Arbeitsdienst zurückgetreten.
31 Meldungen zur Ernennung der neuen Stahlhelmführer im HA (3. 5. und 6. 5. 1933) sowie in der Niederdeutschen Zeitung (4. 5. und 5. 5. 1933); ein Bericht über die Schwertweihe im HA am 3. 5. 1933. Im Juni rückte aufgrund der Personalverschiebungen der bisherige Wehrsportwart Hauptmann a.D. Kollenrodt zum Gauführer in Hannover auf (HA, 11. 6. 1933).
32 Der Führer der deutschnationalen Kampfstaffeln, Kleinrath, an den Führer der Deutschnationalen Front in Hannover, Barckhausen, 31. 5. 1933, zitiert nach einem Bericht der Stapostelle Hannover vom 29. 3. 1933, NHStA Hannover: Hann. 80 Hann. II 798, Bl. 80.
33 Die Vereinbarung über die Gleichschaltung des Stahlhelms ist abgedruckt in der Niederdeutschen Zeitung am 22. 6. 1933. Eine Zusammenfassung über den Vollzug Eingliederung enthält eine Mitteilung des Gestapa vom 26. 10. 1933 (NHStA Hannover: Hann. 80 Hann. II 787).
34 Im Überblick hierzu: Mlynek, Hannover, S. 498 f. Zu diesem Stahlhelmtreffen auch diverse ausführliche Berichte mit zahlreichen Bildern in den hannoverschen Tageszeitungen.
35 Aus der Bildbroschüre über die Reichsführertagung am 23./24. September 1933 in Hannover (BA: Sammlung Schumacher 470 sowie im Historischen Museum Hannover).

*Öffentlich sichtbarer Vollzug der Gleichschaltung: Der Stahlhelmführertag in der hannoverschen Stadthalle, 23./24. 9. 1933.*

Allerdings war den Stahlhelmführern bereits im Vorfeld der Veranstaltung der gesunkene Stellenwert ihres Bundes recht drastisch nahegebracht worden. Noch Mitte April war die Bundesführung davon ausgegangen, vom 1. bis 3. September 1933 in alter Tradition den 14. Reichsfrontsoldatentag mit über 200 000 Teilnehmern in Hannover zu begehen.[36] Im Frühsommer mußte man mehrfach zurückstecken: Der Reichsfrontsoldatentag wurde „auf Wunsch des Führers" zunächst in einen „Stahlhelmtag" mit bis zu 80 000 anreisenden Mitgliedern und schließlich zu einer Führertagung mit weitaus weniger Teilnehmern zurückgestuft. Zudem sah man sich genötigt, aufgrund des NSDAP-Parteitages den Termin zunächst um eine Woche und schließlich noch einmal um zwei Wochen zu verschieben.[37]

Bald darauf wurde der Landesverband Hannover des noch verbliebenen Kernstahlhelms aufgelöst und den benachbarten Verbänden Nordsee (in Bremen) und Niedersachsen (in Braunschweig) zugeschlagen.[38] Im November 1933 wurde der Kernstahlhelm in „SA-Reserve I" umbenannt und im Januar 1934 ganz mit der SA verschmolzen. Die Frontsoldaten, die immer auf ihre grauen Uniformen stolz gewesen waren, trugen nun das Braunhemd der SA. Am 27. März 1934 wurde zwischen Röhm und Seldte eine Vereinbarung über die Umorganisation des Stahlhelms zum Nationalsozialistischen Deutschen Frontkämpferbund (NSDFB)[39] getroffen, die auch nach außen hin die vollständige Entmündigung des Stahlhelms deutlich machte. Auf Anordnung des Geheimen Staatspolizeiamtes in Berlin erfolgte seit August 1934 unauffällig die Entwaffnung des NSDFB.[40] Der Schlußpunkt unter diese Liquidierung auf Raten wurde im Herbst 1935 mit der endgültigen Auflösung des NSDFB gesetzt.

Je mehr der Bund der Frontsoldaten faktisch entmachtet wurde, desto stärker scheint die Unruhe an der Basis geworden zu sein. Obwohl von Henning bereits im Frühjahr 1932 auf den wachsenden Einfluß der Nationalsozialisten im hannoverschen Stahlhelm hingewiesen hatte, scheinen weite Kreise des Frontsoldatenbundes aufgrund einer dezidiert rechtskonservativen Einstellung dem Nationalsozialismus zumindest reserviert gegenübergestanden zu haben. Dagegen ist für Hannover ein massenhafter Versuch der Unterwanderung durch Reichsbannerleute oder Anhänger der linken Parteien nicht zu belegen. Nur in einem Fall ergaben die Ermittlungen der Gestapo, daß ein erst im Juli 1933 in den Stahlhelm aufgenommener Angestellter seine aufgrund dieser Tarnung als sicher angesehene Wohnung zur Herstellung der illegalen kommunistischen Flugschrift „Neue Arbeiter-Zeitung" zur Verfügung gestellt hatte. „Ostentativ sollten Bilder und die im Flur abgelegte Stahlhelmmütze die nationale Einstellung und damit die politische Zuverlässigkeit... beweisen."[41] Fest steht, daß auch der hannoversche Stahlhelm einen erheblichen Zu-

---

36 Protokolle über die Verhandlungen mit der Stadt Hannover wegen der organisatorischen Vorbereitung und finanzieller Unterstützung der Veranstaltung (StdA Hannover: XV E 5, 120).
37 Mitteilung im Hannoverschen Kurier, 29. 7. 1933.
38 Mitteilung des neuen, in Bremen residierenden Landesführers (StdA Hannover: II L 14).
39 Vgl. dazu Ursachen und Folgen, Band 9, Seite 231 f. (Dokument 2076).
40 NHStA Hannover: Hann. 80 Hann. II 789, Bl. 241.
41 Ermittlungsbericht der Stapo Hannover gegen Willeck, Adolphs und andere, 11. 2. 1935, NHStA Hannover: Hann. 80 Hann. II 799, Bl. 205 ff.

lauf zu verzeichnen hatte, der angesichts der verschärften Prüfung von Aufnahmeanträgen aber in nicht geringem Maße aus konservativen Kreisen gekommen sein dürfte. Bemerkenswert ist freilich, daß gerade die Ortsgruppe Linden so stark expandierte, daß man sich bei der Stadtverwaltung um erweiterte Möglichkeiten zur Ausübung des Wehrsportes in einer Lindener Schule bemühen mußte.[42] Bei einem „Deutschen Tag" des Kreises II (Linden) vereidigte Rittmeister von Alten am 11. Juni 1933 im Kristallpalast 300 neue Stahlhelmer und machte dabei deutlich, daß man eine ehrliche Mitarbeit erwarte. Von Konjunkturrittern werde man sich schnell wieder trennen.[43] Angesichts des starken Zulaufes verfügte Gauführer Kollenrodt Mitte Juni eine Aufnahmesperre für die Stadt Hannover.[44]

Berichte aus den Jahren 1934 und 1935 stellen wiederholt ein erhebliches Mißtrauen gegenüber den Stahlhelmangehörigen heraus. So monierte ein politischer Beauftragter der NSDAP, daß bei der Reichsbahndirektion Hannover „sehr viele mittlere und obere Beamte Stahlhelmer und Reaktionäre seien, aber sehr wenig Nationalsozialisten... Es kommt aber noch dazu, daß die eifrigsten Kämpfer für den Stahlhelm die grimmigsten Feinde des Nationalsozialismus waren und noch heute sind."[45] Da die Reichsbahn angeordnet habe, daß Angehörige der SA und SS und Stahlhelmer in gleichem Maße bei anstehenden Beförderungen bevorzugt werden sollten, sei es nur eine Frage der Zeit, bis „die maßgeblichen Stellen der Rechsbahndirektion zum größten Teil von Feinden des Dritten Reiches besetzt" seien.[45] Die Niedersächsische Tageszeitung machte im Mai 1934 gegen die „SA-feindliche Haltung des NSDFB" Front, während die überregionale SS-Zeitung „Das Schwarze Korps" den Stahlhelm im Mai 1935 als „Sammelbecken der Opposition, und zwar sowohl reaktionärer als auch marxistischer Richtung" bezeichnete.[47] Auch die polizeilichen Lageberichte[48] spiegeln für den Bereich Hannover die gärende Stimmung im Soldatenbund und immer wieder aufbrechende Konflikte mit der SA wider. So konstatiert die Staatspolizeistelle Hannover im Frühjahr 1934, daß in der nationalsozialistischen Formationen eine negative Stimmung gegenüber dem Stahlhelm herrsche, der als „Hort der Reaktion" angesehen werde. Die Frontsoldaten wiederum hätten die Eingliederung als SA-Reserve zwar ohne Widerstand hingenommen, aber doch als Zwangsmaßnahme empfunden.[49] Über sich verstärkende Spannungen zwischen dem NSDFB und der SA-Reserve I berichtet die Staatspolizei zu Jahresbeginn 1935. Beide Organisationen seien bemüht, Doppelmitglieder für sich allein zu gewinnen.[50] „Die aus der SA, insbesondere aus der SARI[51] ausge-

---

42 Schreiben der OG Linden an den Magistrat, 31. 5. 1933, StdA Hannover: XV E 5, 120.
43 HA, 18. 6. 1933.
44 Niederdeutsche Zeitung, 21. 6. 1933.
45 Bericht des Gebietsbeauftragten für Niedersachsen bei der Unterkommission B (Wirtschaftsfragen) der Polit. Zentr. Kommission III, 27. 1. 1934 (BA: NS 22/342).
46 Ebd.
47 NTZ, 15. 5. 1934; Das Schwarze Korps, 31. 7. 1935, jeweils Titelseite.
48 Im Dezember 1934 ordnete Göring eine scharfe polizeiliche Überwachung des NSDFB an (Berghahn, Stahlhelm, S. 270).
49 Lageberichte der Stapo Hannover für April und Mai 1934 an das Gestapa, 4. 5. 1934 und 4. 6. 1934 (Mlynek, Gestapo, S. 138 f. und S. 156).
50 Lagebericht der Stapo Hannover für Januar 1935, 5. 2. 1935 (Mlynek, Gestapo, S. 299).

schiedenen Angehörigen wechseln zum weitaus größten Teil zum NSDFB (Stahlhelm) über, wo sie fast ausnahmslos Aufnahme finden. Die SA-Führer erblicken in dem Zustrom zum NSDFB eine Reaktion für die Bewegung (sic!) und vertreten die Ansicht, daß der NSDFB (Stahlhelm) zur Aufnahme von Mitgliedern nicht befugt ist."[52] Den renitenten Stahlhelmern wird „übelste Brunnenvergiftung" vorgeworfen, weil sie die Abwerbung von Mitgliedern aus der SA-Reserve I unter der Devise betrieben hätten, der Stahlhelm würde nun bald an die Stelle der SA gesetzt. Offensichtlich befänden sich in den Reihen des NSDFB auch eine große Anzahl von Gegnern der nationalsozialistischen Bewegung, die aus ihrer Abneigung auch öffentlich kein Hehl machten.[53] Da das „fortlaufend schlechte" Verhältnis des Stahlhelms zu den anderen NS-Organisationen anhielt[54], kam es im August 1935 zu einem Krisengespräch zwischen Hitler und Seldte, bei dem dieser sein Ministeramt zur Verfügung stellte. Hitler lehnte den Rücktritt Seldtes ab, kritisierte aber die Haltung vieler Mitglieder im Frontsoldatenbund: „Ein Teil des Stahlhelm hat sich mit uns gut eingelebt, ein anderer Teil aber nicht…" Zudem habe man neue Mitglieder aufgenommen, die nicht in die Bewegung integriert werden konnten: „So hat der Stahlhelm Zufluß von Obstruktions-Elementen erhalten. Daher wird der Stahlhelm vielfach als Oppositionszelle gegen den jetzigen Staat angesehen."[55] Die Auflösung des NSDFB sei daher unumgänglich geworden. Sie erfolgte reichsweit auf Anordnung des Geheimen Staatspolizeiamtes durch nicht öffentliche und polizeilich überwachte Schlußappelle in der Zeit vom 10. bis 16. November 1935.[56] Die Staatspolizeistelle Hannover stellte abschließend fest, daß die endgültige Auflösung der Organisation auch in Stahlhelmkreisen als „Befreiung aus einem Zwischenzustand" durchweg begrüßt worden sei.[57]

Was wurde aus den Stahlhelmangehörigen, die zunächst zusammen mit der SA marschierten und als Hilfspolizisten gegen Regimegegner vorgingen, am Ende aber

---

51 SA-Reserve I.
52 Lagebericht der Stapo Hannovver für Februar 1935 an das Gestapa, 4. 3. 1935 (Mlynek, Gestapo, S. 323–325). In einem Sonderbericht des Regierungspräsidenten an den Preußischen Ministerpräsidenten (vom 4. 3. 1935) heißt es, der NSDFB sei „im Regierungsbezirk Hannover in den letzten Monaten nicht besonders hervorgetreten". Allerdings wird auch hier ein „Zurückfluten" aus der SA-Reserve I in den NSDFB bestätigt. Trotz einer „gewissen Zurückhaltung des NSDFB sind die Spannungen zwischen dem NSDFB und der SA-R[eserve] I in letzter Zeit gewachsen." (NHStA Hannover: Hann. 80 Hann. 805, Bl. 26).
53 Lagebericht der Stapo Hannover für März 1935 an das Gestapa, 3. 4. 1935 (Mlynek, Gestapo, S. 337). In seinem parallel erstatteten Lagebericht an das Reichsinnenministerium (2. 4. 1935) stellt der hannoversche Regierungspräsident fest, daß die Stellung des NSDFB zu den anderen nationalsozialistischen Formationen dringend geklärt werden müsse, da sonst die Gefahr einer „reaktionären und unerwünschten Entwicklung" gegeben sei (ebd., S. 343).
54 Lagebericht der Stapo Hannover für den Monat Juli 1935 an das Gestapa, 3. 8. 1935 (Mlynek, Gestapo, S. 396).
55 Aufzeichnung von Meissner über die Unterredung zwischen Hitler und Seldte am 12. 8. 1935 im Haus Wachenfeld (BA: Sammlung Schumacher 470).
56 Gestapa Berlin an alle Stapostellen, 9. 11. 1935 (NHStA Hannover: Hann. 80 Hann. II 792, Bl. 203).
57 Lagebericht der Stapo Hannover für den Monat November 1935 an das Gestapa, 4. 12. 1935 (Mlynek, Gestapo, S. 470)

selbst in den Ruf kamen, einer „Oppositionszelle" gegen das Dritte Reich anzugehören? Im Prinzip hatten sie zwei Möglichkeiten: die bedingungslose Integration in die SA-Führerschaft bzw. als Fachleute in den nationalsozialistischen Machtapparat oder den Rückzug aus dem politischen Leben, vorzugsweise in die Privatwirtschaft oder die Wehrmacht. Für den ersten Weg hatte sich Bundesführer Seldte entschieden. Als SA-Obergruppenführer konnte er sich bis 1945 auch in seinem Ministeramt halten; allerdings wurden ihm immer mehr Befugnisse entzogen und anderen Dienststellen übertragen.[58] In Hannover trat etwa die Hälfte der Mitarbeiter des Bundes zur SA über, unter ihnen auch der letzte Gauführer Kollenrodt, der später Sturmbannführer in der Berliner SA wurde.[59] Der frühere Geschäftsführer des Stahlhelms in Hannover erreichte den Rang eines Sturmführers in der SA-Brigade 61 (Hannover).[60] Andererseits scheiterten etliche hannoversche Stahlhelmer auch mit ihren Parteiaufnameanträgen. Einem warf man vor, „doch nur Komnjunkturritter" zu sein.[61] Dem früheren Gauhochschulführer des Stahlhelm wurde vorgeworfen, daß er nach seinem Übertritt zur SA-Reserve I auch weiterhin Mitglied im Stahlhelm geblieben sei und dort größere Aktivitäten entwickelt habe, „die er leider nach seinem Übertritt der nationalsozialistischen Volksgemeinschaft nicht entgegenbringen konnte."[62] Ein anderer Bewerber wurde wegen seiner bis in das Jahr 1934 reichenden Zugehörigkeit zu einer Loge abgelehnt, obwohl er von Ewald Hecker, Mitglied im „Freundeskreis Himmler" und Präsident der gleichgeschalteten Industrie- und Handelskammer Hannover, wegen seiner „nationalen Gesinnung und Kampfeinstellung gegen den Marxismus" empfohlen wurde.[63]

Theodor Duesterberg wurde im Zusammenhang mit der Gewaltaktion gegen Röhm und andere unbequem gewordene Kampfgenossen im Juni 1934 in das KZ Dachau eingeliefert und entging der geplanten Ermordung nur durch eine Intervention von Hindenburg.[64] Er spricht in seinem Erinnerungsbuch von einer wachsenden „Stahlhelm-Opposition", die trotz aller Verfolgungen bis zum bitteren Ende zusammengehalten habe.[65] Noch weiter geht der letzte Bundeskämmerer Theodor Gruß, der den Stahlhelm gar als den „einzigen noch vorhandenen geschlossenen Oppositionsblock" nach der erfolgten Stabilisierung der nationalsozialistischen Herrschaft verstanden wissen will. Allein im Herbst 1935 seien 500 bis 600 Stahlhelmkameraden in Konzentrationslagern und Gefängnissen inhaftiert gewesen. Besonders aufschlußreich ist die Passage in seinem Erinnerungbericht, in dem die eigene Haltung aus der erlittenen Verfolgung heraus als „Widerstand"

---

58 Dazu u. a. das Protokoll seiner Vernehmung am 29. 10. 1946 (IfZ: ZS 1495/Bd. I, Seldte).
59 Führer der SA-Standarte 73 an die SA-Brigade 61, 5. 2. 1936, BA: Sammlung Schumacher 470.
60 Führer der SA-Brigade 61 an die SA-Gruppe Niedersachsen, 7. 2. 1936, ebd.
61 So z. B. der Ortsgruppenleiter der NSDAP-OG Südbahnhof an die Gauleitung in seiner Stellungnahme zum Aufnahmegesuch des Gustav K., 31. 7. 1936 (NHStA Hannover: Hann. 310 I, Acc. 84/86, Nr. 1 I).
62 NSDAP-OG Welfenplatz an das Kreisgericht der NSDAP, betreffend den Aufnahmeantrag des Hans H., 19. 10. 1936, ebd.
63 NSDAP-OG Südbahnhof an die Gauleitung, betr. den Aufnahmeantrag vom Max H., 31. 7. 1936, sowie Empfehlungsschreiben Heckers vom 10. 2. 1936, ebd.
64 Duesterberg, Stahlhelm, S. 85 ff.
65 Duesterberg, Stahlhelm, S. 75.

qualifiziert werden soll: „Die geheime Stahlhelmopposition hielt bis zum Kriegsende an. Sie ließ nicht nach, sondern nahm immer schärfere Formen an. Es kam so weit, daß man allein schon durch die Bezeichnung als Stahlhelmer verdächtig wurde... Die Stahlhelmgemeinschaft ist nicht zum Einsatz gekommen. Wäre es soweit gekommen, dann hätte sie sicher ihren Mann gestanden. So war sie ständig in Bereitschaft und wirkte über ihren Kreis hinaus im heimlichen Kampf gegen die Volksverderber. Alle Angehörigen haben daher das Recht..., sich mit zu der Widerstandsbewegung zu zählen, die dem Nationalsozialismus den Untergang geschworen hatte."[66]

Eine derartige Selbststilisierung kann bei nüchterner Beurteilung in keiner Weise akzeptiert werden. Bekanntermaßen wurden im Dritten Reich nicht nur diejenigen verfolgt, die wirklich aktiven Widerstand leisteten, sondern alle, die von den Machthabern aus den unterschiedlichsten Gründen und oft ganz unabhängig von ihrem konkreten Verhalten zu potentiellen Regimegegnern erklärt wurden. Es mag zutreffen, daß ein Teil der alten Stahlhelmer, die sich enttäuscht aus dem gleichgeschalteten NSDFB zurückzogen, dem Regime kritisch gegenüberstanden. Nachweislich wurden etliche frühere Stahlhelmführer von den nationalsozialistischen Machthabern verfolgt, einzelne beteiligten sich auch an der Umsturzbewegung des 20. Juli 1944.[67] Festzuhalten ist aber auch, daß aus der distanzierten Haltung, die sich in den Reihen des Stahlhelms vor allem zwischen 1933 und 1935 entwickelte, weder organisierter Widerstand noch nachhaltiger öffentlicher Protest erwachsen sind.[68]

---

66 Erinnerungsbericht von Theodor Gruß an Günther Weisenborn, 11. 1. 1947, IfZ: ED 106/102.
67 Hinweise hierzu bei Duesterberg, Stahlhelm, S. 71 ff. und S. 125 ff. Für Hannover sind Verfolgungen konkret nicht zu belegen. Der frühere Landesführer von Henning beispielsweise starb während des Dritten Reiches eines natürlichen Todes.
68 Diesen am hannoverschen Beispiel noch einmal bestätigen Schluß hatte Berghahn (Stahlhelm, S. 271) seinerzeit bereits für die reichsweite Entwicklung gezogen.

## 5. Kleinere völkische Organisationen im Konkurrenzkampf mit der NSDAP: Tannenbergbund, Kampfbund Oberland und Wulle-Bewegung

Eine herausragende Rolle in der Vielzahl der völkischen Grüppchen und Organisationen, die in den Jahren der Republik ihre Tätigkeit entfalteten, spielte der im August 1925 von Konstantin Hierl als Dachverband völkischer Wehrverbände und Jugendbünde gegründete Tannenbergbund. Sein Name wurde hergeleitet von der siegreichen Schlacht des deutschen Heeres gegen die russische Armee 1914 bei Tannenberg in Masuren. Ideologisch wandte man sich gegen „überstaatliche Mächte", als die die katholische Kirche, der Marxismus, das Freimaurertum und das Judentum verstanden wurden. Im Gegensatz zu diesen Kräften setzte man sich für eine spezifisch „deutsche Gotterkenntnis" ein. Das Verbandsorgan „Am heiligen Quell. Monatsschrift für das Deutschvolk" soll in den dreißiger Jahren eine Auflagenhöhe von 86 000 erreicht haben.[1]

Kopf der Bewegung war der ehemalige Generalstabschef des Heeres, Erich Ludendorff, der sich 1923 am gescheiterten Hitlerputsch in München beteiligt, aber 1928 endgültig vom Nationalsozialismus distanziert hatte. Von den Nationalsozialisten, die sich aus pragmatischen Gründen auf die Bejahung eines „positiven Christentums" festlegten, unterschied sich der Tannenbergbund zunehmend durch seine konsequente anti-christliche Haltung.[2] In Hannover war Major a.D. Hans Georg von Waldow[3] als führender Vertreter des Tannenbergbundes aufgetreten. Er bekleidete die Funktion des Landesleiters Nord. In seiner Broschüre „Christentum oder Deutscher Gottglaube" hatte er 1932 ausgeführt, daß der Tannenbergbund „als Grundlage des Glaubens den Einklang Deutscher Gotterkenntnis mit Deutschem Artempfinden und Deutschem Volkstum" fordere. Dagegen sei es eine falsche Unterstellung, daß der Bund generell gegen das Christentum arbeite und mit den Freidenkern in einer Front stehe. Auch sei der in Kirchenblättern gemachte

---

1 Zum „Heiligen Quell": Stimmen zur religiösen Lages des Jahres 1939, o.O. u. o.J.
2 Mathilde Ludendorff, Deutscher Gottglaube, München 1932. Dazu aus Sicht der evangelischen Kirche: Die „Dritte Konfession?". Materialsammlung über die nordisch-religiösen Bewegungen, hg. vom Evangelischen Preßverband für Deutschland, Berlin 1934, S. 13–16.
3 Hans Georg von Waldow (1878–1938), 1920 von der Reichswehr „abgebaut", seither bei der Hanomag als leitender Angestellter tätig, in den frühen zwanziger Jahren Führer des aus ehemaligen schlesischen Freikorpskämpfern gebildeten Wehrverbandes „Hindenburg" in Hannover, dann Landesleiter des Tannenbergbundes, 1934 Eintritt in die SS, dort bis zum Standartenführer befördert, 1938 bei einem Verkehrsunfall umgekommen.

Vorwurf unwahr, „daß der Tannenbergbund die eigene Rasse, das Blut, das eigene Volk, sein Volkstum und sein eigenes Ich vergotte".[4]

Nach der Machtübernahme durch die Nationalsozialisten setzte der Tannenbergbund zwar seine Werbearbeit durch Verbreitung von Flugschriften fort, bemühte sich aber, in der Öffentlichkeit nicht unliebsam aufzufallen. Die monatlich stattfindenden Mitgliederversammlungen und kleineren Zusammenkünfte, zu denen gezielt Interessierte hinzugezogen wurden, fanden in Privatwohnungen statt. Bei diesen Treffen sollen nach den polizeilichen Ermittlungen politische Fragen erörtert und die Schriften von Mathilde Ludendorff besprochen worden sein. Die Bewertung des Bundes durch die örtliche Gestapo wird in einem Sonderbericht vom Sommer 1933 deutlich: „Wenn auch anerkannt werden kann, daß der Tannenbergbund in der Vergangenheit durch seine Propaganda der Verbreitung des völkischen Gedankens genutzt hat, so hat die Bewegung doch in der heutigen Zeit keine Daseinsberechtigung mehr, zumal sie das völkische Gedankengut häufig in so unklarer und phanstastischer Form verwertet, daß sie eher schadet als nützt... Außerdem ist damit zu rechnen, daß sie die jetzt in der Öffentlichkeit eingestellte Agitation gegen die NSDAP und den nationalsozialistischen Staat durch Propaganda von Mund zu Mund im Geheimen fortsetzt."[5] Tatsächlich war ein Angestellter aus Hannover-Limmer im Juni 1933 als fanatischer Anhänger von Mathilde Ludendorff aufgefallen, weil er öffentlich eine Hitlerrede kritisiert hatte.[6]

Reichsweit ist festzustellen, daß die Nationalsozialisten den Tannenbergbund durch bürokratische Beschränkungen und durch erfolgreiche Abwerbung „auszehrten".[7] Für Hannover kann diese Tendenz an konkreten Beispielen belegt werden. Einen starken Einbruch erlitt die Ludendorff-Bewegung lokal und darüber hinaus in ganz Norddeutschland durch den Rückzug ihrer führenden Repräsentanten. Landesführer von Waldow hatte sich nach den polizeilichen Ermittlungen bereits seit der Machtübernahme politisch den Nationalsozialisten angenähert und sein Engagement immer mehr auf die von Mathilde Ludendorff ausgehende Religionskritik beschränkt. Oberst a.D. von Goetze, bis 1933 Führer des Gaues Groß-Hannover im Tannenbergbund und gleichzeitig Inhaber der örtlichen Ludendorff-Buchhandlung[8], wurde ebenso wie von Waldow bei Ludendorff denunziert, bereits im Sinne der nationalsozialistischen Bewegung zu wirken und mit den Maßnahmen der Regierung völlig einverstanden zu sein. Nachdem den beiden bis dahin führenden Repräsentanten der Organisation sogar unterstellt worden war, sie seien nationalsozialistische Spitzel, entzog Ludendorff ihnen das Vertrauen und untersagte Goetze

---

4   Hans Georg von Waldow, Christentum oder Deutscher Gottglaube, München 1932, S. 3.
5   Sonderbericht der Staatspolizeistelle Hannover über den Tannenbergbund an das Gestapa, 5. 8. 1933 (NHStA Hannover: Hann. 80 Hann. II 798, Bl. 123/124).
6   Näheres zu dem Vorfall ist nicht bekannt. Vermutlich wurde der Angegriffene, der auch später noch als Redner des Ludendorff-Verlages auftrat, nach einem Verhör von der Gestapo oder von einer örtlichen Parteidienststelle verwarnt (NHStA Hannover: Hann. 310 I, C 16, Bl. 130).
7   Vgl. hierzu Horst Heidtmann, Artikel „Tannenbergbund", in: Christian Zentner/Friedemann Bedürftig (Hg.), Das große Lexikon des Dritten Reiches, München 1985, S. 574.
8   Die Ludendorff-Buchhandlungen dienten in den Augen der Staatspolizei zur informellen Fortführung des Tannenbergbundes (vgl. dazu Mlynek, Gestapo, S. 170).

die Benutzung seines Namens für die Buchhandlung.⁹ In der Folgezeit stellte die Staatspolizei einen erheblichen Rückgang des Tannenbergbundes fest. Die Tatsache, daß sein früherer Führer von Waldow im Herbst 1934 in die SS eintrat, scheint weitere Verunsicherung in die Kreise der Ludendorff-Anhänger getragen zu haben.¹⁰

Erst seit dem Frühjahr 1935 ist wieder eine Stabilisierung¹¹ zu beobachten. Die Anhänger der „Deutschen Gotterkenntnis" sammelten sich nun um die Vertreter des Ludendorff-Verlages, die weitgehend identisch waren mit den früheren Funktionsträgern des Tannenbergbundes. In zahlreichen Vortragsveranstaltungen propagierten die zugelassenen Redner das Gedankengut der Bewegung und ihre Verlags. In diesem Sinne wirkten Ende 1934 reichsweit 18 Propagandisten, darunter als Generalvertreter des Verlages der Hannoveraner Rudolf Schmidt.¹² Die Tätigkeit der Reisevertreter wurde von der Staatspolizeistelle in Harburg-Wilhelmsburg wohl nicht zu Unrecht als „getarnte Werbung für die Ideen des verbotenen Tannenbergbundes" bezeichnet. Des öfteren wurden von Schmidt angekündigte Werbeabende staatspolizeilich untersagt, bis das Gestapa eine generelle Erlaubnis für diese Veranstaltungen erteilte.¹³ Schmidt hielt im Februar 1935 vor etwa 700 Zuhörern in Hannover einen Vortrag zu dem Thema „Rom – Juda und die deutsche Gotterkenntnis". Nach den Recherchen der Gestapo setzte sich die Zuhörerschaft aus früheren Mitgliedern des Tannenbergbundes, aus Anhängern der „Schwarzen Front" und aus vielen ehemaligen Nationalsozialisten, die aus der NSDAP ausgeschlossen worden waren, zusammen. Zahlreich seien Frauen und jüngere Leute in der Zuhörerschaft vertreten gewesen.¹⁴

Die Tatsache, daß in Hannover insgesamt fünf autorisierte Redner des Verlages auftraten, legt die Vermutung nahe, daß die Ludendorff-Bewegung regional wieder an Boden gewonnen hatte.¹⁵ Im Frühjahr 1936 bemühte sich Schmidt erfolgreich

---

9   Lagebericht der Stapo Hannover für den Monat April 1934 an das Gestapa, 4. 5. 1934 (Mlynek, Gestapo, S. 131).
10  Lagebericht der Stapo Hannover für den Monat Oktober 1934, 4. 11. 1934 (Mlynek, Gestapo, S. 266).
11  Im Lagebericht der Stapostelle Hannover für den Monat Februar 1935 (am 4. 3. 1935 an das Gestapa; Mlynek, Gestapo, S. 319) heißt es, der Ludendorff-Verlag entfalte durch seine Redner eine stetig wachsende propagandistische Tätigkeit.
12  Aufstellung der vom Ludendorff-Verlag autorisierten Redner, Gestapa an alle Stapostellen, 5. 12. 1934, NHStA Hannover: Hann. 80 Hann. II 790, Bl. 135. Das Gestapa hatte durch einen Erlaß am 5. 6. 1934 allen Stapostellen mitgeteilt, daß gegen Vorträge von Vertretern des Ludendorff-Verlages staatspolizeilich keine Einwendungen erhoben werden sollten, sofern sie philosophischen Themen gewidmet seien und politische Fragen ausgespart blieben (vgl. Mlynek, Gestapo, S. 170). Weitere Vortragsveranstaltungen sind für Oktober 1934, März und Mai 1935 belegt (ebd., S. 266, 338, 363 f. und 388).
13  Stapo Harburg-Wilhelmsburg an das Gestapa, 19. 5. 1934, BA: R 58/1028, Bl. 25 sowie Mitteilung Gestapa vom 28. 3. 1935, ebd., Bl. 39.
14  Lagebericht der Stapo Hannover für den Monat Februar 1935 an das Gestapa, 4. 3. 1935 (Mlynek, Gestapo, S. 319).
15  Dazu eine ausführliche Liste mit Rednern des Ludendorff-Verlages, die für die Provinz Hannover sieben Redner (davon fünf in der Stadt Hannover) aufweist, für Berlin beispielsweise aber nur zwei (BA: R 58/1028, Bl. 66).

darum, offiziell als Trauerredner bei Bestattungen von Ludendorff-Anhängern auf den Friedhöfen der Stadt Hannover zugelassen zu werden.[16] Später durften offensichtlich auch weitere Personen als Trauerredner auftreten.[17] Allerdings wurde diese Entfaltung einer deutsch-gottgläubigen Gesinnungsgemeinschaft nur im ganz persönlichen Rahmen, im unpolitischen Kontext zugelassen. Als die ehemaligen Tannenbergbündler den durch den Ludendorff-Verlag gegebenen Spielraum intensiver zu nutzen versuchten, schritt die Gestapo ein. Im Sommer 1936 wurde angeordnet, daß reichsweit Vorträge und Veranstaltungen der Redner des Ludendorff-Verlages und ehemaliger Mitglieder des Tannenbergbundes zu verbieten seien, da die Verlagsvertreter sich durch gezielte Buchbesprechungen, Filmvorführungen, wissenschaftliche Vorträge, Sonnenwendfeiern und ähnliche Veranstaltungen bemüht hätten, das gegen den Bund ausgesprochene Verbot unwirksam zu machen.[18] Ausdrücklich wurde Schmidt das öffentliche Auftreten als Vortragsredner untersagt, weil er anläßlich einer Trauerfeier in Wesermünde eine Gedenkrede mit stark politischem Einschlag gehalten habe.[19] Als Ludendorff 1937 starb, ehrte das NS-Regime den „großen" und populären Feldherrn des Weltkrieges mit einem Staatsbegräbnis, während die politische Gegnerschaft zu Hitler, die seit 1928 bestand, bei den Trauerfeierlichkeiten konsequent verschwiegen wurde. So ist zusammenfassend festzustellen, daß der Tannenbergbund und die Ludendorff-Bewegung mit einer wohldosierten Mischung aus Verbotsmaßnahmen und in engen Grenzen tolerierter Aktivität als politische Bewegung ausgezehrt und in eine Nische privater Ausübung einer speziellen Variante völkischer Weltanschauung gedrängt worden waren.

Im Vergleich zu dem auf der lokalen Ebene zeitweise recht rührigen Tannenbergbund blieb die kurzzeitige Wiederbelebung des „Kampfbundes Oberland"[20] eine Episode. Im Oktober 1932 wurde in Hannover von einem früheren Münchener Freikorps-Angehörigen die erneute Gründung eines „Kampfbundes Oberland" betrieben. Es sollte sich um eine Organisation mit militärischem Charakter handeln, die sich nach eigenen Aussagen hinter die Kampfziele Ludendorffs stellen und Mitglieder vor allem in den Reihen der SA und SS werben wollte. In einem Flugblatt wurde Hitler Verrat vorgworfen, weil er im Sommer 1932 die Chance zur Machter-

---

16 Während der NSDAP-Kreisleiter Bakemeier sich dagegen aussprach, Schmidt die beantragte Genehmigung zu erteilen, da ja bereits die Möglichkeit bestehe, einen Trauerredner der Groß-Deutschen Feuerbestattungskasse in Anspruch zu nehmen, äußerte die Stapostelle Hannover keine Einwände. Briefe von Schmidt (21. 3. 1936), Kreisleiter Bakemeier (15. 4. 1936) und der Stapo Hannover (21. 8. 1936), jeweils an den Oberbürgermeister sowie letzterer an Schmidt (14. 8. 1936). Der Vorgang befindet sich im StdA Hannover: XXIII J 2a 20d.
17 Zwei weitere Fälle aus den Jahren 1937 und 1941 sind in der gleichen Akte belegt.
18 Gestapa an alle Stapostellen, 20. 7. 1936, NHStA Hannover: Hann. 80 Hann. II 794, Bl. 326.
19 Stapo Hannover an Schmidt sowie an die Ortspolizeibehörden im Regierungsbezirk, jeweils am 6. 11. 1936, NHStA Hannover: Hann. 174 Springe, Acc. 70/83, 38.
20 Der 1921 in München aus Freikorps-Mitgliedern gebildete deutsch-völkische Wehrverband „Bund Oberland" hatte sich 1923 im Rahmen des mit der NSDAP und anderen Gruppen gebildeten „Deutschen Kampfbundes" am Hitlerputsch beteiligt und ging nach der 1925 erfolgten Wiedergründung erneut in der NS-Bewegung auf (Horst Heidtmann, Artikel „Bund Oberland", in: Zentner/Bedürftig (Hg.), Das große Lexikon des Dritten Reiches, S. 96).

greifung habe verstreichen lassen. „Adolf, der Vielversprechende, hat schon immer Angst vor der Verantwortung gehabt... Wir Oberländer haben durch unseren Bund Hitler die Möglichkeit gegeben, seine Bewegung aufzubauen, weil wir glaubten, daß Hitler unser revolutionäres Wollen zum Ziele führen wird. Heute wissen wir, daß Hitler weiter nichts ist, als ein ganz gewöhnlicher Bürger Spieß, ohne jedes revolutionäre Wollen, ein Phrasendrescher. Darum haben wir uns von ihm getrennt."

In den Augen der politischen Polizei handelte es sich bei dem Hauptinitiator, einem ledigen Angestellten, um einen „politischen Abenteurer", der das Unternehmen nicht aus ideellen Gründen, sondern aus Gewinnsucht betreibe. Er habe gleichzeitig mit allen Seiten verhandelt. Der NSDAP habe er sich angedient, um „absplitternde SA- und SS-Angehörige" in seinem Bund zu sammeln, damit diese nicht zur KPD überträten. Der KPD habe er vorgespiegelt, mit seinem Bund Zersetzungarbeit in den Reihen der SA und SS leisten zu wollen. Dem Tannenbergbund, von dem er wohl einmalig einen Geldbetrag erhalten hatte, habe er in Aussicht gestellt, seine Organisation als Kampfbund anzugliedern.[21] Offensichtlich scheiterte das Unternehmen bald, da anscheinend keine Basis mehr gegeben war für eine weitere Organsation neben den bestehenden völkischen Gruppen und der NSDAP.

Ebenfalls im Kontext des Tannenbergbundes ist die Deutsche Glaubensbewegung zu betrachten. Hierbei handelt es sich um einen Zusammenschluß völkischer Sekten, die nach einem „arteigenen Glauben" in bewußter Abkehr vom Christentum strebten. Als Führer dieser kurzlebigen Bewegung trat der Tübinger Religionswissenschaftler Jakob Hauer auf, Ernst Graf zu Reventlow als sein Stellvertreter. Die Glaubensbewegung erhielt vorübergehend eine gewisse Bedeutung, als der aus der Arbeiterbewegung hervorgegangene „Bund Freireligiöser Gemeinden" sich ihr anschloß. In Hannover wuchs die Organisation im Laufe des Jahres 1934 von 5600 auf rund 8000 Mitglieder, wobei allerdings nur etwa 250 Personen aus der völkischen Tradition stammten. Ebenso wie im Mitgliederkreis blieb auch im Vorstand der zunächst nur auf dem Papier neugebildeten „Deutschgläubigen Gemeinde" die Dominanz ehemaliger Sozialdemokraten und Kommunisten bestehen. Tatsächlich existierte die frühere freireligiöse Organisation in Hannover weitgehend eigenständig weiter, da eine vollständige Verschmelzung mit der völkischen Hauerbewegung wegen ihrer Blut-und-Boden-Ideologie von vielen Freireligiösen abgelehnt wurde. Da es sich offensichtlich nicht nur um lokale, sondern um reichsweit in gleicher Form auftretende Konflikte handelte, wurde auf dem im Juni 1934 in Leipzig tagenden Bundestag der Gemeinden Deutschen Glaubens beschlossen, die beiden Richtungen wieder zu verselbständigen, da eine organisatorische Zusammenfassung der Freireligiösen Gemeinden mit den Ortsgemeinden der Deutschen Glaubensbewegung aufgrund der unterschiedlichen Traditionen und Strukturen nicht möglich sei.[22] Obwohl sich der Bund der freireligiösen Gemeinden Deutschlands

---

21 Bericht des Polizeipräsidenten an den RP in Hannover, 28. 10. 1932, NHStA Hannover: Hann. 80 Hann. II 745, Bl. 6–15. Hierin auch das oben zitierte Flugblatt.
22 Vgl. dazu die Lageberichte der Staatspolizeistelle Hannover an das Gestapa für Februar, Mai, Juni, Juli, August und Oktober 1934 (Mlynek, Gestapo, S. 115, 164 ff., 176 f., 187 f., 212 f., 259 f.).

e.V. offiziell zum Dritten Reich bekannte, erfolgte im November 1934 das Verbot dieser aus der Arbeiterbewegung gewachsenen Vereinigung.[23]

Der Erfolg der Deutschen Glaubensbewegung blieb bescheiden. Nach Schätzungen der Gestapo zählte die Ortsgruppe Hannover im Herbst 1934 rund 250 aktive und bis zu 500 fördernde Mitglieder. Allerdings habe die Bewegung eine gewisse Resonanz in der Hitlerjugend sowie in SA und SS. Vor allem bemühe man sich durch offensives Auftreten vom evangelischen Kirchenstreit zu profitieren und mache gegen jede kirchliche Richtung vom Katholizismus bis zu den Deutschen Christen Front.[24] Zweimal sprach als Hauptredner auf Veranstaltungen der hannoverschen Ortsgruppe der Deutschen Glaubensbewegung Paul Orlowsky aus Kiel, der beim Gestapa dafür bekannt war, daß er „besonders ausfallend und verletzend gegen das Christentum" auftrete.[25] Das aggressive Auftreten der Bewegung stand den kirchenpolitischen Befriedungsinteressen des NS-Regimes in zunehmendem Maße im Wege. Daher beschritt man auch hier bald den Weg der organisatorischen Austrokkung. So wurde 1935 zunächst den SS-Angehörigen und 1937 allen Parteimitgliedern der Besuch von Veranstaltungen der Glaubensbewegung verboten. Im Regierungsbezirk Hannover wurde im November 1936 sogar jedwede öffentliche Veranstaltungen der Organisation staatspolizeilich untersagt.[26] Diese Restriktionen sowie der im Sommer 1936 erfolgte Rücktritt der Führer Hauer und Reventlow führten schließlich zur Zerfaserung der Deutschen Glaubensbewegung in kleine, bedeutungslose Sekten.[27]

Aus den Reihen der Deutschnationalen Volkspartei hatte sich im Dezember 1922 mit der Deutschvölkischen Freiheitspartei[28] eine politische Gruppe um die Abgeordneten Albrecht von Graefe und Reinhold Wulle abgespalten, die bewußt an die im Kaiserreich entstandenen völkischen und antisemitischen Organisationen anknüpfte. Damit wurde deutlich, daß die pointiert völkischen Rechtskonservativen nur vorübergehend in der Deutschnationalen Volkspartei als einer „Traditionskompanie" all derer, „die sich in dem Zusammenbruch ihre nationale Gesinnung be-

---

23 Lagebericht der Stapostelle Hannover für den Monat Dezember 1934 an das Gestapa, 7. 1. 1935 (Mlynek, Gestapo, S. 288).
24 Lageberichte der Stapo Hannover an das Gestapa für Oktober 1934 und März 1935, 4. 11. 1934 bzw. 3. 4. 1935 sowie Lagebericht des RP an das RMdI für April/Mai 1935, 3. 6. 1935 (Mlynek, Gestapo, S. 260, 340 ff. und 371).
25 Gestapa an alle Stapostellen, 11. 2. 1935, NHStA Hannover: Hann. 80 Hann. II 790, Bl. 230.
26 Stapo Hannover an die Ortspolizeibehörden, 10. 11. 1936, NHStA Hannover: Hann. 174 Springe, Acc 70/83, 38.
27 So bestanden 1939 neben den „Gotterkenntnis"-Anhängern Ludendorffscher Tradition u. a. noch Gesinnungsgemeinschaften und Leserkreise, die sich um die von Hauer herausgegebene Zeitschrift „Deutscher Glaube" und um den von Reventlow herausgegebenen „Reichswart" scharten (Stimmen zur religiösen Lage des Jahres 1939, o.O.u.J.).
28 R. Wulff, Die Deutschvölkische Freiheitspartei 1922–1928, Phil. Diss. Erlangen 1966. Zur völkischen Szene im Überblick: Uwe Lohalm, Völkischer Radikalismus. Die Geschichte des Deutschvölkischen Schutz- und Trutzbundes 1919–1923, Hamburg 1970; Jan Striesow, Die Deutschnationale Volkspartei und die Völkisch-Radikalen 1918–1922, 2 Bde., Frankfurt am Main 1981.

wahrt hatten"[29], eine politische Heimat gefunden hatten. Aufgrund des Republikschutzgesetzes wurde die neu gebildete Deutschvölkische Freiheitspartei bereits im März 1923 verboten, aber wenige Monate später wieder zugelassen.[30] Mit dem 1924 gebildeten Wahlbündnis der „Nationalsozialistischen Freiheitspartei" kam es vorübergehend zu einer engen Kooperation zwischen Nationalsozialisten und Deutschvölkischen, die nach der Entlassung Hitlers aus der Festungshaft und der daraufhin in Angriff genommenen Reorganisation der NSDAP jedoch ihr Ende fand. In der Stadt Hannover waren zu dieser Zeit die frühen Organisationsansätze der NSDAP durch die zahlenmäßig weitaus stärkere Ortsgruppe der Deutschvölkischen aufgesogen worden.[31] In Norddeutschland konkurrierte die nun in Deutschvölkische Freiheitsbewegung umbenannte Gruppe um Wulle und von Graefe mit zwei anderen Organisationen um die Gunst der völkisch eingestellten Bevölkerungskreise: der nur noch schwach vertretenen, aus der traditionellen antisemitischen Strömung im Kaiserreich enstandenen Deutschsozialen Partei Richard Kunzes und der expansiv auftretenden NSDAP Hitlers. Wulle verstand dabei die deutschvölkische Richtung als norddeutsches Gegengewicht zum Nationalsozialismus, den er als regionalspezifische Variante der völkischen Bewegung im österreichisch-bayerischen Raum ansah. Daher war es nach Wulles Überzeugung zu undifferenziert, die Ziele beider Bewegungen als identisch anzusehen, selbst wenn man sich in der Ablehnung von Marxismus und Judentum völlig einig sei. „Grundsätzlich verschieden ist die Stellung zum Staat. Die Völkischen wollen den preußisch-deutschen Staat auf der Grundlage der Steinschen Verfassung mit königlicher Spitze. Die NSDAP will das Reich auf der Grundlage der ersten mittelalterlichen Reichsidee in faschistischer Form."[32]

Die Übertritte wichtiger deutschvölkischer Führer wie Bernhard Rust, Otto Telschow und Wilhelm Kube zur NSDAP markierten den seit Mitte der zwanziger Jahre auch in Norddeutschland spürbaren Niedergang der traditionellen völkisch-antisemitischen Richtung. Die Deutschvölkische Freiheitsbewegung wurde in einem „nach zwei Seiten, einerseits gegen die Deutschnationale Volkspartei, andererseits gegen die Nationalsozialisten geführten Kampfe[33] völlig zerrieben."[34] Ende der zwanziger Jahre zählte die immer stärker in die politische Isolation geratende deutschvölkische Bewegung reichsweit nur noch etwa 15 000 Mitglieder[35] und verlor ihre bisher im Reichstag und in mehreren Landtagen innegehabten Mandate.[36]

---

29 So die Charakterisierung durch Reinhold Wulle in seinem „Informationsbrief" 245 vom 14. 5. 1933, BAK: NL 204 (Nachlaß Reinhold Wulle).
30 Verbotsanordnung des Preußischen Innenministeriums vom 23. 3. 1923 sowie Führerschaft der Deutschvölkischen Freiheitspartei an das Braunschweigische Staatsministerium, 12. 3. 1924, StA Wolfenbüttel, 12 A Neu Fb 13 Nr. 16184.
31 Noakes, Nazi Party; Behrend, Beziehungen.
32 Reinhold Wulle im Informationsbrief 245 vom 14. 5. 1933.
33 Im Original: Kämpfe.
34 Bericht über die Rechtsbewegung, 20. 7. 1928, verfaßt wohl im Preußischen Innenminsiterium (StA Wolfenbüttel: 12 A Neu Fb 13 Nr. 16184).
35 In Süddeutschland blieb sie völlig bedeutungslos.
36 Bei der Reichstagswahl 1928 erhielt die Deutschvölkische Freiheitsbewegung (DVFB) im Gau Südhannover-Braunschweig nur noch 5391 Stimmen (gegenüber bereits 46 321 Stimmen für die

Am 14. März 1934 ordnete das Geheime Staatspolizeiamt die Auflösung der politisch längst bedeutungslosen Partei an. Allerdings wurde die Überführung der Mitglieder in die „Gesellschaft Deutsche Freiheit e.V." geduldet, sofern diese sich auf ihr satzungsgemäßes Tätigkeitsfeld, nämlich die Verbreitung der völkischen Ideologie im Ausland und unter den Auslandsdeutschen, beschränke und auf jede politische Tätigkeit im Reich verzichte.[37]

Führender Repräsentant der geschrumpften deutschvölkischen Bewegung war und blieb Reinhold Wulle. Als Pflegekind in einem sächsischen Pfarrhaus aufgewachsen, hatte Wulle in Halle und Berlin zunächst Theologie, später Geschichte studiert. Nach dem Weltkrieg war er zunächst als Chefredakteur und Herausgeber für deutschnationale Zeitungen tätig und wirkte bis zur Gründung der Deutschvölkischen Freiheitspartei für die DNVP als Abgeordneter im Reichstag und im Preußischen Landtag. Nach dem Scheitern der deutschvölkischen Ambitionen und der Machtergreifung Hitlers hielt Wulle in Berlin durch persönliche Kontakte einen Kreis von Gesinnungsfreunden zusammen. Durch die von ihm auch nach Hitlers Machtübernahme weiterhin etwa zweimal monatlich herausgegebenen „Informationsbriefe" konnten auch überregionale Verbindungen zu Gleichgesinnten gehalten werden. Wulle entfaltete in seinen Briefen allgemeine staatspolitische Überlegungen, stellte aber auch tagespolitische Betrachtungen an und entwickelte programmatische Vorstellungen für eine politische Weiterarbeit im Dritten Reich.[38] In seiner Analyse der politischen Situation ging er davon aus, daß die nationalsozialistische Diktatur auf denselben Prinzipien totalitärer Herrschaft beruhe wie das faschistischen Italien und die Sowjetunion. Offen sprach er aus, daß das von rechtskonservativer Seite mit der Bildung der Koalitionsregierung Hitler intendierte politische Konzept gescheitert sei. Wie man aus der Zusammensetzung dieses Kabinetts habe ablesen können, habe nämlich gerade die Herrschaft einer einzigen Partei verhindert werden sollen. Nach der letzten Wahl hätten die Nationalsozialisten nun aber allein die Macht inne und unternähmen einen „groß angelegten Versuch, Staat, Volk und Partei gleichzuschalten". Vorbehaltlos begrüßte Wulle dagegen die Beseitigung der parlamentarischen Demokratie.[39] Gefahren lägen allerdings in der Tatsache, daß diese Gleichschaltung

---

NSDAP). Im Gau Osthannover konnte sie sich 1928 noch knapp vor der NSDAP halten (15 868 gegenüber 13 573 Stimmen). Insgesamt büßte die DVFB sechs Mandate ein und war im neuen Reichstag nicht mehr vertreten. Bei der Landtagswahl in Mecklenburg-Strelitz verlor die DVFB 1929 ebenfalls ihr einziges Mandat (StA Wolfenbüttel: 12 A Neu Fb 13 Nr. 16184).

37 Anklageschrift gegen Wulle und andere, Generalstaatsanwalt beim SG Berlin, 6. 10. 1938, IfZ: Fa 130/1.

38 Letzteres vor allem im Informationsbrief Nr. 245 vom 14. Mai 1933.

39 So heißt es in dem bereits zitierten Informationsbrief Nr. 245 vom 14. 5. 1933: „Die Vernichtung des Liberalismus in allen seinen Erscheinungsformen ist in der Tat die Forderung der Stunde. Der ständische Aufbau unseres Verfassungslebens ist eine alte völkische Forderung, die Beseitigung der Gewerkschaften als Staat im Staate und ihre Umbildung zu einer großen Standesorganisation ist eine Notwendigkeit... Jeder Staatsaufbau muß auf Blut und Boden ruhen. Einem Volke dient nur, was seinem Wesen entspricht." Noch deutlicher wurde Wulle im Informationsbrief 247 vom 11. Juni 1933 (ebenfalls BA, NL 204): „Ein Staat aber, der moralisch derartig verdreckt war wie der von Weimar, ist für alle Zeiten erledigt und die Träger dieses Staates mit ihm."

des ganzen Volkes in den Händen einer einzigen Partei läge. Deshalb sei es die Aufgabe der noch bestehenden völkischen Organisationen, diejenigen Bevölkerungskreise zu sammeln, „die keine faschistische Staatsvorstellung haben, sondern eine preußisch-deutsche". Man habe die „Sendung des Nordens im Gesamtlager des Nationalismus" zu erfüllen. „Eine Eingliederung in die NSDAP würde diese Kräfte nicht einspannen in eine gemeinsame Front, sondern nur mundtot machen... Das nichtfaschistische, völkisch-nationale Deutschland muß Mitträger des Staates sein, es ist eine besondere politische Truppe, die nach außen und innen Aufgaben zu erfüllen hat, die die NSDAP nicht erfüllen kann... Die große Entscheidung für Hitler und den neuen Staat kommt erst. Dann braucht er die völkisch-nationalen Kräfte, die seit 1918 im Sturm stehen und deren Banner nicht gewankt hat. In solchen Augenblicken machen Männer die Geschichte. Für das völkisch-nationale Deutschland aber ergeben sich daraus klare Folgerungen. Es kommt nicht darauf an sich gleichzuschalten, sondern sich treu zu bleiben... Eine neue breite Front preußisch-lutherischer Prägung muß werden, die, in treuer Kameradschaft zu Hitler stehend, der deutschen Freiheit eine Gasse bahnt."[40]

Diese im Mai 1933 entwickelte politische Analyse wird der unübersichtlichen Situation in der Formierungsphase des NS-Regimes einerseits weitgehend gerecht, ist aber andererseits nicht in der Lage, realistische Perspektiven aufzuzeigen. Letztendlich hegte Wulle für die deutsch-völkische Richtung ebenso unbegründete Hoffnungen wie der Stahlhelm und die Deutschnationalen bei der Kabinettsbildung im Januar 1933: Man werde von den Nationalsozialisten in Zukunft als Partner benötigt und daher auch anerkannt werden.

In Berlin trafen sich von auswärts anreisende Wulle-Anhänger regelmäßig in den Räumen eines deutschvölkischen Verlages[41] oder in Wulles Privatwohnung[42]. Ein Mitglied dieses Kreises berichtete später, man habe bei den abendlichen Sitzungen über die ersten Konzentrationslager und die staatlichen Willkürmaßnahmen, über außenpolitische Entwicklungen und die internationale Presse sowie über die Verhältnisse in der Wehrmacht gesprochen. „Die Teilnehmer dieser Gespräche begaben sich, ausgerüstet mit neuen Erkenntnissen, wieder in die Provinz, um dort die Mitglieder und Freunde der ‚Gesellschaft' zu unterrichten."[43] Fast täglich seien Besprechungen mit 7 bis 8 Personen durchgeführt worden und etwa zweimal pro Jahr hätten größere Versammlungen mit 60 bis 70 Teilnehmern stattgefunden, konstatierte die Staatsanwaltschaft in ihrer Anklageschrift gegen den Wulle-Kreis.[44]

Alle Mitglieder der Gesellschaft Deutsche Freiheit e.V. erhielten regelmäßig Wulles „Informationsbriefe", deren Auflage zwischen 1934 und 1938 von zunächst nur 500 auf bis zu 5000 anstieg. Diese Schriften, so ein Beteiligter, seien „das geistige Band" des Oppositionskreises gewesen. „Die Leitartikel waren Meisterleistungen

---

40 Alle Zitate aus dem Informationsbrief Nr. 245 vom 14. 5. 1933.
41 Es handelte sich um den Verlag Dr. Egon Melms KG in der Augsburger Str. 6.
42 In der Holsteinischen Str. 30.
43 Typoskript von Paul Braasch über die Aktivitäten des Wulle-Kreises: „Berlin W. 50 – Augsburgerstr. 6", S. 3 (BA: NL 204/16).
44 Anklageschrift des Generalstaatsanwaltes beim SG Berlin, 6. 10. 1938, IfZ: Fa 130 M.

in der Sprache der Tarnung. Amtliche Bekanntmachungen unter Hervorhebung des ‚Wesentlichen' zeigten den Weg des Systems; die Buchbesprechungen empfahlen die Erscheinungen, die noch tragbar waren."[45] Im Melms-Verlag erschienen vier Bücher Wulles[46], die allesamt von der Reichsschrittumskammer als „schädliches und unerwünschtes Schrifttum" indiziert wurden. Die Gestapo vertrat den Standpunkt, daß Wulle sich „in einer nicht tragbaren Weise politisch und weltanschaulich vom Nationalsozialismus distanziere".[47]

Die bereits 1926 gegründete und nach 1933 noch zugelassene „Gesellschaft Deutsche Freiheit" bot dem völkischen Oppositionskreis einen handlungsfähigen organisatorischen Rahmen. Zu ihren Mitgliedern zählten u. a. Ludwig Beck, Graf York von Wartenburg, Hans Oster, Theodor Duesterberg, Graf von Westarp und der Kronprinz Wilhelm.[48] Wulle reiste in ganz Deutschland umher und entwickelte im vertrauten Kreise, „in Privatwohnungen, in Gutshäusern oder in abgeschirmten Räumen vertrauter Gasthäuser", seine politischen Vorstellungen.[49] Die größten Stützpunkte hatte die Wulle-Bewegung neben ihrem Berliner Zentrum in Leipzig und Halle. Ein „rühriger Kreis von Wulleanhängern" bestand aber auch in Hannover, weitere Zirkel existierten in Düsseldorf, Essen und Mühlheim/Ruhr sowie in mehreren badischen Orten.[50]

Persönlich kam Wulle mindestens zweimal nach Hannover, nämlich 1937 sowie im Februar 1938, um für die Wiedereinführung der Monarchie zu werben. Hier hatte sich um den Ingenieur Wilhelm Schüler ein etwa 15 Personen umfassender Diskussionszirkel gebildet, der regelmäßig in hannoverschen Weinlokalen zusammentraf. Bei einem Treffen im hannoverschen Ratskeller sollen Ende 1937 Postkarten mit Karikaturen Hitlers und Görings herumgereicht und „belacht" worden sein. Schüler, der mehrere Jahre lang Ortsgruppenleiter der Deutschvölkischen Freiheitsbewegung in Hannover gewesen war, organisierte die Arbeit des hannoverschen Zirkels und reiste mehrmals im Jahr nach Berlin, um mit Wulle die weitere Arbeit zu diskutieren.[51]

Insgesamt sind als Mitglieder der „Gesellschaft Deutsche Freiheit e.V." in der Stadt Hannover namentlich 71 Personen nachzuweisen. Zwar beteiligten sich offensichtlich nicht alle an den konspirativen Treffen; es ist aber davon auszugehen, daß dieser Personenkreis den von Wulle entwickelten Ideeen nahestand. Sozial rekrutierte

---

45 Typoskript Braasch, S. 4.
46 Nach Angaben von Braasch: „Cäsaren" (Ende 1934), „Geschichte einer Staatsidee" (1935), „Das neue Jahrtausend" (1936) und „Gold, Götter, Glaube" (1937). Die bei der Reichsschrifttumskammer angelegte Akte über Wulle nennt weiterhin eine Veröffentlichung unter dem Titel „20 Jahre später – der Weg zum 9. November 1918" (BA: R 56V/186).
47 Gestapa an die Reichsschrifttumskammer, 10. 2. 1937 (BA: R 56V/186).
48 Nach der Mitgliederliste der Gesellschaft Deutsche Freiheit e.V. im Nachlaß Wulle (BA: NL 204/16).
49 Braasch, S. 10 sowie Anklageschrift des Generalstaatsanwalts beim SG Berlin, 6. 10. 1936.
50 Anklageschrift des Generalstaatsanwalts beim SG Berlin, 6. 10. 1936, S. 4 ff.
51 Anklageschrift des Generalstaatsanwalts beim SG Berlin, 6. 10. 1936, S. 10 sowie Schreiben des hannoverschen Oberstaatsanwalts an den Oberreichsanwalt beim VGH, 26. 8. 1938, IfZ: Fa 117/299.

sich die Gesellschaft in Hannover eindeutig aus dem gehobenen Bürgertum. Mitglieder waren vor allem höhere Verwaltungsbeamte und Offiziere sowie etliche Bankdirektoren, Pastoren, Ärzte und Rechtsanwälte. Zum hannoverschen Wulle-Kreis zählten mit Hans-Bruno von Alten und Otto Teschner auch zwei wichtige ehemalige Stahlhelmführer.[52] Mitgliedschaften im Deutsch-völkischen Schutz- und Trutzbund sowie in der Deutschvölkischen Partei bzw. Freiheitsbewegung stellten für viele Mitglieder den politischen Erfahrungshintergrund dar. Aus einem Ermittlungsbericht geht hervor, daß ehemalige Mitglieder der Deutschvölkischen Freiheitsbewegung noch bis 1936/37 von Hannover aus Kontakte zum im holländischen Exil lebenden Kaiser unterhalten haben sollen.[53]

Am 14. Juli 1938 wurde die „Gesellschaft Deutsche Freiheit e.V." verboten, die Berliner Büroräume von der Gestapo versiegelt und reichsweit etwa „100 Freunde des Widerstandskreises"[54] verhaftet. Zunächst warf man Reinhold Wulle und seinen Mitstreitern vor, sie hätten sich durch ihr Werben für die Hohenzollernmonarchie der Vorbereitung zum Hochverrat schuldig gemacht. Die auf Anweisung des Geheimen Staatspolizeiamtes in Hannover angestellten Ermittlungen ergaben, „daß auch hier ein Kreis von Anhängern Wulles bestand, der den Gedanken der Wiedererrichtung der Monarchie in Deutschland unter Ablehnung des heutigen Staates gepflegt hat". Es seien Zusammenkünfte abgehalten und Beiträge gezahlt worden. Die politischen Erörterungen hätten einen staatsfeindlichen Charakter getragen. Daher wären auch die an den Zusammenkünften beteiligten Beamten unter einem Decknamen geführt worden. Zwar habe sich ein Teil des hannoverschen Kreises anscheinend nur „in alter Anhänglichkeit oder jedenfalls als Mitläufer betätigt", dagegen seien fünf Personen als Hauptbeteiligte, die sich bewußt und konspirativ für die staatsfeindlichen Ziele der Wulle-Bewegung eingesetzt hätten, in Untersuchungshaft genommen worden. Hierbei handelte es sich neben dem Ingenieur Wilhelm Schüler um die Reichsbankoberinspektoren Friedrich Voigts und Karl Meinecke, den Reichsbankrat Ernst Fröde und den Buchhalter des Rittergutes Bredenbeck, Josef ten Holthaus.[55]

Nach eingehender Prüfung entschied der Oberreichsanwalt beim Volksgerichtshof, daß der Nachweis einer hochverräterischen Tätigkeit der Wulle-Bewegung nicht zu erbringen sei und gab das Verfahren an das Sondergericht Berlin ab.[56] Ermittelt wurde gegen insgesamt 42 Personen aus dem ganzen Reich, darunter die fünf genannten Mitglieder des hannoverschen Kreises. Der Generalstaatsanwalt ging zunächst da-

---

52 Bericht über die Zerschlagung der nationalen Opposition in Hannover, 4. 12. 1943 (IfZ: MA 533).
53 Ebd.
54 Typoskript Braasch, S. 17.
55 Der hannoversche Oberstaatsanwalt an den Oberreichsanwalt beim VGH, 26. 8. 1938, BDC, Ermittlungsakte gegen Wilhelm Schüler, 8 J 385/85.
56 Oberreichsanwalt beim VGH an den Generalstaatsanwalt beim SG Berlin, 3. 4. 1939, BA: NJ 9283. Die Akte wurde von einem Mitglied des Forschungsprojektes „Widerstand in Hannover" seinerzeit noch im Institut für Marxismus-Leninismus/Zentralen Parteiarchiv der SED in Berlin eingesehen. Später wurde der Bestand von dort an das Bundesarchiv, Abteilungen Potsdam, zurückgegeben und wird heute von der Berliner Dienststelle des Bundesarchivs verwahrt.

von aus, daß diese durch das vorliegende Beweismaterial bereits eines Verstoßes gegen das Heimtückegesetz überführt seien[57], mußte seine Einschätzung aber wenige Wochen später korrigieren. Ten Holthaus, Voigts, Fröde und Meinecke wurden nur noch als Mitläufer eingestuft, „welche keinerlei eigene Initiative entwickelt haben".[58] Schließlich beschränkte man sich auf ein Verfahren gegen 14 Hauptbeteiligte, unter denen sich aus Hannover nur noch Schüler befand. In der Anklageschrift wurde Wulle vorgeworfen, Hitler als „Cäsar", „Nero" und „Emil" tituliert zu haben. Göring sei von ihm als verschwenderisch, von Ribbentrop als unfähig kritisiert worden. Weiter habe Wulle behauptet, in der NSDAP herrsche die Korruption und die gigantischen Bauplanungen Hitlers seien ein Ausdruck von „Cäsarenwahn". Das Berliner Büro der Wulle-Bewegung sei eine „Hetzzentrale" gewesen, die versucht habe, das Vertrauen in die Staatsführung und die NSDAP zu erschüttern.

Schließlich wurde Reinhold Wulle im Dezember 1939 vom Sondergericht Berlin wegen Vergehens gegen das Heimtückegesetz in Tateinheit mit Vergehen gegen das Gesetz zur Neubildung von Parteien zu zwei Jahren Gefängnis verurteilt. Die Mitangeklagten erhielten Gefängnisstrafen zwischen sechs und zwölf Monaten. Dies scheint auch für Wilhelm Schüler als Kopf der hannoverschen Gruppe der Fall gewesen zu sein.[59] Zudem geht aus einem späteren Bericht hervor, daß er zusätzlich von der Gestapo inhaftiert wurde. Schüler sei ein „verbissener Monarchist", der noch bei seiner Entlassung aus der „Schutzhaft" erklärt habe, er werde immer seinen monarchischen Idealen treu bleiben.[60] Nach Verbüßung seiner Gefängnisstrafe wurde Wulle als Staatsfeind in das KZ Sachsenhausen eingeliefert.[61] Seine Frau erreichte im Sommer 1942 durch ein Gesuch an Himmler seine Freilassung. Reinhold Wulle starb im Juli 1950 in Westfalen.

---

57 Ermittlungsbericht des Generalstaatsanwaltes des SG Berlin an den Reichsjustizminister, 21. 11. 1938, BA: NJ 9283.
58 Ermittlungsbericht des Generalstaatsanwaltes beim SG Berlin an den Reichsjustizminister, 6. 1. 1939, BA: NJ 9283.
59 Das Urteil gegen Wilhelm Schüler oder weitere Akten, aus denen die genaue Haftdauer hervorgehen würde, waren nicht zu ermitteln.
60 Bericht über die nationale Opposition in Hannover, 4. 12. 1943 (IfZ: MA 533).
61 In einem Erinnerungsbericht an seinen KZ-Aufenthalt gibt Wulle selbst an, durch sieben Haftanstalten gegangen zu sein. Aufgrund der Anrechnung seiner siebzehnmonatigen Untersuchungshaft dauerte die Strafhaft im Gefängnis Tegel nur noch von Dezember 1939 bis Juli 1940. Von August 1940 bis Juli 1942 war er im KZ Sachsenhausen inhaftiert. Im Nachlaß von Reinhold Wulle sind dazu die Berichte „KZ Sachsenhausen" und „Der Mann hinter Stacheldraht" erhalten (BA: NL 204/16).

## 6. Abweichler und Unzufriedene in den eigenen Reihen: die nationalsozialistischen Oppositionsgruppen in Hannover

Die erste Ortsgruppe der Nationalsozialistischen Arbeiterpartei in Niedersachsen[1] war Anfang Juli 1921 von dem Vertreter und Journalisten Bruno Wenzel und dem aus der SPD ausgetretenen Facharbeiter Gustav Seifert in Hannover gegründet worden. Bereits in den ersten Jahren kam es zu heftigen Rivalitäten innerhalb der Bewegung, die durch die 1923/24 praktizierte Zusammenarbeit mit den Deutschvölkischen noch verschärft wurden. Die frühe Organisationsgeschichte der NSDAP kann im übrigen an dieser Stelle übergangen werden[2], da bei der 1925 einsetzenden Reorganisation der Partei in Hannover ein deutlicher Schnitt gemacht wurde und der von der Deutschvölkischen Freiheitspartei zur NSDAP gestoßene Studienrat Bernhard Rust als von Hitler neu berufener Gauleiter mit seinen Vertrauensleuten neue Parteistrukturen aufbaute.

Von Juli bis Dezember 1925 konnte die NSDAP in Niederschsen ihre Mitgliederzahl mehr als verdoppeln und erreichte zum Jahresende einen Stand von 1860 Mitgliedern.[3] Nach einer vorübergehenden Stagnation im Jahr 1926 wuchs die Zahl der Parteimitglieder in den späten zwanziger Jahren wieder langsam an. Erst 1928 erfolgte eine Anpassung der Gaueinteilung an die Wahlkreisgrenzen, wodurch der südniedersächsische Bereich nun mit den Regionen Braunschweig und Hannover zu einem neuen Gau Südhannover-Braunschweig zusammengefaßt wurde, die Lüneburger Heide und das Gebiet zwischen Unterelbe und Weser dagegen als Gau Osthannover verselbständigt wurde.[4] Bei Ausbruch der Wirtschaftskrise[5] hatte die NSDAP in Südhannover-Braunschweig etwa 2000 bis 3000 Mitglieder.[6] Bemerkenswert erscheint das Altersprofil der Partei: zwei Drittel aller Mitglieder waren jünger als 40 Jahre. Sozial dominierten vor 1930 recht eindeutig die Mittelschichten: neben 22 % selbständigen Gewerbetreibenden, 20 % Angestellten und 5 %

---
1   Es war nach den Unterlagen des NSDAP-Hauptarchivs die 25. Ortsgruppe überhaupt und die neunte außerhalb Bayerns (BA: NS 26/141).
2   Dazu existieren umfangreiche Materialien im Gauarchiv der NSDAP (NHStA Hannover: Hann. 310 I) und im Hauptarchiv der NSDAP (BA: NS 26/141), das u. a. ausführliche Erinnerungsberichte von Wenzel und Seifert enthält. Als knappe Zusammenfassung der frühen Organisationsgeschichte der hannoverschen NSDAP: Mlynek, Hannover, S. 455 ff.
3   Noakes, Nazi Party, S. 104.
4   Dazu ausführlich Behrend, Beziehungen, S. 177 ff.
5   Die ersten Krisenerscheinungen traten in Niedersachsen Mitte 1928 auf, als lange vor dem vielzitierten „Schwarzen Freitag" in New York (25. Oktober 1929), der gemeinhin als Beginn der Weltwirtschaftskrise verstanden wird.
6   Noakes, Nazi Party, S. 141, nennt als Mitgliederzahlen 2268 (Dezember 1928) bzw. 3210 (Mai 1929).

Beamten stellten die Arbeiter einen Anteil von nur – je nach Sichtweise kann man allerdings auch betonen: immerhin – 21 % an der Mitgliedschaft. Bauern stellten auf Gauebene ebenfalls 21 % der Parteimitglieder, was auf erste Erfolge der Agitation des in der Region tätigen nationalsozialistischen Landbund-Führers Werner Willikens verweist.[7] Da man die Propaganda in den ländlich-kleinstädtischen Regionen stärker auf bäuerliche und mittelständische Bevölkerungsgruppen ausgerichtet hatte, gelang der NSDAP offenbar auf breiter Front ein Einbruch in die traditionellen Wählerschichten der auseinanderfallenden DHP.

Wichtige Schritte zur Konsolidierung der regionalen NS-Bewegung waren eine Versammlung mit Hitler in Hannover im Januar 1929, der Gauparteitag 1931 in Braunschweig, bei dem 10 000 SA-Leute an Hitler vorbeimarschierten, und vor allem der große Erfolg bei den Reichstagswahlen 1930, als die NSDAP in Gau Südhannover-Braunschweig den Reichsdurchschnitt sogar noch deutlich übertraf.[8] Der Ausbau der lokalen Parteiapparate, der im wesentlichen mit eigenen Mitteln und ohne materielle Unterstützung der Münchener Parteizentrale erfolgte, hinkte dagegen besonders in den Großstädten Hannover und Braunschweig hinter den Wahlerfolgen hinterher. Erst um die Jahreswende 1931/32 gelang es aufgrund des nun starken Mitgliederzustromes[9], die hannoverschen Ortsgruppen in Sektionen zu untergliedern und damit die organisatorischen Voraussetzungen für eine wirkungsvolle Haus-zu-Haus-Agitation zu verbessern. Bis zur Jahresmitte stieg die Zahl der Parteimitglieder im Gau auf rund 40 000.[10] Zwei wesentliche Veränderungen sind für die soziale Zusammensetzung der NSDAP festzustellen: der Altersdurchschnitt sank noch einmal fühlbar, die Partei wurde also noch „jugendlicher", und der Arbeiteranteil stieg auf 28 %. Noakes spricht in diesem Zusammenhang wohl mit Recht von einer leichten Verbreiterung der sozialen Basis der Partei in Richtung auf die Arbeiterschaft.[11] Belegt wird diese Tendenz auch durch eine Analyse der für die NSDAP enttäuschend verlaufenen Reichstagswahl vom November 1932. Während sich die Stimmenverluste in den Städten und Industriezentren in Grenzen hielten, mußte die NSDAP in manchen bäuerlich-ländlichen Gebieten massive Einbrüche hinnehmen.[12] Der Blick auf ausgewählte Wahllokale in der Stadt Hannover scheint die von der Propagandaleitung gegebene Erklärung für die Wahlniederlage zu bestätigen: Offensichtlich hatten sich vorher bereits in stärkerem Maße erreichte Kreise des Bürgertums im Herbst 1932 der Stimme enthalten oder waren zur DNVP zurückgekehrt. Dieser Trend war beispielsweise im gehobenen bürgerlichen Quartier

---

7 Dazu Behrend, Beziehungen, S. 185 ff. Die Angaben zur sozialen Gliederung bei Noakes, Nazi Party, S. 141.
8 In Südhannover-Braunschweig erreichte die NSDAP 24,3 % gegenüber 18,3 % im Reichsdurchschnitt.
9 Allein im Monat Dezember 1931 sollen in der Stadt Hannover mehr als 2000 Neuaufnahmen zu verzeichnen gewesen sein (Behrend, Beziehungen, S. 256).
10 Genaue Zahlen bei Behrend, Beziehungen, S. 257. Der Gau Südhannover-Braunschweig umfaßte Mitte 1932 38 395, nach einer neuerlichen Veränderung der Gaugrenzen im September 1932 40 635 Parteimitglieder.
11 Noakes, Nazi Party, S. 159.
12 Behrend, Beziehungen, S. 260.

des Hindenburgviertels spürbar gewesen. Dagegen erlitt die NSDAP in den Arbeitervierteln, wo sie ohnehin schwächer vertreten war, kaum Einbußen und konnte vor allem auch in den von der unteren und mittleren Mittelschicht dominierten kleinbürgerlichen Quartieren ihre Position weitgehend halten.[13]

Deutlich wies Leopold Gutterer[14], Kreisleiter von Hannover und Gaupropagandaleiter in Personalunion, die Münchener Parteizentrale darauf hin, daß ein stärkeres Eindringen in die klassische Industriearbeiterschaft und das katholische Sozialmilieu aufgrund der weltanschaulichen Fundierung beider Milieus auch in Zukunft kaum möglich sein werde. Da im Gegenteil die Papensche Politik in der traditionell bürgerlichen Wählerschaft zunehmenden Anklang finde und sich bereits in einem punktuellen Wiedererstarken der Deutschnationalen bemerkbar gemacht habe, beurteilte die hannoversche Gauleitung zum Jahresende 1932 die zukünftigen Wahlchancen daher eher skeptisch.[15]

Die Arbeiterschaft war von der hannoverschen NSDAP traditionell als eine wichtige Zielgruppe ihrer politischen Werbearbeit angesehen worden. In der Frühzeit stand hierfür besonders der Mitbegründer der hannoverschen NSDAP, Gustav Seifert, der häufiger in Arbeiterversammlungen aufgetreten war.[16] Im Rahmen der nur kurzlebigen „Arbeitsgemeinschaft Nordwest", einer Runde von Gauleitern und SA-Führern aus Nord- und Westdeutschland, unterstützte der hannoversche Gauleiter Bernhard Rust die Bemühungen Gregor Straßers, die „sozialistischen" Komponenten der NSDAP in einem überarbeiteten und konkretisierten Programmentwurf festzuschreiben. Bei einer Führertagung in Bamberg wurden daraufhin die „Linken" um Gregor Straßer[17], Goebbels und Rust im Februar 1926 von Hitler vor die Alternative eines offenen Bruches oder einer bedingungslosen Unterordnung gestellt. Die Kritiker der als zu mittelständisch empfundenen Politik der bayrischen Zentrale um Esser und Streicher steckten zurück und wurden daraufhin fester in

---

13 Vgl. dazu auch die detaillierten lokalen Wahlanalysen in einem weiteren Darstellungsband des Forschungsprojektes.
14 Leopold Gutterer (geb. 1902), Studium der Germanistik, Theaterwissenschaft und Völkerkunde, von Beruf Journalist; 1922 Mitglied im Deutschvölkischen Schutz- und Trutzbund, seit Mai 1925 Mitglied der NSDAP; 1929/30 Gaugeschäftsführer in Hessen-Darmstadt, seit Mai 1930 Kreisleiter von Hannover und Gaupropagandaleiter von Südhannover-Braunschweig sowie Schriftleiter des „Niedersächsischen Beobachters"; seit März 1933 im Reichsministerium für Volksaufklärung und Propaganda tätig, wo er u. a. die Großkundgebung zum 1. Mai 1933 auf dem Tempelhofer Feld in Berlin verantwortlich organisierte; zunächst Ministerialdirektor, seit Mai 1941 Staatssekretär im Propagandaministerium; seit August 1937 Reichsamtsleiter und seit April 1940 Oberbereichsleiter in der Reichspropagandaleitung der NSDAP; seit September 1939 SS-Oberführer (NTZ, 14. 7. 1933, sowie BDC: Personalakte Gutterer).
15 Behrend, Beziehungen, S. 261 f.
16 Dazu die Erinnerungen Seiferts unter dem Titel „Die Treue ist das Mark der Ehre! Beginn und Entwicklung der ersten norddeutschen Kämpfe der NSDAP in Hannover und Niedersachsen", Manuskript in BA: NS 26/141.
17 Zum „linken" Flügel der NSDAP und zur Person Gregor Straßers: Peter Stachura, Gregor Strasser and the Rise of Nazism, London 1983; Udo Kissenkoetter, Gregor Straßer und die NSDAP, Stuttgart 1978; Kurt Gossweiler, Die Straßer-Legende: Auseinandersetzung mit einem Kapitel des deutschen Faschismus, Berlin 1994.

die Organisation eingebunden und mit wichtigen Ämtern betraut.[18] Seither konnte sich Hitler auf seine regionalen Repräsentanten, die nur noch ganz punktuell spezifische Akzentuierungen setzten, wieder verlassen. Grundsätzlich aber führte Rust die Geschäfte in Hannover ganz im Sinne der Münchener Parteileitung, ebenso wie Goebbels erfolgreich den „Kampf um Berlin" inszenierte.

Trotz der in der zweiten Hälfte der zwanziger Jahre verstärkten und durchaus auch erfolgreichen Propaganda unter den Bauern und den gewerblichen Mittelschichten blieb für die südhannoversche NSDAP die vergleichweise resistentere Arbeiterschaft ein wichtiges Ziel ihrer Propagandabemühungen. In diesem Sinne konstatiert Noakes, es habe eine gewisse „emphasis on ‚socialism'" im Gau Südhannover-Braunschweig gegeben.[19] Eine wichtige Rolle für die Agitation in den Reihen der hannoverschen Arbeiterschaft spielte Berthold Karwahne, ein zur NSDAP übergetretener kommunistischer Bürgervorsteher, der nun zum Aushängeschild der braunen „Arbeiterpartei" wurde. Erst im Oktober 1932 konstatierte Gutterer, daß die hannoversche NSDAP in einem sehr mühsamen Prozeß langsam beginne, auch in Arbeiterkreisen stärker Fuß zu fassen. Der größte Teil der in den letzten Monaten hinzugewonnenen Mitglieder komme aus der Arbeiterschaft.[20]

Eine Konstante der nationalsozialistischen Bewegung bildeten die immer wieder ausbrechenden Rivalitäten und Machtkämpfe. Diese innere Dynamik der NSDAP muß vermutlich sogar als Wesenselement einer sozialen Bewegung ohne eindeutiges politisches Programm angesehen werden. Nicht ohne Grund hatte Goebbels für die Wahlkampagne 1930 den Parteirednern empfohlen, keine klaren wirtschafts-, innen- oder außenpolitischen Positionen zu vertreten, sondern sich auf allgemeinpolitische Aussagen zu beschränken.[21] Tatsächlich traten die Wahlkampfredner je nach dem sozialen Kontext sehr unterschiedlich auf und stellten unterschiedlichen gesellschaftlichen Gruppen die für sie jeweils wünschenswerte Politik in Aussicht. Auch die hannoversche NSDAP spiegelt diese Konglomerat unterschiedlichster Interessen, politischer Traditionen und sozialer Lagen wider. Mit Blick auf die traditionellen Völkischen, Antisemiten und Deutschnationalen profilierte man sich als handlungsfähige und entschlossene Kraft des rechtskonservativen Lagers. Dem durch die politische Radikalisierung verschreckten liberalen und gemäßigt konservativen Bürgertum offerierte man sich als Ordnungsmacht gegen den angeblich drohenden kommunistischen Umsturz. Gleichzeitig trat man der Industriearbeiterschaft gegenüber als ebenso nationale wie „sozialistische" Arbeiterpartei auf. Den sich in den Sturmabteilungen sammelnden, meist wirtschaftlich entwurzelten und orientierungslos gewordenen Existenzen bot man mit den nationalsozialistischen Suppenküchen und den SA-Heimen konkret faßbare Unterstützung und Hilfe gegen die soziale Not an. Psychologisch bedeutsam wurde auch das symbolisch aufgeladene Angebot, sich im Aktivismus der Wahlkämpfe und Kampagnen das ange-

---

18 Gregor Straßer löste Esser als Organisationsleiter in der Münchener Parteizentrale ab, Goebbels wurde zum Gauleiter von Berlin ernannt.
19 Noakes, Nazi Party, S. 101 f.
20 Behrend, Beziehungen, S. 256.
21 Behrend, Beziehungen, S. 207.

kratzte Selbstwertgefühl zu erhalten. Zudem stellte die Hoffnung, im „Dritten Reich" wieder eine gesicherte Existenz finden zu können, für viele SA-Männer eine wichtige Motivation dar. Auf diese Weise wurde die NSDAP zur ersten milieuübergreifenden Sammlungsbewegung der Weimarer Republik, zu einer „Volkspartei des Protestes".[22] Sowohl in der Führerschaft als auch an der Basis der SA-Stürme und der Ortsgruppen der Partei standen, wenn auch oft nicht repräsentativ vertreten, rechtskonservative Traditionalisten neben politisch kopflos gewordenen Angehörigen der Mittelschichten und Arbeitern, die im proletarischen Milieu nicht oder nicht mehr eingebunden waren. Die sprichwörtlichen „Konjunkturritter" und Karrieristen vermischten sich mit den von Hitler begeisterten Fanatikern und in ihrer SA-Subkultur heimisch gewordenen Aktivisten. Da ein klar formuliertes politisches Programm fehlte und die bedingungslose Unterordnung zwar unter Hitler, oft aber nicht unter seine Unterführer akzeptiert wurde, waren Richtungskämpfe unvermeidlich. So könnte die Organisationsgeschichte der lokalen NSDAP, jedenfalls für Hannover, durchaus auch als ein Prozeß von internen Machtkämpfen geschrieben werden.

Betrachtet werden im folgenden die Jahre von 1930 bis 1933, die nach der Frühzeit der hannoversche NSDAP unter Wenzel und Seifert und den unter Bernhard Rust seit 1925 erfolgten Sammlungsbemühungen der späten zwanziger Jahre eine dritte in sich geschlossene Entwicklungsphase darstellen. Etliche Indizien sprechen dafür, um 1929/30 noch einmal einen entscheidenden Einschnitt in der Organisationsentwicklung der lokalen NSDAP zu konstatieren: die Einrichtung einer festen Geschäftsstelle[23] im April 1929, der Aufstieg zu einer von den Wählern breit getragenen Massenpartei bei den Reichstagswahlen 1930, der danach einsetzende starke Mitgliederzustrom und schließlich wichtige personelle Umbesetzungen in der Gauleitung. In den frühen dreißiger Jahren, also der Phase des sich zuspitzenden äußeren Kampfes um die Macht, sind innerhalb der hannoverschen NSDAP mindestens vier rivalisierende Gruppen auszumachen, von denen zwei eher der Funktionärshierarchie und zwei eher der Parteibasis zuzuordnen sind.

Das Machtzentrum bildete unzweifelhaft die regionale Parteispitze um Bernhard Rust. Trotz der bereits angesprochenen Defizite in den Großstädten Hannover und Braunschweig galt der Gau Südhannover-Braunschweig bereits um 1930 als vergleichsweise gut und straff organisiert.[24] Bei Jahresbeginn 1931 bestand die Gauleitung aus 19 Personen, die offenbar alle fest besoldet wurden und nicht mehr auf ehrenamtlicher Basis tätig waren.[25] Neben dem engeren Führungskader mit Gauleiter, Sekretär, Schatzmeister, Propagandaleiter, Presseleiter, zwei Gauorganisationsleitern und dem Vorsitzenden des Parteigerichtes waren spezielle Abteilungen gebildet worden, die sich der Betreuung von bestimmten Zielgruppen widmeten. Neben

---

22 Zur wahlsoziologischen Fundierung dieser These: Falter, Wähler.
23 Zunächst in der Hildesheimer Straße (Südstadt).
24 Noakes, Nazi Party, S. 145.
25 Behrend, Beziehungen, S. 192/193, die darauf hinweist, daß in Hannover bewußt und erfolgreich von dem Prinzip der ehrenamtlichen Parteitätigkeit abgewichen wurde, für das die Münchener Parteizentrale eintrat.

SA, SS und den Jugendorganisationen (Hitlerjugend, Bund Deutscher Mädel und Nationalsozialistischer Studentenbund) existierten ein agrarpolitischer Apparat, eine Mittelstands-Abteilung, die Nationalsozialistische Betriebszellen-Organisation (NSBO) sowie weitere berufsspezifische Ansprechpartner.[26] Zudem verfügte die NSDAP in Südhannover-Braunschweig über einen größeren und sozial differenzierten Kreis von Gaurednern, mit denen alle Bevölkerungsschichten auf spezifische Weise angesprochen werden konnten.[27]

Abweichler und Kritiker wurden von der Gauführung kompromißlos kaltgestellt und in der Regel aus der Partei ausgeschlossen. Bereits im Sommer 1929 war der Schriftleiter der Parteizeitung „Niedersächsischer Beobachter", Heinz, wegen seiner „sozialrevolutionären" Abweichung aus der NSDAP entfernt worden. Auch der damalige Gaugeschäftsführer Erich Homann wurde aus denselben Gründen seines Amtes enthoben. Möglicherweise erfolgte diese Scheidung der Richtungen in Hannover in einem direkten Zusammenhang mit dem Parteiaustritt Otto Straßers, der im Juli 1930 die Parole „Die Sozialisten verlassen die NSDAP" ausgab, aus der Partei ausschied und die „Schwarze Front" als Organisation der in Opposition zur Münchener Parteiführung stehenden „revolutionären" Nationalsozialisten gründete. Bemerkenswert bleibt, daß Rust bis zu diesem Zeitpunkt offensichtlich Exponenten des „linken" Parteiflügels mit wichtigen Aufgaben im Gau betraut hatte.

Durch die nun vorgenommenen personellen Veränderungen wurde eine neue Ausrichtung der regionalen Parteispitze vorgenommen, die bis zur Machtübernahme bestehen blieb. Im Juli 1929 wurde Erich Maul als Organisationsleiter und Leiter der Geschäftsstelle berufen. Eine zentrale Position nahm seit Mai 1930 der erst 28jährige Leopold Gutterer ein, der von Bernhard Rust aus dem Gau Hessen-Darmstadt nach Hannover geholt worden war, um hier als Gaupropagandaleiter die Organisation der weiteren Wahlkämpfe in die Hand zu nehmen. Seine Persönlichkeit und seine Wirksamkeit werden in der Forschung recht unterschiedlich bewertet. Während Heiber ihn als „farblose Figur" einstuft, sieht Behrend ihn als einen „der fähigsten Agitatoren" der NSDAP.[28] Jedenfalls schieden sich an ihm schnell die Geister der hannoverschen Nationalsozialisten. Kein hannoverscher Parteifunktionär hat vergleichbare Polarisierungen ausgelöst wie Gutterer. Insbesondere gestandene „alte Kämpfer" kreideten jungen Funktionären wie Gutterer und Maul ihre geringe Lebenserfahrung an und nahmen an ihrem forschen Auftreten Anstoß.

Neben der Gauleitung der Partei hatte sich mit der Führerschaft der hannoverschen SA ein zweites, in Konkurrenz zum eigentlichen Parteiapparat stehendes Machtzentrum gebildet. Die hannoverschen SA-Führer kritisierten intern vehement die Geschäftsführung Gutterers und warfen ihm vor, „im Laufe der Zeit nur seine

---

26 Noakes, Nazi Party, S. 164–200.
27 Im Mai 1932 gab es 32 „Gauredner", von denen einige aufgrund des erheblichen Umfangs ihrer Propagandatätigkeit ihre Arbeitsstellen eingebüßt hatten, während andere ohnehin erwerbslos gewesen waren. Somit verfügte die Gauleitung über einen umfangreichen Kreis von ständig einsetzbaren Propagandisten.
28 Helmut Heiber, Joseph Goebbels, Berlin 1962, S. 144; Behrend, Beziehungen, S. 192 f.

Freunde und Gönner in bezahlte Stellungen gebracht und alte bewährte Parteimitglieder aus persönlichen Motiven kaltgestellt zu haben".[29] Um den Führer der SA-Untergruppe Hannover, Robert Kobbe, hatte sich geradezu eine Fronde gegen Gutterer gebildet. Da dieser aber von Gauleiter Rust vorbehaltlos unterstützt wurde, gelang es ihm schließlich „seinen schärfsten Widersacher" Kobbe kaltzustellen, indem er für dessen Versetzung nach Hameln sorgte. Die Kommandogewalt über die hannoversche SA wurde im Juni 1932 an Gutterers Vertrauensmann Fritz Vielstich[30] übertragen, der innerhalb von zweieinhalb Jahren eine steile Karriere vom einfachen SA-Mann zum Brigadeführer durchlief. Die offensichtliche Protektion Vielstichs und das Übergehen der bereits länger tätigen Standartenführer rief „große Unzufriedenheit in den Kreisen der SA"[31] hervor. In der Folgezeit wurde Vielstich aber offensichtlich den in ihn gesetzten Erwartungen gerecht. Rigoros arbeitete er sowohl gegen seinen unmittelbaren Vorgesetzten, den Führer der SA-Untergruppe Hannover, Korsemann, als auch gegen die ihm nachgeordneten Standartenführer.[32] Durch dieses aggressive Auftreten wurde die Unruhe in den Reihen der SA nicht gedämpft, sondern vielmehr weiter angeheizt. Schließlich unterzeichneten sämtliche hannoverschen Standartenführer eine Beschwerde über das Vorgehen Gutterers an die Münchener Parteileitung. Offensichtlich wurde diese über den Dienstweg laufende Eingabe aber von SA-Obergruppenführer Lutze zurückgehalten.[33]

---

29 Bericht des hannoverschen Polizeipräsidenten an den RP, 24. 9. 1932, NHStA Hannover: Hann. 80 Hann. II 742, Bl. 500.
30 Fritz Vielstich (geb. 1895), Kriegsfreiwilliger und Freikorpskämpfer, 1922/23 Mitglied der NSDAP im München, Wiedereintritt in die Partei und Beitritt zur SA im Juni 1930. Beeindruckend ist die steile Karriere Vielstichs in der SA: zunächst Truppführer, Ende 1930 Sturmführer des Fliegersturms, Januar 1932 Sturmbannführer, im Juni 1932 bereits Standartenführer und seit 1. 7. 1932 Oberführer der SA-Untergruppe Hannover. Nach der Umorganisation der hannoversche SA-Standarte 73 bekleidete Vielstich spätestens seit Januar 1933 in Hannover den Rang eines Brigadeführers. Später wurde er bei der SA-Gruppe Hessen tätig. (Dienstliche Beurteilung des Brigadeführers Vielstich durch den Gruppenführer Korsemann, 27. 1. 1933, BDC: Personalakten Korsemann).
31 Bericht des hannoverschen Polizeipräsidenten an den RP, 24. 9. 1932, NHStA Hannover: Hann. 80 Hann. II 742, Bl. 500.
32 Ins Auge fällt, daß zwei sehr unterschiedliche dienstliche Beurteilungen des vorgesetzten Gruppenführers Korsemann über den hannoverschen Brigadeführer Vielstich existieren. Das erste Zeugnis vom 27. 1. 1933 fiel bei einigen kritischen Anmerkungen über ein oft schroffes und taktloses Auftreten insgesamt durchaus positiv aus: „Ein sehr fähiger Oberführer, der seinen Aufgaben absolut gewachsen ist." In einer zweiten Beurteilung vom 18. 8. 1933 äußert sich der inzwischen massiv von seinem Untergebenen angegriffene Korsemann dagegen vernichtend über Vielstich: „Das Landsknechtsartige seines Wesens nahm überhand… Die zur Schau getragene Opposition gegen Maßnahmen vorgesetzter Dienststellen ist nicht, wie ich anfangs annahm, eine oberflächliche Angelegenheit, sondern vielmehr eine innere Undiszipliniertheit… Seine Taktlosigkeit.. geht bis zur ausgeprochenen Rücksichtslosigkeit. Das Verhältnis zu seinen Untergebenen ist ausgesprochen schlecht. Seine Brutalität und Rücksichtslosigkeit sind gefürchtet, man liebt ihn nicht, seine Schroffheit läßt Kameradschaftlichkeit nicht aufkommen." (BDC: Personalakte Korsemann).
33 Bericht des Polizeipräsidenten vom 24. 9. 1932.

Während die politische Konfrontation mit der Arbeiterbewegung auf der einen und den auf Distanz gegangenen Deutschnationalen auf der anderer Seite sich immer weiter zuspitzte, ging ein für die uninformierte Öffentlichkeit kaum sichtbarer, aber dennoch substantieller Riß durch die nationalsozialistische Bewegung in Hannover. Ende September 1932, also mitten in einem äußerst hart geführten Reichstagswahlkampf, konstatierte die Politische Polizei, daß sowohl der Führer des SA-Gruppe Niedersachsen, Korsemann, als auch die hannoverschen Standartenführer Esser, Ihle und Söhlmann nach wie vor in deutlicher Opposition zu Gutterer und Vielstich stünden.[34] Eine offene Rebellion der SA gegen die Partei konnte nur mit Mühe vermieden werden. Angesichts der schlechten Stimmung unter den SA-Leuten kann kaum ein Zweifel bestehen, daß viele ihren Führern gefolgt wären, wenn sich diese offen gegen die Parteiorganisation gestellt hätten.

Dennoch ist davon auszugehen, daß nicht kontroverse politische Zielvorstellungen, sondern nur unterschiedliche Einschätzungen über die einzusetzenden Mittel sowie nicht zuletzt ganz persönliche Machtansprüche die von Gutterer geprägte Strategie der Gauleitung von der Linie der opponierenden SA-Führerschaft trennten. Vermutlich hat in diesem Konflikt auch eine Rolle gespielt, daß die Gruppe um Rust, Gutterer und Maul sich eher um gepflegte Umgangsformen und korrektes Auftreten bemühte, um im hannoverschen Bürgertum als gesellschaftsfähig akzeptiert zu werden, während in den Kreisen der SA die im politischen Kampf entwickelte männerbündlerische Kumpanei und das brutale Vorgehen gegen jeden äußeren Gegner auch das parteiinterne Auftreten beeinflußt haben könnte. Für eine solche Annahme liefern spätere Beurteilungen über die SA-Führer Kobbe, Korsemann und Söhlmann einige Anhaltspunkte. Beispielsweise wurden am Verhalten des abgesetzten Oberführers Kobbe in späteren Stellungnahmen von Partei- und SA-Dienststellen vor allem sein krankhaftes Renommiergehabe, seine leichte Erregbarkeit und sein lockerer Lebenswandel, insgesamt also seine „sehr schweren charakterlichen Mängel", moniert.[35] Am Ende wurde Kobbe wegen dienstlicher Verfehlungen und Schädigung des Ansehens der SA im Januar 1939 strafweise aus der SA entlassen und gleichzeitig aus der NSDAP ausgeschlossen.[36]

Nach der Machtergreifung scheint sich der Konkurrenzkampf, der innerhalb der hannoverschen SA nun zwischen Vielstich und Korsemann fortgesetzt wurde, dramatisch zugespitzt zu haben. Dabei gelang es dem Aufsteiger Vielstich seinen Vor-

---

34 Bericht der Polizeipräsidenten vom 24. 9. 1932.
35 So stellte der Kreisleiter von Hirschberg in Schlesien später in seiner im Vergleich zu anderen Beurteilungen eher freundlichen Stellungnahme fest, daß Kobbe es während seiner dortigen Tätigkeit als SA-Standartenführer in keiner Weise verstanden habe, ein gedeihliches Verhältnis zu den Dienststellen der Partei und den staatlichen Behörden aufzubauen. „Persönlich mag ich Pg. Kobbe gut leiden und schätze ihn als einen guten Kameraden, der... in der Kampfzeit viel geleistet hat. Ihm fehlt jedoch jedes Takt- und Fingerspitzengefühl gegenüber den staatlichen Dienststellen, vor allen Dingen gegenüber der Wehrmacht." (Vertrauliche Beurteilung des Kreisleiters von Hirschberg/Schlesien an den Führer der SA-Brigade 19 in Görlitz, 21. 11. 1938, BDC: Personalakte Kobbe)
36 Urteil des Gerichtes des Obersten SA-Führers vom 18. 1. 1939 und weitere Personalakten der NSDAP im Fall Kobbe, BDC.

gesetzten nachhaltig zu kompromittieren, indem er über Korsemann verbreiten ließ, dieser habe Kontakte zu einem jüdischen Bankier gepflegt und zudem eingegangene Spenden nicht korrekt abgerechnet. Nach einem Ehrengerichtsverfahren wurde Korsemann im Dezember 1933 aus der SA-Gruppe Niedersachsen entlassen.[37] Zurückgestuft zum Obersturmbannführer wurde er bald darauf in der SA-Gruppe Schlesien wieder mit einer Führungsaufgabe betraut, konnte aber in der SA-Hierarchie nicht wieder Fuß fassen. Schließlich wechselte Korsemann als „Gauredner zur besonderen Verwendung" zur Propagandaleitung der Reichsleitung der SS in Berlin.[38]

Mit Söhlmann scheitere ein weiterer bekannter hannoverscher SA-Führer bei seiner angestrebten beruflichen Karriere im Dritten Reich. Zunächst noch zum SA-Oberführer in der Standarte 73 befördert, konnte er sich im Frühjahr 1937 als Bürgermeister und Kurdirektor von Norderney eine lukrative Stellung verschaffen. Schon bald nach seinem Amtsantritt geriet er aber mit den dortigen Parteidienststellen und den Gemeinderäten in Konflikt und erwarb sich einen äußerst schlechten Leumund. Die Gauleitung Weser-Ems und der Oberpräsident der Provinz Hannover forderten seine Versetzung. Mehrfach wurde ein Parteigerichtsverfahren gegen ihn erwogen. Im Herbst 1940 wurde ihm die Ausübung seines Bürgermeisteramtes entzogen. Während des Krieges wurde er als Gebietskommissar in den besetzten Gebieten der Sowjetunion eingesetzt.[39]

Als Zwischenbilanz ist festzuhalten, daß sich der durch die Funktionsaufteilung zwischen Parteiorganisation und SA-Kampftruppe überall latent angelegte Herrschaftskonflikt in Hannover nicht zu einer spektakulären Revolte auswuchs wie andernorts.[40] Die Gauleitung war rechtzeitig eingeschritten und den auch in der hannoverschen SA-Führung virulenten Machtansprüchen entgegengetreten. Die nicht aus ihren Positionen entfernten SA-Führer zogen es trotz einer gewissen Unzufriedenheit vor, sich ihre begrenzten Pfründe zu erhalten, statt offen zu meutern.

---

37 In einem persönlichen Brief an einen Gruppenführer im Stab der Reichsführung der SA in München beklagte sich Korsemann, daß er Opfer einer Intrige geworden sei: „Ein unfähiger SA-Führer (Vielstich), mir persönlich gegenüber ein treuloser Geselle, will sich rächen für ein schlechtes Zeugnis, das er mit Recht bekommen hat." So würde durch den Bekanntenkreis Vielstichs böswillig das Gerücht verbreitet, Korsemann habe jüdische Kontakte gepflegt. „Auf... Veranlassung erfrechen sich fette Spießbürger, nach dem Verbleib von gestifteten Geldern zu forschen. Brig.F. Vielstich macht sich zum Anführer und Sprecher dieses feigen Packs bei der Obersten SA-Führung und vorm Ehrengericht... Als bekannt wird, daß Brig. F. Kobbe ausgeschlossen wurde, wird bezeichnender Weise (sic!) von Vielstich ein Sektgelage veranstaltet. Die Flaschen, die an meinem Abschied getrunken werden sollen, sind ebenfalls bereits gestiftet!" (Korsemann an den Chef der Abtl. II beim OSAF in München, 8. 10. 1933, BDC: Personalakte Korsemann).
38 BDC: Personalakte Korsemann.
39 BDC: Personalakte Söhlmann.
40 Zur Revolte der Berliner SA unter Stennes als wohl bekanntestem lokalen Beispiel: Patrick Moreau, Nationalsozialismus von links. Die „Kampfgemeinschaft Revolutionärer Nationalsozialisten" und die „Schwarze Front" Otto Straßers 1930–1935, Stuttgart 1985, S. 71 ff. Zur SA als Unruhefaktor: Peter Longerich, Die braunen Bataillone. Geschichte der SA, München 1989, S. 165–219.

Parallel zu dieser Entwicklung spitzte sich seit Sommer 1932 die Unruhe an der Parteibasis zu, wo sich zunächst unorganisiert und nur auf lokaler Ebene, stimuliert aus der weit verbreiteten Empörung über Gutterer, eine weitere Oppositionsgruppe neben den schon länger abgespaltenen „revolutionären Nationalsozialisten" Otto Straßers bildete. Als Kopf dieser Gruppe von Unzufriedenen trat der stellvertretende Führer der Ortsgruppe List, Karl Roth, auf, dem von Gutterer die Erlaubnis entzogen worden war, als Parteiredner aufzutreten. Roth hatte für den 31. August unzufriedene Parteigenossen zu einer Versammlung in das „Haus der Väter"[41] eingeladen, bei der „interne Mißstände innerhalb der Bewegung besprochen werden sollten."[42] Gutterer und die Gauleitung reagierten darauf mit einem Flugblatt, in dem den Parteimitgliedern mitgeteilt wurde, daß „von internationalen Mächten geleitete Saboteure" versuchten, „in der Stunde der Entscheidung... einen Keil in die Bewegung Adolf Hitlers zu treiben, um sie zu spalten". Gleichzeitig wurde der Parteiausschluß von Roth und vier weiteren „Meuterern" bekanntgegeben und eine außerordentliche Generalmitgliederversammlung für den 2. September in die Ausstellungshalle der Stadthalle einberufen.[43] Die von etwa 400 Personen besuchte Protestversammlung der Oppositionellen um Roth wurde durch das Auftreten des SS-Sturmbannführers Unger gesprengt, der erklärte, wer den Saal nicht sofort verlasse, schließe sich selbst automatisch aus der Partei aus. Gutterer und Vielstich, die ebenfalls persönlich anwesend waren, ließen den Saal unter Einsatz einer Tränengasbombe räumen, ohne daß es zu einer ernstlichen Gegenwehr der Oppositionsgruppe gekommen wäre.[44]

Fürs erste war zwar ein massenhafter Aufstand der Parteibasis gegen die Gauleitung unterbunden, die Oppositionsbewegung aber keineswegs zerschlagen worden. In einer differenzierten Analyse kam die Politische Polizei zu dem sicherlich zutreffenden Schluß, daß sich es sich nicht nur um einen personenbezogenen Streit handele, sondern vielmehr um einen strukturellen Konflikt, der zu regelrechten „Zersetzungserscheinungen innerhalb der NSDAP in Hannover" geführt habe. Die Unzufriedenen seien zumeist kleine Geschäftsleute, „die damit gerechnet hatten, daß ihre Konjunktur sich bessern würde, wenn die NSDAP ans Ruder käme. Da eine solche Besserung jedoch nicht eingetreten ist, machen diese Kreise der Parteileitung den Vorwurf, daß sie ihre Interessen nicht hinreichend wahrnehme."[45] Besonders werde diese Unzufriedenheit dadurch geschürt, daß der kleingewerbliche Mittelstand erhebliche Beiträge und Zuwendungen für die Partei leisten müsse, während die Parteileitung nicht sparsam genug wirtschafte und die Häuser der Kreis- und der Gauleitung[46] mit neuen Möbeln vermeintlich zu „luxuriös" eingerichtet habe.

---

41 Ein bekanntes nationalsozialistisches Verkehrslokal in der Langen Laube (Stadtmitte).
42 So der Bericht des hannoverschen Polizeipräsidenten an den RP, 1. 9. 1932, NHStA Hannover: Hann. 80 Hann. II 742, Bl. 450.
43 Abschrift eines Flugblattes der NSDAP Kreisleitung, Anlage zum Bericht des hannoverschen Polizeipräsidenten an den RP, 24. 9. 1932, NHStA Hannover: Hann. 80 Hann. II, Bl. 502.
44 Bericht des hannoverschen Polizeipräsidenten an den RP, 1. 9. 1930, NHStA Hannover: Hann. 80 Hann. II 742, Bl. 450. Dazu am 2. 9. 1933 auch ein Bericht im „Volkswillen".
45 Der hannoversche Polizeipräsident an den RP, 24. 9. 1932, NHStA Hannover: Hann. 80 Hann. II 742, Bl. 500.
46 In der Langen Laube 16 und der Kurzen Str. 3.

Donnerstag, 3. Januar 1939

„Das Leben ist zu tragisch. Heute noch sitzen wir friedlich beim Bier, morgen stehen wir uns vielleicht als Todfeinde gegenüber."

*Massiv, in einzelnen Fällen bis zur physischen Vernichtung, ging die hannoversche NSDAP-Führung auch gegen Abweichler in den eigenen Reihen vor.*
(Volkswille, 3. 1. 1933)

Durch die großen Wahlversammlungen[47] sei ein so großer Überschuß erwirtschaftet worden, daß eine Senkung der Beiträge gerechtfertigt sei. Da die örtliche Parteileitung es aber ablehnte, die Kritiker Einblick in die Kassenverhältnisse nehmen zu lassen, wurde ihr von den Oppositionellen die Unterschlagung von Geldern vorgeworfen. Als Wortführer der Unzufriedenen traten neben Roth Christian Meier und Otto Frische, beide ebenso wie Roth mit kaufmännischer Berufsausbildung, der

---
47  Hitler sprach am 19. 6. 1932 vor großem Publikum in Hannover.

Drogist Ludwig Saller aus Limmer und der ehemalige Bezirksredner der Abteilung Handel und Gewerbe der NSDAP, Karl Brümmer, auf. Während Gutterer wie immer eine harte Linie verfolgte und Anfang September auf der außerordentlichen Mitgliederversammlung bekanntgab, daß alle fünf Wortführer der Roth-Gruppe aus der Partei ausgeschlossen worden seien, schlug der Landtagsabgeordnete Muhs, der als Vorsitzender des Gaugerichtes von den Roth-Anhängern angerufen worden war, moderatere Töne an. Die „Meuterer" wurden daraufhin zunächst wieder in die Reihen der Partei aufgenommen, allerdings im Oktober endgültig ausgeschlossen, weil sie ihre öffentliche Kritik nicht einstellten.[48]

Mehrfach berichtete der „Volkswille" im Oktober 1932 über Korruptionserscheinungen und Skandale in der hannoverschen NSDAP. So wurde ein Kassierer der Ortsgruppe Mitte verdächtigt, Parteigelder unterschlagen zu haben, und dem Ricklinger Ortsgruppenleiter wurde nachgesagt, er habe für hungernde SA-Leute bestimmte Nahrungsmittelspenden von Bauern aus dem Umland für sich selbst abgezweigt. Immer mehr Parteigenossen und SA-Leute, so die sozialdemokratische Tageszeitung, würden von Gutterer aus persönlichen und eigennützigen Gründen zurückgesetzt und kaltgestellt, der örtliche Untersuchungs- und Schlichtungsausschuß (Uschla) werden in Nazikreisen nur noch als „Vertuschungsausschuß" bezeichnet.[49]

Der Unwille vieler einfacher Parteimitglieder und SA-Männer richtete sich also nicht gegen die Münchener Parteispitze, sondern dezidiert gegen die hannoversche Parteileitung und ihren streitbaren Exponenten Gutterer. Ein zwangsweise beurlaubter SA-Mann faßte dies so zusammen: „Seit 1922 arbeite ich in der politischen Bewegung. War von 22–25 beim völkisch-sozialen Block als Redner und z. T. auf dem Büro unter dem verstorbenen Major Dincklage tätig, dann bis Sept. 30 bei der deutsch-völkischen Freiheitsbewegung unter Wulle, dann bei der NSDAP; aber mit solch eigenartigen Unterführern habe ich noch nie zu tun gehabt. Was will man eigentlich von mir? Wartet man darauf, daß ich verzweifeln soll?... Wenn ich Adolf Hitler meinen Eid als SA-Mann nicht geleistet, wenn ich ihm verschiedene Male nicht ins Auge geschaut hätte, könnte man über das Gebahren seiner hiesigen unteren Dienststelle die heilige Wut bekommen."[50]

Fest steht, daß sich auch die mittelständisch geprägte Oppositionsgruppe um Roth nicht etwa von der Ideologie des Nationalsozialismus losgesagt oder gegen den obersten Führer Hitler Stellung bezogen hatte, sondern zum einen gegen das autoritäre Regime von Gutterer revoltierte und zum anderen bemüht war, die eigenen Interessen in dem vielschichtigen Kampf um Macht und Einfluß, der die nationalsozialistische Bewegung bereits auf lokaler Ebene prägte, besser zur Geltung zu bringen. Die dadurch auf der lokalen Ebene virulenten Machtkämpfe konnte die Parteifüh-

---

48 Berichte des hannoverschen Polizeipräsidenten an den RP, 24. 9. 1932 und 11. 10. 1932, NHStA Hannover: Hann. 80 Hann. II 742, Bl. 500 und 503.
49 Volkswille, 2. 10. und 9. 10. 1933. Bemerkenswert ist, daß anscheinend auch die katholische Herkunft vieler hannoverscher Parteifunktionäre kritisiert wurde.
50 SA-Mann B.L. an den Vorsitzenden des Untersuchungs- und Schlichtungsausschusses im Gau Südhannover-Braunschweig, Muhs, 3. 5. 1932, BDC: Personalakte L. (Mitgl.-Nr. 335 639).

rung bis Januar 1933 nicht unter Kontrolle bringen. Erst die Euphorie der gelungenen Machtübernahme befreite sie aus einer zunehmend prekärer werdenden Situation.

Selbst die Parteidienststellen scheinen bisweilen nicht mehr in der Lage gewesen zu sein, zu überblicken, wer gerade auf welcher Seite der Front kämpfte. Ein typisches Beispiel hierfür ist die Affäre um den im Herbst 1932 vorübergehend ausgeschlossenen Karl Brümmer, der im Sommer 1933 noch als „Führer" beim Spar- und Bauverein Hannover eingesetzt, aber Anfang 1934 endgültig aus der Partei entfernt wurde. Während die Gauleitung ihn beschuldigte, sich bereits 1932 der „Meuterei" schuldig gemacht zu haben, bestand Brümmer darauf, er habe sich nur als Informant im Dienste der Parteileitung in die Oppositionsgruppe um Roth eingeschlichen. Dies war durchaus kein Einzelfall. Häufig strengten ausgeschlossene Parteigenossen, die angaben, als beauftragte Spitzel in der KPD oder den Nazi-Oppositionsgruppen tätig gewesen zu sein, später Parteigerichtsverfahren mit dem Ziel der ehrenvollen Wiederaufnahme in die NSDAP an. In der Regel konnte freilich der Sachverhalt nicht zuverlässig geklärt werden, da Aussage gegen Aussage stand und die Rivalitäten innerhalb der nationalsozialistischen Bewegung fortwirkten.

Auf der Ebene der großen Politik erscheint somit der Weg zur nationalsozialistischen Machtergreifung wesentlich logischer und gradliniger als an der gesellschaftlichen Basis, wo die Auseinandersetzungen konkret ausgetragen wurden. Hier ist beispielsweise auf diejenigen Lindener Kommunisten zu verweisen, die nach Berichten von Zeitzeugen im Januar 1933 über Nacht das Hemd wechselten und in der SA mitmarschierten, oder auf den im Vorstand einer Baugenossenschaft tätigen sozialdemokratischen Funktionär aus Buchholz, der heimlich bereits vor 1933 in die NSDAP eingetreten war. Aber auch die Parteileitung der NSDAP mußte sich mit unsicheren Parteigängern auseinandersetzen. So wurde im Sommer 1932 ein Parteiausschlußverfahren gegen ein Mitglied der Ortsgruppe Hannover-Nord angestrengt, das „von jeher ängstlich bemüht gewesen (sei), seine Mitgliedschaft zu verheimlichen, besonders gegenüber seiner marxistischen Nachbarschaft." Als früheres Mitglied des Reichsbanners beziehe dieser „ausgesprochene Konjunkturpolitiker" immer noch den „Volkswillen" und habe in einer Gastwirtschaft sogar geäußert: „Jeder Nazi bekommt von mir einen Herzschuß". In der SA war man sich noch nicht einmal sicher, ob der besagte Parteigenosse nicht gleichzeitig auch Mitglied im Reichsbanner sei.[51] Noch pikanter lag der Fall des Gastwirtes Alfred M., der zeitweise für die Propagandabteilung der hannoverschen NSDAP tätig war. M. konnte belegen[52], daß er 1923 von der Deutschvölkischen Freiheitsbewegung zur NSDAP hatte übertreten wollen. Er sei damals aber aufgefordert worden, in die KPD einzutreten, um dort Spitzeldienste zu leisten. Nachdem er seine Erkenntnisse laufend an die Politische Polizei verkauft hatte, wurde M. schließlich von der KPD-Leitung entlarvt und aus der Partei entfernt. Inzwischen war er bereits als Funktio-

---

51 Ausschlußantrag gegen den Pg. J. der Ortsgruppe Hannover-Nord, August 1932, BA: NS 22/171.
52 Der frühere Ortsgruppenleiter Seifert bestätigte, daß M. sich der damaligen Parteileitung freiwillig zu Spitzeldiensten in der KPD zur Verfügung gestellt hatte (Bescheinigung vom 24. 8. 1933, NHStA Hannover: Hann. 310 I C 16, Bl. 219).

när der Roten Hilfe und des KJVD sowie als Spielmannszugführer im Rotfrontkämpferbund tätig gewesen. Mit seinem Antrag, nun als besonders verdienter Kämpfer in die NSDAP aufgenommen zu werden, hatte M. allerdings Schwierigkeiten, da man ihm vorwarf, daß seine Gastwirtschaft „eine Aufnahmestätte lichtscheuen Gesindels der KPD und das Ausfallstor aller Überfälle auf die SA und Parteigenossen in der Altstadt" gewesen sei. In einem Bericht des Nachrichtendienstes der NSDAP wurde zudem festgestellt, er sei „ein krankhafter Materialist, der für Geld, wie man zu sagen pflegt, Vater und Mutter verrät."[53] Die Auflistung von ähnlichen Fällen ließe sich weiter fortsetzen. Belegt wird durch diese massenhaft auftretenden „Grenzgänger", daß die Fronten des politischen Kampfes in der Praxis zum Teil recht fließend waren und jedenfalls für den außenstehenden Betrachter und selbst für die Parteiführungen unübersichtlich blieben.

Wie löste die NSDAP die verfahrene Situation in Hannover? Gutterer wurde im Oktober 1932 als Kreisleiter beurlaubt, und zwar mit der Begründung, er solle sich ganz auf die Organisation der Wahlkampagne für die Reichstagswahl im November konzentrieren können. Statt dessen wurde der Kaufmann Wilhelm Bakemeier als kommisarischer Kreisleiter eingesetzt.[54] Die Politische Polizei vermutete zutreffend, daß Gutterer wohl nicht mehr auf seinen alten Posten zurückkehren werde, berichtete aber gleichzeitig, daß man ihn als Kandidaten für den Reichstag aufstellen wolle.[55] In dem Polizeibericht heißt es weiter, daß einflußreiche Persönlichkeiten innerhalb der NSDAP nun offensichtlich versuchten, „eine Ausschaltung aller mißliebigen Personen aus der Kreisleitung durchzudrücken, um dadurch die verärgerten Mitglieder in ihren Reihen zu behalten."[56] Der inzwischen zurückgetretene Ortsgruppenleiter der von Gutterer besonders geschröpften Ortsgruppe Hannover-Mitte strengte bei der Reichsleitung der NSDAP gegen den abgesetzten Kreisleiter ein Uschla-Verfahren mit dem Ziel eines Parteiausschlusses wegen „schweren parteischädigenden Verhaltens" an. Er forderte, daß sofort gegen Gutterer eingeschritten werden müsse, weil „seine Massnahmen geeignet sind, die Bewegung in Hannover noch mehr in Misskredit zu bringen, wie es durch ihn schon zu einem erheblichen Teile geschehen ist."[57] Offensichtlich hatte mittlerweile auch SS-Standartenführer Unger einen umfassenden kritischen Bericht an die Parteizentrale erstattet. Jedenfalls kehrte Gutterer auf seinen Führerposten in Hannover nicht wieder zurück.

Eine Eindämmung der Abwanderung konnte offensichtlich aber nicht mehr erreicht werden. Im Gegenteil, die immer mehr Zulauf durch weitere Kontrahenden von

---

53 Der Vorgang über Alfred M. in den Akten des Nachrichtendienstes der hannoverschen NSDAP: NHStA Hannover: Hann. 310 I C 16, Bl. 216 ff.
54 Als knapper Überblick zur weiteren Entwicklung der hannoverschen NSDAP ab 1933: Mlynek, Hannover, S. 532–538.
55 Tatsächlich wurde später diese Strategie, Gutterer durch seine Abberufung als Kreisleiter aus dem Kreuzfeuer der Kritik zu nehmen und gleichzeitig weiterhin seine fachlichen Qualifikationen zu nutzen, auch umgesetzt.
56 Bericht des hannoverschen Polizeipräsidemnten an den RP, 11. 10. 1932, NHStA Hannover: Hann. 80 Hann. II 742, Bl. 503.
57 Ortsgruppenleiter Gillert an den Reichs-Uschla der NSDAP, 14. 10. 1932, BDC: Personalakte Gutterer.

Gutterer erhaltende Opposition schuf sich nun eigene organisatorische Zusammenhänge. Brümmer verhandelte, allerdings vergeblich, mit einem örtlichen Führer der hannoverschen „Kampfgemeinschaft revolutionärer Nationalsozialisten". Mitte November 1932 fand in einem hannoverschen Hotel ein überregionales Treffen verschiedener nationalsozialistischer Oppositionsgruppen aus Düsseldorf, Hamburg, Hannover, Braunschweig sowie aus Ostdeutschland, Schleswig-Holstein und Sachsen mit der in Berlin gegründeten Deutsch-Sozialistischen Arbeiterpartei und den Resten der alten, traditionell völkisch ausgerichteten Deutschsozialen Partei statt. Die vertretenen Gruppen schlossen sich dabei rechsweit als „Deutschsozialistische Partei" (DSP) zusammen.[58] Ihr Sprecher, der frühere NSDAP-Reichsredner Wilhelm Klute aus Berlin, erklärte vor Journalisten, „daß die Gründung der neuen Partei notwendig geworden sei, weil die Nationalsozialisten alter Prägung der Ansicht seien, daß die NSDAP den Kampf um die Herbeiführung einer Gemeinschaft aller Deutschen aufgegeben habe. Hitler werde das Ziel, was er sich anfänglich gesetzt habe, nicht erreichen. Die Männer der neugegründeten Partei hätten Hitler nicht allein aus taktischen, sondern auch aus programmatischen Gründen verlassen. Das Programm der NSDAP widerspreche sich in vielen Punkten. Die Deutsche Sozialistische Arbeiter-Partei habe nun ein klares Programm herausgearbeitet, das keinem Menschen und keinem Berufsstand Zugeständnisse mache, es besage vielmehr, daß die deutsche Volkswirtschaft und der deutsche Staat eine organische Gesamtheit seien, in der keinem Menschen Sonderansprüche zugestanden werden könnten."[59]

In der Wohnung des ehemaligen Sturmführers der SA-Reserve, Otto Schade, in der Goethestraße 39 wurde bald ein lokales Büro der in der DSP zusammengeschlossenen Nazi-Opposition eingerichtet. Im Januar berichtete der „Volkswille", daß Angehörige des berüchtigten SA-Sturmes aus der „Kreuzklappe" (in der Altstadt) Besuchern dieses Treffpunktes auflauern würden. Wenige Tage nach Hitlers Ernennung zum Reichskanzler protestierte Roth, nunmehr als Landesverbandsführer der DSP, bei Göring gegen die „Wegelagererabsichten der hannoverschen SA". Man werde jedem Versuch, in das Büro der hannoverschen Ortsgruppe der DSP mit Gewalt einzudringen „mit der Waffe entgegentreten".[60]

Ein Polizeibericht vom 22. Februar 1933 bestätigt, daß die hannoversche DSP, in völliger Verkennung der Machtverhältnisse, auch nach dem 30. Januar 1933 noch bemüht war, die eigene Partei und ihre geplanten Kampfstaffeln weiter auszubauen.[61] Anfang April wurde die Wohnung Schades, die gleichzeitig als örtliches Parteibüro gedient hatte, von zwei Kriminalbeamten und fünf SS-Hilfspolizisten durchsucht. In der nationalsozialistischen Tagespresse hieß es dazu, es seien Belege für eine hochverräterische Tätigkeit gefunden worden. Über das Ende der hannoverschen DSP-

---

58 Zu diesem Treffen vom 19./20. November 1932 ein Bericht des hannoverschen Polizeipräsidenten an den RP, 23. 11. 1932, NHStA Hannover: Hann. 80 Hann. II 744, Bl. 5 sowie Berichte im HA, 21. 11. 1933, und im Volkswillen, 22. 11. 1932.
59 Zitiert nach dem Bericht des hannoverschen Polizeipräsidenten an den RP, 23. 11. 1932.
60 Der Brief von Roth an Göring, 9. 2. 1933, wurde vollständig veröffentlicht im Volkswillen am 11. 2. 1933.
61 Bericht des Polizeipräsidenten vom 22. 2. 1933, BA: PSt 3, 31.

Ortsgruppe liegen weitere Unterlagen nicht mehr vor, vermutlich ist sie von selbst zerfallen. Allerdings nahmen SA-Männer der Standarte 73 am Kopf dieser Oppositionsgruppe im Juli 1933 blutige Rache. Karl Roth wurde von mehreren SA-Leuten im Keller der Gaststätte „Lister Tivoli" mit Gummiknüppeln schwer mißhandelt, anschließend zur Vahrenwalder Heide transportiert und dort hilflos liegengelassen. Drei Tage später erlag er seinen schweren Verletzungen im Krankenhaus.[62]

Eine örtliche „Kampfgruppe" der „Kampfgemeinschaft revolutionärer Nationalsozialisten" hatte offensichtlich schon vor 1932 in Hannover bestanden. Allerdings war und blieb diese oft auch als „Straßer-Gruppe" oder später als „Schwarze Front" bezeichnete Richtung in Hannover vergleichsweise schwach. In Norddeutschland lag das Zentrum der „Schwarzen Front"[63] in Hamburg, weitere Stützpunkte bestanden u. a. in Bremervörde, Cuxhaven, Bremen, Bremerhaven und Hildesheim[64]. Verbreitet wurden auch in Hannover und Umgebung die „Landvolkbriefe", das Kampfblatt „Die schwarze Front" und andere Straßer-Schriften. Nach den Beobachtungen der Politischen Polizei erhielten die „revolutionären Nationalsozialisten", die in Hannover unter der Führung des Bauingenieurs Paul Klinger[65] standen, erst seit der offen zu Tage tretenden Krise der nationalsozialistischen Bewegung einen etwas stärkeren Zulauf. Etliche unzufriedene SA-Angehörige scheinen sich im September 1932 um Aufnahme in die „Schwarze Garde" der Kampfgemeinschaft beworben zu haben. Mit der Führung dieser neu aufzubauenden Kampftruppe wurde der aus der SA ausgetretene Dentist Walter Hartrich aus der hannoverschen Oststadt beauftragt. Die Presse- und Propagandarbeit wurde von Prof. Dr. Walther Werckmeister[66] und dem im Dezember 1931 aus der Ortsgruppe Hannover-List ausgeschlossenen Hellmuth Zirkel organisiert.[67]

---

62 Bericht des hannoverschen Polizeipräsidenten an den RP, 11. 7. 1933, NHStA Hannover: Hann. 80 Hann. II 753.
63 Reichsweit umfaßte die „Kampfgemeinschaft" nach ihrer Abspaltung von der NSDAP zwischen 2000 und 6000 Mitglieder. Vgl. hierzu Moreau, Nationalsozialismus, sowie als Selbstzeugnisse und zeitnahe Quellen: „Die inneren Machtkämpfe der NSDAP (1930–1934)", Niederschrift des ehemaligen Staatssekretärs Otto Meißner im Rahmen seiner Interrogration, 22. 10. 1945, IfZ: MA 1300/2; Wolfgang Müller, Die Schwarze Front Otto Strassers, Typoskript (nach 1945), IfZ: Ms 100; Karl Otto Paetel, Versuchung oder Chance? Zur Geschichte des deutschen Nationalbolschewismus, Göttingen 1965, S. 206 ff. Einen Abriß der Organisationsgeschichte aus Sicht der Verfolgerbehörden enthalten auch zahlreiche Prozeßakten, so z. B. die Anklageschrift des Kasseler Generalstaatsanwaltes gegen Kampf, 19. 12. 1939, IfZ: Fa 276/7.
64 Zur Tätigkeit der Schwarzen Front in Hildesheim vgl. auch Mlynek, Gestapo, S. 126.
65 Dr. Paul Klinger (geb. 1881), Eintritt in die NSDAP am 1. 12. 1928, ausgetreten am 1. 11. 1930 (BDC: Personalakte Klinger).
66 Dr. Walther Werckmeister (geb. 1873), Professor der Mineralogie, wohnte in der Liebrechtstraße im gehobenen Quartier Waldheim, NSDAP-Eintritt am 17. 12. 1930, Austritt im November 1932 (BDC-Personalakte). Eine ausdrückliche Warnung vor der Teilnahme an den von Werckmeister veranstalteten Gesprächsrunden erschien als parteiamtliche Bekanntmachung am 1. 11. 1932 in der NTZ. Darin wurde Werckmeister als „Verräter an der Idee Adolf Hitlers" bezeichnet; er sei seinem bevorstehenden Parteiausschluß durch seinen Parteiaustritt zuvorgekommen.
67 Hellmuth Zirkel (geb. 1900), kaufmännische Lehre, 1932 wohnhaft in der Waldstraße (List). Hatte in mehreren Freikorps gekämpft und bekleidete 1923 eine führende Stellung im Schlageter-Gedächtnisbund. Er gibt selbst an, bereits 1922 in Hannover für die NSDAP eingetreten zu sein und will während der Verbotszeit mit der Organisation der nationalsozialistischen Jung-

Eine besondere Gefahr erblickte die Politische Polizei darin, daß proletarische SA-Leute zu den Kommunisten übergehen könnten. Es sei zu befürchten, daß sich die noch geringe Zahl der Abgänge vergrößern werde, wenn die in den SA-Küchen geleistete materielle Hilfe aufgrund der nurmehr spärlich fließenden Lebensmittelspenden aus den Landgemeinden eingeschränkt werden müsse. Da zweifelhaft sei, ob die Kampffront ähnliche Unterstützungen wie die SA bieten könne, müsse damit gerechnet werden, „daß sehr viele enttäuschte SA-Angehörige aus Kreisen der Erwerbslosen sich in die KPD eingliedern".[68]

Bei Verhandlungen, zu denen auch der Reichsorganisationsleiter der Straßer-Gruppe hinzugezogen wurde, konnten sich Mitte Oktober 1932 der oppositionelle Roth-Kreis und die Kampfgemeinschaft zwar nicht auf eine Verschmelzung beider Gruppen einigen, vereinbarten aber ein koordiniertes Vorgehen gegen die örtliche NSDAP. Nach Beobachtungen der Polizei entfalteten daraufhin die zahlenmäßig wenigen Anhänger der Kampfgemeinschaft vor allem in der Altstadt eine rege Agitation unter den SA-Leuten. Allein im Oktober 1932 scheinen rund 35 Angehörige der Standarte 13 ihren Austritt erklärt zu haben. Allerdings warnte Otto Straßer, der bei einem kurzen Aufenthalt in Hannover am 21. Oktober 1932 seinen örtlichen Führern Klinger und Hartrich Instruktionen erteilte, „auf keinen Fall alle ausscheidenden Angehörigen der SA zu übernehmen, sondern bei der Auswahl der Mitglieder sehr stark zu sieben."[69]

Ein wichtiger Grund für die Schwäche der Kampfgemeinschaft revolutionärer Nationalsozialisten in Hannover war ihre Uneinigkeit. Möglicherweise spielte auch die von einigen Kampfgruppenmitgliedern betriebene Distanzierung von Otto Straßer eine entscheidende Rolle in den internen Konflikten.[70] Nach Konflikten um die ört-

---

mannschaften betraut gewesen sein. Nach Polizeiangaben war er 1924 Leiter des Jungdeutschlandbundes und soll vorübergehend der SPD angehört haben. Nachweislich trat er am 1. 2. 1930 (wieder) in die NSDAP ein und wurde für die „Spionage-Abwehr" eingesetzt. Durch Beschluß des Uschla der Ortgruppe Hannover-List wurde er am 8. 12. 1931 aus der Partei ausgeschlossen, weil er gegen die örtliche Parteileitung gehetzt habe. Dennoch war Zirkel von 1933 bis 1938 hauptamtlich im NSKK tätig, bis er 1939 entlassen und endgültig aus der Partei ausgeschlossen wurde. Besonders aufschlußreich, weil vermutlich repräsentativ für viele NS-Oppositionelle, ist die Beurteilung eines Vorgesetzten, mit der Zirkel „große Verdienste um die Bewegung" während der „Kampfzeit" ausdrücklich bestätigt werden. Er gehöre aber „zu jener Gruppe alter Kämpfer, die sich in die Zeit nach dem Umschwung nicht haben finden können, sich zurückgesetzt fühlten und auch mit unzulässigen Mitteln versuchten, sich eine ihnen nach ihrer Überzeugung zukommende Geltung zu verschaffen." (Der Korpsführer des NSKK an die Kanzlei des Führers, 23. 1. 1939, BDC: Personalakte Zirkel). Angeben zur Person enthält auch der Bericht des hannoverschen Polizeipräsidenten an den RP, 15. 10. 1932, NHStA Hannover: Hann. 80 Hann. II 742, Bl. 504.

68 Bericht des hannoverschen Polizeipräsidenten an den RP, 4. 10. 1932, NHStA Hannover: Hann. 80 Hann. II 742, Bl. 496.
69 Bericht des hannoverschen Polizeipräsidenten an den RP, 26. 10. 1932, NHStA Hannover: Hann. 80 Hann. II 742, Bl. 506.
70 In einem leider nicht genau datierbaren Brief eines „proletarischen" Mitgliedes, das in Anspruch nimmt für die Kampfgruppe Hannover zu sprechen, heißt es u. a.: „Kampfgenossen! Zeigt, daß ihr Revolutionäre seid... Ich habe auch seit Monaten meine Bedenken über den dogmatischen und romantischen Kurs Strassers... Strasser fühlt sich als Halbgott... Wir müssen unseren Führern nicht auf's Maul, sondern auf die Finger sehen. Strasser mag ein tüchtiger Journalist sein,

lichen Führungspositionen erklärte die Berliner Führung jedenfalls die hannoversche Kampfgruppe im November 1932 für aufgelöst. Ein auswärtiger „Sonderkommissar" wurde eingesetzt, um einen neuen Kreis zu formieren.[71] Nachdem für kurze Zeit Werckmeister die Leitung übernommen hatte, ging diese anschließend an den Handelsschüler Friedrich-Wilhelm Sternberg und schließlich an den Volkswirt Heinrich Buss über. Im Januar 1933 bestand die hannoversche Kampfgruppe nur noch aus 15 Personen.[72] Fünf Tage nach der Machtergreifung wurde die Organisation verboten.[73] Im Rahmen einer reichsweiten Polizeiaktion gegen die Schwarze Front wurden Mitte Juni in Hannover zehn ehemalige oder noch aktive Angehörige der örtlichen Straßer-Gruppe vorübergehend festgenommen, von denen Buss als letzter Kampfgruppenführer sowie der Leiter der „Schwarzen Jungmannschaft" für mindestens zwei Wochen in „Schutzhaft" genommen wurden. Bei allen zehn verdächtigten Personen wurden Haussuchungen durchgeführt, die zum Teil belastendes Material erbrachten. Bei einem der Betroffenen handelte es sich um einen ehemaligen Kommunisten aus einem typisch proletarischen Sozialmilieu, der von 1926 bis 1930 der NSDAP angehört hatte, bevor er sich der Kampfgruppe anschloß.[74] Anscheinend hatte sich im Juni 1933 die illegale Kampfgruppe in Hannover bereits aufgelöst.[75] Eine aus rund fünfzehn Personen bestehende Kampfgruppe in Hildesheim war bereits Anfang Juni zerschlagen worden.[76] Die hannoversche Staatspolizeistelle konnte feststellen, daß die Schwarze Front in ihrem Bezirk seit Juni 1933 „völlig lahmgelegt" war. Ehemalige Mitglieder, so berichtete ein Spitzel, befürchteten bei einer Fortsetzung der illegalen Tätigkeit wieder in „Schutzhaft" genommen zu werden.[77] Erst im Dezember 1933 bemerkte die Landestelle Niedersachsen des Reichspropagandaministeriums, daß sich wieder informelle Dreiergruppen der Schwarzen Front gebildet hätten. Zehn Beteiligte konnte namhaft gemacht werde, darunter neben Buss noch zwei weitere Hannoveraner. Bemerkenswert war, daß

---

als politischen Führer lehnen wir ihn ab..." Kritisiert wird die gesamte Führung der „Schwarzen Front", neben Straßer auch der Reichsleiter der Schwarzen Garde, Major Buchrucker, der nur militärisch denke, und Blank, der als „politischer Säugling" beschimpft wird (Abschrift eines Briefes des „Kampfgruppen"-Mitgliedes R.V. aus Hannover, undatiert, überliefert im BA: Sammlung Schumacher 278 sowie im BDC).

71 Bericht des hannoverschen Polizeipräsidenten an den RP, 12. 11. 1932, NHStA Hannover: Hann. 80 Hann. II 742, Bl. 46.
72 Berichte des Polizeipräsidenten vom 16. 1. 1933 und 19. 6. 1933, NHStA Hannover: Hann. 80 Hann. II 744, Bl. 31 sowie Hann. 80 Hann. II 798, Bl. 63.
73 Typoskript Müller, S. 5.
74 Berichte der Stapostelle Hannover an das Gestapa vom 19. 6. und 30. 6. 1933, NHStA Hannover: Hann. 80 Hann. II 798, Bl. 63 ff. und 83.
75 Abschrift eines getarnten Briefes aus Wien an einen hannoverschen Kampfgenossen, 8. 6. 1933, Anlage zum Bericht der Stapostelle Hannover vom 5. 7. 33, NHStA Hannover: Hann. 80 Hann. II 798, Bl. 84–87.
76 Stapo-Bericht vom 30. 6. 1933.
77 Bericht der Stapo Hannover an das Gestapa, 16. 8. 1933, NHStA Hannover: Hann. 80 Hann. II 798, Bl. 119 f.

sieben dieser zehn Personen gleichzeitig Mitglieder der NSDAP waren. Das gegen sie vorliegende Material reichte jedoch zu einem Einschreiten nicht aus.[78]

Im Februar 1934 wurde Major Buchrucker, der seit 1930 neben Otto Straßer der wichtigste Mann im Führungsgremium der Schwarzen Front gewesen war und deshalb von Juni bis Dezember 1933 in „Schutzhaft" genommen wurde, von der Reichswehr nach Hannover versetzt. In der Folgezeit wurde Buchrucker zwar mehrfach verdächtigt, noch für die Schwarze Front tätig zu sein, Beweise hierfür konnten aber nicht erbracht werden.[79] Nach den für die 1934 und 1935 vorliegenden Lageberichten scheint festzustehen, daß die Schwarze Front in Hannover keine stabile illegale Organisation mehr etablieren konnte, sondern sich auf informelle Kontakte und sporadische Flugblattpropaganda beschränkte.[80] Auch der von tschechischem Boden aus wirkende Kurzwellensender der Schwarzen Front, der seine Aufrufe zum Widerstand gegen Hitler in das Reich abstrahlte, war in der Stadt Hannover nur sehr schwach und unverständlich zu empfangen.[81] Im Frühjahr 1935 konnte die hannoversche Staatspolizeistelle melden, daß die nun vereinzelten Anhänger der aufgelösten Kampfgemeinschaften revolutionärer Nationalsozialisten mehr und mehr von der Politik Otto Straßers abrücken würden, mußte aber gleichzeitig einräumen, daß Partei und Regierung aus diesen Kreisen weiter kritisiert würden.[82]

Möglicherweise hatte sich neben der Roth-Gruppe und der Kampfgemeinschaft Revolutionärer Nationalsozialisten sogar noch ein dritter Oppositionskreis ähnlicher Ausrichtung in Hannover gebildet. Der Nachrichtendienst der NSDAP berichtete im Sommer 1933, man habe in Zusammenarbeit mit der Politischen Polizei einen „Bund für Deutsche Freiheit" ausgehoben, dessen Ortsgruppe immerhin über 80 Mitglieder umfaßt haben soll. Da über diese Gruppe kaum Material vorliegt, ist eine sichere Charakterisierung ihrer politischen Tendenz und ihrer Zielsetzung nicht möglich.[83] Bemerkenswert ist, daß ein gewisser Dr. Dickel als Urheber des überregional tätigen Bundes genannt wird. Während die NSDAP mutmaßte, daß er zur Straßer-Gruppe zu zählen sei, ist andernorts belegt, daß die revoltierenden Berliner SA-Leute sich in ihren theoretischen Verlautbarungen an Dickel orientierten.[84]

Insgesamt wird man die hier geschilderten, innerhalb der nationalsozialistischen Bewegung aufgetretenen Konflikte zwar als Krisensymptome der Hitlerbewegung ernst nehmen, aber auch nicht überbewerten dürfen. Den beiden eindeutig nach-

---

78 Bericht der Landesstelle Niedersachsen an die Zentrale des Reichsministeriums für Volksaufklärung und Propaganda, 6. 1. 1934, NHStA Hannover: Hann. 310 I, C 3, Bl. 2–6.
79 Gestapo an den Reichsführer der SS, 6. 7. 1936, BA: Sammlung Schumacher 278.
80 Mlynek, Gestapo, S. 126, 150 f., 170, 204 f., 334 und 352.
81 Mlynek, Gestapo, S. 289 und 296.
82 Lagebericht der Stapo Hannover an das Gestapa für April 1935, 4. 5. 1935 (Mlynek, Gestapo, S. 352).
83 Als einziges Schriftstück ist ein Bericht des Nachrichtendienstes der NSDAP überliefert (NHStA Hannover: Hann. 310 I, C 3, Bl. 32 ff.). Anhand der überlieferten Mitgliedsliste sind personelle Überschneidungen zu den beiden anderen Nazi-Oppositionsgruppen nicht nachweisbar.
84 Paetel, Versuchung, S. 221.

weisbaren Oppositionsgruppen schloß sich offensichtlich nur eine kleine Schar von aktiven Nationalsozialisten an. Die Mehrheit der Mitmacher und Mitläufer in den Ortsgruppen der Partei und den SA-Stürmen scheint sich abwartend verhalten zu haben. Allerdings deutet ebenfalls nichts darauf hin, daß die örtliche Parteileitung für ihren Kurs eine besondere Unterstützung an der Parteibasis gefunden hätte. In der zweiten Jahreshälfte 1932 schien in Hannover ein Zerfall der lokalen NS-Bewegung denkbar zu werden. Die ausführlich dargelegte Entwicklung legt den Schluß nahe, daß es Chancen zu einer gütlichen Einigung zwischen den unterschiedlichen Fraktionen, die sich lokal am Machtkampf innerhalb der nationalsozialistischen Bewegung beteiligten, wohl kaum noch gab. Insofern stützt das hier untersuchte regionale Beispiel die Auffassung, daß die Machtübergabe an Hitler zu einem Zeitpunkt erfolgte, als die nationalsozialistische Bewegung aufgrund ihrer internen Spannungen ernstlich von Zerfall und Niedergang bedroht war.[85]

Durch die allgemeine Begeisterung über die „nationale Erhebung" wurden die internen Probleme der örtlichen NSDAP relativiert. Nach der Machtergreifung standen der Parteiführung alle Mittel zur Verfügung, um auch die innerparteiliche Opposition mundtot zu machen. Insofern könnte an dieser Stelle nur noch spekuliert werden, wie die weitere Entwicklung einer offensichtlich in eine tiefe Krise geratenenen lokalen NSDAP ohne die Entscheidung vom 30. Januar 1933 ausgesehen hätte. Herauszustellen ist vor allem, daß nicht erst der an die Macht gekommene Nationalsozialismus ein System polykratischer Herrschaftsbeziehungen produzierte, sondern massive interne Herrschaftskonflikte bereits die „Kampfzeit" der nationalsozialistischen Bewegung geprägt hatten.

---

85 Zu dieser These: Albrecht Tyrell, Das Scheitern der Weimarer Republik und der Aufstieg der NSDAP, in: Martin Broszat/Norbert Frei (Hg.), Das Dritte Reich im Überblick, München/Zürich 1989, S. 20–33, hier S. 32.

## 7. Von der Unterstützung der „nationalen Erhebung" zur bürgerlichen Opposition – ein Fazit

Die Tatsache, daß der populäre Feldmarschall von Hindenburg nach dem verlorenen Weltkrieg gerade Hannover als Ruhesitz auswählte, war sicherlich kein Zufall, sondern eher ein Symbol für das „andere" Gesicht der Industriestadt Hannover. Das bürgerliche Hannover der zwanziger Jahre erging sich in einem euphorischen Hindenburg-Kult.[1] Die preußische Provinzhauptstadt Hannover hatte sich trotz ihrer raschen industriellen Entwicklung im Kaiserreich und der in diesem Zusammenhang entstandenen starken sozialdemokratischen Arbeiterschaft eben auch zu einem Zentrum der nationalistischen und völkischen Szene in Norddeutschland entwickelt. Die einzelnen Gruppen erreichten zwar keine so hohen Mitgliederzahlen wie in München als dem Zentrum der „Ordnungszelle Bayern" oder in der Reichshauptstadt Berlin; Hannover blieb auch in dieser Hinsicht Provinz, aber eben eine „rührige" Provinz. In den Jahren der Republik existierte aber ein breit aufgefächertes rechtsradikales Milieu, in dem, wie gezeigt wurde, erhebliche interne Konkurrenzkämpfe ausgetragen wurden.

Alle konkurrierenden bürgerlichen Gruppen und Parteien wurden von den Nationalsozialisten früher oder später ausgeschaltet. Programmatisch hätte allenfalls der bürgerliche Liberalismus sich dem Nationalsozialismus entgegenstellen können. Die zunehmende Isolierung von linksliberalen Positionen in den Jahren der Republik und die massiven Wählerverluste sowohl der DDP/Staatspartei als auch der DVP entzogen einem rechtzeitigen politischen Widerstand der bürgerlichen Mitte freilich von vornherein die politische Grundlage. Was konsequenten Liberalen blieb, war der Weg der persönlichen Verweigerung, der von mehreren hannoverschen Repräsentanten auf unterschiedliche Weise eingeschlagen wurde.

Die in den Jahren der Republik immer weiter zunehmende und in Hannover durch die Institution des bürgerlichen „Ordnungsblockes" kommunalpolitisch manifestierte Rechtswendung der konservativen bürgerlichen Parteien hat der populistischen Hitlerbewegung unzweifelhaft den Boden bereitet. DVP und DHP ließen sich von den Nationalsozialisten relativ mühelos absorbieren, und auch die Deutschnationalen mußten bereits wenige Monate, nachdem sie Hitler für die eigene Machtergreifung hatten einspannen wollen, die Segel streichen. Dagegen erreichte der langanhaltende Konflikt mit dem „Stahlhelm" für die Nationalsozialisten eine größere Brisanz, weil die Durchführung der Gleichschaltung nicht automatisch zu ei-

---

[1] Dazu Sabine Guckel/Volker Seitz, „Vergnügliche Vaterlandspflicht". Hindenburg-Kult am Zoo, in: Alltag zwischen Hindenburg und Haarmann. Ein anderer Stadtführer durch das Hannover der 20er Jahre, Hamburg 1987, S. 12–17.

nem Auseinanderfallen des Frontsoldatenbundes führte, sondern sich von seiner Basis her die Gefahr einer konservativen Opposition entwickelte.

Ähnliche Probleme entstanden für die Nationalsozialisten aus den eigenen Reihen. Nicht ohne Grund nahm die Beobachtung der eigenen „Bewegung" und ihrer Funktionsträger noch in den politischen Lageberichten der Jahre 1933 bis 1935 annähernd gleich viel Raum ein wie die Beobachtung der weltanschaulichen Gegner und aller Arbeiterorganisationen. Zwar wurde die Grenze zum Widerstand wohl nur in der „Schwarzen Front" Otto Straßers überschritten, die in Hannover kaum Fuß fassen konnte. Immerhin war aber aus der wachsenden Kritik am hannoverschen Kreisleiter Gutterer eine kontinuierlich wachsende Oppositionsbewegung entstanden, die erst nach der Machtübernahme, dann allerdings ohne große Mühe, zerschlagen werden konnte.

# Quellen- und Literaturverzeichnis

## A. Ungedruckte Quellen

Niedersächsisches Hauptstaatsarchiv Hannover:

| | |
|---|---|
| Hann. 80 Hann. II | Regierungspräsident Hannover |
| Hann. 174 Springe | Landkreis Springe |
| Hann. 310 I | NSDAP-Gauarchiv |
| Hann. 310 III | Deutschhannoversche Partei |
| VVP 17 | Zeitungsausschnittssammlung |

Niedersächsisches Staatsarchiv Wolfenbüttel:

| | |
|---|---|
| 12 A Neu Fb 13 | Unterlagen zum Stahlhelm und zu den bürgerlichen Mittel- und Rechtsparteien |

Stadtarchiv Hannover:

Altregistratur, Bürgervorsteherkollegium
Hauptregistratur, diverse einzelne Betreffe

Stadtarchiv Braunschweig:

Zeitungsausschnittsammlung zur Geschichte der DHP

Bundesarchiv:

| | |
|---|---|
| R 45 III | DDP bzw. Staatspartei |
| R 56 V | Reichsschrifttumskammer |
| R 58, St 3, PSt 3 | Reichssicherheitshauptamt |
| R 72 | Stahlhelm |
| NS 22 | Gauwirtschaftsbeauftragte |
| NS 25 | Hauptamt für Kommunalpolitik |
| NS 26 | Hauptarchiv der NSDAP |
| Kl. Erw. 294 | Überlieferungssplitter zur DHP |
| Kl. Erw. 627 | Erinnerungsbericht Wienbeck |
| NJ | Nazi-Justiz |
| NL 204 | Nachlaß Reinhold Wulle |
| NL 211 | Nachlaß Otto Schmidt-Hannover |

Sammlung Schuhmacher

Berlin Document Center (inzwischen Teil des Bundesarchivs):

Personalakten
Ermittlungs- und Prozeßakten

Institut für Zeitgeschichte, München:

Zeugenschrifttum
Erinnerungsberichte
Interrogations
Ermittlungs- und Prozeßakten

Nordrhein-westfälisches Staatsarchiv Münster:

Prozeßakten


## B. Interviews und Auskünfte von Zeitzeugen

Interview mit Rudolf Hillebrecht, geführt von Herbert Obenaus und Detlef Schmiechen-Ackermann, Forschungsprojekt Widerstand in Hannover
Interview mit Hartmut Riehn, Hildesheim, 25. 4. 1988, geführt von Susanne Döscher-Gebauer und Michael Bayartz, Forschungsprojekt Widerstand in Hannover


## C. Publizierte Berichte, Quellen und Dokumente

Martin Bochow, Männer unter dem Stahlhelm. Vom Werden, Wollen und Wirken des Stahlhelm-Bund der Frontsoldaten, Stuttgart/Berlin/Leipzig 1933, 2. Aufl.
Theodor Duesterberg, Der Stahlhelm und Hitler, Hameln 1950
Jürgen Falter/Thomas Lindenberger/Siegfried Schumann, Wahlen und Abstimmungen in der Weimarer Republik, München 1986
Fünfzehn Jahre Stahlhelm in Niedersachsen, zusammengestellt von O. Lippelt und E. Huckstorf, Braunschweig 1936
Hans Henning Freiherr Grote, Der Stahlhelm muß sein. Vom Frontsoldaten zum Volkskriegertum, Berlin 1933; Der NSDFB (Stahlhelm). Geschichte, Wesen und Aufgabe des Frontsoldatenbundes, Berlin 1935
Die „Dritte Konfession?". Materialsammlung über die nordisch-religiösen Bewegungen, hg. vom Evangelischen Preßverband für Deutschland, Berlin 1934, S. 13–16
Mathilde Ludendorff, Deutscher Gottglaube, München 1932
Klaus Mlynek (Bearb.), Gestapo Hannover meldet... Polizei- und Regierungsberichte für das mittlere und südliche Niedersachsen zwischen 1933 und 1937, Hildesheim 1986
Karl Otto Paetel, Versuchung oder Chance? Zur Geschichte des deutschen Nationalbolschewismus, Göttingen 1965
Andreas Röpcke, Who's Who in Lower Saxony. Ein politisch-biographischer Leitfaden der britischen Besatzungsmacht 1948/49, in: NJBL 55 (1983), S. 243–309
Otto Schmidt-Hannover, Umdenken oder Anarchie. Männer, Schicksale, Lehren, Göttingen 1959
Der Stahlhelm, Band 1: Erinnerungen und Bilder aus den Jahren 1918–1933, hg. im Auftrag von Franz Seldte, Berlin 1932
Der Stahlhelm muß sein! Vom Frontsoldaten zum Volkskriegertum, Berlin 1933
Stimmen zur religiösen Lages des Jahres 1939, o.O. u. o.J.
Statistischer Vierteljahresbericht für die Stadt Hannover, 1/1929
Ursachen und Folgen. Vom deutschen Zusammenbruch 1918 und 1945 bis zur staatlichen Neuordnung Deutschlands in der Gegenwart. Hg. von Herbert Michaelis und Ernst Schraepeler, Band 9: Das Dritte Reich. Die Zertrümmerung des Parteienstaates und die Grundlegung der Diktatur, Berlin 1964

[Hans Georg] von Waldow, Christentum oder Deutscher Gottglaube, München 1932

Konstanze Wegner (Bearb.), Linksliberalismus in der Weimarer Republik. Die Führungsgremien der Deutschen Demokratischen Partei und der Deutschen Staatspartei 1918–1933, eingeleitet von Lothar Albertin, Düsseldorf 1980

Hermann Weiß/Paul Hoser (Hg.), Die Deutschnationalen und die Zerstörung der Weimarer Republik. Aus dem Tagebuch von Reinhold Quaatz 1928–1933, München 1989

## D. Tageszeitungen und Periodika

Hannoverscher Anzeiger
Hannoverscher Kurier
Hannoversche Landeszeitung
Neuer Hannoverscher Kurier
Niederdeutsche Zeitung, Hannover
Niedersächsisches Tageszeitung, Hannover
Das Scharze Korps
Stader Tageblatt
Volkswille, Hannover

## E. Literatur

Lothar Albertin, Liberalismus und Demokratie am Anfang der Weimarer Republik. Eine vergleichende Analyse der Deutsche Demokratischen Partei und der Deutschen Volkspartei, Düsseldorf 1972

Hans-Georg Aschoff, Welfische Bewegung und politischer Katholizismus 1866–1918. Die Deutsch-hannoversche Partei und das Zentrum in der Provinz Hannover während des Kaiserreiches, Düsseldorf 1987

Hanna Behrend, Die Beziehungen zwischen der NSDAP-Zentrale und dem Gauverband Süd-Hannover-Braunschweig 1921–1933. Ein Beitrag zur Führungsstruktur der nationalsozialistischen Partei, Frankfurt am Main und Bern 1981

Wolfgang Benz, Eine liberale Widerstandsgruppe und ihre Ziele, in: VjZG 29 (1981), S. 437–447

Volker R. Berghahn, Der Stahlhelm. Bund der Frontsoldaten 1918–1935, Düsseldorf 1965

Hans Booms, Die Deutsche Volkspartei, in: E. Matthias/R. Morsey (Hg.), Das Ende der Parteien 1933, Düsseldorf 1960, S. 521–539

Karl Dietrich Bracher, Die Auflösung der Weimarer Republik. Eine Studie zum Problem des Machtverfalls in der Demokratie, Düsseldorf, 1985, 5. Aufl.

Ders./Wolfgang Sauer/Gerhard Schulz, Die nationalsozialistische Machtergreifung. Studien zur Errichtung des totalitären Herrschaftssystems in Deutschland 1933/34, Köln 1962, 2. Aufl.

Anke Dietzler, Ausschaltung, Gleichschaltung, Anpassung – die hannoverschen Tageszeitungen nach der nationalsozialistischen Machtübernahme, in: Hann Gbll NF 41 (1987), S. 193–271

Dies., Zur Gleichschaltung des kulturellen Lebens in Hannover 1933, in: Hannover 1933, S. 157–178

Lothar Doehn, Politik und Interesse. Die Interessenstruktur der Deutschen Volkspartei, Meisenheim am Glan 1970

Jürgen W. Falter, Hitlers Wähler, München 1991

John Farquharson, The NSDAP in Hanover and Lower Saxony 1921–1926, in: JCH 8 (1973), S. 103–120

Peter Fritzsche, Between Fragmentation and Fraternity: Civic Patriotism and the Stahlhelm in Bourgeois Neighborhoods during the Weimar Republic, in: TAJB 17 (1988), S. 123–144

Kurt Gossweiler, Die Straßer-Legende: Auseinandersetzung mit einem Kapitel des deutschen Faschismus, Berlin 1994

Sabine Guckel/Volker Seitz, „Vergnügliche Vaterlandspflicht". Hindenburg-Kult am Zoo, in: Alltag zwischen Hindenburg und Haarmann. Ein anderer Stadtführer durch das Hannover der 20er Jahre, Hamburg 1987, S. 12–17

Burkhard Gutleben, Volksgemeinschaft oder Zweite Republik? Die Reaktionen des deutschen Linksliberalismus auf die Krise der 30er Jahre, in: TAJB 17 (1988), S. 259–284

Elke Haase, Studien zur Geschichte der Deutsch-hannoverschen Partei 1890–1933, Göttingen 1978

Hannover 1933. Eine Großstadt wird nationalsozialistisch. Beiträge zur Ausstellung, Hannover 1981

Hannover im 20. Jahrhundert. Aspekte der neueren Stadtgeschichte. Beiträge zur Ausstellung, Hannover 1978

Wolfgang Hartenstein, Die Anfänge der Deutschen Volkspartei 1918–1920, Düsseldorf 1962

Werner Hartung, Konservative Zivilisationskritik und regionale Identität am Beispiel der niedersächsischen Heimatbewegung 1895–1913, Hannover 1991

Helmut Heiber, Joseph Goebbels, Berlin 1962

Friedrich Freiherr Hiller von Geringen, Die Deutschnationale Volkspartei, in: E. Matthias/R. Morsey (Hg.), Das Ende der Parteien 1933, Düsseldorf 1960, S. 541–652

Heidrun Holzbach, Das „System Hugenberg". Die Organisation bürgerlicher Sammlungspolitik vor dem Aufstieg der NSDAP, Stuttgart 1981

Klaus Hornung, Der Jungdeutsche Orden, Düsseldorf 1985

Gotthard Jasper, Die gescheiterte Zähmung. Wege zur Machtergreifung 1930–1934, Frankfurt am Main 1986

Larry Eugene Jones, German liberalism and the dissolution of the Weimar party system 1918–1933, Chapel Hill 1988

Alexander Kessler, Der Jungdeutsche Orden auf dem Wege zur Deutschen Staatspartei, München 1981, 2. Aufl.

Udo Kissenkoetter, Gregor Straßer und die NSDAP, Stuttgart 1978

Ekkehard Klausa, Politischer Konservatismus und Widerstand, in: P. Steinbach/J. Tuchel (Hg.), Widerstand gegen den Nationalsozialismus, Bonn 1994, S. 219–234

Alois Klotzbücher, Der politische Weg des Stahlhelms, Bund der Frontsoldaten, in der Weimarer Republik. Ein Beitrag zur Geschichte der „Nationalen Opposition" 1918–1933, Phil. Diss. Tübingen 1964

Rudy Koshar, Social Life, Local Politics and Nazism. Marburg 1880–1935, Chapel Hill 1986

A. Kruck, Geschichte des Alldeutschen Verbandes 1890–1939, Wiesbaden 1954

Dieter Langewiesche, Liberalismus in Deutschland, Frankfurt am Main 1988

M. Rainer Lepsius, Parteiensystem und Sozialstruktur: zum Problem der Demokratisierung der deutschen Gesellschaft, in: G. A. Ritter (Hg.), Deutsche Parteien vor 1918, Köln 1973, S. 56–80

Werner Liebe, Die Deutschnationale Volkspartei 1918–1924, Düsseldorf 1956

Uwe Lohalm, Völkischer Radikalismus. Die Geschichte des Deutschvölkischen Schutz- und Trutzbundes 1919–1923, Hamburg 1970

Hartmut Lohmann, „Hier war doch alles nicht so schlimm." Der Landkreis Stade in der Zeit des Nationalsozialismus, Stade 1991

Peter Longerich, Die braunen Bataillone. Geschichte der SA, München 1989

Erich Matthias/Rudolf Morsey, Die Deutsche Staatspartei, in: dies. (Hg.), Ende der Parteien, S. 29–97

Klaus Megerle, Die nationalsozialistische Machtergreifung, Berlin 1982
Klaus Mlynek, Die Gleichschaltung der hannoverschen Bürgervereine in der NS-Zeit, in: Hann Gbll NF 34 (1980), Heft 3-4, S. 183-209
Ders., Hannover in der Weimarer Republik und unter dem Nationalsozialismus 1918-1945, in: ders./W. Röhrbein (Hg.), Geschichte der Stadt Hannover, Band 2: Vom Beginn des 19. Jahrhunderts bis in die Gegenwart, Hannover 1994, S. 405-577
Patrick Moreau, Nationalsozialismus von links. Die „Kampfgemeinschaft Revolutionärer Nationalsozialisten" und die „Schwarze Front" Otto Straßers 1930-1935, Stuttgart 1985
Thomas Nipperdey, War die Wilhelminische Gesellschaft eine Untertanen-Gesellschaft?, in: ders., Nachdenken über die deutsche Geschichte. Essays, München, S. 172-185
Jeremy Noakes, The Nazi Party in Lower Saxony 1921-1933, Oxford 1971
Reinhard Opitz, Der deutsche Sozialliberalismus 1917-1933, Köln 1973
Karl Rohe, Wahlen und Wählertraditionen in Deutschland. Kulturelle Grundlagen deutscher Parteien und Parteiensysteme im 19. und 20. Jahrhundert, Frankfurt am Main 1992
Alheidis von Rohr, Bürgerlich, national, welfisch. Zum Verhalten einiger Gruppen in Hannover [Unternehmer, Freimaurerlogen, Stahlhelm, Jungdeutscher Orden, Welfische Bewegung], in: Hannover 1933, S. 145-156
Horst R. Sassin, Liberale im Widerstand. Die Robinsohn-Strassmann-Gruppe 1934-1942, Hamburg 1993
Ders., Liberalismus und Widerstand, in: P. Steinbach/J. Tuchel (Hg.), Widerstand gegen den Nationalsozialismus, Bonn 1994, S. 208-218
Werner Schneider, Die Deutsche Demokratische Partei in der Weimarer Republik 1924-1930, München 1978
Martin Schumacher, Mittelstandsfront und Republik. Die Wirtschaftspartei - Reichspartei des deutschen Mittelstandes 1919-1933, Düsseldorf 1972
Hartmut Schustereit, Linksliberalismus und Sozialdemokratie in der Weimarer Republik. Eine vergleichende Betrachtung der Politik der DDP und der SPD 1919-1930, Düsseldorf 1975
Friedrich Sell, Die Tragödie des deutschen Liberalismus, Baden-Baden 1981, 2. Aufl.
Peter Stachura, Gregor Strasser and the Rise of Nazism, London 1983
Joachim Stang, Die Deutsche Demokratische Partei in Preußen 1918-1933, Düsseldorf 1994
Werner Stephan, Aufstieg und Verfall des Linksliberalismus 1918-1933. Geschichte der Deutschen Demokratischen Partei, Göttingen 1973
Jan Striesow, Die Deutschnationale Volkspartei und die Völkisch-Radikalen 1918-1922, 2 Bde., Frankfurt am Main 1981
Amrei Stupperich, Volksgemeinschaft oder Arbeitersolidarität. Studien zur Arbeitnehmerpolitik der DNVP, Göttingen 1982
Christian Trippe, Konservative Verfassungspolitik 1918-1923. Die DNVP als Opposition in Reich und Ländern, Düsseldorf 1995
Albrecht Tyrell, Das Scheitern der Weimarer Republik und der Aufstieg der NSDAP, in: M. Broszat/N. Frei (Hg.), Das Dritte Reich im Überblick, München/Zürich 1989, S. 20-33
Andrew G. Whiteside, Georg Ritter von Schönerer. Alldeutschland und sein Prophet, Graz u. a. 1981
Jürgen R. Winkler, Sozialstruktur, politische Traditionen und Liberalismus. Eine empirische Längsschnittstudie zur Wahlentwicklung in Deutschland 1871-1933, Opladen 1995
R. Wulff, Die Deutschvölkische Freiheitspartei 1922-1928, Phil. Diss. Erlangen 1966

Teil 2

Evangelische Christen zwischen Kooperation
und Verweigerung

# Forschungsstand und Quellenlage

Wie der mittlerweile in etlichen Darstellungen vollzogene Perspektivenwechsel von der Beschreibung des „Kirchenkampfes" als Teil der Geschichte des Widerstandes gegen Hitler zu einer stärker sozial- und mentalitätsgeschichtlich fundierten Analyse des Verhaltens unter der NS-Diktatur gezeigt hat[1], wird man dem Verhalten von evangelischen Gemeindemitgliedern, Pfarrern und Kirchenleitungen am ehesten gerecht, indem man das anzutreffende Verhaltensspektrum, das von der bewußten und begeisterten Mitwirkung an der Ausgestaltung des nationalsozialistischen Staates bis zur partiellen Verweigerung als Institution und zum individuellen Widerstand einzelner Christen reichte[2], differenziert beschrieben und in seinem Kontext analysiert. Dies ändert nichts daran, daß die Rolle der Kirchen im Dritten Reich nach wie vor kontrovers eingeschätzt und bewertet wird. So hat 1992 der Leipziger Kirchenhistoriker Kurt Meier die seinerzeit in einer umfassenden und materialgesättigten Gesamtdarstellung zum evangelischen „Kirchenkampf"[3] entwickelte These noch einmal bekräftigt, daß allein schon „die Existenz der Kirchen im Dritten Reich, auch wenn kirchlicher Widerstand nicht auf Systemumsturz zielte, eine Form des Widerstandes gewesen" sei.[4] Ähnlich hatte Kurt Nowak argumentiert, in dessen Augen das Festhalten weiter Bevölkerungskreise an einem „volkskirchlich geprägten Protestantismus" einen ins Gewicht fallenden „objektiven Störfaktor" für

---

1 Zutreffend konstatierte Gerhard Besier (Widerstand im Dritten Reich – ein kompatibler Forschungsgegenstand für gegenseitige Verständigung heute, in: KZG 1 (1988), S. 50–68) bereits Ende der achtziger Jahre eine Verlagerung von der ideengeschichtlichen, an der theologischen Begründung interessierten Betrachtungsweise zu empirisch ausgerichteten sozial- und strukturgeschichtlichen Analysen. Unterschiedlich akzentuierte Überblicke zum überregionalen Forschungsstand bieten: Andreas Lindt, Kirchenkampf und Widerstand als Thema der Kirchlichen Zeitgeschichte, in: Gerhard Besier/Gerhard Ringshausen (Hg.), Bekenntnis, Widerstand, Martyrium. Von Barmen 1934 bis Plötzensee 1944, Göttingen 1986, S. 75–89; Günther van Norden, Widersetzlichkeit von Kirchen und Christen, in: Wolfgang Benz/Walter Pehle (Hg.), Lexikon des deutschen Widerstandes, Frankfurt am Main 1994, S. 68–82. Die Ergebnisse ausgewählter Fallbeispiele diskutiert: Hans Otte, Evangelische Kirchengemeinden als resistentes Milieu? Einige Beobachtungen anhand der vorliegenden Regionalstudien, in: Detlef Schmiechen-Ackermann (Hg.), Anpassung, Verweigerung, Widerstand. Soziale Milieus, Politische Kultur und der Widerstand gegen den Nationalsozialismus in Deutschland im regionalen Vergleich, Berlin 1997, S. 165–192.
2 Eine feingliederige Systematisierung der Verhaltensvarianten bei: Günther van Norden, Zwischen Kooperation und Teilwiderstand: Die Rolle der Kirchen und Konfessionen, in: Jürgen Schmädeke/Peter Steinbach (Hg.), Der Widerstand gegen den Nationalsozialismus. Die deutsche Gesellschaft und der Widerstand gegen Hitler, München 1985, S. 227–239, sowie ders., Widerstand im deutschen Protestantismus 1933–1945, in: Klaus-Jürgen Müller (Hg.), Der deutsche Widerstand 1933–1945, Paderborn 1986, S. 108–134.
3 Kurt Meier, Der evangelische Kirchenkampf, 3 Bde., Halle und Göttingen, 1976–1984.
4 Kurt Meier, Kreuz und Hakenkreuz. Die evangelische Kirche im Dritten Reich, München 1992, S. 234 f.

das NS-Regime darstellt.⁵ Eine wesentlich skeptischere Einschätzung erfuhren die Widerstandspotentiale des deutschen Protestantismus dagegen in den Darstellungen von Klaus Scholder⁶ und Günther van Norden⁷. Durch exemplarische Studien belegt ist vor allem die starke Bereitschaft zahlreicher Theologen und kirchlicher Amtsträger, sich an den Nationalsozialismus anzupassen.⁸ Zudem wird auf das problematische Verhalten der Institution Kirche in drei wichtigen Bereichen kritisch hingewiesen: So ist das öffentliche Schweigen zur Entrechtung und Verfolgung der Juden mit Recht als eine „Verstrickung" in das NS-Unrechtsregime interpretiert worden.⁹ In ähnlicher Weise kritisch zu bewerten ist die apologetische Rechtfertigung und Unterstützung des Krieges.¹⁰ Schließlich mißriet nach 1945 der Prozeß der angestrebten „Selbstreinigung" de facto zur unkritischen Entsorgung einer belastenden Vergangenheit. Im Zusammenhang mit der Sonderrolle, die den Kirchen durch die Besatzungsmächte eingeräumt wurde, ist zu konstatieren, daß die „Entnazifizierung" im kirchlichen Bereich noch wesentlich problematischer verlief als in anderen Bereichen der deutschen Gesellschaft.¹¹

---

5   Kurt Nowak, Evangelische Kirche und Widerstand im Dritten Reich. Kirchenhistorische und gesellschaftsgeschichtliche Perspektiven, in: GWU 6/1987, S. 356.
6   Klaus Scholder, Die Kirchen und das Dritte Reich. Band 1: Vorgeschichte und Zeit der Illusionen 1918–1934, Frankfurt am Main/Berlin 1977; ders., Die Kirchen und das Dritte Reich. Band 2: Das Jahr der Ernüchterung 1934. Barmen und Rom, Frankfurt am Main/Berlin 1988.
7   Günther van Norden, Der deutsche Protestantismus im Jahr der nationalsozialistischen Machtergreifung, Gütersloh 1979; ders., Der deutsche Protestantismus. Zwischen Patriotismus und Bekenntnis, in: Günther Heydemann/Lothar Kettenacker (Hg.), Kirchen in der Diktatur, Göttingen 1983.
8   Robert P. Ericksen, Theologen unter Hitler. Das Bündnis zwischen evangelischer Dogmatik und Nationalsozialismus, München/Wien 1986 (exemplarisch behandelt werden Gerhard Kittel, Paul Althaus und Emanuel Hirsch); Ernst Klee, Die SA Jesu Christi. Die Kirche im Banne Hitlers, Frankfurt am Main 1989; Björn Mensing, „Hitler hat eine göttliche Sendung". Münchens Protestantismus und der Nationalsozialismus, in: ders./Friedrich Prinz (Hg.), Irrlicht im leuchtenden München? Der Nationalsozialismus in der „Hauptstadt der Bewegung", Regensburg 1991, S. 92–123; Anja Rinnen, Kirchenmann und Nationalsozialst. Siegfried Lefflers ideelle Verschmelzung von Kirche und Drittem Reich, Weinheim 1995.
9   Wolfgang Gerlach, Als die Zeugen schwiegen. Bekennende Kirche und die Juden, Berlin 1993, 2. Aufl.; Jochen-Christoph Kaiser/Martin Greschat (Hg.), Der Holocaust und die Protestanten. Analysen einer Verstrickung, Frankfurt am Main 1988.
10  Günter Brakelmann (Hg.), Kirche im Krieg. Der deutsche Protestantismus am Beginn des Zweiten Weltkriegs, München 1980, 2. Aufl.; Andreas Lindt, Das Zeitalter des Totalitarismus. Politische Heilslehren und ökumenischer Aufbruch, Stuttgart 1981.
11  Zum Prozeß der Entnazifizierung im einzelnen: Gerhard Besier, „Selbstreinigung" unter britischer Besatzungsherrschaft. Die Evangelisch-lutherische Landeskirche und ihr Landesbischof Marahrens 1945–1947, Göttingen 1986; Clemens Vollnhals, Evangelische Kirche und Entnazifizierung 1945–1949. Die Last der nationalsozialistischen Vergangenheit, München 1989; Klaus Erich Pollmann, Die Entnazifizierung in der Braunschweigischen Landeskirche nach 1945, in: ders. (Hg.), Der schwierige Weg in die Nachkriegszeit. Die Evangelisch-lutherische Landeskirche in Braunschweig 1945–1950, Göttingen 1994, S. 26–99. Allgemeiner zur Situation des deutschen Protestantismus im Jahre 1945: Clemens Vollnhals, Die Evangelische Kirche zwischen Traditionswahrung und Neuorientierung, in: Martin Broszat u. a. (Hg.), Von Stalingrad zur Währungsreform. Zur Sozialgeschichte des Umbruchs in Deutschland, München 1988, S. 113–167; ders. (Hg.), Die evangelische Kirche nach dem Zusammenbruch. Berichte auslän-

In vieler Hinsicht reihen sich die für die hannoversche Landeskirche erhobenen Befunde in dieses allgemeine Bild ein, in einigen Aspekten ergeben sich jedoch auch prägnante Zuspitzungen. Wie vielerorts, so wurde die Machtübertragung an Hitler 1933 auch in Hannover[12] von der großen Mehrheit der Pastorenschaft, der Kirchenbeamten und des Kirchenvolkes ausdrücklich begrüßt.[13] Die Glaubensbewegung „Deutsche Christen" bemühte sich zunächst erfolgreich, nationalsozialistisches Gedankengut im kirchlichen Leben zu etablieren. Aber auch in den Reihen der in Hannover sehr gemäßigt auftretenden Bekenntnisgemeinschaft[14], die sich im innerkirchlichen Kampf um die Bewahrung der Glaubensgrundlagen gegen die sich immer stärker radikalisierenden Deutschen Christen durchsetzen konnte, bestand eine weitgehende Bereitschaft, am Aufbau des Dritten Reiches aktiv mitzuwirken[15]. Vor

---

discher Beobachter aus dem Jahre 1945, Göttingen 1988; Martin Greschat, Die evangelische Kirche nach 1945, in: Pollmann, Weg, S. 13–25.

12 Einen breiten und differenzierten Überblick zu den Ergebnissen und Desideraten der Forschungen zur hannoverschen Landeskirche vermittelt: Heinrich Grosse u. a. (Hg.), Bewahren ohne Bekennen? Die hannoversche Landeskirche im Nationalsozialismus, Hannover 1996. Hierin vor allem (mit detaillierten Hinweisen auf die weitere Literatur): Hans Otte, Zeitgeschichte in der hannoverschen landeskirche. Tendenzen und Perspektiven (S. 545–563). Instruktiv zur Situation in einzelnen Bereichen der Landeskirche: Hillard Delbanco, Kirchenkampf in Ostfriesland 1933–1945, Aurich 1988; Hartmut Lohmann, Kirche im Dritten Reich – Zwischen Anpassung und Widerstand, in: ders., „Hier war doch alles nicht so schlimm." Der Landkreis Stade in der Zeit des Nationalsozialismus, Stade 1991, S. 231–277. Einblicke in die anders gelagerte Situation benachbarter Landeskirchen bieten: Almuth Meyer-Zollitsch, Nationalsozialismus und evangelische Kirche in Bremen, Bremen 1985; Karl-Ludwig Sommer, Bekenntnisgemeinschaft und bekennende Gemeinden in Oldenburg in den Jahren der nationalsozialistischen Herrschaft. Evangelische Kirchlichkeit und nationalsozialistischer Alltag in einer ländlichen Region, Hannover 1993; Dietrich Kuessner (Hg.), Kirche und Nationalsozialismus in Braunschweig, Braunschweig 1980; ders., Geschichte der Braunschweigischen Landeskirche 1930–1947 im Überblick, Blomberg 1981. Als weitere wichtige Lokal- und Regionalstudien aus unterschiedlicher Warte und mit zum Teil kontroversen Bewertungen seien zudem genannt: Günther Harder/Wilhelm Niemöller (Hg.), Die Stunde der Versuchung. Gemeinden im Kirchenkampf 1933–1945. Selbstzeugnisse, München 1963; Herwart Vorländer, Kirchenkampf in Elberfeld 1933–1945, Göttingen 1968; Siegfried Bräker, Jahre der Okkupation. Vorgeschichte und Geschichte der Okkupation der Evangelischen Kirchengemeinde Opladen durch den Nationalsozialismus, Opladen 1984; Klaus Heidel/Christian Peters, Nicht nur ein Kampf um Seelen: Die Kirchen und das „Dritte Reich" in Heidelberg, in: Jörg Schadt/Michael Caroli (Hg.), Heidelberg unter dem Nationalsozialismus. Studien zu Verfolgung, Widerstand und Anpassung, Heidelberg 1985, S. 51–342; Paul Kremmel, Pfarrer und Gemeinden im evangelischen Kirchenkampf in Bayern bis 1939, Lichtenfels 1987; Manfred Gailus (Hg.), Kirchengemeinden im Nationalsozialismus. Sieben Beispiele aus Berlin, Berlin 1990.

13 Zahlreiche überregionale Belege hierfür bei van Norden, Machtergreifung. Als komprimierter Abriß: Eberhard Röhm/Jörg Thierfelder, Die evangelische Kirche und die Machtergreifung, in: Müller, Widerstand, S. 168–181.

14 Im Sinne der von van Norden, Kirche und Staat im Kirchenkampf, in: ders. (Hg.), Zwischen Bekenntnis und Anpassung, Köln 1985, S. 101 f., vorgeschlagenen Differenzierung in „vier Einstellungsmuster" wäre die Bekenntnisgemeinschaft in der evangelisch-lutherischen Landeskirche Hannover eindeutig als eine Gruppe der „Bekennenden Kirche gemäßigter Prägung" zu charakterisieren.

15 Nowak, Kirche, S. 355. Exemplarisch hierfür auch der Erlebnisbericht eines BK-Pfarrers, der über seine Vereinnahmung durch den Nationalsozialismus offen berichtet: Hans-Friedrich Lenz, „Sagen Sie, Herr Pfarrer, wie kommen Sie zur SS?" Bericht eines Pfarrers der Bekennenden Kir-

diesem Hintergrund gewinnt die bekannte Formel „Wir haben widerstanden mit dem Bekenntnis, aber wir haben nicht bekannt mit dem Widerstand"[16], für die hannoversche Landeskirche eine besonders hohe Relevanz. Der von Landesbischof Marahrens konsequent verfolgte Kurs einer unbedingten Loyalität zur staatlichen Obrigkeit bildete Grundlage und Voraussetzung für einen weitgehenden modus vivendi[17] zwischen der braunen Diktatur und einer „intakten" evangelischen Landeskirche, die sich den im Laufe der Jahre virulenter werdenden Entkirchlichungstendenzen entgegenstemmte und ihren institutionellen Bestand verteidigte. Wie umstritten diese Form der Kooperation mit dem NS-Regime bis heute ist, wird exemplarisch deutlich an der kontroversen Bewertung der Zusammenarbeit mit dem vom Reichskirchenministerium eingesetzten Reichskirchenausschuß.[18] Soweit sei zunächst nur ganz knapp der regionale Rahmen skizziert, auf den sich eine auf die Stadt Hannover bezogene Fallstudie zum Verhalten von Kirchengemeinden, Pfarrern und Kirchenleitung zu beziehen hat.

Wie eindimensional und daher wenig realitätsgerecht die in der älteren Forschung häufig bemühte Denkfigur des „Kampfes"[19] zwischen Staat und Amtskirche war, läßt sich inzwischen auch mühelos aus der Perspektive der staatlichen Behörden nachvollziehen. Eine prinzipielle Kirchenfeindschaft spiegeln jedenfalls die Lageberichte des zuständigen Regierungspräsidenten und der Leiter der hannoverschen Staatspolizeistelle aus den Jahren 1933 bis 1937 in keiner Weise wider.[20] Für die hannoversche Situation, so ein Ergebnis der vorliegenden Untersuchung, kann weder von organisiertem kirchlichem Widerstand noch von einem ausgesprochenen

---

che über seine Erlebnisse im Kirchenkampf und als SS-Oberscharführer im Konzentrationslager Hersbruck, Gießen/Basel 1982.

16 Zum Verhältnis von „Bekenntnis" und „Widerstand": Eberhard Bethge, Zwischen Bekenntnis und Widerstand: Erfahrungen in der Altpreussischen Union; in: Schmädeke/Steinbach, Widerstand (speziell zu der zitierten Formel: S. 291) sowie Gerhard Besier, Ansätze zum politischen Widerstand in der Bekennenden Kirche. Zur gegenwärtigen Forschungslage, ebenda, S. 265–280. Vgl. hierzu auch das von Wilhelm Niemöller (Die Evangelische Kirche im Dritten Reich. Handbuch des Kirchenkampfes, Bielefeld 1956, S. 396) entworfene Selbstbild der bekennenden Protestanten: „Die Bekennende Kirche hat niemals, weder im Hitlerreich noch später, Wert darauf gelegt, als ‚Widerstandsbewegung', als ‚Opposition', als ‚Front' verstanden zu werden. Sie wollte das eine Wort Gottes in unserer Welt und Zeit bezeugen."

17 Hierzu den Befund für Hannover knapp zusammenfassend: Detlef Schmiechen-Ackermann, „Kirchenkampf" oder modus vivendi? Zum Verhalten von Pfarrern, Gemeinden und Kirchenleitung der Evangelisch-lutherischen Landeskirche Hannovers in den Jahren der nationalsozialistischen Diktatur, in: Grosse u. a., Bewahren, S. 223–251.

18 Als Vertreter der apologetischen Position: Eberhard Klügel, Die lutherische Landeskirche Hannovers und ihr Bischof 1933–1945, Berlin/Hamburg 1964, vor allem S. 342 ff. Eine kritische Bewertung erfährt das Handeln des hannoverschen Landesbischofs dagegen bei Scholder, Kirchen, Bd. 2, S. 169 f.

19 Durchaus typisch hierfür noch eine Darstellung aus jüngerer Zeit, die gleichzeitig Zeitzeugenbericht ist: Karl Herbert, Der Kirchenkampf. Historie oder bleibendes Erbe?, Frankfurt am Main 1985.

20 Klaus Mlynek (Bearb.), Gestapo Hannover meldet... Polizei- und Regierungsberichte für das mittlere und südliche Niedersachsen zwischen 1933 und 1937, Hildesheim 1986.

„Kirchenkampf"[21] des nationalsozialistischen Herrschaftsapparates gegen die Institution Kirche gesprochen werden. Die Konfliktlinien in der und um die Kirche im Dritten Reich waren wesentlich komplexer. Sie werden in der folgenden Lokalstudie vor allem auf drei Ebenen verfolgt. Untersucht werden sollen

1. der innerkirchliche Machtkampf zwischen den deutsch-christlichen und den bekenntnisorientierten Pfarren, Kirchenbeamten und engagierten Laien,
2. der Differenzierungsprozeß innerhalb der bekenntnisorientierten Protestanten sowie
3. individuelle Verweigerungshaltungen einzelner Christen.

Dabei wird die so emotional geführte Kontroverse um die Person des Landesbischofs Marahrens und den von ihm verfolgten kirchenpolitischen Kurs[22] nur als – bereits intensiver erforschter und nach wie vor kontrovers beurteilter – Hintergrund der hier in den Mittelpunkt gerückten Vorgänge an der kirchlichen Basis verstanden. Festzustellen ist nämlich, daß vor allem die älteren Arbeiten zum „Kirchenkampf" in der hannoverschen Landeskirche und zur Rolle des Landesbischofs die Gemeindeebene nahezu vollständig ausblenden.[23] Auch eine 1983 erschienene „Geschichte der Kirchengemeinden" enthält nur sehr summarische Bemerkungen und geht auf konkrete Konfliktfälle vor Ort nicht ein.[24] Dies gilt auch für andere, ebenfalls 1983 – anläßlich des in Hannover stattfindenden 20. Deutschen Evangelischen Kirchentages – publizierte Beiträge[25], die sich fast ausschließlich mit den Auseinandersetzungen auf der landes- und reichskirchlichen Ebene beschäftigen,

---

21 Zur Problematik dieses Begriffes vor dem Hintergrund der lokalspezifischen Situation: Detlef Schmiechen-Ackermann, Gemeindeleben und Konfliktverhalten im evangelischen „Kirchenkampf" in Hannover, in: Hans-Dieter Schmid (Hg.), Zwei Städte unter dem Hakenkreuz. Widerstand und Verweigerung in Hannover und Leipzig 1933–1945 Leipzig 1994, S. 223–242.
22 Gerhard Lindemann, Landesbischof August Marahrens (1875–1950) und die hannoversche Geschichtspolitik, in: KZG 8 (1995), S. 396–425; Joachim Perels, Die hannoversche Landeskirche im Nationalsozialismus 1933–1945. Kritik eines Selbstbildes, in: Beiheft zu: Junge Kirche, 56. Jg. (1995), Heft 9; Hans Otte, Zeitgeschichte in der hannoverschen Landeskirche. Tendenzen und Perspektiven, Heinrich Grosse u. a. (Hg.), Bewahren ohne Bekennen? Die hannoversche Landeskirche im Nationalsozialismus, Hannover 1996, S. 545–563. Die beiden vorgenannten Beiträge sind in diesem Sammelband (S. 153–177 sowie 515–543) nochmals abgedruckt worden.
23 Paul Fleisch, Erlebte Kirchengeschichte. Erfahrungen in und mit der hannoverschen Landeskirche, Hannover 1952; Walter Ködderitz (Hg.), D. August Marahrens. Pastor Pastorum zwischen den Weltkriegen, Hannover 1952; Klügel, Landeskirche; Heinz Günther Klatt, Ein politischer Mensch war er nicht. Marahrens verstand sich als Theologe und Seelsorger, in: LM 12 (1987), S. 547–549; Kurt Schmidt-Clausen, August Marahrens. Landesbischof in Hannover. Wirklichkeit und Legende, Hannover 1989.
24 Cord Cordes, Geschichte der hannoverschen Kirchengemeinden der Evangelisch-lutherischen Landeskirche Hannovers 1848–1980, Hannover 1983.
25 Goetz Buchholz, „Mit Luther und Hitler für Glaube und Hoffnung", in: NaNa 2. 6. 1983; Waldemar Röhrbein, Gleichschaltung und Widerstand in der Evangelisch-lutherischen Landeskirche Hannover 1933/35, in: Hannover 1933. Eine Großstadt wird nationalsozialistisch. Beiträge zur Ausstellung. Historisches Museum am Hohen Ufer, Hannover 1983, S. 179–192; ders., Kirche in Bedrängnis – Die Hannoversche Landeskirche zwischen 1933 und 1945, in: ders. (Hg.), Reformation und Kirchentag. Kirche und Laienbewegung in Hannover. Handbuch zur Ausstellung, Historisches Museum am Hohen Ufer, Hannover 1983, S. 209–246.

während die stadthannoversche Perspektive, aus der die evangelischen Christen in den Gemeinden den Kirchenstreit erlebten, wiederum nahezu unberücksichtigt blieb.[26] Aufgrund dieses Forschungsdesiderates[27] wurde im Rahmen des Forschungsprojektes „Widerstand in Hannover" der Schwerpunkt gezielt auf gemeindebezogene Recherchen gelegt.

Als Ausgangspunkt diente hierbei die als Bestand S 1 im Landeskirchlichen Archiv Hannover (im folgenden: LKA) aufbewahrte „Kirchenkampfdokumentation", die seinerzeit auch bereits Klügels Darstellung zugrunde gelegen hatte, aber von ihm nicht im Hinblick auf die Situation in den Gemeinden ausgewertet worden ist. Daneben waren im Landeskirchlichen Archiv auch die Bestände L 2 (Kanzlei des Landesbischofs Marahrens), D 4 (Pfarrverein), E 6 (Bekenntnisgemeinschaft 1943–1964) sowie einige Nachlässe für die vorgelegte Untersuchung von Bedeutung. Die umfangreiche Sucharbeit in den Archiven der Kirchengemeinden erwies sich besonders im Hinblick auf Visitationsakten, Pfarrstellenbesetzungen und die Auseinandersetzungen in den Kirchenvorständen als ertragreich. Wertvolle Ergänzungen lieferten Gemeindebriefe und Kirchenvorstandsprotokolle. Erfreulicherweise ist das Aktenmaterial in der Mehrzahl der Kirchengemeinden erhalten geblieben und Dank der Tätigkeit der dortigen Mitarbeiter[28] und der landeskirchlichen Archivare vielfach auch in einem guten Ordnungszustand. Allerdings fielen einige Kirchengemeindearchive nahezu komplett dem Bombenkrieg zum Opfer, so daß in diesen Fällen nur eine schmale Ersatzüberlieferung zu rekonstruieren ist.

Im Evangelischen Zentralarchiv Berlin, das die Akten der Reichskirchenbehörden verwahrt, fanden sich einige wenige Schriftstücke, die es erlauben, Konflikte auf der Gemeindeebene aus übergeordneter Warte zu beleuchten. Wichtige Akten der Polizeibehörden sowie der Kirchen- und Schulverwaltung sind im Niedersächsischen Hauptstaatsarchiv Hannover erhalten. Allerdings macht sich das Fehlen der Überwachungsakten der Gestapo, die nachweislich eine große Zahl hannoverscher Pastoren beobachten ließ, schmerzlich bemerkbar. Oft sehr versprengt in größeren

---

26 Am instruktivsten informiert über die Vorgänge in den hannoverschen Kirchengemeinden ein Vortrag, den der Direktor des Historischen Museums im Rahmen der Ausstellung „Hannover 1933" gehalten hat: Waldemar Röhrbein, Gleichschaltung und Widerstand in der Evangelisch-lutherischen Landeskirche Hannovers 1933–35, in: Vorträge. 1933 und danach. Aus Anlaß der Sonderausstellung „Hannover 1933 – Eine Großstadt wird nationalsozialistisch", Historisches Museum am Hohen Ufer, Hannover 1983, S. 105–142.

27 Inzwischen sind als neuere Fallstudien erschienen: Hans Werner Dannowski, Die Marktkirche im Nationalsozialismus, in: Grosse, Bewahren, S. 253–270; Hans-Dieter Schmid, „Kirchenkampf" in Vahrenwald? Eine städtische Gemeinde in der Zwischenkriegszeit, in: ebenda, S. 271–289.

28 Für die freundliche Unterstützung bei den aufwendigen Quellenrecherchen in den Gemeindearchiven bedanke ich mich herzlich bei zahlreichen Mitarbeiterinnen und Mitarbeitern der einzelnen Kirchengemeinden. Stellvertretend seien hier Herr Superintendent Dr. Engel (Nikolaikirche Limmer), Pastorin Marlis Ahlers (Michaeliskirche Ricklingen) und Pastor Dr. Rüttgardt (Herrenhäuser Kirche) genannt, die meine Recherechen engagiert und unbürokratisch unterstützt haben. Ein ganz besonderer Dank gebührt dem Leiter des Landeskirchlichen Archivs, Dr. Hans Otte, und seinen Mitarbeitern, die nicht müde geworden sind, meinen großen „Aktenhunger" zufriedenzustellen und die Entstehung meiner Untersuchung durch konstruktive Kritik begleitet haben.

Aktenbeständen konnten einzelne Hannover betreffende Vorgänge in überregionalen Archiven ermittelt werden. Insbesondere personenbezogene Erkenntnisse wurden aus den Akten des Bundesarchivs und des Document Center Berlin gewonnen. Durch die Berichterstattung in den lokalen Zeitungen und die für Hannover nunmehr veröffentlichten polizeilichen Lageberichte[29] kann das Gesamtbild abgerundet werden. Ergänzend zur Auswertung der schriftlichen Quellen wurden schließlich einige Interviews mit Zeitzeugen durchgeführt, die zusätzliches Material lieferten.

---

29 Mlynek, Gestapo. Die reichsweiten Dimensionen des Kirchenstreites können in umfangreichen Quellensammlungen verfolgt werden. Zu nennen sind vor allem: Heinz Boberach (Hg.), Berichte des SD und der Gestapo über Kirchen und Kirchenvolk in Deutschland 1934–1944, Mainz 1971; Deutschland-Berichte der Sozialdemokratischen Partei Deutschlands (Sopade), 1934–1940, 7 Bde., Frankfurt am Main 1980; Kirche im Kampf. Dokumente des Widerstands und des Aufbaus in der evangelischen Kirche Deutschlands von 1933 bis 1945. Hg. von Heinrich Hermelink, Tübingen/Stuttgart 1950; Ursachen und Folgen. Vom deutschen Zusammenbruch 1918 und 1945 bis zur staatlichen Neuordnung Deutschlands in der Gegenwart. Eine Urkunden- und Dokumentensammlung zur Zeitgeschichte, insbesondere die Bände IX und XI, Berlin 1964 bzw. 1966.

## 1. Die hannoversche Landeskirche 1918–1933: Voraussetzungen und Rahmenbedingungen des Kirchenstreites

### 1.1 Die Organisation der hannoverschen Landeskirche: Verfassung, Struktur, Traditionen

Durch die Auflösung des landesherrlichen Kirchenregimentes[1] im Zuge der Revolution von 1918 und die in Artikel 139 der Weimarer Verfassung vorgesehene Trennung von Kirche und Staat waren der lutherischen Landeskirche die Grundlagen ihrer traditionellen Verfassung entzogen worden[2]. Die kirchliche Neuordnung wurde 1921 einer Kirchenversammlung aus teils durch Urwahl gewählten, teils ernannten geistlichen und weltlichen Vertretern übertragen. Nach einer Beratungszeit von etwas über einem Jahr wurde eine neue Kirchenverfassung verabschiedet, die als höchstes Entscheidungsgremium einen Landeskirchentag etablierte. Das Kirchenvolk bestimmte hierzu durch Urwahlen aller über 24 Jahre alten Gemeindeglieder 15 geistliche und 30 nichtgeistliche Mitglieder sowie neun bei der Wahl in der Minderheit gebliebene Kandidaten. Dem Gremium gehörten weiterhin der Landesbischof und Abt zu Loccum, ein Vertreter der theologischen Fakultät der Landesuniversität Göttingen, ein Kirchenrechtler und bis zu neun vom Kirchensenat zu berufende Mitglieder an. Dem nach diesem Verfahren gebildeten Landeskirchentag kam als wichtigste Aufgabe die Wahl des Landesbischofs zu.

Der auf Lebenszeit gewählte Landesbischof sollte geistlicher Führer der Landeskirche sein, aber in der Kirchenverwaltung keine führende Rolle spielen. Die verfassunggebende Kirchenversammlung, die unter dem Eindruck stand, daß in der Republik die Interessen der Kirche gegenüber einer grundsätzlich kirchenfeindlichen Staatsgewalt gewahrt werden müßten, hatte befürchtet, daß eine zu starke Führungsposition des Landesbischofs im Widerspruch zum demokratischen Zeitgeist stehen würde. So ging die Tendenz dahin, „diesem Amt eine lediglich repräsentative Bedeutung zu verleihen"[3]. Da die staatliche Bestätigung der ausgearbeiteten Kirchenverfassung fast zwei Jahre auf sich warten ließ, konnte der Landeskirchen-

---

1 Im April 1866, einen Tag vor der Besetzung des Königreichs Hannover durch preußische Truppen, war eine einheitliche hannoversche Landeskirche gebildet worden, die sich nicht zuletzt auch als „Heimat der politisch heimatlos gewordenen hannoverschen Gesinnung und Eigenart" verstand. So Ernst Rolffs, Evangelische Kirchenkunde Niedersachsens. Das kirchliche Leben in den Landeskirchen von Hannover, Braunschweig, Oldenburg und Schaumburg-Lippe, Göttingen 1938, 2.Aufl., S. 42.
2 Die folgende Darstellung orientiert sich an Rolffs, Kirchenkunde, S. 49–55.
3 Rolffs, Kirchenkunde, S. 53.

tag erst 1925 zusammentreten, um mit August Marahrens[4] den ersten Landesbischof zu wählen[5].

Die zuvor vom Landesherrn ausgeübten kirchenregimentlichen Rechte gingen mit der neuen Verfassung an einen siebenköpfigen Kirchensenat über. Als dessen Vorsitzender konnte der Landesbischof seinen Einfluß zur Geltung bringen. Ihm zur Seite standen der Präsident des Landeskirchenamtes, der dienstälteste der vier Generalsuperintendenten, sowie ein Geistlicher und drei nichtgeistliche Mitglieder, die vom Landeskirchentag gewählt wurden. Aufgaben des Kirchensenates waren vor allem die Ernennungen der Generalsuperintendenten und Mitglieder des Landeskirchenamtes, die Vorbereitung der Gesetzesvorlagen für den Landeskirchentag und die Veröffentlichung der beschlossenen Gesetze im Kirchlichen Amtsblatt. Aufgrund einer komplizierten Konstruktion hatte der Kirchensenat in bestimmten Fragen einen vom Landeskirchentag gewählten Landeskirchenausschuß anzuhören, den Rolffs bereits 1938 als entbehrlich bezeichnete[6].

Als Kirchenverwaltung trat das Landeskirchenamt an die Stelle der früheren Landes- und Provinz-Konsistorien. Neben dem rechtskundigen Präsidenten gehörten der Behörde ein juristischer und ein theologischer Stellvertreter, die vier Generalsuperintendenten von Hannover, Stade, Hildesheim und Aurich sowie nach Bedarf weitere Juristen und Theologen an. Der Landesbischof durfte nur mit beratender Stimme an den Sitzungen des Landeskirchenamtes teilnehmen. Insgesamt versuchte man also, sich mit dieser neuen Kirchenverfassung einem demokratischen Selbstverwaltungsmodell anzunähern. Das Kirchenvolk wählte in den einzelnen Gemeinden einen Kirchenvorstand und bei Bedarf zusätzlich einen erweiterten Gemeindeausschuß. Die aus Vertretern der Gemeinden zusammengesetzten Kirchenkreistage bestimmten wiederum durch Wahl einen Kirchenkreisvorstand, der die Aufsicht über die Kirchenvorstände in den Gemeinden auszuüben hatte.

Zu Beginn der dreißiger Jahre waren in den Kirchengemeinden und den übergemeindlichen Einrichtungen der Landeskirche knapp über 1000 Pfarrer sowie eine kleine Anzahl von Hilfsgeistlichen tätig. Als strukturelles Problem hatten bereits die Zeitgenossen die Überalterung des Pfarrerstandes erkannt.[7] Zudem herrschte ein erheblicher Pfarrermangel; jede siebte Pfarrstelle war 1930 unbesetzt.[8] Der so-

---

4 August Marahrens (1875–1950), 1901 zweites theologisches Examen in Loccum, anschließend Wehrdienst und Tätigkeit als Hilfsgeistlicher und 1914–1919 als Lazarettpfarrer, 1920–1924 Superintendent in Einbeck, 1924/25 Generalsuperintendent von Stade, 1925–1947 Bischof der hannoverschen Landeskirche, 1934–1936 Vorsitzender der Vorläufigen Kirchenleitung der Deutschen Evangelischen Kirche (DEK) und 1939–45 Mitglied im Geistlichen Vertrauensrat der DEK.
5 Paul Fleisch, Der erste Landesbischof, in: Walter Ködderitz (Hg.), D. August Marahrens. Pastor Pastorum zwischen den Weltkriegen, Hannover 1952, S. 65. Nähere Angaben zu den Befugnissen und Aufgaben des Landesbischofs bei Rolffs, Kirchenkunde, S. 52.
6 Rolffs, Kirchenkunde, S. 53.
7 Die Hälfte der Geistlichen war bereits vor der Jahrhundertwende ordiniert worden.
8 Die Zahl der Gemeinden und die Gesamtzahl der Pfarrer war annähernd gleich groß. Da aber in den Städten viele Gemeinden über zwei oder mehrere Geistliche verfügten, und zudem auch noch die in Institutionen tätigen Geistlichen zu berücksichtigen sind, blieb ein Teil der ländlichen

ziale Hintergrund der Pfarrerschaft war ausgesprochen bürgerlich. Gut ein Drittel der Pastoren stammte aus Pfarrhäusern, ein weiteres Drittel rekrutierte sich aus dem mittleren Beamtentum. Lehrersöhne waren besonders stark vertreten. Der Rest entstammte im wesentlichen dem Bauerntum und dem gewerblichen Mittelstand. Fast alle Theologen hatten an der Landesuniversität in Göttingen studiert, wobei allerdings die meisten einen Teil ihres Studiums auch in Tübingen, Erlangen, Leipzig, Halle oder Berlin absolvierten. Die Zahl der Kandidaten reichte auch in den dreißiger Jahren nicht aus, den Bedarf an Pfarrern zu decken. Die Besetzung der Pfarrstellen wurde in der Regel wechselweise durch Wahl seitens der Gemeinde und Ernennung durch das Landeskirchenamt (wobei der Gemeinde ein Einspruchsrecht zukam) vorgenommen. Im Abstand von mehreren Jahren wurde jede Kirchengemeinde vom zuständigen Superintendenten einer Visitation unterzogen, bei der vor allem die Amtsführung der Pfarrer und Kirchenangestellten, der sittliche Zustand der Gemeinde, die Wirksamkeit des Kirchenvorstandes und die finanzielle Lage der Gemeinde erörtert wurden.

## 1.2 Die lutherische Kirche in der Stadt Hannover

Während in den Landgemeinden in der Regel ein Pfarrer allein den Dienst versah, verfügten die städtischen Gemeinden oft über mehrere Pfarrstellen. Die Großstadtbezirke Hannover I (117 000 Gemeindemitglieder), Hannover II (97 080), Hannover III (95 270) und Hannover-Linden (70 000) waren in den dreißiger Jahren die vier größten Kirchenkreise der Landeskirche[9]. Eine Sonderrolle spielte die Schloßkirchengemeinde, die ursprünglich als Personal-Gemeinde der ehemaligen königlichen Beamten und ihrer Angehörigen entstanden war. Zwei Pfarrer hatten den Dienst an dieser über die ganze Stadt verteilten Gemeinde mit 3300 Gemeindegliedern zu versehen[10]. Zudem übte der Erste Schloß- und Hofprediger als Ephorus auch die Aufsicht über das Diakonissen-Mutterhaus Henriettenstift aus.

Der größte Kirchenkreis, Hannover I, umfaßte neben dem Innenstadtbereich auch die Südstadt, das Hindenburgviertel und die südlichen Stadtteile. Superintendent dieses zentralen Kirchenkreises war 1933 der an der Marktkirche tätige Ludwig Berkenbusch. Als dienstältester Pfarrer stand Wilhelm Blumenberg von der Aegidienkirche dem „Geistlichen Ministerium Hannover" vor, dem außerdem noch die sechs weiteren Pfarrer der vier innerstädtischen Gemeinden (Marktkirche, Kreuzkirche, Aegidienkirche, Neustädter Hof- und Schloßkirche) angehörten. Der Magistrat der Stadt Hannover war Patron dieser vier Gemeinden, d. h. er schlug bei

---

Gemeinden vakant. Hierzu wie auch zur sozialen Herkunft der Pfarrer Rolffs, Kirchenkunde, S. 57–69.
9 Rolffs, Kirchenkunde, S. 102 ff. Die Zahlen beziehen sich auf das Jahr 1937. Zur Vorgeschichte: Philipp Meyer, Die Kirchengemeinden Hannovers in der werdenden Großstadt (1830–1890), in: Zeitschrift der Gesellschaft für niedersächsische Kirchengeschichte 38 (1933), S. 283–369.
10 Bernhard Ahlers, Hannoversches Pfarrbuch. Kurze Beschreibung der Pfarrstellen der ev.-luth. Landeskirche Hannovers, Hannover 1930, 2. Aufl., sowie Handbuch der evangelisch-lutherischen Landeskirche Hannovers, Hamburg 1933.

Pfarrstellenbesetzungen drei Bewerber vor, aus deren Kreis die Gemeindeglieder ihren Pfarrer wählten.

Zum Bezirk der Hauptkirche der Stadt, St. Jacobi et Georgii, nach ihrem Standort allgemein als „Marktkirche" bezeichnet, gehörte eine aus 8000 Gläubigen bestehende, sozial sehr heterogene Gemeinde. Dies galt in ähnlicher Weise für die 9000 zur Aegidienkirche und die 12 000 zur Kreuzkirche gehörigen Seelen. Für letztere wurde 1930 angemerkt, daß die pfarramtliche Tätigkeit aufgrund der „durch Wohnungsnot verschärften sittlichen Notstände"[11] besonders schwierig sei. In diesem Bereich der Altstadt war ebenso wie in der Calenberger Neustadt ein oft am Existenzminimum sich bewegendes Kleingewerbe und eine sozial deklassierte Arbeiterschicht verbreitet. Zu diesen ausgesprochen proletarischen Verhältnissen, die sich politisch in der Endphase der Weimarer Republik in einer hohen Mobilisierungsbereitschaft für die Kommunisten einerseits und die Nationalsozialisten andererseits umsetzte, kam in einigen Straßen ein „Halbweltmilieu" aus Prostitution und Alltagskriminalität. Speziell für die Neustädter Kirchengemeinde wurde zudem eine Erschwerung der seelsorgerischen Tätigkeit durch „Kirchenfeinde" und Sekten konstatiert.[12] Im Bezirk dieser 15 000 Seelen umfassenden Gemeinde lagen das Krankenhaus Friederikenstift, die Dienstgebäude des Landeskirchenamtes, die katholische Hauptkirche St. Clemens, die Reformierte Kirche, die evangelische Garnisionskirche sowie etliche staatliche Behörden.

Mit 24 000 Gemeindegliedern, die von drei Pfarrern betreut wurden, blieb die Gartenkirche die größte Kirchengemeinde Hannovers, auch nachdem 1928 die Friedenskirchengemeinde von ihr abgetrennt worden war.[13] Letztere umfaßte das von Villen und Beamtenwohnungen geprägte Hindenburgviertel mit seinem großbürgerlichen Milieu. Je zwei Pfarrer an der Paulus- und an der Nazarethkirche betreuten die evangelischen Christen in der Südstadt, einem vor allem vom bürgerlichen Mittelstand geprägten Stadtviertel, in dem die Nationalsozialisten bereits bei der Reichstagswahl 1930 über ein Viertel der Stimmen erhielten. Hauptsächlich von der Arbeiterschaft geprägt waren dagegen die zur Petrigemeinde gehörenden Stadtteile Döhren und Wülfel sowie der Arbeitervorort Laatzen.

Den Kirchenkreis Hannover II bildeten die Kirchengemeinden im Osten der Stadt, in dem politisch die bürgerlichen Parteien dominierten. In den zentrumsnahen Stadtteilen Oststadt und List befinden sich die Apostelkirche, Markuskirche, Lister Kirche, Gethsemanekirche und die Dreifaltigkeitskirche, an der 1933 der Superintendent Badenhop eine Pfarrstelle innehatte. In sich sozial scharf separiert war der Bezirk der Petrikirche Kleefeld. Während nördlich der Bahnlinie vor allem Facharbeiter in den Wohnblocks einer sozialdemokratisch orientierten Baugenossenschaft wohnten, dominierte in der „Gartenstadt Kleefeld" und in dem an der Eilenriede gelegenen Villenviertel das gehobene Bürgertum. Zwischen Kleefeld und Kirchro-

---

11 Ahlers, Pfarrbuch, S. 20. Die Charakterisierung der einzelnen Kirchengemeinden folgt weitgehend dem „Hannoverschen Pfarrbuch" von 1930, in dem auch soziale Gegebenheiten berücksichtigt wurden.
12 Ahlers, Pfarrbuch, S. 21.
13 Ebenda.

de, das Hochburg der Welfenpartei und des Christlich-sozialen Volksdienstes war, befinden sich mit dem Annastift und dem Stephansstift zwei diakonische Anstalten von überregionaler Bedeutung. Komplettiert wird dieser Kirchenkreis durch zwei Gemeinden mit Vorortcharakter. Zum Bezirk der Bothfelder Kirche zählten die bereits eingemeindeten Stadtteile Bothfeld, Lahe, Groß- und Klein-Buchholz. Dagegen bildete der Arbeitervorort Misburg noch eine verwaltungsmäßig selbständige politische Gemeinde jenseits der Stadtgrenzen.

Der dritte Kirchenkreis umfaßte mit dem nördlichen und nordwestlichen Teil der Stadt ein heterogenes Gebiet. Die insgesamt sozial gemischte, aber dabei scharf in proletarische, gutbürgerliche und bevorzugte Quartiere segregierte Nordstadt umfaßte die Gemeindebezirke der Lutherkirche (hier war 1933 Superintendent Ohlendorf angesiedelt) und der Christuskirche. Die Vahrenwalder Kirche, Lukaskirche und Hainhölzer Kirche versorgten die Arbeiterstadtteile Vahrenwald und Hainholz. In der Herrenhäuser Kirchengemeinde mischten sich bürgerliche Schichten und eine „uniformierte" Arbeiterschaft, die vor allem durch die Zugehörigkeit zur Eisenbahnerkolonie in Leinhausen geprägt war. Von der Klosterkirche in Marienwerder aus wurden die Bezirke Stöcken und Garbsen versorgt. Mit Engelbostel und Langenhagen gehörten auch zu diesem Kirchenkreis zwei außerhalb der Stadtgrenzen gelegene Vororte.

Den Westen der Stadt bildete der Kirchenkreis Hannover-Linden. Besonders Linden und Ricklingen waren traditionelle Hochburgen der sozialistischen Arbeiterbewegung. Kirchliche Arbeit fand hier ein schwieriges Terrain vor. „Zahlreiche Kirchenfeinde" vermerkt das Pfarrbuch für mehrere Gemeinden[14]. Im engeren Bereich der ehemaligen Stadt Linden liegen die Martinskirche, die Bethlehemkirche und die später in Erlöserkirche umbenannte Zionskirche. Noch zum Stadtgebiet gehörten die Michaeliskirche in Ricklingen, die Paul-Gerhardt-Gemeinde in Badenstedt und die St. Nikolaikirche in Limmer. Hinzu kamen die dörflichen Vorortgemeinden Kirchwehren und Lenthe sowie die Kirchengemeinde Seelze, die neben mehreren kleinen Dörfern vor allem die Arbeitervororte Seelze und Letter umfaßte. In den dreißiger und frühen vierziger Jahren war das Amt des Stadtsuperintenden kontinuierlich mit einer Pfarrstelle und der Superintendentur in Limmer verbunden (1933 zunächst Stalmann, später Rademacher und Feilcke).

---

14 Ahlers, Pfarrbuch, S. 39 ff.

## 1.3 In der gesellschaftlichen Defensive: der Kampf der Kirche gegen Freidenkertum und Arbeiterbewegung in den Jahren der Weimarer Republik

### 1.3.1 Kirchenaustrittsbewegung und kirchliche Gegenmaßnahmen

Novemberrevolution und demokratische Neuordnung hatten die traditionelle Rolle der Kirche in der Gesellschaft in Frage gestellt. Die Trennung von Kirche und Staat ließ den Glauben stärker zur Privatangelegenheit werden[15]. Nun wurde deutlich, in welchem Maße die Kirchen in der zweiten Hälfte des 19. Jahrhunderts an Einfluß in der Arbeiterschaft verloren hatten. In weiten Kreisen der protestantischen Arbeiterschaft hatte die Einbindung in die Gewerkschaften, die politische Arbeiterbewegung und ihre Vorfeldorganisationen die alten kirchlichen Bindungen spürbar gelockert oder gar völlig zerstört. Allein in Hannover und Linden traten 1919/20 fast 9 000 Personen aus der evangelisch-lutherischen Kirche aus[16].

„Warum bleiben Sie in Ihrer Kirchengemeinschaft?" fragte der Deutsche Freidenkerbund, Ortsgruppe Hannover, in seinem „Mahnruf zur Aufrichtigkeit an alle, die es angeht", mit dem er zu einer öffentlichen Kirchenaustrittsversammlung am 16. Januar 1920 im großen Saal des Volksheims einlud[17]. Er stellte sich vor als „der geistige Mittelpunkt aller derjenigen, die sich von der Vormundschaft der Kirche befreit haben oder noch befreien wollen". Im Hinblick auf Rücksichtnahmen wegen der beruflichen Stellung wurde darauf verwiesen, daß eine etwaige Angst vor Benachteiligungen als Dissident zurückgestellt werden sollte, „zumal jetzt nach der Revolution, wo doch bei allen Behörden freiere Anschauungen Platz gegriffen haben oder doch wenigstens Platz gegriffen haben sollten"[18].

Nach einem Boom bei Kriegsende ging die Kirchenaustrittsbewegung in der ersten Hälfte der zwanziger Jahre deutlich zurück und erreichte mit nur noch 728 Austritten im Jahr 1924 ihren Tiefpunkt[19]. Für das Stichjahr 1925 ist exakt nachzuvollziehen, in welchen Stadtteilen sich die Religionslosen konzentrierten. An der Spitze

---

15 Zu den Auswirkungen der gesellschaftlichen Umgestaltung 1918/19 auf die Kirche vgl. Hans Otte, Landeskirche und Laienbewegung in der Weimarer Republik, in: Waldemar Röhrbein (Hg.), Reformation und Kirchentag. Handbuch zur Ausstellung, Historisches Museum Hannover, 1983, S. 189–208, sowie ders., Loyalität und Modernisierung in der Krise. Die Evangelisch-lutherische Kirche und ihr politisches Umfeld im Hannover der Weimarer Republik, in: Hann. Gbll. NF 48 (1994), S. 291–325.
16 Zusammenstellung „Austrittsbewegung in Hannover seit 1. 1. 1919" des Evangelisch-lutherischen Gesamtverbandes, in: LKA Hannover, Stadtkirchenausschuß 82. Etwas niedrigere Zahlen nennt Cord Cordes, Geschichte der Kirchengemeinden der evangelisch-lutherischen Landeskirche Hannovers 1848–1980, Hannover 1983, S. 47.
17 Kirchengemeindearchiv (im folgenden: KgmA) Herrenhausen Alt. Reg. 175.
18 Ebenda.
19 Austrittsbewegung, a. a. O. Die in den Statistischen Vierteljahresberichten der Stadt Hannover (StVjB Han) veröffentlichten Austrittszahlen sind ungenauer als die Angaben des ev.-luth. Gesamtverbandes, da die Verteilung der beim Amtsgericht registrierten Kirchenaustritte auf die Konfessionen und der Bezug zu Hannover oder seinem Umland bis 1932 anhand von Stichproben geschätzt wurden.

standen die Arbeiterviertel Linden-Nord, Linden-Süd und Limmer, in denen der Anteil der Dissidenten mit rund 10 % doppelt so hoch lag wie im Durchschnitt der Stadt. In Ricklingen, Badenstedt, Bornum und Davenstedt waren es rund 8 %, in Linden-Mitte, Buchholz, Bothfeld, Vahrenwald und Hainholz etwa 6 % und in der Nordstadt im Bereich der Lutherkirche ca. 5 %. Insgesamt lebten über 20 000 Religionslose in Hannover, was einem Bevölkerungsanteil von 4,7 % entsprach.[20] 1925 kam es zu einem deutlichen Anstieg der Austrittsbewegung auf 1357 Fälle, was fast eine Verdoppelung gegenüber dem Vorjahr bedeutete. Nach einem geringen Anstieg im Jahr 1926 betrug die Zahl der Ausgetretenen 1927 und 1928 um die 3 000, 1929 über 2 400. 1930 wurde mit 3 828 Personen der Höhepunkt der neuen Austrittswelle erreicht. In den letzten Jahren der Republik verschärften sich zwar die ständigen Auseinandersetzungen zwischen Freidenkern und Kirche, die Austrittszahlen lagen 1931 und 1932 aber deutlich unter dem Rekordjahr 1930. Insgesamt verließen in der Stadt Hannover von Januar 1919 bis einschließlich März 1933 über 35 000 evangelische Christen ihre Kirche.[21] Zwei Drittel von ihnen waren Männer.[22] 1933 lebten bereits 32 688 Konfessionslose in Hannover, 7,4 % der Bevölkerung. Der Anteil der Lutheraner an der Einwohnerschaft der Stadt war seit 1925 von 80 % auf 78 % zurückgegangen.[23]

Anläßlich eines Konfliktes im Jahre 1928 traten die auch in den Kreisen der hannoverschen Freidenker durchaus unterschiedlichen Positionen deutlich hervor. Die kommunistische Neue Arbeiter-Zeitung hatte unter der Überschrift „Eine Glanzleistung religiöser Überrumpelung" behauptet, in Herrenhausen „friste ein kleines Häuflein besonders fanatisch religiös eingestellter Menschen sein Dasein"[24]. Ein Freidenker warf in dem Artikel dem Gemeindepastor „mittelalterliche Foltermethoden" vor, da dieser ein langjähriges Mitglied des Freidenkerbundes kurz vor seinem Tode bekehrt habe. Der als liberaler Theologe bekannte Robert Rasch[25] wies daraufhin in seinem „Evangelischen Gemeindeboten" auf falsche Behauptungen des Artikelschreibers hin und umriß seine Position so:

„Ich habe mich dem Verstorbenen wie auch anderen Freidenkern niemals aufgedrängt, schon aus Achtung vor fremder Überzeugung... Geistiger Kampf muß und mag sein, auch der Kampf zwischen Freidenkertum und Kirche. Aber man sollte ihn doch auf jener Seite nicht mit einer Unkenntnis der tatsächlichen Verhältnisse führen, die einen Hund jammern kann. Dabei kommt ja die Hauptsache, der Ernst der vorliegenden Lebensfragen, ganz zu kurz."[26]

---

20 StVjB Han 1/1928, S. 77.
21 Austrittsbewegung, a. a. O. Eine vergleichbare Größenordnung ergibt sich aus den Angaben in den StVjB Han 3/4 von 1931 und 4/1937. Sie geben für die Spanne von 1921 bis 1932 28 639 Austritte aus der evangelischen Kirche an.
22 StVjB Han 3/4 von 1931 und 4/1937.
23 Zehn Jahre Aufbau. Die Hauptstadt Hannover von 1925 bis 1935, Hannover 1935, S. 20.
24 NAZ, 21.2. 1928.
25 Robert Rasch (1868–1966), 1908–1933 Pastor in Herrenhausen.
26 Evangelischer Gemeindebote für Herrenhausen und Leinhausen (im folgenden: EGH), März 1928, S. 5.

Der Vorstand des Deutschen Freidenkerbundes distanzierte sich in einem Schreiben an Pastor Rasch von dem „polemischen Artikel" in der NAZ und wies darauf hin, „daß es sich bei diesem Artikel um die persönliche Einstellung eines unserer Mitglieder handelt und der Freidenkerbund diesem Angriff nach Form und Inhalt als Organisation fernsteht."[27] Gleichzeitig wurde das Verhalten der Verwandten des Verstorbenen kritisiert, die mit systematischem seelischen Druck auf seine „Bekehrung" hingearbeitet hätten. Obwohl viele Mitglieder es verlangt hätten, habe man sich nicht an die Presse gewendet, da man nach dem unliebsamen Vorfall mit der NAZ über die ganze Angelegenheit mit Schweigen hinweggehen wollte.

Ähnlich maßvoll wurde Anfang 1930 auch ein Streit zwischen dem Ricklinger Pastor Franz[28] und der dortigen Ortsgruppe des Freidenkerbundes beigelegt. „Auch wir haben den Wunsch, bei unserer Tätigkeit jegliche Schärfe zu vermeiden und es ist mir bis jetzt kein Fall bekanntgeworden, daß sich unsere Funktionäre Unkorrektheiten... erlaubt hätten", heißt es in einem Antwortbrief auf einen Beschwerde des Pfarrers. Es sei ja bekannt, daß es Hitzköpfe und Heißsporne in allen Lagern gäbe.[29] Man vereinbarte, bei erneuten Konfliktfällen eine persönliche Verständigung zu suchen.

Im Februar 1930 wurde von der Reichsarbeitsgemeinschaft freigeistiger Verbände eine Kirchenaustrittswoche organisiert, an der sich auch der hannoversche Freidenkerbund beteiligte[30]. Das Landeskirchenamt warnte die Superintendenten, daß „die kommunistische Partei innerhalb der Freidenkerbewegung noch für diesen Monate eine Kirchenaustrittsbewegung im ganzen Reich"[31] vorbereite. Unter anderem wurde ein freigeistiges Kabarett mit dem Titel „Heraus aus der Kirche" gezeigt. Die Veranstaltung mußte im Saal einer Gastwirtschaft stattfinden, nachdem der Magistrat der Stadt aufgrund von Protesten evangelischer Verbände die Bereitstellung der Aula der Fröbelschule in Linden zurückgezogen hatte. Als Ansager fungierte ein Lehrer der weltlichen Schule. Das Kabarett habe aus einer fortlaufenden Reihe von Witzen albernster und gemeinster Art bestanden, berichtete ein Gemeindeblatt. Auf anständige Leute scheine man bei dieser Werbung nicht zu rechnen.[32] Auf einer kirchlichen Gegenversammlung versuchten ein Mediziner und ein Fabrikarbeiter, die Argumente der Kirchengegner zu entkräften. So seien die Vorwürfe, Religion sei Opium fürs Volk bzw. die Kirche sei ein Instrument des Kapitalismus und stehe den Nöten des Volkes gleichgültig und untätig gegenüber, nur leere Schlagworte.[33]

---

27 Brief des Geschäftsführers Gerwig an Rasch, 22. 3. 1928, in: KgmA Herrenhausen Alt. Reg. 175.
28 Georg Franz (1876–1943), 1915–1918 Feldgeistlicher in Frankreich, seit 1918 Pastor an der Michaeliskirche in Hannover-Ricklingen, 1933 Bezirksobmann der Deutschen Christen, im Herbst 1934 Austritt aus der Glaubensbewegung.
29 A. Lange an Pastor Franz, 5. 2. 1930, in: KgmA Michaelis A 175.
30 EGH, April 1930, S. 4.
31 Der Vizepräsident des Landeskirchenamtes, von Lüpke, an die Superintendenten, 10. 2. 1930, in: KgmA Herrenhausen Alt. Reg. 175.
32 EGH, April 1930, S. 4f.
33 Ebenda, S. 5.

Zu einer Verschärfung der Auseinandersetzungen kam es nach der Spaltung der Freidenkerbewegung im Spätherbst 1930, als der kommunistisch orientierte Freidenkerverband e.V.[34] eine lebhafte Werbearbeit unter den Erwerbslosen vor dem Arbeitsamt betrieb. Da im Arbeitsamt selbst „weder Agitationen noch Anschläge geduldet werden würden"[35], wurden außerhalb des Gebäudes Handzettel verteilt und Plakate angebracht, die zum Kirchenaustritt aufforderten. Am 21. November 1930 fand ein gemeinsamer Zug der Austrittswilligen vom Arbeitsamt zum Amtsgericht statt, an dem sich etwa 150 Personen beteiligt haben sollen.[36] Eine für Anfang Dezember angesetzte ähnliche Aktion wurde durch ein Demonstrationsverbot verhindert. Zudem hatte Stadtsuperintendedent Stalmann auf Anregung aus der Lutherkirchengemeinde und in Zusammenarbeit mit dem Lutherhaus Hannover inzwischen Gegenmaßnahmen ergriffen. In den Vormittagsstunden des 2. und 3. Dezembers 1930 verteilten freiwillige Helfer aus einem Kreis erwerbsloser Gemeindeglieder der Lutherkirche (Nordstadt) 10 000 Flugblätter[37], die zum Verbleib in der Kirche aufforderten.[38] Die Verfasser Cillien[39] und Vieth[40] wiesen darauf hin, daß Kirchensteuern erst bei einem Jahreseinkommen von mehr als 1 200 RM zu zahlen waren. Der Kirchenaustritt ändere also an der „trüben wirtschaftlichen Lage" der Arbeitslosen nicht das geringste. „Er treibt Dich nur weiter hinein in Verbitterung und Einsamkeit; halte dich vielmehr um so treuer zu deiner Kirchengemeinde. Hier findest du Verständnis und nach Menschenmöglichkeit Hilfe."[41]

Pastor Vieth, der selbst bei der Flugblattverteilung mitwirkte, berichtete, daß nur wenige Blätter weggeworfen wurden, die meisten aber aufmerksam gelesen worden seien. Besonders unter älteren Erwerbslosen und Frauen habe er Zustimmung bemerkt, aber auch mit jüngeren Erwerbslosen hätten die Verteiler persönliche Gespräche führen können.[42] Diese kirchliche Gegenaktion führte bei engagierten Freidenkern zu einer erheblichen Erregung. Verteilern wurden Flugblätter entrissen, Pastor Vieth wurde von einigen Arbeitslosen umringt und zu Boden geworfen. Er

---

34 Der kommunistische Freidenkerverband, der in Hannover ein Büro in der Hainhölzer Str. 32 eingerichtet hatte, ist zu unterscheiden vom sozialdemokratisch geprägten Deutschen Freidenkerbund, der seine Geschäftsstelle in enger Anlehnung an die Freireligiöse Gemeinde und die Feuerbestattungskasse Hannover e.V. in der Sedanstraße 18 unterhielt. Vorsitzender des hannoverschen Freidenkerbundes war während der Weimarer Jahre Dr. Weigt, Geschäftsführer Ludwig Gerwig.
35 Bericht des Stadtsuperintendenten Stalmann an das Landeskirchenamt, [Dezember 1930], in: LKA, Stadtkirchenausschuß 80.
36 Ebenda.
37 Weitere 5 000 Exemplare des Flugzettels verteilten Helferinnen in den von Erwerbslosigkeit betroffenen Haushalten der Lutherkirchengemeinde (Superintendent Ohlendorf an den Kirchenvorstand in Herrenhausen, 4. 12. 1930, in: KgmA Herrenhausen Alt. Reg. 175).
38 Bericht Stalmann [Dezember 1930] sowie Artikel im EGH, April 1931, S. 4 f.
39 Adolf Gustav Cillien (1893–1960), 1926–1933 Pastor an der Lutherkirche, später Superintendent in Burgdorf und Oberlandeskirchenrat.
40 Albert Vieth (geb. 1906), 1930/31 Hilfsgeistlicher an der Lutherkirche, danachh Hilfsgeistlicher an der Neustädter Kirche und Pfarrer in Landolfshausen, 1934–38 Pfarrer an der Nazarethkirche, später an der Bugenhagenkirche in der hannoverschen Südstadt.
41 Anti-Kirchenaustritts-Flugblatt „Heraus aus der Kirche", in: LKA, Stadtkirchenausschuß 80.
42 Bericht Vieths an Stalmann, 3. 12. 1930, in: LKA, Stadtkirchenausschuß 80.

habe einen Teil seiner Flugblätter „hergeben müssen", um nicht mißhandelt zu werden.[43] Schließlich wurde den kirchlichen Flugblattverteilern sogar polizeilicher Schutz gewährt. Pastor Vieth faßte das Ergebnis der Aktion aus seiner Sicht folgendermaßen zusammen:

„Die Öffentlichkeit hat erkannt, daß die Kirche nicht gewillt ist, der zunehmenden Verhetzung der Massen durch eine mit allen Mitteln arbeitende atheistisch-kulturbolschewistische Propaganda tatenlos zuzusehen und der Gottlosigkeit das Feld zu räumen."[44]

Anfang des Jahres 1931 zog der Stadtsuperintendent eine vorläufige Bilanz. Bis einschließlich Oktober hatten die Austrittszahlen des Jahres 1930 niedriger als im Vorjahr gelegen. Aufgrund der intensiven Agitation der Freidenker verließen allein im Dezember über 1 000 Personen die evangelischen Kirche. Eine berufsmäßige Aufschlüsselung ergab, daß fast die Hälfte der Ausgetretenen Arbeiter und Handwerker waren, darunter vermutlich viele Erwerbslose, die durch die Aktionen vor dem Arbeitsamt erfaßt worden waren. Einen Anteil von gut 30 % stellten Ehefrauen und Kinder, dagegen waren Beamte mit 3 % und Angestellte mit 8 % an der Kirchenaustrittsbewegung nur ganz geringfügig beteiligt.[45]

Da man kirchlicherseits nach der Anfang 1931 zunächst eingetretenen Beruhigung eine neuerliche Intensivierung der Agitation im Rahmen einer angekündigten Kirchenaustrittswoche befürchtete, diskutierte der Stadtkirchenausschuß über die Austrittsbewegung und geeignete Gegenmaßnahmen.[46] Im Februar und März 1931 sollten in vier Gemeindehäusern der Stadt Vortragsabende gegen den Kirchenaustritt veranstaltet werden.[47] Bereits im Oktober 1930 hatte Pastor Ehrenfeuchter von der Lutherkirche auf dem Kreiskirchentag des Kirchenkreises Hannover III gefordert, durch ein persönliches Anschreiben den aus der Kirche Ausgetretenen einen Anlaß zu bieten, sich der Kirche wieder anzuschließen.[48]

Wenige Tage nach der reichsweiten Konstituierung des Verbandes proletarischer Freidenker[49] fand auch in Hannover eine sogenannte „Gottlosenversammlung" statt. Vor etwa 600 bis 700 Zuhörern sprach am 17. März 1931 im Burghaus der Generalsekretär der Internationale proletarischer Freidenker, Hans Meins, über „Die Christenverfolgung in der Sowjetunion und den Kreuzzug des Papstes". Nach

---

43 Bericht Stalmann, [Dezember 1930].
44 Bericht Vieth, 3. 12. 1930.
45 Bericht Stalmanns an das Landeskirchenamt, 20. 1. 1931, in: LKA, Stadtkirchenausschuß 80.
46 Die Resonanz dieser Überlegungen auf Gemeindebene belegt die Warnung vor einer von der KPD im Sommer 1931 zentral organisierten Kampagne für den Kirchenaustritt im Herrenhäuser Gemeindeboten (EGH, Juni 1931, S. 5 f.).
47 Bericht Stalmann, 20. 1. 1931.
48 Antrag Ehrenfeuchter zum Kreiskirchentag am 1. 10. 1930, in: LKA, Stadtkirchenausschuß 80.
49 Der im Lutherhaus für die Abwehr kirchenfeindlicher Prpaganda zuständige Pastor Grimm datierte die reichsweite Gründung des Verbandes proletarischer Freidenker in Deutschland auf den 13./14.März 1931 (Angriff und Abwehr der Gottlosen, Leitsätze von Pastor Lic. Grimm, Hannover, in: KgmA Michaelis A 175). Einen Überblick zur Entwicklung der Freidenkerbewegung gibt: Jochen-Christoph Kaiser, Arbeiterbewegung und organisierte Religionskritik. Proletarische Freidenkerverbände in Kaiserreich und Weimarer Republik, Stuttgart 1981.

einem Augenzeugenbericht führte er aus, daß von einer eigentlichen Religionsverfolgung in der Sowjetunion überhaupt keine Rede sein könne. Er selbst habe in Moskau Priester ungehindert amtieren sehen. Freilich sei die Zahl der Gläubigen nur noch sehr gering. Das einzige Mittel, das zur Ausrottung des Opiums der Religion angewendet werde, sei der Fortschritt der Wirtschaft und der Wissenschaft.[50] In seinen weiteren Ausführungen begründete Meins die Trennung der Internationale proletarischer Freidenker vom „rechten" Flügel des Freidenkerverbandes damit, daß der proletarische Freiheitskampf vor allem aufgrund „der reaktionären Haltung der Sozialdemokratie und ihrer Freidenker" noch nicht weiter gediehen sei und forderte die Zuhörer auf „scharenweise aus den sozialfaschistischen Verbänden aller Art auszuscheiden und sich den kommunistischen anzuschließen". Dann werde die „gegenwärtige Kulturschande und Pfaffenherrschaft" auch in Deutschland ein Ende haben.[51] Der zur Beobachtung anwesende Pastor Vieth und die Mitglieder des kirchlichen „Kampfbundes" innerhalb des Neustädter Männervereines verzichteten auf eine Beteiligung an der Aussprache, „da jede Auseinandersetzung in diesem Kreis zwecklos gewesen wäre und nur Spott ausgelöst hätte"[52].

In seinen Leitsätzen konstatierte der mit der „Abwehr kirchenfeindlicher Propaganda" beauftragte Mitarbeiter des Lutherhauses, daß das besonders starke Hervortreten der „Gottlosen" in „der weltanschaulichen Umgestaltung unserer Zeit" und in dem „neuerwachten Suchen nach den letzten Wahrheiten" begründet sei. Der bedeutsamste und mächtigste Feind der evangelischen Kirche sei der Bolschewismus. Sein Angriff richte sich auf die Kirche durch Vernichtung des Glaubens sowie auf die Familie und die Schule. Der Gottlosigkeit werde im deutschen Volke Vorschub geleistet durch die antikirchliche Haltung der SPD, die religiöse Gleichgültigkeit der Gebildeten, „die weitverbreitete Unsittlichkeit und Laxheit", das Freidenkertum alten Stils und die „Notstände unserer Zeit"[53].

Bereits 1929 hatte Pastor Hermann Karwehl in Woltorf (Kreis Peine) begonnen, „Arbeiterweltanschauungswochen" zu organisieren, zu denen vor allem der Kirche fernstehende Arbeiter aus städtischen Bezirken in die Landgemeinde eingeladen wurden.[54] Im Winter 1931/32 begann man auch in Hannover mit der Abhaltung von „Weltanschauungswochen" für erwerbslose Männer. Der Initiator dieser Maßnahme, Pastor Cillien von der Nordstädter Lutherkirche, wollte mit dieser Arbeitsform einen Grundstein legen für einen „Männerdienst", den er als Gegenstück zur schon etablierten kirchlichen „Frauenhilfe" sah. Die Kurse wurden vom Stadtkirchenausschuß und vom Landeskirchenamt gemeinsam finanziert und fanden im Hause des CVJM in der Herrenstraße 8 statt. An jeden Kurs nahmen 25 Männer teil. Das Durchschnittsalter lag bei gut 30 Jahren.[55] Erreicht wurden „ausschließlich

---

50 Bericht Vieth an der Superintendenten Berkenbusch, 30. 3. 1931, in: LKA, Stadtkirchenausschuß 80.
51 Ebenda.
52 Ebenda.
53 Grimm, Angriff.
54 Cordes, Geschichte, S. 66 f.
55 Ein mit Jugendlichen durchgeführter Kurs hatte sich als besonders problematisch erwiesen, weshalb man sich in der Folgezeit auf die Altersgruppe um 30 Jahre konzentrierte.

Arbeiter, kirchlich Entfremdete, eine Reihe Dissidenten und auch mehrere Konvertiten"[56]. Cillien berichtet, es hätten sich mit den vorwiegend sozialdemokratisch oder kommunistisch, zum Teil auch nationalsozialistisch eingestellten Arbeitern interessante Gespräche ergeben. Jeder Kurs wurde mit Vortrag und Diskussion zum Thema „Die Kirche in der Kritik unserer Tage" eröffnet und beeinhaltete täglich Vorträge und Aussprachen, vorwiegend über religiöse Themen. Am Freitagnachmittag stand ein gemeinsamer Museumsbesuch auf dem Programm. „Der Plan enthält viel Stoff, ja fast zuviel für Leute, die nie an geistige Arbeit gewöhnt waren. Aber sie nahmen doch alle mit Interesse daran teil und kamen nicht nur des Essens wegen", bilanzierte der Veranstalter.[57] Bei regelmäßiger Teilnahme an den kostenlosen Kursen waren die arbeitslosen Männer von der Stempelpflicht beim Arbeitsamt befreit und erhielten am Fälligkeitstag während der Mittagspause ihre Unterstützung ausgezahlt.[58] Cillien sammelte einen Kreis von freiwilligen Mitarbeitern, dem sowohl Pastoren als auch Laien angehörten und führte im Winter 1931/32 immerhin 25 Wochenkurse mit insgesamt 500 Teilnehmern durch, die über die Kirchengemeinden angemeldet wurden. Nach dem positiven Ergebnis der Aktion wurde beschlossen, im Winter 1932/33 wiederum neun Weltanschauungswochen durchzuführen.[59]

Bereits im Herbst 1931 hatten sich auf Anregung der Frauenhilfe die evangelischen Verbände und Vereine in der Stadt Hannover zum „Evangelischen Ring" zusammengeschlossen. Vor allem organisierte man Schulungsvorträge, um die Führer der evangelischen Organisationen über die Gottlosenbewegung aufzuklären.[60] Bei einer vom Evangelischen Ring am 14. Februar 1932 veranstalteten Kundgebung im voll besetzten Kuppelsaal der Stadthalle referierte Landesbischof Marahrens über den „Ruf an die Kirche". Anschließend berichtete im Hauptvortrag des Abends ein Wiener Privatdozent über den Kampf gegen die Kirchen in der Sowjetunion. Die deutschen Protestanten, so der Referent, dürften aber die Gottlosigkeit nicht nur im Osten suchen, vielmehr versuche sie auch im deutschen Reich ihre Herrschaft aufzurichten.[61]

Die ideologische Auseinandersetzung mit dem Freidenkertum wurde von der lutherischen Landeskirche in den letzten Jahren der Republik auf allen Ebenen geführt. So war beispielsweise die Zurückweisung der Angriffe der Gottlosenbewegung einerseits und des Tannenbergbundes andererseits 1932 auch ein Hauptthema des

---

56 Bericht Cilliens an den Stadtsuperintendenten, 12. 6. 1932, Stadtkirchenarchiv, Ordner „Veranstaltungen des Stadtkirchenverbandes, Weltanschauungswochen".
57 Bericht Cillien, 12. 6. 1932.
58 Brief Cilliens an den Superintendenten und die Pastorenschaft, 5. 10. 1932, KgmA Bethlehem A 1420.
59 Da Cillien Anfang 1933 zum Superintendenten in Burgdorf ernannt wurde, übernahmen nun die hannoverschen Geistlichen Feilcke, Klügel, Grabe und Scheele die Leitung einzelner Kurse (Brief des Stadtsuperintendenten an das Landeskirchenamt, undatiert, Stadtkirchenarchiv, Stadtkirchenausschuß, Ordner „Veranstaltungen des Stadtkirchenverbandes, Weltanschauungswochen").
60 Brief des Stadtsuperintendenten Stalmann an Pastor Franz, 22. 1. 1932, in: KgmA Michaelis A 175.
61 HT, 15.2.32.

Kirchenkreistages des innerstädtischen Kirchenkreises Hannover I.[62] Der Herrenhäuser Gemeindebote druckte im Herbst 1932 die Stellungnahme eines religiös-sozialistischen Pfarrers aus Berlin zu der am 4. Mai 1932 erlassenen Notverordnung, mit der die kommunistischen Gottlosenverbände aufgelöst wurden. Dieser führte aus, „daß von Seiten der proletarischen Freidenker aller Richtungen in der Arbeiterschaft ein ganz unglaublicher Terror geübt wird gegen alle Menschen, die auf dem Boden der christlichen Religion stehen"[63].

Anläßlich einer Visitation der Michaelis-Gemeinde berichtete Pastor Franz, daß in Ricklingen schon seit Jahren freidenkerische Bestrebungen stark vertreten seien. Ein Entgegenwirken versuche man durch Sammeln der kirchlich Gesinnten in Männerdienst, Frauenhilfe und Jugendarbeit, sowie durch die Verbreitung des hannoverschen Sonntagsblattes mit einem eigenen Gemeindeblatt und die gelegentliche Verteilung von Flugblättern. Jährlich fänden Evangelisationsvorträge statt und auch der evangelische Kindergarten habe durch Mütterabende einzelne Familien wieder zur Kirche zurückgeführt.[64] Auch aus der Döhrener Petrigemeinde, zu der auch die Wohnviertel Wülfel und Laatzen gehörten, wurde über eine lebhafte und erfolgreiche Werbearbeit der Freidenker berichtet. Einen besonderen Stützpunkt hätten die Kirchenfeinde im Großbetrieb der Konsumbäckerei in Laatzen, wo keine Arbeiter geduldet würden, die nicht aus der Kirche ausgetreten seien. Wiederholt hätten Freidenkerversammlungen stattgefunden, bei denen zum Austritt aus der Kirche aufgefordert worden sei. Allerdings seien diese Versammlungen oft recht schwach besucht gewesen.[65]. Aber nicht nur dort, wo die Freidenker besondere Aktivitäten entfalteten, waren Rückwirkungen auf das Gemeindeleben festzustellen. Der Stöckener Pastor Klose berichtete über seine Gemeinde, daß, „wie überall", ein „Abbröckeln" festzustellen sei, auch „ohne daß irgendwelche kirchenfeindliche agitatorische Bestrebungen stattfinden"[66].

Zusammenfassend ist festzustellen, daß sich Pastoren aller theologischen Richtungen und engagierte Laien in den letzten Jahren der Republik in einer Abwehrhaltung gegen den als bedrohlich empfundenen Erfolg der freigeistigen Organisationen befunden haben. Die Kirche führte ihren seit 1930 verstärkt aufgenommenen Kampf gegen den Trend zur Entkirchlichung aus einer defensiven Position heraus. Die Lockerung der kirchlichen Bindungen in weiten Bevölkerungskreisen war in den beiden Austrittswellem 1919/20 und um 1930 besonders spürbar geworden, die den weiteren Bestand einer „Volkskirche" im Rahmen der Republik als fraglich erscheinen ließen.

---

62 Cordes, Geschichte, S. 67.
63 Zitiert nach EGH, Oktober 1932, S. 6.
64 Bericht von Pastor Franz über den kirchlichen und sittlichen Zustand der Michaelis-Gemeinde im Rahmen einer Visitation, 19. 8. 1935, in: KKA Limmer, Specialia Michaelis 145 I.
65 Bericht des Döhrener Pastors Wehr über den kirchlichen und sittlichen Zustand der Petrigemeinde anläßlich einer Visitation, 9. 5. 1933, in: KgmA Petri Döhren A 143.
66 Bericht von Pastor Klose über den kirchlichen und sittlichen Zustand der Kirchengemeinde Marienwerder-Stöcken anläßlich der Visitation im Jahre 1931, undatiert, in: KgmA Marienwerder A 145 II.

## 1.3.2 Der Kampf um die Bekenntnisschule

Ein zentrales Konfliktfeld, auf dem die Auseinandersetzungen zwischen Freidenkerbewegung und Kirche ausgetragen wurden, war die Schulfrage. In einem Aufruf des „Evangelischen Landesausschusses" für die Kommunalwahlen 1929 hieß es, die Erhaltung der christlichen Schule sei eine unaufgebbare Forderung.[67] In vielen Gemeindeblättern wurde die staatliche Schulpolitik kritisch beleuchtet.[68] Immer wieder setzten sich Pfarrer leidenschaftlich mit dem religionslosen Unterricht in den weltlichen Schulen auseinander. Der Evangelische Elternbund betrieb in den Kirchengemeinden eine aktive Werbearbeit für die Bekenntnisschule. Vor Elternbeiratswahlen wurden die Gemeindemitglieder wiederholt aufgefordert, die Vertreter der „christlich-unpolitischen" Liste zu wählen.[69] Das Beispiel der Kleefelder Petrigemeinde belegt, mit welcher Intensität man sich an der kirchlichen Basis in der Schulfrage engagierte. Gemeindepfarrer Raabe versuchte nicht nur, durch persönliche Gespräche ein Vertrauensverhältnis zu den Eltern aufzubauen und trat kontinuierlich im Gemeindebrief für die christliche Bekenntnisschule ein, um die Errichtung einer weltlichen Schule in seinem Pfarrbezirk zu verhindern. Im Hinblick auf die Elternbeiratswahlen war man sogar zu einer koordinierten Zusammenarbeit mit der katholischen Kirche bereit, was seinerzeit im protestantischen Hannover keineswegs selbstverständlich war.[70]

Ausgehend von einzelnen Sammelklassen waren während der Weimarer Jahre in Hannover nach und nach sechs weltliche Schulen eingerichtet worden. Dennoch standen 1931 an den Bürgerschulen erst 95 religionslose Sammelklassen den 610 evangelischen und 90 katholischen Klassen gegenüber.[71] Bei den Elternbeiratswahlen 1930 wurden zu 70 % „christlich-unpolitische" (d. h. explizit evangelisch oder katholisch eingestellte) Elternvertreter gewählt. 30 % der Sitze entfielen auf sozialdemokratische Elternvertreter. Bei der folgenden Wahl im Jahre 1932 hatten die evangelischen Elternbünde die Aufstellung von Einheitslisten gemeinsam mit der SPD mit dem Argument abgelehnt, daß es dann sehr wahrscheinlich zu eigenständigen nationalsozialistischen Wahlvorschlägen kommen würde. Die NSDAP hatte zunächst die Parole ausgegeben, eigene Listen aufzustellen und ihren Mitgliedern untersagt, auf den traditionellen „christlich-unpolitischen" Listen zu kandidieren, auch wenn sie in der Vergangenheit hierüber als Elternvertreter gewählt worden waren. Nach längeren Verhandlungen gingen die Nationalsozialisten aber von diesem Kurs ab, so daß schließlich eine größere Zahl von Nazi-Anhängern auf den „christlich-unpolitischen" Listen kandidierten. Im Wahlkampf wurde pointiert auf die wachsende Religionsfeindschaft und die sich entwickelnde „Verweltlichung"

---

67 Veröffentlicht u. a. im EGH, 9/1929, S. 5–7.
68 So wurde beispielsweise der Entwurf für ein neues Reichsschulgesetz im Herrenhäuser Gemeindeboten abgedruckt und ausführlich diskutiert (EGH, September 1927. S. 1–9).
69 EGH, Juni 1930, S. 1 f.
70 Bericht des Pastors Raabe über den kirchlichen und sittlichen Zustand der Petrigemeinde Kleefeld anläßlich der Visitation im Jahre 1930, undatiert, in: KgmA Kleefeld A 145.
71 Aufstellung des Stadtschulrates vom 5. 11. 1931 als Anlage zu einem Brief an den Superintendenten Stalmann, in: LKA, Alt. Reg. Stadtkirchenausschuß 4.

der Schule hingewiesen, die angeblich zeigten, daß das Weiterbestehen der evangelischen Schule nicht gesichert sei.[72] Die vermeintlich „christlich-unpolitische", inzwischen de facto aber in erheblichem Maße nationalsozialistisch beeinflußte Liste vergrößerte 1932 ihren Stimmenanteil und errang nunmehr 75 % der Mandate an den Bürgerschulen. Der von der KPD unterstützte Wahlvorschlag blieb, wie auch in den Jahren zuvor, ohne nennenswerten Einfluß und stellte nur 12 der 745 Elternvertreter. Selbst an den weltlichen Schulen standen den 77 sozialdemokratischen Elternvertretern nur 7 kommunistischer Richtung gegenüber.[73] Befriedigt stellte der Herrenhäuser Gemeindepfarrer Scheele fest, das Ergebnis der Wahlen habe gezeigt, „daß der bei weitem größte Teil der Elternschaft nicht gewillt ist, ihren Kindern eine religionslose Schulerziehung aufzwingen zu lassen, sondern treu zur evangelischen Schule steht!"[74].

Im Arbeiterviertel Ricklingen (die SPD erreichte hier bei der Reichstagswahl 1930 immerhin zwei Drittel der Stimmen) gab es fortwährend heftige Auseinandersetzungen zwischen der bürgerlichen „Schulgemeinschaft" und der zur Arbeitsgemeinschaft Ricklingen des Freien Bildungskartells gehörenden „Freien Schulgesellschaft". Mit der Losung „Unsere Kinder brauchen Religion!" war eine „christlich-unpolitische" Liste bereits 1920 gegen freigeistige Elternvertreter in den Wahlkampf gezogen.[75] Zur Freien Schulgesellschaft gehörende Lehrer der weltlichen Schule luden 1927 Eltern, Gewerkschafts- und Parteimitglieder zu einem Informationsabend über die weltlichen Schulen ein. Ihre Parole lautete: „Rettet Eure Kinder und die Zukunft vor den Schlägen der Kulturreaktion".[76] Im folgenden Jahr erreichten die evangelischen Elternvertreter durch einen Einspruch beim Städtischen Schulamt, daß das neu errichtete Schulgebäude in der Nordfeldstraße nicht allein der weltlichen Schule zur Verfügung gestellt wurde, sondern auch Klassen mit Religionsunterricht erhielt.[77] Ein regelrechter Wettbewerb um die neu einzuschulenden Kinder wurde von beiden Seiten durch Verteilung von Flugglättern ausgetragen.[78]

Festzuhalten bleibt, daß in Hannover der kirchliche Kampf für die Beibehaltung der Bekenntnisschule in den Weimarer Jahren relativ erfolgreich geführt wurde, obgleich man punktuell hinnehmen mußte, daß religionslose Schulen als Alternativangebot eingerichtet wurden. Dennoch dürfte die sich für die Zukunft abzeichnen-

---

72 EGH, 5/1932, S. 5f.
73 Stadtsuperintendent an das Landeskirchenamt, 29. 9. 1932, in: LKA, Alt. Reg. Stadtkirchenausschuß 4.
74 EGH, 7/1932. Die in der Herrenhäuser Kirchengemeinde tätige Gruppe des Evangelischen Elternbundes kämpfte besonders gegen die „immer wieder drohende Verweltlichung" der Schule in Leinhausen (ebd., 4/1933, S. 6f.).
75 KgmA Michaelis A 175.
76 KgmA Michaelis A 175. Als Vortragende traten die Lehrer Rieloff, Sander und Henkel auf. Henkel leitete die sozialdemokratische Jugendorganisation „Die Falken" in Hannover, Rieloff wurde später zum Kopf der aus dem Internationalen Sozialistischen Kampfbund (ISK) hervorgegangenen Widerstandsgruppe.
77 Sporleder und Roloff an das Städtische Schulamt, 8. 4. 1928, in: KgmA Michaelis A 175 sowie Flugblatt der Schulgemeinschaft Ricklingen, [1931], in: LKA, Stadtkirchenausschuß 87.
78 LKA: Stadtkirchenausschuß 87.

de Pluralität der schulischen Angebotsformen in der protestantischen Kerngemeinde und in der Pfarrerschaft als schmerzliche Niederlage empfunden worden sein. Pikanterweise sollte es den zunächst als „christliche" Bündnispartner auftretenden Nationalsozialisten vorbehalten bleiben, die Auflösung der Bekentnnisschulen in großem Stil durchzusetzen.

## 1.4 Gesellschaftspolitische Positionen in der Kirche

### 1.4.1 Kirchenpolitische Gruppierungen

Gegenüber den innerkirchlichen Fraktionierungen der Weimarer Zeit führte die Machtübernahme der Nationalsozialisten zu einer völligen Umgestaltung der kirchenpolitischen Gruppen und Fronten. In den Landeskirchentagen hatte bis 1933 eindeutig die „Lutherische Vereinigung" dominiert, die 1921 aus den traditionellen Pastorentreffen der „Hannoverschen Pfingstkonferenz" entstanden war. Diese Richtung hatte mit ihrer starken Betonung des lutherischen Bekenntnisses die Kirchenverfassung von 1922 wesentlich geprägt. Der Tradition des auch nach 1866 noch weitgehend welfisch gesinnten konfessionellen Luthertums folgend hielt die Lutherische Vereinigung an einer möglichst klaren Scheidung von Politik und Kirche fest.[79] Rund zwei Drittel der Synodalen, die meisten führenden Kirchenbeamten, viele Mitarbeiter der Inneren Mission sowie etwa ein Drittel aller Pastoren zählten sich zu dieser konservativen kirchenpolitischen Fraktion, die an Bedeutung alle anderen Gruppen bei weitem übertraf. In einem gemeinsamen Flugblatt der konkurrierenden Gruppen hieß es Anfang der dreißiger Jahre kritisch, die Luthersche Vereinigung verfechte „ein neues Luthertum enger, ausschließender und hochkirchlicher Art" und die von ihr geprägte Entwicklung der Landeskirche entspreche den Bedürfnissen und Wünschen vieler Gemeindeglieder und Pfarrer nicht.[80] Bei den Wahlen zum Landeskirchentag trat 1931 Pastor Fehly von der hannoverschen Apostelkirche als Spitzenkandidat dieser etablierten Gruppe auf, zu der sich in einem Wahlaufruf u. a. auch Landesjugendpastor Kayser, der Vorsteher des Stephansstiftes, Pastor Wolff, der in kirchlichen Kreisen bekannte hannoversche Buchhändler Feesche und der Raddestorfer Pastor Bosse, der später Obmann der Bekenntnisgemeinschaft werden sollte, bekannten.[81]

Eine noch orthodoxere lutherische Position vertrat die „Vereinigung der Bekenntisfreunde", die in ihren Forderungen so weit ging, Lehrprozesse gegen Geistliche zu fordern, die von der engen lutherischen Auslegung des Bekenntnisses abwichen und offeneren theologische Auffassungen zuneigten. Diese konservativste theologi-

---

79 Zur Lutherischen Vereinigung: Klügel, Landeskirche, S. 8 ff., sowie Rolffs, Kirchenkunde, S. 215.
80 Flugblatt von Bergholter u. a. anläßlich der Wahlen zum Landeskirchentag 1931, in: KgmA Lutherkirche Alt 1520.
81 „An die Lutheraner des Hannoverlandes", Aufruf der Lutherischen Vereinigung zu den Wahlen zum Landeskirchentag 1931, in: KgmA Bethlehem A 1520.

sche Gruppe bildete aber keine feste Organisation, kandidierte nicht für den Landeskirchentag und blieb daher ohne entscheidenden Einfluß in der Landeskirche.[82]

Die „Volkskirchliche Vereinigung" stellte im traditionellen kirchenpolitischen Gefüge die Mittelpartei dar. Sie forderte in ihren Richtlinien, „daß die Kirche als Missions- und Kampfkirche zu einer wehrhaften Volkskirche wird, in der die organisierte Arbeit der lebendigen Gemeindeglieder das ganze Volk durchdringt"[83]. Programmatisch wurde einer Überbetonung der traditionellen lutherischen Bindungen und der Fixierung auf kirchliche Dogmen eine Absage erteilt und neben einer an das Bekenntnis gebundenen Wortverkündigung vor allem eine „wahrhaftige Tatbereitschaft" von den Pastoren gefordert. Die Kirche solle sich aktiv den „sozialen, kulturellen, wirtschaftlichen und völkischen Fragen und Nöten unseres Volkslebens" zuwenden.

Als Vertreter der liberalen Theologie traten in der hannoverschen Landeskirche die „Freunde der evangelischen Freiheit" auf. Diese liberale Vereinigung organisierte sich 1906, anknüpfend an die Traditionen des „Protestantenvereins", als Gegenbewegung zur lutherischen Orthodoxie. Führende Vertreter waren zu Beginn des Jahrhunderts die hannoverschen Pastoren Chappuzeau (Hainholz) und Dörries (Kleefeld).[84] In den dreißiger Jahren zählten in der Stadt Hannover die Pastoren Rasch (Herrenhausen), Pommerien (Lukaskirche) und Brüdern (Bethlehemkirche) zu dieser Gruppe, die ein sehr weltoffenes Kirchentum vertrat. Praktisches christliches Handeln wurde von ihr höher bewertet als konfessionelle Kirchlichkeit.

Als neue Richtung war im Herbst 1926 die „Jungevangelische Bewegung" aus einer Konferenz jüngerer Theologen heraus entstanden. Ihr praktischer Ausgangspunkt war die Ablehnung der bestehenden kirchenpolitischen Gruppen gewesen. Die „Jungevangelischen" sind auch als eine Bewegung des sich modernisierenden, aber gleichwohl an der Bekenntnisbindung festhaltenden Luthertums charakterisiert worden. Da man dafür eintrat, Querverbindungen zwischen den traditionellen Kirchenparteien zu initiieren, war die theologische Basis der Bewegung recht inhomogen und reichte von barthianischen Positionen bis zum theologischen Liberalismus.[85] Nachdem die angestrebte Etablierung als radikal erneuernde Richtung im Landeskirchentag 1931 scheiterte, mußte man sich auf die programmatische Diskussionen bei regelmäßigen Konferenzen beschränken.[86] Hier wurde ausgehend

---

82 Rolffs, Kirchenkunde, S. 215.
83 „Richtlinien der Volkskirchlichen Vereinigung", in: KgmA Lutherkirche Alt 1520.
84 Rolffs, Kirchenkunde, S. 214f.
85 Zur Bedeutung der „Jungevangelischen": Kurt Nowak, Evangelische Kirche und Weimarer Republik. Zum politischen Weg des deutschen Protestantismus zwischen 1918 und 1932, Göttingen 1988, S. 214f.
86 Nachweisbar gehörte aus Hannover nur Pastor Grabe (Lutherkirche) der Jungevangelischen Bewegung an, die als einzige Gruppe in der Landeskirche in stärkerem Maße auch Einflüsse der Barthischen Theologie aufnahm. Vgl. Klügel, Landeskirche, S. 12f. sowie Michael Hermsdorf, Die Bekennende Kirche in Hannover vor und nach der Machtübernahme Hitlers. Schriftliche Hausarbeit zum Staatsexamen für das Gewerbelehramt, Universität Hannover, Maschinenschriftl. Manuskript, 1980, S. 31ff.

von einem Referat des Osnabrücker Pfarrers Richard Karwehl[87] auch eine ablehnende Position gegenüber dem Nationalsozialismus entwickelt, die später in der Bekennenden Kirche Bedeutung gewann.[88]

Im Vorfeld der Wahlen zum Landeskirchentag 1931 kam es zu Absprachen über ein gemeinsames Vorgehen der Volkskirchlichen Vereinigung, der Freunde der evangelischen Freiheit und der Jungevangelischen Konferenz gegen die Übermacht der Lutherischen Vereinigung.[89] In einem gemeinsamen Wahlaufruf hieß es, die Kirche müsse volles Verständnis haben für die Fragen und Forderungen der Zeit. An den Brennpunkten des Lebens müsse die kirchliche Arbeit verstärkt werden. Dagegen sei in der Realität aber der Blick einflußreicher kirchlicher Kreise vor allem auf die Vergangenheit gerichtet.[90] So ist als bemerkenswerte Tatsache festzuhalten, daß 1931 noch dezidierte Nazigegner wie der Herrenhäuser Pfarrer Rasch und der linksliberale Kommunalpolitiker Riehn[91] mit Pastoren zusammenarbeiteten, die sich bald darauf den Deutschen Christen zuwandten.[92]

Diese gewachsene Frontstellung zwischen orthodoxem Luthertum und einem ganz heterogen zusammengesetzten Block seiner Gegner wurde durch das Auftreten der Glaubensbewegung Deutsche Christen grundlegend modifiziert. Während im konfessionellen Luthertum, fußend auf einer konservativen deutschhannoverschen bzw. deutschnationalen Tradition, die Ablehnung der von der NSDAP zunächst sehr geförderten aktivistischen und sich volksnah gebenden DC-Bewegung nahelag, kam es in den anderen Gruppen zu neuen Segmentierungen. Viele Anhänger der Volkskirchlichen Vereinigung und der Freunde der evangelischen Freiheit sahen insofern Anknüpfungspunkte an die Deutschen Christen, als diese, in deutlichem Kontrast zu der dem volkskirchliche Anliegen ablehnend gegenüberstehenden Lutherischen Vereinigung, ausdrücklich das Konzept einer den sozialen Reali-

---

87 Richard Karwehl (1885–1979), Studium in Tübingen, Berlin und Göttingen (dort 1908 erstes theologisches Examen), danach zunächst als Pädagoge tätig. Nach der Ordination (1913) zunächst Hilfsgeistlicher an der Bethelehemkirche in Hannover-Linden, 1919–1956 Pfarrer im Arbeiterviertel Osnabrück-Schinkel.
88 Karwehl analysierte in seinem Vortrag kritisch das „politische Messiastum" der nationalsozialistischen Bewegung, verstand die „säkularisierte Eschatologie der völkischen Bewegung" aber auch als Herausforderung an die Kirche, wieder zu sich selbst zu finden. Der Vortrag „Politisches Messiastum. Zur Auseinandersetzung zwischen Kirche und Nationalsozialismus" erschien in der Zweimonatsschrift „Zwischen den Zeiten", 9. Jg. (1931), S. 519–543. Zum Wirken und zur Bedeutung Karwehls: Christian Simon, Richard Karwehl (1885–1979). Der streitbare Pastor aus Osnabrück und sein Kampf gegen die hannoversche Kirchenleitung nach 1945, in: Osnabrücker Mitteilungen 99 (1944), S. 185–198; Heidrun Becker, Der Osnabrücker Kreis 1931–1939, in: Grosse, Bewahren, S. 43–104.
89 Flugblatt von Bergholter, KgmA Lutherkirche Alt 1520.
90 Wahlaufruf der Freunde der evangelischen Freiheit, der Volkskirchlichen Vereinigung und der Jungevangelischen Konferenz zu den Wahlen zum Landeskirchentag 1931, in: LKA, N 6, II 2c.
91 Dr. Wilhelm Riehn, Arzt an der Kinderheilanstalt Hannover, war zu dieser Zeit auf lokaler Ebene Vorsitzender der Staatspartei.
92 Der prominenteste Kandidat der gemeinsamen Liste war der Harburger Pfarrer Bergholter, der später als Wortführer der gemäßigten Deutschen Christen in der Landeskirche auftrat. Aus Hannover kandidierte Pastor Fahlbusch von der Lindener Martinskirche. Etliche später deutschchristliche Pastoren unterstützten den gemeinsamen Wahlkampf.

täten gegenüber aufgeschlossenen Volksmission auf ihre Fahnen geschrieben hatte. Andererseits mußten die anti-liberalen Wesenszüge der NS-Ideologie auch Vorbehalte gegen die Deutschen Christen schüren. Immerhin wird verständlich, warum gerade viele auf sozialem Gebiet engagierte Pastoren zunächst zu den Deutschen Christen stießen. Der Jungevangelischen Bewegung kam 1933 ihre intensive theoretische Auseinandersetzung mit der Ideologie des Nationalsozialismus zugute. Ihre Anhänger ordneten sich schnell in die Reihen der Opposition gegen den deutschchristlichen Machtanspruch ein.

### 1.4.2 Parteipolitische Bindungen in der Pfarrerschaft

Parteipolitisch neigten die meisten Pastoren während der Weimarer Zeit der Deutschnationalen Volkspartei (DNVP), der Deutschhannoverschen Partei (DHP) oder der Deutschen Volkspartei (DVP) zu, waren also in den unterschiedlichen Fraktionen des „nationalen Lagers" verwurzelt.[93] Allerdings übernahmen sie in aller Regel keine Parteiämter, da als Grundsatz galt, daß das pfarramtliche Wirken von Parteipolitik freizuhalten sei. Parteipolitische Abstinenz wurde von den meisten Geistlichen nicht als Verzicht empfunden.[94] Eine Ausnahme stellte der an der Apostelkirche tätige Pastor Fehly dar, der als Bürgervorsteher für die Deutschhannoversche Partei aktiv war. Liberale bürgerliche Politikvorstellungen spielten in der hannoverschen Pfarrerschaft kaum eine Rolle und aus einer Erhebung geht hervor, daß sich vor 1933 nur ein einziger der stadthannoverschen Geistlichen zum religiösen Sozialismus bekannte.[95] Unter den Mitarbeitern im Landeskirchenamt dominierte die deutsch-nationale Richtung. Der 1933 abgelöste geistliche Vizepräsident Fleisch erwähnt in seinen Lebenserinnerungen, er sei der einzige Deutschhannoveraner in seiner Behörde gewesen.[96]

Insgesamt ist eine starke Fixierung von Pfarrerschaft und aktiven Kirchgängern auf bürgerlich-nationale Vorstellungen zu konstatieren, die sich nachhaltig gerade auch in der kirchlichen Publizistik spiegelte.[97] So wurde in mehreren hannoverschen Ge-

---

93 Cordes, Geschichte, S. 70, sowie ders., Hannoversche Pfarrer und Politik 1918–29, in: Hannoversches Pfarrerblatt 1967, Nr. 3, S. 78–99. Im Gegensatz zu Karl-Wilhelm Dahm, Pfarrer und Politik 1918–1933, Köln/Opladen 1965, meint Cordes für die hannoversche Landeskirche feststellen zu können. daß der Weimarer Staat von der Pastorenschaft nicht abgelehnt worden sei (Cordes, Pfarrer, S. 82). Zum Begriff des „nationalen Lagers": Karl Rohe, Wahlen und Wählertraditionen in Deutschland. Kulturelle Grundlagen deutscher Parteien und Parteiensysteme im 19. und 20. Jahrhundert, Frankfurt am Main 1992.
94 Cordes, Geschichte, S. 70.
95 Nach den Fragebögen zur Geschichte der Landeskirche von 1933 bis zum Kriegsende, in: LKA, S 1. Cordes, Pfarrer, S. 84, weist darauf hin, daß die Bewegung der religiösen Sozialisten in der gesamten hannoverschen Landeskirche kaum hervorgetreten sei.
96 Paul Fleisch, Erlebte Kirchengeschichte. Erfahrungen in und mit der hannoverschen Landeskirche, Hannover 1952, S. 151.
97 Exemplarisch hierfür etwa der Abdruck einer Stellungnahme des Präsidenten des Deutschen Evangelischen Kirchenausschusses, Kapler, der 1928 in einem Brief an die Reichsregierung vom „Versailler Diktat" sprach und die Regierenden aufforderte, die Fürsorgemaßnahmen für

meindebriefen eine „Kundgebung" des Kirchenausschusses vom Mai 1932 nachgedruckt, in dem dieser die schwere Not, die der Krieg „besonders unserem vergewaltigten deutschen Volk auferlegt" habe, beklagte.[98] In vielen Gemeindeblättern erschienen Artikel über die Religionsverfolgung in der Sowjetunion, oft unter überpointierten Titeln wie „In Moskaus Totenhäusern", „In der Räuberhöhle" oder „Die Weltrevolution marschiert"[99]. Natürlich zielte diese effektheischende Beschäftigung mit der Sowjetunion auch auf eine eindeutige innenpolitische Wirkung. Vor dem Hintergrund der in kirchlichen Kreisen gleichzeitig weit verbreiteten Distanz zum parlamentarisch-demokratischen Gesellschaftssystem wird deutlich, warum man sich 1933 von der Ablösung der ungeliebten Republik durch die „nationale Erhebunng" Chancen für eine kirchliche Erneuerung versprach.

### 1.4.3 Der Christlich-soziale Volksdienst als Versuch einer protestantischen Partei

Im Dezember 1929 war aus der Verschmelzung des Christlichen Volksdienstes und der Christlich-sozialen Reichsvereinigung eine neue, ausgesprochen protestantisch geprägte bürgerliche Partei der rechten Mitte entstanden: der Christlich-soziale Volksdienst[100]. Das Profil dieser neuen Gruppierung mußte auf Reichsebene notwendigerweise diffus bleiben, umfaßte sie doch gleichzeitig Elemente des südwestdeutschen und damit demokratisch geprägten Pietismus, Traditionen des Stoeckerschen Nationalprotestantismus sowie die Ideenwelt der teilweise rigoristisch ausgerichteten Gemeinschaftsbewegung.[101] Erstmals beteiligte sich die ehrgeizige kleine Partei 1930 am Reichstagswahlkampf, in dem sie vor allem gegen Hugenberg und die Interessenspolitik der DNVP auftrat. Für den Volksdienst erschien es vordringlich, die weitere Abwanderung bewußt evangelischer Wähler ins Lager der NSDAP zu verhindern.[102] Parteiführer Simpfendörfer ging daher in der Endphase der Republik recht deutlich auf Distanz zu Hitler, der in einer Besprechung „einen ganz niederschmetternden Eindruck" auf ihn gemacht hatte. „Würde Hitler zur Macht

---

„Volksgenossen" zu verstärken, die infolge des Kriegsausgangs ihr Hab und Gut verloren hätten (abgedruckt im EGH, 4/1928, S. 4ff.).
98 Veröffentlicht z. B. im EGH, 8/1932, S. 1.
99 „In Moskaus Totenhäusern. Was ein Augenzeuge sah", in: EGH, 2/1932, S. 3ff.; „In der Räuberhöhle", in: Der Marktürmer 11/1932; „Die Weltrevolution marschiert", in: Kirche und Haus. Gemeindeblatt der Christus-Kirchen-Gemeinde, Mai 1935.
100 Die erste Reichstagung des Christlich-sozialen Volksdienstes fand vom 21. bis 24. April 1930 in Kassel statt. Zur Geschichte der Partei auf Reichsebene: Günter Opitz, Der Christlich-soziale Volksdienst. Versuch einer protestantischen Partei in der Weimarer Republik, Düsseldorf 1969; Karl Buchheim, Geschichte der christlichen Parteien in Deutschland, München 1953, S. 375 ff.; William L. Patch, Adolf Hitler und der Christlich-soziale Volksdienst, in: VjZG 37 (1989), S. 145–155; Nowak, Kirche und Republik, S. 262–271. Aus Hannover gehörte Lisa Sommer dem Reichsvorstand der Partei an.
101 Nowak, Kirche und Republik, S. 264.
102 Opitz, Volksdienst, S. 176.

kommen, so könnte das nur mit einer Katastrophe enden", notierte Simpfendörfer 1932.[103]

Bei den Reichstagswahlen 1930 hatte diese evangelische Partei der „kleinen Leute"[104] reichsweit 870 000 Stimmen (= 2,5 %) erhalten und damit allerdings auch den Höhepunkt ihrer Entwicklung bereits erreicht. In der Folgezeit unterstützte sie die Regierung Brüning und verlor daraufhin in den weiteren Wahlen zunehmend an Stimmen. In Hannover erzielte der Volksdienst bei den Reichstagswahlen 1930 mit gut 5 000 Stimmen (= 1,8 %) nur einen bescheidenen Erfolg. Im Wahlbezirk Kirchrode, zu dem das Stephansstift und das Annastift gehörten, brachte er es immerhin auf einen Stimmenanteil von über 11 %, was nicht verwundert, wenn man in Rechnung stellt, daß der in der Inneren Mission tätige Pastor Dr. Depuhl[105] Landesführer der Partei war und der in der Wohlfahrtspflegerschule des Stephansstiftes tätige Gerichtsassessor Fratzscher, der bereits in Mecklenburg den Volksdienst mitbegründet hatte, hier seine rührige Parteiarbeit fortsetzte. Mitglieder und Wähler wurden vor allem aus dem evangelischen Vereinswesen, den Freikirchen und landeskirchlichen Gemeinschaften sowie den christlichen Gewerkschaften rekrutiert.[106] In der Pfarrerschaft blieb der Erfolg dagegen nur mäßig.[107]

Seit dem für die noch junge Partei katastrophalen Ausgang der Reichstagswahl vom Juli 1932 breitete sich Resignation in Leitung und Anhängerschaft des Christlichsozialen Volksdienstes aus.[108] Nach der Machtübernahme durch die Hitlerregierung zerfiel[109] die kleine Partei recht schnell und löste sich endgültig im Dezember 1933 auf.[109] Wie vielerorts, so sind auch unter den Mitgliedern und Anhängern des hannoverschen Volksdienstes zwei unterschiedliche Haltungen zum Nationalsozialismus und im beginnenden Kirchenkampf zum Tragen gekommen: Während die eine Gruppe in der Bekennenden Kirche aktiv wurde und auf Distanz zu Hitler blieb, ging die andere Richtung, insbesondere nach dem symbolhaften „Tag von Potsdam", problemlos in den Verbänden der NSDAP auf.[110] Beide Optionen lassen sich

---

103 Patch, Hitler, S. 153.
104 Opitz, Volksdienst, S. 183.
105 Alfred Depuhl (1892–1957), Dr. rer. pol., 1927–1957 Hauptgeschäftsführer und Geistlicher beim Landesverein für Innere Mission, 1933 DC-Mitglied. Im Frühjahr 1932 hatte sich Depuhl in einem Flugblatt dennoch von den Nationalsozialisten abgegrenzt, denen er mangelnde Toleranz und christentumsfeindliche Äußerungen vorwarf (Nationalsozialismus und Kirche. Entgegnung von Dr. Depuhl, Hannover [auf einen Artikel in der NTZ vom 8. 4. 1932], in: LKA, N 115).
106 LKA: N 115 (Nachlaßsplitter Fratzscher).
107 Cordes, Pfarrer, S. 86.
108 Nowak, Kirche und Republik, S. 269.
109 Reichsweit wurde die Auflösung bereits am 30. 6. 1933 beschlossen. Landesführer Depuhl trug die selbst durchgeführte Gleichschaltung und Auflösung der Partei offensichtlich mit, während es in anderen Landesverbänden teilweise zu Protesten gegen den von der Reichsleitung getroffenen Auflösungsbeschluß kam (Opitz, Volksdienst S. 308 ff.).
110 Opitz, Volkdienst, S. 312 sowie 301. In einem Fall ist für Hannover belegt, daß ein früheres Mitglied des Christlich-sozialen Volksdienstes später Ortsgruppenleiter der NSDAP wurde. Ein Fabrikarbeiter aus der Nordstadt, der bei der Bürgervorsteherwahl 1929 für den Volksdienst kandidiert hatte, entwickelte sich zu einem der radikalsten Vetreter der Deutschen Christen in der Stadt Hannover.

auch an hannoverschen Persönlichkeiten festmachen: Der Führer der Christlichen Pfadfinderschaft, Magistratsobersekretär Ludwig Pott, der 1933 noch für den Volksdienst als Bürgervorsteher gewählt worden war, schloß sich bald der Nazifraktion im Rathaus an und machte beruflich Karriere als Leiter des hannoverschen Jugendamtes.[111] Der Jurist Arnold Fratzscher (später einer der Mitbegründer der hannoverschen CDU) wurde dagegen zu einem der führenden Vertreter der kirchlichen Opposition in Hannover.

---

111 Zum Werdegang und zur Person von Ludwig Pott: Wilfried Duckstein, „Uns geht die Sonne nicht unter". Evangelische Jugend in Hannover zwischen Kaiserreich und Faschismus, Stuttgart 1989, S. 115–117.

## 2 Die Gleichschaltung der Kirche

### 2.1 Ein Vorspiel: die Münchmeyer-Affäre 1928

Als Hauptredner einer NSDAP-Parteiversammlung sprach am 13. September 1928 der ehemalige Pfarrer Ludwig Münchmeyer[1] im vollbesetzten Saal des Burghauses über das Thema „Deutschland erwache". In seinem Vortrag bezog er, wie gewohnt begleitet von unsäglicher demagogischer Hetze, vehement Stellung gegen die Außenpolitik der Reichsregierung, das „internationale Judentum" und die Freimaurerei. Auch Hindenburg habe die in ihn gesetzten Hoffnungen nicht erfüllt. Die deutsche Republik, so der braune Agitator, sei eine „Judenrepublik", in Bayern könne man auch sagen „Saurepublik"[2]. Gestützt auf den Bericht von zwei anwesenden Polizeibeamten und einen Artikel der Niederdeutschen Zeitung[3] eröffnete die Staatsanwaltschaft ein Verfahren gegen den amtsenthobenen „Pfarrer a.D." wegen Verstoßes gegen das Republikschutzgesetz. In der zehn Monate später stattfindenden Hauptverhandlung vor dem Schöffengericht Hannover wurde Münchmeyer auf Kosten der Staatskasse freigesprochen, weil es das Gericht nicht als erwiesen ansah, daß er sich die zitierten Ausdrücke „Juden-" bzw. „Saurepublik" zu eigen gemacht, sondern möglicherweise nur über deren Verwendung referiert habe.[4] Weitere Anklagepunkte wurden ebenfalls als nicht erwiesen angesehen. So blieb die im Burghaus gehaltene Skandalrede keineswegs Münchmeyers letzter spektakulärer Auftritt in Hannover.[5] Im Rahmen des Kommunalwahlkampfes hielt er am 10. März 1933 in einem Riesenzelt auf dem Welfenplatz vor angeblich 40 000 Besu-

---

1 Ludwig Münchmeyer (geb. 1885), 1920–1926 Pfarrer in Borkum. Gegen ihn war am 23. 10. 1925 vom Landeskirchenamt ein Disziplinarverfahren wegen dienstlicher Verfehlungen eingeleitet worden, das am 26. 2. 1926 lediglich mit einem Verweis abgeschlossen wurde. Als ein ordentliches Gericht die gegen Münchmeyer erhobenen Anschuldigungen als erwiesen ansah, kam der umstrittene Pfarrer seiner Entlassung durch das Landeskirchenamt zuvor, indem er am 19. 5. 1926 sein Pfarramt niederlegte. Gnadenweise durfte er zunächst noch den Titel „Pfarrer a.D." führen, was ihm aber am 31. 7. 1926 wegen seines hetzerischen Auftretens in der Öffentlichkeit untersagt wurde (Bericht des Landeskirchenamtes vom 19. 11. 1928, Ephoralarchiv Schloßkirche GenA 203). Zum aggressiven Auftreten Münchmeyers auf Borkum: Gerhard Lindemann, Christen jüdischer Herkunft als Gegenstand hannoverscher Kirchenpolitik im NS-Staat, in: Grosse, Bewahren, S. 329–374, hier S. 331–333.
2 Polizeibericht vom 14. 9. 1928, NHStA Hannover: Hann. 180 Hann. II 740.
3 Niederdeutsche Zeitung, 15. 9. 1928 (unter dem Titel: „Deutschland erwache. Eine Versammlung der Nationalsozialisten").
4 Urteil gegen Münchmeyer, 6 J 444/28, Schöffengericht Hannover, 24. 7. 1929, NHStA Hannover: Hann. 180 Hann. III 740.
5 Trotz des gegen ihn angestrengten Verfahrens nützte Münchmeyer auch die Abende vor und nach der Hauptverhandlung, um auf Parteiversammlungen in Lehrte und Pattensen zu sprechen, allerdings anscheinend ohne die beanstandeten Beleidigungen zu wiederholen (Polizeibericht vom 25. 7. 1929, ebd.).

chern eine Rede, die er mit dem religiös verbrämten Bild schloß, die Nazis wollten, wie schon Jesus gesagt hätte, „ein Feuer legen auf die dunkle Erde, und aus diesen Flammen soll hervorgehen ein geläutertes, einiges Deutschland"[6]. Zu dieser Zeit

*Ein Nazi-Propagandist der ersten Stunde: Der vom kirchlichen Dienst suspendierte Pfarrer Ludwig Münchmeyer, um 1935.*

hatte der amtsentlassene Pfarrer bereits eine beachtliche Parteikarriere gemacht. Er war 1932 zum Referenten für die Geistlichen in der SA ernannt worden[7] und seit 1933 Reichstagsabgeordneter für die NSDAP[8]. Die Münchmeyer-Affäre des Jahres 1928 ist insofern von Bedeutung für die Analyse des Verhältnisses von evangelischer Kirche und Nationalsozialismus, als hier exemplarisch deutlich wird, daß kirchliche Kreise am Ende der zwanziger Jahre noch weitgehend unempfänglich für nationalsozialistisches Gedankengut waren. Dementsprechend blieb Münchmeyers Skandalerede seinerzeit nur eine unrühmliche Episode.

---

6 NTZ, 11. 3. 1933, S. 11.
7 Von der Hake an Marahrens, 17. 11. 1932, LKA: L 2, 1a, Bd. III.
8 NTZ 11. 3. 1933, S. 11

## 2.2 Frühe Organisationen völkisch eingestellter Pfarrer

Erst 1931 bildete sich die „Hannoversche Konferenz völkischer Pfarrer"[9], als deren Sprecher Paul Jacobshagen[10], Pfarrer an der hannoverschen Gartenkirche, auftrat. Er war bereits 1925 zur NSDAP gestoßen[11], hielt 1930 als Geistlicher in Braunschweig die Trauerfeier für den verstorbenen NSDAP-Gauführer Karl Dincklage und beerdigte 1932 auf dem Seelhorster Friedhof in Anwesenheit Hermann Görings einen Bruder des späteren „Reichsmarschalls".[12] Zudem profilierte sich Jacobshagen auch kommunalpolitisch als Exponent der NSDAP, was ihm 1933 ein Mandat als Bürgervorsteher der NSDAP einbrachte. Treffpunkt der völkischen Pfarrer in Hannover, später auch ein bevorzugter Versammlungsort der Deutschen Christen, war die Gastwirtschaft „Knickmeyer" in der Nähe des Opernhauses.[13] Der um Jacobshagen gesammelte Kreis von „braunen" Pfarrern soll in der hannoverschen Landeskirche etwa 50 bis 60 Amtsträger umfaßt haben.[14]

Im Juni 1932 beauftragte Gauleiter Rust offiziell den Pfarrer Otto von Lintig[15] aus Stederdorf (Kreis Peine) mit der Zusammenfassung aller mit der NSDAP im Gau Südhannover-Braunschweig sympathisierenden Geistlichen in einer „Arbeitsgemeinschaft nationalsozialistischer Pfarrer".[16] Durch einen Zeitungsartikel versuchten Jacobshagen und der Sievershausener Superintendent Rahn[17] im Frühjahr 1932 bestehende Vorbehalte auszuräumen. „Rechtverstandener Nationalsozialismus wird die evangelische Kirche und den evangelischen Glauben nicht hemmen und schädigen, sondern vielmehr mit neuem Verantwortungsbewußtsein stärken und beleben." Wer seine evangelische Kirche liebe, der begrüße mit Freude den Durch-

---

9  Hustedt an Wolff, 2. 1. 1934, Archiv des Stephansstiftes Hannover (im folgenden: ASt) I 1696. Die Existenz dieser Gruppe ist auch belegt durch einen Artikel der NTZ vom 8. 4. 1932 und die darauf erfolgte Erwiderung durch den Landesvorsitzenden des Christlich-sozialen Volksdienstes, Depuhl, unter dem Titel „Nationalsozialismus und Kirche", LKA: N 115.
10 Paul Jacobshagen (1889–1968), Theologiestudium in Göttingen und Tübingen; nach der Ordination (1915) zunächst Hilfsgeistlicher in Misburg bei Hannover, dann Pfarrkollaborator in Wesermünde-Lehe; seit 1919 Pfarrer in Imbshausen, 1927–1960 an der hannoverschen Gartenkirche.
11 Am 11. 5. 1925 Eintritt in die NSDAP-Ortsgruppe Northeim (mit der demenstprechend niedrigen Partei-Nr. 4301), aber 1928 als Mitglied wieder gestrichen, schließlich am 1. 11. 1931 Wiederaufnahme in die OG Hannover; Parteiausschluß am 22. 7. 1941 (BDC, Jacobshagen).
12 Diese Amtshandlung ist belegt durch eine undatierte Aufstellung im KgmA Gartenkirche: „Gedenktage der NSDAP in der Geschichte der Gartenkirchen-Gemeinde Hannover". Zur Vita und zum Wirken Jacobshagens: Detlef Schmiechen-Ackermann, Vom „alten Kämpfer" zum kirchlichen Opponenten. Die gebrochene Lebensgeschichte des Pastors Paul Jacobshagen in der Zeit des Nationalsozialismus, in: Hann. Gbll. NF 43 (1989), S. 179–198.
13 Klügel, Landeskirche, S. 17. Das Lokal befand sich am Rathenauplatz, der während der Naziherrschaft in Adolf-Hitler-Platz umbenannt wurde.
14 Notiz Klügels, vermutlich über ein Gespräch mit Jacobshagen, undatiert; LKA: S 1 H I 201.
15 Otto von Lintig (1891–1952), Pfarrer seit 1922, 1925–1930 in Südafrika tätig, 1930–1949 Pfarrer in Stederdorf, Kirchenkreis Sievershausen.
16 Rust an die Reichsleitung der NSDAP, 1. 6. 1932, BA: NS 22/1071.
17 Felix Rahn (1877–1954), Superintendent in Sievershausen, führender Vertreter der völkisch eingestellten Pfarrer und Gauredner der NSDAP.

bruch des Nationalsozialismus.[18] In der Landeskirche traten nun vor allem Rahn und Pfarrer Gerhard Hahn[19] aus Elmlohe als führende Vertreter der völkisch eingestellten Pfarrer auf.

## 2.3 Kirchliche Reaktionen in der Machtergreifungsphase

Anläßlich der Reichstagswahl im Juli 1932 wurde auch in Hannover ein Flugblatt des protestantischen Schriftstellers Paul Rohrbach verteilt[20], mit dem dieser seine Glaubensgenossen aufforderte, die Zentrumspartei als „tatsächlichen Gegenspieler des Nationalsozialismus auf bürgerlicher Grundlage" zu wählen[21]. Dieses Werben der Zentrumspartei um evangelische Wählerstimmen stieß, wie aus mehreren Eingaben hervorgeht, zumindest in stark national gesinnten evangelischen Kreisen auf heftigste Ablehnung. So wird in einem Schreiben darauf hingewiesen, daß in weiten Teilen der protestantischen Gemeinden die Abneigung gegen die Zugehörigkeit zur Kirche wachse.[22] Ein anderer Beschwerdeführer monierte das Vorgehen der Zentrumspartei als „Brunnenvergiftung" und forderte, daß die Protestanten in der Tagespresse gegen solcherlei Einflußnahme Stellung beziehen sollten, wie dies die nationalsozialistischen Blätter bereits getan hätten[23].

In den meisten hannoverschen Kirchengemeinden scheint vor der Machtergreifung eine distanzierte Zurückhaltung gegenüber dem Nationalsozialismus geübt worden zu sein.[24] Zudem hatte das Landeskirchenamt im Herbst 1932 alle Kirchenvorstände aufgefordert, dafür zu sorgen, daß die Gottesdienste frei vom Charakter politischer Demonstration blieben.[25] Aber auch gegenläufige Tendenzen wurden bereits spürbar. Am 1. September 1933 fand in der Gartenkirche im Beisein von über 500 uniformierten SA-Männern die vermutlich erste mit nationalsozialistischer Symbolik umrahmte Trauung in einer hannoverschen Kirche statt.[26] Bald darauf warf der sozialdemokratische „Volkswille" dem Bothfelder Pfarrer Scheer[27] vor, sich nach

---

18 NTZ, 8. 4. 1932.
19 Gerhard Hahn (1901–1943), Pastor in Elmlohe (bei Lehe), seit 1930 Mitglied der NSDAP, 1932 Mitglied des Preußischen Landtages, 1933/34 geistlicher Vizepräsident des Landeskirchenamtes (am 6. 11. 1934 beurlaubt), seit 1936 Pfarrer in Friemar (Thüringen), 1943 in Stalingrad vermißt.
20 Eingabe D. an den Ausschuß des ev.-luth. Gesamtverbandes der Stadt Hannover, 30. 7. 1932, in: LKA, Stadtkirchenausschuß 90.
21 Flugblatt von Paul Rohrbach, „Protestanten, der 31. Juli ist nah!", in: LKA, Stadtkirchenausschuß 90.
22 Eingabe D., LKA: Stadtkirchenausschuß 90.
23 Eingabe A. an den ev.-luth. Gesamtverband, 30. 7. 1932, in: LKA, Stadtkirchenausschuß 90.
24 Konkrete Beispiele hierzu finden sich in den Fallstudien über einzelne Kirchengemeinden (Kapitel 5).
25 Klügel, Landeskirche, S. 19.
26 Gedenktage der NSDAP, KgmA Gartenkirche.
27 Theodor Scheer, 1931–1933 Pastor in Bothfeld, am 5. 2. 1947 aus seinem Pfarramt in Lerbach entfernt (KABl. vom 15. 6. 1947, Stück 8, S. 32).

seiner Wahl als Gemeindepastor den Nazis angeschlossen zu haben.[28] In dem Zeitungsartikel wurde behauptet, daß die aus dem bäuerlichen Honoratiorenkreis stammenden Kirchenvorsteher den nationalsozialistisch eingestellten Pfarrer gegen den Willen eines großen Teiles der Gemeinde durchgesetzt hätten. Dabei sei der bereits in der Gemeinde als zweiter Pastor tätige Pfarrer Johannes Rasch[29], der als „mitfühlender Freund der Arbeiterschaft und kleinen Leute" bezeichnet wird, bewußt übergangen worden. Nachweisbar ist, daß über 50 Gemeindeglieder die Übertragung der ersten Pfarrstelle und das damit verbundene Wohnrecht im Pfarrhaus an Rasch gefordert hatten.[30] Bereits nach wenigen Monaten verließ Pastor Scheer die Gemeinde wieder, da ein Gemeindeglied fortgesetzt gegen ihn und seine Unterstützer aus dem nationalsozialistischen Lager agitierte.[31]

Insbesondere weite Teile des protestantischen Mittelstandes konnten 1933 von der nationalsozialistischen Bewegung vereinnahmt werden. Eindrucksvoll spiegelt sich die auch in kirchlichen Kreisen geradezu euphorische Stimmung nach der Machtübertragung an Hitler in einem Bericht des in der frühzeitig nazifizierten Südstadt tätigen Pastors Johann Jakob Brammer[32]:

„Als am 30. Januar der neue starke Mann das Steuer in die Hand nimmt, geht auch durch unsere Gemeinde ein solcher Rausch der Begeisterung, daß warnende Stimmen kein Ohr finden. Alle sehen in ihm den, dessen Kraft die unserm Volk von 1918 her anhaftenden Lähmungen heilen wird und es in die volle Sonne hinein führt."[33]

Der Kleefelder Pastor Raabe schwärmte in seinem Gemeindeblatt über das „Wunder der nationalen Erhebung"[34]. Pastor Grelle von der Gartenkirche schrieb: „Scheint es... nicht... so, als ob in dieser Zeit nationaler und völkischer Erhebung auch die Stunde der Kirche gekommen ist, da sie zu neuem, wirklichkeitsnahem Leben geboren wird, nachdem sie nur zu lange abseits vom Leben der großen Massen gestanden hatte?"[35] Auch Superintendent Badenhop[36] teilte die Illusionen vieler Zeitgenossen:

„Wir haben vor kurzem ein nationales Erwachen des deutschen Volkes unter Hitlers Führung erlebt, es ist noch so sehr Gegenwart, daß wir es noch nicht zur Ge-

---

28 Volkswille, 12. 11. 1932.
29 Johannes Rasch, 1929–1932 Pastor in Bothfeld, 1932–1940 in Hainholz.
30 KgmA Bothfeld R 202.
31 Die vom „Volkswillen" unterstellte klare politische Zielrichtung kann allerdings nicht nachgewiesen werden. Das offensiv gegen Pfarrer Scheer vorgehende Gemeindemitglied P. bezog später ebenso schroff gegen dessen Nachfolger, den Bekenntnispfarrer Kunze, Stellung und galt in weiten Teilen der Gemeinde als notorischer Querulant (KgmA Bothfeld R 201 und 202).
32 Johann Jakob Brammer (1885–1966), 1929–1949 Pfarrer an der Nazarethkirche, Mitbegründer der Landeskirchlichen Sammlung, Mitglied der Bekenntnisgemeinschaft.
33 Johann Jakob Brammer, Was kann von Nazareth Gutes kommen? Komm und sieh es! 1929–1948 (Retrospektiver Lebensbericht), KgmA Nazareth.
34 Das Kirchenblatt der ev.-luth. Kirchengemeinden der luth. Kirche in Misburg, der Bothfelder Kirche, der Petrikirche in Kleefeld, der Kirchröder Kirche, Nr. 7 [Juli] 1933.
35 Marienstädter Turmwächter Nr. 6/Juni 1933.
36 Karl Badenhop (1866–1957), von 1903 bis zu seiner Pensionierung 1938 Pfarrer an der Dreifaltigkeitskirche, zudem seit 1909 Superintendent des Kirchenkreises Hannover II.

schichte rechnen können. Aber es erfüllt uns mit großer Hoffnung. Christentum und Deutschtum gehören seit über 1000 Jahren zusammen. Das deutsche Volk wird seine Art am schönsten und stärksten entfalten, wenn es von dem Geist Christi erfüllt und durchdrungen wird. Das ist der Dienst, den die Kirche unserem Volke zu leisten hat. Wir hoffen, daß auch unsere Gemeinde daran tätigen Anteil nimmt."[37]

Eine differenziertere Auseinandersetzung mit dem an die Macht gelangten Nationalsozialismus fand in der Kirchenführung statt. Bei einer gemeinsamen Sitzung des Landeskirchenamtes am 20. April 1933 wurde das Verhältnis der Landeskirche zum neuen Staat eingehend erörtert. Der Vorsitzende des Landeskirchenausschusses, Superintendent Schaaf[38], konstatierte in seinen Thesen, daß es sich nicht nur um eine nationale, sondern eben um eine nationalsozialistische Diktatur handele. Ein rücksichtsloser Gebrauch der Macht sei bis in das letzte Dorf hinein festzustellen. Weiter führte Schaaf aus, daß die Kirche zwar auf die Kommunisten, auch wenn diese keineswegs alle aus der Kirche ausgetreten seien, keine Rücksicht zu nehmen brauche, die „Sozialisten" aber durchweg Glieder der Kirche seien, auch wenn sie sich kaum am kirchlichen Leben beteiligt hätten. Die Mehrzahl der Kirchenvorsteher gehöre bereits zur NSDAP. Daneben gebe es noch eine geringe „Oberschicht" Deutschnationaler und Stahlhelmer, besonders in der Jugend aber dominierten schon die Nazis. Bei einem neuen Wahlgang, so die zutreffende Prognose rund ein Vierteljahr vor den Kirchenwahlen im Juli 1933, sei vor allem die Wahl von NSDAP-Mitgliedern zu erwarten. Das Kirchenvolk wünsche, so Schaaf, daß die evangelische Kirche in die von Hitler gebotene Hand einschlage. Die von der Kirche noch eingenommene vorsichtige Reservestellung würde daher bedauert. Man raune sogar, daß die hannoversche Kirchenleitung eine ablehnende Haltung gegen den Staat einnehme. Sowohl in der Pfarrerschaft als auch im Kirchenvolk sei eine weitreichende Orientierungslosigkeit verbreitet. Vordringlich sei es daher, daß die Pfarrerschaft im Kampf der Kirche um ihre Eigenständigkeit einen geschlossenen Block bilde und die kirchliche Ordnung aufrecht erhalten werde. Schwere Konflikte zögen beispielsweise das Auftreten von Geistlichen im Braunhemd, Reden von nationalsozialistischen Führern im Rahmen kirchlicher Veranstaltungen und nationalsozialistisch geprägte Sondergottesdienste und Feiern nach sich. In seiner Stellungnahme zu den Thesen Schaafs lehnte auch Landesbischof Marahrens eine Gleichschaltung der Kirche ab. Man müsse auf der Anerkennung der „Eigengesetzlichkeit der Kirche" bestehen. Die meisten Überlegungen zur Rolle der Kirche im neuen Staat seien zu schwierig und zu vertraulich, um dem Kirchenvolk mitgeteilt zu werden. Er habe Vertrauen zu den Geistlichen der Landeskirche.[39]

Zwar hatte das Landeskirchenamt noch am 8. März 1933 erklärt, „daß nur eine von den Parteien und Gruppen unabhängige Kirche jetzt unserem Volke den ein-

---

37 Nach: „Ruf zum Leben". Festschrift zum 100jährigen Jubiläum der Dreifaltigkeitskirche Hannover 1883–1983, Hannover 1983. Darin werden Teile einer älteren Gemeindechronik zitiert.
38 Georg Friedrich Schaaf (1862–1936), 1905–1936 Superintendent in Potshausen bei Bremen, 1925–1933 Vorsitzender des Landeskirchenausschusses.
39 Notizen über die gemeinsame Sitzung des Landeskirchenamtes am 20. 4. 1933. Aussprache über das Verhältnis der Landeskirche zum gegenwärtigen Staat, LKA, S 1, H I 115.

zigartigen Dienst erweisen kann, *allen* das Wort Gottes zu sagen"[40], aber in den Gemeinden begannen die Nationalsozialisten immer stärker, das Bild zu prägen. Anläßlich einer Fahnenweihe der NS-Beamtenschaft in der Gartenkirche betonte Pastor Jacobshagen im April 1933, daß die nationalsozialistischen Beamten, die sich offen als Gegner der liberalen Welt bekennen würden, fest auf dem Boden des positiven Christentums stünden und zuversichtlich hofften, daß auch der Staat wieder positiv christlich sein werde.[41] Zum „Feiertag der nationalen Arbeit" am 1. Mai 1933 fand in der Schloßkirche eine kirchliche Rüstfeier statt. Mit diesem Gottesdienst solle, so hieß es in einem Veranstaltungshinweis in der Tagespresse, zum Ausdruck gebracht werden, wie die Kirche sich im Innersten mit den Absichten der Reichsregierung, die auf das Wohlergehen und den Aufbau des Volkes gerichtet seien, verbunden fühle.[42] Konsistorialrat Köhler predigte über den Dienst am Volk. Es sei der Sinn des Feiertages der nationalen Arbeit, jeden aufzurufen, den Aufstieg des Vaterlandes zu fördern.[43]

In zahlreichen Kirchengemeinden fanden zudem Fahnenweihen der jeweiligen Ortsgruppen der NSDAP statt. In der Pauluskirche führte Pastor Schnacke in seiner Weiherede für die Fahnen der Ortsgruppe Masch aus, daß die Fahne der NSDAP „das Symbol von Christentum und Vaterland" sei. Gottesbewußtsein und Vaterlandsliebe gehörten zusammen, dafür sei der Führer Adolf Hitler das beste Vorbild. Der Fahne solle man in der Treue folgen, die Christus am Kreuze, aber auch die zwei Millionen Toten im Weltkrieg gezeigt hätten. „Während des Segens ließ die Orgel leise die Melodie des Horst-Wessel-Liedes erklingen."[44]

Über solche symbolträchtigen Akte gewannen die Nationalsozialisten auch Einfluß auf weite Teile der evangelischen Jugend. Auf dem Sportplatz am Jugendheim Bella Vista fand am 13. Juni 1933 eine Fahnenweihe der Christlichen Pfadfinder statt, bei der Bürgermeister Müller (NSDAP) dem evangelischen Jugendbund eine Hakenkreuzfahne überreichte. Der Führer des Ortsringes Hannover der Christlichen Pfadfinderschaft, Bürgervorsteher Ludwig Pott, bedankte sich für das besondere Vertrauen, als erste niedersächsische Gliederung der evangelischen Jugend die Hakenkreuzfahne neben dem Bundessymbol führen zu dürfen. Dies sei Ausdruck der „lebendigen Verbundenheit und der Treue", mit der die Jugend der evangelischen Bünde zum Führer und Kanzler des Dritten Reiches stehe.[45]

---

40 KABl., Stück 4, 8. 3. 1933, S. 17. Hervorhebung im Original.
41 NTZ, 20. 4. 1933 und 21. 4. 1933. Eine weitere Fahnenweihe nahm Jacobshagen im September 1933 für die NS-Beamtenfachschaft in der Landschaftlichen Brandkasse vor (HA 22. 9. 1933).
42 HA, 25. 4. 1933.
43 HA, 3. 5. 1933.
44 „Fahnenweihe der OG Masch" (NTZ, 29. 6. 1933). Weitere Fahnenweihen sind nachzuweisen für den ersten Pfingsttag in der Nikolaikirche in Limmer (NTZ, 9. 6. 1933), am 14. Mai 1933 in der Markuskirche (NTZ, 14. und 17. Mai 1933), am 9. Juli 1933 in der Nazarethkirche (HA, 9. 7. und 11. 7. 1933) sowie in der Herrenhäuser Kirche und Christuskirche (Fragebögen zur Geschichte der Kirchengemeinden). Ende Juli weihte Pastor Hustedt in der Gartenkirche vier Sturmfahnen der SA und fünf Abschnittsfahnen der NS-Kriegsopferversorgung (NTZ, 27. 7. 1933).
45 NTZ, 13. 6. 1933.

Nazifizierung an der kirchlichen Basis: Fahnenweihe der NSDAP-Ortsgruppe Birkenstraße in der Nazarethkirche (Hannoverscher Anzeiger, 11. 7. 1933).

Allerdings wäre es voreilig, aus den durchweg positiven Reaktionen auf Hitlers Machtübernahme in der kirchlichen Öffentlichkeit zu folgern, daß eine völlige Übereinstimmung mit der nationalsozialistischen Ideologie vorgelegen hätte. Vielmehr ist in etlichen Gemeindebriefen zwar eine deutliche Bereitschaft zur Mitarbeit im neuen Staat erkennbar, gleichzeitig wird aber bisweilen auch eine Präferenz für die deutsch-nationale Komponente der neuen Regierung deutlich, die sich z. B. in einer besonderen Wertschätzung Hindenburgs ausdrückt.

Zudem sah man sich in einigen Bereichen bereits 1933 mit Entkirchlichungserscheinungen konfrontiert, die nicht vom proletarischen Arbeitermilieu, sondern von der NS-Bewegung ausgingen. So beklagte der an der Technischen Hochschule in Hannover tätige Studentenpfarrer Weiß[46] wiederholt, daß akademische Gottesdienste auf keine Resonanz mehr stoßen würden. Die Studenten seien durch SA-Dienst, Wehrsport und Kundgebungen so in Anspruch genommen, daß seine Tätigkeit ins Leere stoße. Mehr noch: „Daß die NSDAP sich zum ‚positiven Christentum' bekennt, ist den hiesigen Studenten weithin völlig gleichgültig, und zwar gerade den entschiedenen Nationalsozialisten unter ihnen."[47] Die Kirche müsse daher auf „veraltete theologische Begriffe" verzichten und den Menschen das Christentum in der Sprache der Gegenwart nahebringen. „Es kann heute unmöglich nur um das krampfhafte Festhalten an den unverkürzten Bekenntnissen der Vergangenheit gehen, sondern es geht tatsächlich um den Erweis der religiösen Lebendigkeit und Kraft der christlichen Kirchen in der Gegenwart."[48] Die sowohl von proletarischer als auch von völkischer Seite auf die Kirche einwirkenden Entfremdungstendenzen bewirkten offensichtlich in bestimmten kirchlichen Kreisen ein erhebliches Bedürfnis nach „Modernität" und Anpassung an den Zeitgeist, das sich leicht zu einem Einfallstor für die deutsch-christliche Umgestaltung der evangelischen Kirche entwickeln konnte.

## 2.4 Die Etablierung der Deutschen Christen und ihre Machtübernahme in der Institution Kirche

Während die Organisation der „Deutschen Christen" reichsweit bereits am 6.Juni 1932 gegründet worden war und bei den Kirchenwahlen im Gebiet der Altpreußischen Union im November 1932 bereits ein Drittel der Kirchenvorsteher stellen konnte, erfolgte die Etablierung der Glaubensbewegung in der hannoverschen Landeskirche und der Stadt Hannover erst im Frühjahr 1933.[49] Der Kirchröder Pa-

---

46 Georg Weiß (1886–1955), 1926–1933 Pastor an der Bethlehemkirche in Hannover-Linden, seit 1933 Studentenpfarrer in Hannover.
47 Weiß an Marahrens, 14. 7. 1933, LKA: L 2, 1a, Bd. IV.
48 Weiß an Marahrens, 18. 1. 1934, LKA: L 2, 1a, Bd. IV.
49 Noch am 7.Mai 1933 berichtete Rahn unter dem Titel „Die nationale Revolution und die evangelische Kirche" über ein Treffen der Arbeitsgemeinschaften nationalsozialistischer Pfarrer aus den Landeskirchen von Hannover, Oldenburg, Braunschweig und Hamburg. Eine Landesorga-

stor Dittrich berichtet, sein Amtsbruder Jacobshagen habe noch im April 1933 im Pfarrverein „ganz und gar im lutherischen Sinn" gesprochen und die Deutschen Christen völlig abgelehnt. Wenige Wochen später trat Jacobshagen als Führer der neuen Glaubensbewegung auf und initiierte eine Versammlung mit dem Ziel der Gründung einer Ortsgruppe der Deutschen Christen in Kirchrode[50]. In der Stadt Hannover war Jacobshagen 1933 der wichtigste Werbeträger der Deutschen Christen. Er amtierte bei der Trauung des SA-Standartenführers Ihle, hielt mehrere Fahnenweihen ab, sprach auf zahlreichen Versammlungen und wurde sogar von der reformierten Kirchengemeinde zu einem Vortrag eingeladen. Besondere Massenwirksamkeit erreichte er mit einem Feldgottesdienst, den er am Morgen nach einer von der Partei propagandistisch ausgestalteten Sonnenwendfeier auf dem Welfenplatz hielt.[51]

Nach und nach stieg die Zahl der Pastoren, die bereit waren, in der Nationalsozialistischen Volkswohlfahrt (NSV) oder anderen Parteiorganisationen mitzuwirken. Im Frühjahr und Sommer 1933 traten über ein Drittel der stadthannoverschen Pastoren den Deutschen Christen bei.[52] Generationsunterschiede scheinen dabei kaum eine Rolle gespielt zu haben, denn sowohl junge Theologen als auch berufserfahrene Pfarrer stießen zur neuen Glaubensbewegung.[53] Des öfteren sprachen nun deutsch-christliche Pastoren auf NSDAP-Parteiversammlungen[54], aber auch in den Kirchengemeinden. Die Themen der Vorträge bei Männerabenden und Versammlungen der evangelischen Elternbünde belegen, daß eine intensive Beschäftigung mit nationalsozialistischen Ideen stattfand.[55]

---

nisation der Deutschen Christen bestand zu diesem Zeitpunkt noch nicht, wurde aber entscheidend vorangetrieben durch ein Referat des Berliner DC-Pfarrers Thom (NTZ 7. 5. 1933).

50 Dittrich an Marahrens, 2. 10. 1933, in: LKA, L 2, 1a, Bd. I. Zur Entwicklung Jacobshagens vgl. Detlef Schmiechen-Ackermann, Vom „alten Kämpfer" zum kirchlichen Opponenten. Die gebrochene Lebensgeschichte des Pastors Paul Jacobshagen in der Zeit des Nationalsozialismus, in: Hann. Gebl. NF 43 (1989), S. 179–198.
51 Zahlreiche Berichte über Jacobshagens Aktivitäten finden sich in der NTZ, April-September 1933.
52 Auswertung der in der Kirchenkampfdokumentation (Sammlung S 1 im LKA) enthaltenen Akten über die DC Hannovers und der Gemeindeumfrage zur Geschichte der Landeskirche von 1933 bis Kriegsende (S 1 H III 211 bis 214).
53 Eine altersbezogene Auswertung ergab, daß von den stadthannoverschen Pastoren den Deutschen Christen 1933 zunächst beitraten: aus der Altersgruppe der 30- bis 40jährigen Pastoren 36 %, von den 40- bis 50jährigen 38 % und von den 50- bis 60jährigen Geistlichen 43 %. Lediglich die Gruppe der über 60 Jahre alten und noch diensttuenden Pfarrer fällt aus dem Rahmen. Von ihr schlossen sich nur 18 % der Glaubensbewegung an.
54 In der Mitgliederversammlung der OG Landgericht der NSDAP referierten die Parteigenossen Zottmeyer (Pastor am hannoverschen Gerichtsgefängnis) und der an der Apostelkirche tätige Hilfspfarrer Meyer über die Anliegen der Deutschen Christen (NTZ, 22. 6. 1933).
55 Eine Übersicht über die Vortragsthemen ist im KgmA Nikolai Limmer 3524 erhalten. Beispielsweise sprach Jacobshagen in der Gartenkirche über „Das Volk und seine Kinder", Superintendent Rademacher in Herrenhausen über „Nationalsozialismus und Christentum". In starkem Maße wurde auch die Rassenideologie thematisiert. Die Vortragsthemen lauteten u. a. „Rasse und Volk", „Rassefragen und Christentum", „Nationale Bevölkerungspolitik und Christentum" sowie „Vererbungslehre und Rassenhygiene".

Die von August Mattiat[56] im Mai 1933 vorgelegten fünf „Richtlinien" der Deutschen Christen Hannovers standen unter dem Motto „Mit Luther und Hitler für Glaube und Volkstum!" Darin wurde ausgeführt, daß die Deutschen Christen den neuen Staat Hitlers nicht nur loyal und verstandesmäßig bejahten, sondern ihn „im Herzen als heiliges Lebensgut" trügen.[57] Trotz des von Hahn, Rahn und Heinrich Meyer[58] als in der Landeskirche führenden Köpfen der DC-Bewegung ausgehenden Radikalismusses war in der Stadt Hannover von Beginn an eine weit verbreitete gemäßigte Strömung unter den Deutschen Christen spürbar. Die Motivation einer ganzen Reihe gerade junger Pastoren für die Mitarbeit in der Glaubensbewegung war ihr ausgeprägtes Interesse, breitere Volksschichten wirksam ansprechen zu können. „Es geht uns nicht um kirchenpolitische Stellungnahme... Es geht uns um die volksmissionarische Arbeit im neuen Deutschland", schrieb der Langenhagener Pastor Gensch als einer der Vertreter dieser gemäßigten Richtung an den Landesbischof.[59]

Das Verhältnis der Kirche zum neuen Staat und die Rolle der Deutschen Christen war zentrales Thema in einer Sitzung des Stadtkirchentages im Juni 1933. Generalsuperintendent Stalmann berichtete über die kirchenpolitischen Vorgänge, die zur Nominierung zweier Kandidaten für das neu zu schaffende Amt des Reichsbischofs geführt hatten. Sein Fazit lautete: „Wir wollen eine Kirche sein, die eintreten will für das neue Leben im neuen Staat. Wir müssen das aber als Kirche tun können mit den uns von Gott gegebenen Kräften, d. h. in voller innerer Freiheit"[60]. Die sich an den Vortrag des Generalsuperintendenten anschließende Aussprache drehte sich vor allem um die Einschätzung der Deutschen Christen. Gegenüber einigen distanzierten Äußerungen wies der Ephorus der Schloßkirche, Köhler, darauf hin, daß die radikalen Kreise innerhalb der Deutschen Christen stark zurückgedrängt wären und diese Bewegung sich auf ihre Kirchlichkeit besonnen hätte. Im allgemeinen begrüßte man die Arbeit der Glaubensbewegung, weil sie neue volksmissionarische Akzente gesetzt habe und somit die Kirche aus ihrer defensiven Rolle, die sie während der Republik einnehmen mußte, heraustreten könne.[61] Weithin verkannt wurde damit die Rolle, die den Deutschen Christen bei der Gleichschaltung der Institution Kirche von der Parteiführung zugedacht worden war.

Mit einem Vortrag ihres Landesleiters Jacobshagen hatten sich die hannoversche DC-Bewegung am 26. Juni 1933 erstmals an eine größere Öffentlichkeit gewandt. Eine größere Versammlungswelle wurde in der Woche vor den Kirchenwahlen organisiert. Unter der Parole „Das neue Deutschland erobert seine Kirche" sprachen DC-Pastoren in Linden, Herrenhausen, Kirchrode, Kleefeld, Misburg, Langenha-

---

56 August Mattiat, vor 1933 Pfarrer in Kerstlingerode, 1933 „geistlicher Hilfsarbeiter", 1934/35 geistliches Mitglied im Landeskirchenamt, 1935 Theologieprofessor in Berlin.
57 Fünf Richtlinien der Deutschen Christen Hannovers, LKA: S 1, H III 208.
58 Heinrich Meyer (1901–1979), seit 1929 Pfarrer in Aurich, 1933 kommissarischer Generalsuperintendent, zeitweise Landesleiter der DC in Hannover.
59 Gensch an Marahrens, 27. 12. 1933, LKA: L 2, 1a, Bd. II.
60 Verhandlungsbericht über die 5. ordentliche Versammlung des Stadtkirchentages Hannover am 15. Juni 1933, S. 12, LKA, S 1, H III 203.
61 Ebenda.

gen, Wülfel und der List.[62] Besonders intensiv bemühte man sich in Linden um die Gemeindeglieder. Nur wenige Tage nach einer öffentlichen Mitgliederversammlung der Ortsgruppe der Deutschen Christen im Saal des Gasthauses „Schwarzer Bär" fand eine Werbeveranstaltung in der Gastwirtschaft „Zum Posthorn" statt, bei der der Ricklinger Pastor Franz plakativ „Hakenkreuz oder Sowjetstern" als alternative Entwicklungsmöglichkeiten beschwor.[63] Bemerkenswerterweise traten in den Ausführungen von Franz auch antijüdische Affekte stärker hervor, als dies typisch für die gerade in dieser Hinsicht sehr gemäßigte Ausprägung der hannoverschen DC war.[64] Ein Vortrag Jacobshagens im Rollschuhpalast erregte in besonderem Maße öffentliche Aufmerksamkeit. Der DC-Protagonist kanzelte mit markigen Worten den Anspruch vieler Pfarrer auf parteipolitische Neutralität ab. Ein neutraler Mensch sei ein erbärmlicher Mensch, führte Jacobshagen aus und verbitterte damit nicht wenige Amtskollegen.[65]

Mit der kurzfristig angesetzten Neuwahl der Kirchenvorstände am 23. Juli 1933 wurde auch in der evangelischen Kirche der Prozeß der ganz legalen Machtergreifung von der Basis her vollzogen. In 17 der 31 stadthannoverschen Gemeinden hatten sich Pastoren bzw. alte Kirchenvorstände und die örtlichen Parteileitungen der NSDAP auf eine Einheitsliste geeinigt, auf der in der Mehrzahl Vertreter der Deutschen Christen benannt wurden. Bei ihnen handelte es sich zum Teil um altgediente Kirchenvorsteher, die sich inzwischen der neuen Glaubensbewegung angeschlossen hatten, zum Teil aber auch um ausgewählte Parteigenossen, die nunmehr für eine Umgestaltung des kirchlichen Lebens im deutsch-christlichen Sinne tätig werden sollten und sich in manchen Fällen bis dato gar nicht für die Gemeindearbeit interessiert hatten. Gleichzeitig wurden den Nazis unliebsame Mitglieder der alten Kirchenvorstände – es handelte sich oftmals um welfisch eingestellte Konservative – nicht auf die abgesprochenen Einheitslisten übernommen. Bezeichnend für die Instinktlosigkeit vieler Pfarrer in der Umbruchsituation des Sommers 1933 sind die deplazierten Dankesworte, mit denen der Hainhölzer Geistliche die auf diesem Wege ausgeschiedenen Kirchenvorsteher verabschiedete:

„Die feine Art, wie sie von der ihnen ans Herz gewachsenen kirchlichen Arbeit zurückgetreten sind, um den Vertreten neuer Gedanken ohne Wahlkampf freie Bahn zu machen, bürgt uns dafür, daß sie auch ferner ohne bittere Empfindungen treue Glieder unserer Kirchengemeinde sein werden."[66]

---

62 HA, 20. 7. 1933.
63 NTZ, 30. 6. 1933.
64 „Pastor Franz führte... aus, Hitler möchten wir täglich für die Zerbrechung der jüdischen Machtstellung danken, aber die schlimmen Folgen dieser langen Einwirkung (der Juden auf das deutsche Volk, d.Vf.) seien noch lange nicht beseitigt. Aus jüdisch-freimaurerischer Gottesvorstellung sei die westliche französische Religionsauffassung gekommen, nach deren Wahnideen man glaube, nach eigenem Ermessen sich einen Gott nach seinem Geschmack bilden zu können." (Franz in der DC-Mitgliederversammlung im Gasthaus „Schwarzer Bär", NTZ 28. 6. 1933).
65 Brief mehrerer Pastoren aus dem Kirchenkreis Neustadt am Rübenberge an Jacobshagen, undatiert, in: LKA, S 1, H I 333. Vgl. auch Klügel, Landeskirche, S. 64.
66 Pastor Johannes Rasch im Gemeindeblatt für Vahrenwald und Hainholz, Nr. 8/August 1933, S. 83.

**Hannoverscher Anzeiger**     25. Juli 1933

Die Verteilung auf die einzelnen Gemeinden, soweit bisher ermittelt werden konnte, zeigt folgendes Bild:

| Gemeinde | Wahlber. | Abg. St. | Gew. Kirchenvorst. | davon Dt. Chr. |
|---|---|---|---|---|
| Aegidienkirche | 5697 | 1964 | 8 | 1 |
| Bethlehemsk. | 16 000 | 4470 | 12 | 12 |
| Bothfelder K. |  | 1616 | 6 | 6 |
| Christuskirche | 8500 | 4187 | 8 | 7 |
| Döhren-Wülf. | 10 500 | 3460 | 10 | 7 |
| Dreifalt.-K. | 10 000 | 3629 | 10 | 7 |
| Friedenskirche | 2177 | 1147 | 8 | 6 |
| Gartenkirche | 10 000 | 4753 | 12 | 7 |
| Gethseman.-K. | 4500 | 1845 | 6 | 6 |
| Hainhölzer K. | 4000 | 1653 | 8 | 8 |
| Herrenhäus. K. | 6000 | 2943 | 10 | 10 |
| Kirchröder K. | 2983 | 1341 | 3 | 2 |
| Kreuzkirche | 2400 | 1790 | 8 | 8 |
| Lister K. | 13 000 | 4900 | 8 | 8 |
| Lutherkirche | 10 000 | 5000 | 10 | 7 |
| Martinskirche | 10 000 | 4477 | 7 | 6 |
| Michaeliskirche | 4500 | 1822 | 6 | 6 |
| Nazarethkirche | 12 000 | 4739 | 8 | 4 |
| Nikolaikirche | 3000 | 2000 | 8 | 8 |
| Badenstedter K. | 2253 | 773 | 8 | 6 |
| Pauluskirche |  | 5478 | 16 | 16 |
| Stöckener K. | 3600 | 1773 | 13 | 13 |
| Vahrenwalder K. | 7000 | 3133 | 6 | 5 |
| Zionskirche | 8000 | 3200 | 8 | 8 |
| Schloßkirche | 1500 | 790 | 8 | 4 |
| Markuskirche | 9300 | 3271 | 10 | 10 |

5 Gemeinden stehen noch aus.

*Das Ergebnis der Kirchenwahlen vom Juli 1933 (Hannoverscher Anzeiger, 25. 7. 1933).*

In acht Gemeinden waren nur Wahlvorschläge der Glaubensbewegung aufgestellt worden. Nur in sechs Kirchengemeinden kam es zu einem echten Wahlkampf, wobei in keinem Fall eine gegen die Glaubensbewegung antretende Liste eine Mehrheit erreichen konnte. In der Apostelkirche erreichten die Deutschen Christen 68 % der Stimmen.[67] In der Bethlehemkirche, Zionskirche[68] und Lister Kirche setzten sich die deutsch-christlichen Listen vollständig durch, in der Lutherkirche errangen sie 7 der 10, in der Nikolaikirche Limmer 6 der 8 zu vergebenden Mandate.[69] In etlichen Gemeinden wurden nur ein oder zwei nicht zu den Deutschen Christen zählende Kirchenvorsteher auf die Einheitslisten übernommen. In der Nazarethkirche und der Schloßkirche wurde dagegen nur die Hälfte der Mandate von der Glaubensbewegung eingenommen.[70] Mit durchschnittlich 46 % war die Wahlbeteiligung für Kirchenvorsteherwahlen außergewöhnlich hoch. Immerhin hatten 92 000 evangelische Gemeindeglieder in der Stadt Hannover von ihrem Wahlrecht Gebrauch gemacht, wobei die Wahlbeteiligung in den einzelnen Gemeinden zwischen 27 % (an der Bethlehem- und der Marktkirche) und 75 % (an der Kreuzkirche) schwankte. Im Ergebnis gehörten 80 % bis 90 % der gewählten Kirchenvorsteher den Deutschen Christen an. Dieses stadthannoversche Ergebnis liegt noch deutlich über dem Durchschnittsergebnis der DC in der Landeskirche, das 69 % der Stimmen betrug.[71]

---

67 LKA: S 1, H III 211.
68 In der Zionskirche konkurrierten sogar zwei Listen der Deutschen Christen miteinander (HA, 25. 7. 1933, sowie HT, 24. 7. 1933).
69 NTZ, 25. 7. 1933.
70 Eine in der Tagespresse veröffentlichte Übersicht gibt einen groben Überblick über die veränderten Machtverhältnisse an der kirchlichen Basis. Sie erschien im Hannoverschen Tageblatt am 24. 7. 1933 und identisch im Hannoverschen Anzeiger am 25. 7. 1933. In dieser Aufstellung fehlen die Ergebnisse der Petrikirche Kleefeld der Neustädter Kirche, Lukaskirche, Marktkirche (in allen vier Gemeinden gab es Einheitslisten) und der Apostelkirche (Sieg der DC-Liste). Das für die Aegidienkirche angegebene Ergebnis ist offensichtlich falsch. Bei Pfarrerwahlen im Jahr 1935 votierte nur ein Kirchenvorsteher für den Bekenntnispastor, alle anderen Kirchenvorsteher stimmten für den DC-Kandidaten. Die in der NTZ am 25. 7. 1933 veröffentlichten Wahlergebnisse weichen insofern leicht von denen im Anzeiger und im Tageblatt ab, als hier für 20 Gemeinden Einheitslisten und nur für 5 Gemeinden alleinige Listen der Deutschen Christen genannt werden. Für die Zionskirche, an der die Deutschen Christen alle Mandate gegen eine konkurrierende Liste gewannen, wird die Gesamtzahl der Kirchenvorsteher mit 10 statt mit 8 (im HA und HT) angegeben. An der Nikolaikirche hätten die Deutschen Christen demnach 6 von 8 Mandaten gewonnen, nicht (wie im HA und HT gemeldet) alle 8 Mandate. Ansonsten stimmen die Angaben zu den sechs Kirchengemeinden, in denen ein „Wahlkampf" zwischen konkurrierenden Listen stattfand, überein.
71 In den ersten veröffentlichten Wahlergebnissen heißt es, daß mindestens 206 der 265 stadthannoverschen Kirchenvorsteher (=78 %) zu den Deutschen Christen zählten, man aber davon ausgehe, daß im Endergebnis etwa 90 % der Mandate an die Glaubensbewegung fallen würden. Ein genauerer Überblick existiert für Hannover nicht. In einigen ländlichen Gebieten der Landeskirche war der Erfolg der Deutschen Christen deutlich geringer (vgl. Klügel, Landeskirche, S. 65 ff.).

Noch am Abend vor dem Wahlsonntag hatte Hitler in einer Rundfunkrede direkt für die Glaubensbewegung Partei ergriffen.[72] Zudem hatte der stellvertretende hannoversche Gauleiter Schmalz kategorisch angeordnet, daß jeder Nationalsozialist die Deutschen Christen zu wählen habe.[73] Die Mobilisierung des Parteiapparates wirkte sich bis auf die Gemeindeebene aus. In einem Flugblatt der NSDAP-Ortsgruppe Kleefeld hieß es, daß die Beteiligung an der Wahl die Pflicht eines jeden deutschen Christen und Nationalsozialisten sei. Keiner dürfe den kleinen Weg zum Wahllokal scheuen. Laue und Schwankende aus dem Bekanntenkreise seien aufzusuchen und mitzunehmen, wobei ihnen einzuschärfen sei, daß sie die vereinbarte Einheitsliste unverändert wählten.[74] In der Niedersächsischen Tageszeitung hatte der Organisationsleiter der Glaubensbewegung wenige Tage vor der Wahl einen ähnlichen Aufruf veröffentlicht.[75] Diesem konzentrierten Wahlkampf hatten die be-

*Umzug anläßlich der Eröffnung des 4. („braunen") Landeskirchentages, 28. August 1933.*

kenntnisorientierten Kreise nichts entgegensetzen können. Als einzige auf die Öffentlichkeit zielende Maßnahme scheinen namentlich nicht gekennzeichnete Flugblätter aus Berlin verteilt worden zu sein, die gegen die Deutschen Christen Stel-

---

72 Rundfunkansprache Hitlers in Bayreuth am Vorabend der Kirchenwahlen, 22. Juli 1933, in: Georg Kretschmar/Carsten Nicolaisen (Hg.), Dokumente zur Kirchenpolitik des Dritten Reiches, Bd. 1, München 1981, S. 119–121.
73 Aufruf „Evangelische Nationalsozialisten!", unterzeichnet vom stellvertretenden Gauleiter Schmalz, LKA, S 1, H I 313.
74 Flugblatt der NSDAP-Ortsgruppe Kleefeld vom 25. 7. 1933, KgmA Petri Kleefeld A 131.
75 NTZ, 21. 7. 1933.

lung bezogen. In einem Zeitungsartikel hatte Pastor Franz dies als „reaktionäre Wühlerei" angeprangert.[76] Ausgehend von der Machtübernahme in den Kirchenvorständen eroberten die Deutschen Christen in den folgenden Wochen auch die Führung in den Kirchenkreisvorständen, die von den Kirchenvorstehern der Gemeinden gewählt wurden. Bei der Neuwahl zum Landeskirchentag kandidierte zwar eine Gruppe „Evangelium und Kirche" mit Pastor Brammer an der Spitze, blieb aber selbstverständlich in der Minderheit.[77] Für die beiden hannoverschen Wahlkreise zogen jeweils sechs Deutsche Christen als Vertreter in den Landeskirchentag ein.[78]

Im Anschluß an die alljährlich stattfindende Pfingstkonferenz hatte sich im Frühsommer 1933 erstmals ein kleiner Kreis von Pastoren gebildet, die sich gegen die Deutschen Christen stellten. Ende Juni traf sich diese lose Gruppe unter dem Namen „Landeskirchliche Sammlung" in der Wohnung Pastor Brammers und begann mit der Herausgabe von regelmäßigen Mitteilungen.[79] Allerdings war der Kreis, der sich bald um den ausgeprägt lutherischen Pastor Bosse aus Raddestorf und den hannoverschen Stadtjugendpfarrer Duensing bildete, zunächst so klein, daß z. T. vereinbarte Zusammenkünfte wegen Mangels an Beteiligung ausfallen mußten.[80] In der Stadt Hannover waren die Gemeindepastoren Brammer, Dittrich, Renner, Trautmann, Reddersen und Sander an diesen Anfängen der späteren Bekenntnisgemeinschaft beteiligt.

Auf der administrativen Ebene hatte der für Kirchenfragen zuständige Kultusminister Rust am 24.Juni 1933 einen Staatskommissar für sämtliche evangelischen Landeskirchen Preußens eingesetzt, zu dessen Unterbevollmächtigtem in der hannoverschen Landeskirche der altgediente DC-Mann und Parteiredner Gerhard Hahn ernannt wurde. Er zog umgehend die Befugnisse des Kirchensenates an sich, schränkte die Rechte des Landesbischofs ein und ließ von dem in seinem Sinne umgebildeten Kirchensenat[81] den Präsidenten des Landeskirchenamtes, Schramm, und dessen

---

76 NTZ, 20. 7. 1933.
77 Diese Vorgänge sind im einzelnen beschrieben bei Klügel, Landeskirche, S. 62–69.
78 Die Pastoren Jacobshagen, Franz und Reinboth legten im Verlaufe der Amtsperiode ihre Mandate aufgrund von Differenzen mit der Landesleitung der DC nieder. Einem Handelsvertreter aus der Apostelgemeinde wurde die Befähigung zum Kirchenvorsteheramt wegen strafbarer Delikte aberkannt. Die weiteren Vertreter waren die Pastoren Prof. Meyer (Zionskirche) und Fahlbusch (Martinskirche), zwei Ortsgruppenleiter der NSDAP, der Gemeindeobmann der DC-Ortsgruppe Lutherkirche, ein Arzt, ein Steuersekretär und ein Direktor. Als Minderheitenvertreter gehörte der bekenntnismäßig orientierte Misburger Arbeiter Balthasar Kohlepp dem „braunen" Landeskirchentag an. Der Leiter des Friederikenstiftes, Pastor Hustedt, wurde aufgrund seiner leitenden Aufgaben in der Inneren Mission in das Gremium berufen.
79 Klügel, Landeskirche, S. 49 f.
80 Pastor Renner an Bosse, 3. 7. 1933, in: LKA, N 6, II, 1.
81 Zu Mitgliedern des neuen Kirchensenates wurden ernannt: Superintendent Felix Rahn aus Sievershausen, der kommissarische Landrat Dr. Karl Weber aus Verden, Landwirt und MdL Friedrich Bolte aus Schapsen (bei Vilsen) sowie der ehemalige NSDAP-Gauleiter und nunmehrige Regierungspräsident und Landtagsabgeordnete Dr. Hermann Muhs aus Hildesheim. Um ihr Verständnis dieses Ehrenamtes zu dokumentieren, erschienen die vier Nationalsozialisten zur konstituierenden Sitzung des Kirchensenats im Braunhemd (NTZ 13. 8. 1933). Später schied Bolte aus und wurde durch den Kreisbauernführer Gloystein aus Gerdau (bei Uelzen) ersetzt.

Stellvertreter, Fleisch und von Lüpke, beurlauben. Der neugewählte „braune" Landeskirchentag übertrug seine Rechte weitgehend an den von Hahn dominierten Kirchensenat.[82]

Auch in den äußeren Formen wurde die Nazifizierung der Kirche deutlich: durch eine Änderung der Flaggenordnung wurden neben der traditionellen Kirchenfahne auch die schwarz-weiß-rote und die Hakenkreuzfahne als kirchliche Beflaggung etabliert.[83] Im Juli wurde der Hitlergruß offiziell in der Landeskirche eingeführt.[84] Wie sehr der nationalsozialistische „Alltag" sich auch auf die kirchliche Arbeit auszuwirken begann, wird exemplarisch in einem Schreiben des Vizepräsidenten des Landeskirchenamtes deutlich, in dem dieser die Superintendenten auf ein neu entstandenes Feld kirchlicher Arbeit hinweist: die Seelsorge an den in Konzentrationslagern inhaftierten Schutzhäftlingen.[85]

Im September wurde Pastor Jacobshagen zum kommissarischen Generalsuperintendenten des Sprengels Hannover ernannt und zwei Monate später übernahm der deutsch-christliche Pastor Rademacher[86] das Amt des Stadtsuperintendenten. Auch die Jugend wurde auf den neuen Staat eingeschworen. Bei einer „Kundgebung für Evangelium und Kirche, Volk und Vaterland" bekannten sich die christlichen Pfadfinder aus Laatzen begeistert „zu Adolf Hitler und seinem Werk".[87] Die am 25. Oktober 1933 in der Marktkirche inszenierte „Treuekundgebung" des Landeskirchentages für den „Führer" sollte noch einmal symbolisieren, daß Christuskreuz und Hakenkreuz nun zusammengehörten.[88] Nach Ansprachen von DC-Führer Hahn und Landesbischof Marahrens „legten die versammelten Kirchenführer ein Treuebekenntnis zum Kanzler ab. Stehend, mit erhobenem Arm, sang die Versammlung das ‚Lied der Deutschen' und bekannte sich ebenfalls durch ein lautes Ja zu unbedingter Treue dem Führer gegenüber".[89] Die Deutschen Christen standen auf dem Höhepunkt ihrer Macht. Die evangelische Kirche hatte einen tiefgreifenden und umfassenden Veränderungsprozeß innerhalb von wenigen Monaten erlebt.

---

82 Hierzu Klügel, Landeskirche, S. 69 ff.
83 KABl. Stück 17, 1933. Erst 1927 war in der hannoverschen Landeskirche als Kirchenfahne eine weiße Flagge mit violettem Kreuz eingeführt worden, die durch die Flaggenordnung vom 13. März 1933 bis auf wenige Ausnahmefälle zur ausschließlichen Kirchenfahne erklärt worden war. Völkisch eingestellte Pfarrer bekämpften diese „Flaggenverbot", bis am 26. 8. 1933 auf Betreiben des Unterstaatskommissars Hahn die Flaggenordnung geändert wurde.
84 HA, 21. 7. 1933.
85 Von Lüpke an die Superintendenten, 15. 8. 1933, KKA Limmer A 349.
86 Friedrich Rademacher (1893–1950), 1930–1933 Pfarrer an der Dreifaltigkeitskirche in der Oststadt Hannovers, 1933–1938 Superintendent des Kirchenkreises Hannover-Linden mit Sitz an der St. Nikolaikirche in Limmer, gleichzeitig Stadtsuperintendent; Mitglied und zeitweise Landesleiter der Deutschen Christen.
87 HA, 10. 11. 1933.
88 Gerhard Hahn, Christuskreuz und Hakenkreuz, Hannover 1934. Zur Gestaltung und Bedeutung dieser nationalsozialistsche Propagandaveranstaltung: Werner Dannowski, Die Marktkirche im Nationalsozialismus, in: Grosse, Bewahren, S. 253–270, hier S. 257 f.
89 So ein Bericht in der NTZ, 26. 10. 1933.

„Treuekundgebung" des Landeskirchentages für Adolf Hitler in der Marktkirche, 25. Oktober 1933.

## 2.5 Die schwankende Position des Landesbischofs

Nur eine Institution der Landeskirche, nämlich die des geistlichen Führers, schien von der Umwälzung wenig berührt worden zu sein. In einem bemerkenswerten Aufruf hatte im Mai eine größere Zahl von Pastoren sowohl orthodox lutherischer Ausrichtung als auch deutsch-christlicher Orientierung dem Landesbischof als Führer der Kirche ihre unbedingte Gefolgschaft versichert. Gleichzeitig wurde betont, daß ein deutliches „Ja" zur „Volkswende", in der man sich befinde, für evangelische Christen eine Selbstverständlichkeit sei[90]. Auch der Landesbischof selbst stand ohne Zweifel grundsätzlich einem autoritären Regime nationaler Prägung positiv gegenüber. Spätestens seit 1930 hatte er das nationalsozialistische Gedenkengut intensiv rezipiert und zumindest teilweise auch in seine Überlegungen adaptiert.[91] In einem Schreiben an den Vorstand des Hannoverschen Pfarrvereins umriß August Marahrens seine Position folgendermaßen:

„Eine Zeit liegt hinter uns, in welcher die Kirche dem Volke planmäßig entfremdet wurde. Der Marxismus in sozialistischer und kommunistischer Ausprägung hat durch Parteiapparat und Parteipresse offen und geheim Christentum und Kirche verdächtigt und beschimpft und damit dem Arbeiter die Heimat der Seele geraubt. Entseelung, Entsittlichung und Entgottung von Welt und Leben war die Folge... Ich sehe die soziale Aufgabe der Kirche auch fernerhin vor allem darin, mit aller Kraft die Ideologie des Klassenkampfes zu vernichten und aus der Gemeinschaft der Kirche Jesu Christi auch die Volks- und Wirtschaftsgemeinschaft in Verantwortung vor Gott zu stellen."[92]

So war es nur folgerichtig, wenn Marahrens in einem Aufruf zur Volksabstimmung im November 1933 betonte, das „Ja" zum Führer sei der Tatbeweis des Dankes an Adolf Hitler, der die Deutschen vor dem bolschewistischen Unheil bewahrt und den Kampf für Christentum und sittliche Lebensordnung aufgenommen habe.[93] So emphatisch und unmißverständlich der Landesbischof seine Übereinstimmung mit der nationalsozialistischen Neuordnung der Gesellschaft ausdrückte, so schwankend war seine Position im Verhältnis zu den Deutschen Christen. Die Suspendierungen der leitenden Beamten im Landeskirchenamt hatten unzweifelhaft zu Spannungen geführt.[94] Zwei Tage nach der Entlassung des Präsidenten Schramm und seiner Stellvertreter von Lüpke und Fleisch wandte sich DC-Führer Hahn in einem persönlichen Schreiben an den Landesbischof, um seine Sicht der Dinge darzulegen. Aufgrund des Ergebnisses der kirchlichen Wahlen sei den Deutschen Christen die Führungsrolle in der Landeskirche zugefallen. Sie seien nicht nur bereit, sondern auch „fest entschlossen" diese zu übernehmen. Das Zögern des Landesbi-

---

90 Aufruf vom 6.Mai 1933, KgmA Nikolai Limmer, A 3524.
91 Hans Otte, Ein Bischof im Zwielicht. August Marahrens (1875–1950), in: Grosse u. a., Bewahren, S. 179–222, hier S. 189 ff.
92 Marahrens an Pastor Lübs, 20. 6. 1933, LKA, D 4, 13 I.
93 HA, 11. 11. 1933.
94 Protokoll der „vertraulichen Besprechung im amtsbrüderlichen Kreise" am 23. 8. 1933 im Loccumer Hof, LKA, L 2, 21, Bd. 1.

schofs im Hinblick auf eine eindeutige kirchenpolitische Stellungnahme habe das zwischen ihm und den Deutschen Christen bzw. den Nationalsozialisten bestehende Vertrauensverhältnis „zumindest stark erschüttert". So eindeutig und klar, wie der Ausgang der Kirchenvorsteher- und Landeskirchentagswahlen müsse nach der Neubildung der kirchlichen Körperschaften nun auch die Entscheidung des Landesbischofs sein. Die personellen Veränderungen im Kirchensenat und im Landeskirchenamt seien „selbstverständlich" gewesen, da der Glaubensbewegung die Führung in der Landeskirche zustehe. Marahrens können nur im Amt bleiben, wenn er unverzüglich ein vorbehaltloses öffentliches Bekenntnis zur Glaubensbewegung ablege. Dies sei nicht zuviel verlangt angesichts der Tatsache, daß über 80 % des Kirchenvolkes bereits ein klares Bekenntnis zu den Deutschen Christen und damit zum neuen Werden in Volk und Kirche abgelegt hätten.[95]

*Der hannoversche Landesbischof August Marahrens, um 1940.*

---

95 Hahn an Marahrens, 18. 8. 1933, LKA, L 2, 21, Bd. 1.

In einer vertraulichen Besprechung im Loccumer Hof erörterte der Landesbischof am 23. August 1933, also genau eine Woche nach der Entlassung der Spitzenbeamten des Landeskirchenamtes, mit 22 bekenntnisorientierten Pfarrern die Lage. In zahlreichen Besprechungen, so Marahrens, sei ihm die erschreckende Zerrissenheit in der Pfarrerschaft offenbar geworden. Aus ihr herauszuführen und ein Zusammenarbeiten zum Segen von Kirche, Gemeinde und Volk anzubahnen, sei sein dringlichstes Anliegen geworden. In der an die Ausführungen des Landesbischofs sich anschließenden Aussprache wurden unterschiedliche Einschätzungen gegenüber der Glaubensbewegung deutlich. Während etliche Pfarrer ein Zusammenarbeiten mit den gemäßigten Anhängern der Deutschen Christen um Bergholter für möglich hielten, wiesen andere nachdrücklich auf den Radikalismus Hahns und der Reichsleitung hin. Als Ergebnis des über vierstündigen Gespräches stellte der Landesbischof fest, daß er den Gedanken an einen Zusammenarbeit mit den deutschchristlichen Pfarrern nicht fallen lassen könne. Andererseits sei für ihn der Beitritt zur Glaubensbewegung ausgeschlossen, da dieser für die geistliche Führung, die ihre Direktiven nur dem Evangelium zu entnehmen habe, untragbar sei. Im übrigen sei er fest entschlossen, sich nicht „zentimeterweise das Rückgrat abbrechen zu lassen", sondern wolle feste Grundsätze bewahren.[96] Der Landesbischof präsentierte sich somit den alten Führungspersönlichkeiten seiner Landeskirche als in den lutherischen Traditionen verwurzelter geistlicher Führer, der bewußt eine neutrale Linie abseits der kirchenpolitischen Fraktionierungen verfolge und daher auch nicht Mitglied der neuen Glaubensbewegung werden könne. Andererseits stellte er aber auch klar, daß er nicht gegen die Deutschen Christen kämpfen, sondern eher um sie ringen wolle.[97] Insbesondere könne er auf die Mitarbeit der deutsch-christlichen Pfarrer bei der volksmissionarischen Arbeit nicht verzichten.[98]

Gleichzeitig bemühte sich Marahrens auch um gute Kontakte zu den Deutschen Christen. Zu einigen führenden Exponenten der Glaubensbewegung (wie etwa Jacobshagen oder Hahn) bestand durchaus eine persönliche Vertrauensbasis. Dem Unterstaatskommissar Hahn versicherte Marahrens, daß er „aus voller persönlicher Bejahung der nationalsozialistischen Bewegung" heraus die Tätigkeit der Deutschen Christen weithin als sein eigenes Anliegen ansehe, machte aber auch auf seine Befürchtungen gegenüber bestimmten Zügen der Glaubensbewegung aufmerksam. Er werde vor dem Landeskirchentag eine Erklärung abgeben, mit der er ausdrücklich seinen Willen zur Zusammenarbeit mit den Deutschen Christen bezeuge und sei optimistisch, „eine Grundlage zu finden, auf die sich alle Amtsbrüder, denen es unter Bejahung der nationalsozialistischen Bewegung um eine weitgreifende Erneuerung des Lebens und der Formen unserer Kirche zu tun ist..., einigen können... Sie haben somit mein Wort, daß ich zur Mitarbeit in dem oben angedeuteten Sinne bereits bin. Daß ich zu meinem Wort stehe, wissen Sie."[99]

---

96 Protokollentwurf zur vertraulichen Besprechung im Loccumer Hof am 23. 8. 1933, LKA, L 2, 21, Bd. 1.
97 LKA: L 2, 20a, Bd. 2 und L 2, 21, Bd. 1.
98 LKA: S 1, H I 115 und 116, sowie L 2, 20a, Bd. 2.
99 Marahrens an [Hahn], 26. 8. 1933, in: LKA, L 2, 20a, Bd. 2.

Ganz im Gegensatz zu dem von Klügel entworfenen Bild einer prinzipienfesten Führungspersönlichkeit[100] ist festzuhalten, daß Landesbischof August Marahrens zumindest im Verlaufe des Jahres 1933 zwischen allen Fronten lavierte und sich nicht selten in durchaus opportunistischer Weise zu den Fragen und Problemen äußerte, die an ihn herangetragen wurden. Im Jahr der Machtergreifung sahen sowohl Bekenntispfarrer als auch Deutsche Christen Marahrens als „ihren" Mann. Wie sehr der Landesbischof in dieser für die Kirche sehr schwierigen Phase der Neuorientierung unter veränderten gesellschaftlichen Rahmenbedingungen in seiner Position schwankte und diese Unsicherheit auch selbst spürte, wird in einem Brief an einen hannoverschen Rechtsanwalt deutlich, dem er schrieb:

„In dem Rhythmus und Tempo unserer Tage ist das Festhalten an der Linie, die auch der kirchlichen Tradition unserer niedersächsischen Heimat entspricht, oft schwer. Ich habe immer wieder den Wunsch, daß man in dieser geschichtlichen Stunde nur nicht versagt".[101]

In einem vertraulichen Dossier für den osthannoverschen Gauleiter Telschow bescheinigte DC-Führer Hahn dem Landesbischof noch zu Beginn des Jahres 1934 durchaus wohlwollend, daß dieser schon seit 1931 in dem Ruf stehe, mit den Nationalsozialisten zu sympathisieren. Diese Einschätzung sei auch zutreffend, wenngleich Marahrens als Landesbischof es nicht fertig gebracht habe, die offizielle Einstellung der Kirchenbehörde in diesem Sinne zu beeinflussen oder antinationalsozialistische Maßnahmen wie den Flaggenerlaß vom März 1933 zu verhindern. Seit seiner Ernennung zum Unterbevollmächtigten des Staatskommissars Jäger für die hannoversche Landeskirche habe er, Hahn, mit Marahrens in „engster Zusammenarbeit" gestanden. „Was seine Gesinnung betrifft, so muß gesagt werden, daß an seiner positiven Stellung zum Nationalsozialismus und zum nationalsozialistischen Staat kein Zweifel sein dürfte. Er hat im Herbst des letzten Jahres auf meine Veranlassung hin zwei Male mitgewirkt bei Treuekundgebungen der Kirche für Staat und Hitler. Somit dürfte seine positive Einstellung zu Hitler einwandsfrei (sic!) sein. Ich glaube behaupten zu können, daß er mit irgendwelchen politisch reaktionären Kreisen keinerlei Verbindung hat. Den ‚Deutschen Christen' gehört Marahrens nicht an, aber er erkennt sie an... Die Schwäche des Marahrens ist mangelnde Führerfähigkeiten (sic!): er kommt sehr schwer zum Handeln und hat hunderterlei Gewissensbedenken, wenn er mal handeln soll."[102]

Die in der Person des Landesbischofs 1933 zum Ausdruck kommende Unsicherheit herrschte auch bei der großen Mehrheit der Pfarrer vor. Nur ganz wenige Pastoren sahen sich im Jahr der Machtergreifung in der Lage, einen klaren Protest zu formulieren[103]. Es kann auch keineswegs davon gesprochen werden, Landesbischof Ma-

---

100 Klügel, Landeskirche, S. 72 ff.
101 Marahrens an von Engelbrechten, 1. 9. 1933, LKA, L 2, 16 II.
102 Bericht Gerhard Hahns (24. 1. 1934) über die Persönlichkeit des Landesbischofs Marahrens, Anlage zu einem Schreiben des stellvertretenden Gauleiters von Ost-Hannover an Kultusminister Rust, 6. 2. 1934, ZStA Potsdam, Bestand Reichskirchenministerium Nr. 23218, Bl. 454.
103 Hier ist insbesondere der Herrenhäuser Pastor Rasch zu nennen. Vgl. dazu das Kapitel über die Herrenhäuser Kirchengemeinde.

rahrens sei „fest entschlossen (gewesen), einer Politisierung der Kirche und einem Eindringen der Irrlehre entgegenzutreten".[104] Das von Klügel gezeichnete Bild einer von Anfang an unter Einschluß des Landesbischofs sich bildenden Abwehrfront gegen nationalsozialistische Einflüsse in der hannoverschen Landeskirche entspricht nicht der Realität.

Vielmehr sind im kirchenpolitischen Handeln des Landesbischofs während der NS-Herrschaft zwei deutliche Brüche festzustellen. Hatte er 1933 bei wohlwollender Zustimmung zum Nationalsozialismus versucht, eine neutrale und vermittelnde Position zwischen den alten, streng lutherisch orientierten Führungsschichten der hannoverschen Landeskirche und der neuen, sich volksnah gebenden Glaubensbewegung einzunehmen, so wurde die Unhaltbarkeit dieser Position im Verlaufe des reichsweit ausgetragenen innerkirchlichen Streites im Jahre 1934 deutlich. Hier ist die erste Umorientierung des Landesbischofs feststellbar. Erneut erwies sich August Marahrens als typischer Vertreter des niedersächsischen Pfarrerstandes, mit dem er 1933 die zögerliche Haltung geteilt hatte. Erst als die Existenzgrundlage und Selbständigkeit der hannoverschen Lansdeskirche durch die Eingliederung in die Reichskirche angetastet werden sollte, wurde für ihn eine klare Entscheidung möglich. Unter Führung des Landesbischofs nahm nun die große Mehrheit der hannoverschen Pfarrer eine konsequente Abwehrposition gegen die deutsch-christliche Reichskirchenpolitik ein. Nach der Entscheidung des innerkirchlichen Machtkampfes ist erneut eine Modifizierung des kirchenpolitischen Handelns von Marahrens festzustellen. Ihm liegt nicht daran, die Deutschen Christen ganz aus der Kirche zu verdrängen, sondern er will sie in seinem Sinne in die Landeskirche einbinden. Marahrens trennt sich vom entschiedenen Flügel der Bekennenden Kirche und steuert, wie noch im einzelnen gezeigt werden wird, fortan erneut einen „neutralen" Kurs des Ausgleichs, der die Mitarbeit in der Reichskirche einschließt und auf einer absoluten politischen Loyalität gegenüber dem nationalsozialistischen Staat beruht.

Zusammenfassend ist also festzustellen, daß das Jahr 1933 gekennzeichnet ist von der Gleichschaltung der evangelischen Landeskirche sowohl auf der Ebene der kirchenleitenden Gremien (mit Ausnahme des Landesbischofs) als auch in den Kirchengemeinden. Bethge hat für diesen Prozeß den Begriff der „Nazifizierung der Kirche"[105] geprägt, der nicht nur das aggressive Vorgehen der Deutschen Christen, sondern auch die hoffnungsvolle Zustimmung derer umfaßt, die nicht den radikalen Weg der Deutschen Christen gehen wollten.

---

104 Klügel, Landeskirche, S. 73.
105 Eberhard Bethge, Zwischen Bekentnnis und Widerstand. Erfahrungen in der Altpreußischen Union, in: Jürgen Schmädeke/Peter Steinbach (Hg.), Der Widerstand gegen den Nationalsozialismus. Die deutsche Gesellschaft und der Widerstand gegen Hitler, München 1985, S. 281–294.

## 3. Der innerkirchliche Machtkampf (Oktober 1933–März 1935)

### 3.1 Die Krise der Deutschen Christen

Im Spätherbst 1933 begann reichsweit die Krise der Deutschen Christen. Im Sportpalast hatte Reinhold Krause, Gauobmann der Deutschen Christen in Berlin, eine aufreizende Rede gehalten, in der er ausführte, das Alte Testament widerspreche einem artgemäßen Christentum und Juden hätten weder als Pfarrer noch als Kirchenmitglieder in der deutschen Volkskirche etwas zu suchen.[1] Sechs Tage später, am 19. November 1933, wurde auf dem hannoverschen Marktplatz und in den umliegenden Straßen ein „Luthertag" als Großkundgebung mit mehr als zehntausend Teilnehmern gefeiert. Der inzwischen zum Regierungspräsidenten avancierte ehemalige NSDAP-Gauleiter Muhs[2], der dem deutsch-christlich besetzten Kirchensenat angehörte, behauptete, der momentane Zustand der evangelischen Kirche wäre dem der katholischen Kirche zur Zeit Luthers ähnlich. Die Kirche hätte versagt und erst die nationalsozialistische Bewegung habe den Weg zu Luther wieder freigemacht. Nun werde die Religion von den „Fesseln des Kirchentums" befreit werden.[3]

Bereits einen Tag später trafen sich 14 Pfarrer bei ihrem Amtskollegen Brammer, um eine Eingabe zu formulieren, die, versehen mit 47 Unterschriften stadthannoverscher Pastoren, eine Woche später dem Präsidenten des Landeskirchenamtes überreicht wurde. Die Angriffe von Muhs auf die Kirche wurden als übertrieben und haltlos zurückgewiesen und ihm das Mißtrauen ausgesprochen.[4] Nachdem die Deutschen Christen durch ihr massives Auftreten bei den Kirchenwahlen im Juli 1933 die Macht in den Kirchenvorständen erobert und kurz darauf gegen den sich erst formierenden Widerstand der bekenntnisorientierten Gruppe „Evangelium und Kirche" auch eine überwältigende Mehrheit im Landeskirchentag erhalten hatten, begann in der zweiten Jahreshälfte der Aufbau der Bekenntniskreise von der Basis her. Neben einigen stadthannoverschen Gemeindepfarrern und dem Rad-

---

1 Manuskript der Rede des Gauobmannes der Glaubensbewegung Deutsche Christen in Groß-Berlin, Dr. Reinhold Krause, gehalten im Sportpalast am 13. November 1933, LKA, S 1, E I 401.
2 Dr. Heinrich Muhs (1894–1962), Rechtsanwalt, 1932 für einige Monate Gauleiter der NSDAP in Hannover, im April 1933 als Vertreter Hannovers in den Reichsrat entsandt (HA 13. 4. 1933), 1933–1936 Regierungspräsident in Hildesheim, 1937 als Staatssekretär in das Reichskirchenministerium berufen.
3 Rede von Muhs auf dem Marktplatz zu Hannover anläßlich der Feier des Luthertages am 19. 11. 1933, LKA: S 1, H I, 401.
4 LKA: S 1, H I 401.

destorfer Pastor Johannes Bosse[5] engagierte sich vor allem der hannoversche Stadtjugendpfarrer Friedrich Duensing[6] für den organisatorischen Aufbau der „Landeskirchlichen Sammlung", wie sich die Bekenntnisgruppe zunächst schlicht nannte. Duensing stellte sein Büro und die mit ihm zusammenarbeitenden ehrenamtlichen Helfer aus der Jugendarbeit in den Dienst dieser Sache.[7] Seit November 1933 sind regelmäßige Treffen von Bekenntnispastoren im Pfarrhaus der Markuskirche bei Pastor Sander belegt.[8] Die erste größere öffentliche Veranstaltung der „Landeskirchlichen Sammlung" fand am 29. November 1933 in der Aula der Wilhelm-Raabe-Schule statt. Der Generalsekretär der Deutschen Christlichen Studenten-Vereinigung, Dr. Hanns Lilje aus Berlin, sprach über „die Erneuerung der Kirche".[9] Die ersten Gemeindegruppen entstanden bei den Pastoren Sander[10] an der Markuskirche, Reddersen[11] an der Lister Kirche, Dittrich[12] in Kirchrode und Brammer in der Nazarethgemeinde[13].

Noch bedeutsamer als die Formierung dieser Protestfront sollte für die Deutschen Christen allerdings die Opposition in den eigenen Reihen werden. Für aufgeregte Diskussionen sorgten beispielsweise die von Mattiat[14] verfaßten Thesen mit dem Titel „Was wir glauben", die in der nationalsozialistischen Tagespresse als „Bekenntnis der Glaubensbewegung Deutsche Christen" veröffentlicht worden waren.[15] In einem Rechtfertigungsschreiben stellte der Verfasser klar, daß er seine Gedanken nicht als Umänderung des christlichen Glaubensbekenntnisses, sondern nur als Versuch verstanden wissen wolle, das überlieferte apostolische Bekenntnis in eine moderne sprachliche Form zu kleiden.[16] Anfang Dezember trieb der Leiter des Friederikenstiftes, Pastor Hustedt, die Spaltung der DC-Bewegung voran, indem er eine Entschließung versandte, in der er alle deutsch-christlichen Amtskollegen aufforderte, sich für die Loslösung der hannoverschen Glaubensbewegung von der Berliner Reichsleitung auszusprechen und sich bedingungslos unter die geistliche Führung des Landesbischofs zu stellen.[17] Da die Mehrheit der stadthannoverschen DC-Pfarrer sich dem Standpunkt Hustedts anschloß, geriet die Landesleitung unter starken Druck und trennte sich schließlich von der Reichsleitung unter Hossenfel-

---

5 Johannes Bosse (1896–1970), Pfarrer in Raddestorf, 1934 erster Obmann der Bekenntnisgemeinschaft in der ev.-luth. Landeskirche Hannovers.
6 Friedrich Duensing (1898–1944), 1930–1934 Stadtjugendpfarrer in Hannover, ab 1934 Pastor in Rießen-Steyerberg, erster Geschäftsführer der Bekenntnisgemeinschaft.
7 Vgl. Klügel, S. 78 ff.
8 Vgl. hierzu die Eintragungen im Taschenkalender Arnold Fratzschers, Privatbesitz Fratzscher.
9 Klügel, Landeskirche, S. 81.
10 Otto Sander (1879–1944), 1925–1944 Pastor an der Markuskirche.
11 Karl Reddersen (1893–1963), 1929–1947 Pastor an der Lister Kirche.
12 Gerhard Dittrich (1887–1973), 1929–1958 Pastor in Kirchrode.
13 Klügel, Landeskirche, S. 81.
14 Er war zu dieser Zeit Landesleiter der Deutschen Christen und gehörte gleichzeitig dem Landeskirchenamt an.
15 NTZ, 24. 10. 1933.
16 Offener Brief Mattiats an alle Pfarrer der Landeskirche, 13. 12. 1933, KgmA Marienwerder A 1105.
17 LKA: S 1, H I 408.

der.¹⁸ Der Kirchensenat stimmte einer erneuten Bevollmächtigung des Landesbischofs zu.¹⁹ Hustedt allerdings wurde wegen seines eigenmächtigen Handelns, das als „Meuterei" und „Verrat" bezeichnet wurde, aus der Glaubensbewegung ausgeschlossen.²⁰ Gleichzeitig wurde aber auch deutlich, daß die Deutschen Christen die anläßlich der Kirchenwahlen im Sommer 1933 noch uneingeschränkt gewährte Unterstützung der Partei mittlerweile verloren hatten. Die Reichsleitung der NSDAP stellte im Herbst 1933 fest, daß das Ziel der Kirchenwahlen erreicht sei und nunmehr niemand benachteiligt werden dürfe, weil er nicht den Deutschen Christen angehöre.²¹

Das Abkommen über die Eingliederung der Evangelischen Jugend in die Hitlerjugend provozierte in der hannoverschen Pastorenschaft massive Kritik an Reichsbischof Müller. In einem Spitzelbericht heißt es, daß die evangelischen Jugendführer um den hannoverschen Stadtjugendpastor Duensing „durch ihre Wühlarbeit das große nationalsozialistische Einigungswerk der deutschen Jugend zu erschüttern suchen"²². Bei drei Besprechungen der für die evangelische Jugendarbeit in Hannover Verantwortlichen sei im Dezember 1933 die Aufhebung des Reichsjugendabkommens gefordert worden. Duensing habe wörtlich erklärt: „Das Abkommen zwischen Reichsjugendführer und Reichsbischof schafft in der Praxis Reibungsflächen, die einen schlimmeren Kampf zwischen uns und der Hitlerjugend herbeiführen, als wir ihn mit der marxistischen Jugend gekämpft haben... Praktisch unmöglich ist die Unterstellung der Jugend unter zwei Bünde. Welcher Junge kann zwei Führern folgen? Er kann sein Herz nicht teilen unter H.J. und C.J... Die HJ erhebt außerdem Totalitätsanspruch in ihrer Führung und wird die Jugend ganz zu sich herüberziehen."²³

An der gemeindlichen Basis der Jugendarbeit wurde dagegen Optimismus verbreitet. So hieß es im Hinblick auf eine 75 männliche Jugendliche umfassende Pfadfindergruppe in Döhren: „Unsere Jungen marschieren jetzt im braunen Ehrenkleid des Dritten Reiches...". Die Christliche Pfadfinderschaft sei kein Jugendbund im alten Sinne mehr, man stehe nun vor neuen Aufgaben. „Als junge Nationalsozialisten sind wir von der unerschütterlichen Gewißheit durchdrungen, daß wir unseren Kameraden die frohe Botschaft von Christus sagen müssen."²⁴

Das Jahr 1934 entwickelte sich zum Höhepunkt des innerkirchlichen Machtkampfes. Das offensive Auftreten von Reichsbischof Müller verschärfte reichsweit die in-

---

18 Mattiat an die Reichsleitung der DC, 20. 12. 33, LKA, S 1, H I 403.
19 KABl. 1934, S. 1 und 3.
20 Informationsdienst der Deutschen Christen (= ID/DC) vom 8. 12. 1933, in: LKA, S 1, H II 411 sowie Notiz zum Gespräch Hustedts mit Marahrens am 7. 12. 1933, in: LKA, S 1, H I 403.
21 Rundschreiben der Reichsleitung der NSDAP (Martin Bormann) an alle Gauleiter, 6. 10. 1933, sowie Verfügung der Reichsleitung der NSDAP (Rudolf Heß), 13. 10. 1933, nach Georg Kretschmar/Carsten Nicolaisen (Hg.), Dokumente zur Kirchenpolitik des Dritten Reiches, Bd. 1, München 1981, S. 143 ff.
22 Begleitschreiben des Hilfspastors M. zu einem Bericht der Gemeindehelferin S. an Mattiat, 4. 1. 1934, LKA: S 1 H I 406.
23 Zitiert nach dem überlieferten Spitzelbericht in LKA: S 1 H I 406.
24 Gemeindeblatt der Kirchengemeinde Döhren, 1. 4. 1934.

nerkirchlichen Auseinandersetzungen, so daß der Leiter des Geheimen Staatspolizeiamtes in Berlin, Rudolf Diels, am 8. Januar 1934 die genaueste Beobachtung oppositioneller Kundgebungen anordnete. Gleichzeitig sollte aber ein Eingreifen der Staatspolizei in kirchliche Belange tunlichst vermieden werden.[25] Anfang Februar wurden in einem Lagebericht der Staatspolizeistelle Hannover erstmals die kirchenpolitischen Gegensätze angesprochen. Der Berichterstatter konnte aber noch beruhigend darauf verweisen, daß der innerkirchliche Kampf nicht auf das politische Gebiet übergegriffen hätte und in der Öffentlichkeit auch nicht besonders hervorgetreten sei.[26] Wie aufgeheizt die Stimmung in kirchlichen Kreisen aber tatsächlich war, belegt beispielhaft ein kircheninternes Ermittlungsverfahren gegen Stadtjugendpastor Duensing. Dieser hatte sich bei zwei Kirchenkreiskonferenzen in Hannover herabwürdigend über den Bund Deutscher Mädel (BDM) geäußert.[27]

Unterdessen bereiteten sich die Deutschen Christen auf die entscheidende Auseinandersetzung vor. Der mittlerweile zum Landesleiter ernannte Pastor Hahn schrieb dem Reichsbischof, Marahrens werde „von Tag zu Tag frecher auch... gegen den Staat" und er monierte zudem, daß „die Notbundleute" aus Berlin besser informiert seien als die hannoversche DC-Bewegung, die gespannt auf die entscheidenden Impulse der Reichskirchenregierung warte. Inzwischen hatte sich für Hahn die Situation eindeutig geklärt: „Der Kampf der Deutschen Christen Hannovers ist nunmehr fast vollständig vorbereitet, so daß nur noch der Angriffsbefehl aussteht. Ziel unseres Kampfes ist und bleibt die Beseitigung des Landesbischofs Marahrens."[28]

Im Februar 1934 besuchte Reichsbischof Müller Hannover, um an der „Horst-Wessel-Gedächtnisfeier" der SA-Standarte 73 in der hannoverschen Stadthalle teilzunehmen.[29] Ende des Monats intensivierten die Deutschen Christen den innerkirchlichen Machtkampf gezielt an der gemeindlichen Basis, indem sie an einem Abend 15 parallel angesetzte Versammlungen durchführten. Vor allem in Ricklingen, Hainholz, Misburg und Seelze scheinen diese Vorträge gut besucht gewesen zu sein.[30] Eine besondere Brisanz gewann dieser Vorstoß in der Oststadt und der List, wo es seit Sommer 1933 zu heftigen Konflikten in den Gemeinden gekommen war. So hatte ein DC-Gemeindeobmann den Bekenntnispfarrer der Lister Kirche, Red-

---

25 Scholder, Kirchen, Band 2, S. 46 ff.
26 Lagebericht der Stapostelle Hannover an das Gestapa für den Monat Januar 1934, 5. 2. 1934, in: Mlynek, Gestapo, S. 107.
27 Die genaue Formulierung von Duensings Äußerung ist in den Akten nicht überliefert. Offensichtlich hatte er sinngemäß auf die unter Nazigegnern beliebte Ausdeutung der Abkürzung „BDM" als „Bund der Mittelmäßigen" Bezug genommen. Der Präsident des Landeskirchenamtes teilte der Kirchenkanzlei der Deutschen Evangelischen Kirche in Berlin schließlich mit, daß er beabsichtige, das bei ihm angestrengte kirchliche Ermittlungsverfahren einzustellen, aber anheimstelle, zu prüfen, ob ein staatspolitischer Einschlag vorliege. Die Reichskirchenkanzlei bewertete die beanstandete Rede aber nicht als kirchenpolitische Angelegenheit oder staatspolitisches Vergehen, sondern lediglich als eine „taktlose Entgleisung" (Schnelle an die Kirchenkanzlei der DEK, 3. 5. 1934, sowie Bearbeitungsnotizen der DEK, EZA: 1/A 4, 273).
28 Hahn an Reichsbischof Müller, 24. 1. 1934, EZA: 1/A 4, 272.
29 NTZ, 24. 2. 1934.
30 HK, 28. 2. 1934, sowie HT, 2. 3. 1934.

Reichsbischof Müller im Kreise prominenter hannoverscher DC-Parteigänger während einer Veranstaltung im Kuppelsaal der Stadthalle, 18. 9. 1934.
Von links nach rechts: Stadtsuperintendent Rademacher, der Präsident des Landeskirchenamtes, Schnelle, der Reichsbischof, DC-Führer Gerhard Hahn und der Vizepräsident des Landeskirchenamtes, Dr. Richter.

dersen, beschuldigt, gegen die Deutschen Christen polemisiert und gegen die Politik der Regierung gepredigt zu haben.[31] Besonders die Apostelkirche entwickelte sich zu einem der wichtigsten Stützpunkte der Glaubensbewegung in der Stadt Hannover. Der orthodox lutherische und bis 1933 parteipolitisch für die DHP engagierte Pastor Fehly, ein in der Landeskirche hochangesehener Mann, beklagte bereits kurz nach den Kirchenwahlen die deutsch-christliche Machtergreifung in seiner Gemeinde. Der neue Kirchenvorstand habe die Gemeindehelferin entlassen und wolle die Diakonissen des Henriettenstiftes, die mit der Sozialarbeit in der Kirchengemeinde betraut seien, durch „braune" Schwestern ersetzen. Die Führungsrolle bei der Umwälzung der Gemeindeverhältnisse habe ein Hilfspastor übernommen, dessen vorgesehene Versetzung das Landeskirchenamt „mit Rücksicht auf die Lage" habe fallenlassen müssen. Da der gesamte Kirchenvorstand einschließlich seines Amtskollegen der radikalen deutsch-christlichen Linie folge, werde es dahin kommen, daß die gesamte Jugendarbeit und Vereinstätigkeit zerschlagen werde.[32] Bezeichnend für die Stimmung in der Gemeinde mag auch die Reaktion eines Steu-

---

31 Reddersen an Marahrens, 17. 11. 1933, LKA: L 2, 1a, Bd. II.
32 Fehly an Marahrens, 16. 8. 1933, LKA: L 2, 1a, Bd. I.hh

erinspektors sein, der, offensichtlich ohne sein Wissen, als Kandidat auf den bekenntnisorientierten Wahlvorschlag gesetzt worden war. Er veröffentlichte in der NS-Tagespresse eine Notiz, daß er sich nicht zur „alten Kirche" zähle: „Da ich mich jedoch der neuen Richtung verbunden fühle und auch, wenn ich in Hannover anwesend gewesen wäre, die Liste ‚Deutsche Christen' gewählt hätte, bitte ich höflichst diese Richtigstellung in Ihrer Zeitung zu veröffentlichen."[33]

Allerdings traten bald auch die Probleme der Deutschen Christen auf der Ebene der Gemeinde deutlich zu Tage. Einer der neugewählten Kirchenvorsteher der Apostelkirche mußte im Februar 1934 vom Kirchenvorstandsvorsitzenden, dem deutsch-christlichen Pastor Zwick, entlassen werden, weil sich herausgestellt hatte, daß er zwölffach vorbestraft und somit nach den Bestimmungen der Kirchengemeindeordnung nicht als Kirchenvorsteher wählbar war.[34] Kurz darauf trat der Stellvertreter des DC-Gemeindeobmanns von seinem Kirchenvorsteheramt zurück und mehrere Kirchenvorsteher stellten ihre Tätigkeit aus Protest gegen einen ihrer Kollegen ein. Dieser, wie sämtliche weltlichen Mitglieder des Kirchenvorstandes NSDAP-Mitglied, war von einem Parteigericht aller Ehrenämter in der Partei enthoben worden, weil er Parteigelder unterschlagen habe. Zudem hatte er sich auch in der Gemeinde schnell einen schlechten Leumund erworben. Er habe die Kirche entweiht, indem er nach dem Klingelbeuteltragen während des Gottesdienstes in einem Nebenraum geraucht habe, hieß es. Im übrigen habe er Schulden gemacht und dann durch Ablegen des Offenbarungseides seine Gläubiger geschädigt. Durch Beschluß des Kreiskirchenvorstandes wurde der so Beschuldigte entlassen, da er „nicht den guten Ruf besitze, der für einen Träger des Kirchenvorsteheramtes erforderlich sei."[35] Ähnliche Probleme gab es auch in der benachbarten Dreifaltigkeitskirche. Dort waren bei den Kirchenwahlen auf der mit der NSDAP abgesprochenen Einheitsliste versehentlich ein Katholik und ein Dissident aufgestellt worden.[36]

Vor dem Hintergrund solcher Entgleisungen verwundert es nicht, daß die Deutschen Christen im Gemeindeleben schnell an Zulauf und Ansehen verloren. Bezeichnend für die von der gemeindlichen Basis her einesetzende Umorientierung ist der Verlauf einer Bekenntnisversammlung, die im September 1934 in der Dreifaltigkeitskirche stattfand. Vor rund 900 Gemeindemitgliedern und Bekenntnisanhängern aus den umliegenden Kirchengemeinden sprach Pastor Duensing über die kirchenpolitische Lage. Superintendent Badenhop, der zu diesem Zeitpunkt selbst keiner kirchenpolitischen Gruppe angehörte, forderte als Einberufer der Versammlung die Anwesenden im Anschluß an den Vortrag auf, ihre Unterstützung für den Landesbischof zu erklären. Der deutsch-christliche Pfarrer der Gemeinde hatte Mühe, überhaupt zu Wort zu kommen. Nachdem er erklärt hatte, der Landesbischof Marahrens sei „keine Führerpersönlichkeit", gingen seine weiteren Ausfüh-

---

33 NTZ, 30. 7. 1933.
34 Zwick an Kirchenvorsteher B., 22. 2. 1934, KgmA Apostelkirche A 131.1.
35 Kirchenkreisvorstand, Beschlußprotokoll der Sitzung vom 24. 4. 1934, KgmA Apostelkirche A 131.1.
36 Junge Kirche 1933, S. 90.

rungen in protestierenden Zwischenrufen unter und wurden schließlich durch das Absingen eines Kirchenliedes gestoppt.[37]

Auch die in dieser Phase durchgeführten Neubesetzungen von Pfarrstellen verdeutlichen, in welchem Maße die Deutschen Christen nach einem Jahr kirchenpolitischen Wirkens in der Gunst des Kirchenvolkes gesunken waren. Als nach dem Tode Pastor Fehlys (im Dezember 1933) des Landeskirchenamt mit Pastor Kahle[38] einen weiteren DC-Pfarrer für die Apostelkirche ernannte, konnte dieser aufgrund von Einsprüchen aus der Gemeinde erst nach mehrmonatiger Verzögerung in sein Amt eingeführt werden. Deutlich spiegelte die von der Gemeinde auszuübende Wahl für die dritte, noch vakante Pfarrstelle an der Apostelkirche die gewandelten kirchenpolitischen Präferenzen der Kerngemeinde wider. Hatten die Deutschen Christen mit ihrer Liste im Juli 1933 noch 68 % der Stimmen erreicht, so votierten im Januar 1935 trotz heftiger deutsch-christlicher Agitation nur noch 37 % für den DC-Bewerber, der damit deutlich einem energisch auftretenden Bekenntnispfarrer unterlag.[39] Selbst in der Apostelgemeinde, einem wichtigen Zentrum der Deutschen Christen in Hannover, war die Position der Glaubensbewegung inzwischen erheblich erschüttert. Die etwa gleichzeitig stattfindenden Pfarrerwahlen an der Aegidienkirche und der Döhrener Petrikirche hatten ähnliche Ergebnisse und unterstrichen damit, daß die hannoversche DC-Bewegung schon 1935 bei kirchlichen Wahlen keine Mehrheiten mehr mobilisieren konnte.[40] Offensichtlich hatten sich die inwzischen auch auf der Führungsebene der Landeskirche ausgetragenen Konflikte auf die Stimmungslage in den Gemeinden nachhaltig ausgewirkt.[41]

## 3.2 Die Formierung der Bekenntniskreise

Bereits Ende Februar 1934 hatten die Anhänger der Gruppe „Evangelium und Kirche" geschlossen die Sitzung des „braunen" Landeskirchentages verlassen, als einige Anträge der DC-Fraktion ohne Aussprache mit Mehrheit verabschiedet

---

37 Bericht der Stapostelle Hannover an das Gestapa, 11. 9. 1934, Hann. 180 Hann II 807, Bl. 46 f.
38 Emil Kahle (1893–1952), seit 1929 im Dienst der hannoverschen Landeskirche als Pfarrer in Wilhelmshaven, 1935–1945 Pastor an der Apostelkirche; Mitglied der NSDAP seit 1. 5. 1933; 1941 bis 1944 als Hauptmann der Reserve zum Wehrdienst einberufen. Ende 1945 vorzeitig pensioniert, nachdem er in Ausübung seines Dienstes bei einem Fliegerangriff schwer verletzt worden war.
39 LKA: S 1 H III 211.
40 An der Aegidienkirche erreichte der schon an der Apostelkirche unterlegene DC-Pfarrer Riege aus Hameln 40 % der Stimmen. Gewählt wurde ein neutraler Geistlicher, der sich später der Bekenntnisgemeinschaft anschloß. In Döhren wurde der Bekenntnispfarrer mit 93 % der Stimmen gegenüber dem DC-Bewerber mit nur 7 % der Stimmen gewählt (LKA: S 1 H III 211).
41 Eine ausführliche Beschreibung der einzelnen Vorgänge im Kampf um die Führung in der hannoverschen Landeskirche gibt Klügel, Landeskirche, S. 112–156. Es erübrigt sich daher im Rahmen dieser vor allem auf die Gemeindeebene zugeschnittenen Analyse die einzelnen Begebenheiten lückenlos und chronologisch darzustellen.

wurden.⁴² Am 7. Mai kam Hans Asmussen⁴³ zu einem Treffen „im kleinen Kreis" nach Hannover, sprach aber auch bei einer Versammlung im Rusthaus. Einen Tag später trafen Arnold Fratzscher und die Pastoren Brammer, Reddersen und Bosse zu einem Gespräch zusammen, bei dem anscheinend das weitere Vorgehen festgelegt wurde. Erstmalig taucht der Begriff der neuen Organisation auf. Fratzscher notierte in seinem Taschenkalender: „Bekenntnisgemeinschaft?".⁴⁴

Am 15. Mai 1934 beschloß der deutsch-christliche Kirchensenat die Eingliederung der hannoverschen Landeskirche in die Reichskirche. Bischof Marahrens strich seine zunächst gegebene Unterschrift unter das Gesetz durch und verweigerte damit den Vollzug der Eingliederung.⁴⁵ Einen Tag später erklärte die bisher nur lose organisierte Landeskirchliche Sammlung, durch das bekenntniswidrige Eingliederungsgesetz sei nunmehr der „status confessionis"⁴⁶ gegeben, und konstituierte sich offiziell zur „Bekenntnisgemeinschaft". Pastor Bosse aus Raddestorf wurde als „Obmann" mit der Leitung der Gruppe betraut. Sofort wurde eine Geschäftsstelle eingerichtet, die sich zunächst im Evangelischen Vereinshaus in den Prinzenstraße, dann kurzzeitig in der Wohnung Pastor Brammers und schließlich von Ende 1934 bis 1945 in einem Gebäude der Henriettenstiftung in der Weinstraße 14 befand. Acht Tage nach dem Beschluß des Kirchensenates predigte der Bischof Marahrens in einem Bekenntnisgottesdienst vor 2000 Pastoren und Gemeindegliedern in der Marktkirche. In zahlreichen Gemeinden fanden dezentrale Bekenntnisgottesdienste statt.⁴⁷ Unmittelbar bevor in Barmen die Synode der Bekennenden Kirche zusammentrat, um ein kirchliches Notrecht gegen okkupierte Kirchenleitungen zu beschließen, hatte sich in der hannoverschen Landeskirche eine Abwehrfront gegen eine deutsch-christliche Reichskirche konstituiert. Im Juni 1934 wurde ein Bruderrat für die Landeskirche gebildet, dem Bosse, Duensing, Brunotte⁴⁸, Feltrup⁴⁹ und

---

42 Lagebericht der Stapostelle Hannover an das Gestapa für Februar 1934, 5. 3. 1934, in: Mlynek, Gestapo, S. 113f.
43 Hans Christian Asmussen (1898–1968), 1924–1934 Pastor in Flensburg, dann suspendiert, mehrfach in Haft, 1936–1941 Rektor der Kirchlichen Hochschule in Berlin, 1945–1948 Präses der Evangelischen Kirche, 1949–1955 Propst in Kiel.
44 Arnold Fratzscher, Notizen im Taschenkalender, Privatbesitz Fratzscher.
45 Das Rundschreiben des Landesbischofs an alle Pastoren, 4. 6. 1934, in dem er über diese Vorgänge berichtet ist sowohl im Landeskirchlichen Archiv (L 2, 21, Bd. 2) als auch im Bestand des Regierungspräsidenten (NHStA Hannover: Hann. 180 Hann. II 807) und zudem auch in zahlreichen Gemeindearchiven überliefert (exemplarisch: KgmA Herrenhausen A 161).
46 Die der Landeskirchlichen Sammlung angehörenden Pastoren und Laien stellten sich damit auf den Standpunkt, daß durch die erzwungene Eingliederung der hannoverschen Landeskirche in die Deutsche Evangelische Kirche die Bekenntnisgrundlage der Landeskirche angetastet worden sei.
47 LKA: S 1, H III 212, H I 513 und L 2, 20d, Bd. 1. Der Präsident des Landeskirchenamts, Schnelle, warnte am 25. 5. 1934 alle Pastoren ausdrücklich vor kirchenpolitischen Äußerungen in diesen Bekenntnisgottesdiensten (LKA: N 6, II 2c).
48 Heinz Brunotte (1897–1984), seit 1936 Oberkonsistorialrat der DEK, 1949–1965 Leiter der Kirchenkanzlei der Evangelischen Kirche in Deutschland.
49 Johann Feltrup (1886–1973), 1925 Superintendent in Rotenburg, später in Harburg, 1936–1954 Landessuperintendent für den Sprengel Lüneburg.

Fratzscher angehörten. Bereits im Frühsommer war die Bekenntnisgemeinschaft auf über 50 000 Einzelmitglieder im Bereich der Landeskirche angewachsen.

## 3.3 Die Zuspitzung der Auseinandersetzungen im Sommer und Herbst 1934

Zwar war die hannoversche Bekenntnisorganisation als Antwort auf die von Reichsbischof Müller und Staatskommissar Jäger forcierte Eingliederungspolitik entstanden, aber man beschränkte sich in der Folgezeit nicht nur auf das Reagieren. Beispielsweise richtete man eine Eingabe an die Reichsleitung der NSDAP, in der die gleichzeitige Tätigkeit Gerhard Hahns als Landesleiter der DC und Gaurednder der Partei moniert wurde. Diese Doppelfunktion stehe im Widerspruch zu den Äußerungen von Goebbels und Frick, die betont hatten, daß Geistliche sich nur mit kirchlichen, nicht aber mit politischen Fragen befassen sollten und daß die Partei sich nicht in innerkirchliche Angelegenheiten einmische.[50]

Reichspräsident von Hindenburg, der Hitler bereits im Januar 1934 nahegelegt hatte, den unpopulären Reichsbischof Müller fallen zu lassen, ließ dem Berliner Bischof Oberheid mitteilen, daß die von deutsch-christlicher Seite immer wieder geforderte Absetzung von Marahrens unerwünscht sei, weil sie eine große Beunruhigung in die Kirche tragen und außerdem außenpolitisch ungünstige Wirkungen nach sich ziehen würde.[51] Mittlerweile registrierte die hannoversche Gestapo, daß die DC-Versammlungen deutlich schwächer besucht seien als die der Bekenntnisgemeinschaft, deren Führer immer wieder betonten, daß sie positiv am Aufbau des neuen Reiches teilnehmen wollten. Marahrens genieße großes Ansehen in der Bevölkerung. Er sei zudem nicht als Gegner des Staates einzuschätzen.[52] Erst im Sommer 1934 untersagte Reichsinnenminister Frick die öffentliche Erörterung des Kirchenstreites in Versammlungen, Flugschriften und in der Tagespresse, um so die Lage zu beruhigen.[53]

Mit der Erklärung, nicht mehr mit Marahrens zusammenarbeiten zu wollen, übernahmen die Deutschen Christen im Juli 1934 erneut die Initiative. Die nationalso-

---

50 Bekenntnisgemeinschaft Hannover an die Reichsleitung der NSDAP, Abteilung für den kulturellen Frieden, 26. 6. 1934, LKA, S 1, H II 513.
51 Büro des Reichspräsidenten, Staatssekretär Meissner, an Oberheid, 29. 5. 1934, EZA, 1/A 4, 273. Vgl. hierzu auch Scholder, Kirchen, Band 2, S. 48.
52 Lagebericht der Stapostelle Hannover für Mai 1934, 4. 6. 1934, in: Mlynek, Gestapo, S. 160 ff.
53 NHStA: Hann. 180 Hann. II 789, Bl. 171. Ein Verbot kirchenpolitischer Flugblätter erfolgte erstmals am 2. Juni 1934 durch die Stapostelle in Hannover. Am 27. 7. 1934 bekräftigte das Gestapa noch einmal, daß auch intern verschickte Rundschreiben und Druckschriften kirchenpolitischen Inhalts zu beschlagnahmen seien (NHStA: Hann. 180 Hann. II 789, Bl. 216). Am 17. 8. 1934 lockerte Reichsinnenminister Frick die Bestimmungen dahingehend, daß nur noch unsachliche Beiträge verboten sein sollten. Eine Mitteilung des stellvertretenden Schriftleiters des Hannoverschen Kuriers an Pastor Duensing, in der bedauert wird, daß die von jenem eingereichten Aufsätze zu kirchlichen Fragen aufgrund des Verbotes nicht veröffentlicht werden dürfte, belegt, daß die angeordneten Maßnahmen in der Praxis auch tatsächlich griffen.

zialistischen Mitglieder des Kirchensenates verlangten von der Berliner Reichskirchenführung die Unterstützung der hannoverschen DC-Offensive durch Absetzung des Landesbischofs.[54] Aber wiederum erfolgte ein herber Rückschlag aus den eigenen Reihen. Bei der durch den Kirchensenat vorgenommenen Ernennung der Landespröpste, die an die Stelle der bisherigen Generalsuperintendenten traten, war der altgediente Parteigenosse Jacobshagen nicht berücksichtigt worden, weil er inzwischen ein gespanntes Verhältnis zur Gauleitung der NSDAP hatte.[55] Jacobshagen trat umgehend aus der Glaubensbewegung aus und unterstützte fortan entschieden den Landesbischof, der Ende August an alle Pastoren die Vertrauensfrage gestellt hatte, ob sie mit dem Widerstand gegen die Eingliederung in die von Müller geführte Reichskirche einverstanden seien. 80 % der Pastoren stellten sich vorbehaltlos hinter Marahrens, der noch einmal ausdrücklich erklärte, „reaktionäre Bestrebungen" jedweder Art abzulehnen und unabhängig von den kirchenpolitischen Gruppen die Landeskirche dem Evangelium entsprechend führen zu wollen.

Unterstaatskommissar Hahn konstatierte daraufhin durchaus zutreffend in einem aufgeregten Brief an seinen Vorgesetzten Jäger in Berlin, Marahrens habe sich immer halten können, weil „er in sehr vorsichtiger Weise sich niemals klar entschieden hat... Ich halte den Posten, solange es geht... Handelns Sie, ehe es zu spät ist"[56]. Die Deutschen Christen hätten, solange die Partei noch öffentlich zu ihnen stand, in Hannover „Kundgebungen erlebt wie wohl selten sonst im Reich". Nachdem man nun aber von der NSDAP-Führung und von der Reichskirchenregierung im Stich gelassen worden sei, würde die DC-Bewegung mehr und mehr in aller Öffentlichkeit verspottet und inzwischen arbeite jeder Tag für die Opposition.[57] Mitte September wandte sich Hahn an die NSDAP-Gauleiter in der Provinz Hannover, um seine Sicht der Dinge noch einmal dezidiert darzulegen. Landesbischof Marahrens, so die Kernaussage seines Schreibens, versuche weiterhin, „gegen die Deutsche Evangelische Kirche in ihrer jetzigen Gestalt Front zu machen und die Bevölkerung der Provinz Hannover für seine gegen den Reichsbischof und die Reichskirchenregierung gerichteten Pläne zu gewinnen."[58]

Mittlerweile schätzte auch die Staatspolizei das starke Anwachsen der Bekenntnisgemeinschaft als „nicht unbedenklich" ein. Es werde von beiden kirchenpolitischen Parteien mit allen Mitteln um die Machtstellung gekämpft.[59] Im September 1934

---

54 Brief der nationalsozialistischen Mitglieder des Kirchensenates an Reichsbischof Müller, 14. 7. 1934, LKA: S 1, H II 461 sowie N 6, II, 2 b.
55 ID/DC vom 2. 8. 1934 (LKA, S 1, H II 434b). Konkrete Anlässe für Jacobshagens Konflikte mit der hannoverschen Parteileitung sollen seine unverhohlene Kritik an Rosenbergs Weltanschauung sowie seine Zurückhaltung bei der Eingliederungspolitik gewesen sein. Vor allem aber warf man ihm eine Verletzung der Parteidisziplin vor. Zur Entmachtung Jacobshagens: Schmiechen-Ackermann, Kämpfer, S. 191 ff.
56 Hahn an Jäger, 30. 8. 1934, LKA, S 1, H II 461.
57 Ebenda.
58 Hahn an Röver, Telschow und Schmalz, 19. 9. 1934, Abschrift in LKA: N 48, 163 D.
59 Lagebericht der Stapostelle Hannover für Juli 1934, 4. 8. 1934, in: Mlynek, Gestapo, S. 182–187 sowie Bericht der Stapostelle Hannover über den evangelischen Kirchenstreit an das Gestapa, 17. 9. 1934, NHStA Hannover: Hann. 180 Hann. II 807, Bl. 81. In der Beurteilung des Kirchenstreites durch die hannoversche Gestapo läßt sich im Sommer 1934 der Übergang zu einer

verschärfte sich der Kirchenstreit weiter, da die Reichskirchenregierung ein Gesetz erließ, das Bischof Marahrens seine Vollmachten aberkannte. Die Bekenntnisgemeinschaft reagierte mit einer Welle von Versammlungen. Mehrfach sprach August Marahrens in der Stadthalle, der Marktkirche und im Rusthaus. Pastor Jacobshagen leistete Schützenhilfe und griff in einem offenen Brief den kirchenpolitischen Kurs und das Auftreten Hahns scharf an.[60] Im Zusammenhang mit der propagandistisch vorbereiteten Einführung Ludwig Müllers in das Amt des Reichsbischofs am 23. September 1934[61] befürchtete die Gestapo, daß an diesem Sonntag Kanzelabkündigungen seitens der Bekennenden Kirche stattfinden würden und ordnete daher die Überwachung der Gottesdienste an.[62] In der Stadt Hannover wurden von den eingesetzten Gestapo-Spitzeln allerdings keine gegen den Reichsbischof gerichteten Äußerungen festgestellt.[63]

Bischof Marahrens ordnete für den auf die Bekenntnissynode in Dahlem folgenden Sonntag einen Bittgottesdienst für die verfolgten Mitglieder der Bekennenden Kirche in Bayern und Württemberg an, der trotz Verbotes durch den Staatskommissar Jäger in 80 % der Gemeinden durchgeführt wurde.[64] Erfolglos drängten hannoversche DC-Pastoren den Reichsbischof, Marahrens endlich abzusetzen.[65] Eine dramatische Zuspitzung des innerkirchlichen Kampfes konstatiert ein Lagebericht für Oktober 1934, in dem es heißt: „Die Gegensätze zwischen den Deutschen Christen und der Bekenntnisgemeinschaft drohen allmählich zu einer Gefahr für die öffentliche Ordnung und Sicherheit zu werden und die Volksgemeinschaft zu zerreißen. Der beste Beweis dafür ist, daß der Streit bereits die SA erfaßt und in 2 Teile gespalten hat, von denen ein Teil eingeschriebene Mitglieder der Bekenntnisgemeinschaft ist (sic!), während ein anderer Teil den Deutschen Christen angehört."[66]

---

kritischeren Haltung feststellen. Polizeipräsident Habben, in der Zeit vom 24. 7. bis 30. 9. 1934 gleichzeitig auch Leiter der Stapostelle (vgl. Mlynek, Gestapo, S. 26), sah die Gefahr, daß sich in der Bekenntnisgemeinschaft „Personen sammeln, die den Aufbau des Staates von hier aus zu unterwühlen suchen" (Lagebericht vom 4. 8. 1934, ebenda, S. 187). Demgegenüber hatte sein am 24. 7. 1934 des Amtes enthobener und vorübergehend sogar in „Schutzhaft" genommener Vorgänger Dr. Werner Voß (vgl. Mlynek, Gestapo, S. 26 f.) ausdrücklich betont, daß Marahrens und die Bekenntnisgemeinschaft *nicht* als Gegner des Staates einzuschätzen seien (Lagebericht vom 4. 6. 1934, ebenda, S. 163).

60 Pastor Jacobshagen, Offene Antwort an Herrn Vizepräsident [sic!] Hahn in Hannover, NHStA Hannover: Hann. 180 Hann. II 799, Bl. 100.
61 Zum geringen Erfolg dieser deutsch-christlichen Inszenierung: Scholder, Kirchen, Band 2, S. 322 ff.
62 Gestapa an alle Stapostellen, 22. 9. 1934, NHStA Hannover: Hann. 180 Hann. II 807, Bl. 58.
63 Bericht der Stapostelle Hannover an das Gestapa, 28. 9. 1934, NHStA Hannover: Hann. 180 Hann. II 807, Bl. 69 f.
64 Junge Kirche 1934, S. 917–919. Vgl. auch die einschlägigen Quellen hierzu im NHStA Hannover: Hann. 180 Hann. II 807 sowie LKA: S 1, H II 411 und EZA: 1 A/4, 273.
65 EZA: 1 A/4, 273.
66 Bericht des Oberpräsidenten von Hannover (Berichterstatter Oberregierungsrat Reppert) an das Reichsinnenministerium, 10. 10. 1934, BA: St 3, 835, Bl. 60.

## 3.4 Aufbau und Strukturen der Bekenntnisgemeinschaft

Inzwischen war der Boden für ein energisches Zurückdrängen der Deutschen Christen bereitet. Das ganze Jahr 1934 über hatte die Bekenntnisgemeinschaft eine intensive Versammlungstätigkeit entfaltet. Neben stark besuchten öffentlichen Vorträgen und Mitgliederversammlungen[67] wurden Bekenntnisversammlungen der einzelnen Gemeindegruppen und Treffen von Arbeitskreisen organisiert. Sowohl die Vertrauensleute als auch der Landes- und der Stadtbruderrat kamen kontinuierlich zu Besprechungen zusammen. Seit Anfang November 1934 fanden das gesamte Winterhalbjahr hindurch Wochenschlußandachten in der Gartenkirche statt. Größere Gemeindegruppen der Bekenntnisgemeinschaft entstanden vor allem dort, wo die kirchenpolitischen Gegensätze konfliktreich ausgetragen wurden (z. B. in den Lindener Gemeinden, in Herrenhausen und in der List) und in den bürgerlichen Stadtvierteln, sofern sich die Gemeindepfarrer konsequent für die Bekenntnispartei stark machten (so in Kirchrode und in Döhren, aber auch in der Südstädter Nazarethkirche). Den nur bruchstückhaft erhaltenen Mitgliederlisten der hannoverschen Bekenntnisgemeinschaft[68] lassen sich zumindest einige Konturen des Profils dieser Gruppe entnehmen. Als erstes fällt die große Zahl von Gemeindepastoren ins Auge, die sich der Bekenntnisfraktion angeschlossen hatten. Exakte Zahlen können aufgrund des lückenhaften Quellenmaterials zwar nicht genannt werden; es ist aber gesichert, daß sich im Laufe der Zeit über die Hälfte der in Hannover amtierenden Pfarrer der Gemeinschaft anschloß. Zusammen mit den Pastoren im Ruhestand, etlichen Diakonen und Diakonissen sowie Beamten des Lansdeskirchenamtes spielten die kirchlichen Mitarbeiter innerhalb der Bekenntnisgemeinschaft nicht nur qualitativ, sondern auch quantitativ eine wichtige Rolle. Festzuhalten ist weiter, daß die Gemeinschaft eine ähnliche geschlechtsspezifische Zusammensetzung aufwies wie die aktiven Kerngemeinden. In den erhaltenen, aber eben nicht vollständigen Mitgliederlisten beträgt der Anteil der Frauen gut 60 %. In den Gemeindegruppen und im Stadtbruderrat trafen aber offensichtlich nahezu ausschließlich Vertrauensmänner die Entscheidungen der mehrheitlich von Frauen gebildeten Gemeinschaft. Bemerkenswert ist weiterhin, daß beispielsweise die Ehefrau eines stadtbekannten Keksfabrikanten als Mitglied auftaucht, dieser selbst sich

---

67 Bei einer Mitgliederversammlung am 27. 8. 1934 hielt erneut Dr. Hanns Lilje einen Vortrag, Duensing erstatte wie üblich einen Lagebericht. Am 19. 11. 1934 fanden zwei Kundgebungen mit Martin Niemöller in der Stadthalle und im Rusthaus statt. Wegen seiner Äußerungen bei einer weiteren großen öffentlichen Versammlung der Bekenntnisgemeinschaft am 3. 12. 1934 in der Stadthalle wurde Duensing heftig angegriffen.

68 Diese Mitgliederlisten befinden sich im Landeskirchliche Archiv, Kirchenkampfdokumentation (S 1), H II 319. Dort sind für die gesamte Landeskirche 4300 namentlich eingeschriebene Mitglieder festgehalten, was von der überlieferten Zahl von annähernd 100 000 Mitgliedern (1935) drastisch abweicht (Bericht der Staatspolizeistelle vom 5. 2. 1935, Mlynek, Gestapo, S. 303 f.). Zudem ist eine exakte Datierung dieser Mitgliederlisten nicht möglich. Für einige Gemeinden liegen mehrere Listen, vermutlich mit unterschiedlicher Entstehungszeit, vor. Für die hannoverschen Gemeinden sind insgesamt über 1700 Personen (ohne Doppelnennungen) verzeichnet. Man kann davon ausgehen, daß es sich bei den Genannten wohl um die Kerne der Gemeinschaft in den einzelnen Gemeinden handelt, da alle wichtigen Persönlichkeiten auftauchen.

aber nicht exponierte. Nur wenige Persönlichkeiten des öffentlichen Lebens schlossen sich der Bekenntnisgemeinschaft als Mitglieder an, wenngleich man durchaus annehmen darf, daß viele konservative Honoratioren mit ihr sympathisierten. Zweifellos hatte die Gemeinschaft ein bürgerliches Profil. Neben den zahlreichen Geistlichen waren es vor allem Rechtsanwälte, Ärzte und Verwaltungsbeamte, die leitende Funktionen übernahmen. Aber auch Arbeiter gehörten zu den Mitgliedern, wenngleich bei ihnen offensichtlich nicht feinsinnige theologische Überlegungen im Vordergrund standen, sondern handfeste christliche Glaubensvorstellungen, durch die sie Hilfe bei ihren Alltagssorgen erhofften. Als Beispiel hierfür sei der Schaffner Paul S. zitiert, der die Nöte der Straßenbahnbediensteten aus Vahrenwald schilderte, die wegen Personalmangel Mehrarbeit auch am Sonntag leisten mußten: „Ich bitte meine Bekenntnisfreunde, für uns Straßenbahner mit zu beten, damit wir unsere freien Tage behalten, daß noch arbeitslose Kameraden eingestellt werden, damit man uns den Glauben nicht noch nimmt, denn auch wir wollen für unser Bekenntnis kämpfen. Ich hoffe, daß meine Bitte erhört wird."[69]

## 3.5 Die Niederlage der Deutschen Christen

Am 18. September 1934 sprach Reichsbischof Müller im gut gefüllten Kuppelsaal der Stadthalle über das von ihm vertretene Konzept einer Reichskirche, das er plakativ mit der Parole „Ein Staat, ein Volk, eine Kirche" umriß. Dieser letzte große Auftritt der Deutschen Christen während ihrer Herrschaft im Landeskirchenamt, bei dem Hahn einmal mehr beschwor, daß Christenkreuz und Hakenkreuz in der kommenden Volkskirche zueinander stehen sollten, stabilisierte die prekäre Lage der Glaubensbewegung in Hannover nicht mehr. Vielmehr erklärte mit dem Ricklinger Pastor Franz, der Bezirksobmann für die Stadt Hannover gewesen war, ein weiterer wichtiger Funktionsträger seinen Austritt aus der DC-Bewegung. Er hatte in der gewohnt aggressiven Rede des Reichsbischofs[70] eine bewußte Herabsetzung des Pfarrerstandes erblickt. Als Reaktion schrieb Pastor Franz dem DC-Landesleiter, es gebe eben zwei Arten von Deutschen Christen, wobei die „echte Art" das Anliegen verfolge, „im neuen Deutschland das Luther-Erbe im Volke lebendig und treu zu wahren" und daher den antichristlichen Auffassungen Rosenbergs entgegentrete. Die „falsche Art" aber nehme ständig Rücksicht „auf die großenteils noch kirchenfremden, teils auch kirchenfeindlichen Vertreter der Parteiorganisation".[71]

War einerseits der innere Zerfallsprozeß der Glaubensbewegung nicht mehr aufzuhalten, so entfalteten andererseits die Bekenntnisgemeinschaft und der Landesbischof erhebliche Energien in der „Versammlungsschlacht" des Herbstes 1934. Nur zwei Tage nach dem Auftreten Müller sprach August Marahrens an einem Abend

---

69 Paul S. an NN, undatiert, LKA, N 6, II 4. Die im Original zahlreiche Fehler aufweisende Orthographie wurde korrigiert.
70 Vgl. hierzu auch Scholder, Kirchen, Band 2, S. 320 f.
71 Franz an den Landesleiter der DC (zu dieser Zeit wohl noch Gerhard Hahn), 21. 9. 1934, LKA: S 1, H I 528.

vor überfüllten Versammlungen in der Stadthalle und im Rusthaus mit 5 000 bzw. 2 000 Zuhörern. Bereits vier Tage später wurden an denselben Orten erneut große Bekenntnisversammlungen mit dem Dresdener Superintendenten Hugo Hahn und dem westfälischen Präses Karl Koch durchgeführt. Die Niederlage der Deutschen Christen im innerkirchlichen Machtkampf trat nun offen zu Tage. Ende Oktober trat Staatkommissar Jäger von seiner Aufgabe zurück und Hitler ließ „seinen" Reichsbischof Müller fallen. Unter Vorsitz von August Marahrens wurde eine Vorläufige Kirchenleitung gebildet. Dieser Entscheidung auf Reichsebene folgten unmittelbare Konsequenzen in der Führung der Landeskirche und an der gemeindlichen Basis. Am Samstag, den 3. November 1934, besetzten Vertraute des Bischofs das Landeskirchenamt. Noch am selben Tag beurlaubte der Landesbischof die deutsch-christlichen Kirchenbeamten und beauftragte Dr. Brüel mit der Vertretung des Landeskirchenamtspräsidenten Schnelle, der sich offiziell krank gemeldet hatte. In einer umgehend einberufenen Versammlung sprach Marahrens zu den Beamten und Angestellten des Landeskirchenamtes und legte ihnen die neue Sachlage dar. Vizepräsident Richter versuchte daraufhin erfolglos, die Mitarbeiter auf seine Seite zu ziehen. Da von Vertrauten des Bischofs die Telefonleitungen blockiert wurden, konnte Richter weder polizeiliche Unterstützung rufen noch die Reichskirchenregierung erreichen. Der deutsch-christliche Vizepräsident mußte machtlos zusehen, wie bischofstreue Mitarbeiter die Leitung des Landeskirchenamtes übernahmen.[72]

Am folgenden Montag versuchten die Deutschen Christen, das Landeskirchenamt wieder in ihre Hand zu bekommen. Dabei kam es sogar zu handgreiflichen Auseinandersetzungen, als Oberlandeskirchenrat Niemann den abgesetzten Vizepräsidenten Hahn und Richter den Einlaß in das Gebäude verwehrte. Der Verdener Landrat Weber und Kreisbauernführer Gloystein, beide Mitglieder des deutsch-christlichen Kirchensenates, schlugen Niemann ins Gesicht, so daß dieser sich blutend zurückziehen mußte. In dem folgenden Handgemenge am Eingang des Landeskirchenamtes konnten die vor der Tür wartenden DC-Anhänger jedoch keinen Einlaß erzwingen.[73] Schließlich wurde Hahn und Richter erlaubt, ihre persönlichen Unterlagen aus den Dienstzimmern zu holen. In den nächsten Wochen verhinderten Brüder des Stephansstiftes und Mitglieder der Schülerbibelkreise eine gewaltsame Rückeroberung der Kirchenbehörde durch die Deutschen Christen. Die SA habe in einem Eckhaus gegenüber ein Stammquartier gehabt und drei Nächte lang beobachtet, ob im Amtsgebäude Licht brannte oder nicht, berichtete später einer der

---

72 Dr. Johannes Richter, Bericht über die Vorgänge in der evang.-luth. Landeskirche Hannovers, 4. 11. 1934, LKA: N 48, 163 D.
73 Diese Vorgänge sind durch ausführliche Berichte und Zeugenaussagen von fast allen Beteiligten detailliert belegt (NHStA Hannover: Hann. 180 Hann. II 807; GStA Dahlem: Rep. 90, Nr. 52, Heft 2, Bl. 173–176; LKA: N 75, Nr. 2). Eine von Niemann gegen Weber und Gloystein eingereichte Anzeige wegen Körperverletzung verlief im Sande, da die zuständigen Staatsanwaltschaften in Hannover und Celle zwar bestätigten, daß eine strafbare Handlung vorliege, aber mit Nachdruck die Ansicht vertraten, daß die Eröffnung eines Gerichtsverfahrens im Interesse der öffentlichen Ordnung nicht wünschenswert sei (LKA: N 75, Nr. 2).

*Das Landeskirchenamt, ca. 1918.*

Beteiligten.⁷⁴ „Wir haben natürlich dann überall Licht gemacht, und alle halbe Stunde ging einer 'rum und machte das Licht in einem anderen Raum wieder an, nach der anderen Seite, so daß der Eindruck entstand, daß das ganze Haus voll belegt war... Wir waren ja nur eine Handvoll, und die hätten ja, wenn Sie Schneid gehabt hätten, kommen können, hätten mit einem Fußtritt jede... Tür eingetreten und wären wieder reingekommen."⁷⁵ Die Präsenz von rund 20 Wache haltenden Bekenntnisanhängern reichte letztlich aus, um zu verhindern, daß die Deutschen Christen sich noch einmal im Landeskirchenamt festsetzen konnten.

Bischof Marahrens setzte umgehend den Kirchensenat ab und löste den Landeskirchentag auf. Die Deutschen Christen polemisierten heftig gegen diesen „Lokal-

---

74 Interview mit Rudolf Herrfahrdt, 17. 12. 1985, geführt von M. Bayartz und C. Bahr im Rahmen des Seminars „Widerstand in Hannover 1933–1945", Universität Hannover.
75 Ebenda.

putsch" und gaben daraufhin sogar ein eigenes Kirchliches Amtsblatt heraus. Zudem ließen sie den „braunen Landeskirchentag" weiter tagen und wählten den Superintendenten Felix Rahn[76] aus Sievershausen zum Gegenbischof.[77] Marahrens verwahrte sich nachdrücklich gegen diese „Störungen der kirchlichen Arbeit" und konnte sich dabei auf eine breite Unterstützung in der Landeskirche berufen.[78] Schließlich versuchten die Deutschen Christen auch auf gerichtlichem Wege, die Macht im Landeskirchenamt wiederzuerlangen. Die Rechtsauffassung des Landesbischofs wurde jedoch zunächst vom Landgericht Hannover, im März 1935 auch vom Oberlandesgericht in Celle bestätigt.[79] Damit war die DC-Bewegung im innerkirchlichen Machtkampf endgültig unterlegen. Bezeichnenderweise wies der neuernannte Leiter der hannoverschen Gestapo, Haastert[80], am 23. Januar 1935 die Landräte und Bürgermeister an, nicht nur die Versammlungen der Bekenntnisgemeinschaft, sondern fortan auch die Veranstaltungen der Deutschen Christen zu überwachen.[81]

Parallel zur Entmachtung auf der Führungsebene der Landeskirche wurde die Glaubensbewegung auch an der gemeindlichen Basis weiter zurückgedrängt. Innerhalb eines Jahres trat etwa die Hälfte der Gemeindepastoren, die 1933 zu den Deutschen Christen gestoßen waren, wieder aus.[82] Diese Absetzbewegung betraf nicht nur einfache Mitglieder, sondern auch DC-Funktionäre. Neben dem Austritt von Jacobshagen und dem Ausschluß von Hustedt verließen auch Funktionsträger der mittleren und unteren Ebene die Bewegung. Der Stöckener Ortsgruppenleiter der NSDAP teilte der DC-Landesleitung mit, daß Pastor Klose, immerhin Kreisobmann der Deutschen Christen in seinem Kirchenkreis, geäußert habe, die Arbeit der Deutschen Christen sei „auf Lug und Trug aufgebaut" und Reichsbischof Müller habe sein Wort gebrochen.[83] Nach den Ermittlungen der Gestapo sollen sich auch zwei Landeskirchenräte, beide Parteigenossen, bereits vor der Besetzung des Landeskirchenamtes durch Bischofstreue hinter Marahrens gestellt haben.[84]

---

76 Felix Rahn (1877–1954), Superintendent in Sievershausen, Gauredner der NSDAP, 1933/34 Mitglied des deutsch-christlichen Kirchensenates.
77 NHStA Hannover: Hann. 180 Hann. II 807, Bl. 197–200.
78 Feierliche Verwahrung gegen die Störung der kirchlichen Arbeit und gegen die Angriffe auf Landesbischof Marahrens, geschehen in der Marktkirche zu Hannover am 26. Februar 1935, NHStA Hannover: Hann. 180. Hann. II 807, Bl. 203.
79 Rainer Schröder, „... aber im Zivilrecht sind die Richter standhaft geblieben!". Die Urteile des OLG Celle aus dem Dritten Reich, Baden-Baden 1988, S. 215 ff.
80 Dr. Ewald Haastert, seit 1. 10. 1934 Leiter der Staatspolizeileitstelle Hannover (vgl. Mlynek, Gestapo, S. 25 ff.).
81 LKA: S 1, H III 513.
82 Auswertung der Akten betreffend DC im LKA sowie der Pfarrarchive. Mindestens 15 Gemeindepfarrer traten aus.
83 NSDAP-Ortsgruppenleiter L. an Mattiat, 19. 6. 1934, LKA: S 1, H III 513.
84 NHStA Hannover: Hann. 180 Hann. II 807, Bl. 102.

## Veranstaltungsorte und Zentren der Bekenntnisgemeinschaft Hannover:

1 Gemeindehaus der Markuskirche (Hubertusstraße 4): erste Treffen der Gruppe „Evangelium und Kirche" im Frühsommer 1933; 1937 Treffpunkt des Oppositionskreises in der Bekenntnisgemeinschaft.
2 Evangelisches Vereinshaus (Prinzenstraße 12): erster öffentlicher Tagungsort der „Landeskirchlichen Sammlung" 1933/34; Herstellungsort der ersten Rundschreiben der Bkgm. und häufiger Versammlungsort.
3 Aula der Wilhelm-Raabe-Schule (Oberlyzeum), Langensalzastraße: erste öffentliche Versammlung der „Landeskirchlichen Sammlung" mit Vortrag von Lilje, 29. 11. 1933.
4 Gemeindehaus der Nazarethkirche/Wohnung Pastor Brammers (Sallstraße 97): erste, provisorische Geschäftsstelle der Bkgm., Mai 1934.
5 Kirchroder Kirchengemeinde: Treffpunkt des Arbeitskreises „Bekenntnis und Kirche", Mai 1934; später regelmäßiger Versammlungsort der Bekenntnischristen aus Kirchrode, Kleefeld und dem Stephansstift.
6 Marktkirche: erste große Kundgebung der sich konstituierenden Bkgm., 23. Mai 1934. Weitere Bekenntnisversammlungen und -gottesdienste, 1935-37.
7 Rusthaus (Am Hohen Ufer 3): Versammlungen der Bekenntnisgemeinschaft, 1934.
8 Landeskirchenamt (Calenberger Straße 34): Besetzung durch bischofstreue Bekenntnisanhänger, 3. 11. 1934.
9 Haus Weinstraße 14 der Henriettenstiftung: Geschäftsstelle der Bkgm. 1934-1945.
10 Henriettenstift (Marienstraße): große, stadtweite Versammlungen der Bkgm. im Saal des Stiftes; Aufbewahrungsort für verbotene Flugschriften.
11 Stadthalle: mehrere Großveranstaltungen der Bkgm., u. a. mit Niemöller und Marahrens, 1934/35.
12 Gartenkirche: Wochenschlußandachten an Samstagabenden, Winter 1934/35 und 35/36.
13 Christuskirche: Wochenschlußandachten an Samstagabenden, Winter 1935/36 sowie Vortragsveranstaltungen.
14 Neustädter Kirche: Bekenntnisgottesdienste und Vortragsveranstaltungen; stadtweite Mitgliederversammlung der Bkgm. am 10. 5. 37.
15 Aegidienkirche: Bekenntnisgottesdienste und regelmäßige Veranstaltungen der Gemeindegruppe.
16 Pauluskirche: Bekenntnisgottesdienste sowie Versammlungen zur Kirchenwahl 1937.
17 Nazarethkirche: Bekenntnisgottesdienste und Vortragsveranstaltungen.
18 Dreifaltigkeitskirche: Tumult bei einer Bekenntnisversammlung, 5. 9. 1934.
19 Bethlehemkirche: regelmäßige Veranstaltungen der Gemeindegruppe.
20 Martinskirche Linden: regelmäßige Veranstaltungen der Gemeindegruppe.
21 Herrenhäuser Kirchengemeinde: regelmäßige Veranstaltungen der Gemeindegruppe.
22 Hainhölzer Kirche: regelmäßige Veranstaltungen der Gemeindegruppe.
23 Markuskirche: zentraler Veranstaltungsort der Bkgm. während der Kriegszeit, u. a. Vorträge von Lilje, 1939-1943.

◎ Größere Gemeindegruppen (mit nachweisbar 80 und mehr Mitgliedern).
○ Kleinere Gemeindegruppen.
● Bekenntnispastoren im Gemeindepfarramt (1934).
△ „Neutrale" oder Deutsch-Christliche Gemeindepastoren (1934).
**1938** Gründungsjahr von erst während der NS-Zeit selbständig gewordenen Gemeinden.
— Kirchenkreisgrenze
--- Gemeindegrenze

## Veranstaltungsorte und Zentren der DC:

1. Gaststätte „Knickmeyer" (Rathenauplatz, damals Adolf-Hitler-Platz): seit 1932 Versammlungslokal.
2. Rollschuhpalast (Hildesheimer Straße): Kundgebungen der DC, u. a. mit Jacobshagen und Hahn, 1933/34.
3. Landeskirchenamt (Calenberger Str. 34): Sitz der DC-Landesleitung, 1933/34.
4. Marktkirche: Eröffnung des „braunen" Landeskirchentages, 28. 8. 1933: von DC-Führer inszenierte „Treuekundgebung", 25. 10. 1933: „Luthertag" am 19. 11. 1933 mit provokativer deutsch-christlicher Propaganda.
5. Rusthaus (Am Hohen Ufer 3): Vortragsveranstaltungen, 1934.
6. Stadthalle: große Versammlung mit Reichsbischof Müller, 18. 9. 1934.
7. Pauluskirche: drei DC-Gottesdienste, u. a. eine Rundfunkübertragung mit Mattiat, 1934.
8. Lister Kirche: gegen den Willen des Kirchenvorstandes erzwungener DC-Gottesdienst mit Gegenbischof Rahn, 9. 7. 1935.
9. Neustädter Kirche: Feierstunde der DC mit Landespropst Fiedler, 13. 8. 1935.
10. Langestraße 5: Büro der DC-Landesleitung, 1935/36; Landesstelle des „Bundes für deutsches Christentum", 1937; Büro der Kreisgemeinde der DC/„Nationalkirche Einung", 1937/38.
11. „Deutsches Haus" (Odeonstraße): Versammlungen zur Kirchenwahl 1937, u. a. mit Reichsbischof Müller.
12. Oberlyzeum (Wilhelm-Raabe-Schule), Langensalzastraße 24: Vortragsveranstaltungen der DC, 1937.
13. Theaterstraße 4: Geschäftsstelle der DC/„Nationalkirchliche Einung", 1938/39.
14. Königstraße 25: Geschäftsstelle der Landesgemeinde der DC/„Nationalkirchliche Einung", 1939-1943.
15. Schloßkirche: Veranstaltungsort für die deutsch-christlichen Gottesfeiern in Hannover, 1938-1945.
16. Kreuzkirche: Reformationsgottesdienst der DC mit Stadtsuperintendent Rademacher, 31. 10. 1935; Veranstaltungsort für die deutsch-christlichen Gottesfeiern 1943/44 sowie für DC-Amtswaltertagungen.
17. Bethlehemkirche: Versammlung und Gottesdienst mit Reichsbischof Müller, 17. 3. 1937 sowie Vortragsveranstaltungen.
18. Martinskirche: mehrfach überregionale Veranstaltungen der DC in Gemeinderäumen.
19. Germaniagarten Kirchrode: Veranstaltungen der örtlichen DC-Gruppe.
20. Tiergarten-Restaurant Kirchrode: Pfarrertagung der DC, März 1938.
21. Lessingsäle (Lessingstraße): Vortragsveranstaltungen.

● Deutsch-Christliche Gemeindepastoren
(gegebenenfalls mit Angabe ihrer Amtszeit, d. h. -37 bedeutet: bis 1937 in der Gemeinde).

■ Nachweisbare Gemeindegruppen der DC.

— Kirchenkreisgrenze

--- Gemeindegrenze

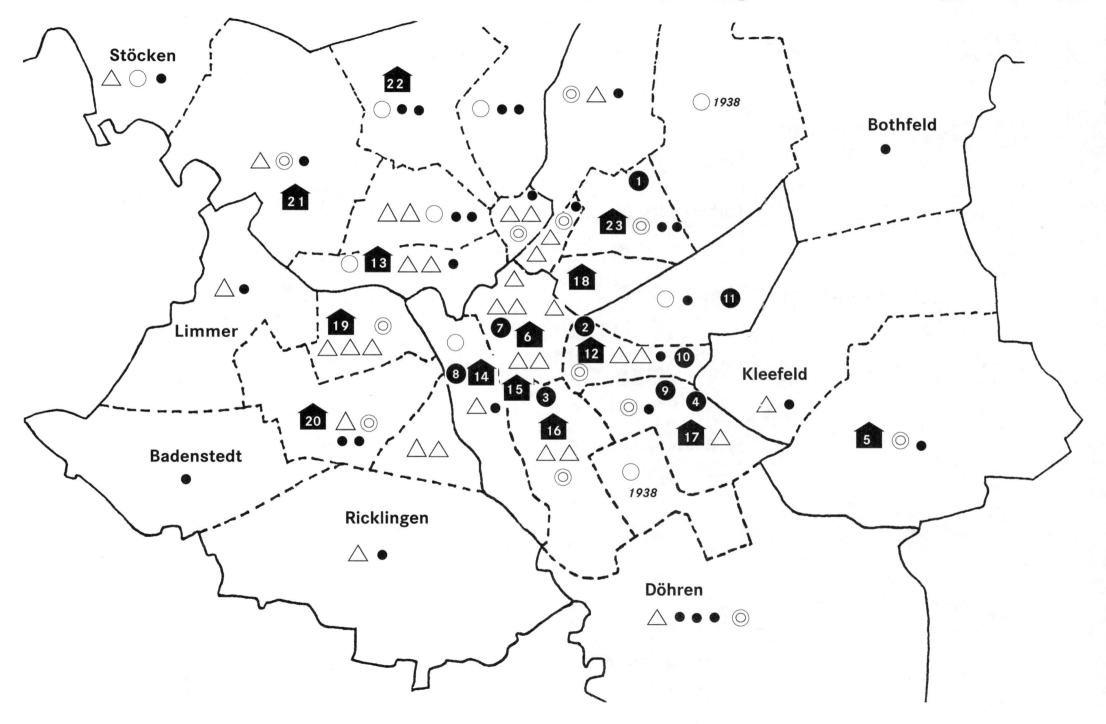

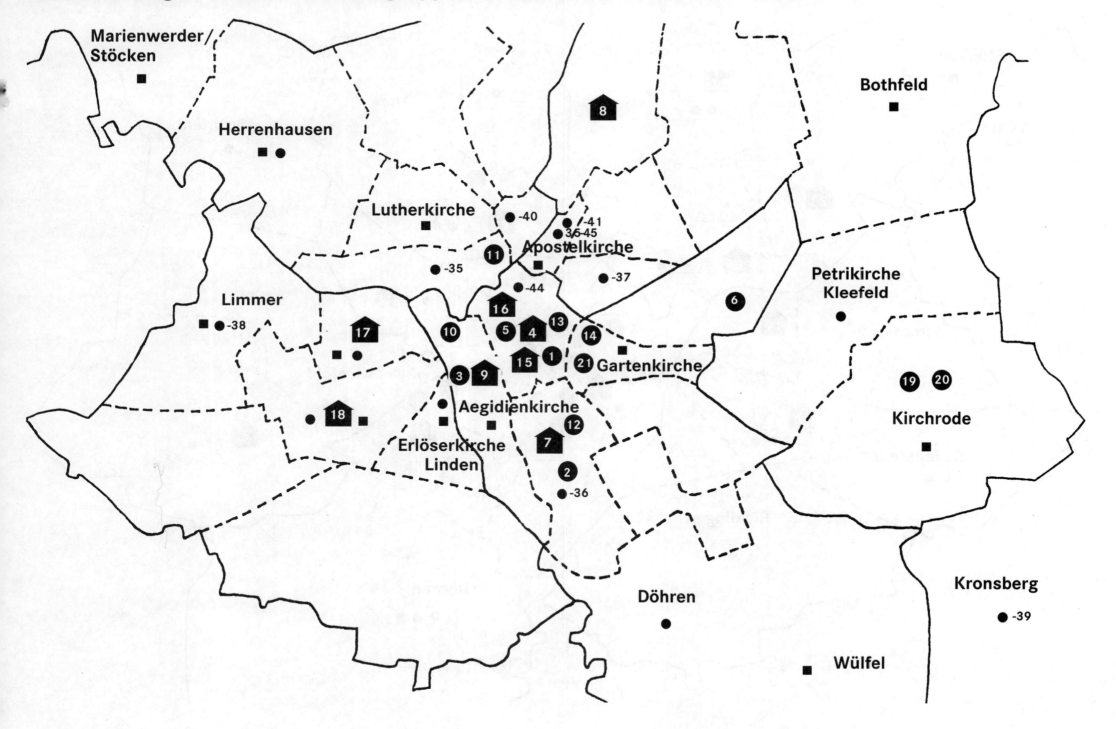

Trotz ihrer regen Versammlungstätigkeit[85] hatten die Deutschen Christen im Verlauf des Jahres 1934 die nach den Kirchenwahlen vom Juli 1933 günstige Ausgangsposition eingebüßt. Bei einer Versammlung im Rollschuhpalast am 30. November 1934 mußte Gerhard Hahn eine bittere Bilanz ziehen: „Heute ist es so, daß die DC bei vielen wie ein rotes Tuch wirken. Selbst weite Kreise der Jugend wenden sich von uns ab." Landespropst Fiedler wies auf die Gefahr hin, daß Staat und Partei sich ganz von der Kirche lösen könnten und es zum „Kulturkampf" kommen könne.[86] Auch den verzweifelten Versuchen der Deutschen Christen, Parteistellen für ihr kirchenpolitisches Anliegen zu gewinnen, war nur noch geringer Erfolg beschieden. Dagegen brächten Teile der Hitlerjugend, der SA und SS nunmehr eher der christentumsfeindlichen „Deutschen Glaubensbewegung", die wiederum stark gegen die Deutschen Christen Stellung beziehe, besonderes Interesse entgegen, konstatierte die Gestapo im Herbst 1934.[87] Ein Bericht des Regierungspräsidenten faßt das Resultat des innerkirchlichen Machtkampfes unmißverständlich zusammen: „Es ist Tatsache, daß nicht nur die Pfarrer, sondern auch die Kirchengemeinden ganz überwiegend hinter dem Landesbischof stehen, der in der Bevölkerung in hohem Ansehen steht, und daß die Basis der Deutschen Christen immer schmaler wird."[88]

## 3.6 Erste Eingriffe von Staat und Partei

Am 28. November 1934 löste der Misburger Ortsgruppenleiter der NSDAP eine von Gemeindepastor Glade in einer Gastwirtschaft abgehaltene Versammlung auf, bei der der „neutrale" Superintendent Stumpenhausen einen Vortrag hielt. Die in SA-Uniform erschienenen örtlichen NS-Amtswalter erklärten, daß die Versammlung nicht stattfinden dürfe, weil sie nicht ordnungsgemäß angemeldet sei. Der Vorschlag des Pfarrers, die Zusammenkunft der Gemeindeglieder statt im Wirtshaussaal in der Kirche fortzusetzen, wurde abgelehnt.[89]

Pastor Brammer von der Nazarethkirche wurde im Dezember 1934 eine Beleidigung des „Führers" vorgeworfen. Eine Frau hatte behauptet, der Pfarrer hätte bei einem Hausbesuch geäußert, es werde im Hinblick auf Adolf Hitler „Götzendienst" getrieben und es sei „Gotteslästerung", wenn die Hitlerjugend am Sonntag Aufmärsche durchführe. Brammer scheint es gelungen zu sein, seine unvorsichtig offe-

---

85 Belegt sind beispielsweise eine Amtswaltertagung am 1. Februar 1934 im Gemeindehaus der Kreuzkirche, eine Pastorentagung im September 1934 und eine Versammlung der Obleute und Geistlichen der DC am 18. Oktober 1934.
86 Bericht über die Versammlung der Deutschen Christen im Rollschuhpalast am 30. 11. 1934, LKA S 1 H 143.
87 Lagebericht der Stapostelle Hannover an das Gestapa für den Monat Oktober 1934, 4. 11. 1934, in: Mlynek, Gestapo, S. 259 f.
88 Lagebericht des hannoverschen Regierungspräsidenten an den Reichsinnenminister für die Monate Oktober/November 1934, 4. 12. 1934, in: Mlynek, Gestapo, S. 279.
89 Gendarmeriemeister B. an den Landrat in Hannover, 30. 11. 1934, NHStA Hannover: Hann. 180 Hann II 755.

nen Worte in einem Verhör bei der Gestapo abzuschwächen. Rückblickend erinnerte er sich, zu Protokoll gegeben zu haben, daß er bei Hausbesuchen nie politische Gespräche führe. „Aber ich wende mich immer gegen die, welche aus Adolf Hitler einen religiösen Führer machen wollen und betone dabei, wer aus Blut, Boden und Rasse eine neue Religion macht, treibt Götzendienst. Betreffend der Sonntagsaufmärsche habe ich darauf hingewiesen, daß das 3. Gebot auch im dritten (sic!) Reich nicht umgestoßen werden darf."[90] Formal wegen Mangels an Zeugen, tatsächlich aber vor allem wegen der moderaten Haltung der hannoverschen Gestapo in Kirchenfragen, wurde dieses Verfahren eingestellt.

*Johann Jakob Brammer, 1940*

---

90 Johann Jakob Brammer, Was kann von Nazareth Gutes kommen? Komm und sieh es! 1929–1948, Retrospektiver Erinnerungsbericht, Manuskript im KgmA Nazareth, S. 49.

Ebenfalls ein Beispiel für mutige Selbstbehauptung und persönliches Verweigerungsverhalten ist die öffentliche Kritik des Pastors Pommerien von der Lukaskirche. In seiner Bußtagspredigt hatte er am 19.Februar 1935 die Bestrebungen des Nationalsozialismus auf dem Gebiet der Eugenik und Euthanasie kritisiert und bei einem Ausspracheabend der von ihm geleiteten Sozialethischen Arbeitsgemeinschaft in der Lukasgemeinde auf eine Frage erwidert, daß „die Freimaurer auch Gutes getan hätten."[91] Pommerien, der anfangs Mitglied der Deutschen Christen gewesen war, aber bereits im Dezember 1933 unter dem Eindruck der massiven Radikalisierung wieder ausgetreten war[92], wurde daraufhin von der Gestapo mit einem achtmonatigen Redeverbot belegt.[93]

---

91 LKA: S 1, H III 213.
92 Pommerien an Marahrens, 16. 12. 1933, LKA: L 2, 1a, Bd. III.
93 NHStA Hannover: Hann. 180 Hann II 808.

## 4. „Innere Befriedung" oder offensive Bekenntnisposition? (1935–1939)

### 4.1 Kirchenführung und Staat gehen aufeinander zu

Nach der Entscheidung des innerkirchlichen Machtkampfes traten die Differenzierungsprozesse innerhalb der kirchenpolitischen Gruppen stärker in den Vordergrund, während die Konflikte auf der Gemeindeebene nun schwächer wurden. Wie fast überall in der Landeskirche so bestimmte auch in den stadthannoverschen Gemeinden eine sehr gemäßigte Bekenntnisposition weitgehend das Bild.[1] Öffentlich sichtbaren Ausdruck fand diese Orientierung beispielsweise bei dem in Hannover stattfindenden „Deutschen Lutherischen Tag" und der Ende August 1935 abgehaltenen „Deutschen Evangelischen Woche".[2] Bischof Marahrens konnte seinen Kurs der „bedingten Mitarbeit" in der Reichskirche sowohl in der Pfarrerschaft als auch im Kirchenvolk auf eine breite Zustimmung stützen. Er vertrat damit einen grundsätzlich anderen Standpunkt als die bruderrätliche Richtung der Bekennenden Kirche. Vergeblich hatte Martin Niemöller Marahrens gedrängt, jedem Versuch entgegenzutreten, „durch eine neutrale ‚geistliche Leitung' eine ‚wieder geeinte' Kirche vorzutäuschen."[3]

Dem auf Mäßigung zielenden kirchenpolitischen Kurs des Landesbischofs korrespondierte ein entgegenkommendes Verhalten auf der staatlichen Seite. Zwar wurde auch für die hannoversche Landeskirche eine vom Reichskirchenministerium berufene Finanzabteilung gebildet, aber die von Minister Kerrl zunächst eingesetzten Landeskirchenräte garantierten eine gedeihliche Zusammenarbeit mit dem Landeskirchenamt, dessen Präsident Schnelle im Frühjahr 1936 sogar in Personalunion auch Leiter der Finanzabteilung wurde. Wenig später ordnete Heydrich aufgrund von taktischen Erwägungen an, daß die Staatspolizei bei der Behandlung kirchenpolitischer Fragen „tunlichste Zurückhaltung" üben sollte. Selbst Vernehmungen

---

1   Pfarrer Bodensieck äußerte sich anläßlich einer Aussprache mit Bosse und Duensing im Kreis der Osnabrücker Bekenntnispastoren „erschüttert darüber, daß man die führenden Theologen Barthscher Richtung offenbar nunmehr gänzlich kaltstellen will, weil man sie für kirchenpolitische Quertreiber hält bei dem Bemühen, mit dem Staat in ein Verhältnis zu kommen, das den Belangen der von den Bischöfen [und den ihnen nahestehenden Männern der Bekenntnissynode, Hinzufügung des Vfs.] vertretenen Linie gerecht wird" (Bodensieck an Asmussen, 28. 1. 1935, LKA: S 1, H I 204).
2   Eine ausführliche Darstellung des Deutschen Lutherischen Tages findet sich bei Klügel, Landeskirche, S. 259–263, sowie in: LKA, S 1 E I 655. Die Staatspolizei berichtete über beide Veranstaltungen an das Gestapa (und zwar in durchaus wohlwollendem Tenor). Vgl. Mlynek, Gestapo, S. 400 ff. und 419 f.
3   Niemöller an Marahrens, 29. 8. 1935, LKA: N 6, II 3.

von Geistlichen mußten nun vom Reichsführer der SS genehmigt werden[4]. An dieser auf Kooperation und Entspannung gerichteten Entwicklung änderten auch die in der nationalsozialistischen Tagespresse vorgetragenen Angriffe des Gaukulturwartes Schirmer gegen einzelne Bekenntnispastoren nur wenig. Dem Hainhölzer Pastor Rasch und seinem Vahrenwalder Amtskollegen Bernhard Müller wurde Hetze gegen den nationalsozialistischen Staat und seine Weltanschauung vorgeworfen, weil sie geschreiben bzw. im Gemeindeblatt gedruckt hatten, daß Rosenberg „fanatischen Unsinn" verbreite.[5] Pastor Brammer wurde angegriffen, weil er sich im „Nazarethboten" für das Lebensrecht behinderter Menschen eingesetzt und damit gegen das von den Nazis erlassene Sterilisationsgesetz Stellung bezogen hatte.[6]

## 4.2 Mehrheitsmeinung und Opposition in der Bekenntnisgemeinschaft

Aufgrund der von Klügel vermittelten, stark stilisierten Sicht des „Kirchenkampfes" ist bislang kaum zur Kenntnis genommen worden, daß auch in der hannoverschen Landeskirche eine konsequentere Bekenntnisorientierung angelegt war, als der Landesbischof sie vertreten hat. Freilich blieb diese qualitativ bedeutsame, quantitativ jedoch marginale bruderrätliche Bekenntnisrichtung sowohl in den Kirchengemeinden als auch innerhalb der hannoverschen Bekenntnisgemeinschaft selbst eindeutig in der Minderheit. Zu keiner Zeit kamen die „radikaler" orientierten Bekenntniskreise in Hannover über bescheidene Organisationsversuche hinaus.

Insgesamt hatte sich damit bis Mitte der dreißiger Jahre folgendes Spektrum der kirchenpolitischen Fraktionen in der hannoverschen Landeskirche ausgebildet:

Die deutsch-christliche Glaubensbewegung zerfiel nach der Phase des innerkirchlichen Machtkampfes auch organisatorisch in die extreme Richtung der Thüringer DC und eine gemäßigte, zur Mitarbeit in der wiederhergestellten Landeskirche bereite Gruppe.

Auf Seiten der vom Bekenntnisstandpunkt her den Bestand der landeskirchlichen Organisation verteidigenden Christen hatte sich eine Differenzierung in drei Richtungen ergeben, nämlich

---

4 Schnellbrief Heydrichs an alle Stapostellen und Politischen Polizeien der Länder, 24. 8. 1936, NHStA Hannover: Hann. 180 Hann. II 793, Bl. 122.
5 Vgl. hierzu die Angriffe des NSDAP-Gaukultuwartes Schirmer gegen die genannten Pastoren in der NTZ, 24./25. 8. 1935, unter dem Titel „Euer Konto ist überzogen, ihr Herren!". Wie eine Studie über die Vahrenwalder Gemeinde gezeigt hat, war Pfarrer Müller allerdings keineswegs ein Nazigegner. Bei aller Sympathie für Hitler und die „nationale Erhebung" bekämpfte er freilich die kirchenfeindlichen Bestrebungen innerhalb der NS-Ideologie energisch (Hans-Dieter Schmid, „Kirchenkampf" in Vahrenwald? Eine städtische Kirchengemeinde in der Zwischenkriegszeit, in: Grosse, Bewahren, S. 271–289).
6 Vgl. hierzu die Hetzartikel (u. a. „Wolf im Schafspelz" sowie „Euer Konto ist überzogen, ihr Herren"), die in der NTZ seit dem 24. 8. 1936 erschienen (überliefert in: KgmA Herrenhausen A 161).

- eine kleine Minderheitengruppe, die innerhalb der Bekenntnisgemeinschaft eine konsequente bruderrätliche Profilierung als „Bekennende Kirche" vertrat,
- die Mehrheitsfraktion der Bekenntnisgemeinschaft, die bereit war, den kirchenpolitischen Kurs des Landesbischofs mitzutragen und damit auch weitgehende Kompromisse mit dem NS-Regime einzugehen, und schließlich
- die Gruppe der „Neutralen", als deren herausgehobener Exponent der Landesbischof selbst auftrat. Formal außerhalb der beiden Fraktionen des innerkirchlichen Machtkampfes stehend, sah sich diese Mittelpartei theologisch und kirchenpolitisch einem sehr gemäßigten und kompromißbereiten Bekenntnisstandpunkt verpflichtet, und bemühte sich vor allem darum, die durch die Gruppenbildung innerhalb der Landeskirche entstandenen Gegensätze zu „befrieden" und durch eine „bedingte Mitarbeit" in den reichskirchlichen Organen den Bestand der Landeskirche auch im nationalsozialistischen Staat zu erhalten.

Zu einer am Ende unüberbrückbaren Zuspitzung der Positionen zwischen der gemäßigten Führung der Bekenntnisgemeinschaft und der sich im Zuge dieses Konfliktes erst fester konstituierenden bruderrätlich orientierten Minderheit kam es im November 1935, als die Vertrauensleute der hannoverschen Bekenntnisgemeinschaft nach einem Vortrag von Marahrens mehrheitlich beschlossen, dem Reichskirchenausschuß die „Bereitschaft zur bedingten Mitarbeit" auszusprechen, obwohl eine derart pragmatische Kooperation mit den in Barmen und Dahlem gefaßten Beschlüssen nicht zu vereinbaren war. Eine Gruppe von Pastoren, die wegen ihrer regionalen Konzentration als „Osnabrücker Kreis"[7] bezeichnet wird, trat daraufhin aus der Gemeinschaft aus.

Auch in einigen hannoverschen Gemeinden gab es Widerspruch gegen den von Marahrens propagierten Kompromisskurs. Zeitgenössische Berichte konstatieren, daß in den Bekenntnisgruppen der innerstädtischen Kirchengemeinden eine gedrückte und pessimistische Stimmung geherrscht habe. Man befürchtete sogar die Auflösung der Bekenntnisgemeinschaft als „überflüssig" oder „unerwünscht". Vermißt wurde eine klare Absage des Landesbischofs an die Deutschen Christen.[8] Mit Brundo Bendokat[9], Arnold Fratzscher[10] und Rudolf Herrfahrdt[11] verfaßte ein mit der bruderrätlichen Richtung zumindest sympathisierender Kreis junger Theologen einige Diskussionsthesen, in denen es um die Bedeutung der Bekenntnissynoden von Barmen und Dahlem und um die Stellung zum Reichskirchenausschuß ging.

---

7 Inzwischen hierzu ausführlich: Heidrun Becker, Der Osnabrücker Kreis 1931–1939, in: Grosse, Bewahren, S. 43–104.
8 So Kleinrath an Fratzscher, 31. 10. 1935, LKA: S 1 H II 362.
9 Bruno Bendokat, Dr. phil. (geb. 1904), seit 1935 Hilfsgeistlicher im Stephansstift.
10 Arnold Fratzscher (1904–1987), Jurist, 1930 Mitbegründer des Christlich-sozialen Volksdienstes in Mecklenburg, 1931 Dozent, ab 1933 Leiter der Wohlfahrtspflegerschule am Stephansstift in Hannover-Kleefeld, Mitbegründer der Bekenntnisgemeinschaft und Mitglied des Landesbruderrates in der hannoverschen Landeskirche, Mitglied des Reichsbruderrates der Bekennenden Kirche, 1945 Mitbegründer der CDU in Niedersachsen, 1945–1971 deren Generalsekretär in Niedersachsen, 1949–1951 und 1955–1970 MdL.
11 Rudolf Herrfahrdt (geb. 1907), seit 1935 Pastor in Hohenbostel, später Superintendent in Osterode.

Ihr unmißverständliches Fazit lautete: „Das auf der Vertrauensmännerversammlung am 4. 12. abgegebene Vertrauensvotum der hannoverschen Bekenntnisgemeinschaft für den Reichskirchenausschuß ist durch das bisherige Verhalten des Reichskirchenausschusses in keiner Weise begründet und in der gegenwärtigen Lage vom Bekenntnis her nicht zu rechtfertigen".[12]

Aufschlußreich sind auch die Berichte der hannoverschen Gestapo, in denen zu Jahresbeginn 1936 festgestellt wurde, es sei „bedeutend ruhiger geworden". Besonders nach der Einsetzung einer hannoverschen Kirchenregierung, der unter Führung des Landesbischofs noch drei weitere gemäßigte Bekenntnisanhänger und ein Deutscher Christ angehörten, habe sich die Stimmung gewandelt. Eine Mehrheit in der Bekenntnisgemeinschaft sei zur Zusammenarbeit mit dem Reichskirchenausschuß bereit, eine Minderheit aber stünde dem negativ gegenüber und neige mehr der Dahlemer Richtung Niemöllers zu, heißt es durchaus zutreffend in diesen Lageberichten.[13] Diese pointierte Sicht der Dinge verweist darauf, daß die bruderrätliche Oppositionsgruppe innerhalb der Bekenntnisgemeinschaft von der Gestapo sehr wohl als eigenständiger Faktor gesehen wurde, der staatspolitisch ungleich kritischer eingeordnet wurde als die um den Landesbischof gruppierte Mehrheit der Bekenntnisgemeinschaft.[14]

Die auf der Oeynhausener Synode im Januar 1936 endgültig vollzogene Trennung der Kirchenführer der „intakten" Landeskirchen von den Bruderräten führte auch in der Stadt Hannover vorübergehend zur Formierung eines Oppositionskreises, der „Ja zum Weg der Bekennenden Kirche" sagen wollte. Führender Kopf dieser Gruppe wurde der Jurist Arnold Fratzscher, der zusammen mit den Geistlichen Bosse, Duensing, Klügel und Wolters sowie Oberlandeskirchenrat Niemann die hannoversche Landeskirche in Oeynhausen vertreten hatte. Fratzscher, zu dieser Zeit Leiter der Wohlfahrtspflegerschule im Stephansstift, erstattete vor dem Ortsbruderrat und den Vertretern der Gemeindekreise einen abweichenden Bericht zu der von Klügel vorgetragenen Meinung der Mehrheit der hannoverschen Synodalen. Der kleine Kreis der opponierenden bruderrätlichen Bekenntnisanhänger[15], der sich seit Mai 1936 regelmäßig traf, organisierte im Gemeindehaus der Markuskirche sogar eine Tagung, bei der ein Theologe des Osnabrücker Kreises das Hauptreferat hielt.[16] Man habe kein Recht in falscher Resignation die Gestaltung der Dinge widerspruchslos dem von Duensing und Klügel bestimmten offiziellen

---

12 Thesen zur theologischen Auseinandersetzung mit der Bereitschaft zur „bedingten Mitarbeit" im Reichskirchenausschuß, verfaßt von Bruno Bendokat, Arnold Fratzscher und Rudolf Herrfahrdt, 17. 12. 1935, LKA: S 1, H I 837.
13 Lageberichte der Stapostelle Hannover an das Gestapa für die Monate Januar und Februar 1936, 4. 2. 1936 und 4. 3. 1936, in: Mlynek, Gestapo, S. 508 f. und 518-521.
14 Diese neue Akzentuierung fällt besonders ins Auge, wenn man dagegen hält, daß die Staatspolizei noch im Herbst 1934 betont hatte, daß in der hannoverschen Landeskirche „ein eigentlicher Pfarrernotbund" nicht existiere (Bericht der Stapostelle Hannover an das Gestapa über den Evangelischen Kirchenstreit, 26. 9. 1934, NHStA Hannover: Hann. 180 Hann. II 807).
15 Fratzscher verschickte offensichtlich Mitteilungen und Einladungen an einen Kreis von 28 Pastoren und 18 Laien in der Stadt Hannover (LKA: S 1, H I 837).
16 LKA: S 1, H I 837.

Kurs der Bekenntnisgemeinschaft zu überlassen, faßte Fratzscher das Selbstverständnis dieser Gruppe zusammen.

Nicht nur in Hannover gärte es. Der Superintendent aus Bleckede in der Nordheide beklagte sich bei Duensing über die „Pflaumenweichheit" der Bekenntnisgemeinschaft. Man sei in seinem Kirchenkreis weithin mit der Leitung nicht mehr einverstanden, sie sei „zu neutral".[17] Dagegen fand der sowohl von Marahrens als auch von Duensing vertretene unbedingte Legalitätskurs bei einer Vertreterversammlung des Evangelischen Stadtjugenddienstes sinnfälligen Ausdruck, als Landesjugendpastor von Jan „zu einer tatkräftigen evangelischen Jugendarbeit" aufrief, „die sich aber genauestens in dem Rahmen zu halten habe, der ihr im neuen Staat gesetzt sei."[18]

## 4.3 Zerfallstendenzen bei den Deutschen Christen

Infolge ihrer Niederlage im innerkirchlichen Machtkampf verzeichneten die Deutschen Christen seit Mitte der dreißiger Jahre praktisch nur noch Rückschläge. Bereits im Januar 1935 mußte Landesleiter Hahn sich damit auseinandersetzen, daß in verschiedenen Gemeinden die Pastoren versuchten, deutsch-christliche Kirchenvorsteher zum freiwilligen Rücktritt zu bewegen. Er gab im „Informationsdienst" der Glaubensbewegung die strenge Weisung aus: „Ich erwarte, daß alle DC auf ihren Posten bleiben...".[19] Wenige Wochen später griff Hahn dieses Problem erneut auf und behauptete unzutreffenderweise, daß nach der Auffassung der „Bekenntniskirche" ein wirklicher Christ kein wirklicher Nationalsozialist sein könne:

„Den Parteigenossen unter den Kirchenvorstehern sei aber gesagt: Keiner verläßt freiwillig sein Amt; wenn die schwarze Reaktion uns nicht mehr haben will, dann wird auch die Zeit kommen, in der die schwarze Reaktion uns nicht mehr haben soll, auch nicht unsere Kirchensteuern. Aber dazu werden noch besondere Weisungen ergehen."[20]

In einigen Bereichen war der Prozeß der Zurückdrängung der Deutschen Christen bereits weit fortgeschritten. Beispielsweise war Pastor Kage von der Kreuzkirche als einziger deutsch-christlicher Pastor in seinem Kirchenkreis so isoliert, daß er jahrelang den Pfarrkonferenzen fernblieb.[21] Im Herbst 1935 schritt das Landeskirchenamt erstmals gegen die Abhaltung von DC-Veranstaltungen in hannoverschen Kirchen ein. An der Lister Kirche hatte der Kirchenvorstand eine deutsch-christliche Rüstfeierstunde zum „Parteitag der Freiheit" genehmigt, das Landeskirchenamt die Durchführung dieser Veranstaltung aber untersagt. Aufgrund des großen Andranges zu der angekündigten Feierstunde, auf der Gegenbischof Felix Rahn als Redner

---

17 Superintendent Jacobi aus Bleckede an Duensing, 7. 5. 1936, LKA, N 6 II 4.
18 Protokoll der Sitzung im KgmA St. Martin A 3522.
19 ID/DC vom 24. 1. 1935, NHStA Hannover: Hann. 180 Hann II 807, Bl. 130.
20 ID/DC Nr. 14 vom 4. 4. 1935, NHStA Hannover: Hann 180 Hann II 808, Bl. 34.
21 LKA: S 1, H III 211.

auftrat, habe Gemeindepastor Küthmann schließlich trotz der Verbotsverfügung die Kirchentüren geöffnet und sei anschließend vom Landeskirchenamt für sein Handeln gerügt worden, berichtet der deutsch-christliche „Informationsdienst". Einen Reformationsgottesdienst in der Kreuzkirche, den der deutsch-christliche Stadtsuperintendent Rademacher hielt, wollte das Landeskirchenamt in letzte Minute verhindern, scheiterte hiermit aber an einer Intervention des Reichskirchenministeriums.[22]

Aber auch staatliche Stellen nahmen zunehmend eine distanzierte Haltung zu den Deutschen Christen ein. Die Reichspresskammer untersagte im Dezember 1935 das weitere Erscheinen des regelmäßig von Hahn herausgegebenen „Informationsdienstes" für die Obmänner und eingeschriebenen Mitglieder der Glaubensbewegung in der hannoverschen Landeskirche.[23] Bei ihrem Vorsprechen im Reichskirchenministerium erhielten Hahn und der seinerzeit als Landespropst in Aurich eingesetzte Heinrich Meyer von Minister Kerrl nur vage Versprechungen, konnten aber keine konkreten Schritte gegen die hannoversche Kirchenführung erreichen.[24] Immerhin besuchte Kerrl im Januar 1936 Hannover und sprach auf einer Großkundgebung der NS-Frauenschaft in der Stadthalle. In seiner markigen Rede führte er aus, wirkliches Christentum und Nationalsozialismus seien identisch. Nach Ansicht von kirchlichen Beobachtern wurden von Kerrl christlicher Glaube und deutschgläubige Ideen in unzulässiger Weise miteinander verbunden. Eine Versammlung von Vertrauensleuten der Bekenntnisgemeinschaft protestierte daher offiziell beim Reichskirchenausschuß.[25] Im Ergebnis wirbelte Kerrls Auftreten in der Hannover viel Staub auf, ohne die kirchliche Lage wirksam zu verändern. Durch eine verstärkte Versammlungstätigkeit versuchten die Deutschen Christen nochmals, in der Stadt Hannover wieder an Boden zu gewinnen. Zudem warb man in den Schulen, allerdings ohne nennenswerten Erfolg, für einen besonderen deutsch-christlichen Konfirmandenunterricht.[26]

DC-Landesleiter Hahn, der nach der Einsetzung der Reichskirchenregierung halbherzig den Kirchenkampf für beendet erklärt hatte, wechselte selbst im Frühjahr 1936 auf eine Pfarrstelle nach Thüringen, da es ihm „gewissensmäßig unmöglich geworden (sei) in dem Dienst dieser Landeskirche zu bleiben"[27]. Er forderte alle Mitglieder der Glaubensbewegung auf, sich der Thüringer Richtung der Deutschen Christen anzuschließen, konnte aber ein weiteres Zusammenschrumpfen der hannoverschen DC-Organisation nicht verhindern.[28] So zog sich ein Kreis von gemä-

---

22 ID/DC Nr. 48 vom 30. 11. 1935, LKA: S 1 H II 434c.
23 Hahn, Grußwort zum Neujahrstag 1936 an alle Deutschen Christen Hannovers, 28. 12. 1935, LKA: N 6, II 4. Die letzte nachgewiesene Ausgabe des Informationsdienstes (Nr. 49) erschien am 7. 12. 1935.
24 Ebenda.
25 LKA: S 1, H I 718.
26 So beispielsweise durch deutsch-christlich eingestellte Lehrkräfte in der Bürgerschule 34 in der Oststadt, StdA Hannover: Schulamt 2803.
27 LKA, S 1, H II 434d.
28 Zur Differenzierung der unterschiedlichen Richtungen der Deutschen Christen: Hans-Joachim Sonne, Die politische Theologie der Deutschen Christen. Einheit und Vielheit deutsch-christli-

ßigten DC-Pfarrern aus dem Niederelbegebiet, deren Wortführer der Harburger Superintendent Bergholter war, ganz aus der Organisation zurück. In einem Schreiben an den Leiter der Landesgemeinde brachten sie das Dilemma der Glaubensbewegung auf den Punkt: die Nationalsozialisten in der Provinz Hannover seien in der Mehrzahl „religiös indifferent" oder durch den Kirchenstreit verbittert. Vielfach sei man dem Deutschglauben nahegerückt und für alle kirchlichen Fragen unzugänglich geworden. „Das religiöse Gesicht der Partei und die Möglichkeit es zu prägen, sind nicht mehr so, wie sie es 1933 waren. Die Haltung der oberen Parteistellen ist gespalten und undurchsichtig."[29] Der Anschluß an die radikale Thüringer Richtung der DC, die keine Chance habe, auf die eher „statische" Bevölkerung im Hannoverschen einzuwirken, und die Einsetzung des polternden DC-Propagandisten Heinrich Meyer aus Aurich als neuen Landesleiter der Glaubensbewegung bezeichneten sie als taktische Fehler und traten aus der Landesgemeinde aus, ohne prinzipiell von ihrer deutsch-christlichen Überzeugung abzurücken.[30]

Unter diesen schwierigen Bedingungen übernahm Anfang 1937 Pastor Emil Kahle von der Apostelkirche den Auftrag, in der Stadt Hannover den Wahlkampf für die in Aussicht gestellte Kirchenwahl zu organisieren. Bei mindestens elf größeren zentralen Veranstaltungen sprachen neben anderen auch Reichsbischof Müller und der Führer der Thüringer DC-Führer Leffler. Mit den in Herrenhausen, Leinhausen, Kleefeld, Döhren und Seelze abgehaltenen Versammlungen wurde der Kirchenstreit noch ein letztes Mal von außen in die Gemeinden getragen. Wie das Ergebnis der nicht stattgefundenen Kirchenwahl ausgesehen hätte, läßt sich in etwa an der zu diesem Zeitpunkt erfolgten Pastorenwahl an der Aegidienkirche ermessen: Der Wunschkandidat der Bekenntnisgemeinschaft, ihr späterer Wortführer Wilhelm Mahner, wurde mit großer Mehrheit gewählt.

Wenige Wochen später bat der in der Nikolaikirche Limmer angesiedelte Stadtsuperintendent Rademacher um seine Zurruhesetzung, da es für ihn als Deutschen Christen kaum noch die Möglichkeit gäbe, länger als irgend notwendig in der hannoverschen Landeskirche Dienst zu tun.[31] Kurz darauf provozierte eine von Pastor Stöckmann verfaßte und von der Kreisgemeinde Hannover der Deutschen Christen verabschiedete Resolution gegen den Landesbischof so heftige Gegenreaktionen, daß der neuernannte Landesleiter Meyer die deutsch-christlichen Pastoren ermahnte, sich vorsichtiger zu verhalten.[32] Auch die in Hannover abgehaltenen Tagungen[33] der DC-Pastoren bzw. der gesamten Landesgemeinde konnten die Organisation nicht mehr entscheidend stabilisieren. Der innere Zersetzungsprozeß der

---

chen Denkens, dargestellt anhand des Bundes für „Deutsche Christen" und der Christlich-deutschen Bewegung, Göttingen 1982; Anja Rinnen, Kirchenmann und Nationalsozialist. Siegfried Lefflers ideelle Verschmelzung von Kirche und Drittem Reich, Weinheim 1995, besonders S. 76 ff.

29 Fünfzehn deutsch-christliche Pfarrer an den Leiter der Landesgemeinde Hannover der Deutschen Christen, Friemar, undatiert [erste Jahreshälfte 1937], LKA: S 1 H II 434e.
30 LKA: S 1 H II 434e.
31 Rademacher an das Ministerium für Volksbildung, 15. 9. 1937, KgmA Nikolai Limmer 202 I.
32 LKA: S 1, H III 208.
33 LKA: S 1 H II 421.

Glaubensbewegung war weit fortgeschritten und in immer mehr Kirchengemeinden wurden nun deutsch-christliche Pfarrer und Kirchenvorsteher endgültig aus ihren Ämtern gedrängt. Erst nach langen Verhandlungen durfte die „Nationalkirchliche Einung" der Deutschen Christen seit Sommer 1938 schließlich vierzehntäglich, und zwar vor dem normalen Gottesdienst, ihre Feierstunden in der Schloßkirche abhalten.[34]

## 4.4 Die ausgefallenen Kirchenwahlen 1937 und das verschärfte staatliche Vorgehen gegen die kirchliche Opposition

Die Bekenntnisgemeinschaft setzte in ihrem Wahlkampf 1937 auf relativ wenige zentrale Veranstaltungen. Anfang Juni fanden an einem Abend gleichzeitig in der Marktkirche, Neustädter Kirche, Aegidien-, Christus-, Paulus- und Markuskirche abschließende Großversammlungen statt, an denen insgesamt 11 000 Zuhörer teilnahmen.[35] Nach der abgesagten Wahl traten zunächst einige ehemalige DC-Pastoren zur Bekenntnisgemeinschaft über, und im September 1937 vereinigte sich die „neutrale" Bischofsfront korporativ mit ihr. Nach dem Rücktritt des heftig umstrittenen Reichskirchenausschusses (Februar 1937) hatte sich zudem auch wieder eine Annäherung zwischen der Führung der Bekenntnisgemeinschaft und dem Oppositionskreis um Fratzscher ergeben, der im Herbst 1937 wieder integriert werden konnte.[36] Die hannoversche Bekenntnisgemeinschaft umfaßte und integrierte damit fast alle zuvor divergierenden kirchenpolitischen Strömungen in der Landeskirche, hatte damit aber zwangsläufig auch ihr Profil weitgehend verloren.

Gleichzeitig verschärfte sich das staatliche Vorgehen gegen jede entschiedenere kirchliche Opposition. Bereits im Dezember 1936 war mit dem Rechtsanwalt und früheren NSDAP-Gauleiter Heinrich Muhs einer der schärfsten Propagandisten der deutsch-christlichen Linie als Staatssekretär in das Reichskirchenministerium berufen worden. Der Protest der hannoverschen Kirchenregierung und eine persönliche Intervention des Landesbischofs gegen diese Entscheidung blieben erfolglos.[37] Ende Mai 1937 wurden in der Geschäftsstelle der Bekenntnisgemeinschaft in der Weinstraße sämtliche auf die Kirchenwahl bezogenen Flugblätter und Broschüren beschlagnahmt.[38] Im August wurde der Rechtsanwalt Dr. Kleinrath, Obmann der Gemeindegruppe in der Aegidienkirche und Mitglied des Stadtbruderrates, für sechs Wochen in „Schutzhaft" genommen. Ihm wurde vorgeworfen, er habe bei seinen Vorträgen im Männerwerk der Aegidienkirche Maßnahmen der Regierung

---

34 KgmA Schloßkirche, diverse Unterlagen ohne eigene Signatur, sowie StdA Hannover: XIII C, 3b, 59, 1a.
35 LKA: S 1, H III 202b.
36 LKA: S 1, H I 837.
37 Hannoversche Kirchenregierung an den Reichskirchenausschuß, undatiert [Dezember 1936], LKA: D 4, 13 IV. Als weiteres Zeichen für die härtere Gangart: Bereits im November 1936 hatte die SS eine scharfe Kirchenaustrittsveranstaltung im Rusthaus organisiert (Studentenpfarrer Weiß an das Landeskirchenamt, 16. 11. 1936, EZA: 1/C 4, 218).
38 Es handelte sich u. a. um 25 000 Exemplare der Flugschrift „Kirche – wohin?".

verächtlich gemacht, den Reichskirchenminister in gehässiger und böswilliger Art und Weise kritisiert und zum Ungehorsam gegen Gesetze aufgefordert. Das Sondergericht Hannover verurteilte Kleinrath wegen „Heimtücke"-Vergehens zu einer Geldstrafe von 1000.– RM.[39] Fratzscher wurde angezeigt, weil er in einer Versammlung der Bekenntnisgemeinschaft hetzend auf die Kirchenwahlen eingegangen sei.[40] In den Jahren 1936 bis 1939 ermittelte die hannoversche Gestapo in mindestens 20 Fällen gegen evangelische Pfarrer, wobei es allerdings meistens um relativ harmlose Verstöße gegen das Sammlungsgesetz ging.[41] Pastor Duensing wurde als Schriftleiter der Wochenzeitung „Um Glauben und Kirche" mehrfach verwarnt, weil das Blatt kritisch über den Kirchenkampf in Lübeck und im Rheinland berichtet hatte.[42] Gegen Pastor Gerdes von der Lindener Martinskirche eröffnete die Staatsanwaltschaft ein Verfahren, weil er gesagt haben soll, den Gruß „Heil Hitler" kenne er nicht.[43] Pastor Brammer wurde in einer Denunziation vorgeworfen, er habe von einer Sammlung kirchlicher Kräfte gegen die Partei gesprochen und hinzugefügt, die Pastoren fürchteten auch das Konzentrationslager nicht. Außerdem verweigere er den Hitlergruß. Im Hetzblatt „Der Stürmer" wurde er als „Judengenosse" tituliert, weil er Jugendlichen gedroht haben soll, wer für den „Stürmer" sei, der werde von ihm nicht konfirmiert.[44]

Pastor Ehrenfeuchter erhielt im November 1937 eine Vorladung zur Gestapo wegen eines Artikels im Gemeindebrief der Lutherkirche. Zwei Monate später wurde er wegen eines Verstoßes gegen die Verordnung zum Schutz von Volk und Staat angezeigt und im Februar mußte er 200 RM als Geldstrafe bezahlen, weil er einige Monate zuvor die Namen von Personen, die aus der Kirche ausgetreten waren, öffentlich genannt hatte.[45] Als der Ortsgendarm in Laatzen abgeordnet wurde, um die Predigt von Pastor Kuhlgatz dienstlich zu verfolgen, bat dieser seine Gemeinde öffentlich um Nachsicht, da er seinen Gottesdienst unter polizeilicher Kontrolle halten müsse, und entledigte sich damit des Beamten, der nicht wieder auftauchte. Eine kirchliche Adventsfeier der evangelischen Frauenhilfe in Laatzen wurde 1938 von zwei Amtswaltern der Partei in Dienstuniform überwacht, die der Ortsgrup-

---

39 Kleinrath an Hagemann, 24. 6. 1938, in: LKA, S 1 H II 371 f. sowie Rundschreiben des Stadtbruderrates an die Bekenntnispastoren in Hannover, 20. 8. 1937, in: KgmA Petri Döhren A 160. Vgl. hierzu auch die Wiedergutmachungsakte Otto Kleinrath, NHStA Hannover: Nds. 110 W, Acc. 61/89. Ein weiteres Heimtückeverfahren gegen Kleinrath wurde im Juni 1938 aufgrund des Straffreiheitsgesetzes vom 13. 4. 1938 eingestellt.
40 LKA: S 1 H II 371e.
41 LKA: S 1 H II 371e und 371 f sowie H III 211. Nachweisbar sind Ermittlungen gegen die stadthannoverschen Pastoren Bode, Brammer, Depuhl, Duensing, Ehrenfeuchter, Gerdes, Ostermann, Prelle, Reddersen, Scheele, Wolckenhaar und Wolff sowie die Superintendenten Badenhop, Ohlendorf, Rohde und Strasser. Hinzu kamen Pastor Stallbaum aus Letter und Pastor Voigts aus Engelbostel sowie die in Grasdorf tätigen Geistlichen Reinecke und Schaaf.
42 LKA: S 1, H II 327.
43 Monatsbericht der Stapostelle Hannover an das Gestapa über Maßnahmen gegen Geistliche im Monat August 1936, NHStA Hannover: Hann. 180 Hann. 793, Bl. 147.
44 Brammer, Retrospektiver Erinnerungsbericht, S. 53. Vgl. hierzu auch die denunziatorische Notiz im „Stürmer", Nr. 20, Mai 1937 (reichsweite Ausgabe).
45 LKA: S 1, H II 371 f.

penleiter entsandt hatte.[46] Vermutlich könnte die Reihe solcher (oft nur zufällig überlieferter) schlaglichtartiger Episoden erheblich erweitert werden, wenn die Überwachungsakten der Gestapo nicht vernichtet worden wären.

Die zunehmende Spannung im Verhältnis zu den staatlichen Behörden wird auch durch eine Notiz belegt, die der im Büro des Landesbischofs tätige Pastor Thomas im Herbst 1937 über ein Telefonat mit dem für Kirchenangelegenheiten zuständigen Gestapobeamten Christian Heinrichsmeier[47] niederschrieb: Das ursprünglich bestehende Vertrauensverhältnis sei nun dadurch gestört worden, daß man der Staatspolizei Treffen verschweige und ihn angelogen habe, beklagte sich Heinrichsmeier. Dies seien „KPD- und Bibelforschermethoden"[48].

Im Frühjahr 1938 wurde der Landeskirchenamtspräsident Schnelle seines gleichzeitigen Amtes als Leiter der für die hannoversche Landeskirche zuständigen Finanzabteilung enthoben, weil er Zahlungen an den Lutherischen Rat geleistet hatte. Sein Nachfolger Dr. Cölle, der in den Rechtsstreitigkeiten um die Macht im Landeskirchenamt als Prozeßanwalt der Deutschen Christen aufgetreten war, nutzte schon bald die ihm zur Verfügung stehenden Möglichkeiten und nutze seine Dienststelle als staatliches Kontrollinstrument für die Landeskirche.[49] Pastor Brammer, der sofort nach der Ernennung von Cölle mit einigen Amtskollegen einen scharfen Protest formuliert hatte, wurde vom Landeskirchenamt gedrängt, der Forderung der Gestapo nachzukommen und das erarbeitete Papier auszuhändigen. Die Landeskirche wolle keine „Geheimbündelei" betreiben und er könne im Falle seiner Weigerung nicht mit der Unterstützung der Kirchenregierung rechnen, teilte man Brammer mit.[50]

Zu einem Konflikt kam es auch bei der Wiederbesetzung der vakant gewordenen Superintendentur in Hannover-Limmer. Der für diese Stelle ausgewählte Bewerber konnte seinen Dienst nicht antreten, da die Finanzabteilung der Landeskirche wegen eines Einspruches der NSDAP-Gauleitung ihre Zustimmung zur Ernennung

---

46 Fragebogen zum Kirchenkampf betr. Laatzen, KgmA Döhren.
47 Christian Heinrichsmeier (geb. 1897), Freikorpskämpfer, 1921 Eintritt in den Dienst der Schutzpolizei Hannover, 1932 Kriminalassistent bei der Kriminaldirektion, 1933 zur Politischen Polizei abkommandiert. Nach Einrichtung der Gestapo von dieser als Sachbearbeiter übernommen, seit „etwa Dezember 1942" Sachgebietsleiter für Kirchen- und Judenfragen bei der Stapostelle Hannover, seit etwa 1938 Mitglied der SS. Aufgrund seiner Beteiligung an der Judenverfolgung durch Spruchgerichtsverfahren zu 3 Jahren und 4 Monaten Zuchthaus (wegen Verbrechens gegen die Menschlichkeit) verurteilt (Urteil des Spruchgerichtes Bielefeld gegen Christian Heinrichsmeier, 17. 2. 1950, BA: Z 42, IV/4980). Zur Person Heinrichsmeiers sowie zum insgesamt vergleichsweise moderaten Profil der hannoverschen Staatspolizeistelle: Hans-Dieter Schmid, „Anständige Beamte" und „üble Schläger". Die Staatspolizeistelle Hannover, in: Gerhard Paul/Klaus-Michael Mallmann (Hg.), Die Gestapo – Mythos und Realität, Darmstadt 1995, S. 133–160.
48 Notiz von Pastor Thomas (Büro des Landesbischofs) über ein Telefonat mit dem Gestapobeamten Heinrichsmeier am 4. 9. 1937, LKA N 6 II
49 Brief von OLKR Dr. Brüel an OLKR Stalmann, 6. 7. 1938, in dem es heißt, Cölle „zieht... die Zügel an" (in: LKA: N 64, Nr. 21). Vgl. auch LKA: D 4 13 IV und L 2, 3b, sowie NHStA Hannover: Hann. 180 e 1, 194. Die Einsetzung Cölles wurde von den Deutschen Christen ausdrücklich begrüßt (Nordhausen an Kerrl, 3. 6. 1938, BA: RMKiA 23228, Bl. 60/61).
50 Brammer, Retrospektiver Erinnerungsbericht, S. 42.

verweigerte. Schließlich bat der Kandidat, der sich als Bekenntnispfarrer in Ostfriesland einen Namen gemacht hatte, den Landesbischof seine Ernennung zurückzunehmen.[51] Die Kanzlei des „Bundes für deutsches Christentum" schürte die sich verschärfende Stimmung mit einer Denunziation gegen den Landesbischof, der als „staatsfeindlich und antinationalsozialistisch" bezeichnet wurde. Kirchenminister Kerrl wurde gebeten, die Glaubens- und Gewissensfreiheit der „DC-Kameraden" in der hannoverschen Landeskirche wiederherzustellen, indem er sie der geistlichen Leitung von Marahrens entziehen möge.[52]

## 4.5 Zurückdrängen der kirchlichen Jugend- und Sozialarbeit

Die kirchliche Jugendarbeit ging Mitte der dreißiger Jahre immer weiter zurück. In einzelnen Fällen wurden Veranstaltungen der Gemeindejugend behindert. Während die Christliche Pfadfinderschaft 1933 nahezu vollständig in die Hitlerjugend überführt worden war, hatten der Christliche Verein junger Männer (CVJM) und der Jugendbund für entschiedenes Christentum sich ein gewisses Maß an Eigenständigkeit erhalten können. Aber auch ihre Aktivitäten litten unter den verordneten Beschränkungen und unter Geldmangel.[53] Ein ähnliches Bild ergab sich im Hinblick auf die kirchliche Sozialarbeit mit Kindern, die unter dem Dach des Landesverbandes für Evangelische Kinderpflege erfolgte. Von den 1933 in evangelischer Trägerschaft betriebenen 55 Kindergärten, 22 Kinderhorten, acht Heimen und vier Tageskrippen gingen bis 1941 25 Anstalten in den Besitz der Nationalsozialistischen Volkswohlfahrt (NSV) über. Durch Kündigung von Räumen, Sperrung von Zuschüssen oder den Aufbau von konkurrierenden Angeboten versuchte man, die evangelische Sozialarbeit zunehmend in die Hände der NSV zu überführen. Dem Landesverband für Kinderpflege, dem zu Beginn der dreißiger Jahre noch fast 90 Einrichtungen angehört hatten, unterstanden 1945 nur noch 25 Anstalten.[54]

Auch der Religionsunterricht in den Schulen wurde zum weltanschaulichen Angriffsziel. Im Herbst 1937 wurde der Verband deutscher evangelischer Lehrer und Lehrerinnen e.V. vom Minister für Volksbildung aufgelöst.[55] Der Reichswalter des Nationalsozialistischen Lehrerbundes (NSLB) versuchte, auf das Lehrpersonal einzuwirken, „freiwillig" den Religionsunterricht nicht mehr zu erteilen. In Hannover scheiterte dieser Vorstoß zunächst am Verweigerungsverhalten der Pädagogen, von denen nur etwa ein Fünftel dem Druck nachgaben. Erst als im April 1943 der Schulrat der Stadt Hannover feststellte, daß noch immer erteilter Religionsunter-

---

51 KgmA Nikolai Limmer 202 I. Es handelte sich um Superintendent Büning aus Esens.
52 EZA: 1 A/4, 272.
53 Detailliert zur Christlichen Pfadfinderschaft und zum Evangelischen Stadtjugenddienst Hannover: Duckstein, Sonne.
54 Lagebericht des Evangelischen Landesverbandes für Kinderpflege in der Provinz Hannover vom 9. 11. 1937 bis 16. 5. 1951, LKA: E 26, Nr. 17 sowie einzelne Jahresberichte im Bestand E 26.
55 NHStA Hannover: Hann. 180 Hann II E 1, 454.

richt ein Beweis dafür sei, daß in den betreffenden Schulen überschüssige Kräfte vorhanden seien, wurde der Religionsunterricht in allen Schulen der Stadt eingestellt.[56] Zunehmend versuchte die Partei eigene Angebote an die Stelle der kirchlichen Betreuung zu setzen. So führte man weltanschauliche „Morgenfeiern" für die schulentlassene Jugend durch, die auf Konfirmation bzw. Kommunion verzichtet hatte.[57]

## 4.6 Kritik am Landesbischof und Kursänderung in der Bekenntnisgemeinschaft

Die im Juli 1938 von der hannoverschen Kirchenregierung erlassene „Verordnung über die innere Befriedung der Landeskirche", die den deutsch-christlichen Geistlichen und Gemeindemitgliedern erweiterte Rechte als Minderheit und eine eigene geistliche Leitung im Rahmen der Landeskirche einräumen wollte, führte in Bekenntniskreisen zu großer Bestürzung. Die Hannoversche Pfingstkonferenz teilte Marahrens als Vorsitzendem der Kirchenregierung ihre „schwerwiegenden Bedenken" mit.[58] Nicht nur der Landesbischof, auch der in der Kirchenregierung mitwirkende Landesobmann der Bekenntnisgemeinschaft, Bosse, geriet in die Kritik vieler Pastoren.[59] Am nachdrücklichsten formulierte in Hannover Johann Jakob Brammer die Kritik an Marahrens, dem er vorwarf, der deutsch-christlichen Irrlehre ohne Not entgegengekommen zu sein: „Hier durfte kein Schritt gewichen werden. Wir sind keine kirchliche Gruppe und wollen auch keine sein. *Wir sind die Kirche*".[60] Brammer zog sich schließlich enttäuscht aus der aktiven Arbeit der Bekenntnisgemeinschaft zurück.[61] Einen in Laienkreisen wohl weit verbreiteten Eindruck scheint ein Ausspruch widerzuspiegeln, der dem Kirchendiener der Apostelkirche gegenüber gemacht wurde: „Jetzt läßt Marahrens seine Bekenner, Niemöller und Genossen, im Stich!"[62].

Die Ablösung Bosses als Landesobmann im Dezember 1938 entsprach daher einer sich langsam verändernden Grundstimmung in der Bekenntnisgemeinschaft. So kritisierte beispielsweise Pastor Wolckenhaar von der Christuskirche den „Geist des Zurückweichens vor jedem Druck", der auf Dauer die Kirche mehr schädige als alle Eingriffe von außen.[63] Aber die von Marahrens erhofften Signale blieben aus. Im Gegenteil: Im Juni 1939 unterzeichnete der Bischof die „Fünf Grundsätze", von Reichskirchenminister Kerrl vorgelegte Leitsätze über das Verhältnis der Kirche

---

56 Klügel, Landeskirche, S. 431 sowie Brief Mahners an Duensing, LKA: S 1 H II 155 und 361b.
57 LKA: S 1 H II 421.
58 Brief der Hannoverschen Pfingstkonferenz (gez. Fleisch) an Marahrens, 14. 10. 1938, LKA, S 1 H I 1032.
59 So Pastor Lüpkes, Dornum, an Duensing, 8. 8. 1938, LKA, N 6, II 6.
60 Brammer an Marahrens, 31. 7. 1938, LKA, N 6 II 6.
61 Duensing an Bosse, Schulze, Mahner und Fratzscher, 29. 10. 1938, LKA N 6, II 6 sowie Brammer an Marahrens, 28. 10. 1938, LKA: S 1, H I 1032.
62 Pastor Dornblüth an Duensing, 14. 11. 1938, in: LKA, S 1, H III 211.
63 Wolckenhaar an Marahrens, 10. 3. 1939, LKA, S 1, H II 311.

zum Staat, die als Unterstützung für den Nationalsozialismus ausgelegt werden mußten. Viele andere Kirchenführer, unter ihnen Wurm und Meiser, hatten ihre Unterschrift verweigert.

In besonderem Maße führte eine Verordnung der hannoverschen Kirchenregierung zu heftigen innerkirchlichen Diskussionen, nach der von allen Geistlichen ein Treueid auf den Führer geleistet werden sollte.[64] Ein Rundschreiben Bormanns, in dem dieser allen Gauleitern mitteilte, Partei und Staat nähmen zu dieser Vereidigung als einer rein kirchlichen Angelegenheit keine Stellung und, ob ein Geistlicher den Eid leiste oder nicht, spiele überhaupt keine Rolle[65], unterstreicht im nachhinein die Vermeidbarkeit der heraufbeschworenen Konflikte. Insbesondere die durch die Barthsche Theologie beeinflußten Bekenntnispfarrer lehnten die Eidesleistung ab. Unter den stadthannoverschen Pastoren wurde über den Treueid offensichtlich rege diskutiert, aber trotz mancher Bedenken leisteten am Ende alle Geistlichen den Eid. Zwar hatte der in Kirchrode als Hilfsgeistlicher tätige Pastor Wenckebach zunächst die Eidesleistung verweigert, schließlich aber unter Bezugnahme auf die Begrenzung des Eides durch die im Ordinationsgelübde eingegangenen Bindungen den Eid doch noch abgelegt. Die Kirchenregierung ließ sich schriftlich bestätigen, daß ein aktiver Widerstand gegen staatliche Maßnahmen für den Pastor nicht in Frage käme.[66] Unter Federführung des Hilfsgeistlichen Winfried Feldmann entstand dagegen in der aus dem Osnabrücker Kreis hervorgegangenen Hannoverschen Pfarrbruderschaft ein ablehnendes Gutachten zum Treueid. Feldmann selbst verweigerte die Eidesleistung und erhielt daraufhin in der Landeskirche keine Pfarrstelle.[67]

## 4.7 Pastor Brinkmann predigt gegen den Judenhaß

Während die Leitung der Landeskirche sich scheute, die Verfolgung der jüdischen Mitbürger öffentlich zu kritisieren[68], hatte ein erst dreißigjähriger Bekenntnispfarrer den Mut, in seiner Sonntagspredigt auf die Ereignisse der Pogromnacht des 9./

---

64 LKA: L 2, 21, Bd. 6.
65 Bormann an alle Gauleiter, 8. 8. 1938, Abschrift in: LKA, S 1 E II 512.
66 Protokollnotiz über das Gespräch von Marahrens und Mahrenholz als Vertreter der hannoverschen Kirchenregierung mit Pastor coll. Wenckebach im Landeskirchenamt, 1. 4. 1939, LKA, S 1, H II 111a.
67 LKA: S 1 H I 1012 sowie N 46. Dieser für die Bewertung des Kurses der Landeskirche in der NS-Zeit wichtige Vorgang ist inzwischen detailliert beleuchtet worden: Hartmut Ludwig, Für die Wahrheit des Evangeliums streiten. Zur Entlassung des Hilfspredigers Winfried Feldmann aus dem Dienst der Landeskirche 1939, in: Grosse, Bewahren, S. 105–126. Im größeren Kontext: Karl-Adolf Bauer (Hg.), Predigtamt ohne Pfarramt? Die „Illegalen" im Kirchenkampf, Neukirchen-Vluyn 1993 (zu Feldmann speziell S. 39 f.).
68 Gerhard Lindemann, Christen jüdischer Herkunft als Gegenstand hannoverscher Kirchenpolitik im NS-Staat, in: Grosse, Bewahren, S. 329–373.

10. November einzugehen. Pastor Heinrich Brinkmann[69] predigte am 13. November 1938 in der Lister Markuskirche anhand des zweiten Paulusbriefes an die Thesselonikier über die Nöte und Anfechtungen der aus religiösen Gründen verfolgten Gemeinde.[70] Er wisse wohl, daß in der Kirche nicht der rechte Platz sei, um zu den Ereignissen auf politische Weise Stellung zu nehmen. Es sei aber der Ort, so Brinkmann, wo man sich „mit alledem, was unser Volk und unser Herz bewegt" unter das Wort Gottes beuge. Man sei über die unselige Mordtat an dem Diplomaten vom Rath erschüttert, aber auch über die Tatsache, daß das Attentat von Paris „in unserem Lande einen Sturm entfesselt hat, der auch vor Unschuldigen nicht mehr Halt machen konnte. Nicht als Anklage, nur in tiefster Beugung können wir das sagen, daß sich drüben wie hüben eine Welt das Hasses aufgetan hat, die von dem dämonischen Gesetz von Stoß und Gegenstoß regiert wird." In seiner Predigt verortete Brinkmann auch die Rolle der Kirche im NS-Staat recht eindeutig: „Kann eine Welt, die Herrschaft und Gericht allein in eigener Hand halten will, denn anders, als den Herrn Christus als den größten Störenfried empfinden und behandeln?" Gottes Werk an seiner Gemeinde sei der Glaube, der sich in der Anfechtung und Verfolgung besonders bewähre.[71]

Brinkmann hinterließ in seiner nur eineinhalb Jahre währenden Amtszeit in der als intellektuell anspruchsvoll geltenden großbürgerlich geprägten Gemeinde einen tiefen Eindruck. Wie viele jüngere Bekenntnispfarrer empfand aber auch er den Krieg als „Stunde der Bewährung" und als „Willen Gottes über unser Volk und unser Leben".[72] Er fiel 1942 als Kriegspfarrer an der Ostfront. Theologisch stand Brinkmann wohl der entschiedeneren Richtung innerhalb der Bekennenden Kirche nahe. Arnold Fraztscher würdigte ihn als einen Geistlichen, der für die „unverkürzte und siegesgewisse Verkündigung des Evangeliums in unseren Tagen" unerschrocken eingetreten sei und auch „über die Grenzen und Zäune der Landeskirche hinweg die Gesamtheit der bekennenden evangelischen Kirche in deutschen Landen stets im Auge gehabt" habe.[73]

---

69 Heinrich Brinkmann (1908–1942), seit 1937 Pfarrer an der Markuskirche, im Herbst 1939 zunächst Soldat, dann Kriegspfarrer, im Januar 1942 in der Sowjetunion gefallen, Mitglied der Bekenntnisgemeinschaft.
70 Predigt Brinkmanns am 13. 11. 1938 in der Markuskirche, LKA, N 11, 210.
71 Ebenda. Der mit einer jüdischen Frau verheirateten Schriftsteller Jochen Klepper notierte hierzu in seinem Tagebuch: „Indes so viele Menschen, die man nahe glaubte, schweigen, schreiben welche, von denen man es überhaupt nicht erwartete: so Pfarrer Brinkmann-Hannover, der uns seine Predigt vom Sonntag nach den schrecklichen Vorgängen schickt." (Jochen Klepper, Unter dem Schatten Deiner Flügel. Aus den Tagebüchern 1932–1942, Berlin/Darmstadt/Wien 1959, S. 685).
72 Brinkmann in einem „Heimatgruß" an die als Soldaten eingezogenen Gemeindeglieder der Markuskirche, 7. 11. 1939, LKA, N 11, 419.
73 Arnold Fratzscher, Ein Wort des Gedenkens für den im Osten gefallenen Kriegspfarrer Heinrich Brinkmann bei der Rüststunde der Bekenntnisgemeinschaft am Palmsonntag 1942, LKA, N 11, 487.

# 5. Kirchliches Leben und Konfliktverhalten in ausgewählten Gemeinden

## 5.1 Von der nationalen Begeisterung zur Wahrung des Bekenntnisses: die Herrenhäuser Kirchengemeinde

### 5.1.1 Das soziale Umfeld: Herrenhausen und die Eisenbahnerkolonie Leinhausen

Der durch seine Gartenanlagen bekannte Stadtteil Herrenhausen gehörte Anfang des 19. Jahrhunderts aufgrund des geringen Grundbesitzes der Einwohner und seines wenig ertragreichen Sandbodens zu den ärmeren Dörfern in der Nähe der Residenzstadt Hannover. Die zahlreich vorhandenen Häuslinge ohne eigenen Landbesitz waren als gewerbliche Tagelöhner oder in den königlichen Gärten beschäftigt. Erst der Bau der Eisenbahn von Hannover nach Minden, von dem die Dorfgemeinde durch den Verkauf von Grundstücken und die Lieferung von Sand profitierte, sowie die Anlage einer Ziegelei begannen um die Mitte des Jahrhunderts das alte Dorf zu verändern.[1] In der Gründerzeit entstand die Herrenhäuser Brauerei, die sich neben den Eisenbahnwerkstätten in Leinhausen zum wichtigsten Industriebetrieb des Stadtteils entwickelte. Verwaltungsmäßig wurde die Eisenbahnersiedlung Leinhausen 1878 dem Landkreis Hannover als selbständiger „Gutsbezirk" zugeschlagen. Die benachbarten Dorfgemeinden Stöcken und Herrenhausen hatten sich gegen eine Eingemeindung der Kolonie gewehrt, da sie „große Lasten sowie auch sonst eine unerwünschte Umwälzung des dörflichen Lebens" befürchteten.[2] Im Jahr der Eingemeindung in die Residenzstadt, die 1891 gemeinsam mit den Vororten Hainholz, Vahrenwald und List erfolgte, hatte das Dorf Herrenhausen rund 2000 Einwohner.[3] Erst 1906 wurde durch Abtrennung von der Hainhölzer Kirchengemeinde eine selbständige Parochie eingerichtet und die Herrenhäuser Kirche erbaut. Der seit 1908 in der Gemeinde tätige Pfarrer Robert Rasch[4] schildert die Anfangsphase der Weimarer Republik als „eine aufgeregte Zeit, in der auch das Schicksal der Kirche auf dem Spiele stand."[5] Das Bild seiner Gemeinde veränderte sich innerhalb weniger Jahren durch den Bau von städtischen „Notwohnungen" und die Errichtung von Genossenschaftshäusern. Auf der Basis der tradi-

---

1 Von Hageringehusen nach Herrenhausen. 75 Jahre Kirchengemeinde Herrenhausen, 1931 verfaßt von Robert Rasch (neu bearbeitet von Heinecke 1967 und Blaume 1981), Hannover 1981, S. 37 ff.
2 Hageringehusen (Neubearbeitung 1981), S. 44.
3 Hageringehusen (Neubearbeitung 1981), S. 45 f.
4 Zu seinen Auseinandersetzungen mit den örtlichen Freidenkern vgl. Kap. 1.3.1.
5 Robert Rasch, Von Hageringehusen nach Herrenhausen, Hannover 1931, S. 96.

tionell geschlossen protestantischen Dorfgemeinschaft wuchs eine gemischte Stadtteilbevölkerung, zu der neben 85 % evangelisch-lutherischen Christen auch eine Minderheit von Katholiken, Sektenmitgliedern und Freidenkern zählte.[6] Die 1930 bereits rund 8 500 Seelen in Herrenhausen und Leinhausen umfassende Kirchengemeinde setzte sich hauptsächlich aus Arbeitern, Handwerkern und Eisenbahnangestellten zusammen.[7] Bei den Reichstagswahlen 1930 gaben rund zwei Drittel der Wähler den Linksparteien ihre Stimme. Die SPD erzielte mit 57,6 % der Stimmen in Herrenhausen ein überdurchschnittliches Ergebnis (stadtweit 45,2 %). Die bürgerlichen Mittelparteien konnten einen stärkeren Zuspruch verzeichnen als die rechtskonservative DNVP und die NSDAP, die hinter ihren hannoverschen Durchschnittsergebnissen zurückblieben. In die vordem als Hochburg der Sozialdemokratie bekannte Eisenbahnkolonie Leinhausen gelang dagegen den Nationalsozialisten in der Endphase der Republik ein spürbarer Einbruch. Rund ein Drittel der sozialdemokratischen Wählerschaft schwenkte zur NSDAP um.[8]

### 5.1.2 Pastor Rasch stellt sich gegen den nationalen Rausch

Einen guten Einblick in die Aktivitäten, die Gedankenwelt und die gesellschaftspolitische Orientierung der Kirchengemeinde vermittelt der seit Dezember 1925 erscheinende „Evangelische Gemeindebote für Herrenhausen und Leinhausen". Pastor Gustav Scheele[9] schrieb 1926, die evangelische Kirche sei „mitten hineingestellt in einen schweren Existenzkampf", der einerseits gegen das Freidenkertum und andererseits gegen die katholische Kirche geführt werden müsse, da letztere, „heute mehr denn je", daran arbeite, die evangelische Kirche zu vernichten. Dieser „Kampf an zwei Fronten" sei zusätzlich erschwert, weil das Auftreten der Sekten die Einigkeit der protestantischen Kirche zerstört habe.[10] Immer wieder wurde im Gemeindeboten auch die weltanschauliche Auseinandersetzung mit der politischen Arbeiterbewegung und speziell den Freidenkerorganisationen geführt. Die Agitation des Evangelischen Elternbundes gegen die Einrichtung von Schulklassen ohne Religionsunterricht wurde nachdrücklich unterstützt.[11] Auf der Jahresversammlung des Elternbundes im März 1933 berichtete Pastor Scheele über den kontinuierlichen Kampf gegen die weltliche Schule, durch den man erfolgreich „die immer wieder drohende völlige Verweltlichung der Leinhäuser Schule" habe verhindern können.[12]

---

6 Zur konfessionellen Gliederung des Stadtteils: StVjB Han 1/1928, S. 77.
7 Ahlers, Pfarrbuch, S. 35 f.
8 Auswertung der in verschiedenen Tageszeitungen veröffentlichten Ergebnisse der einzelnen Wahllokale.
9 Gustav Scheele (1894–1959), 1922–1925 Hilfsgeistlicher zur Versorgung der Gemeindeglieder in Leinhausen, 1929–1955 Pastor in Herrenhausen, Sommer 1933 bis Sommer 1934 Mitglied der Glaubensbewegung Deutsche Christen, seit 1937 Mitglied der Bekenntnisgemeinschaft.
10 Scheele, Unsere evangelische Kirche und die Sekten, EGH, April 1926, S. 2.
11 EGH, Jahrgänge 1925–1933. Beispielsweise referierte ein Lehrer im Konfirmandensaal der Gemeinde über „unser Recht auf eine evangelische Schule" (EGH, Mai 1926, S. 8).
12 EGH, April 1933, S. 6 f.

Bereits Mitte der zwanziger Jahre hatte ein Bürgervorsteher auf einem Gemeindeabend über das Thema „Volk und Boden" referiert. Wenige Monate später erschien im Gemeindeblatt unter der Rubrik „Allerlei zum Nachdenken" eine Notiz zum Thema „Volk ohne Raum", in der beklagt wurde, daß auf einen Quadratkilometer des jeweiligen Staatsgebietes in England 15, in Frankreich acht und in der Sowjetunion sieben Personen kämen, sich aber 132 Deutsche jeden Quadratkilometer des Deutschen Reiches teilen müßten.[13] Auch diese Beispiele können als Indiz dafür angesehen werden, in welch hohem Maße sich offensichtlich die aktiven Mitglieder der Kerngemeinde gesellschaftspolitisch zumindest dem „nationalen Lager" zugehörig fühlten. Wie gezeigt, fand aber auch die völkische Ideenwelt durchaus ihren Platz im Gemeindeleben.

Als Schriftleiter des Gemeindeboten kündigte Pastor Rasch für den 26. April 1933 einen Vortrag des deutsch-christlichen Pfarrers Rademacher[14] im Rahmen eines Männerabends an. Das Thema lautete programmatisch „Nationalsozialismus und Christentum" und wurde von Rasch vorsichtig distanzierend kommentiert:

„Es ist zu erwarten, daß dieser Vortrag allen Hörern... allerlei noch wenig Bekanntes bringen und mancherlei ernste, in die Tiefen des christlichen Glaubens führende Fragen und Erwägungen anregen wird. Hoffentlich bleibt dann die Aussprache in demselben Rahmen und wird dem Ernst und der Schwere des Gegenstandes gerecht."[15]

Im Mai 1933 übernahm Rasch einen Artikel in das Gemeindeblatt, in dem ausgeführt wurde, daß es verhängnisvoll wäre, die Neuordnungen im Staatsleben einfach auf die Kirche zu übertragen und diese „gleichzuschalten". Das Fazit dieser Überlegungen lautete: „Die Eigengesetzlichkeit der Kirche besteht darin, daß sie frei und selbständig ihre Aufgabe muß erfüllen können, nicht nur jedem einzelnen das Wort aus der Ewigkeit so zu sagen, daß er es hören kann, sondern auch im Staats- und Volksleben das lebendige Gewissen zu sein... Kirche muß Kirche bleiben, nicht nur um der Kirche sondern auch um des Staates willen."[16]

Der auszugsweise Abdruck einer Predigt von Pastor Scheele über das Thema „Der Christ und die Obrigkeit" hatte den Charakter einer kontroversen Stellungnahme zu Raschs Position. Scheele stellte der Obrigkeit der Weimarer Republik, die „glaubte das Recht und die Macht zu haben, die christlichen Grundlagen unseres deutschen Volkes zu zerstören und damit uns das heiligste Gut zu rauben", die nationale und sittliche Erneuerung durch die Machtergreifung der nationalsozialistisch-rechtsbürgerlichen Koalitionsregierung gegenüber. Er forderte die Gemeinde auf, das „Neuerwachen unseres deutschen Volkes mit freudigem und dankbarem Herzen zu begrüßen" und sich der Hitlerregierung vorbehaltlos zu „unterwerfen in dem festen Vertrauen, daß sie mit Gottes Kraft uns und unserem Volk zum Segen

---

13 EGH, Oktober 1926, S. 8 sowie Februar 1927, S. 5.
14 Zu dieser Zeit war Rademacher noch als Pastor an der Dreifaltigkeitskirche in Hannovers Oststadt tätig, erst im Herbst 1933 wurde er Superintendent des Lindener Kirchenkreises und gleichzeitig hannoverscher Stadtsuperintendent.
15 EGH, April 1933, S. 8.
16 EGH, Mai 1933, S. 4 f.

gereichen wird."[17] In diesem Sinne weihte Scheele Mitte Juni 1933 in einem sonntäglichen Festgottesdienst die Fahne der NSDAP-Ortsgruppe und den BDM-Wimpel. Dem detaillierten Bericht über diese Fahnenweihe ist zu entnehmen, daß der gerade zu den Deutschen Christen gestoßene Pfarrer seiner „innige Freude" über die Neugestaltung des Deutschen Reiches und die neu im Volk erwachten Kräfte mit markigen Formulierungen Ausdruck: „Die Führer und ihre Folger sind durch Treue gegen Deutschland angefeuert, Gemeinnutz geht vor Eigennutz, das heißt: Dem Volke treu sein, erst das Volk, dann ich. Die Fahnen sollen Zeichen der Treue sein gegen den Führer. Er hat sein Amt in Hoffnung auf Treue des Volkes angenommen. Blutigrot weht die Fahne des neuen Deutschlands über uns. Die Fahne des Blutes, das uns allen gemein ist, das uns zusammenschließen soll, das für die Bewegung vergossen ist, spricht zu uns."[18] Die überaus große Zahl der Teilnehmer an diesem braunen Festgottesdienst und der „begeisterte Hitlergruß, mit dem die geweihte Fahne begrüßt wurde", hätten die innige Gemeinschaft, „die uns durch den gemeinsamen Glauben an unseren Gott mit der nationalen Volksbewegung verbindet", in unvergeßlicher Weise ausgedrückt, schließt der begeisterte Berichterstatter.[19]

Mit Rasch und Scheele standen zwei sehr unterschiedliche Charaktere und zwei theologische Traditionen in der Gemeinde nebeneinander. Dennoch, so Rasch in seinen Lebenserinnerungen, sei die Zusammenarbeit „freundschaftlich und harmonisch" gewesen. Trotz der politischen und theologischen Unterschiede bedankte sich Scheele anläßlich der Verabschiedung von Rasch für die „innige Gemeinsamkeit", durch die er „so viel Förderung für mein Leben und Hilfe für mein Amt erfahren" habe.[20] Gustav Scheele, Jahrgang 1894, gehörte zur jüngeren Pfarrergeneration, absolvierte Studium und Ausbildung bereits größtenteils in den Jahren der Weimarer Republik. Seine national geprägte Weltanschauung war unmittelbar verbunden mit der Erfahrung einer sich in der gesellschaftlichen Defensive befindlichen Kirche, die in den zwanziger Jahren erkennen mußte, daß sie den Kontakt zu breiten Volksschichten verloren hatte.

Der 26 Jahre ältere Robert Rasch, der schon 1890 sein erstes theologisches Examen abgelegt hatte, stand 1933 bereits kurz vor der Pensionierung. Seine „freie Stellung zu Bibel und Dogma"[21] ging in besonderem Maße auf den Tübinger Theologen Prof. Kautzsch zurück, bei dem Rasch sein Studium begonnen hatte. Durch einen einsemestrigen Studienaufenthalt in Leipzig hatte er sich auf die „drohende Göttinger Theologie" vorbereitet, die das letzte Studienjahr bestimmte.[22] Die Position des von Rasch vertretenen weltoffenen und kulturell aufgeschlossenen theologischen Liberalismus wurzelte noch in den Traditionen des ausgehenden 19. Jahrhunderts, als sich nicht-dogmatisch orientierte Geistliche gegen die mit dem Welfentum ver-

---

17 Auszüge aus dem Predigttext Scheeles vom 7. Mai 1933, EGH, Juni 1933, S. 2–4.
18 „Eine Fahnenweihe", EGH, Juli 1933, S. 1 f.
19 Ebenda. Der Bericht stammt aus der Feder des ehemaligen Vorsitzenden des Evangelischen Elternbundes.
20 EGH, November 1933, S. 5.
21 Rasch, Lebenserinnerungen, Manuskript o.O. u. o.J.
22 Ebenda.

bundene lutherisch-orthodoxe kirchliche Mehrheit vereinsmäßig organisiert hatten.²³ Rasch war Mitglied der „Freunde der evangelischen Freiheit" und Mitarbeiter, zeitweise auch Herausgeber, der Zeitschrift „Kirchliche Gegenwart" und einer hannoverschen Ausgabe des „Protestantenblattes", also zweier führender Publikationsorgane der liberalen Theologen. Mit dem in Hainholz wirkenden Pastor Adolf Chappuzeau²⁴, einem der Wortführer der liberalen Richtung in der hannoverschen Landeskirche, war Rasch befreundet. Wie seine Verständigungsbemühungen mit dem Freidenkertum belegen²⁵, führte Rasch während der Weimarer Republik nicht einen unversöhnlichen und verbissenen Kampf gegen die Arbeiterbewegung, son-

*Robert Rasch*

dern bemühte sich um eine nüchterne Sicht der Dinge, die allerdings die argumentative Verteidigung des kirchlichen Standpunktes sehr wohl einschloß. Rasch zählte zu den wenigen überzeugten Demokraten innerhalb der evangelischen Kirche. Zunächst, wie er selbst schreibt, „im Gefolge von Friedrich Naumann" mit dem Linksliberalismus sympathisierend, entwickelte er sich während der Republik zum An-

---

23 Zunächst geschah dies im „Protestantenverein", später in den „Freunden der evangelischen Freiheit". Vgl. Rolffs, Kirchenkunde, S. 213–215.
24 Adolf Chappuzeau (1857–1939), entstammte einer 1685 nach Celle zugewanderten französischen Familie, 1891–1927 Pfarrer in Hainholz, zu dessen Pfarrbezirk bis 1906 auch Herrenhausen gehörte, 1917 Ehrendoktor der Theologischen Fakultät der Universität Gießen.
25 Vgl. Kap. 1.3.1.

hänger der Deutschen Volkspartei. Vor diesem Hintergrund wird verständlich, daß Robert Rasch zu den ganz wenigen evangelischen Geistlichen gehörte, die im Jahr der Machtergreifung in der Lage waren, einen klaren Protest zu formulieren. Mit Hilfe von Partei, Presse und Rundfunk sei dagegen das Kirchenvolk „geradezu in einen Zustand der Besinnungslosigkeit versetzt worden"[26], notierte er in seinen rückblickenden Lebenserinnerungen.

Noch am 8. März 1933 hatte der Herrenhäuser Kirchenvorstand den Antrag der NSDAP, mit Fahnen am Gottesdienst zum Volkstrauertag teilnehmen zu dürfen, mit fünf zu vier Stimmen bei zwei Enthaltungen abgelehnt.[27] Die Kirchenwahlen am 23. Juli 1933 führten aber auch in dieser Gemeinde zur innerkirchlichen Machtergreifung der Deutschen Christen. Nachdem sowohl Pastor Scheele als auch fünf der bisherigen Kirchenvorsteher sich der Glaubensbewegung angeschlossen hatten und drei Mitglieder des alten Kirchenvorstandes durch genehme Parteigenossen ersetzt worden waren, gehörten dem neuen zwölfköpfigen Kirchenvorstand nunmehr neun DC-Mitglieder an, von denen sechs gleichzeitig NSDAP-Mitglieder waren.[28] Im Gemeindeboten merkte Rasch kritisch an, diese Kirchenwahl sei „im wesentlichen unter dem Einfluß außerkirchlicher Kräfte und Kreise" vor sich gegangen. Rund 3 000 Gemeindeglieder hatten von ihrem Wahlrecht Gebrauch gemacht, so viele wie noch nie. Er bemängelte, daß darunter zahlreiche Personen gewesen seien, die die Kirche noch nie von innen gesehen hätten.[29] Enttäuscht ging Rasch in der Folgezeit auf Distanz:

„Die Einführung der neugewählten Kirchenvorsteher, die unter großem, von der Partei aufgezogenem Getöse vor sich ging, ließ ich mir entgehen und entfloh an dem Tage in den Deister. Als ich an einem der folgenden Sonntage im Anschluß an das Evangelium Lukas 19[30] eine Predigt über die Judenfrage hielt und dem christlichen Urteil darüber in freimütigen, aber unanfechtbaren und auch nicht angefochtenen Worten Ausdruck gab, saß einer der neuerwählten Bonzen im Kirchenvorsteherstuhl und machte eifrig Notizen, für einen Kirchenvorsteher ein höchst unpassendes Benehmen."[31]

Am 31. Juli 1933 legte Robert Rasch sein Amt als Vorsitzender des Kirchenvorstandes und als Herausgeber des Gemeindeboten nieder.[32] Beide Aufgaben wurden von seinem Amtskollegen Scheele übernommen. Die Mitteilung über seinen Rücktritt schloß er im Gemeindebrief mit den Worten: „Diese meine Schritte kann ich hier im ganzen wie im einzelnen nicht näher begründen. Daß ich es nicht kann, mag

---

26 Rasch, Lebenserinnerungen.
27 Protokoll der Kirchenvorstandssitzung vom 8. März 1933, Protokollbuch der Kirchenvorstandssitzungen der Kirchengemeinde Herrenhausen vom 17. 8. 1907 – 16. 10. 1945, KgmA Herrenhausen.
28 Scheele an Marahrens, 21. 1. 1934, LKA: L 2, 1a, Bd. IV.
29 EGH, August 1933, S. 8.
30 Der Evangelist Lukas berichtet an dieser Stelle über das Zusammentreffen von Jesus mit Zachäus und die Austreibung der Wechsler aus dem Tempel.
31 Rasch, Lebenserinnerungen.
32 Protokoll der Kirchenvorstandssitzung vom 31. 7. 1933, Protokollbuch 1907–1945, KgmA Herrenhausen.

Begründung genug sein. Jesus Sirach 23, Vers 7."[33] Wer das Bibelwort in der Lutherübersetzung nachschlug, stieß auf folgenden Ratschlag: „Liebe Kinder, lernet das Maul halten, denn wer es hält, der wird sich mit Worten nicht vergreifen!". Offensichtlich verfehlte diese Erklärung die beabsichtigte Wirkung nicht, denn das Blatt wurde von Gemeindegliedern vielfach angefordert.[34] Enttäuschungen in der Gemeindearbeit und im privaten Freundeskreis förderten bei Rasch den Entschluß, sich aus gesundheitlichen Gründen vorzeitig pensionieren zu lassen. Nach 25jähriger Tätigkeit verabschiedete sich der standhaft demokratische Pastor im Herbst 1933 aus seiner Gemeinde mit dem Spruch „Alles Ding währt seine Zeit, Gottes Lieb in Ewigkeit".[35] Wer es wollte, wird die Anspielung auf das tausendjährige Reich sicherlich verstanden haben.

### 5.1.3 Langsam wachsende Einsichten: der Prozeß der Distanzierung von den Deutschen Christen

In einem Aufruf, gerade auch an diejenigen „Volksgenossen", die bisher der Kirche ferngeblieben seien, nahm der neue Kirchenvorstand darauf bezug, daß der „Volkskanzler" mit dem „Marxismus" und „Bolschewismus" die äußeren Kirchenfeinde zerschlagen habe und sich die Kirche aufs neue ihrer Verbundenheit mit dem deutschen Volk besonnen habe: „Gott hat uns durch unseren Führer Adolf Hitler den neuen Weg gezeigt. Sein Werk ist gesegnet, stehe auch Du nicht zögernd beiseite, hilf auch du! Millionen Volksgenossen warten in ihrer wirtschaftlichen und seelischen Not auf Hilfe. Bekunde durch die Tat, daß du Christ bist! Hilf und du bekundest, daß du ein Deutscher bist."[36]

Gleichzeitig ging Pastor Scheele im Gemeindeblatt eher zurückhaltend auf die „Zeichen der neuen Zeit" ein. So seien die Kirchenaustritte plötzlich abgeebbt, aber man könne sich des Eindruckes nicht erwehren, daß viele Wiedereintritte aus rein äußerlichen Gründen geschähen. Zwar hätten die Gemeindeglieder an den besonderen Gottesdiensten in starkem Maße teilgenommen, aber es müsse auch erwartet werden, daß sich alle Glieder der Gemeinde regelmäßig an den sonntäglichen Gottesdiensten beteiligten.[37] In der Oktober-Ausgabe des Gemeindeboten veröffentlichte Scheele die Richtlinien der Glaubensbewegung[38], um den Gemeindegliedern die Möglichkeit zu geben, sich selbst ein Bild dieser Bewegung zu machen. Das intensive Werben des Pfarrers für die Weltanschauungswochen für arbeitslose Männer und für den Kindergottesdienst[39] sprechen dafür, daß es Scheele in erster Linie nicht um ideologische Gleichschaltung, sondern vor allem um eine

---

33 EGH, August 1933, S. 8.
34 Rasch, Lebenserinnerungen.
35 Rasch, Ein Abschiedsgruß, EGH, Oktober 1933, S. 1.
36 Auruf des Kirchenvorstandes, EGH, September 1933, S. 1.
37 Scheele, Im Zeichen der neuen Zeit, EGH, September 1933, S. 3f.
38 „Die Richtlinien der ‚Deutschen Christen'" (unterzeichnet von Müller, Hossenfelder, Fezer, Weichert) wurden im Wortlaut und mit einem kurzen Nachwort versehen abgedruckt (EGH, Oktober 1933, S. 3–5).
39 EGH, November 1933, S. 7.

volksnahe Erneuerung der Kirche ging. So forderte er beispielsweise die Eltern auf, sich hinter das Werk Adolf Hitlers zu stellen, indem sie für die regelmäßige Teilnahme ihrer Kinder am Kindergottesdienst sorgen sollten. Scheele repräsentierte 1933 den Typ des politisch vom Nationalsozialismus affizierten jüngeren Pfarrers, der aber gleichzeitig vehement für die erhoffte kirchliche Erneuerung eintrat: „In einer Zeit, in der unser deutsches Volk auf christlicher Grundlage neu gebaut wird, sollte es doch eine Selbstverständlichkeit sein, daß die Sonntagvormittage den Gottesdiensten vorbehalten und von sämtlichen anderen Veranstaltungen frei bleiben."[40]

Zum ersten Konflikt zwischen Kirchengemeinde und Partei kam es, als der Ortsgruppenleiter der NSDAP ohne Absprache mit dem Kirchenvorstand in einer Eingabe an den Landesbischof bat, den im Landeskirchenamt tätigen und in der Stadt Hannover als einer der Wortführer der Deutschen Christen auftretenden Pastor August Mattiat auf die freigewordene Pfarrstelle in Herrenhausen zu berufen. Der Kirchenvorstand verwahrte sich gegen dieses Vorgehen, da es „eine unbefugte Einmischung einer amtlichen politischen Stelle in die inneren Angelegenheiten unserer Kirchengemeinde" darstelle. Ohne Wissen des Kirchenvorstandvorsitzenden Scheele und selbst ohne Fühlungnahme mit den drei Kirchenvorstehern, die bei der Kirchenwahl im Juli 1933 „auf Wunsch des Ortsgruppenleiters als Vertrauensmänner der NSDAP in den Kirchenvorstand gewählt" worden seien, habe dieser aus rein politischen Gründen gehandelt. Gegen Pastor Mattiat bestehe aber in der Gemeinde, gerade auch in nationalsozialistischen Kreisen, eine starke Abneigung. Da man sich ein harmonisches Zusammenarbeiten mit ihm nicht vorstellen könne, bat der Kirchenvorstand den Landesbischof eindringlich, von der Berufung Mattiats auf die Pfarrstelle in Herrenhausen abzusehen.[41] Daraufhin wurde dieser zum Landeskirchenrat ernannt und der Gemeinde als neuer Kandidat Friedrich Nordhausen[42] präsentiert, der zuvor in Sievershausen die Arbeit der Deutschen Christen durch den dortigen Superintendenten Rahn[43] eingehend kennengelernt hatte. Mit dem Dienstantritt Nordhausens am 1. Mai 1934 erhielt die Herrenhäuser Gemeinde also ihren zweiten deutsch-christlichen Pfarrer. Zuvor hatte sich der Kirchenvorstand noch einmal mit der Angelegenheit Mattiat beschäftigen müssen. Dabei gaben die Kirchenvorsteher, die gleichzeitig Parteigenossen waren, die Erklärung ab, an der Verhandlung nicht teilnehmen zu können, da ihnen von der Partei verboten worden sei, das Verhalten von Parteigenossen bei Anwesenheit von Nicht-Parteigenossen zu erörtern. Die verbleibenden Kirchenvorsteher stellten fest, daß sie mit der Eingabe keinen persönlichen Angriff gegen Pastor Mattiat richten wollten, sich aber als gewählte Vertretung der Gemeinde verpflichtet gefühlt hätten, die Stimmung in den kirchlich interessierten Kreisen der Gemeinden deutlich wiederzugeben und zu vertreten. Betroffen äußerte man sich darüber, daß der Landeskirchenamtspräsident Schnelle „die Aussage eines politischen Amtswalters höher ver-

---

40 Ebenda.
41 Kirchenvorstand an Marahrens, 21. 1. 1934, LKA: L 2, 1a, Bd. IV.
42 Friedrich Nordhausen (1892–1976), 1934–1945 Pfarrer in Herrenhausen, seit 1941 zum Wehrdienst eingezogen, 1945 in den Wartestand versetzt, 1949–1957 Pfarrer in Bremerhaven.
43 Zur Person Rahns vgl. Kap. 3.5, Anm. 76.

merkt" habe als das, „was der gesamte Kirchenvorstand in vollem Bewußtsein seiner Verpflichtung gegenüber der Gemeinde" ausgeführt habe.[44] Die Frage, ob letztlich kirchliche oder parteipolitische Prämissen das Handeln in der Kirchengemeinde bestimmen sollten, konnte in diesem Fall pragmatisch umgangen werden, gelöst war sie dadurch allerdings nicht.

Im Herbst 1934 bemühte sich der Kirchenvorstand, durch konkrete Absprachen weiteren sich abzeichnenden Konflikten mit der Partei aus dem Wege zu gehen. Daher teilte man die regelmäßigen Termine der kirchlichen Kreise (Frauenhilfe, Männerabend, Bibelstunde, Kirchenchor, Jugendabend und Kirchenvorstand) mit und bat, nach Möglichkeit Rücksicht auf diese Veranstaltungen zu nehmen. Da dem Kirchenvorstand sehr viel daran gelegen sei, „daß die Herrenhäuser Kirchengemeinde und die Organisationen der NSDAP im Einvernehmen miteinander arbeiten", wolle man kirchlicherseits ebenfalls Rücksicht auf die Termine von Parteiveranstaltungen nehmen.[45] Dieser Kurs der Konfliktvermeidung konnte jedoch angesichts der durch Bischof Marahrens Anfang November 1934 angeordneten Besetzung des Landeskirchenamtes und der Verdrängung der Deutschen Christen aus den führenden Positionen in der Landeskirche langfristig nicht durchgehalten werden. Der mit großer Mehrheit gefaßte Beschluß des Kirchenvorstandes „bis zur Klärung der kirchlichen Lage" die Kirchenfahne nicht mehr zu zeigen[46], verdeutlicht die auch in der Herrenhäuser Gemeinde verbreitete Verunsicherung. Auf einer außerordentlichen Kirchenvorstandssitzung im Dezember 1934 wurde die Polarisierung in der Gemeinde dann offensichtlich. Pastor Nordhausen und vier gewählte Mandatsträger scheiterten mit ihrem Antrag, festzustellen, daß der Kirchenvorstand sich hinter den von der Reichskirchenregierung beschrittenen Weg stelle. Pastor Scheele und drei Kirchenvorsteher (darunter pikanterweise auch zwei im Juli 1933 als „Vertrauensmänner" des Ortsgruppenleiters zugewählte Parteigenossen) stimmten gegen die Vetrauenserklärung für Reichsbischof Müller. Bei zwei Stimmenthaltungen und vier Gegenstimmen wurde der Antrag somit abgelehnt.

Die weiterhin pointiert deutsch-christlich auftretenden Kirchenvorsteher verloren in der Folgezeit zunehmend an Einfluß. Durch Fortzug aus der Gemeinde bzw. durch Amtsniederlegung schieden im August 1935 zwei der 1933 neugewählten NSDAP-„Vertrauensmänner" gemeinsam mit dem ältesten Kirchenvorsteher aus. Einer der nachgerückten Ersatzmänner geriet schon nach kurzer Tätigkeit in heftigen Streit mit den anderen Kirchenvorstehern und legte sein Amt bereits nach einem Jahr nieder.[47] Im August 1936 stellte der Kirchenvorstand der sich erst jetzt formell bildenden Gemeindegruppe der Deutschen Christen den Konfirmandensaal zur Verfügung. Pastor Scheele drückte sein Bedauern über die Gründung einer solchen kir-

---

44 Protokoll der Kirchenvorstandssitzung vom 18. 4. 1934, Protokollbuch 1907–1945, KgmA Herrenhausen.
45 Kirchenvorstand an den Ortsgruppenleiter der NSDAP in Herrenhausen, 7. 11. 1934, KgmA Herrenhausen A 161.
46 Protokoll der Kirchenvorstandssitzung vom 7. 12. 1934, Protokollbuch 1907–1945, KgmA Herrenhausen.
47 Protokolle der Kirchenvorstandssitzungen vom 27. 9. 1935, 1. 7. 1936 und 25. 9. 1936, Protokollbuch 1907–1945, KgmA Herrenhausen.

chenpolitischen Gruppe aus und lehnte für die sich damit ergebende Spaltung der Gemeinde jede Verantwortung ab.[48] Aufgrund eines Antrages der Deutschen Christen auf Überlassung der Herrenhäuser Kirche für ihre Versammlungen wurde im Mai 1937 beschlossen, daß Kirche und Konfirmandensaal fortan beiden kirchenpolitischen Gruppen zur Verfügung stehen sollten.[49] Im August 1938 legten drei Kirchenvorsteher, die alle gleichzeitig Parteigenossen waren, aus politischen Gründen ihr Amt nieder. Als Zwischenfazit ist festzuhalten, daß es in Herrenhausen sowohl durch die Beharrung der Kerngemeinde auf kirchlichen Standpunkten als auch durch die von der NSDAP betriebene zunehmende Abgrenzung gegenüber der Institution Kirche von der Basis her zu einem Prozeß der Selbstbehauptung gegen nationalsozialistische Einmischung in das kirchliche Leben kam.

Exemplarisch ist zudem an den Beiträgen, die die beiden sich zunehmend unterschiedlich orientierenden Pastoren für den Gemeindeboten verfaßten, die Ausprägung konkurrierender kirchenpolitischer Standpunkte abzulesen. Im Juli 1934 trat Pastor Scheele noch für die gemäßigte deutsch-christliche Position ein, mit der er ein „Christentum der Tatkraft und der Weltaufgeschlossenheit"[50] verbinden wollte. Reichspräsident von Hindenburg wurde von Scheele als der „Deutscheste aller Deutschen" gepriesen. Nach seinem Tode müsse man nun dafür sorgen, daß „sein Geist in unserer Kirche und in unserem Volk lebendig bleibt."[51] Nach seinem Austritt aus der Glaubensbewegung[52] ist bei Scheele eine verstärkte Hinwendung zu religiösen Themen feststellbar. Ein Artikel über „Passionszeit" und eine auszugsweise abgedruckte Pfingstpredigt[53] stellen theologische Fragen wieder eindeutig in den Mittelpunkt. Ganz im Gegensatz zu seinem Amtskollegen Nordhausen werden Glaubensfragen in ihrer universellen Bedeutung erörtert und nicht nur auf ihren aktuellen Bezug zur völkischen Erneuerung reduziert. Fast programmatisch wirkt der Artikel „Für oder wider Christus?"[54], in dem Scheele auf einen gut besuchten Vortrag des christlichen Schriftstellers Gustav Adolf Gedat in der Stadthalle eingeht. Die Auseinandersetzung um die Persönlichkeit von Jesus und seine Verkündigung sei nun schärfer entbrannt denn je. Gedats Berichte über den Kampf des Christentums mit konkurrierenden und feindlichen Weltanschauungen in aller Welt führte Scheele auf die konkrete Situation vor Ort zurück:

„In diesen Kampf sind wir alle hineingezogen; denn hier gibt es keine Neutralität, hier kann man sich nicht unbeteiligt zwischen den Fronten hindurchschwindeln, sondern es gilt Jesu Wort: ‚Wer nicht mit mir ist, der ist wider mich, und wer nicht mit mir

---

48 Protokoll der Kirchenvorstandssitzung vom 28. 8. 1936, Protokollbuch 1907–1945, KgmA Herrenhausen.
49 Protokoll der Kirchenvorstandssitzung vom 4. 5. 1937, Protokollbuch 1907–1945, KgmA Herrenhausen.
50 Scheele, Haben wir einen Erlöser nötig?, EGH, Juli 1934, S. 1 f.
51 Scheele, Der 2. August, EGH, August 1934, S. 1 f.
52 Die Trennung von den Deutschen Christen soll im Sommer 1934 erfolgt sein (Fragebogen zur Geschichte der Landeskirche von 1933 bis Kriegsende, Kirchengemeinde Herrenhausen, beantwortet von Pastor Scheele am 7. 10. 1946).
53 EGH, März 1935, S. 1 f. sowie Juni 1935, S. 2 f.
54 EGH, Februar 1936, S. 1 f.

sammelt, der zerstreuet!'. Je erbitterter der Kampf um Jesus Christus und sein Evangelium entbrannt ist und je weitere Kreise er innerhalb der Menschheit auf dieser Erde ergreift, umso dringender werden wir selbst zu der klaren Entscheidung aufgerufen, wo wir in diesem Kampfe stehen wollen, für den Heiland oder wider ihn."[55]

Die Artikel Pastor Nordhausens sind dagegen stark von völkischem Vokabular geprägt. So heißt es beispielsweise: „Die neue Zeit möchte in Deutschland Menschen erziehen, die stark, sicher, selbstbewußt in ihrer natürlichen, durch Volkstum, Blut und Rasse bestimmten Art sind...".[56] Zwar meinten manche christlichen Kreise, daß es den so selbstbewußt auftretenden „neuen deutschen Menschen" an Demut fehlen könne. Die Kraft des Evangeliums, so Nordhausen, sei aber stark genug „nicht nur die schlichten Menschen der Stille zu gewinnen, sondern auch die starken, selbstbewußten Menschen der Tat und des Kampfes zu Gott hinzuführen."[57] Durchgängig werden Christentum und völkische Erneuerung als zusammengehörig betrachtet. So präsentierte Nordhausen Luther als „Kämpfer für lebendiges Christentum und echtes Deutschtum"[58] und ließ die Gemeindeglieder in diesem Sinne an seinen „evangelischen Gedanken zum Nürnberger Parteitag" teilnehmen.[59] In fünf aufeinander folgenden Ausgaben des Gemeindeblattes stellte er 1936 Rosenbergs Schrift „Mythus des 20. Jahrhunderts" ausführlich vor und erläuterte aus seiner Sicht deren Bedeutung für das evangelische Christentum der Gegenwart.[60] Trotz voller Zustimmung zur Blut-und-Boden-Ideologie verwahrte sich aber auch Nordhausen gegen die letzte Konsequenz Rosenbergs, aus der Lehre von Blut und Rasse einen „Mythus", eine das Christentum entbehrlich machende Ersatzreligion, zu schaffen. Seine Argumentation spiegelt hier die seit 1934 zunehmend problematischer werdende Position der Deutschen Christen im nationalsozialistischen Herrschaftsgefüge wider:

„...wir sind darum nicht weniger gute Nationalsozialisten, weil wir außerdem auch Christen sind und bleiben wollen, sondern wir möchten gerade als evangelische Christen das ‚positive Christentum' bewähren, das nach Artikel 24 des Programms der NSDAP die Grundlage der Partei und des Staates sein soll. Wir hoffen, daß viele Volksgenossen, die gegenwärtig aus völkischen und rassischen Gründen meinen, das Christentum ablehnen zu müssen, eines Tages wieder die göttliche Kraft des Evangeliums erkennen und in ihrem Leben erfahren werden."[61]

Mit Rosenberg teile man die Hoffnung auf eine lebendige deutsche Volkskirche, konstatierte Nordhausen. Es müsse sich aber um eine christliche Volkskirche handeln, in der „deutsches Volkstum und wahres Christentum in neuer Weise zu einer lebendigen Einheit sich verbinden".[62] Wiederholt lud Nordhausen die Gemeinde-

---

55 EGH, Februar 1936, S. 1f.
56 Nordhausen, Die Botschaft des Evangeliums und der deutsche Mensch der neuen Zeit, EGH, Februar 1935, S. 1–3.
57 EGH, Februar 1935, S. 1f.
58 EGH, November 1935, S. 2–5.
59 EGH, September 1936, S. 2–4.
60 EGH, Januar bis Mai 1936.
61 So Nordhausen im EGH, Januar 1936, S. 6.
62 EGH, Mai 1936, S. 4f.

glieder zu Veranstaltungen der von ihm geleiteten „Arbeitsgemeinschaft für Christentum und Nationalsozialismus" ein.[63] Im Herbst 1936 übernahm Nordhausen zudem die Leitung der in der Landeskirche neu formierten „Pfarrergemeinde" der auf die radikale Thüringer Richtung eingeschwenkten hannoverschen Deutschen Christen.[64]

Im Vorfeld der für 1937 angekündigten, schließlich aber nicht durchgeführten Kirchenwahlen aktualisierten sich die inzwischen deutlich konträren Standpunkte der beiden Pastoren und der hinter ihnen stehenden Gemeindeglieder zu einem handfesten Konflikt. Als Schriftleiter des Gemeindeboten veröffentlichte Scheele eine Kundgebung des Landesbischofs zur geplanten Kirchenwahl und fügte als Kommentar hinzu, daß das evangelische Kirchenvolk noch nie vor eine derart wichtige Entscheidung gestellt worden sei. „Möge Gott uns allen helfen, den rechten Weg zu finden und mutig zu gehen!"[65] Obgleich die Bekenntnisgemeinschaft in diesem Artikel überhaupt nicht erwähnt worden war, sah Nordhausen sich zu einer Reaktion veranlaßt. Scheele gestattete ihm, seine grundsätzliche Position im folgenden Gemeindebrief ebenfalls darzustellen, machte aber gleichzeitig deutlich, daß es weitere Artikel zur Kirchenwahl im Gemeindeboten nicht geben werde. Nordhausen stellte in seinen Ausführungen das Streben nach einer lebendigen Volksgemeinschaft als „praktisches Christentum der Tat" der Überbetonunng von Bekenntnis und „Lehre" in der „alten Kirche" gegenüber. Lebendiges Christentum müsse sich durch „Dienst am Volk" bewähren. Zum Kampf des Nationalsozialismus gegen „Bolschewismus" und „Weltjudentum" müsse auch die Kirche eine klare Stellung beziehen. Jesus habe im „schärfsten Kampf" gegen den jüdischen Geist gestanden. Durch den falschen Gebrauch des Alten Testament habe aber auch in der evangelischen Kirche der jüdische Geist Raum gewonnen. Es gelte nun, den von Luther dagegen begonnenen Kampf fortzuführen.[66] Deutlich schärfer fielen die Angriffe gegen die „Judenkirche" der Bekenntnisfront in einer von Nordhausen geleiteten Versammlung der Deutschen Christen im großen Saal der Vereinsbrauerei Herrenhausen aus. DC-Führer Heinrich Meyer forderte, die Kirche nicht vom Staat zu trennen als sei sie „eine Provinz für sich". Bibel und Bekenntnis seien in der spießbürgerlichen und reaktionären Bekenntnisfront dasselbe geworden, was im Judentum der heilige Buchstabe und im Katholizismus die heilige Kirche darstelle.[67]

In den folgenden Jahren lagen die Artikel Pastor Scheeles, der sich 1937 der Bekenntnisgemeinschaft angeschlossen hatte[68], und die von ihm in das Gemeindeblatt übernommenen Beiträge im Kern genau auf der Linie der hannoverschen Kirchenführung. Die Bewahrung der Bekenntnisgrundlagen und der eigenständigen Gestaltung des kirchlichen Lebens wurden verbunden mit staatspolitischer Loyalität

---

63 EGH, Mai 1936, S. 8, Dezember 1936, S. 8, Januar 1937, S. 8. Vermutlich stand diese Gruppenbildung im Zusammenhang mit der bereits erwähnten Gründung einer Gemeindegruppe der Deutschen Christen im Sommer 1936.
64 Nordhausen an alle DC-Pastoren in der Landeskirche, 1. 9. 1936, LKA: S 1 H III 434d.
65 Scheele, Zur Kirchenwahl, EGH, April 1937, S. 4f.
66 Nordhausen, Zur Kirchenwahl, EGH, Mai 1937, S. 2–4.
67 Augenzeugenbericht für den Landessuperintendenten Laasch, 19. 2. 1937, LKA: S 1 H III 421.
68 Fragebogen zur Geschichte der Landeskirche..., Kirchengemeinde Herrenhausen.

zum nationalsozialistischen Staat. Bisweilen erschienen Werbeanzeigen für die Nationalsozialistische Volkswohlfahrt oder das Winterhilfswerk[69]. Anläßlich der Volksabstimmung über den Anschluß Österreichs wurden die Gemeindeglieder mit einer breiten Balkenüberschrift zu einem Bekenntnis der politischen Loyalität aufgefordert: „Dein Ja dem Führer am 10. April!".[70]

Pastor Nordhausen versuchte dagegen weiterhin durch seine Artikel im Gemeindeboten den Lesern völkisches Gedankengut nahezubringen. Seine judenfeindliche Einstellung gipfelte in der Vision, daß im „Christentum der Zukunft" die germanische Vorgeschichte den Platz des Alten Testamentes einnehmen werde.[71] In der letzten Ausgabe des Herrenhäuser Gemeindeboten[72] beschäftigte sich der immer radikaler auftretende DC-Pastor noch einmal grundsätzlich mit dem Thema „Weltanschauung und Religion". Diese könnten sich, wenn sie beide bei ihren Aufgaben blieben, nicht widersprechen, sondern nur ergänzen. „Wo sie miteinander in Konflikt geraten und in Gegensatz zu treten scheinen, da ist entweder die Religion entartet, oder die Weltanschauung überschreitet ihre Grenzen." Der Versuch mancher protestantischer Kreise, „bestimmte Bekenntnisformalitäten und kirchliche Einrichtungen der Vergangenheit für alle Zeiten verbindlich zu machen", sei „unnatürlich". Ein „positives Christentum" werde die Kraft geben, die Aufgaben zu erfüllen, die die deutsche Weltanschauung des Nationalsozialismus stelle.[73]

Vor diesem Hintergrund verwundert es nicht, daß Pastor Scheele im Mai 1939 beklagte, daß Haß und Lüge immer mehr das tägliche Leben verseuchen würden und entsprechend auch die reliigiösen Auseinandersetzungen „schwer" und „bitter" machten.[74] In seiner rückblickender Bilanz stellte Scheele 1946 fest, daß sich der Kirchenkampf auf das Gemeindeleben „geradezu verheerend" ausgewirkt habe. Es sei zu einer „offensichtlichen Spaltung" der Gemeinde gekommen und habe auch an Verunglimpfungen und Verdächtigungen nicht gefehlt. Viele Gemeindeglieder hätten sich infolgedessen vom kirchlichen Leben ganz ferngehalten. Der Kirchenbesuch lag in den Jahren 1935–1938 mit durchschnittlich etwa 100 sonntäglichen Gottesdienstbesuchern um über ein Drittel niedriger als 1933/34. In den Kriegsjahren ging die Teilnahme am Gottesdienst weiter zurück und betrug nur noch durchschnittlich 60 bis 70 Besucher pro Sonntag. Die Gottesdienste von Pastor Nordhausen, die von Jahr zu Jahr mehr den Charakter von deutsch-christlichen Feierstunden erhalten hätten, seien 1939 nur noch von etwa 20 bis 30 Personen besucht gewesen. Nach der Einberufung Nordhausens zum Militärdienst hätten alle deutsch-christlichen Veranstaltungen in der Gemeinde aufgehört. Die etwa alle drei Monate abgehaltenen Versammlungen der Bekentnnisgemeinschaft seien in den

---

69 Zum Beispiel in den Ausgaben August 1937, Dezember 1937, Februar 1938 und August 1938 des Gemeindeboten.
70 EGH, April 1938, S. 1.
71 Nordhausen, Der Heiland der Deutschen, EGH, Dez. 1938, S. 2.
72 Im Sommer 1939 mußten die einzelnen Gemeindeblätter auf Anordnung der staatlichen Behörden ihr Erscheinen einstellen. Seit Juli 1939 erschien nur noch ein gemeinsamer Kirchenbote für alle Gemeinden der Stadt Hannover.
73 EGH, Juni 1939, S. 1–4.
74 Scheele, Zum Pfingstfest, EGH, Mai 1939 S. 1–3.

Jahren von 1937 bis 1941 so gut besucht gewesen, daß der Konfirmandensaal nicht genügend Platz geboten habe und daher in die Kirche ausgewichen werden mußte. Zwischen 130 und 200 Personen hätten durchschnittlich an den Veranstaltungen teilgenommen, die das Gemeindeleben in starkem Maße gefördert und belebt hätten. Die Gemeindejugendarbeit sei trotz der Konkurrenz der Hitlerjugend fortgeführt worden und hätte seit 1938 sogar einen starken Aufschwung genommen, der bis zum Kriegsende angehalten habe. Insgesamt hätten die Kriegsereignisse, so das Fazit von Scheele, allerdings zu einer Schwächung des kirchlichen Lebens in der Gemeinde geführt.[75]

Die Kirchengemeinde Herrenhausen steht somit in der Reihe der hier präsentierten Fallbeispiele für diejenigen Gemeinden, in denen die innerkirchlichen Gegensätze in langwierigen, oft schmerzhaften, aber vor allem alltäglichen Auseinandersetzungen über Jahre hinweg ausgetragen wurden, ohne daß es zu einer punktuellen Zuspitzung gekommen wäre. Dieser kontinuierliche interne „Kirchenkampf" fand fernab der spektakulären Schauplätze des Ringens zwischen Bekennender Kirche und Deutschen Christen statt. Erst nach und nach bildeten sich überhaupt die Positionen der am innerkirchlichen Streit beteiligten Parteien aus. Zwar führte die Polarisierung der Standpunkte in einem längeren Entwicklungsprozeß zum engeren Zusammenrücken einer bekenntnisorientierten Kerngemeinde, gleichzeitig zogen sich aber auch viele Kirchenmitglieder aus dem Gemeindeleben zurück. Parallel hierzu lief der schleichende Prozeß des kontinuierlichen Machtverlustes der Glaubensbewegung, der bereits 1934 einsetzte und mit der Abdrängung der Deutschen Christen als Randgruppe bis zum Kriegsbeginn seinen Abschluß fand. Durch die Versetzung Pastor Nordhausens[76] erhielt die Gemeinde 1945 die Chance zu einem neuen Anfang. Bemerkenswert bleiben in diesem Zusammenhang die offenherzigen und selbstkritischen Worte, die ein ehedem auf Seiten der Deutschen Christen im Kirchenkampf engagiertes Gemeindeglied[77] an den pensionierten Pastor Rasch zu dessen 90. Geburtstag richtete:

„Sie haben in unerschütterlicher Festigkeit in der turbulenten Zeit Ihren Standpunkt behauptet... Heute versteht ein viel größerer Kreis Ihre damalige Stellungnahme zu den Verhältnissen, die Sie richtig vorausschauten. Es ist nun mal so im Leben, mancher tritt auch mal daneben. Dazu gehörte auch ich. Machen Sie bitte, sehr verehrter Herr Pastor Rasch, einen Strich unter alles uns Trennende."[78]

---

75 Fragebogen zur Geschichte der Landeskirche..., Kirchengemeinde Herrenhausen.
76 Vgl. dazu Kapitel 8, in dem die kirchliche Auseinandersetzung mit der NS-Zeit behandelt wird.
77 Es handelte sich um den zu Beginn des Kapitels bereits zitierten Vorsitzenden des Elternbundes.
78 Gemeindemitglied A. an Rasch, Dezember 1958, LKA: NL 56.

## 5.2 Das Zurückdrängen der Deutschen Christen in der Lutherkirchengemeinde

### 5.2.1 Die Nordstadt: Kirche am Brennpunkt der politischen und sozialen Konflikte

Die Nordstadt war wie kaum ein anderer Stadtteil Hannovers vom unmittelbaren Nebeneinander unterschiedlicher Mikromilieus geprägt, die sich in der Endphase der Republik in zunehmend divergierende politische Präferenzen umsetzten. Während in den genossenschaftlichen Wohnblocks die SPD, in der Kniestraße, Heisenstraße und Rehbockstraße mit ihren schlichten Arbeiterwohnhäusern vor allem die KPD gute Wahlergebnisse erzielte, dominierten die Nationalsozialisten in den südlich der Lutherkirche gelegenen, hauptsächlich von der unteren Mittelschicht bewohnten Straßen. Schließlich zählten die den Herrenhäuser Gärten zugewandten Häuser des Quartiers um die Allestraße zum gehobenen bürgerlichen Milieu, was bei den Wahlen den rechtsbürgerlichen Parteien überdurchschnittliche Ergebnisse sicherte. Im zentralen Bereich des Stadtteiles, um die Lutherkirche herum, wurde der politische Kampf in den letzten Jahren der Republik von den Aktivisten beider Lager teilweise durch handgreifliche Auseinandersetzungen auf der Straße ausgetragen. Mit über 23 000 Gemeindegliedern zählte die Lutherkirche 1930 zu den größten Kirchengemeinden der Stadt. In den zu ihrem Bezirk gehörenden Wohnblocks waren aber auch die katholische Minderheit und Dissidenten überdurchschnittlich vertreten.[79] In einem Bericht anläßlich der Kirchenvisitation im Jahre 1937 hieß es, dieser „typischen Großstadtgemeinde" fehle leider eine „führende glaubensbewußte geistig höhere Schicht". Das Gros der Gemeinde bildeten Arbeiter sowie untere und mittlere Beamte. Die „entsetzliche Arbeitslosigkeit" sei seit 1933 überwunden, aber noch immer gäbe es vereinzelt menschenunwürdige Wohnbedingungen in Hinterhäusern.[80] In diesem brisanten gesellschaftlichen Umfeld legte die Kirchengemeinde besonderen Wert auf die kirchliche Wohlfahrtspflege und den Kampf gegen die Freidenker.

Zu einem Aufsehen erregenden Zwischenfall war es an diesem Brennpunkt der sozialen und politischen Konflikte bereits im Oktober 1932 gekommen, als sich ein SA-Mann in der Lutherkirche trauen ließ. Etwa 100 Männer des SA-Sturmes 12 bildeten vor der Kirche ein Spalier, stellten ihre Fahnen anschließend an der Orgelempore der Kirche auf und nahmen als uniformierte Abteilung zum Gottesdienst Platz. Bereits der Aufmarsch der SA, der eineinhalb Stunden vor dem Gottesdienst erfolgte und dadurch den Charakter einer politischen Demonstration erhielt, hatte zu einer erheblichen Erregtheit im Stadtviertel geführt. In der mit rund 1000 Besuchern überfüllten Kirche kam es schließlich zu einem Zwischenfall, als ein sozialdemokratisch eingestellter, selbst aus der Kirche ausgetretener Handwerker, der sich durch den massiven Auftritt der SA herausgefordert fühlte, ausrief: „In der Nord-

---

79 Ahlers, Pfarrbuch, S. 34 sowie StVjB Han 1/1928, S. 77.
80 Bericht über den kirchlichen und sittlichen Zustand der Gemeinde anläßlich der Kirchenvisitation 1937, KgmA Lutherkirche A 145.

stadt, Kniestraße, Heisenstraße, Schaufelderstrasse gibt es keine Nazis!". Daraufhin wurde der Zwischenrufer von den SA-Leuten unter Gewaltanwendung aus der Kirche geworfen.[81] Der Volkswille berichtete darüber unter der Schlagzeile „Nazis prügeln in der Lutherkirche"[82], und auch andere hannoversche und sogar Berliner Tageszeitungen griffen den peinlichen Vorfall auf. Ein hannoverscher Universitätsprofessor konfrontierte den Landesbischof mit der bohrenden Frage, wie es zu erklären sei, „daß die katholische Kirche gegenüber dem Ansturm der nationalsozialistischen Ersatzreligion so viel besser standgehalten habe als durchschnittlich die evangelische."[83] Ein anderer Kritiker monierte, daß es zu keiner Zeit üblich gewesen sei, mit Parteiuniformen und Parteifahnen im Gotteshaus zu erscheinen. Die Kirchenbehörde treffe daher eine Mitschuld an den Entgleisungen, da sie nicht rechtzeitig eingeschritten sei. Die parteipolitische Betätigung nicht weniger evangelischer Geistlicher werfe überdies ein grelles Licht auf den in die Kirchen eingezogenen „Sumpf der Parteipolitik".[84] Selbst einzelne Pfarrer aus anderen Landeskirchen erkundigten sich besorgt nach dem überregional zur Kenntnis genommenen Vorfall in der Lutherkirche.[85]

Der Kirchenvorstand bemühte sich, geeignete Konsequenzen zu ziehen, die erneute Störungen des Gemeindelebens vermeiden sollten. Der über den Aufmarsch der SA erboste Handwerker drückte bei einem Gespräch mit dem Superintendenten Ohlendorf[86] sein Bedauern darüber aus, daß er sich in etwas angeheitertem Zustand habe zu dem lauten Ruf hinreißen lassen. Es habe ihn geärgert, daß die Fahnen zum Altar getragen wurden. Er sei zwar seit 1919 Dissident, aber nicht gegen die Kirche eingestellt. Seine Kinder erziehe er in christlichem Sinne.[87] Daraufhin verzichtete der Kirchenvorstand auf eine Anzeige wegen Hausfriedensbruches. Der Adjudant des SA-Sturmbanns 12 teilte dem Superintendenten mit, daß er den Zwischenfall bedaure, sich aber freue, daß durch das „schnelle scharfe Eingreifen" der SA-Leute ein „größerer Tumult" vermieden worden sei.[88] Der Kirchenvorstand bat vergeblich um persönliche Rücksprache und beanstandete überdies das frühzeitige und daher Aufsehen erregende Sammeln der SA-Männer vor der Kirche sowie die nicht eingehaltene Absprache betreffend der Fahnen. Scharf verwahrte man sich gegen die Anmaßung polizeilicher Rechte durch die SA-Leute.[89] Zudem wurde beschlossen, das Tragen politischer Uniformen und das Zeigen von Fahnen im Gottesdienst zu untersagen.[90] Allerdings traf diese Maßnahme nicht bei allen Nordstädtern auf Zustimmung. So erhielt der Kirchenvorstand eine anonyme Zuschrift

---

81 KgmA Lutherkirche Alt 186 sowie LKA: S 1, H I 115.
82 Volkswille 11. 10. 1932. Gleichzeitig wird berichtet, daß eine Trauung im Braunhemd in der Bethlehemkirche verweigert worden sei.
83 Professor Sch. an Marahrens, 13. 10. 1932, LKA: L 2, 1a. Bd. III.
84 Beschwerdebriefe an Marahrens, 11. 10. 1932 und 17. 11. 1932, LKA: L 2, 1a, Bd. III.
85 KgmA Lutherkirche Alt 186.
86 Gustav Ohlendorf (1879–1945), 1918–1945 Pfarrer an der Lutherkirche, seit 1930 zudem Superintendent des Kirchenkreises.
87 Erklärung des Tischlers L., KgmA Lutherkirche Alt 186.
88 G. an Ohlendorf, 9. 10. 1932, KgmA Lutherkirche Alt 186.
89 Kirchenvorstand an G., 11. 10. 1932, KgmA Lutherkirche Alt 186.
90 Bericht Ohlendorf, 14. 10. 1932, KgmA Lutherkirche Alt 186.

von einem Gemeindeglied der benachbarten Christuskirche, in der gefragt wurde, ob man „um eines Kommunisten willen" Millionen von christlichen Menschen aus der Kirche treiben wolle.[91] Tatsächlich wurde eine geschlossen angetretene SA-Abteilung, die anläßlich des am 12. März 1933 begangenen Volkstrauertages mit ihrer Fahne am Gottesdienst teilnehmen wollte, von Superintendent Ohlendorf wegen des bestehenden Uniformverbotes abgewiesen. Daraufhin teilte dieser aber dem Landesbischof seine Bedenken mit:

„Bei dieser Gelegenheit wurde mir klar, daß unser Beschluß nicht nur unter den heutigen Verhältnissen unhaltbar ist, sondern auch den beabsichtigten Zweck nicht erreichen kann, solange Teilnahme am Gottesdienst nicht von *allen* Richtungen begehrt wird. Der Beschluß sollte unsere und der Kirche neutrale Stellung gegenüber den politischen Parteien erweisen, wendet sich in Wirklichkeit aber nur gegen *die* Seite, die Wert auf offiziellen Kirchgang legt. Wir schließen, ohne daß wir es natürlich wollen, Gemeindeglieder vom Gottesdienst aus und nehmen uns damit die schon an sich so stark begrenzte Möglichkeit, dem *Ganzen* zu dienen. Gerade die Teilnahme an der völlig unpolitischen Feier des Volkstrauertages hätte für die SA-Leute gewiß segensreich sein können".[92]

Das erst wenige Monate zuvor ausgesprochene Uniformverbot wurde bald darauf, mit Unterstützung Ohlendorfs, vom Kirchenvorstand bereits im März 1933 wieder aufgehoben.[93]

In einem ausführlichen Beitrag für den Gemeindebrief beleuchtete der zweite Geistliche der Gemeinde, Karl Ehrenfeuchter[94], im Mai 1933 das Verhältnis von „Kirche und nationaler Erneuerung". Zwei Thesen lagen seiner Betrachtung zugrunde: „1. Die Kirche ist für das Volk da; 2. Die Kirche bleibt in all' ihrem Handeln Kirche."[95] Jeder Parteipolitik gegenüber müsse die Kirche sich fernhalten und es ablehnen, daß ihre Einrichtungen, die Gottesdienste oder die geistlichen Führer Parteiinteressen dienstbar gemacht würden. Dies gelte auch für die NSDAP als politische Partei. Wohl aber wolle man freudig in der nationalen Bewegung mitarbeiten. Grundlage der evangelischen Kirche blieben neben Gottes Wort die überlieferten Bekenntnisse. Eine aus politischen Beweggründen der staatlichen Neuordnung gleichgeschaltete kirchliche Ordnung dürfe es nicht geben.[96]

---

91 KgmA Lutherkirche Alt 186.
92 Ohlendorf an Marahrens, 29. 3. 1933, KgmA Lutherkirche Alt 186.
93 Ebenda.
94 Karl Ehrenfeuchter (1882–1968), seit 1922 Pastor an der Lutherkirche, Juli 1933 bis Januar 1934 Mitglied der Glaubensbewegung Deutsche Christen, 1934–1936 Mitarbeit im „neutralen" Arbeitskreis Stumpenhausen, seit 1936 Mitglied der Bekenntnisgemeinschaft.
95 Gemeindeblatt der Lutherkirche zu Hannover, 14. 5. 1933.
96 Ebenda.

## 5.2.2 Aufbruchstimmung und Enttäuschung der volkskirchlichen Hoffnungen

Bereits im Sommer 1933 bildete sich an der Lutherkirche eine der ersten Gemeindegruppen der Deutschen Christen in der Stadt Hannover. Ehrenfeuchter trat der Glaubensbewegung bei[97], während seine Amtskollegen Ohlendorf und Grabe[98] sich zunächst keiner kirchenpolitischen Gruppe anschlossen. Die vierte Pfarrstelle war 1933 vakant und wurde erst 1934 mit Christian Hake[99] besetzt, der sich zunächst ebenfalls zu den Deutschen Christen bekannte. Als „Ortgruppenleiter" der DC-Gemeindegruppe fungierte der Conti-Arbeiter Karl S. aus der Heisenstraße, der bereits 1931 zum Kirchenvorsteher gewählt worden war und zuvor schon den Männerverein der Lutherkirche geleitet hatte. Kurioserweise war dieser Mann, als kirchlich engagierter Arbeiter möglicherweise ein allseits umworbener Aktivist, anläßlich der Wahlen zum Landeskirchentag im Jahre 1931 sowohl auf die Liste der Lutherischen Vereinigung als auch auf den Wahlvorschlag der oppositionellen Gruppen der kirchlichen Mitte und Linken gesetzt worden.[100] Propagandaleiter und stellvertretender Leiter der DC-Gemeindegruppe wurde der gelernte Versicherungsbeamte Wilhelm St., der hauptberuflich bei der NSDAP-Ortsgruppenleitung „Klagesmarkt" beschäftigt war.

Durch die Kirchenwahl vom 23. Juli 1933 erhielt auch die Lutherkirche einen gleichgeschalteten, dem Geist der neuen Zeit entsprechenden Vorstand. Acht der zehn Laien gehörten der Glaubensbewegung an, mindestens fünf waren zugleich NSDAP-Mitglieder. Beruflich setzte sich die Gruppe der deutsch-christlichen Kirchenvorsteher aus drei Angestellten, zwei Arbeitern, einem Bäckermeister, einem Schneidermeister und einem Landeskirchenrat zusammen. Die beiden nicht zur Glaubensbewegung zählenden Kirchenvorsteher, ein Mittelschullehrer und ein Stadtamtmann, wiesen ihre nationale Einstellung und politische Zuverlässigkeit durch Zugehörigekeit zum NSLB, zur NSBO bzw. zum Stahlhelm nach. Landeskirchenrat Lampe[101] konstatierte nach der ersten Sitzung des neuen Kirchenvorstandes, daß die meisten seiner Vorstandskollegen über die kirchlichen Belange der Gemeinde nicht genügend im Bilde seien und schlug vor, diesen Mangel durch eine gezielte Einarbeitung zu beheben. Zudem beklagte er, daß der Besuch des Einführungsgottesdienstes nur schwach gewesen sei. Er habe bewußt dem NSDAP-Ortsgruppenleiter keine besondere Nachricht zugehen lassen, „um einmal zu sehen, wie die Leute von selbst reagieren. Das war schwach. Nur eine kleine Abteilung SA war

---

97 Der Beitritt soll im Juli 1933 (und zwar während eines Urlaubes) durch direkte Anmeldung bei Pastor Jacobshagen erfolgt sein (Ehrenfeuchter an LKA, 20. 1. 1934, KgmA Lutherkirche A 161).
98 Wilhelm Grabe, (1885–1963), 1925–1956 Pastor an der Lutherkirche, vor 1933 religiöser Sozialist, später Mitglied der Bekenntnisgemeinschaft.
99 Christian Wilhelm Hake (1895–1967), seit 1934 Pastor an der Lutherkirche (während der gesamten Kriegszeit aber zur Wehrmacht eingezogen), bis Ende 1934 Mitglied der Deutschen Christen, 1934/35 Mitarbeit im „neutralen" Arbeitskreis Stumpenhausen.
100 KgmA Lutherkirche Alt 1520.
101 Walther Lampe (1894–1985), Dr. jur., 1922 Eintritt in das hannoversche Konsistorium als Jurist, 1926 Landeskirchenrat, 1933–1960 Oberlandeskirchenrat.

da, aber auch nur dadurch, daß ich Verbindung habe mit dem Führer dieser Gruppe."[102]

Mit Hilfe eines Rundschreibens an die im September 1933 auf 400 bezifferten Mitglieder der DC-Gemeindegruppe bemühte man sich, den Zuspruch zum Gottesdienst zu verbessern. Dabei spricht das konkrete Vorgehen Bände über das Selbstverständnis der DC-Aktivisten. Die beiden Leiter der Gemeindegruppe ordneten an, daß alle Mitglieder mit den Anfangsbuchstaben A – M am nächsten, die mit den Anfangsbuchstaben N – Z am folgenden Sonntag zum Gottesdienst zu erscheinen hätten. Ihr Aufruf schließt: „Wir wollen unsere evangelische Kirche erobern und schrecken daher vor außergewöhnlichen Maßnahmen nicht zurück, um dieses hohe Ziel zu erreichen. Die Stunde ruft zur Tat! Möchte Gott der Herr seiner Kirche alles Bemühen segnen, damit Sein Reich komme, auch zu unserem deutschen Volke! Heil Hitler!"[103] Zudem wurde auch das Erscheinen zu einer Ortsgruppenversammlung, bei der am 25. September 1933 Dr. Reinboth vom Lutherhaus über „Die evangelische Kirche im Dritten Reich" referierte, verbindlich gemacht.[104]

Im September 1933 kam es im Kirchenvorstand zu ersten Spannungen, als DC-Aktivist St. verlangte, man möge die Sitzung mit einem „Sieg Heil" auf den Führer schließen. Er behauptete in diesem Zusammenhang unrichtigerweise, daß ohnehin alle Mitglieder des Kirchenvorstandes Deutsche Christen seien.[105] Die drei Geistlichen und ein Kirchenvorsteher wandten sich gegen diese kategorisch erhobene Forderung, da nach ihrer Meinung politische Ausdrucksformen nicht in den kirchlichen Raum gehörten. Als Kompromiss wurden daraufhin die beiden folgenden Sitzungen des Kirchenvorstandes mit Gebet und Fürbitte für die (!) Führer des Reiches geschlossen. Ende Oktober 1933 kam es auf einer weiteren Kirchenvorstandssitzung dann zu einer erheblichen Zuspitzung des Konfliktes, als DC-Vormann S. äußerte, die Glaubensbewegung werde alle Vereinigungen der Gemeinde „aufsaugen". Seine Organisation sei die Kirche, die Pfarrhäuser gehörten daher den Deutschen Christen. Im unmittelbaren Anschluß an das Amen des Schlußgebetes preschte der stellvertretende DC-Obmann vor und überrumpelte die Pfarrer und Kirchenvorsteher mit einem eilig ausgebrachten „Sieg Heil!", obwohl diese sich mit einem derartigen Beschließen der Sitzung ausdrücklich nicht einverstanden erklärt hatten.[106] Sofort schaltete Ehrenfeuchter ihm persönlich bekannte DC-Amtskollegen ein, um die Wortführer der Gemeindegruppe von ihrem aggressiven Kurs abzubringen. Die Pastoren Klose und Franz, Kreis- bzw. Bezirksbeauftragte der Deutschen Christen, bestätigten ausdrücklich, daß die Kirchenvorstandssitzungen wie bisher in einer kirchlichen Form und nicht in der für politische Versammlungen üb-

---

102 Lampe an Ohlendorf, 2. 8. 1933, KgmA Lutherkirche A 131.
103 Rundschreiben der Obleute S. und St. an die Mitglieder der Gemeindegruppe Lutherkirche der Deutschen Christen, 16. 9. 1933, LKA: S 1, H III 213.
104 Ebda.
105 Ehrenfeuchter an Landeskirchenamt, 20. 1. 1934, KgmA Lutherkirche A 161.
106 Vgl. auch hierzu den von Ehrenfeuchter an das Landeskirchenamt erstatteten Bericht (20. 1. 1934), KgmA Lutherkirche A 161.

lichen Form zu halten seien. Hitlergruß, Horst-Wessel-Lied und Grüßen der Fahnen gehörten nicht in den kirchlichen Raum.[107]

Erneut wurde der Übereifer der radikalen DC-Protagonisten anläßlich des im Herbst 1933 gefeierten Luthertages deutlich. Zunächst hatten sie im Kirchenvorstand durchgesetzt, daß an der Lutherkirche ein eigener Umzug stattfinden solle, um das Gemeindebewußtsein zu stärken und „die Verbundenheit von Volk und Kirche zum Ausdruck zu bringen".[108] Um die zentrale Veranstaltung an der Marktkirche nicht zu beeinträchtigen, bat aber Pastor Sehlbrede[109] als Organisator des Luthertages, in den einzelnen Gemeinden keine Veranstaltungen stattfinden zu lassen und auch Pastor Franz untersagte in seiner Funktuion als Bezirksobmann der Deutschen Christen die Durchführung von „Sonderunternehmungen" ausdrücklich.[110] Infolgedessen mußten die Wortführer der örtlichen DC-Gruppe ihre geplante Veranstaltung fallenlassen. Nachdem Ehrenfeuchter sich auch bei DC-Kreisobmann Klose beschwert hatte, daß die Leitung seiner DC-Gemeindegruppe nicht mit ihm als einzigem deutsch-christlichem Pastor der Gemeinde zusammenarbeite, drückte Klose dem radikalen DC-Gemeindeobmann gegenüber aus, daß er dessen Verhalten als „unmöglichen Zustand" ansehe. In diesem Zusammenhang sprach Klose die Konflikte, die die innere Entwicklung der Glaubensbewegung 1933/34 in Hannover bestimmten, unmißverständlich an: „Wir müssen uns sehr hüten, daß die gute Absicht und die politische Begeisterung uns nicht auf Wege *in der Kirche* führt, die eine Vermischung von Politik und Religion bedeuten... Gebet dem Kaiser, was des Kaisers ist, und Gott, was Gott ist; indem Jesus den Anspruch Gottes sichert, sichert er gleichzeitig in unvergleichlicher Weise und Autorität den Anspruch des Staates. Wir können nichts Besseres tun als in seinem Sinne handeln. Das und nur das ist des Christen Beitrag... zum Aufbau des Dritten Reiches."[111]

Die Mehrzahl der stadthannoverschen Pastoren, die zur Glaubensbewegung gestoßen waren, wollten keineswegs, daß nationalsozialistische Ausdrucksformen das kirchliche Leben überlagerten. Diese Pfarrer, unter ihnen Funktionsträger der Glaubensbewegung wie Jacobshagen, Hustedt, Franz und Klose, standen für einen eigenständigen, volksnahen Aufbruch der Kirche auf dem Gebiet des religiösen Lebens. Gegenüber stand ihnen die Gruppe der nationalsozialistischen „Parteisoldaten" (wie Hahn, Rahn, Münchmeyer und Meyer-Aurich), die von radikalen Wortführern unter den Laien der Glaubensbewegung unterstützt wurden.

Zunächst schienen die Interventionen der übergeordneten Führer Klose und Franz zum Jahresende 1933 die Leitung der DC-Gemeindegruppe an der Lutherkirche zum Einlenken bewogen zu haben. Ihr Aktivist S. erklärte, „daß von dem ‚Sieg

---
107 Franz an Ehrenfeuchter, 28. 10. 1933, KgmA Lutherkirche A 161; Klose an DC-Gemeindeobmann S., 10. 11. 1933, LKA: S 1, H III 213.
108 DC-Gemeindeobmann S. an Ohlendorf, 4. 11. 1933, KgmA Lutherkirche, A 161.
109 Erwin Sehlbrede (1888–1963), seit 1920 Pfarrer an der Nazarethkirche, 1933/34 Deutscher Christ, zu diesem Zeitpunkt auch Vorsitzender des „Evangelischen Bundes", eines Zusammenschlusses der evangelischen Vereine in Hannover.
110 Ohlendorf an Kirchenvorstand, 4. 11. 1933, KgmA Lutherkirche A 161.
111 Klose an DC-Gemeindeobmann S., 10. 11. 1933, LKA: S 1 H III 213.

Heil!' im Kirchenvorstand keine Rede mehr sein soll".[112] Eine wirkliche Zusammenarbeit mit dem ungeliebten DC-Mitglied Ehrenfeuchter vermied man allerdings weiterhin.[113] Ehrenfeuchter wiederum beanstandete gegenüber dem Superintendenten, daß bei einer Trauung kurz vor Jahresende 1933 zwei große Hakenkreuze aus Grün auf den Schranken des Altars gestanden hätten und die SA-Männer in der Hochzeitsgesellschaft nicht einmal während des Gottesdienstes ihre Mützen abgenommen hätten.[114] Bestärkt durch die seit November 1933 offen zu Tage tretende Krise der Deutschen Christen nahm Ehrenfeuchter auch bei seinem Jahresrückblick in der Januar-Ausgabe des Gemeindeblattes kein Blatt vor den Mund. Von einer Aufgeschlossenheit der Menschen im neuen Deutschland für Gottes Wort sei anhand des Gottesdienstbesuches nicht viel zu spüren gewesen. Die seit August sich regelmäßig versammelnde Ortsgruppe der Deutschen Christen sei „durch Einwirkung von außen her" gebildet worden und die Versuche des Superintendenten, sie ins Gemeindeleben einzugliedern, seien infolge der Einstellung ihrer Führer erfolglos geblieben. So habe der Kirchenvorstand der Glaubensbewegung das Gemeindehaus nur mietweise für Versammlungen zur Verfügung stellen können. „Wir meisten Mitglieder in ihr hatten unseren Beitritt erklärt in der Hoffnung, daß hier die Stelle sei, an der wir auf kirchlichem Boden mit unseren deutschen Volksgenossen, die durch das politischen Geschehen unserer Tage aufgeweckt waren, innere kirchliche Fühlung gewinnen könnten."[115] Diese Hoffnung habe aber getrogen, da in der Leitung der Glaubensbewegung die radikalen Elemente die Oberhand gewonnen hätten, „die im Überschwang des nationalen Erlebens den klaren Blick für das, was Kirche ist, was Kirche tun muß, was in der Kirche geschehen darf und was nicht geschehen darf, verloren haben." Politische Maßstäbe und Methoden seien als wesensfremde Elemente in die Kirche hineingetragen worden. Das habe die evangelische Kirche, die sich mit ehrlichem Willen auf den Boden des neuen Staates gestellt hatte, nicht ertragen können. „So ist es gekommen, daß der zuerst entstandene Gegensatz: ‚Deutsche Christen' und ‚Nicht-Deutsche-Christen' in der Kirche seit einiger Zeit abgelöst ist von einer neuen Konstellation: Hier Zusammenfassung aller kirchlichen Kräfte, welche die Kirche zu ihrem von Gott gegebenen Auftrag der Verkündigung rein und frei erhalten wollen; dort die anderen, die zwischen politisch-nationalen Mitteln und Methoden und kirchlichem Handeln nicht genügend zu scheiden wissen." Auch in Parteikreisen rücke man zunehmend von der Glaubensbewegung ab. Das Gebot der Stunde sei die Auflösung aller kirchenpolitischen Gruppen, konstatierte Ehrenfeuchter.[116] Ortsgruppenleiter S. wertete diesen Artikel als „schärfste Kampfansage"[117] gegen die Deutschen Christen und schloß den unbotmäßigen Pfarrer, von dem es noch im Juli in der Niedersächsischen Tageszeitung geheißen hatte, er tue seinen Dienst an der Gemeinde in „hingebender, auf-

---

112 DC-Gemeindeobmann S. an Ohlendorf, 1. 12. 1933, KgmA Lutherkirche, A 161.
113 Ehrenfeuchter an Landeskirchenamt, 20. 1. 1934, KgmA Lutherkirche, A 161.
114 Ehrenfeuchter an Ohlendorf, 3. 1. 1934, ebda.
115 Ehrenfeuchter in der Lutherschau, Gemeindeblatt der Lutherkirche, 7. 1. 1934.
116 Ebenda.
117 So DC-Gemeindeobmann S. an Superintendent Ohlendorf, 6. 1. 1934, KgmA Lutherkirche A 161.

opfernder Weise"[118], aus der Glaubensbewegung aus.[119] Auf einer Versammlung der DC-Ortsgruppe wurden wenig später die Gemeindepastoren pauschal als „Vertreter der Reaktion"[120] und Gegner des Nationalsozialismus angegriffen. Die unauflösliche Verbundenheit der Deutschen Christen mit dem Nationalsozialismus, so die DC-Wortführer, sei der Grund, „warum wir die Sympathien unserer Pastoren nicht besitzen."[121] In der Gemeinde war die Empörung über diese als beleidigend empfundenen Angriffe groß, und zwar offensichtlich auch in den Reihen der gemäßigten Deutschen Christen. Befriedigt konnte Ehrenfeuchter feststellen, daß man überall von dem radikalen Propagandisten S. abrücke, dessen Stellung in der Gemeinde erschüttert sei. Einzelne Mitglieder erklärten sogar ihren Austritt aus der Glaubensbewegung.[122] Andere wagten diesen Schritt (noch) nicht, weil sie sich vor den vermuteten Folgen fürchteten. In diesem Zusammenhang wurde unmittelbar darauf verwiesen, daß der stellvertretende DC-Gemeindeobmann St. gleichzeitig Amtswalter der Partei sei und man aus dieser Richtung Repressalien befürchte.[123]

In seiner an die Kirchenbehörde gerichteten Beschwerde über Pastor Ehrenfeuchter wies der DC-Gemeindeobmann darauf hin, daß dieselben Männer in der Leitung der Gemeindegruppe der Glaubensbewegung stünden, die seinerzeit den Kampf gegen Freidenkertum und „Bolschewismus" geführt hätten. Da die Kirche nur im friedlichen Miteinander gedeihen könne, sei man auch bereit, Opfer zu bringen. „Wird uns jedoch offener Kampf angesagt von Pastoren, die der Glaubensbewegung bereits das Grab geschaufelt haben, so werden wir uns wehren."[124] Ehrenfeuchter wies in seiner Rechtfertigung die Beschwerde als „tendenziös lückenhaft und objektiv irreführend" zurück und betonte im Gegenzug seine nationale Gesinnung und positive Stellung zum nationalsozialistischen Staat.[125] Die auf einer Versammlung der Deutschen Christen in Langenhagen von S. aufgestellte Behauptung, die Lutherkirche habe keinen nationalsozialistischen Geistlichen, bezeichnete er gar als „Ehrabschneidung".[126]

Ehrenfeuchter ging in der Folgezeit zweigleisig gegen die DC-Wortführer in seiner Gemeinde vor. Seinem Duzfreund Jacobshagen schlug er vor, daß die beiden am radikalsten auftretenden Kirchenvorsteher ihre Ämter niederlegen sollten. Zumindest aber müßten sie bei der nächsten Versammlung der Gemeindegruppe ihre verleumderischen Angriffe gegen die Pastoren zurücknehmen"[127]. Seine Amtskollegen Ohlendorf und Grabe drängte er zu offensivem Vorgehen. „Ich stehe zu einer gemeinsamen Aktion nach wie vor zur Verfügung. Allein gehe ich nicht vor, wenn ich

---

118 NTZ, 9. 7. 1933.
119 DC-Gemeindeobmann S. an Ehrenfeuchter, 7. 1. 1934, LKA: S 1 H III 213.
120 Augenzeugenbericht über die DC-Versammlung am 13. 1. 1934, LKA: S 1 H III 213.
121 So wiedergegeben von Ehrenfeuchter in einem Brief an das Landeskirchenamt, 20. 1. 1934, KgmA Lutherkirche A 161.
122 LKA: S 1 H III 213.
123 Ehrenfeuchter an das Landeskirchenamt, 20. 1. 1934, LKA: S 1 H III 213.
124 DC-Gemeindeobmann S. an das Landeskirchenamt, 7. 1. 1934, LKA: S 1, H III 213.
125 Ehrenfeuchter an das Landeskirchenamt, 20. 1. 1934, LKA: S 1, H III 213.
126 Ehrenfeuchter an Pastor Gensch, 28. 2. 1934, KgmA Lutherkirche A 131.
127 Ehrenfeuchter an Jacobshagen, 16. 2. 1934, LKA: S 1, H III 213.

auch in diesem Verhalten vor Gott nicht gerechtfertigt bin." Die Pastoren sollten, so Ehrenfeuchters Vorschlag, in einem gemeinsamen Aufruf die Zerissenheit und Unzufriedenheit der Gemeinde ansprechen und der Glaubensbewegung die Versammlungsräume im Gemeindehaus sowie die Publikationsmöglichkeit im Gemeindeblatt entziehen, da diese das Angebot einer gemeinsamen Arbeit abgewiesen hätte.[128] Pastor Grabe wandte dagegen ein, daß ein solches Vorgehen „zur Zeit" sinnlos sei, da es dazu führen würde, daß alle weltlichen Mitglieder des Kirchenvorstandes gegen die drei Pastoren stimmen würden.[129] Damit kam es noch nicht zu einem geschlossenen Vorgehen der Pfarrer gegen die Führer der deutschchristlichen Gemeindegruppe. In einer persönlichen Aussprache erklärte der Gemeindeobmann, daß eine Beleidigung der drei Gemeindepastoren nicht beabsichtigt gewesen sei. Superintendent Ohlendorf vertrat Ehrenfeuchter gegenüber die Meinung, daß auch die Pastoren sich vornehmen müßten, aus den kirchlichen Vereinigungen die Kirchenpolitik fortzulassen und stets zu bedenken, daß es nun einmal zwei Richtungen in der Gemeinde gebe. Man müsse die Einheit wahren, solange dies möglich sei.[130] Um des für die Gemeinde notwendigen Friedens und einer gedeihlichen Weiterarbeit im Kirchenvorstand erklärten die Pfarrer damit die unangenehmen Vorfälle für erledigt.[131]

### 5.2.3 Die Gemeindepfarrer verdrängen die Deutschen Christen aus ihrer Machtposition in der Gemeinde

Im Frühjahr und Sommer 1934 köchelte der Konflikt auf kleiner Flamme weiter. Im April mußte DC-Obmann S. einräumen, daß die Gemeindegruppe ihre Mietschulden nicht bezahlen könne. Durch den Kirchenkampf sei eine Stagnation eingetreten, die finanzielle Schwierigkeiten verursacht habe.[132] Die Entstehung der Bekennenden Kirche bezeichnete er bei anderer Gelegenheit als „Meuterei und Rebellion". Da die Kirche auch eine „menschliche Institution" sei, müsse in ihr „äußere Zucht und Ordnung" herrschen, die Reichsbischof Müller garantiere.[133] Im September verwahrte sich Ehrenfeuchter gegen das von dem stellvertretenden DC-Obmann St. in die Welt gesetzte Gerücht, er hätte bei einer Kirchenvorstandssitzung geäußert, es gäbe gar keine „Volksgemeinschaft".[134]

Offensichtlich hielten die finanziellen Probleme der Deutschen Christen auch in der zweiten Jahreshälfte an. In sehr provokanter Form verlangte jedenfalls DC-Vormann S. vom Superintendenten, den Mietsatz pro Abend von fünf auf drei Reichsmark zu senken und auf die Begleichung der angesammelten Mietschulden zu verzichten. „Wie ich schon einmal Ihnen gegenüber betont habe, wäre es im Gegenteil

---

128 Ehrenfeuchter an Ohlendorf und Grabe, 26. 2. 1934, LKA: S 1, JH III 213.
129 Grabe an Ehrenfeuchter, 27. 2. 1934, LKA: S 1 H III 213.
130 Ohlendorf an Ehrenfeuchter, undatiert, LKA: S 1, H III 213.
131 Ohlendorf an DC-Gemeindeobmann S., 17. 4. 1934, KgmA Lutherkirche A 161.
132 DC-Gemeindeobmann S. an Ohlendorf, 17. 4. 1934, KgmA Lutherkirche A 161.
133 S. an Ohlendorf, undatiert, KgmA Lutherkirche A 131
134 LKA: S 1, H III 213.

Ihre Pflicht gewesen, den Deutschen Christen als kirchen- und staaterhaltende (sic!) Organisation einen namhaften Zuschuß zukommen zu lassen."[135] Ehrenfeuchter forderte, der Glaubensbewegung die Räume solange zu verweigern, bis die ausstehenden Mietforderungen beglichen seien, da man schließlich alle Gruppen innerhalb und außerhalb der Gemeinde gleich behandeln müsse.[136] Als der Superintendent entgegen der zuvor getroffenen Entscheidung des Kirchenvorstandes[137] den Saal für eine Versammlung der Deutschen Christen freigab, erhob Ehrenfeuchter Einspruch.[138] Ohlendorf wiederum verbat sich jedes „Dazwischenfunken"[139], teilte Ehrenfeuchter aber mit, daß er noch immer hoffe, die radikalen Wortführer im Kirchenvorstand durch Entlassung seitens des Kirchenkreisvorstandes „loszuwerden".[140]

Nachdem Bischof Marahrens die Deutschen Christen aus dem Landeskirchenamt verdrängt hatte, zeigten auch die Pastoren der Lutherkirche deutlicher Flagge. Pastor Grabe bestellte die Niedersächsische Tageszeitung ab, der er mitteilte, seine Stellung zum Nationalsozialismus habe sich zwar nicht geändert, aber er sei unzufrieden mit der verletzenden Berichterstattung über die kirchliche Lage.[141] Superintendent Ohlendorf forderte alle Kirchenvorsteher auf, sich im Interesse der Einheitlichkeit der Arbeit und des Friedens in der Lutherkirchengemeinde[142] unter die Führung des Landesbischofs zu stellen oder aber ihr Amt niederzulegen.[143] Vier Kirchenvorsteher[144] verweigerten dies beharrlich und erklärten vielmehr: „Wir als deutsche evangelische lutherische Männer und Nationalsozialisten lehnen mit Empörung jede Gemeinschaft mit solchen Kirchenführern ab und stehen unerschütterlich zum Reichsbischof Müller, dem Vertrauensmann des Führers Adolf Hitler... Wir unterzeichneten Kirchenvorsteher stehen auf dem Boden des Rechtes und des Gesetzes und werden unseren Posten nicht verlassen. Wir sind der unerschütterlichen Zuversicht, daß im Dritten Reich unter dem Führer Adolf Hitler die Kräfte des Ungehorsams und der Rebellion einer vergangenen Epoche nicht triumphieren werden."[145]

---

135 DC-Gemeindeobmann S. an Ohlendorf, 12. 10. 1934, LKA: S 1 H III 213.
136 Ehrenfeuchter an Ohlendorf, 19. 11. 1934, LKA: S 1, H III 213.
137 Ohlendorf an die Ortsgruppe der DC, 20. 11. 1934, LKA: S 1, H III 213.
138 Ehrenfeuchter an Ohlendorf, 27. 11. 1934, LKA: S 1, H III 213.
139 Ehrenfeuchter an Marahrens, 29. 11. 1934, LKA: S 1, H III 213.
140 Ohlendorf an Ehrenfeuchter, November 1934, LKA: S 1, H III 213.
141 Grabe an die NTZ, 19. 12. 1934, LKA: S 1 H III 213.
142 Unter anderem war bei der im November 1934 abgehaltenen Mitgliederversammlung der DC-Gemeindegruppe ein junger Mann, der die Veranstaltung durch kritische Zwischenrufe gestört hatte, unter Schlägen aus dem Gemeindesaal geworfen worden (Augenzeugenbericht zur DC-Versammlung am 26. 11. 1934, LKA: S 1, H III 213).
143 Ohlendorf an die Kirchenvorsteher, 16. 11. 1934, sowie Ohlendorf an Marahrens, 5. 12. 1934, KgmA Lutherkirche A 131.
144 Unter ihnen befanden sich drei DC-Aktivisten, die kurz zuvor an dem erfolglosen Versuch, das Landeskirchenamt seitens der Deutschen Christen wieder zu besetzen, teilgenommen hatten.
145 Die Kirchenvorsteher St. , S., B. und H. in einer gemeinsamen Erklärung an Ohlendorf, 3. 12. 1934, LKA: S 1 H III 213.

Im Februar 1935 kam es zu einer weiteren Zuspitzung der Auseinandersetzung, als DC-Gemeindeobmann S. dem Superintenden in seiner Eigenschaft als Vorsitzender des Kirchenvorstandes auf eine Sitzungseinladung hin mitteilte, die rechtmäßig gewählten deutsch-christlichen Kirchenvorsteher könnten sich nur „mit innerem Widerstreben... mit Menschen an einen Tisch setzen, die einer Organisation angehören, die im Verdacht des Landesverrates steht." Die führenden Reichsminister hätten diese „Schädlinge am Volk" gebührend gebrandmarkt. Dennoch seien die deutsch-christlichen Kirchenvorsteher bereit, „aus Pflichtgefühl und im Interesse der Gemeinde" an der Kirchenvorstandssitzung teilzunehmen.[146] Daraufhin teilte Ohlendorf dem Landesbischof mit, daß die vier Geistlichen der Lutherkirche nicht mehr gewillt seien, mit S. zusammenzuarbeiten.[147] Er forderte jeden einzelnen Kirchenvorsteher auf, zu erklären, ob er sich den Ausführungen des DC-Wortführers anschließe.[148] Ein Kirchenvorsteher bestätigte daraufhin, daß er nach wie vor restlos hinter dem Reichsbischof stehe[149], ein anderer verschärfte die Äußerung sogar noch, indem er eine vorher bereits auf Versammlungen der Gemeindegruppe aufgetauchte Parole aufgriff. Er sei der Ansicht, „daß die kirchliche Opposition und deren Führer wegen Ungehorsams gegen die rechtmäßige Kirchenbehörde in das Konzentrationslager gehören."[150] Die nun von Ohlendorf angestrengte Beschwerde über die drei aggressiv auftretenden DC-Wortführer fand im Kirchenvorstand der Lutherkirche sogar die Unterstützung der gemäßigten Anhänger der Glaubensbewegung, die sich inzwischen von der radikalen Richtung distanziert und dem Landesbischof unterstellt hatten.[151] Der Kirchenkreisvorstand entließ daraufhin die drei DC-Wortführer im Februar 1935 aus ihren Ämtern.[152] Die Bemühungen des Rechtsanwaltes Cölle und des von den Deutschen Christen gewählten Gegenbischofs Felix Rahn, diese Amtsenthebung zu verhindern, scheiterten.[153]

Anläßlich der Einführung der als Ersatzleute eintretenden neuen Kirchenvorsteher kam es zu einem Eklat, als die entschiedenen DC-Anhänger aus Protest die Kirche verließen und sich damit öffentlich selbst aus der Gemeinde ausgrenzten. Als neuer Wortführer der DC-Gemeindegruppe richtete nun der Geschäftsführer Sch. heftige Angriffe gegen die Pastoren. Durch ihre „Machenschaften" sei ein Teil der als Deutsche Christen gewählten Kirchenvorsteher wortbrüchig geworden. Diese Männer würden von der Glaubensbewegung nicht mehr als Vertreter der Gemeinde betrachtet.[154] Dem Superintendenten warf er vor, er stehe im „staats- und volksfeindlichen Lager". Wenn er weiter den Nationalsozialismus bekämpfe und gegen die Ideen des Führers Front mache, dann werde die Zeit kommen, wo nur noch wenige

---

146 DC-Gemeindeobmann S. an Ohlendorf, 1. 2. 1935, KgmA Lutherkirche A 131.
147 Ohlendorf an Marahrens, 6. 3. 1935, KgmA Lutherkirche A 131.
148 Ohlendorf an die Kirchenvorsteher, 11. 2. 1935, KgmA Lutherkirche A 131.
149 Der stellvertretende DC-Gemeindeobmann St. an Ohlendorf, 13. 2. 1935, KgmA Lutherkirche A 131.
150 DC-Kirchenvorsteher H. an Ohlendorf, 12. 2. 1935, KgmA Lutherkirche A 131.
151 KgmA Lutherkirche A 131.
152 Bericht Ohlendorf vom 22. 2. 1935, KgmA Lutherkirche A 131.
153 KgmA Lutherkirche A 131.
154 DC-Obmann Sch. an Ohlendorf, 6. 6. 1935, KgmA Lutherkirche A 161.

alte Frauen in die Kirche kämen. „Mögen hier in Hannover noch die Priester mit ihrem wortbrüchigem Oberpriester herrschen, die Volks- und Reichskirche kommt."[155] Ohlendorf verbat sich entschieden derartige Anwürfe.[156] Einige Monate später wurde einer der Kirchenvorsteher, der sich von der Glaubensbewegung abgesetzt hatte, offensichtlich zu Unrecht beschuldigt, eine Flugblattverteilerin des reichskirchlichen Frauendienstes nach einem Gottesdienst vor der Lutherkirche tätlich angegriffen zu haben.[157] Der Beschuldigte bat den Kirchenvorstand um eine verbindliche Auskunft, ob dieser bereit sei, seine Mitglieder gegen derartige Angriffe zu schützen.[158] Ihm wurden daraufhin die Kosten für einen Rechtsanwalt erstattet, der mit einem Schriftsatz die falsche Beschuldigung zurückwies.[159] Der Gemeindegruppe der Deutschen Christen wurde jede weitere Benutzung des Gemeindehauses untersagt.[160]. Im Oktober 1935 teilte Superintendent Ohlendorf auf einen Antrag wegen Benutzung des Gemeindehauses in der Callinstraße mit, daß man im Kirchenvorstand die Entscheidung darüber „bis zur definitiven Klärung der kirchlichen Lage" ausgesetzt habe.[161] Ihrem Herrenhäuser Kollegen Nordhausen, der sich bereit erklärt hatte, die DC-Gemeindegruppe der Lutherkirche zu betreuen, antworteten die Pastoren auf eine Anfrage, daß sie mit der Abhaltung von Vortragsabenden einverstanden seien, ihm aber die Kirche für Gottesdienste nicht überlassen würden, da die Herrenhäuser Kirche in erreichbarer Nähe liege.[162] Die Durchführung von deutsch-christlichen Feierstunden der „Martin-Luther-Gemeinde" ist, und zwar außerhalb der Gemeinderäume, für Anfang 1937 nachgewiesen.[163] Nach eigenen Angaben soll die DC-Gemeindegruppe Ende 1935 noch „einige hundert Mitglieder" gezählt haben.[164] Angesichts der internen Entwicklung der Gruppe muß diese Angabe allerdings bezweifelt werden. Im Archiv der Kirchengemeinde befindet sich eine nicht datierte Aufstellung mit 55 Namen deutschchristlicher Gemeindeglieder, die allerdings möglicherweise nur einen Teil der DC-Gemeindegruppe darstellen. Immerhin ermöglicht diese Liste eine ungefähre Vorstellung von der sozialen Zusammensetzunng dieses Kreises. Danach stellte der neue Mittelstand der Angestellten und Beamten fast 70 % der Mitglieder, nur rund 15 % waren Arbeiter oder Facharbeiter.[165]

Zu einem erneuten Konflikt kam es im Februar 1937, als der neue Sprecher der DC-Gemeindegruppe seine Tochter durch den deutsch-christlichen Pfarrer Stöckmann taufen ließ und als Begründung angab, das Kind sei „recht schwach" und in

---

155 DC-Obmann Sch. an Ohlendorf, 26. 2. 1935, KgmA Lutherkirche A 161.
156 KgmA Lutherkirche 161.
157 Cölle an Kirchenvorsteher W., 23. 11. 1935, KgmA Lutherkirche A 161.
158 Kirchenvorsteher W. an den Kirchenvorstand, 25. 11. 1935, KgmA Lutherkirche A 161.
159 Protokoll der Kirchenvorstandssitzung vom 25. 11. 1935, KgmA Lutherkirche A 161.
160 KgmA Lutherkirche A 161.
161 Ohlendorf an die Ortsgruppe der DC, 18. 10. 1935, KgmA Lutherkirche.
162 Ohlendorf an Nordhausen, 5. 12. 1935, KgmA Lutherkirche A 161.
163 NTZ 6./7. 2. 1937 sowie Ohlendorf an das Landeskirchenamt, 7. 2. 1937, KgmA Lutherkriche A 161.
164 DC-Obmann Sch. an den Kirchenvorstand, 11. 10. 1935, KgmA Lutherkirche A 161.
165 KgmA Lutherkirche A 161.

ärztlicher Behandlung. Daher solle die Taufe im Hause stattfinden.[166] Der zuständige Pastor Grabe erklärte zunächst sein Einverständnis, zog dieses aber wieder zurück, als er erfuhr, daß die Taufe tatsächlich in der Schloßkirche stattfinden sollte.[167] Daraufhin drohte Stöckmann, er werde Staatssekretär Muhs aus dem Reichskirchenministerium einschalten.[168]

Als die Kirchenwahlen des Jahres 1937 angekündigt wurden, waren die Machtverhältnisse in der Gemeinde bereits eindeutig geklärt. Allerdings scheint die im Oktober 1934 gegründete Ortsgruppe der Bekenntnisgemeinschaft[169] nur in geringem Maße an den konkreten Maßnahmen zur Zurückdrängung der Deutschen Christen beteiligt gewesen zu sein, die an der Lutherkirche entscheidend von den Pastoren ausging. Regelmäßige Bekenntnisversammlungen scheint es nicht gegeben zu haben. Freilich sollen viele Gemeindeglieder an den übergemeindlichen Veranstaltungen der Bekenntnisgemeinschaft teilgenommen haben.[170] Drei der vier Gemeindepastoren hatten sich früher oder später der Bekenntnisgemeinschaft angeschlossen, der vierte nahm eine „neutrale" Stellung ein. In einer im Frühjahr 1937 als Gast gehaltenen Predigt formulierte der bis 1933 in der Gemeinde tätige Pastor Cillien, inzwischen Superintendent in Burgdorf, einen eindeutigen Bekenntnisstandpunkt. Im Jahr der Machtergreifung seien kirchenfremde Mächte in die Kirche eingedrungen. Bei der nun anstehenden Kirchenwahl müsse die Vermengung politischer Dinge mit Glaubensangelegenheiten verhindert werden.[171] Im Gemeindebrief gab Pastor Ehrenfeuchter die Losung der Bekenntnisgemeinschaft aus: „Kirche muß Kirche bleiben."[172]

Ehrenfeuchter wurde, wie andere hannoversche Pastoren auch, durch seine in einigen Punkten konsequente Verweigerungshaltung trotz politischer Loyalität zum NS-Staat in einen Kleinkrieg mit der Partei verwickelt. Bezeichnend für seine prinzipientreue Einstellung ist sein Austritt aus dem „Kampfverband des Reichsverbandes Deutscher Rundfunkteilnehmer". Als Antwort auf sein Kündigungsschreiben hatte der Gaufunkwart den Pastor darauf hingewiesen, daß diese Mitgliedschaft nur mit einem geringen finanziellen Opfer verbunden sei und doch „ein Bekenntnis zur nationalsozialistischen Weltanschauung und Bewegung" darstelle.[173] Ehrenfeuchter ließ sich von solcher Schönrednerei nicht beeindrucken, worauf dem Vertreter der NSDAP-Gauleitung nichts anderes übrig blieb, als von dem endgültigen Austritt Kenntnis zu nehmen.[174] Im Oktober 1937 wurde der renitente Pastor beschuldigt, öffentlich die Namen von Personen genannt zu haben, die aus der Kirche ausgetreten seien. Vier Wochen später wurde er erneut von der Gestapo verhört, da

---

166 DC-Obmann Sch. an Ohlendorf, 6. 2. 1937, KgmA Lutherkirche A 161.
167 Grabe an Sch., 11. 2. 1937, ebda.
168 Grabe an Laasch, 12. 2. 1937, KgmA Lutherkirche A 161. Nach 1945 wurde in diesem Zusammenhang eine Untersuchung gegen Stöckmann angestrengt.
169 LKA: S 1 H III 205.
170 Fragebogen, a. a. O., sowie Gemeindeblatt Lutherkirche, 28. 11. 1937.
171 KgmA Christuskirche A 106.
172 Gemeindeblatt Lutherkirche, 28. 2. 1937.
173 NSDAP-Gauleitung Hannover an Ehrenfeuchter, 6. 6. 1935, LKA: S 1 H III 205.
174 NSDAP-Gauleitung Hannover an Ehrenfeuchter, 12. 6. 1935, LKA: S 1 H III 205.

man ihm vorwarf, im Gemeindeblatt „Spitzen" gegen Staat und Führer verbreitet zu haben. Ehrenfeuchter wurde gewarnt, in Zukunft bei der Abfassung des Gemeindebriefes vorsichtiger zu sein.[175] Im Februar 1938 wurde er vom Amtsgericht Hannover wegen der öffentlichen Nennung der aus der Kirche Ausgetretenen zu 200 Reichsmark Geldstrafe oder zehn Tagen Gefängnis verurteilt.[176] Durch eine Karteikarte ist belegt, daß Ehrenfeuchters partielles Verweigerungsverhalten ausreichte, um im Reichssicherheitshauptamt als potentieller Systemgegner erfaßt zu werden.[177]

Der Besuch der Gottesdienste in der Lutherkirche ging während des Dritten Reiches langsam zurück, besonders spürbar während des Krieges. 1939 stieg auch die Zahl der Kirchenaustritte wieder an. Ihre Gesamtzahl belief sich zwischen 1933 und 1945 auf 863, was etwa 4 % der Gemeindeglieder entsprach. Pastor Ehrenfeuchter berichtete 1947 rückblickend, daß es wiederholt zu Störungen des Gottesdienstes durch Umzüge der Hitlerjugend gekommen sei. Der Kirchenvorstand habe sich nach der Ausscheidung der drei radikalen DC-Vertreter „durch eine für die Zeit aufgeschlossene, aber besonnene Haltung bewährt". Der Kirchenkampf habe aber insgesamt zu einer „gewissen Scheidung der Gemeinde" geführt. Neben mancher Stärkung des kirchlichen Lebens sei es teilweise auch zu einer Entfremdung von der Kirche gekommen.[178]

## 5.3 Der Kampf zwischen Bekenntnisanhängern und Deutschen Christen im Lindener Kirchenkreis

### 5.3.1 Die Lindener Mischung: ein proletarisches Sozialmilieu

Hannovers Bürger assoziierten mit Linden seit dem Beginn der Industrialisierung proletarische Wohnverhältnisse, Mietskasernen, Hinterhöfe und nicht zuletzt den gefürchteten „Lindener Mob", vor dem schon während der Märzrevolution 1848 die Tore der Residenzstadt geschlossen worden waren.[179] In der Kommunalpolitik des hannoverschen Magistrats dominierte während der zweiten Hälfte des 19. Jahrhunderts eine abschließende Tendenz gegenüber dem Arbeitervorort Linden, dessen Eingemeindung vor allem zusätzliche soziale Kosten verursacht hätte. Die

---

175 Niederschrift Ehrenfeuchter vom 22. 11. 1937, KgmA Lutherkirche Alt 203.
176 Ehrenfeuchter an Ohlendorf, 12. 2. 1938, sowie an Duensing, 12. 2. 1938, KgmA Lutherkirche Alt 203.
177 Belegt durch die Existenz einer personenbezogenen Karte in der Kartei des Sicherheitsdienstes (SD) der Gestapo in Berlin (im BDC).
178 Fragebogen zur Geschichte der Landeskirche..., Lutherkirche, LKA: S 1 H III 213.
179 Henning Rischbieter, Hannoversches Lesebuch, Teil 1, S. 333, Velber 1975. Nichts fürchteten die hannoverschen Bürger während der Märzunruhen 1848 mehr, als daß durch ein Zusammengehen der Arbeiter und Handwerksgesellen in Hannover und Linden die im Königreich Hannover ja sehr gemäßigte „bürgerliche Revolution" in eine soziale Umwälzung umschlagen könnte.

Stadtentwicklung folgte dem Muster der sich „ergänzenden Nachbarschaft"[180]: hier die bürgerliche Residenz, seit 1871 preußische Provinzhauptstadt mit einer umfangreichen Beamtenschaft, dort die sich im Wildwuchs entwickelnde Arbeitervorstadt mit schwacher sozialer und verwaltungsmäßiger Infrastruktur und einem ausgeprägten proletarischen Sozialmilieu.[181] Linden entwickelte sich früh zu einer Hochburg der Sozialdemokratie und damit zwangsläufig auch zu einem Terrain, auf dem die Kirche zunehmend in Legitimationsschwierigkeiten geriet. Zwar gehörten 1925 noch rund 70 % der Quartiersbewohner formal der evangelisch-lutherischen Kirche an, aber das Stadtviertel Linden-Nord (in etwa entsprechend dem Pfarrbezirk der Bethlehemskirche) lag mit einem Anteil von 10,5 % aus der Kirche ausgetretener „Religionsloser" an der Spitze der Kirchenaustrittsbewegung in Hannover, knapp gefolgt von Linden-Süd (Pfarrbezirk der Zionskirche) mit 9,2 %. In Linden-Mitte (Pfarrbezirk der St. Martinskirche), wo neben der auch hier umfangreichen Arbeiterschaft der Anteil der bürgerlichen Mittelschicht etwas höher lag, stellten sich die Verhältnisse für die Kirche ein wenig günstiger dar. Die Zahl der aus der Kirche Ausgetretenen lag mit 6,3 % aber auch in Linden-Mitte deutlich über dem städtischen Durchschnitt (4,7 %). So ist es nicht übertrieben, wenn die Bethlehemgemeinde, die im Mittelpunkt dieser Darstellung steht, in einem Pfarrbuch aus dem Jahre 1930 aufgrund vieler „Kirchenfeinde" als eine „schwierige großstädtische Industriegemeinde" charakterisiert wird.[182]

Anläßlich der Kirchenvisitation im Jahre 1931 klagte der erste Pfarrer der Bethlehemgemeinde, Heinrich Wiebe, über die intensive „Wühlarbeit" der Kirchengegner, die u. a. mit Umzügen und Plakaten gegen die Kirche Stellung bezogen hätten. Die Agitation habe immer mehr „russische Formen" angenommen, man habe ein Kabarett erlebt „in geradezu unglaublichen Formen".[183] Nur 150 bis 200 Erwachsene der rund 24 000 Seelen zählenden Gemeinde nahmen durchschnittlich am

---

180 Dietrich Bartels, Nachbarstädte. Eine siedlungsgeographische Studie anhand ausgewählter Beispiele aus dem westlichen Deutschland, Bad Godesberg 1960, S. 15 ff.
181 Zur Entstehung dieser dualen Struktur: Detlef Schmiechen-Ackermann, Ländliche Armut und die Anfänge der Lindener Fabrikarbeiterschaft. Bevölkerungswanderungen in der frühen Industrialisierung des Königreichs Hannover, Hildesheim 1990; Walter Buschmann, Linden. Geschichte einer Industriestadt im 19. Jahrhundert, Hannover 1981. Zur Dichte des proletarischen Sozialmilieus: Heidi Rosenbaum, Proletarische Familien. Arbeiterfamilien und Arbeitervåter im frühen 20. Jahrhundert zwischen traditioneller, sozialdemokratischer und kleinbürgerlicher Orientierung, Frankfurt am Main 1992. Letzteres ist eine Fallstudie zu Hannover-Linden.
182 Ahlers, Pfarrbuch, S. 39. Bei einer Kirchenvisitation im Jahre 1940 wird die Zionskirche in Linden-Süd explizit als „Industriearbeitergemeinde" bezeichnet, in der die Bevölkerung „kommt und geht ohne rechtes Heimatgefühl" (Bericht des Superintendenten Feilcke über die Kirchenvisitation an der Zionskirche, 18. 7. 1940, KKA Limmer, Specialia Erlöser 145 II). In einer Eingabe an das Landeskirchenamt, das einen der drei Gemeindepfarrer einsparen wollte, hob der Kirchenvorstand der Martinskirche im Februar 1933 vor allem auf die besonderen Probleme der kirchlichen Arbeit im proletarischen Umfeld ab. Man habe sich nicht nur gegen „kirchenfeindliche Elemente zu wehren", sondern auch mit „gegenreformatorischen Bestrebungen" auseinanderzusetzen, die von katholischer Seite mit besonderer Hartnäckigkeit betrieben würden (Die weltlichen Mitglieder des Kirchenvorstandes der St. Martinsgemeinde an das Landeskirchenamt, 18. 2. 1933, KgmA Bethlehem A 202 IV).
183 Bericht über den kirchlichen und sittlichen Zustand der Gemeinde anläßlich der Kirchenvisitation 1931, verfaßt von Pfarrer Wiebe, KgmA Bethlehem A 145.

sonntäglichen Gottesdienst teil, also deutlich weniger als 1 % der Kirchenmitglieder, was selbst für großstädtische Verhältnisse ein geringer Kirchenbesuch ist. Zudem muß die Haltung der evangelischen Gemeinde zur benachbarten katholischen Bennokirche als sehr distanziert bezeichnet werden. Rund 16 % der Lindener Bevölkerung waren katholische Arbeiter, die ursprünglich vor allem von der traditionell bedeutenden Lindener Textilindustrie angezogen worden waren. Sie bildeten ein weiteres konstitutives Element der Lindener Quartiersbevölkerung. Durch ihre politischen Präferenzen[184] und die häufig recht stabile Einbindung in das katholische Vereinsmilieu von der Mehrheit der sozialdemokratisch orientierten Arbeiterschaft deutlich geschieden, bestand zum dominierenden sozialdemokratischen Lokalmilieu doch offensichtlich ein über die gemeinsamen Lebens- und Arbeitsbedingungen vermittelter Quartierszusammenhang, der sich nach übereinstimmenden Erinnerungen von Zeitzeugen während der nationalsozialistischen Zeit tendenziell verdichtete.[185] Die Wahlergebnisse aus der Endphase der Weimarer Republik belegen, daß die KPD auf Kosten der SPD im Quartier kontinuierlich an Einfluß gewann, diese in einigen Straßen und Wohnblöcken sogar überrundete. Immerhin erreichte die SPD aber noch bei den Märzwahlen 1933 die absolute Stimmenmehrheit in Linden-Nord. Erst massive Einsätze von SA und Hilfspolizei verschafften den Nationalsozialisten in diesem „resistenten" Quartiersmilieu die Macht auf der Straße. Die in den proletarischen Schichten, von den Kommunisten bis zu den katholischen Arbeitern, vorhandene Verweigerungshaltung dokumentierte sich auch in dem Ergebnis der „Volksabstimmung" über den Austritt aus dem Völkerbund im November 1933. In vielen Wahllokalen Lindens stimmten rund die Hälfte der Wähler mit „Nein". Dies ist ein exeptionelles Ergebnis, vor allem, wenn man die Umstände der Abstimmung und das reichsweite Durchschnittsergebnis (95 % Ja-Stimmen) in Rechnung stellt.

### 5.3.2 Ähnliche Ausgangspositionen, aber unterschiedlicher Verlauf des innerkirchliches Streites

Sieht man von den Stadtrand- und Vorortgemeinden des Lindener Kirchenkreises[186] ab, so wiesen die drei im Kernbereich der ehemaligen Arbeiterstadt befindlichen Kirchengemeinden recht ähnliche kirchenpolitische Ausgangspositionen auf.

---

184 Die Zentrumspartei hatte in Linden-Nord während der Weimarer Republik ein konstantes Wählerpotential von etwa 6 %. Entsprechend dem Durchschnitt in Hannover wählte also etwa jeder zweite Katholik kontinuierlich die Zentrumspartei.
185 Im Rahmen des Forschungsprojektes „Widerstand und Verweigerung gegen den Nationalsozialismus in Hannover" wurde eine ganze Reihe von Zeitzeugeninterviews, die sich konkret auf den Stadtteil Linden-Nord bezogen, durchgeführt.
186 Die Stadtrandgemeinden von Ricklingen und Badenstedt waren relativ stark durch vorstädtische Siedlungen geprägt. Von der mit der Stadtsuperintendentur verbundene Pfarrkirche St. Nikolai in Hannover-Limmer wurden sowohl Arbeiterwohnquartiere als auch ländliche Vororte wie Davenstedt versorgt. Die noch zum Kirchenkreis Linden zählenden Gemeinden außerhalb des Stadtgebietes (Seelze mit Letter, Kirchwehren/Lathwehren, Lenthe/Northen) unterlagen jeweils spezifischen örtlichen Bedingungen.

In allen Fällen waren mehrere Pfarrstellen vorhanden und auch besetzt, und zwar von kirchenpolitisch unterschiedlich eingestellten Pfarrern. Hierin unterschied sich die Ausgangslage grundsätzlich von den Verhältnissen in Herrenhausen (nach dem schon 1933 erfolgten Rücktritt von Rasch waren zwei DC-Pfarrer im Amt), in der Lutherkirche (wo alle Pastoren gemeinsam gegen die Deutschen Christen vorgingen) oder in Kirchrode (wo ein Bekenntnispfarrer allein den Kampf mit der Glaubensbewegung aufnahm). In allen drei Kirchengemeinden kam es auch zur Bildung von kirchenpolitischen Gruppen, also zu einer Spaltung der Kirchengemeinde, die sich sowohl auf der Ebene der Geistlichen, als auch der in der Kirche engagierten Laien widerspiegelte. Bemerkenswert ist, daß die Deutschen Christen gerade im „roten" Arbeiterstadtteil Linden einen ihrer stärksten Stützpunkte aufbauen konnten, denn an allen drei Kirchen entstanden aktive Gemeindegruppen der Deutschen Christen. Zwar ist aufgrund der wenigen erhaltenen Quellen über die gemeindliche Basis der Deutschen Christen eine statistische Auswertung nicht möglich, aber es erscheint anhand der Befunde aus Linden und der Nordstadt zumindest als sehr wahrscheinlich, daß sich die gesellschaftspolitischen Vorstellungen der in Arbeitergemeinden aktiven Deutschen Christen erheblich von denen in den bürgerlich geprägten Stadtteilen unterschieden. Zudem ist in Rechnung zu stellen, daß in einem gesellschaftlichem Umfeld, in dem die weltanschauliche Einbindung in die sozialistische Gesinnungsgemeinschaft dominierend war, Kirchenmitglieder, die sich aktiv am Gemeindeleben beteiligten, dies in dem klaren Bewußtsein taten, daß sie sich in einem nicht selten feindlich oder unfreundlich eingestellten Milieu bewegten. „Kirche" befand sich, wie die Austrittsziffern belegen, während der Weimarer Republik gerade in Linden in besonderem Maße in einer defensiven Position. Wer sich hier im kirchlichen Leben exponierte, tat dies einerseits in bewußter Absetzung von den Zielen der sozialistischen Arbeiterbewegung, andererseits aber auch in einem sozialen Umfeld, dem bürgerliche Distanziertheit fremd war. Entsprechend konnte das Konzept der volkskirchlichen Erneuerung hier eher auf handfeste Ansatzpunkte bezogen werden als in einer intellektuell ausgerichteten großbürgerlich geprägten Gemeinde.

Wie im folgenden gezeigt werden wird, waren angesichts sehr ähnlicher Rahmenbedingungen Intensität und Verlauf des innerkirchlichen Kampfes in den Lindener Kirchengemeinden stark von der persönlichen Einstellung der an den Konflikten beteiligten Pfarrern abhängig. Entweder durch pragmatische Vermittlungsbereitschaft oder durch standhafte Kompromißlosigkeit in Grundsatzfragen prägten sie ganz wesentlich die Form der Auseinandersetzung.

### 5.3.3 „Zwei Gemeinden in einem Gotteshaus" – Begrenzung der Konflikte an der Zionskirche durch „Nebeneinanderarbeiten"

Die Zionsgemeinde in Linden-Süd wurde nicht erst durch den Kirchenstreit gespalten, sie war dies ohnehin schon aufgrund der exponierten Positionen ihrer Pastoren, die 1933 beide bereits seit vielen Jahren in der Gemeinde tätig waren und sich jeweils eigene Bezugskreise aufgebaut hatten.

Pastor Otto Oehlkers[187] wirkte seit 1909 in der Gemeinde, gründete hier 1914 den Jugendbund für entschiedenes Christentum (EC) und bemühte sich, seine Lindener Industriearbeitergemeinde durch Evangelisationswochen zu „erwecken". Aufgrund seines auch sozialen Engagements baute die Gemeinde Wohnhäuser und ein Kinderheim. Als eines der führenden Mitglieder und zeitweise sogar als Vorsitzender der „Landeskirchlichen Gemeinschaft" war Oehlkers über die Grenzen seiner Gemeinde hinaus bekannt und sprach Christen in dieser spezifischen Weise an.

Der zweite Gemeindepastor, Professor Gustav Meyer[188], seit 1918 an der Zionskirche, war Mitglied des liberalen Predigervereines gewesen und zog durch öffentliche Vortragsabende, oft auch zu literarischen Themen, einen eher bildungsbürgerlichen Zuhörerkreis in die Gemeinde.[189] Wie etliche der liberalen theologischen Tradition verpflichtete Pastoren scheint Meyer 1933 die Parole von der volksnahen Kirche aufgegriffen zu haben und trat der Glaubensbewegung der Deutschen Christen bei.[190]

Nach der Machtübertragung an Hitler gestaltete sich das Verhältnis der Parteistellen zur Kirchengemeinde zunächst freundlich. Die Stellung des NSDAP-Ortsgruppenleiters, der seine verstorbene Mutter selbstverständlich habe kirchlich bestatten lassen, zu den Pfarrern sei „sehr kirchlich und vertraulich" gewesen, berichtet Oehlkers. Des öfteren sei auch der örtliche SA-Sturm in die Kirche kommandiert worden, was große Hoffnungen auf ein volles Gotteshaus geweckt habe.[191] Anläßlich der Kirchenwahlen sei es allerdings zu einem Konflikt mit dem deutsch-christlichen Bezirksobmann, dem Ricklinger Pfarrer Franz, gekommen, als dieser die in der Gemeinde gedruckten Wahlzettel am Wahlsonntag beschlagnahmen ließ und eigene Wahlvorschläge verteilte. Dagegen sei die gute Zusammenarbeit mit der NSDAP fortgesetzt worden, indem ein Beauftragter der Ortsgruppe im Einvernehmen mit den Pastoren dafür sorgte, „daß die Wahl der Kirchenvorsteher im Sinne der NSDAP durchgeführt würde und daß nur Pg. zur Kirchenvorstandswahl vorgeschlagen würden, die vor dem 1. 1. 33 in die Partei eingetreten seien."[192] Charakteristisch für den dualen Zuschnitt der Gemeinde war, daß vier Männer aus der Pastoralgemeinde von Oehlkers und ebenfalls vier Männer aus der Gruppe um Meyer zu Kirchenvorstehern gewählt wurden. Die Gleichschaltung der Kirchengemeinde verlief also (fast) programmgemäß, trotz der als überflüssig erlebten Störung durch

---

187 Otto Oehlkers (1872–1952), ordiniert 1900, zunächst Hilfsprediger in London, Cannes und Hildesheim, dann Seemannspastor in Antwerpen und Bremerhaven-Geestemünde, 1909–1945 Pfarrer an der Zions- bzw. Erlöserkirche.
188 Gustav Meyer (1876–1947), Professor der Theologie, Pfarrer an der Zions- bzw. Erlösergemeinde 1918–1946, vermutlich seit 1933 Mitglied der Deutschen Christen, später aus der Glaubensbewegung ausgetreten.
189 100 Jahre Erlöserkirche Hannover-Linden, Zionskirche zu Linden 1880–1980, Festschrift, Hannover 1980, S. 16 f. sowie die Biographie über Otto Oehlkers, in: Prediger und Seelsorger. Lebensbilder hannoverscher Pastoren, dargestellt von Ernst Rohde, Zweite Folge, Hannover 1962, S. 63–65.
190 Fragebogen zur Geschichte der Landeskirche von 1933 bis Kriegsende, Erlöserkirche, beantwortet von Pastor i.R. Oehlkers am 3. 10. 1947, LKA: S 1, H III 214.
191 Ebenda.
192 Ebenda.

die Glaubensbewegung. Bemerkenswert ist auch die Einschätzung, die Oehlkers 1947 rückblickend abgab: „Der Kirchenvorstand hat sich nicht weniger bewährt als die früheren Kirchenvorstände."[193] Insgesamt ist festzuhalten, daß es 1933 keineswegs zu schwerwiegenden Konflikten zwischen der Kirchengemeinde oder Teilen von ihr und der NSDAP gekommen war. Die Pastoren akzeptierten und begrüßten die nationalsozialistische Machtübernahme und stellten sich offensichtlich ohne Vorbehalte auf die neuen gesellschaftlichen Machtverhältnisse ein.

Dennoch ergaben sich eine ganze Reihe von Konflikten, die in der Folgezeit das Gemeindeleben belasteten, aber aufgrund der eher konzilianten, jedenfalls nicht kämpferischen Haltung von Pastor Oehlkers die Gemeinde nicht vollends in verfeindete Lager zerrissen. So protestierte er beim Stadtsuperintendenten Rademacher dagegen, daß sein Kollege Meyer im Rahmen des Männerdienstes Vorträge über die Glaubensbewegung halten sollte. Prof. Meyer bedeute ein „Programm für sich".[194] Dem Landesbischof gegenüber erläuterte er das Ziels einer Intervention: „Hier in Hannover sollte man meiner Meinung nach Pastor Prof. Meyer wenigstens auf den Kreis zu beschränken wissen, in dem er steht."[195] Als im Sommer 1934 eine neue Gemeindehelferin eingestellt werden sollte, habe Meyer in der Kirchenvorstandssitzung „in herausfordernder Weise" mitgeteilt, daß die ausgewählte Kandidatin vom Kreiskirchenvorstand nicht bestätigt werden würde, weil sie der Landeskirchlichen Gemeinschaft nahestehe, beschwerte sich Oehlkers gut ein halbes Jahr später erneut beim Stadtsuperintendenten, der die Angelegenheit schlichtete.[196] Der neuen Mitarbeiterin teilte Oehlkers in seiner Zusage mit, daß der Kirchenvorstand sich besonders freuen würde, wenn sie in ihrer Jugendarbeit Fühlung mit den BDM-Mädchen finden würde.[197]

Zu einem substantielleren Konflikt kam es zwischen Oehlkers und dem Gemeindeobmann der Deutschen Christen im Frühjahr 1935, als letzterer zunächst dem Pastor öffentlich vorgeworfen hatte, er habe in anstößiger Weise für seinen Konfirmandenunterricht in der Gemeinde werben lassen. Der Wortführer der Glaubensbewegung griff in einem Schreiben an seine Kollegen im Kirchenvorstand den kirchenpolitischen Streit grundsätzlich auf und verortete schließlich den unliebsamen Pfarrer als „auszumerzenden" Gegner:

„Die Bekenntnisfront ist entlarvt als schwarze Reaktion und Meuterer des Dritten Reiches. Aus diesem Grunde muß der Kampf für die Einheits-Kirche der DC noch viel schärfer durchgeführt werden. Denn wenn sich Herr Pastor Oehlkers erdreistet hat, am Sonntag, den 10. März, in dem öffentlichen Gottesdienst die Deutschen Christen anzugreifen, so sage ich ihm als Obmann der Deutschen Christen den Kampf bis auf des Messers Schneide an. Wir Kirchenvorsteher haben absolut keinen Grund, Pastor Oehlkers in irgend einer Form zu schützen, zumal er als Intimus von Marahrens sich sofort auf die Seite der Meuterer gestellt hat. Er gehört, genau

---

193 Ebenda.
194 Oehlkers an Rademacher, 15. 12. 1933, LKA: L 2, 1a Bd. III.
195 Oehlkers an Marahrens, 15. 12. 1933, LKA: L 2, 1a, Bd. III.
196 Oehlkers an Rademacher, 25. 8. 1934, KKA Limmer, Specialia Erlöser 235.0.
197 Oehlkers an die Gemeindehelferin R., 1. 9. 1934, KKA Limmer, Specialia Erlöser 235.0.

wie Marahrens, auf die Anklagebank des Volksgerichtshofes, damit er lernt, daß er als deutscher Volksgenosse den Anordnungen unseres geliebten Führers Folge zu leisten hat und nicht zu sabotieren (sic!)."[198]

Oehlkers bezeichnete diese Angriffe in einem Schreiben an die Kirchenvorsteher als „Brunnnenvergiftung der aller übelsten Art"[199] und beantragte, allerdings ohne Erfolg, beim ebenfalls deutsch-christlich dominierten Lindener Kreiskirchenvorstand den gegen ihn „hetzenden" und „wühlenden" DC-Obmann aus dem Kirchenvorstand zu entfernen.[200] Dieser Konflikt ist in mehrfacher Hinsicht aufschlußreich. Auf der einen Seite scheute sich Oehlkers nicht, den Streit vor dem Kirchenkreisvorstand verhandeln zu lassen. Er ging also offensichtlich davon aus, daß ihm durch das hemmungslose Vorpreschen des radikalen Laien aus der örtlichen DC-Gruppe keine Nachteile entstehen würden. Interessant ist aber auch seine Argumentation gegenüber der Aufsichtsbehörde. Bei der gegenwärtigen kirchlichen Lage sollte jeder Kirchenvorsteher darauf bedacht sein, so seine Forderung, die großen Dinge, um die es im Kirchenstreit gehe, nicht mit „abseitsliegenden Kämpfen und Schwierigkeiten zu verquicken."[201] Der DC-Gemeindeobmann dagegen war einer Selbstüberschätzung erlegen. De facto erwies sich sein Einfluß als relativ gering.[202]

So ging er unzutreffenderweise davon aus, daß die Partei, wie noch im Sommer 1933 bei den Kirchenwahlen, die innerkirchlichen Angelegenheiten in ihrem und damit auch im Sinne der sich radikalisierenden DC-Bewegung regeln würde. Damit überschätzte er die Rolle, die die Deutschen Christen zu diesem Zeitpunkt noch im machtpolitischen Kalkül der Nationalsozialisten spielten. Die Unzeitgemäßheit seiner politischen Vorstellungen wurde in besonders eklatanter Weise deutlich, als er in einem weiteren Schreiben an die Kirchenvorsteher seine eigenen, wohl eher „sozialrevolutionären" Zielvorstellungen zum Ausdruck brachte: „Es ist unserer Regierung ja bekannt, daß die Feinde des dritten Reiches nicht links, sondern ganz rechts stehen."[203] Spätestens seit der Entmachtung der SA im Sommer 1934 war eine solche anti-konservative, den proletarischen Elementen der SA nahestehende

---

198 Wörtlicher Auszug aus einem Schreiben des DC-Obmannes G. an die Kirchenvorsteher vom 22. 3. 1935, zitiert von Oehlkers in seinem Schreiben an den Kreiskirchenvorstand, 15. 4. 1935, KKA Limmer, Specialia Erlöser 203.
199 Die Vorwürfe wegen der Konfirmandenwerbung konnte er aufgrund von stichhaltigen Zeugenaussagen als aus der Luft gegriffen zurückweisen. Der Gemeindeobmann G. habe eine Hetze gegen ihn begonnen, wie er sie schon oft in der Gemeinde erlebt habe (Oehlkers an die Mitglieder des Kirchenvorstandes, 30. 3. 1935, KKA Limmer, Specialia Erlöser 203). Mit diesen zeitgenössischen Aussagen kontrastiert in merkwürdiger Weise die 1947 rückblickend gegebene Schilderung von Oehlkers, in der es lediglich heißt, er sei von den Deutschen Christen „in auffälliger Weise ignoriert" worden, obwohl er kein Mitglied der Bekenntnisgemeinschaft gewesen sei (Fragebogen zur Geschichte der Landeskirche..., Erlöserkirche, LKA: S 1 H III 214).
200 Oehlkers an den Kreiskirchenvorstand Hannover-Linden, 17. 4. 1935, KKA Limmer, Specialia Erlöser 203.
201 Ebenda.
202 Gemeinsam mit zwei weiteren profilierten Deutschen Christen schied er übrigens im Herbst 1936 auf eigenen Wunsch aus dem Kirchenvorstand aus (KKA Limmer, Specialia Erlöser 203).
203 DC-Obmann G. an die Kirchenvorsteher der Zionskirche, 5. 3. 1935, KKA Limmer, Specialaia Erlöser 203

227

Position obsolet geworden. Diese gesellschaftspolitische Orientierung scheint aber für die Gemeindegruppen der Deutschen Christen in den Arbeitervierteln Hannovers durchaus nicht untypisch gewesen zu sein.[204]

Offensichtlich führte Oehlkers keinen verbissenen Kleinkrieg gegen seine deutsch-christlichen Widersacher im Kirchenvorstand, sondern wartete, bis diese von selbst ins Leere liefen. Seinem DC-Kollegen im Pfarramt und anderen deutsch-christlichen Pfarrern gegenüber versuchte er Distanz zu wahren, ohne eine prinzipiell feindliche Einstellung an den Tag zu legen. Er selbst schloß sich der „Bischofsfront" an, einem Kreis von Pastoren, die sich nicht in der Bekenntnisgemeinschaft engagieren, wohl aber den Landesbischof bei seiner Kirchenpolitik unterstützen wollten.[205]

Pointiert erklärte Oehlkers im Dezember 1935, an dem angesetzten Kirchenkreiskonvent nur unter ausdrücklichem Protest teilnehmen zu können, da man sich einerseits in der Öffentlichkeit bekämpfe, und auf der anderen Seite dann aber im Pfarrkonvent ohne eine vorangegangene Bereinigung der Konflikte wieder zusammensitze. Nicht grundsätzliche kirchenpolitische Überzeugungen trieben diesen „neutralen" Pfarrer um, sondern der Umstand, daß die Auseinandersetzungen zwischen den kirchenpolitischen Fraktionen weder offen ausgetragen noch endgültig begraben wurden:

„Die Lage ist doch so: Wir sitzen in Konferenzen und Konventen mit den DC-Pastoren zusammen und behandeln mit ihnen wissenschaftliche Themata und Fragen des Pfarramts, als ob völlige Harmonie zwischen uns wäre. Draußen stehen wir gegeneinander, und das Kirchenvolk ist der Meinung, daß es tatsächlich um ernste Dinge und tiefgreifende Unterschiede ginge... Wenn wir in Konferenzen und Konventen so harmlos zusammensitzen können, dann braucht doch scheinbar nur eine Aussprache mit den DC-Pastoren stattzufinden, um die ganze Harmlosigkeit des Kirchenstreites darzulegen..."[206]

Die pragmatische Grundhaltung, die das Handeln von Pastor Oehlkers und damit auch die Ausprägung des in der Gemeinde zwar latent angelegten, aber nicht intensiv ausgetragenen Kirchenstreites bestimmte, wurde exemplarisch bei der im Sommer 1940 vorgenommenen Visitation deutlich. Der zuständige Superintendent Feilcke, selbst übrigens auch Vertreter einer weitgehend „neutralen" Position, stellte in seinem Bericht vor allem heraus, daß die Spannungen, die sich aus den sehr unterschiedlichen theologischen Positionen und persönlichen Vorlieben der beiden

---

204 Auch in der DC-Gemeindegruppe an der Lutherkirche sind ähnliche Akzentuierungen feststellbar.
205 Zur „Bischofsfront" bzw. zum „Arbeitskreis Stumpenhausen" zählten im Jahre 1935 etwa 170 Pastoren (also knapp 20 %) der Landeskirche. Es handelte sich einerseits um von Beginn an „neutrale" Pfarrer, die abseits der kirchenpolitischen Gruppen den Kurs des Landesbischofs unterstützen wollten (so etwa Landesjugendpastor Kayser, Superintendent Rohde von der Pauluskirche und der spätere Stadtsuperintendent von Hannover, Feilcke), andererseits aber auch um eine Gruppe von Pastoren, die sich 1933/34 von den Deutschen Christen wieder getrennt hatten, wie beispielsweise Ehrenfeuchter, Franz, Hustedt und Jacobshagen (Rundschreiben Stumpenhausens an die Mitglieder der Bischofsfront, 22. 5. 1935, KgmA Herrenhausen A 161).
206 Oehlkers an Brammer, 17. 11. 1936, LKA: S 1.

Pfarrer ergeben hatten, überwunden werden konnten. Beide Pastoren arbeiten sehr positiv mit dem Kirchenvorstand zusammen, der inzwischen nur noch aus Vertretern der von Oehlkers repräsentierten Richtung bestehe. Zwar könne man nicht eigentlich von einem Zusammenarbeiten der beiden Gemeindpfarrer sprechen, aber doch immerhin von einem Nebeneinanderarbeiten, bei dem keiner die Kreise des anderen störe. Da beide Geistlichen eine sehr unterschiedliche Klientel ansprächen, dies aber durch ihre persönlichen Kontakte weit über die Grenzen der Gemeinde hinaus, bestünden eigentlich „zwei Gemeinden in einem Gotteshaus".[207]

Beide Pastoren exponierten sich jedenfalls nicht in auffallender Weise. Pastor Meyer scheint die extremen Angriffe des deutsch-christlichen Obmannes zumindest nicht nachdrücklich unterstützt oder gefördert zu haben. Eine Zuspitzung der Situation mag auch durch die Tatsache verhindert worden sein, daß sich keine bekenntnisorientierte Gemeindegruppe als Pendant zur deutsch-christlichen Fraktion bildete und von Veranstaltungen der Bekenntnisgemeinschaft im Rahmen der Gemeinde nichts bekannt ist. Die aktuellen kirchenpolitischen Fronten ersetzen in dieser Gemeinde eben nicht völlig die traditionell gewachsenen Bindungen und Orientierungen. Pastor Oehlkers, der sich der von Marahrens vertretenen Form der Bekenntnisbindung verpflichtet fühlte, war und blieb in erster Linie Exponent der Gemeinschaftsbewegung und ihrer kirchlichen Konzeption. Dies schloß auch eine intensivere kirchenpolitische Parteinahme im Sinne der Bekenntnisgemeinschaft aus. Auf der anderen Seite kam es zu einer Mischung von Christen, die durch die von Meyer vertretene weltlich orientierte liberale Theologie angesprochen wurden, mit Aktivisten der neuen, sich volksnah gebenden Glaubensbewegung. So verlor Meyer auch nach der Verdrängung der radikalen Deutschen Christen aus dem Kirchenvorstand keineswegs seinen internen Bezugskreis, wie dies deutsch-christlichen Pfarrern in anderen Gemeinden geschah.

Insgesamt ist das von Pastor Oehlkers 1947 gezogene Fazit daher wenig überraschend: „Der Kirchenkampf hat sich in der Gemeinde kaum ausgewirkt." Allerdings weist er darauf hin, daß, wie in vielen innerstädtischen Gemeinden, das kirchliche Leben durch die Auswirkungen des Krieges erheblich gelitten habe.[208]

### 5.3.4 Die Deutschen Christen der Martinsgemeinde zwischen den Fronten: Streit mit den Bekenntnisanhängern und Schwierigkeiten mit NS-Behörden

Der Prozeß der „Nazifizierung", verstanden als Durchdringung und Überformung der kirchlichen Strukturen und als symbolische Indienstnahme kirchlicher Formen, ist für die St. Martinsgemeinde in Linden-Mitte beispielhaft zu belegen. Noch im November 1932 war, wie mancherorts, das demonstrative Auftreten einer SA-Formation im Gottesdienst durch den Kirchenvorstand abgelehnt worden. Dem loka-

---

207 Bericht über die Kirchenvisitation an der Zionsgemeinde, 18. 7. 1940, KKA Limmer, Specialia Erlöser 145 II).
208 Fragebogen zur Geschichte der Landeskirche..., Erlöserkirche, LKA: S 1 H III 214.

len SA-Führer, der zwei Wochen vor der Novemberwahl 1932 den Antrag gestellt hatte, ab sofort mit geschlossener SA-Mannschaft in Uniform am Gottesdienst teilnehmen zu dürfen, wurde abschlägig beschieden. Pastor Fritz Fahlbusch[209] machte den vermittelnden Vorschlag, „vor der Wahl von derartigem Aufsehen absehen zu wollen, um nicht die Kirche in den Verdacht zu bringen, daß sie zu Propagandazwecken mißbraucht werde."[210] Er riet dem SA-Führer, dieser solle seine SA-Männer in Zukunft teils in Uniform, teils mit Armbinde, teils in Zivil kommen lassen. Zudem solle man beim Platznehmen in der Kirche möglichst kein Aufsehen erregen und insbesondere den regelmäßigen Kirchgängern ihre Plätze nicht streitig machen, um nicht Animositäten gegen die ungewohnten Gottesdienstbesucher zu provozieren.

Diese vom Kirchenvorstand vertretene weitgehend neutrale Linie gegenüber der NS-Bewegung wurde spätestens im Sommer 1933 aufgegeben. Zwei Tage vor der Kirchenwahl trat der in der Gemeinde tonangebende Pastor Fahlbusch erstmals öffentlich als Vertreter der Deutschen Christen in seiner Gemeinde auf und hielt im Gemeindesaal der Martinskirche eine Vortrag über die neue Glaubensbewegung.[211] Unter seiner Federführung hatte sich der alte Kirchenvorstand mit der Gauleitung der NSDAP auf eine abgesprochene Einheitsliste für den neuen Kirchenvorstand und die in der Gemeinde vorhandene Gemeindevertretung geeinigt.[212] Drei entschieden welfisch eingestellte Mitglieder des bisherigen Kirchenvorstandes wurden durch NSDAP-Mitglieder ersetzt.[213] In einer der ersten Sitzungen beschloß der neue Kirchenvorstand, aus den in der Kirche eingesammelten frei verfügbaren Kollekten eine schwarz-weiß-rote und eine Hakenkreuz-Fahne anzuschaffen.[214] In der Folgezeit kam es zu einer Spaltung der Gemeinde entlang der konträren kirchenpolitischen Positionen. Während Pastor Fahlbusch in seiner Gemeindearbeit für die Ziele der Deutschen Christen warb, schlossen sich die beiden anderen Pastoren, Johannes Gerdes[215] und Karl Renner[216], der Bekenntnisseite an. Renner gehörte sogar zu den Gründungsmitgliedern der „Landeskirchlichen Sammlung" und wurde Vertrauensmann der Bekenntnisgemeinschaft im Lindener Kirchenkreis. Auch durch den Kirchenvorstand ging ein Riß. Vier Laien und Pastor Fahlbusch als Vorsitzender des Gremiums bekannten sich zu den Deutschen Christen, die beiden anderen Pastoren und zwei weitere Laien traten für die Bekenntnisgemeinschaft ein.

---

209 Fritz Fahlbusch (1875–1960), 1926–1946 Pastor und Vorsitzender des Kirchenvorstandes an der Martinskirche, Mitglied der Glaubensbewegung Deutsche Christen bis nach 1945.
210 Protokoll des Kirchenvorstandes von St. Martin, 2. 11. 1932, KgmA St. Martin, H 8.
211 Fragebogen zur Geschichte der Landeskirche von 1933 bis Kriegsende, Martinskirche, ausgefüllt von Bekenntnispfarrer Renner am 3. 10. 1947, LKA: S 1, H III 214.
212 Protokoll der Kirchenvorstandssitzung von St. Martin, 20. 7. 1933 (Wahlsonntag), KgmA St. Martin, H 8.
213 Fragebogen zur Geschichte der Landeskirche, Martinskirche, LKA: S 1, H III 214.
214 Protokoll der Kirchenvorstandssitzung vom 16. 9. 1933, KgmA St. Martin, H 8.
215 Johannes Gerdes (1870–1946), 1920–1943 Pastor an der Martinskirche, Mitglied der Bekenntnisgemeinschaft.
216 Karl Renner (1886–1953), 1928–1953 Pastor an der Martinskirche, Mitglied und Mitbegründer der Bekenntnisgemeinschaft.

Ein Kirchenvorsteher stand zwischen den Parteien.[217] Zwar schieden im Laufe der Zeit einzelne deutsch-christliche Parteigänger aus, aber sie wurden in der Regel durch Stellvertreter ersetzt, die dieselben Positionen vertraten. So waren Spannungen und Konflikte im Kirchenvorstand vorprogrammiert. Es habe viele Kämpfe gegeben, wodurch ein ersprießliches Zusammenarbeiten und eine kirchliche Bewährung des Kirchenvorstandes nicht möglich gewesen sei, urteilte Pastor Renner rückblickend nach dem Krieg.[218] Exemplarisch soll hier ein Konflikt aus der entscheidenden Phase des innerkirchlichen Machtkampfes herausgegriffen werden. Der deutsch-christlich eingestellte Lindener Kreiskirchenvorstand hatte im Dezember 1934, als Reaktion auf die Entfernung der Deutschen Christen aus dem Landeskirchenamt, alle Kirchenvorstände zu einer Loyalitätserklärung gegenüber der Reichskirchenführung aufgefordert. Anfang Januar 1935 beschloß der Kirchenvorstand der St. Martinsgemeinde „sich entschieden hinter die rechtmäßige Reichskirche mit dem Reichsbischof Ludwig Müller zu stellen und es entschlossen abzulehnen, von einer Vorläufigen Leitung der Deutschen evangelischen Kirche Weisungen oder Kundgebungen entgegenzunehmen." Die durch die markige Wortwahl suggerierte „Entschiedenheit" des Kirchenvorstandes wurde durch das Ergebnis der Abstimmung geradezu konterkariert. Das Protokoll vermerkt, daß bei Stimmengleichheit die Stimme des Vorsitzenden für die Annahme des Antrages entschieden hatte.[219]

Ein anderer Vorfall illustriert, wie die unterschiedlichen kirchenpolitischen Auffassungen das Gemeindeleben praktisch beeinflußten. Im Dezember 1935 stellte Pastor Renner den Antrag, drei volksmissionarische Abende in der Kirche abzuhalten. Trotz seines heftigen Widerspruches, mußte er es sich gefallen lassen, das an die Genehmigung dieser Veranstaltungen eine Reihe von Bedingungen geknüpft wurde, u. a. die, daß auch den Deutschen Christen die Kirche zu religiösen Veranstaltungen zur Verfügung stehen müsse.[220] Pastor Fahlbusch bemühte sich seinerseits, die Basis der Deutschen Christen in der Gemeinde auch personell zu verbreitern. Eine neue Gemeindehelferin suchte er über den von den Deutschen Christen regelmäßig herausgegebenen „Informationsdienst".[221]

Insgesamt ist festzustellen, daß der innerkirchliche Streit sich im Falle der Martinsgemeinde an der Basis in den gleichen Bahnen reproduzierte, wie er auf den kirchenleitenden Ebenen ausgetragen wurde. Der im Kirchenvorstand offen zu Tage tretenden Fraktionierung entsprach eine Polarisierung der Gemeinde. Als Pendant zu der bereits Ende November 1933 mit einer Versammlung in der Aula der Friederikenschule[222] gegründeten Ortsgruppe der Deutschen Christen entstand am 23. Mai 1935 eine Gemeindegruppe der Bekenntnisgemeinschaft, deren Mitgliederzahl bald auf 170 Personen anwuchs.[223] Während die DC-Bewegung offensichtlich ihre Belange durch den vor allem von Pastor Fahlbusch bestimmten offiziellen Kurs der

---

217 Fragebogen zur Geschichte der Landeskirche..., Martinskirche, LKA: S 1, H III 214.
218 Ebenda.
219 Protokoll der Kirchenvorstandssitzung vom 9. 1. 1935, KgmA St. Martin, H 8.
220 Fragebogen zur Geschichte der Landeskirche..., Martinskirche, LKA: S 1, H III 214.
221 ID/DC 21, 25. 5. 1935, NHStA Hannover: Hann. II Hann. 80 Nr. 808, Bl. 11.
222 Heute Ihmeschule, das Gebäude liegt an der Badenstedter Straße gegenüber der Kirche.
223 Fragebogen zur Geschichte der Landeskirche..., Martinskirche, LKA: S 1, H III 214.

Kirchengemeinde vertreten sah und anscheinend auf regelmäßige Veranstaltungen verzichtete, organisierte die bekenntnisorientierte Oppositionsgruppe Mitgliederversammlungen, die bis zum Kriegsbeginn etwa alle zwei Monate stattgefunden haben und durchschnittlich von 70 bis 80 Personen besucht gewesen sein sollen.[224]

Einerseits ist also festzuhalten, daß die unterschiedlichen kirchenpolitischen Vorstellungen immer wieder zu Konflikten in der Gemeinde führten. Andererseits wurden aber die sachlich begründeten Meinungsverschiedenheiten nicht zusätzlich emotional angeheizt. Bemerkenswert ist in dieser Hinsicht der sich durchaus um Objektivität bemühende Bericht des deutsch-christlich eingestellten Stadtsuperintendenten Rademacher[225], der im Mai 1937 eine Visitation der Martinsgemeinde durchgeführt hatte. Trotz einer entschieden deutsch-christlichen Einstellung sei es Pastor Fahlbusch gelungen, sein Amt der Gemeinde gegenüber „in voller Verantwortung und in weitgehender Objektivität zu führen". Naturgemäß hätten seine Bemühungen, das deutsch-christliche Gedankengut in der Gemeinde heimisch zu machen, die Vertreter der Bekenntnisgemeinschaft auf den Plan gerufen und auch zu Spannungen in der Gemeinde geführt. Allerdings hätten diese aufgrund der persönlichen Art Pastor Fahlbuschs „nicht unnötige Schärfe angenommen."[226] Aber auch dem Bekenntnispfarrer Renner wird ein lauterer Charakter und eine engagierte Gemeindearbeit bescheinigt, „so daß auch die Persönlichkeiten des Kirchenvorstandes, die nicht seiner kirchlichen und theologischen Ansicht, wie sie in der Bekenntnisgemeinschaft vertreten wird, nahestehen, zu ihm in einem durchweg guten Verhältnis stehen."[227] Hier und da sei zwar durch die kirchenpolitischen Kämpfe das Verhältnis der Pastoren zueinander gespannt gewesen, es habe sich jedoch niemals so ausgewirkt, daß die Bestrebungen der Geistlichen in Form eines offenen Gegensatzes auch die Gemeinde zerrissen hätten. Mag diese Einschätzung des deutsch-christlichen Superintendenten auch möglicherweise etwas geschönt sein, so ist der Kern seiner Aussage sicherlich zutreffend: Es kam in der Martinskirche zwar tatsächlich zur Ausformung unüberbrückbarer kirchenpolitischer Gegensätze, nicht aber zum einem erbitterten Grabenkampf um die praktische Gestaltung der Gemeindearbeit. Zwei Gründe dürften hierfür ausschlaggebend gewesen sein. Zum einen scheinen die Hauptbeteiligten auf beiden Seiten, Geistliche wie Laien, zwar entschieden in ihrer Überzeugung, aber doch eher maßvoll und nicht fanatisch in ihrem Auftreten gewesen zu sein. Zum anderen sahen sich die Deutschen Christen, die bis in die Kriegszeit hinein ihre knappe Machtposition in der Gemeinde halten konnten, nicht nur der Opposition seitens der Bekenntniskreise gegenüber, sondern auch einer distanzierten Haltung seitens des Staates und der NSDAP.

---

224 Ebenda.
225 Rademacher schied auf eigenen Wunsch zum Jahresende 1937 aus seiner Tätigkeit in der hannoverschen Landeskirche aus, da er als Deutscher Christ in der hannoverschen Landeskirche keine sinnvollen Wirkungsmöglichkeiten mehr sah. Auch bei seinen kirchenpolitischen Gegnern scheint Rademacher trotz seiner Einstellung als Persönlichkeit akzeptiert worden zu sein und galt als umgänglicher Mensch.
226 Bericht des Stadtsuperintendenten Rademacher über die Visitation der St. Martinsgemeinde am 9. Mai 1937, vom 28. 9. 1937, KKA Limmer, Specialia Martin 145 I.
227 Ebenda.

Zu einem Irritationen auslösenden Mißerfolg entwickelte sich beispielsweise die mit großem Aufwand vorbereitete 650-Jahrfeier der Gemeinde im September 1935. Man hatte geplant, nach Gottesdiensten in der Martins-, Zions- und Bethlehemskirche nachmittags eine gemeinsame Festveranstaltung der Lindener Kirchengemeinden im „Schlageter-Stadion" am Lindener Berge durchzuführen. Neben Ansprachen, musikalischen Einlagen und Darbietungen von Schülern wollte man die Rede Adolf Hitlers vom Nürnberger Parteitag übertragen, um „damit einen gewaltigen Abschluß zu finden."[228] Die hannoversche Gestapo verbot die geplanten Feierlichkeiten mit Ausnahme der Gottesdienste kommentarlos.[229] Daraufhin wandte sich Fahlbusch, „über die Maßen betroffen", nochmals an die Staatspolizei, um die Durchführung einer öffentlichen Veranstaltung zu erreichen. Es sei selbstverständlich, daß man bereit sei, alle bestehenden Bedenken zu beseitigen.[230] Da das Verbot aufgrund einer von Göring im Einvernehmen mit dem Reichskirchenminister erlassenen Verordnug ausgesprochen worden war, mußte die Feier tatsächlich vom Lindener Stadion in die Martinskirche verlegt werden. Fahlbusch kündigte im Festgottesdienst ab, daß die geplante Festveranstaltung im Stadion von der Staatspolizei untersagt worden sei.[231]

Macht der eben geschilderte Vorfall bereits deutlich, daß die Nationalsozialisten auch deutsch-christlich geprägte Kirchlichkeit keineswegs mehr zu unterstützen bereit waren, so wurde die Distanzierung der NSDAP von kirchlichen Belangen bald auch an weiteren Punkten deutlich. Im Mai 1937 trat ein deutsch-christlicher Kirchenvorsteher von seinem Ehrenamt zurück, da er sich aufgrund eines von Pastor Gerdes angekündigten Gottesdienstes, in dem ein auswärtiger Pastor Schlagowsky durch seine Predigt den Widerspruch einiger Gemeindeglieder erregt hatte, in Rechtfertigungsprobleme gebracht sah. Nachdem Pastor Fahlbusch dem bei der Volkswohlfahrt beruflich tätigen NS-Funktionär weiterhin Einladungen und Kirchendienstzettel zugeschickt hatte, antwortete dieser in rüdem Ton: „Ich bin nicht gewillt, mich als führendes Parteimitglied schließlich noch für eine Kanzelrede, wie sie der Volksgenosse Schlagowsky seiner Zeit gehalten hat, bestrafen zu lassen. Dieses ist das letzte Schreiben, das ich schicke; auch mündliche Anfragen und Verhandlungen haben keinen Erfolg mehr."[232] Im Mai 1939 beklagte Fahlbusch dem Landeskirchenamt gegenüber, daß sich, wie bereits vor einem Jahr drei, nun erneut zwei Kirchenvorsteher zu ihrem eigenen Bedauern aufgrund eines Erlasses des „Stellvertreters des Führers"[233] gezwungen gesehen hätten, ihr Amt niederzulegen.[234]

---

228 Fahlbusch an die Staatspolizeileitstelle in Hannover, 27. 8. 1935, KgmA St. Martin A 305.
229 Staatspolizeileitstelle Hannover an Fahlbusch, 6. 9. 1935, KgmA St. Martin A 305.
230 Fahlbusch an die Staatspolizeileitstelle, 7. 9. 1935, KgmA St. Martin A 305.
231 Fahlbusch an Oberbürgermeister Menge, 20. 9. 1935, KgmA St. Martin A 305.
232 Kirchenvorsteher L. an Fahlbusch, 3. 7. 1937, KgmA St. Martin A 131.
233 Bormann hatte in seiner Anordnung Nr. 45/39 vom 25. 3. 1939 alle Kreisleiter der Partei noch einmal darauf hingewiesen, daß kein Unterführer der nationalsozialistischen Bewegung ein kirchliches Amt oder Ehrenamt innehaben dürfe (BA: Sammlung Schumacher 245, Bl. 185–187).
234 Fahlbusch an Landeskirchenamt, 12. 5. 1939, KgmA St. Martin A 131.

Schließlich mußte DC-Pfarrer Fahlbusch auch noch eine empfindliche persönliche Zurücksetzung hinnehmen. Sein im Mai 1939 eingereichtes Gesuch auf Aufnahme in die NSDAP wurde nach Verhandlung in mehreren Instanzen im April 1940 vom Obersten Parteigericht der NSDAP endgültig abgelehnt.[235] Die zuständige Ortsgruppe wurde angewiesen, Fahlbusch mitzuteilen, daß er selbst mit Rücksicht auf seinen Einsatz für die nationalsozialistische Bewegung aus grundsätzlichen Erwägungen nicht aufgenommen werden könne. Das Hineintragen kirchenpolitischer Gegensätze in die Partei müsse unter allen Umständen verhindert werden. Es gelte weiterhin, auch den bloßen Verdacht einer einseitigen Stellungnahme für oder gegen eine Kirchengemeinschaft zu vermeiden.[236]

Betrachtet man die Geschichte der Martinsgemeinde in der NS-Zeit zusammenfassend, so wird man als ein hervorstechendes Merkmal festhalten müssen, daß sowohl grundsätzlich unterschiedliche kirchliche Positionen, als auch das kompromißbereite Bemühen um ein geregeltes Gemeindeleben die Situation kennzeichneten. Daß sich Spannungen hierbei nicht vermeiden ließen, belegt die Rückschau Pastor Renners nach dem Krieg, der 1947 feststellte, daß der Kirchenkampf sich in der Martinsgemeinde „als ein ganz großes Hindernis für das innerkirchliche Leben erwiesen" habe.[237] Das Bemühen, trotz aller grundsätzlichen Unterschiede an einer Politik der bedingten Verständigung und Schadensbegrenzung festzuhalten, wird von Superintendent Feilcke in seinem Bericht über eine 1944 vorgenommene Kirchenvisitation hervorgehoben. Er stellte fest, daß die „gelegentlich" aufgetretenen Spannungen zwischen Renner und Fahlbusch „um der Sache willen überwunden" zu sein schienen. Trotz einer ganz anderen Ausprägung des Kirchenstreites als in der Zionskirche war das Ergebnis letzten Endes sehr ähnlich: „Beide Pastoren arbeiten, mehr nebeneinander als miteinander, in dem Kreis der Gemeindeglieder, der sich zu ihnen hält."[238] Dieser in vielen „gespaltenen" Kirchengemeinden gefundene modus vivendi liegt letzlich auch genau auf der Linie der von Landesbischof Marahrens verfolgten Verständigungspolitik, die eine Integration der nicht zur radikalen Thüringer Richtung zählenden Deutschen Christen in die landeskirchlichen Strukturen einschloß.

---

235 Oberstes Parteigericht der NSDAP an den Reichsschatzmeister der NSDAP/Mitgliedschaftsamt, 19. 4. 1940, BDC, Akte Fahlbusch.
236 Mitgliedschaftsamt der NSDAP an den Schatzmeister des Gaues Sudhannover-Braunschweig, 3. 6. 1940, ebda.
237 Fragebogen zur Geschichte der Lansdeskirche..., Martinskirche, LKA: S 1, H III 214.
238 Superintendent Feilcke in seinem Bericht über die am 17. 9. 1944 vorgenommene Visitation der St. Martinsgemeinde, 4. 4. 1945, KKA Limmer, Specialia Martin, 145 II.

### 5.3.5 Erbitterte Fronten: Pastor Brüdern setzt sich in der Bethlehemgemeinde erfolgreich gegen die deutsch-christlichen Angriffe zur Wehr

In der Bethlehemgemeinde bestand schon frühzeitig eine starke Tendenz zu einer kirchlichen Ausrichtung im Sinne der Nationalsozialisten. Der tonangebende erste Pfarrer und Kirchenvorstandsvorsitzende Heinrich Wiebe[239] umriß 1937 rückblickend seine Position folgendermaßen:

„Nach Maßgabe der mir zur Verfügung stehenden Zeit durfte ich mich nicht darauf beschränken, mich mit theologischen Studien zu befassen, sondern hielt es für meine Pflicht, mich in das Geistesleben unseres Volkes, wie es Januar 1933 zum Durchbruch kam, hineinzufinden und mit der nationalsozialistischen Weltanschauung, für die ich vorher schon ein warmes Herz hatte, sowie mit den gegenwärtigen kirchenpolitischen Auseinandersetzungen mich zu beschäftigen."[240]

Bereits 1931 hatte er anläßlich einer Kirchenvisitation angegeben, sich im Rahmen der von den Pastoren erwarteten theologischen Studien und selbstgewählter wissenschaftlicher Weiterbildung mit verschiedenen Schriften der völkischen Bewegung beschäftigt zu haben, u. a. hatte er Hitlers „Mein Kampf" studiert.[241] Der Schwerpunkt von Wiebes Tätigkeit lag in der Geschäftsführung, für die ihm eine besondere Begabung bestätigt wurde. Gleichzeitig wurde ihm ein freundlicher und offener Umgang mit der Gemeinde, in der er eine intensive Besuchsseelsorge betrieb, attestiert.[242]

In der zahlenmäßig sehr großen Gemeinde wirkten neben ihm noch zwei weitere Pastoren, nämlich Otto Flohr[243], der bereits 1935 pensioniert wurde, und Wilhelm Brüdern.[244] Brüderns Interesse galt vor allem der wissenschaftlichen Tätigkeit, die er aus der Perspektive einer ausgeprägt liberalen theologischen Einstellung betrieb. 1933 vertrieb der „Verein der Freunde evangelischer Freiheit", in dem Brüdern stark engagiert war, eine von ihm verfaßte Werbeschrift für den „freien Protestantismus".[245] Wie etliche der liberalen Theologen, die die in der Landeskirche domi-

---

239 Heinrich Wiebe (1877–1952), 1914–1949 Pfarrer an der Bethlehemkirche.
240 Beantwortung der Visitationsfragen durch Pastor Wiebe anläßlich der Kirchenvisitation im Jahre 1937, KgmA Bethlehem A 145.
241 Beantwortung der Visitationsfragen durch Pastor Wiebe anläßlich der Kirchenvisitation im Jahre 1931, KgmA Bethlehem A 145
242 Ernst Rohde, Prediger und Seelsorger. Lebensbilder hannoverscher Pastoren, Zweite Folge, Hannover 1962, S. 76–78 sowie LKA: B 7, 816.
243 Otto Flohr (1873–1939), Pastor an der Bethlehemkirche von 1918 bis 1935. Er hatte 1928 einen Schlaganfall erlitten und mußte 1935 aus gesundheitlichen Gründen pensioniert werden. Vgl. dazu das Kirchliche Gemeindeblatt für die evangel.-lutherischen Gemeinden von Linden, Kirchwehren, Lenthe und Seelze, Nr. 9/1939, S. 1 f.
244 Wilhelm Brüdern (1884–1956), seit 1924 Pastor an der Bethlehemkirche, 1933 für kurze Zeit Deutscher Christ, später Mitglied der Bekenntnisgemeinschaft.
245 „Was will der freie Protestantismus?" Ein Vortrag von Pastor W. Brüdern in Hannover, hg. vom Verein der Freunde evangelischer Freiheit, Hannover 1933 (in: LKA, N 18).

nierende „lutherische Orthodoxie" ablehnten, schloß sich auch Brüdern zunächst den Deutschen Christen an, verließ die Glaubensbewegung aber bald wieder.[246]

Offensichtlich hatte sich die Stimmung in der Kirchengemeinde bereits zum Jahresende 1932 so verändert, daß ein Kirchenvorsteher, der später in der Bekenntnisgemeinschaft aktiv wurde, wegen der „unersprießlichen Vorgänge" seine Ämter im Kirchenvorstand und im evangelischen Elternbund niederlegte.[247] Mit den Kirchenwahlen im Juli 1933 wurde in der Gemeinde die unumschränkte Machtergreifung der Deutschen Christen vollzogen. Aus dem alten Gremium wurden nur drei der zwölf Kirchenvorsteher übernommen, von denen zwei den Deutschen Christen beitraten. Die Pastoren berichteten 1946 übereinstimmend, der Kirchenvorstand sei 1933 „unter dem Druck von uniformierten SA-Männern" überwiegend aus Parteimitgliedern zusammengesetzt worden.[248] Neun der zwölf Laien im neuen Kirchenvorstand gehörten den Deutschen Christen an. Die soziale Zusammensetzung entsprach in keiner Weise dem Durchschnitt des Stadtviertels, möglicherweise aber annähernd dem Profil der aktiven Gemeindeglieder. Es wurden drei kaufmännische Angestellte, zwei Justizbeamte, drei Lehrer, ein Handwerksmeister und nur drei Arbeiter bzw. Facharbeiter in den neuen Kirchenvorstand entsandt.[249] Im Hinblick auf die Wahlen zum Landeskirchentag erhielt Pastor Wiebe vom Bezirksleiter der Deutschen Christen, Pfarrer Fahlbusch von der benachbarten Martinskirche, konkrete Anweisungen, wen die Kirchenvorsteher zu wählen hätten. Durch die von der DC-Führung durchgesetzte Verpflichtung der Kirchenvorsteher auf eine unverändert zu wählende Kandidatenliste vereinigte der DC-Wahlvorschlag im hannoverschen Wahlkreis II 91,5 % der Stimmen auf sich, während ein Abänderungsvorschlag zweier bekenntnisorientierter Pastoren aus Badenstedt und Ricklingen nur knapp 5 % der abgegebenen Stimmen erhielt. Eine unmittelbare Wahl der Delegierten zum Landeskirchentag durch die Kirchenmitglieder war damit laut Kirchenordnung überflüssig geworden. Im Gefolge der Gemeindewahlen konnte sich die Glaubensbewegung auf diese Weise auch breite Mehrheiten im Landeskirchentag und in den Kreiskirchenvorständen sichern.[250]

Wie in vielen Kirchengemeinden, so herrschte auch in der Bethlehemkirche nach der Machtergreifung eine optimistische Aufbruchstimmung. Die NSDAP-Ortsgruppe[251] begegnete der Kirche anfangs sehr entgegenkommend. Wiederholt er-

---

246 Fragebogen zur Geschichte der Landeskirche..., Bethlehemgemeinde, LKA. S 1 H III 214.
247 Kirchenvorsteher F. an Wiebe, 18. 12. 1932, KgmA Bethlehem A 1311.
248 Der Fragebogen zur Geschichte der Landeskirche..., Bethlehemkirche (LKA: S 1 H III 214) wurde von Pastor Wiebe ausgefüllt. Seine Angaben stimmen in dieser Hinsicht mit den von Brüdern verfaßten Notizen zum Fragebogen überein (LKA: S 1 H III 1201).
249 KgmA Bethlehem A 1311. Im Kirchenvorstand wurden die Verhältnisse im Juli bzw. September 1934 noch weitergehend im Sinne der Deutschen Christen geregelt, als ein Lehrer wegen seiner „restlosen Beanspruchung im SA-Dienste" das Gremium verließ und ein Arbeiter ausschied, da er durch seinen Nachtdienst den Aufgaben des Kirchenvorsteheramtes nicht nachkommen könne (Kirchenvorsteher B. am 2. 7. 1934 an Wiebe sowie M. an Kirchenvorsteher G., 24. 9. 1934, KgmA Bethlehem A 131).
250 KgmA Bethlehem A 1520.
251 Es handelte sich um die NSDAP-Ortsgruppe „Limmer", die nicht nur für den benachbarten Stadtteil Limmer, sondern auch für Linden-Nord (und damit den Pfarrbezirk der Bethlehemkir-

schienen Abteilungen der SA und der Hitlerjugend zum vorher angemeldeten Kirchgang.[252] In den Jahren 1933/34 füllten sich die Gottesdienste, wurden kirchliche Amtshandlungen wie Taufe, Konfirmation und Trauung wieder verstärkt nachgefragt. Die im Kirchengemeindearchiv überlieferten Zahlen belegen zudem, daß von 1933 bis 1935 die Zahl der Kircheneintritte die der Austritte übertraf.[253] In diesen Jahren verfügten die Deutschen Christen über eine stabile und umfangreiche Machtbasis in der Gemeinde. Die aus ca. 80 bis 120 Mitgliedern bestehende Ortsgruppe der Glaubensbewegung hielt ihre Treffen regelmäßig im Gemeindesaal ab, während dies der Bekenntnisrichtung durch den Kirchenvorstand verweigert wurde. So verwundert es nicht, daß Reichsbischof Müller 1935 gerade in der von Wiebe[254] unumschränkt kontrollierten Gemeinde einen Gottesdienst hielt. Die Bethlehemkirche zählte zweifellos zu den Zentren der DC-Bewegung in Hannover.[255]

Auch nachdem Bischof Marahrens im November 1934 die Führung im Landeskirchenamt wieder übernommen und die deutsch-christlichen Amtsträger entlassen hatte, sorgte NSDAP-Ortsgruppenleiter Fröhlich dafür, daß die deutsch-christlichen Kirchenvorsteher der Bethlehemkirche bei der Stange blieben. Durch einen Rundbrief verlangte er eine Erklärung darüber, ob die einzelnen Kirchenvorsteher weiterhin auf dem Boden der Deutschen Christen stünden oder nicht. Nur ein Kirchenvorsteher teilte daraufhin mit, daß er sein Mandat niedergelegt habe und sich damit die Beantwortung dieser Frage wohl erübrigen würde. Ein weiterer antwortete immerhin verunsichert: „Ich bekenne mich zu den deutschen Christen, fühle mich aber außer stande, im jetzigen Kirchenstreit das Recht vom Unrecht, das Richtige vom Verkehrten zu unterscheiden, und halte es darum auch für nicht angebracht, in solcher Zeit einen einmal gefaßten Standpunkt zu verlassen."[256] Alle anderen Kirchenvorsteher erklärten ihre rückhaltlose Zustimmung zur deutsch-christlichen Kirchenpolitik. Das Kräfteverhältnis im Kirchenvorstand hatte sich durch die nachgerückten Laienvertreter nunmehr auf 11:1 für die Deutschen Christen verändert. Allein Pastor Brüdern, der sich von der Glaubensbewegung bereits nach einigen Monaten wieder getrennt hatte, stand der unumschränkten Machtausübung der Deutschen Christen noch im Wege.

---

che) zuständig war. Sie wurde nach der Strukturreform der NSDAP (1936/37) aufgeteilt in die vier neuen Ortsgruppen „Fösse", „Küchengarten", „Pfarrlandplatz" und „Limmer" (NHStA Hannover: Hann. 310 A 69 II).

252 Fragebogen zu Geschichte der Landeskirche…, Bethlehemkirche, sowie Notizen Brüderns zum Fragebogen, LKA: S 1 H III 214, 214a und 1201.

253 Nachdem in der zweiten Hälfte der zwanziger Jahre die Zahl der Austritte rund acht- bis zehnmal so hoch gelegen hatte wie die jährlich etwa 30 bis 50 Kircheneintritte, übertrafen die 1933 zu verzeichnenden fast 300 Eintritte die nur noch rund 70 Austritte bei weitem. Bereits 1935 näherten sich aber beide Kurven wieder an und schon 1937 gab es erneut wesentlich mehr Austritte (rund 150) als Eintritte (etwa 40).

254 Vom DC-Bezirksleiter, seinem Amtskollegen Fahlbusch von der benachbarten Martinskirche, wurde Wiebe auch zum Obmann der Glaubensbewegung für den Lindener Kirchenkreis ernannt (Fahlbusch an Wiebe, 1. 11. 1934, KgmA Bethlehem A 161).

255 Brüdern an Bosse, 23. 4. 1936, LKA: S 1 H III 214a.

256 Kirchenvorsteher K. an DC-Gemeindeobmann und NSDAP-Ortsgruppenleiter Fröhlich, 29. 11. 1934, KgmA Bethlehem A 161.

Das in der Folgezeit gegen den renitenten Pastor in Szene gesetzte Kesseltreiben begann mit einer Denunziation durch den NSDAP-Ortsgruppenleiter, der zugleich Mitglied des Kirchenvorstandes der Bethlehemgemeinde und Gemeindeobmann der Deutschen Christen war. Er hatte Brüdern, mit der Bitte um „Nachprüfung", bei der NSDAP-Kreisleitung denunziert, weil dieser seine Zigarren in einem jüdischen Geschäft kaufe und des öfteren den Gruß „Heil Hitler" mit absichtlich betontem „Guten Abend" erwidert habe. Zudem habe Brüdern eingeräumt, daß er Freimaurer sei.[257] Offensichtlich schaltete die NSDAP-Kreisleitung, zu deren routinemäßigen Aufgaben die Koordination der politischen Überwachung an der gesellschaftlichen Basis und die Erteilung von „politischen Beurteilungen" über einzelne Bürger zählte, daraufhin das Landeskirchenamt ein. Jedenfalls wurde Brüdern am 22. November 1934, also nach (!) der Vertreibung der Deutschen Christen aus der Kirchenleitung, durch Oberlandeskirchenrat Stalmann wegen seines Verhaltens zurechtgewiesen. Die Kirchenbehörde äußerte die Erwartung, daß Brüdern in Zukunft, wie es dienstlich vorgeschrieben sei, den Hitlergruß erweise und sich auch jeder Kritik dieses Grußes enthalte. Weiter hieß es in der von Stalmann erteilten Anweisung: „Auch wenn es kein bindendes Verbot für Geistliche gibt, in jüdischen Geschäften einzukaufen, darf doch erwartet werden, daß Geistliche, zumal heute, ihre Einkäufe in Geschäften tätigen, deren Inhaber Christen sind. Ich darf erwarten, daß Sie auch in diesem Punkte Anlaß zu Beschwerden nicht geben werden."[258]

Im März 1935 sah sich Brüdern einem weiteren massiven persönlichen Angriff, diesmal durch neun deutsch-christliche Kirchenvorsteher, ausgesetzt. Diese warfen ihm in einem Brief vor, sich mit seiner kirchenpolitischen Einstellung „stets in schärfste Opposition gegen den übrigen Kirchenvorstand" zu stellen. Sein Vorgehen in den Sitzungen sei herausfordernd und widerspreche der Ansicht der Gemeinde. Ein „gesundes Zusammenarbeiten" sei daher nicht gegeben. Man verlange, daß Brüdern sich anpassen oder das Feld räumen sollte:

„Sollten Sie auf Grund Ihrer Einstellung und Ihrer Zugehörigkeit zur Bekenntnisfront sich diesem Verlangen nicht fügen, geben wir Ihnen anheim, sich um eine Pfarrstelle, die Ihre Ansichten teilt (sic!), zu bemühen. Als deutsche Christen und Nationalsozialisten stehen wir auf dem Standpunkt, daß Sie bei Ihrer Einstellung für uns nicht der geeignete Mann sind, dem wir unsere Jugend anvertrauen können, zumal wir der berechtigten Annahme sind, daß sie das große Ziel unseres Führers betr. die Jugenderziehung aus dem Auge verloren haben. Unsere Annahme gründet sich darin, daß Sie, wie Sie des öfteren uns zuverstehengegeben (sic!) haben, die Einigungsbestrebungen zu einer deutschen Reichskirche in dem vom Führer gewollten Sinne, die dieser durch die Einsetzung des Reichsbischofs Müller, zum Ausdruck gebracht hat, feindlich gegenüber stehen."[259]

---

257 Ortsgruppenleiter Fröhlich an die NSDAP-Kreisleitung Hannover-Stadt, 18. 10. 1934, LKA S 1 H III 214a.
258 Der Präsident des Landeskirchenamtes (im Auftrag: Stalmann) an Brüdern, 22. 11. 1934, LKA: S 1 H III 214a.
259 Neun Kirchenvorsteher der Bethlehemkirche an Pastor Brüdern, 14. 3. 1935, LKA. S 1 H III 214a. Die fehlerhafte Orthographie und Zeichensetzung so im Original.

Der angegriffene Pfarrer sandte seinem Amtskollegen Wiebe eine Abschrift des Briefes und verlangte von diesem ein Einschreiten gegen die Kirchenvorsteher. „Sie werden mit mir die Tatsache, den Inhalt und die Form des Briefes als Ungehörigkeiten empfinden. Da ich in dem Briefe persönlich angegriffen bin, möchte ich mich lieber zurückhalten und nicht selbst dagegen vorgehen."[260] Er erwarte aber, daß Wiebe als Kirchenvorstandsvorsitzender die Kirchenvorsteher rüge.[261] Bald darauf wandte sich Brüdern, entgegen seiner ursprünglich erklärten Absicht, mit einer Erklärung an die Gemeinde, in der er über den Sachverhalt informierte, dabei auch eigene Schwächen einräumte, aber vor allem den Briefschreibern vorwarf, daß sie seine Arbeit in der Kirche gar nicht beurteilen könnten, da sie nur sehr selten am Gottesdienst teilnähmen. „Die wirklichen Kirchgänger wissen, daß ich, soviel an mir liegt, den Kirchenstreit nicht in unsere Gemeinde trage, sondern mich bemühe, mit Gottes Hilfe nur das Evangelium der mir befohlenen Gemeinde nahezubringen, soweit meine unzureichende Kraft dazu von Gott in Dienst genommen wird." Durch falsche Gerüchte gegen den Landesbischof und Versäumnis der übernommenen Kirchenpflichten werde vielmehr von anderer Seite Unruhe in die Gemeinde getragen.[262] Zumindest aus der Rückschau nach dem Kriegsende bestätigte auch Pastor Wiebe die Kritik Brüderns. Der Kirchenvorstand habe sich im Laufe der Zeit als „untragbar" erwiesen. Parteipolitische Gesichtspunkte seien den kirchlichen übergeordnet worden.[263]

Als nach der Pensionierung von Pastor Flohr im Herbst 1935 die zweite Pfarrstelle vakant wurde, stand Brüdern als einem der beiden dienstältesten Pfarrer der Gemeinde nach traditionellem Usus die Übernahme der nun freigewordenen Pfarrwohnung zu. Dies wurde ihm vom Kirchenvorstand mit fadenscheinigen Begründungen verwehrt. So wurde behauptet, Familie Brüdern habe ihre bisherige Wohnung „verwohnt" und halte ihren privaten Haushalt nicht in Ordnung. Einzelne Kirchenvorsteher hatten offensichtlich versucht, durch Aushorchen von Nachbarn verwertbares Material für ihre Angriffe gegen Pastor Brüdern zu sammeln. Dieser sah sich und seine Frau in der Ehre gekränkt und ließ noch am selben Abend seine Wohnung durch Pastorenkollegen inspizieren. Die vorgebrachten Vorwürfe erwiesen sich dabei als gegenstandslos. Der einzige zur Bekenntnisgemeinschaft zählende Laie im Kirchenvorstand brachte den Mut auf, sich offen gegen seine Kollegen zu stellen und die ganze Angelegenheit zutreffend als „persönliche Spitze gegen Pastor Brüdern" und „reine Gehässigkeit" zu bezeichnen. Brüdern sah die Ursachen des Konfliktes so: „Ich bin mir nicht bewußt, den Kirchenvorstehern irgend einen

---
260 Brüdern an Wiebe, 2. 4. 1935, LKA: S 1 H III 214a.
261 Wie der deutsch-christliche Pfarrer sich in diesem Konflikt verhalten hat, geht aus den überlieferten Akten nicht hervor.
262 Erklärung Brüderns an die Gemeinde, undatiert, LKA: S 1 H III 214a.
263 Hierzu die übereinstimmenden Angaben im Fragebogen zur Geschichte der Landeskirche..., Bethlehemkirche (ausgefüllt von Wiebe), und in den Notizen Brüderns, die offensichtlich vorab als Stellungnahme zu den in diesem Fragebogen angesprochenen Themen abgefaßt wurden (LKA: S 1 H III 1201). Natürlich kann es sich bei Wiebes Formulierung 1946 auch um eine taktische Äußerung angesichts der veränderten Machtverhältnisse handeln. Immerhin gibt es keine Hinweise, daß er 1935 für seinen angegriffenen Amtskollegen Partei ergriffen hätte, ebensowenig allerdings auch Indizien, daß er selbst gegen Brüdern Front gemacht hätte.

anderen Anlaß dazu gegeben zu haben, als meinen Widerstand gegen mehrfachen Versuch, mich für die deutschen Christen zu gewinnen, und meinen entsprechenden Abstimmungen bei solchen Anträgen, in welche kirchenpolitische Gesichtspunkte hineinspielen oder hineingetragen wurden."[264]

*Wilhelm Brüdern, 1930*

Brüderns Lage war schwierig. Zwar hatte Bischof Marahrens die Deutschen Christen aus der Führung der Landeskirche vertrieben, aber in der Bethlehemgemeinde und im Kirchenkreisvorstand bestand die deutsch-christliche Machtposition unverändert weiter. In einem Brief an den Landesbischof analysierte Brüdern die möglichen Reaktionen auf die Angriffe. Er könne die Sache auf sich beruhen lassen, müsse sich dann aber sicherlich auf weitere Anfeindungen gefaßt machen. Er könne sich eine andere Pfarrstelle suchen, müsse aber befürchten, daß dort dann ebenfalls von vornherein eine feindliche Einstellung gegen ihn eingenommen würde. Zudem wären dann in der Bethlehemkirche zwei Pfarrstellen durch Gemeindewahl neu zu besetzen und der Kirchenvorstand würde mit Sicherheit nur entschiedene Deutsche Christen zur Auswahl stellen. Der Teil der Gemeinde aber, der aus Brüderns Sicht wirklich am kirchlichen Leben teilnehme, wolle keine deutsch-christlichen Pfarrer. Daher stehe der Gemeinde bei dieser Varaiante ein noch schlimmerer Kampf ins Haus. Die dritte Möglichkeit sei, ein Verfahren einzuleiten, um die unkirchlichen Kirchenvorsteher aus ihren Ämtern entfernen zu lassen.[265]

Brüdern entschloß sich, das Feld nicht kampflos zu räumen. In der Auseinandersetzung mit dem deutsch-christlich dominierten Kirchenvorstand konnte er sich zumin-

---

264 Schilderung der Vorkommnisse durch Pastor Brüdern, 13. 12. 1935, LKA: S 1 H III 214a.
265 Brüdern an Marahrens, 14. 1. 1936, LKA: S 1 H III 214a.

dest auf Teile seiner Gemeinde stützen. So hatte beim Gemeindefest des Jahres 1935 eine als Gemeindeschwester tätige Diakonisse aus dem Henriettenstift eine Rede Wiebes, der im deutsch-christlichen Sinne über die kirchliche Lage sprach, durch einen Umzug mit singenden Kindern bewußt empfindlich gestört.[266] Zudem stand die größte Gruppe der Gemeinde auf Brüderns Seite. Nach dem Ausscheiden Pastor Flohrs hatte der Vorstand der Frauenhilfe gebeten, Brüdern mit der geistlichen Leitung der Frauenarbeit zu betrauen. Der Kirchenvorstand lehnte dies ab und übertrug stattdessen Wiebe diese Aufgabe, damit die in der Kirche engagierten Frauen in seinem Sinne über das Anliegen der Deutschen Christen aufgeklärt würden. Brüdern legte gegen diese Entscheidung Beschwerde beim Landeskirchenamt ein, da es sich um eine „herausfordernde Unfreundlichkeit" gegenüber dem kirchlich lebendigsten Teil der Gemeinde handele.[267] Ende Juni 1936 verschoben sich die Gewichte zugunsten von Brüdern, als der Leiter des Männerwerkes öffentlich seinen Austritt aus der Glaubensbewegung erklärte und gleichzeitig ankündigte, sich künftig für das „Verständigungswerk innerhalb unserer Gemeinde" einsetzen zu wollen.[268] Zwar erfolgte auf der Versammlung des Männerwerkes gleichzeitig eine einstimmige Vertrauenskundgebung für Pastor Wiebe, aber die Deutschen Christen hatten damit eine ihrer traditionellen Bastionen in der Gemeinde verloren.

Der Angriff auf die Machtposition der Deutschen Christen erfolgte im Jahr 1936 koordiniert von zwei Seiten. Brüdern sicherte sich zum einen die Unterstützung durch die Leitung der Bekenntnisgemeinschaft[269], informierte zum anderen aber auch den Landesbischof und das Landeskirchenamt über die Verhältnisse in der Gemeinde und bat die Kirchenregierung um Eingreifen.[270] Differenziert listete er vier Beschwerdepunkte auf: Erstens werde der Klingelbeuteldienst vernachlässigt und der Gottesdienst überhaupt nur selten von den Kirchenvorstehern besucht. Insbesondere sieben der zwölf Kirchenvorsteher zeigten ein „Übermaß von Unkirchlichkeit", das sich eine christliche Gemeinde nicht gefallen lassen könne. Zweitens geschehe die Beratung und Beschlußfassung im Kirchenvorstand nicht nach kirchlichen, sondern oft allein nach kirchenpolitischen Gesichtspunkten. Elf der zwölf Kirchenvorsteher sowie Pastor Wiebe[271] seien „mit abgestufter Entschiedenheit, zumeist aber nahezu fanatisch Deutsche Christen". Drittens lehne der kirchentreue Teil der Gemeinde die Kirchenvorsteher wegen ihrer Amtsführung und

---

266 Wiebe an Pastor Otto Meyer (Henriettenstift), 11. 8. 1936, KgmA Bethlehem A 2361. Im Sommer 1936 beschwerte sich Wiebe beim Vorsteher des Henriettenstiftes darüber, daß dieselbe Schwester in der Gemeinde gegen ihn „wühle" (Wiebe an Otto Meyer, 13. 7. 1936, ebenda).
267 Brüdern in zwei Schreiben an das Landeskirchenamt und an den Kreiskirchenvorstand, beide am 2. 10. 1935, LKA: S 1 H III 214a. Wiebes Anwesenheit bei den Versammlungen der Frauenhilfe werde sogar als Störung empfunden (Bericht Brüderns an Bosse, 23. 4. 1936, ebenda).
268 Der Obmann des Männerwerkes an den Leiter der Gemeindegruppe der Bekenntnisgemeinschaft, 30. 6. 1936, KgmA Bethlehem A 161.
269 Brüdern an Bosse, 17. 4. 1936, LKA: S 1 H III 214a.
270 Dazu die Briefwechesel mit Bosse und dem Landeskirchenamt, LKA: S 1 H III 214a.
271 Erst im Juli 1936 wurde ein Disziplinarverfahren gegen Pastor Wiebe angestrengt, über dessen nähere Umstände und seinen Ausgang allerdings nichts bekannt ist (Rechtsanwalt Kleinrath an den Vorsitzenden des Landeskirchengerichtes, 17. 9. 1936, LKA: S 1 H II 471). Einschneidende Folgen hatte es jedenfalls nicht, denn Wiebe blieb bis 1949 im Amt.

persönlichen Haltung ab. Viertens sei schließlich eine Zusammenarbeit zwischen ihm als Pfarrer und dem jetzigen Kirchenvorstand nicht mehr möglich.[272] Als zum Schluß einer konfliktreichen Kirchenvorstandssitzung im März 1936 erneut die Frage aufgeworfen wurde, ob Pastor Brüdern überhaupt in der Gemeinde bleiben könne, zog dieser sich aus dem Kirchenvorstand zurück und blieb den Sitzungen ein halbes Jahr lang fern.

Bereits im Februar hatte der Gemeindeobmann der Bekenntnisgemeinschaft eine von über 50 Gemeindegliedern unterzeichnete Beschwerde gegen sechs der deutsch-christlichen Kirchenvorsteher an den Kreiskirchenvorstand gerichtet. Diese würden beim Gottesdienst „durch Abwesenheit glänzen", den Klingelbeuteldienst nicht versehen und der Obmann der Deutschen Christen habe sogar geäußert, Pastor Wiebe solle die Kollekte doch selber einsammeln. Entscheidungen würden im Kirchenvorstand nur nach kirchenpolitischen Gesichtspunkten getroffen. Erwartungsgemäß verwarf der mehrheitlich deutsch-christlich besetzte Kreiskirchenvorstand diese Beschwerde.[273] Gegen diese Entscheidung intervenierte Brüdern beim Landeskirchenamt, erhielt allerdings zur Antwort, daß die Eingabe keine ausreichende Handhabe gegen einzelne Kirchenvorsteher biete: „Es kann nicht Sache des Landeskirchenamts sein, Beschwerden zu vertreten, die so wenig mit tatsächlichen Ausführungen und Beweisangeboten unterbaut sind, wie die vorliegende."[274]

Diese Auseinandersetzungen an verschiedenen Fronten brachten dennoch die Kampfentschlossenheit der DC-Vertreter ins Wanken. Inzwischen hatte das Landeskirchenamt in dem immer noch anhaltenden Streit um die Pfarrwohnung deutlich gemacht, daß es das Vorgehen des Kirchenvorstandes nicht billige.[275] Mehrere Kirchenvorsteher fragten sich daraufhin entrüstet, weshalb sie überhaupt noch ihr Amt versähen. Das Landeskirchenamt könne ja gleich selbst die Verwaltung der Gemeinde übernehmen.[276] Im März 1936 wurde einer der Kirchenvorsteher, der sich nicht mehr am Gemeindeleben und den Kirchenvorstandssitzungen beteiligt hatte, durch einen Nachrücker ersetzt.[277] Fünf weitere Kirchenvorsteher, darunter der inzwischen als NSDAP-Ortsgruppenleiter abgelöste[278] Gemeindeobmann der Deutschen Christen, legten im Juni und Juli 1936 ihre Ämter nieder, wobei zwei Krankheitsgründe angaben. In ihren Begründungen klang aber auch deutlich die Enttäuschung über die eigene Machtlosigkeit an. So schrieb der Bauunternehmer S., er sei zu der Einsicht gelangt, daß seine Mitarbeit im Kirchenvorstandes „zwecklos" sei. Der Inhaber eines Haushaltsgeschäftes gab an, die „unerquicklichen Ver-

---

272 Brüdern an Bosse, 23. 4. 1936, LKA: S 1 H III 214a.
273 KgmA Bethlehem A 131.
274 Oberlandeskirchenrat Dr. Brüel an Brüdern, 26. 3. 1936, LKA: S 1 H III 214a.
275 Entscheidung des Landeskirchenamtes zugunsten von Brüdern mit Brief vom 23. 5. 1936, LKA: S 1 H III 214a.
276 Bericht Brüderns über die Kirchenvorstandssitzung am 3. 2. 1936, LKA: S 1 H III 214a.
277 KgmA Bethlehem A 131.
278 Auf Fröhlich folgte in der Leitung der noch nicht weiter ausdifferenzierten Ortsgruppe „Limmer" ab Juni 1935 (wohl nur kommissarisch) Bernhard Möller. Im Februar 1936 wurde Heinrich Böttcher zum neuen Ortsgruppenleiter ernannt (NHStA Hannover: Hann. 310 A 69 II, Bl. 5).

hältnisse" des letzten Jahres hätten ihn so bedrückt, daß er weitere Aufregungen nicht mehr ertragen könne. Ein eher gemäßigter DC-Vertreter machte gar den Vorschlag, sowohl die Deutschen Christen als auch die „Bekenntnisfront" sollten sich aus der Arbeit des Kirchenvorstandes heraushalten. „Der Streit führt zu keinem Ziele, und die Bethlehemgemeinde hat schließlich auch ein Anrecht auf Friede und Ruhe." DC-Wortführer Fröhlich wies die Schuld an dem in der Gemeinde aufgetretenen Streit noch einmal Pastor Brüdern zu, der die Gemeindemitglieder gegen den Kirchenvorstand „verhetzt" habe. Mit einem Menschen, der Friede, Glaube und Hoffnung predige, aber in seinem Handeln das Gegenteil praktiziere, könne er sich nicht mehr an einen Tisch setzen.[279] Diese Kapitulation dürfte sich zum einen aus dem inzwischen erheblich gewachsenen Widerstand gegen die deutsch-christliche Vorherrschaft in der Bethlehemgemeinde erklären, zum anderen spielt aber sicher auch eine realistische Einschätzung der zukünftigen Chancen deutsch-christlicher Kirchenpolitik in der Landeskirche eine Rolle. Wer die Lage nüchtern betrachtete, mußte feststellen, daß die NSDAP die Glaubensbewegung, die ursprünglich als verlängerter Arm der Nationalsozialisten im Raum der Kirche gewirkt hatte, in keiner Weise mehr unterstütze. Zudem waren die NS-Funktionäre an anderer Stelle mit wichtigeren und auch prestigeträchtigeren Aufgaben betraut. Die Geschäftsleute im Kirchenvorstand mögen auch finanzielle Einbußen durch den unpopulären Kirchenstreit befürchtet haben. Wie unpopulär inzwischen das Amt des Kirchenvorstehers geworden war, belegt nicht zuletzt auch die Tatasache, daß sich für die fünf ausscheidenden Mandatsträger keine Nachfolger mehr finden ließen. Alle 1933 gewählten Ersatzleute verweigerten die Übernahme des Amtes. Pastor Wiebe appellierte mit nationalsozialistischem Pathos, aber dennoch erfolglos an die alten Kirchenvorsteher, ihre Entscheidung zu überdenken: „Nationalsozialistische Kameradschaft verlangt, daß man zusammen hält bis zuletzt. Es wird Ihnen klar sein, daß Sie mit Ihrem Rücktritt unseren kirchenpolitischen Gegnern den allergrößten Gefallen tun."[280]

Das Jahr 1936 hatte in der Bethlehemgemeinde, gut eineinhalb Jahre nach dem Machtwechsel in der Landeskirche, einen entscheidenden Einbruch für die Deutschen Christen gebracht. Allerdings wurden die Kräfteverhältnisse nicht umgestürzt, sondern eher ausgeglichen. Nach den personellen Veränderungen besaß die Glaubensbewegung unter den gewählten Kirchenvorstehern noch immer eine knappe Mehrheit von fünf zu drei Stimmen, unter Einbeziehung der zwei konträr eingestellten Pastoren und eines als Hilfsgeistlicher tätigen Bekenntnispastors von sechs zu fünf Stimmen. Die Beschlüsse des geschrumpften Kirchenvorstandes wurden von den kirchlichen Aufsichtsbehörden weiterhin als rechtsgültig akzeptiert. Seit Herbst 1936 arbeitete Pastor Brüdern wieder im Kirchenvorstand mit, nachdem alle Seiten Verständigungsbereitschaft signalisiert hatten. Im Dezember 1936 wurde der Gemeindegruppe der Bekenntnisgemeinschaft erstmalig der Gemeinde-

---

279 Die Austrittsschreiben der fünf Kirchenvorsteher an Wiebe in: KgmA Bethlehem A 131.
280 Wiebe an die fünf ausscheidenden Kirchenvorsteher, 26. 7. 1936, KgmA Bethlehem A 131.

saal zur Verfügung gestellt, übrigens mit einer einstimmigen Entscheidung.[281] Bis zum Beginn des Bombenkrieges wurden, in der Regel wohl monatlich, Versammlungen dieser Gemeindegruppe durchgeführt, die von durchschnittlich 150 bis 250 Mitgliedern und Gästen besucht gewesen sein sollen.[282] Regelmäßige Sondergottesdienste wurden in der Bethlehemkirche weder durch die Deutschen Christen noch durch die Bekenntnisgemeinschaft abgehalten. Dies erübrigte sich auch, da die sonntäglichen Gottesdienste von Pastor Wiebe weiterhin ganz eindeutig ein deutsch-christliches Profil trugen[283], die von Pastor Brüdern und des hinzugekommenen Hilfspastors Runge dem Sinn nach Bekenntnisgottesdienste waren.

Vorübergehend intensivierten die Deutschen Christen 1937, im Vorfeld der angekündigten Kirchenwahlen, noch einmal ihre Aktivitäten. Die fünf deutsch-christlichen Laienvertreter im Kirchenvorstand beschweren sich zudem beim Reichskirchenminister darüber, daß in der Bethlehemkirche die von Bischof Marahrens angeordnete Fürbitte für die in Lübeck abgesetzten Geistlichen verlesen worden war. Gleichzeitig baten sie um Unterstützung bei der Freigabe der seit 1935 vakanten dritten Pfarrstelle.[284] Im März 1937 hielt der inzwischen zur Bedeutungslosigkeit verdammte Reichsbischof Müller noch einmal in der gut besetzten Bethlehemkirche einen Vortrag zum Thema „Kirche im Volk". Für diese DC-Veranstaltung war in der örtlichen Presse geworben worden, so daß Anhänger der Glaubensbewegung aus der ganzen Stadt mobilisiert wurden.[285]

Im Mai beantwortete Wiebe eine Bitte der DC-Kreisleitung um Überlassung der Kirche für einen Vortrag abschlägig, da die Kirche für solche Veranstaltungen viel zu klein sei, hierdurch „ein geradezu lebensgefährliches Gedränge" entstehe und folglich der Kirchenvorstand diese Verantwortung nicht tragen könne. Zudem sehe er es als eine unzumutbare Belastung der „über die Stadt Hannover verstreuten Freunde an, wenn für Vorträge der Deutschen Christen ausgerechnet diejenige Kirche in Frage kommen soll, die an der äußersten Peripherie der Stadt liegt."[286] Man muß dies wohl als Schutzbehauptung ansehen, da die Bethlehemkirche durchaus nicht am Stadtrand liegt und zudem verkehrstechnisch mit der Straßenbahn gut zu erreichen war. Offensichtlich wollte Wiebe weiteren Konflikten aus dem Wege gehen und versuchte daher, dieses Problem mit vorgeschobenen Sachargumenten vom Tisch zu bekommen. Konfliktstoff gab es zu dieser Zeit in der Gemeinde ohnehin genug.

---

281 Wiebe an den Gemeindeobmann der Bekenntnisgemeinschaft, 8. 12. 1936, KgmA Bethlehem A 131.
282 Fragebogen zur Geschichte der Landeskirche..., Bethlehemkirche, LKA: S 1 H III 214.
283 Auf die Frage, ob deutsch-christliche Gottesdienste in der Bethlehemkirche gehalten wurden, antwortete Wiebe noch 1946 in aller Offenheit: „Gottesdienste ausschließlich für Deutsche Christen haben nicht stattgefunden. Die ganze Gemeinde konnte daran teilnehmen." (Fragebogen zur Geschichte der Landeskirche..., Bethlehemkirche, LKA: S 1 H III 214).
284 Fünf Kirchenvorsteher an Reichskirchenminister Kerrl, 12. 2. 1937, KgmA Bethlehem 202 II. Das Fürbittgebet wurde am 17. 1. 1937 in der Bethlehemkirche verlesen.
285 Bericht über die Versammlung des Bundes für deutsches Christentum, Landesleitung Hannover, am Donnerstag, den 17. März 1937 in der Bethlehemkirche Hannover-Linden, undatiert, ohne Verfasserangabe, LKA: S 1 H III 214a.
286 Wiebe an die Kreisleitung der Deutschen Christen, 15. 4. 1937, KgmA Bethlehem A 161.

Durch entschiedenes Einschreiten war es Brüdern und Runge gelungen, einen für den 1. Mai 1937 angesetzten DC-Gottesdienst mit Pastor Stöckmann zu verhindern. Taktisch sehr geschickt boten sich die beiden Bekenntnispastoren an, den Gottesdienst selbst zu halten, da ihr Kollege Wiebe angegeben habe, terminlich verhindert zu sein. Die laut Kirchengemeindeordnung notwendige Zustimmung zu einer „außerordentlichen Wortverkündigung durch einen anderen landeskirchlichen Geistlichen" verweigerten sie dagegen.[287] Daraufhin wurde auf einen besonderen Gottesdienst ganz verzichtet und Pastor Brüdern predigte am 2. Mai in einem regulären Sonntagsgottesdienst zum „Tag der nationalen Arbeit". In der Gemeindeöffentlichkeit wurde dieser Konflikt mit offenen Briefen seitens der beiden Bekenntnispfarrer und des neuen Wortführers der Deutschen Christen ausgetragen. Dieser hielt Brüdern vor, er habe schon bei einer DC-Feierstunde zum 1. Mai 1936 versucht, Frauen vom Besuch des Gottesdienstes abzuhalten, indem er sich in die Kirchentür gestellt habe.[288]

Eine Predigt von Hilfpastor Runge bot im Oktober 1937 den nächsten Anlaß zur Auseinandersetzung. Der junge Bekenntnispfarrer hatte ausgeführt, daß man sich in Japan schon in der „nationalen Sicherheit" und „völkischen Entfaltung" bedroht fühle, wenn man die Predigt von Jesus Christus dulde. „Die eigenen höchsten Werte wären dann nicht mehr die höchsten Werte. Darum haßt man das Christentum."[289] Was die Zuhörer zwischen den Zeilen lesen sollten, lag unmittelbar auf der Hand. Insofern war die Beschwerde des Kirchenvorstehers R., der als neuer Wortführer der Deutschen Christen auftrat, nicht aus der Luft gegriffen. Runge wurde daraufhin zwar vom deutsch-christlichen Superintendenten Rademacher vorgeladen, ansonsten verlief die Beschwerde aber im Sande.[290] Im Gegenzug forderten Runge und Brüdern nun die deutsch-christlichen Kirchenvorsteher auf, sich von einer Resolution zu distanzieren, die Pastor Stöckmann im Namen der DC-Kreisgemeinde Hannover, aber ohne Billigung durch deren Führung veröffentlicht hatte.[291] Hierdurch in die Defensive gedrängt, erklärten die angesprochenen Kirchenvorsteher, daß sie eine inhaltliche Stellungnahme ablehnten, da die Resolution gegen den Willen des Kreis- und des Gauleiters der Glaubensbewegung veröffentlicht worden sei.[292]

Ein weiterer Konflikt war unvermeidlich, als Ende 1937 endlich die Wiederbesetzung der seit 1935 vakanten dritten Pfarrstelle in Angriff genommen wurde. Wie befürchtet wollte die Mehrheit des Kirchenvorstandes nur deutsch-christliche Pastoren, die aus den Bastionen der Glaubensbewegung in Sachsen, Thüringen oder Preußen stammten, zur Wahl vorschlagen. Im Landeskirchenamt, wo man die Besetzung der vakanten Stelle lange Zeit hinausgezögert hatte, um so die Besetzung

---

[287] Brüdern an Wiebe, 12. 4. 1937, KgmA Bethlehem A 161.
[288] KgmA Bethlehem A 161.
[289] Konzept der Predigt von Pastor coll. Runge am 24. 10. 1937, KKA Limmer, Specialia Bethlehem 204.
[290] Im Januar 1938 erhielt Runge ohne Probleme eine Pfarrstelle im Kirchenkreis Bleckede und verließ Hannover.
[291] Vgl. dazu Kap. 4.3
[292] KgmA Bethlehem A 161.

durch einen DC-Kandidaten zu verhindern[293], bemühte man sich dagegen, genehme Theologen zur Bewerbung auf die freie Stelle zu veranlassen.[294] Noch immer versuchten aber auch Wiebe und die verbliebenen deutsch-christlichen Kirchenvorsteher, ihre Personalpolitik in der Gemeinde durchzusetzen. Unterstützt wurden sie hierbei vom Leiter der Finanzabteilung, dem Celler Rechtsanwalt Cölle, der beim Reichsministerium für kirchliche Angelegenheiten intervenierte, als das Landeskirchenamt sich weigerte, DC-Geistliche aus anderen Landeskirchen als Wahlvorschläge zu akzeptieren, da mindestens drei Bewerber aus der eigenen Landeskirche zur Verfügung stünden.[295] Schließlich einigte sich der Kirchenvorstand auf drei Bewerber aus der Landeskirche, unter denen sich auch ein DC-Pfarrer befand. In einem Wahlaufruf zugunsten dieses Kandidaten hieß es:

„Was für einen Seelsorger wollen wir haben?

...

EINEN der seine ganze Glaubens- und Liebeskraft dafür einsetzt, daß sich jeder Nationalsozialist in unserer Kirche wohlfühlt und nicht wegen des verhaßten Kirchenstreites um den Buchstaben des Bekenntnisses sich gezwungen sieht, aus unserer Kirche auszutreten.

EINEN der sich wie unser Pastor Wiebe mit ungeteiltem Herzen zum Christentum und Nationalsozialismus bekennt...".[296]

Ohne hierauf einzugehen, gab auch die Gemeindegruppe der Bekenntnisgemeinschaft ein „Merkblatt" heraus, in dem die Einzelheiten des Wahlvorganges erläutert wurden und der zur Wahl stehende Bekenntnispfarrer Klinzing[297] vorgestellt wurde. Dieser erhielt rund zwei Drittel der Stimmen und trat im Sommer 1938 seinen Dienst in der Gemeinde an. Die Deutschen Christen hatten eine weitere Niederlage hinnehmen müssen. Der nun immer offensichtlicher werdende Niedergang der Glaubensbewegung drückte sich auf der Gemeindebene auch darin aus, daß die regelmäßigen DC-Treffen, wohl noch 1937, eingestellt wurden.[298] Der Rücktritt von zwei weiteren deutsch-christlichen Kirchenvorstehern, für den die Betreffenden vor allem ihre Belastungen durch Beruf und Partei angaben, rundete dieses Bild ab. Die Deutschen Christen hatten ihren rund vier Jahre bestehenden Handlungsspielraum zur Machtausübung in der Gemeinde endgültig verspielt.[299]

---

[293] Der Präsident des Landeskirchenamtes, Schnelle, an den Kirchenvorstand der Bethlehemkirche, 8. 1. 1936, KgmA Bethlehem 202 II.
[294] Über einen dieser umworbenen Kandidaten orientierte sich ein deutsch-christlicher Kirchenvorsteher sogar vor Ort in dessen Gemeinde. Dort erfuhr er vom Bürgermeister und dem dortigen Landjäger, daß dieser Pfarrer der „Bekenntnisfront" angehöre, den Landesbischof Marahrens verehre und eine distanzierte Einstellung zum NS-Staat habe (Bericht des Kirchenvorstehers B., undatiert, KgmA Bethlehem 202 II).
[295] Cölle an das das Reichsministerium für kirchliche Angelegenheiten, 26. 11. 1937, EZA: 1/A 4, 277.
[296] Aufruf an die Mitglieder der Bethlehemgemeinde zur Pfarrwahl am 29. 5. 1938, LKA: S 1 H III 214a.
[297] Georg Klinzing (1901–1982), 1938–1957 Pfarrer an der Bethlehemkirche.
[298] Fragebogen zur Geschichte der Landeskirche..., Bethlehemgemeinde, LKA: S 1 H III 214.
[299] KgmA Bethlehem A 131

Obgleich die Deutschen Christen ihre einstige Führungsposition in der Kirchengemeinde eingebüßt hatten, hielt Pastor Wiebe viele Fäden weiter in seiner Hand. Als man 1941 eine Gemeindehelferin anstellen wollte, erkundigte er sich bei einem DC-Kollegen, ob die Bewerberin auch nicht der „Bekenntnisfront" angehöre.[300] Als Organist wirkte an der Bethlehemkirche weiterhin einer der inzwischen ausgeschiedenen deutsch-christlichen Kirchenvorsteher.

Zwar bemängelte auch Wiebe in den Kriegsjahren, daß die starke Inanspruchnahme vieler Gemeindeglieder durch die NSDAP das kirchliche Leben erheblich beeinträchtigte[301]; zu seiner Einstellung bekannte er sich allerdings nach wie vor ganz selbstbewußt und ungebrochen. Seine pfarramtliche Tätigkeit charakterisierte er 1943 so: „Pastor führt sein Amt gemäß Bekenntnis der Kirche unseres Herrn Jesu Christi nach deutsch-christlicher Auffassung."[302] Superintendent Feilcke, der die Gemeinde 1943 visitierte, konnte feststellen, daß das Verhältnis von Wiebe und Brüdern inzwischen „erfreulich gut" sei. Pastor Klinzing, der als entschiedener Bekenntnispfarrer eine stark konträre Position zu Wiebe bezogen hatte, war in diesen Jahren zur Wehrmacht eingezogen. Von inneren Kämpfen in der Gemeinde sei daher zur Zeit keine Rede, konnte Feilcke zufrieden feststellen. Eine „wirkliche Gemeinschaft" der drei „menschlich, theologisch und kirchenpolitisch so sehr verschiedenen Amtsbrüder" könne man allerdings nicht erwarten. Auch hätte sich ein Teil der Gemeinde von Wiebe abgewandt. Der Grund hierfür liege in seiner „starken kirchenpolitischen Einstellung im Sinne der Deutschen Christen, an der er mehr aus Prinzip und persönlicher Festlegung festhält als aus praktischen und theologischen Gründen". Insgesamt aber stehe Wiebe bei der Gemeinde, die er durch seine lange Amtszeit nun zum Teil schon in mehreren Generationen kenne, in gutem Ansehen. Freilich seien die Gemeindeglieder, nicht ohne Wiebes „Mitschuld", durch die kirchenpolitischen Kämpfe und Spannungen „in zwei Gruppen zerspalten". Jeder der Pastoren habe seinen Gemeindeteil, der ihn in Anspruch nehme.[303]

Durch weitere Rücktritte war der Kirchenvorstand während der Kriegszeit immer weiter geschrumpft. 1943 waren nur noch ein bekenntnistreuer und ein gemäßigter deutsch-christlicher Laie im Amt, so daß der gesamte Kirchenvorstand unter Einschluß von Wiebe und Brüdern lediglich aus vier Personen bestand.[304] Die immer wieder diskutierte und auch von der Kirchenbehörde geforderte Ergänzung des Gremiums scheiterte an unterschiedlichen Vorstellungen. Während Wiebe eine Ergänzung nach dem Ergebnis der Kirchenwahlen von 1933 wünschte, lehnte die Bekenntnispartei dies mit der Begründung ab, daß der Kirchenvorstand alle aktiven Kreise der Gemeinde angemessen vertreten müsse. Ihr Gegenvorschlag lautete, das Gremium nach dem Stimmenverhältnis der letzten Pfarrerwahl zu komplettieren:

---

300 Wiebe an Bergholter, 29. 8. 1941, KgmA Bethlehem A 2362.
301 Bericht über den kirchlichen und sittlichen Zustand der Gemeinde, verfaßt von Wiebe anläßlich der Kirchenvisitation im Jahre 1943, KgmA Bethlehem A 145.
302 Wiebes Bericht über die Verwaltung des Pfarramtes anläßlich der Kirchenvisitation 1943, KgmA Bethlehem A 145.
303 Bericht über die Visitation 1943, KKA Limmer, Specialia Bethlehem 145 II.
304 Bericht der Visitation der Kirchengemeinde am 24. 10. 1943, verfaßt von Superintendent Feilcke am 4. 11. 1943, KKA Limmer, Specialia Bethlehem 145 II.

also zwei Drittel Bekenntnisgemeinschaft, ein Drittel Deutsche Christen. Erst Anfang 1944 kam es auf Druck des Landeskirchenamtes zu der längst überfälligen Ergänzung des Kirchenvorstandes. Einvernehmlich hatte man sieben mehrheitlich deutsch-christlich eingestellte Gemeindemitglieder, „nach dem alleinigen Gesichtspunkt, daß es treue Kirchgänger sind", ausgewählt. [305]

Zu entscheidenden personellen Einschnitten in der Gemeinde kam es 1945 in keiner Weise. Pastor Wiebe blieb genauso im Amt wie die erst kurz zuvor neu berufenen deutsch-christlichen Kirchenvorsteher.[306] Das Gemeindeleben, das durch die ständige Belastung der Menschen während des Bombenkrieges und durch den Exodus aus dem zerstörten Hannover nahezu zum Erliegen gekommen war, kam nach Kriegsende langsam wieder in Gang. „Nach der feindlichen Besetzung", wie übrigens die Wiebe und Brüdern gleichlautend die Befreiung vom Faschismus bezeichneten, sei der Kirchenbesuch sowie die Teilnahme am kirchlichen Leben, insbesondere an der Männerarbeit, wieder lebhafter geworden.[307]

### 5.3.6 Exponierte Minderheiten, unbeteiligte Mehrheit des Kirchenvolkes

In der Bethlehemkirche, wo der „Kirchenkampf" mit heftigen Auseinandersetzungen und persönlichen Anfeindungen ausgetragen wurde, erfolgte die Arbeit der kirchenpolitisch konträr eingestellten Pastoren in ähnlicher Weise wie in der Zions- und Martinskirche, nämlich nebeneinander und nicht miteinander. Wie in den anderen hannoverschen Gemeinden auch, beteiligte sich selbst an diesem Brennpunkt des innerkirchlichen Streites nur eine Minderheit der Gemeindeglieder. Bei seinem Auftritt in der Bethlehemkirche stellte der inzwischen kaltgestellte „Reibi"[308] Ludwig Müller 1937 die Behauptung auf, aufgrund zunehmender Entfremdung stünden 80 % des Volkes der Kirche gleichgültig gegenüber und nur 20 % kümmerten sich um den ganzen Kirchenstreit.[309] In der Tat stimmt diese Annahme in gewisser Weise mit den Verhältnissen in der Bethlehemgemeinde überein. Auf dem Höhepunkt der innerkirchlichen Auseinandersetzungen setzten sich beispielsweise die rund 200 Mitglieder der Gemeindegruppe des Männerwerkes – und dies war ein wichtiger Teil der aktiven Kerngemeinde! – kirchenpolitisch wie folgt zusammen: 12 % hielten sich zur Bekenntnisgemeinschaft und 13 % gehörten den Deutschen Christen an,

---

305 KgmA Bethlehem A 1311.
306 Mit nur einer Ausnahme wurden die Anfang 1944 eingesetzten Kirchenvorsteher auch 1946 in ihrem Amt bestätigt. Dies führte zu der skurilen Situation, daß mindestens vier deutsch-christlich orientierte Laien noch in den späten vierziger Jahren dem Kirchenvorstand angehörten (KgmA Bethlehem A 1311).
307 Fragebogen zur Geschichte der Landeskirche…, Bethlehemgemeinde (von Wiebe) sowie Notizen hierzu von Brüdern, LKA: S 1 H III 214 und 1201).
308 Dies der übliche Spitzname für den verhinderten „Reichsbischof".
309 Bericht über die Versammlung des Bundes für deutsches Christentum mit Reichsbischof Müller am 17. 3. 1937 in der Bethlehemkirche, LKA: S 1 H II 414.

aber 75 % verstanden sich als Unbeteiligte.[310] Dabei ist zu berücksichtigen, daß die Deutschen Christen in der Männerarbeit vielerorts relativ stark vertreten waren, während in den anderen Gemeindekreisen, zumindest an der Bethelehemkirche, wohl die Mitglieder und Sympathisanten der Bekenntnisgemeinschaft überwogen. Hervorzuheben ist aber vor allem, daß drei Viertel der sich am kirchlichen Vereinsleben beteiligenden Männer sich eben nicht an eine kirchenpolitische Gruppe binden wollten. Selbst dort, wo es an der gemeindlichen Basis zu scharfen Konflikten kam, war nur eine kleine Minderheit des Kirchenvolkes aktiv daran beteiligt. Neben den Pastoren exponierte sich nur ein kleiner Personenkreis, der Aufgaben in der Gemeindearbeit oder eben in den kirchenpolitischen Gruppen übernommen hatte. Insofern bestätigt sich für Hannover nachdrücklich die Einschätzung van Nordens, daß eine aktive Beteiligung am „Kirchenkampf" im Grunde nur die Angelegenheit einiger weniger war, die Mehrheit des Kirchenvolkes dagegen abseits stand.[311] Wie stark das Interesse an den innerkirchlichen Auseinandersetzungen unter den nicht aktiv beteiligten Gemeindemitgliedern gewesen ist, läßt sich aus den vorhandenen Quellen allerdings nicht erschließen. Man wird aber berücksichtigen müssen, daß überhaupt nur eine kleine Minderheit der Kirchenmitglieder sich aktiv und regelmäßig am Gemeindeleben beteiligte. die Bethlehemkirche besuchten durchschnittlich nur 150 bis 200 Erwachsene sowie 65 Konfirmanden zum sonntäglichen Gottesdienst.[312] Alle kirchlichen Vereine der Gemeinde hatten Anfang der dreißiger Jahre zusammen rund 1300 Mitglieder.[313] Zwar kamen nach 1933 die Deutschen Christen (mit etwa 120 Mitgliedern) und die Ortsgruppe der Bekenntnisgemeinschaft (mit etwa 250 Mitgliedern) hinzu. Diese beiden kirchenpolitischen Fraktionen dürften ihre Mitglieder aber im wesentlichen aus dem Kreis der bereits am Gemeindeleben Beteiligten rekrutiert haben. Der Kreis der aktiven Christen dürfte in den dreißiger Jahren also bei etwa 1 000, höchstens aber 1 300 Personen gelegen haben, was etwa 4 bis 5 % der eingeschriebenen Kirchenmitglieder entspricht. Hiervon waren rund ein Drittel Kinder und Jugendliche, die am Kindergottesdienst, am

---

310 Der Leiter des Männerwerkes in der Bethlehemgemeinde an den Sprecher der Gemeindegruppe der Bekenntnsisgemeinschaft, 30. 6. 1936, KgmA Bethlehem A 161.
311 Günther van Norden geht davon aus, daß ohnehin nur eine Minderheit der getauften Bevölkerung regelmäßig und interessiert am kirchlichen Leben teilnahm und davon wiederum nur eine Minderheit sich an den innerkirchlichen Auseinandersetzungen beteiligte (Günther van Norden, Kirche und Staat im Kirchenkampf, in: ders. (Hg.), Zwischen Bekenntnis und Anpassung. Aufsätze zum Kirchenkampf in rheinischen Gemeinden, in Kirche und Gesellschaft, Köln 1985, S. 98 f.).
312 Die Angaben für die Kinder bleiben an dieser Stelle unberücksichtigt.
313 Bericht über den kirchlichen und sittlichen Zustand der Bethlehemgemeinde anläßlich der Kirchenvisitation im Jahre 1931, KgmA Bethlehem A 145. Im einzelnen zählten der Frauenverein 350, der Männerverein 105, der Elterbund 500, der Kirchenchor 60, der Arbeiterverein 100 Mitglieder. An den Jugendgruppen beteiligten sich 83 Jungen und 50 Mädchen. In den folgenden Jahren nahmen die Mitgliederzahlen von Frauenhilfe und Männerverein zu, der Elternbund, der ja ursprünglich gegründet worden war, um eine christliche Schulpolitik gegen die Einflüsse der Arbeiterbewegung durchzusetzen, verlor aber an Bedeutung. Bei der Gesamtzahl von 1300 Teilnehmerinnen und Teilnehmern (1931) an den kirchlichen Kreisen ist noch in Rechnung zu stellen, daß es eine erhebliche Anzahl an Doppelzählungen und von passiven Mitgliedschaften gegeben haben wird.

Konfirmandenunterricht oder den Jugendgruppen teilnahmen. Unter dem erwachsenen Teil der Kerngemeinde stellten Frauen einen Anteil von rund 70 %.[314] Zählt man die Mitgliederzahlen der Deutschen Christen und der Bekenntisgemeinschaft zusammen, so ergibt sich, daß etwa ein Drittel der am Kirchenleben teilnehmenden Erwachsenen im Kirchenstreit eine aktive Position bezog. Dies entspricht 1 bis höchstens 2 % der eingeschriebenen Kirchenmitglieder.

Im Rahmen eines langjährigen statistischen Vergleiches wird sowohl der im Zusammenhang mit den Zeitumständen kurzfristig wechselnde, tendenziell aber fallende Zuspruch zu kirchlichen Amtshandlungen als auch das kontinuierliche Abnehmen der sonntäglich praktizierten Kirchlichkeit evangelischer Christen im Arbeiterviertel einer Großstadt deutlich.[315] Dabei verweist die Tatsache, daß die Gottesdienste an Festtagen kontinuierlich stark besucht waren[316], wohl darauf, daß die Gruppe der „Gelegenheitschristen" auch in der Bethlehemgemeinde wesentlich größer gewesen sein mag als die aktive Kerngemeinde. Eine gewisse, wenn auch eher lockere Verbundenheit mit der Kirche dürfte sich für die nur gelegentlichen Kirchenbesucher in der Inanspruchnahme konventioneller Amtshandlungen wie der kirchlichen Hochzeit oder der Konfirmation der Kinder niedergeschlagen haben. Genau in diesen Bereichen ist auch für die ersten Jahre der NS-Herrschaft ein verstärkter Zuspruch festzustellen.[317] Dagegen kann die Teilnahme am Abendmahl eher als Indikator angesehen werden, an dem sich Veränderungen der Kerngemeinde ablesen lassen. Hier ist ein längerfristig angelegter kontinuierlicher Rückgang unübersehbar. Hatte die Häufigkeit der registrierten Abendmahlsteilnahme[318] 1913/14 noch um 2750 gele-

---

314 Bericht anläßlich der Visitation 1931, KgmA Bethlehem A 145.
315 Hierzu ist anzumerken, daß durch den Bau weiterer Wohnhäuser im Gemeindebezirk die Seelenzahl von 21 415 (1925) auf 22 393 (März 1930) stieg, die Rahmenbedingungen also insofern günstig waren, als die Gemeinde sich (zumindest theoretisch) vergrößerte. In der zweiten Hälfte der dreißiger Jahre schätzten die Pastoren die Zahl der eingeschriebenen Kirchenmitglieder auf 24 000 bis 25 000. Alle folgenden Berechnungen auf den überlieferten Daten in: KgmA Bethlehem A 112.
316 Bericht anläßlich der Visitation 1931, KgmA Bethlehem A 145.
317 Die Zahl der kirchlichen Trauungen stieg 1933 gegenüber dem Vorjahr ganz erheblich an (von 123 auf 180). 1934 wurden sogar 289 Paare kirchlich getraut, nachdem die Zahl der Hochzeiten in der zweiten Hälfte der zwanziger Jahre nur um 160 bis 180 pro Jahr gependelt hatte. Ob sich hierin eher ein in Teilen der Bevölkerung wiedergewonnener Optimismus oder die Auswirkungen der NS-Ideologie des „positiven Christentums" spiegeln, muß dahingestellt bleiben. Ein ähnliches Bild ergab sich bei den Konfirmationen, die zwischen 1914 und 1929 jährlich etwa 400 bis 500 Mal erteilt worden waren (Minimum: 387, Maximum: 570 Fälle). Ihre Zahl ging zu Beginn der dreißiger Jahre dramatisch zurück (1930: 230; 1931: 1912; 1932: 142; 1933: 165), um danach sprunghaft anzuziehen (1934: 362; 1935: 365) und dann wieder kontinuierlich zu fallen (1936 und 1937 auf jeweils rund 300, 1938 und 1939 jeweils um 240, 1940 noch 208 und schließlich unter 160 inm den Jahren 1942 und 1943). Allerdings war die Zahl der Konfirmanden weniger von kurzfristigen politischen Konjunkturen, sondern vor allem von den demographischen Rahmenbedingungen abhängig. Zum größten Teil resultierte die ausgeprägte Baisse der Jahre 1930 bis 1933 wohl aus der während des Weltkrieges und der Nachkriegskrise weit unterdurchschnittlichen Zahl der Familiengründungen.
318 In den Visitationsberichten wurde für den Berichtsraum die Zahl der Frauen und Männer, die innerhalb eines Jahres (bei allen Abendmahlsgottesdiensten zusammengenommen) das Abendmahl erhalten hatten, aufgeführt. Wer mehrfach das Abendmahl erhielt, wurde dementsprechend auch mehrfach gezählt, so daß die Zahlen nicht auf die Gesamtzahl der Teilnehmer(in-

gen, so erreichte sie in den zwanziger Jahren bei leichten Schwankungen einen Durchschnittswert von 2330.[319] Während der Weltwirtschaftskrise, die nicht nur mit einer neuen Kirchenaustrittswelle, sondern auch mit einer rührigen Gegenpropaganda der Kirche zusammenfiel, konnte die Kerngemeinde offensichtlich sogar gestärkt werden. Hierfür spricht jedenfalls die vorübergehend wieder steigende Teilnahme am Abendmahl (von 1930 nur 1811 auf 2203 im Jahre 1931 und 2457 im Jahre 1932). Die ersten Jahre der NS-Herrschaft, in denen sich die Kirchen durch Abordnung von Braunhemd-Formationen zu bestimmten Anlässen in spektakulärer und für viele Zeitgenossen beeindruckender Weise wieder füllten, brachten dagegen offensichtlich keine substantielle Stärkung der Kerngemeinde. Jedenfalls lag die Abendmahlsteilnahme zwischen 1933 und 1936 durchschnittlich auf genau demselben Wert wie in dem Zeitraum von 1930 bis 1932.[320] In den späten dreißiger Jahren setzte sich dann der anscheinend nur für ein paar Jahre ausgesetzte Rückgang um so drastischer fort. Die Zahl der registrierten Abendmahlsteilnahmen fiel auf 1734 (1937), 1513 (1938) und schließlich nur noch 1090 (1939). Verständlicherweise sank sie in den Kriegsjahren, in denen ein großer Teil der Männer zum Kriegsdienst eingezogen war, noch darunter (1940 und 1941 knapp unter 1000, 1942 bei 800, 1943 bei 700). Der entscheidende Einbruch bei der Teilnahme an Abendmahl und Gottesdienst ist für die hier exemplarisch untersuchte Bethlehemgemeinde somit in die späten dreißiger Jahre zu datieren, und damit einerseits wohl als Ergebnis eines von vielen Kirchenmitgliedern subjektiv als fruchtlos und unnötig erlebten Kirchenstreites, andererseits sicherlich auch als Ergebnis der zunehmenden Kirchenfeindschaft des NS-Regimes zu interpretieren. Insofern wird die von Pastor Brüdern vertretene Ansicht, daß durch den Kirchenkampf der Gottesdienstbesuch der Bekenntnischristen sogar zugenommen habe und erst während des Krieges das kirchliche Leben schwächer geworden sei[321], von der Gemeindestatistik nicht bestätigt.

Der Vergleich der kirchlichen Entwicklung in den drei Lindener Kirchengemeinden, in denen es trotz ähnlicher Ausgangsbasis zu recht unterschiedlichen Ausprägungen der innerkirchlichen Auseinandersetzungen kam, unterstreicht vor allem, wie entscheidend das konkrete Verhalten der Gemeindepastoren im „Kirchenkampf" war. Sie scheinen dem Widerhall der auf Reichs- und Landeskirchenebene ausfochtenen Streitigkeiten in ihrer Gemeinde die entscheidenden Akzente verliehen zu haben. Ob es zu einem in ruhigen Bahnen verlaufenden Nebeneinander unterschiedlicher Überzeugungen oder zu aufgeregten Anfeindungen und regelrechten Machtkämpfen kam, hing in hohem Maße davon ab, ob die Gemeindepfarrer selbst eine prinzipientreue und kampfbereite Haltung oder eine ausgleichende und kalmierende Position einnahmen.

---

nen), sondern nur auf die Häufigkeit der Teilnahme schließen lassen. Auf die geschlechtsspezifische Aufschlüsselung der Daten wurde hier verzichtet. In der Regel lag der Anteil der Frauen an den Abendmahlsteilnehmern bei etwa zwei Drittel.

319 Minimum: 2164 (1925), Maximum: 2444 (1927), die für 1920, 1921 und 1929 bekannten Werte liegen zwischen 2326 und 2380.

320 Der Durchschnittswert lag für die beiden Zeiträume 1930–1932 und 1933–1936 jeweils bei 2157. Die Einzelwerte betrugen für 1933: 2110; 1934: 2158; 1935: 2104 und 1936: 2253.

321 Notizen Brüderns zum Fragebogen zur Geschichte der Landeskirche..., LKA: S 1 H III 1201.

## 5.4 Konsequente Verweigerung gegen deutsch-christliche Machtansprüche: die Kirchengemeinde Kirchrode

### 5.4.1 Zwischen Villa und Erwerbslosensiedlung: eine heterogene Gemeinde am Rande der Stadt

Zum Kirchspiel der Kirchroder St. Jakobikirche zählten drei Kapellengemeinden in Anderten, Bemerode und Wülferode. Die Gemeindeglieder, deren Zahl sich von 1930 bis 1939 auf 12 000 verdoppelte, wurden von nur einem Pfarrer und einem Hilfsgeistlichen betreut. Noch 1929 waren fünf der sechs Kirchenvorsteher Bauern. Während Wülferode rein landwirtschaftlich geprägt blieb, wurde Bemerode mit seinen zwei Rittergütern durch eine im Westen des alten Dorfkerns angelegte Stadtrandsiedlung für 200 zum größten Teil von Erwerbslosigkeit betroffene Familien in seiner Struktur erheblich verändert. Für die Fürsorgearbeit der Gemeinde bedeuteten die mittellosen, aus der Innenstadt Hannovers in vorstädtische Siedlungshäuser umgesetzten neuen Gemeindeglieder eine bedeutende Belastung und Herausforderung.[322] In Anderten stellte neben der traditionellen landwirtschaftlichen Struktur die Arbeiterschaft der nahen Zementfabriken einen wichtigen Faktor dar. In diesem Teil der Gemeinde fand die kirchenfeindliche Werbearbeit der Freidenkerorganisationen besonderen Anklang.[323]

In deutlichem Kontrast zu diesen eher bodenständigen Teilen der Gemeinde hatte der 1907 nach Hannover eingemeindete Stadtteil Kirchrode durch Ansiedlung vieler wohlhabender Bürger teilweise den Charakter eines Villenvorortes angenommen. Damit unterschied sich der Kernbereich der Jakobigemeinde also ganz wesentlich von den sozialen Rahmenbedingungen der zuvor behandelten Fallbeispiele Herrenhausen, Linden und Nordstadt. Ein wesentlicher Teil der in Kirchrode wohnenden Arbeiter und Angestellten war bei der Straßenbahnzentrale beschäftigt, dem wichtigsten Arbeitgeber in diesem Stadtrandbezirk. Von besonderer Bedeutung für die kirchlichen Verhältnisse waren zwischen Kirchrode und Kleefeld gelegenen diakonischen Anstalten des Stephansstiftes und des Annastiftes. Im Hinblick auf das politische Wahlverhalten war für Kirchrode ein überdurchschnittlicher Zuspruch zur Welfenpartei und zum Christlich-sozialen Volksdienst zu verzeichnen, also zu denjenigen rechtsbürgerlichen Parteien, die sich in besonderem Maße mit dem hannoverschen Protestantismus verbunden fühlten.

### 5.4.2 Die mißglückte Gleichschaltung

Pastor Gerhard Dittrich[324] übernahm 1929 als 42jähriger das Pfarramt der Jakobigemeinde. Nach seiner Zeit als Hilfsgeistlicher hatte er zwölf Jahre eine ländliche

---

[322] Gerhard Dittrich, Chronik der ev.-luth. Kirchengemeinde der Jakobikirche in Hannover-Kirchrode 1929–1958, S. 11.
[323] Dittrich, Chronik, S. 8.
[324] Gerhard Dittrich (1887–1973), 1929–1958 Pfarrer an der Jakobikirche in Kirchrode.

Pfarrstelle in der Lüneburger Heide versehen, bevor er 1925 als Pastor am Stephansstift in Hannover tätig wurde. Hier sah er sich mit der durch die Massenarbeitslosigkeit verursachten sozialen Not und harten Auseinandersetzungen mit den Freidenkerorganisationen konfrontiert. Die Machtübertragung an Hitler und das Werben der Nationalsozialisten um die evangelische Kirche brachten vorübergehend auch in Kirchrode einen Aufschwung des Gemeindelebens. „Die SA und die politischen Jugendgruppen wurden zum Kirchgang kommandiert. Es gab Sonntage, an denen die Kirche fast voll war von SA- und HJ-Uniformen."[325] Gleichzeitig versuchte die NSDAP, eine Ortsgruppe der Deutschen Christen zu installieren. In ihrer Gründungsversammlung wurde Dittrich heftig angegriffen. Seine „weichliche Predigtart" sei untragbar. Dittrich berichtet, er habe daraufhin nach der Erklärung, daß eine Kritik an seinen Predigten nur denen zustünde, die regelmäßig die Kirche besuchten, das Versammlungslokal verlassen. Ein großer Teil der Zuhörerschaft sei ihm gefolgt.[326] Persönlich betroffen zeigte sich Dittrich durch das Eintreten seines Jugendfreundes Jacobshagen für die Glaubensbewegung. Ohne eine Absprache mit ihm als Gemeindepfarrer gesucht zu haben, bemühte sich der inzwischen zum NSDAP-Bürgervorsteher avancierte Jacobshagen durch eine Reihe von Frauenversammlungen in Kleefeld eine NS-Frauenschaft aufzubauen.[327]

Obwohl im Sommer 1933 auch in Kirchrode die nationale Begeisterung hohe Wellen schlug, konnte Dittrich die Erfahrung machen, „daß in einer für mich sehr schwierigen Lage ein großer Teil der Gemeinde hinter mir stand."[328] Durch die von Hitler angeordnete Neuwahl der Kirchenvorstände sollte auch in seiner Kirchengemeinde die Gleichschaltung vollzogen werden: „Der Ortsgruppenleiter kam zu mir, um mit mir zu verhandeln über die für die Kirchenvorsteherwahl aufzustellende Liste. Er wollte eine Einheitsliste aufstellen. Wäre ich nicht darauf eingegangen und hätte eine eigene Liste von nur wirklich kirchlich gesinnten Männern aufgestellt, dann hätte er seine Liste dagegengestellt, und bei dem Wahlterror, der schon damals herrschte, bei dem alle, einerlei, ob sie im kirchlichen Leben standen oder nicht, an die Wahlurne geholt wurden, war kein Zweifel, was für einen Kirchenvorstand die Gemeinde dann bekommen hätte."[329] Durch sein Verhandlungsgeschick konnte der engagierte Gemeindepastor auch Personen in den Kirchenvorstand lancieren, die von der NSDAP akzeptiert wurden, von deren kirchlicher Verbundenheit er aber ebenfalls überzeugt war.[330] Aus dem alten Kirchenvorstand wurde nur ein Landwirt aus Anderten übernommen, der der NSDAP angehörte. Als Vertreter Bemerodes und Wülferodes wurden je ein Hofbesitzer entsandt, einer Deutscher

---

325 Dittrich, Chronik, S. 12.
326 Dittrich an Marahrens, 2. 10. 1933, LKA: L 2, 1a, Bd. I.
327 Dittrich an Marahrens, 2. 10. 1933, sowie Marahrens an Dittrich, 3. 10. 1933, LKA: L 2, 1a, Bd. 1.
328 Dittrich an Generalsuperintendent Stalmann, 28. 6. 1933, LKA: S 1 H III 212.
329 Dittrich, Chronik, S. 13.
330 Dittrich hat es in seiner rückblickenden Betrachtung als glücklichen Umstand bezeichnet, daß 1933 zunächst auch kirchentreue Gemeindeglieder zur Glaubensbewegung und zur NSDAP gestoßen waren, da diese vom Ortsgruppenleiter akzeptiert wurden, gleichzeitig aber kirchlich eingestellt blieben.

Christ, der andere Mitglied des Stahlhelmes. Als profiliertester Vertreter der NSDAP kam der Ortsgruppenleiter von Anderten, ein Schmiedemeister, in das Gremium. Ein Stadtinspektor, ein Fabrikdirektor und ein Studienrat (zwei Parteigenossen, der dritte Deutscher Christ) wurden als Vertreter Kirchrodes bestimmt. Somit ergab sich unter den „gewählten" Kirchenvorstehern eine Mehrheit für die Vertreter der Deutschen Christen bzw. die Mitglieder der NSDAP. Mit Geschick war es Dittrich gelungen, den Gauführer der NS-Kriegsopferversorgung, Rosenland, aus dem Kirchenvorstand herauszuhalten. Als dieser dem Pastor vorwarf, er habe sich in sehr abfälliger Weise über ihn geäußert, konterte Dittrich, daß er sich bei der Abneigung, die Rosenland ihm in öffentlichen Äußerungen entgegengebracht habe, eine Zusammenarbeit im Kirchenvorstand tatsächlich nicht vorstellen könne.[331]

*Gerhard Dittrich, 1950*

---

[331] Rosenland an Dittrich, 21. 7. 1933, sowie Dittrich an Rosenland, 24. 7. 1933, KgmA Kirchrode A 131.1.

Bereits im Herbst 1933 bezeichnete Dittrich die Begleitumstände der Kirchenwahlen als einen „beschämenden" Vorgang und eine „schwere Schuld der Kirche". Auf einfache Gemeindeglieder sei Druck ausgeübt worden, Beamte seien durch mehr oder weniger versteckte Drohungen beeinflußt worden: „Das ist der große Unterschied zwischen der nationalen Revolution und der kirchlichen Neuordnung, so sehr oft beide in einem Atem genannt werden, daß die letztere nicht auf legalem Wege wie die erstere zustande gekommen ist."[332] Dittrich engagierte sich von Anfang an in der Landeskirchlichen Sammlung und bemühte sich, die Position des Landesbischofs gegen deutsch-christliche Angriffe zu verteidigen.[333] In der von Bischof Marahrens für den 23. August 1933 einberufenen vertraulichen Lagebesprechung mit führenden Geistlichen der Landeskirche vertrat der Kirchröder Pastor einen klaren Standpunkt: „Nicht nur unseren irredenkenden Amtsbrüdern sind wir einen dringenden Warnruf schuldig, sondern auch unseren Gemeinden ein offenes Wort! Immer wieder werden wir gefragt, warum die Kirche und die Pastorenschaft sich so wenig und so zurückhaltend äußert. Man wartet auf ein offenes, spannungsminderndes Wort."[334]

Trotz der zunächst ungünstigen Machtverteilung im Kirchenvorstand vertrat Dittrich von Beginn an offensiv eine konsequente Bekenntnisposition. In seinem Gottesdienst am Pfingstsonntag 1934 äußerte er sich zur kirchlichen Lage und predigte gegen den Mißbrauch der Kanzel zu politischen Reden. Dabei stellte er Gottes Geist als die einzige Kraft und Gottes Auftrag als den einzigen Inhalt der Kirche dar. Im Anschluß an die Predigt verlas Dittrich die „Kundgebung" des Landesbischofs, in der dieser seine vom Bekenntnisstandpunkt ausgehenden Bedenken gegen die von den DC-Führern erzwungene Eingliederung der hannoverschen Landeskirche in die Reichskirche formulierte.[335] Am Pfingstmontag predigte der Lister Pfarrer Reddersen in der Jakobikirche, und zwar ebenfalls deutlich im Sinne der sich gerade bildenden Bekenntnisgemeinschaft. Dittrich berief für den nächsten Tag eine außerordentliche Kirchenvorstandssitzung ein, die nur einen Tagesordnungspunkt hatte: Annahme eines Vertrauensvotums für den Landesbischof. In der Sitzung begründete er seinen Vorstoß damit, daß das Eingliederungsgesetz verfassungs- und bekenntniswidrig sei, da der Kirchensenat nicht fristgemäß einberufen und der Landesbischof nicht „behindert" gewesen sei, sondern vielmehr aus Gewissensgründen die Unterschrift verweigert habe. Der den Deutschen Christen nahestehende Hilfsgeistliche Helmke stellte daraufhin den Gegenantrag, ein Vertrauensvotum für den Landesbischof abzulehnen und stattdessen dem Kirchensenat das Vertrauen auszusprechen. Dittrichs Antrag wurde von drei Kirchenvorstehern unterstützt, von denen immerhin einer als Deutscher Christ gewählt worden war

---

332 Dittrich an den Vorsitzenden des Pfarrvereins, Lübs, 7. 11. 1933, LKA: L 2, 1a, Bd. I.
333 Dittrich an Laasch, 23. 8. 1933, LKA: S 1 H II 364.
334 Protokollentwurf der vertraulichen Besprechung im Loccumer Hof am 23. 8. 1933, LKA: L 2, 21, Bd. 1.
335 Beschwerde von vier Kirchenvorstehern aus Kirchrode an das Landeskirchenamt, 24. 5. 1934, LKA: S 1 H III 212. In der erwähnten „Kundgebung" bezog sich der Landesbischof auf den vom DC-dominierten Kirchensenat am 15. Mai 1934 gefaßten Eingliederungsbeschluß, dem Marahrens seine Unterschrift verweigert hatte.

und ein anderer der NSDAP angehörte. Dennoch erreichte Helmkes Vorschlag mit den Stimmen der restlichen vier Laien eine knappe Mehrheit. Dittrich verlangte nun, namentlich festzuhalten, wer gegen den Antrag Helmkes gestimmt habe. Als dies abgelehnt wurde, weigerte sich der Bekenntnispfarrer, den Beschluß überhaupt weiterzuleiten. Daraufhin verließen die Marahrens-Gegner die Sitzung und die vier Laienvertreter reichten beim Landeskirchenamt Beschwerde gegen die „aufreizende Wirkung der Pfingstpredigt" und das Verhalten Dittrichs als Kirchenvorstandsvorsitzender ein.[336]

Noch 1934 verließ Hilfspfarrer Helmke die Gemeinde und wurde durch einen anderen Kollaborator ersetzt. Damit verloren die Deutschen Christen ihre knappe Mehrheit im Kirchenvorstand und blieben mit ihren Anträgen fortan regelmäßig in der Minderheit. Später traten zwei Kirchenvorsteher aus der Glaubensbewegung aus.[337] Die beiden profiliertesten NSDAP-Vertreter verließen 1939 den Kirchenvorstand, der Anderter Ortsgruppenleiter wegen „Überlastung" und der in Kirchrode ansässige Fabrikdirektor A., weil für ihn neue und „richtungsweisende Umstände" eingetreten seien. Nach Dittrichs Überzeugung erfolgten beide Rücktritte aber aus politischen Gründen.[338] Bezeichnend ist, daß die kirchenpolitischen Auseinandersetzungen der Jahre 1935 bis 1939 seitens der Gemeindegruppe der Glaubensbewegung nahezu ohne Unterstützung aus dem Kirchenvorstand geführt werden mußten. Die Deutschen Christen waren gezwungen quasi von außen gegen die bekenntnisorientierte Gemeinde vorzugehen. Die mit der Kirchenwahl im Juli 1933 nominell erreichte Gleichschaltung konnte aufgrund der konsequenten Oppositionshaltung des Pfarrers nicht umgesetzt werden und war damit letztlich gescheitert.

### 5.4.3 Verweigerung des Minderheitenrechtes für die Deutschen Christen

Auch nach der Abwehr der deutsch-christlichen Machtansprüche blieb die Situation in der Gemeinde weiterhin gespannt. Gottesdienste wurden bespitzelt und Pastor Dittrich von einem deutsch-christlichen Mitglied des Landeskirchenamtes wegen einer Predigt bei der Gestapo denunziert. Schon die klare Evangeliumsverkündigung sei als Staatsfeindschaft angesehen worden, notiert der Gemeindepfarrer in seiner Chronik.[339] Die Ortsgruppe der Bekenntnisgemeinschaft traf sich monatlich, und zwar gemeinsam mit Kleefelder Gemeindemitgliedern. Bei diesen Versammlungen erstattete Assessor Fratzscher regelmäßig Berichte über die kirchliche Lage.

---

336 Beschwerde vom 24. 5. 1934 sowie Dittrich an das Landeskirchenamt, LKA: S 1 H III 212. Die Kontrahenden des Bekenntnispfarrers mußten sich wohl mit einem Mißerfolg abfinden. Eine Reaktion des Landeskirchenamtes auf die Beschwerde ist nicht bekannt. Möglicherweise akzeptierte man Dittrichs formale Argumentation, die sich auf das verweigerte Recht der namentlichen Nennung der Gegenstimmen bezog.
337 Dittrich spricht von „zwei früheren ‚Deutschen Christen' im Kirchenvorstand" (an Marahrens, 3. 12. 1938, KgmA Kirchrode A 202.2).
338 Dittrich, Chronik, S. 13 sowie Fabrikdirektor A. an Dittrich, 13. 5. 1939, KgmA Kirchrode A 131. Immerhin bestätigte er auch diesen Kirchenvorstehern eine korrekte Amtsführung.
339 Dittrich, Chronik, S. 14.

Auch die zentralen Veranstaltungen der Bekenntnisgemeinschaft wurden von zahlreichen Gemeindemitgliedern besucht.[340] Drei im Landeskirchlichen Archiv erhaltene Listen verzeichnen zusammen über 100 eingeschriebene Mitglieder für die Gemeindegruppe der Bekenntnisgemeinschaft, wobei die Frauen leicht in der Überzahl sind.[341] Rechnet man die Kleefelder Bekenntnischristen hinzu, so zählte die Gemeindegruppe zu den größten in Hannover. Rund ein Viertel ihrer Mitglieder waren allerdings Theologen bzw. Mitarbeiter der zwischen Kirchrode und Kleefeld angesiedelten diakonischen Anstalten.

Die Versuche der radikalen Deutschen Christen, in der Gemeinde wieder Fuß zu fassen, wurden von Dittrich und dem Kirchenvorstand energisch zurückgewiesen. Zu einem Zwischenfall kam es anläßlich des „Heldengedenktages", der am 17. März 1935 mit einer an den Gottesdienst anschließenden Ehrung am Kirchroder Kriegerdenkmal begangen wurde. Dittrichs Kontrahend Rosenland äußerte, vor der Machtübernahme durch Hitler sei „von den Lehrstühlen und Kanzeln der Heldentod unserer Krieger als ein Tod auf dem Felde der Unehre" bezeichnet worden.[342] Sofort verlangte der Gemeindepfarrer für diese „schwerwiegende öffentliche Anklage gegen die Kirche" Belege von Rosenland, auf welchen Kanzeln solch ungeheuerliche Behauptungen aufgestellt worden wären. Um der Ehre der Kirche willen, so teilte er dem deutsch-christlichen Redner mit, sei er gezwungen, die Sache weiterzugeben.[343] Der NS-Funktionär bemühte sich nun, seine durch mehrere übereinstimmende Zeugenaussagen belegten Äußerungen zu relativieren und bestritt, daß er die evangelische Kirche habe treffen wollen. Er lehne es ab, sich mit Dittrich auf dem von ihm „beschrittenen Wege einer unsachlichen Polemik über Kirchenfragen auseinanderzusetzen."[344]

Dittrich beschwerte sich beim Landeskirchenamt auch über einen von Pastor Fahlbusch im Kirchroder Pfarrbezirk gehaltenen Feldgottesdienst zum „Heldengedenktag", über den er als zuständiger Gemeindepastor nicht unterrichtet worden war.[345] Im Juni 1935 beantragte der als Obmann der Deutschen Christen auftretende Fabrikdirektor S. „einmal im Monat einen Pastor in der Kirchroder Kirche predigen zu lassen, der treu zu unserem Führer Adolf Hitler und unserem Reichsbischof Müller steht."[346] Da zunächst keine Antwort erfolgte, wurde der Antrag Ende Juli unter erneutem Bezug auf das in Paragraph 8 der Kirchengemeindeordnung geregelte Minderheitenrecht wiederholt[347]. Kommentarlos teilte Dittrich den Antragstellern mit, daß ihr Ersuchen um „außerordentliche Wortverkündigung" abgelehnt

---

340 Dittrich, Chronik, S. 20 f.
341 KgmA Kirchrode A 161 sowie LKA: S 1 H II 319. Eine erhaltene Teilnehmerliste der am 29. 4. 1937 durchgeführten Versammlung verzeichnet sogar zu über zwei Dritteln Frauen.
342 KgmA Kirchrode A 161.
343 Dittrich an Rosenland, 18. 3. 35, KgmA Kirchrode A 161.
344 Rosenland an Dittrich, undatiert, KgmA Kirchrode A 161.
345 Fahlbusch war offensichtlich erst einen Tag vor dem Gottesdienst von Gerhard Hahn aufgefordert worden, als Ersatzmann einzuspringen. Die versäumte Unterrichtung wäre demnach Hahn anzulasten (LKA, Brüel, an Superintendent Badenhop, 6. 4. 1935, Kgm A Kirchrode A 161).
346 S. an den Kirchenvorstand, 26. 6. 1935, KgmA Kirchrode A 161.
347 S. und Frau O. an den Kirchenvorstand, 31. 7. 1935, KgmA Kirchrode A 161.

sei.[348] Dem zuständigen Superintendenten Badenhop berichtete er, daß der Antrag auf Sondergottesdienste für die Deutschen Christen im Kirchenvorstand mit fünf gegen zwei Stimmen abgelehnt worden sei. Da die Anträge, wie zur gleichen Zeit auch in anderen Gemeinden, durch die Leitung der Deutschen Christen veranlaßt worden seien, um ihren Kampf gegen die Kirchenleitung zu intensivieren, würde ein Stattgeben des Antrages Unfrieden in die Gemeinde getragen haben.[349]

Bei einer Versammlung der Deutschen Christen forderten daraufhin im August 1935 über 100 erwachsene Gemeindemitglieder die Übertragung des Kanzelrechtes für einen Hauptgottesdienst auf den bekannten DC-Pfarrer Gerhard Hahn.[350] Parallel hierzu beantragte die Leiterin des reichskirchlichen Frauendienstes, einer deutsch-christlichen Gegenorganisation zur etablierten evangelischen „Frauenhilfe", die Nutzung des Gemeindesaales für ihre Arbeit.[351] Dittrich bemängelte gegenüber den Antragstellern, daß die Deutschen Christen sich „im schärfsten Kampf gegen die gerodnete und rechtmäßige Leitung unserer ev.-lutherischen Landeskirche" befänden. Die Übertragung des Kanzelrechtes auf einen „Vertreter der Kampfansage" oder die Überlassung von Gemeinderäumen komme für ihn daher nicht in Frage.[352] Paragraph 8 der Kirchengemeindeordnung sei nicht anzuwenden, da die Anhänger der Deutschen Christen in der Stadt Hannover und auch in unmittelbarer Nachbarschaft der Kirchroder Gemeinde deutsch-christliche Prediger hören könnten.[353] Vergeblich beklagte DC-Obmann S., daß er und seine Ortsgruppe keine Lust hätten, sich weiter in „unwürdigen Räumen wie zur Zeit der Christenverfolgungen zu verkriechen."[354] Zudem beschwerte sich der Präsident des Landeskirchenamtes auch noch bei der hannoverschen Gestapo wegen einer angekündigten DC-Feier im Kirchroder „Germania-Garten". In dieser Gastwirtschaft sollte am 17. Dezember eine Adventsfeier mit Pastor Hahn und am Heiligabend eine Christvesper mit einem deutsch-christlichen Pfarrer stattfinden.[355] Zur Ausführung des angekündigten Weihnachtsgottesdienstes im Wirtshaussaal kam es aufgrund eines Verbotes durch die Gestapo jedoch nicht, da kirchliche Veranstaltungen in öffentlichen Räumen untersagt waren.[356] Durch Eingaben an den zuständigen Superintendenten, an das Landeskirchenamt, den Reichskirchenausschuß und den Oberpräsidenten der Provinz Hannover versuchte der rastlose Obmann der Deutschen Christen im Dezember 1935 und Januar 1936 erfolglos, die Überlassung der Kirchroder Kirche für Minderheitengottesdienste zu erzwingen. Das Landeskirchenamt trat in seiner abschließenden Stellungnahme an den Reichskirchenminister den dra-

---

348 Dittrich an S., 12. 8. 1935, KgmA Kirchrode A 161.
349 Dittrich an Badenhop, 10. 8. 1935, LKA: S 1 H III 208.
350 S. an Dittrich, 25. 8. 1935, LKA: S 1 H III 208.
351 Dittrich, Chronik, S. 19.
352 Dittrich an S., 2. 9. 1935, KgmA Kirchrode, A 161.
353 Dittrich an S., 6. 12. 1935, KgmA Kirchrode A 161. Dies traf zu, denn in Kleefeld predigte DC-Pastor Jäger und auf dem Kronsberg war DC-Pastor Müller sowie in Wassel, ca. 8 km von Anderten und Wülferode entfernt, ein anderer deutsch-christlicher Pfarrer tätig.
354 S. an Dittrich, 1. 12. 1935, KgmA Kirchrode, A 161.
355 Landeskirchenamt, Schnelle, an Gestapo Hannover, 18. 12. 1935, LKA: S 1 H III 208.
356 Dittrich an Badenhop, 11. 5. 1936, KgmA Kirchrode sowie Landeskirchenamt an den Reichskirchenminister, 19. 3. 1936, EZA: 1/A 4, 277.

stischen Schilderungen der angeblich „traurigen Lage" in der Kirchengemeinde[357] entgegen und stellte fest, daß der überwiegende Teil der Gemeinde zu Pfarrer Dittrich stehe. Für die Andersdenkenden bestehe durchaus die Möglichkeit, deutschchristliche Gottesdienste in der Nähe zu besuchen. Hintergrund der so vehement vorgetragenen Wünsche auf außerordentliche Wortverkündigung scheine nicht ein gottesdienstliches Bedürfnis zu sein, sondern das Bestreben, „sich von dem geordneten Gemeindeleben abzusondern und eine deutschchristliche Gemeinde sichtbar in Erscheinung treten zu lassen." Die Überlassung der Kirchroder Kirche für DC-Gottesdienste müsse daher endgültig abgelehnt werden.[358]

Nun versuchte die Glaubensbewegung durch Veranstaltungen außerhalb der kirchlichen Räume Präsenz zu zeigen. Dittrich berichtete dem Landessuperintendenten Laasch, daß der Ruhestandsgeistliche Stöckmann an zwei aufeinander folgenden Sonnabenden in Wülferode in „geradezu aufhetzender Weise" gegen den Landesbischof und das Gemeindepfarramt Stellung bezogen habe.[359] Allerdings geht aus einem Augenzeugenbericht hervor, daß die Anfang September 1936 in der Gastwirtschaft Horn in Wülferode abgehaltene Versammlung nur von neun Personen besucht war. Stöckmann, der über den geringen Zuspruch sichtlich verärgert gewesen sei, habe für die Ziele der Thüringer Deutschen Christen geworben und die Bekennende Kirche als „Ansammlung der politischen Reaktion" dargestellt.[360] Im April 1937 beantragte eine Vertreterin der Glaubensbewegung im Namen mehrerer „Kirchengenossen", in der Anderter Kapelle einen deutsch-christlichen Pfarrer in einem Gottesdienst zur Kirchenwahl sprechen zu lassen. Es gehe darum, allen Volksgenossen die Gelegenheit zu geben, sich ein eigenes Urteil zu bilden.[361] Dittrich lehnte auch diesen Antrag wiederum ab. Versammlungen, in denen gegen die Grundlage der Kirche und die landeskirchlichen Ordnungen Stellung bezogen werde, könne er in der Kapelle nicht zulassen.[362]

### 5.4.4 Bestürzung über die Judenverfolgung

Dittrichs konsequente Verweigerungshaltung beschränkte sich nicht nur auf das kirchenpolitische Zurückdrängen der Deutschen Christen. Als im August 1935 von der NSDAP an der Kapelle in Wülferode ein Schild mit der Aufschrift „Juden betreten diesen Ort auf eigene Gefahr" angebracht wurde, protestierte der Gemeindepfarrer sofort dagegen. Nachdem sich der dortige Ortsgruppenleiter geweigert hatte, das Schild von der Kapelle zu entfernen, wandte sich Dittrich telefonisch und schließlich auch schriftlich an NSDAP-Kreisleiter Kopprasch, der einwilligte, das Schild an einen anderen Platz versetzen zu lassen.[363] Der deutsch-christliche Kir-

---

[357] S. an den Reichskirchenausschuß, 28. 1. 1936, EZA: 1/A 4, 277.
[358] Schnelle an den Reichskirchenminister, 19. 3. 1936, EZA: 1/A 4, 277.
[359] Dittrich an Laasch, 7. 9. 1936, KgmA Kirchrode A 204.
[360] Der (bekenntnis-orientierte) Kirchroder Hilfsgeistliche Daur an Laasch, 8. 9. 1936, LKA: S 1 H II 421.
[361] Erna P. an Dittrich, 9. 4. 1937, LKA: S 1 H III 208.
[362] Dittrich an Erna P., 13. 4. 1937, KgmA Kirchrode, A 161.
[363] Dittrich an Kopprasch, 19. 8. 1935, LKA: S 1 H III 212

chenvorsteher P., zugleich Gemeindeschulze in Wülferode, soll Dittrich berichtet haben, „daß fast die ganze Gemeinde sich über einen derartigen Mißbrauch der Kapelle erregt und damit rechnet, daß Schritte getan werden, die diesem unwürdigen Zustand ein schnelles Ende bereiten."[364]

In seiner Gemeindechronik berichtet Dittrich auch über die spürbare Resonanz, die die Gewaltaktionen des Pogroms vom November 1938 in der Gemeinde auslösten. Die Bewohner des zwischen Kirchrode und Bemerode gelegenen jüdischen Altersheimes der Heinemannstiftung seien auf brutalste Weise aus ihren Wohnungen gejagt und in feuchten Baracken in der Nähe des Tiergartens zusammengedrängt worden, bis sie in Viehwagen gen Osten abtransportiert wurden. Von Seiten der Kirchengemeinde hatte man sich immerhin bemüht, zumindest die Kommunikation mit den verfolgten jüdischen Mitbürgern aufrechtzuerhalten. „Manche schlichen sich im Dunklen ins Pfarrhaus und baten: ‚Helfen Sie uns!' Daß sie zu uns kommen durften und daß man zu ihnen ins Haus kam und mit ihnen sprach, wenn man sich auf der Straße traf, daß sie ihr Herz ausschütten durften und daß den Christen unter ihnen auch mit dem Judenstern die Kirche offen stand, war das Einzige, was an Hilfe möglich war. Ich freute mich, daß ein Amtsgerichtsrat mit dem Judenstern meiner Aufforderung folgte. Ich sah ihn am nächsten Sonntag im Gottesdienst."[365] Der SS war bereits solch eine Haltung der passiven Resistenz gegen die nationalsozialistische Judenpolitik ein Dorn im Auge.[366] Durch Gespräche bei Hausbesuchen erhielt Dittrich Kenntnis über die Behandlung der jüdischen Bürger durch die Staatspolizei. Er unterrichtete daraufhin auch den Landesbischof über die ihm bekannt gewordenen Verfolgungsmaßnahmen, ohne diesen aber wegen seiner zögerlichen Haltung[367] jemals offen zu kritisieren.[368]

---

364 Dittrich an Badenhop, undatiert (vermutlich August 1935), LKA: S 1 H III 212.
365 Dittrich, Chronik, S. 24
366 Ende November 1941 berichtete beispielsweise der SD in einem geheimen Lagebericht über teilweise in der „Bekenntnisfront" zu beobachtende Bestrebungen, den Kontakt mit den getauften Juden bewußt aufrecht zu erhalten. Anhand eines Vorfalls aus Breslau wurde dargelegt, wie durch diese Behandlung der „Judenchristen" die Bekenntniskreise „die judengegnerische Haltung der Bevölkerung durch die konfessionelle Gegenarbeit" zu untergraben versuchten (Heinz Boberach (Hg.), Meldungen aus dem Reich. Die geheimen Lageberichte des Sicherheitsdienstes der SS 1938–1945, Band 8, S. 3020 f., Herrsching 1984).
367 Zur ambivalenten Haltung der hannoverschen Kirchenleitung gegenüber der Judenverfolgung: Gerhard Lindemann, Christen jüdischer Herkunft als Gegenstand hannoverscher Kirchenpolitik im NS-Staat, in: Grosse, Bewahren, S. 329–373; Joachim Perels, Die hannoversche Landeskirche im Nationalsozialismus 1935–1945. Kritik eines Selbstbildes, in: ebenda, S. 153–177, hier S. 172 ff. Positiver im Gesamturteil dagegen: Hans Christian Brandy, Gustav Oehlert und Paul Leo. Zwei Pastoren jüdischer Herkunft in der Evangelisch-lutherischen Landeskirche Hannovers, in: ebenda, S. 375–427.
368 Noch anläßlich des Rücktritts von Marahrens im Jahre 1947 bat der Kirchroder Kirchenvorstand die Landessynode, dem scheidenden Landesbischof ausdrücklich einen besonderen Dank auszusprechen „für die Treue, mit der er… die Staatsführung hingewiesen hat auf die Gebote Gottes und die Gemeinden allem Widerstand zum Trotz immer wieder auf den alleinigen Grund des Evangeliums zu stellen bemüht war." (Antrag des Kirchroder Kirchenvorstandes an die Landessynode, 20. 3. 1947, KgmA Kirchrode, A 152.2).

## 5.4.5 Der Streit um die Eidesleistung

An der Jakobikirche kam es auch zu dem einzigen Konflikt, der in der Stadt Hannover um die Ableistung des Treueides der Geistlichen auf Adolf Hitler[369] geführt wurde. Der zuvor schon zwei Jahre lang im Gemeindebezirk Bemerode tätige Hilfsgeistliche Eberhard Wenckebach war 1938 vom Landeskirchenamt auf die neugeschaffene zweite Pfarrstelle der Jakobigemeinde ernannt worden.[370] Er stand in Kontakt mit Richard Karwehl, der führenden Persönlichkeit des Osnabrücker Kreises, der die Eidesleistung aus Gewissensgründen ablehnte. Karwehl hatte für den Fall, daß die beabsichtigte Vereidigung im Kirchenkreis Hannover II kurzfristig und überraschend angesetzt werden sollte, dem jungen Theologen empfohlen, sich zunächst Bedenkzeit auszubitten und eine endgültige Stellungnahme für später anzukündigen.[371] Tatsächlich verweigerte Wenckebach unter Hinweis auf seine Bedenken als einziger Geistlicher des Kirchenkreises zunächst die im Rahmen eines Pastorenkonventes am 19. Mai 1938 vorgenommene Vereidigung und verließ während der Eidesleistung den Raum. In einer schriftlichen Stellungnahme stellte er mit Befremden fest, daß ohne staatlichen Auftrag von der Kirchenregierung ein Eid gefordert werde, der nicht kirchlichen, sondern staatlichen Charakter trage. Er könne den Eid nur leisten, wenn ihm Gelegenheit gegeben werde, im Protokoll eine Erklärung über die Begrenzung des Treueides durch das Ordinationsgelübde festzuhalten. Fünf Tage später leistete er im Amtszimmer des Superintendenten Badenhop den Eid in der vorgeschriebenen Form, durfte jedoch eine entsprechende Zusatzerklärung zu Protokoll geben.[372] Am 31. August 1938 erkundigte sich der Kirchroder Kirchenvorsteher A., der gleichzeitig NSDAP-Parteigenosse und Mitglied der Kirchroder DC-Gruppe war, ob Wenckebach den Eid auf den Führer tatsächlich verweigert habe. Hierauf stellte der angegriffene Geistliche den Vorgang richtig, „da anscheinend durch bewußten oder zufälligen Vertrauensbruch eines Teilnehmers am Konvent... die Landesleitung der DC bereits zur Hälfte orientiert war."[373] Einen Tag später legten acht Gemeindemitglieder Einspruch gegen die Berufung Wenckebachs auf die neugeschaffene zweite Pfarrstelle der Jakobikirche ein. Sie gehörten sämtlich der Kirchroder DC-Ortsgruppe an, also nicht dem von Wenckebach betreuten Teil der Gemeinde in Bemerode und Wülferode. Dem Hilfspastor wurde eine „schwankende und unklare Haltung" im Hinblick auf den Treueid vorgeworfen. Er sei daher für die Pfarrstelle nicht geeignet. „Wir brauchen in unserer Großstadtvorortgemeinde einen Geistlichen, der bei so wichtigen, Kirche und Staat wie Volk gleichermaßen berührenden Angelegenheiten von vornherein und allem Anfang an weiß, wie er sich zu entscheiden hat, und der nicht hinter-

---

[369] Allgemein hierzu: Angelika Gerlach-Praetorius, Die Kirche vor der Eidesfrage. Die Diskussion um den Pfarrereid im „Dritten Reich", Göttingen 1967. Zum bereits zitierten Fallbeispiel des Hilfspredigers Winfried Feldmann: Ludwig, Wahrheit, S. 111 ff.
[370] Dittrich, Chronik, S. 16, sowie KgmA Kirchrode A 202.2. Wenckebach hielt seine Aufstellungspredigt am 28. August 1938.
[371] Karwehl an Wenckebach, 10. 5. 1938, Privatbesitz Wenckebach.
[372] Eberhard Wenckebach, Stellungnahme zu dem Einspruch der DC gegen meine Ernennung vom 1. September 1938, Privatbesitz Wenckebach.
[373] Wenckebach, Stellungnahme.

her zu den Dingen seine besondere Stellung unter Abgrenzungen und Einschränkungen vornimmt."[374] Wenckebach wies die gegen ihn erhobenen Vorwürfe als verleumderisch zurück und stellte klar, daß er als Pastor nicht der Landesleitung der Deutschen Christen, sondern allein seinem Gewissen und der „rechtmäßigen bekenntnisgebundenen Kirchenleitung" verantwortlich sei.[375] In einer Sitzung Anfang September 1938 wies der Kirchenvorstand die Vorwürfe als persönlich verunglimpfend und ungerechtfertigt zurück und erteilte Wenckebach einstimmig die Berufung. Dieser Beschluß wurde von zwei NSDAP-Mitgliedern und zwei 1933 als Deutschen Christen gewählten Kirchenvorstehern mitgetragen. Die beiden exponiertesten NSDAP-Vertreter des Kirchenvorstandes hatten an der Sitzung nicht teilgenommen.[376] Dittrich berichtete dem Landesbischof, die beiden früheren Deutschen Christen im Kirchenvorstand hätten geäußert, es handele sich bei dem Einspruch nur um eine „Quertreiberei", die nicht in der Gemeinde ihren Ursprung habe. Im übrigen verwies Dittrich darauf, daß die zahlenmäßig in der Gemeinde stärkste DC-Ortsgruppe aus Anderten keinen Einspruch erhoben habe.[377] Zwar bestätigte das Landeskirchenamt diese Zurückweisung des Einspruches[378], aber der Leiter der vom Staat eingesetzten Finanzabteilung, Cölle, verweigerte seine Zustimmung zur Ernennung Wenckebachs. Mehrfach sprachen daraufhin Vertreter der Kirchengemeinde in der Finanzabteilung vor, ohne etwas zu erreichen. Mitte Februar 1939 befragte Cölle Wenckenbach in einer mündlichen Verhandlung zu seiner Haltung gegenüber dem Treueid und der Überlassung von Räumen an kirchliche Minderheiten.[379] Bei einer weiteren Verhandlung Anfang April 1939 versicherte Wenckebach gegenüber dem Landesbischof Marahrens und dem Oberlandeskirchenrat Mahrenholz als Vertretern der Kirchenregierung, daß ein „aktiver Widerstand" gegen staatliche Maßnahmen für ihn nicht in Frage komme. Als evangelischer Christ sei er „verpflichtet, die Handlung der Obrigkeit, der das Schwert anvertraut sei, – wenn auch leidend – geschehen zu lassen."[380] Nachdem die Finanzabteilung ihre Zustimmung erteilt hatte[381], wurde Wenckebach am Himmelfahrtstag 1939 als zweiter Pastor der Jakobigemeinde in sein Amt eingeführt.[382]

---

374 Acht Gemeindeglieder an den Kirchenvorstand, 1. 9. 1938, KgmA Kirchrode, A 202.2.
375 Wenckebach, Stellungnahme.
376 Protokoll der Kirchenvorstandssitzung vom 5.September 1938, KgmA Kirchrode, A 202.2.
377 Dittrich an Marahrens, 3. 12. 1928, KgmA Kirchrode A 202.2.
378 Landeskirchenamt an Badenhop, 19. 10. 1938, KgmA Kirchrode A 202.2.
379 Eberhard Wenckebach, Bericht über das Gespräch bei Dr. Cölle am 17. 2. 1939, Privatbesitz Wenckebach.
380 Protokoll über die Verhandlung im Landeskirchenamt am 1. April 1939, Privatbesitz Wenckebach.
381 Cölle an Wenckebach, 22. 4. 1939, Privatbesitz Wenckebach.
382 Dittrich an die Kirchenvorsteher, 8.Mai 1939, KgmA Kirchrode A 202.2. Die Einführung fand am 18. 5. 1939 statt.

### 5.4.6 Seelsorgearbeit im Zeichen des Krieges

Pastor Dittrichs Chronik, in der er auf seine fast dreißigjährige Tätigkeit in der Kirchroder Kirchengemeinde zurückblickt, enthält auch eine recht differenzierte Betrachtung des Zweiten Weltkrieges, in der es u. a. heißt: „Innerlich wurde der Krieg für Gemeindeglieder und Pastoren zur Anfechtung. Wie ganz anders war es 1914 gewesen, als man der festen Überzeugung war, daß es um die Verteidigung des Vaterlandes ging. Jetzt war man in schwerem Konflikt. Weder Sieg noch Niederlage konnte man wünschen. Es kam einem so verlogen vor, wenn dieselben Ausdrücke, die man im ersten Krieg für berechtigt halten konnte, in Presse und Rundfunk auch in diesem vom Zaun gebrochenen Krieg wiederkehrten, etwa von dem ‚aufgezwungenen Krieg‘ oder von dem ‚sicheren Endsieg‘... Den Soldaten, die ja auch diesmal nur ihre Pflicht taten, mußte man erst recht fürbittend nahe sein. Grüße wurden ihnen ins Feld geschickt. Die äußeren Maßnahmen in der Gemeinde waren denen aus dem ersten Weltkrieg ähnlich. Aber die innere Einstellung zu den Ereignissen war völlig anders."[383]

Zwar formulierte Dittrich diese kritische Einsicht so klar erst nach Kriegsende, aber seine Feldpostbriefe an eingezogene Gemeindemitglieder[384] sind zumindest von einer gewissen Zurückhaltung geprägt. Der Pfarrer bemühte sich im seelsorgerlichen Sinne, den Soldaten Mut zuzusprechen und sie innerlich zu stärken, ohne jedoch in Kriegsbegeisterung oder überschwengliche Parolen zu verfallen. Die ganz unterschiedliche Wirkung dieser Soldatenbriefe soll an zwei Beispielen illustriert werden. Im März 1940 schrieb ein Hauptmann an Dittrich:

„Anliegend sende ich Ihnen die mir zugegangenen Schriften als unzeitgemäß und unvereinbar mit nationalsozialistischer Weltanschauung zurück. Abgesehen davon, daß der Vertrieb von religiösen Schriftsätzen per Feldpost als unstatthafte Ausnutzung der kostenlosen Möglichkeiten der Feldpost angesehen werden muß, entspricht der unzeitgemäße und einer schlechteren Vergangeheit zugehörige Inhalt der mir übersandten Schriften in keiner Weise meiner geistigen Einstellung und Haltung."[385]

Ganz anders war die Reaktion eines kirchentreuen Gemeindemitgliedes, das sich im Juli 1944 von der Front sehr herzlich für einen Feldpostbrief bedankte, „denn solche Briefe voll Gottvertrauen und Zuversicht sind in dieser Zeit voll Terror und Tod sehr knapp."[386]

Die Seelsorgearbeit in der Gemeinde wurde in den vierziger Jahren ganz von den Kriegsereignissen dominiert. Aufgrund der nahegelegenen Ölraffinerien in Misburg, die im Mai 1940 Ziel des ersten Bombenangriffes auf den Raum Hannover waren, wurde die Kirchengemeinde von den Schrecken des Bombenkrieges mehrfach hart getroffen. Ein Volltreffer auf den Luftschutzkeller der Zementfabrik „Teutonia" in Anderten forderte im November 1944 mit einem Schlage 48 Todesopfer. Am 9.April 1945 erreichten die amerikanischen Truppen Kirchrode und be-

---

383 Dittrich, Chronik, S. 24 f.
384 KgmA Kirchrode A 110.
385 Hauptmann G. an Dittrich, 9. 3. 1940, KgmA Kirchrode A 110.
386 Heinz F. an Dittrich, KgmA Kirchrode A 110.

setzten nach nur kleineren Schußwechseln vom Osten her Hannover.[387] Für die Jakobigemeinde begann damit eine Zeit des Neuaufbaues von Gemeindekreisen, kirchlichen Räumen und Organisationsstrukturen.

## 5.5 Konstellationen der innerkirchlichen Auseinandersetzungen auf der Gemeindeebene

Die hier ausführlich – und damit auch stellvertretend für andere Gemeinden – präsentierten Fallbeispiele belegen, daß unterschiedliche Ausgangslagen sowie spezifische Formen der Konfliktaustragung den Verlauf des innerkirchlichen „Kampfes" an der gemeindlichen Basis in ganz erheblichem Maße bestimmt haben. Zwar führten überall die Kirchenwahlen im Juli 1933 formal zur vorübergehenden Gleichschaltung der Kirchenvorstände durch absolute Mehrheiten der Deutschen Christen. Sehr unterschiedlich gestaltete sich aber schon bald das kirchenpolitische Verhalten der deutsch-christlichen Kirchenvorsteher, die in manchen Fällen nur aufgrund eines entsprechenden Votums der NSDAP in die gemeindlichen Entscheidungsgremien aufgenommen worden waren, teilweise aber auch über stabile kirchliche Bindungen verfügten und der neuen Glaubensbewegunng oft mit ganz eigenen Vorstellungen für eine kirchliche Erneuerung beigetreten waren. Sowohl die von Amtsenthebungen von extremen DC-Wortführern als auch die wachsende Distanz vieler als DC-Mitglieder gewählter Kirchenvorsteher zu der sich radikalisierenden Leitung der Glaubensbewegung führten zu sehr differenzierten Machtverhältnissen in den einzelnen Gemeinden.

Zudem reagierten die Pfarrer ganz unterschiedlich auf die Nazifizierung der Kirche. Das Spektrum reichte hier von der begeisterten Unterstützung der völkischen Bewegung (z. B. bei Nordhausen oder Wiebe) über kritisches Abwarten oder vorsichtiges Mittun (etwa bei Scheele) bis zu einer konsequenten Verweigerungshaltung gegen jeden Eingriff in die kirchliche Eigenständigkeit (z. B. bei Rasch und Dittrich). Neben dem Kirchenvorstand und den Geistlichen stellte der aktive Teil des Kirchenvolkes, also vor allem die Teilnehmer an den kirchlichen Kreisen und die regelmäßig am Gottensienst teilnehmende Kerngemeinde, den dritten wichtigen Faktor für die Entwicklung der Gemeinde im Kirchenkampf dar. Erhebliche Unterschiede ergaben sich im Hinblick auf Umfang und Ausprägung der Gemeindegruppen der Deutschen Christen und der Bekenntnisgemeinschaft, durch die häufig die kirchenpolitische Auseinandersetzung in der Gemeinde entscheidend vorangetrieben wurden. Obwohl diese Fraktionen zahlenmäßig nur eine Minderheit des aktiven Kirchenvolkes repräsentierten, trugen sie neben den Pfarren entscheidend zur kirchenpolitischen Orientierung der gesamten Gemeinde bei.

In der Stadt Hannover hielten die innerkirchlichen Auseinandersetzungen in den Lindener Kirchengemeinden am längsten an. Die Deutschen Christen besaßen hier auch noch nach ihrer Entmachtung in der Kirchenführung (1934) eine relativ starke

---

387 Dittrich, Chronik, S. 24–32, sowie KgmA Kirchrode A 110.

Machtposition, da in allen drei Gemeinden rührige deutsch-christliche Pastoren ihren Einfluß geltend machten, die Kirchenvorstände noch lange Zeit deutsch-christlich dominiert blieben und zudem aktive und vergleichsweise umfangreiche Gemeindegruppen der Glaubensbewegung existierten. Eine ähnliche Konstellation bestand sonst nur in der Apostelkirche in Hannovers Oststadt, die ebenfalls zu den besonderen Stützpunkten der Deutschen Christen zählte.

Dagegen formierte sich – wie in dem hier näher betrachteten Fallbeispiel der Lutherkirche – auch an der Nazarethkirche in der hannoverschen Südstadt und in der Kirchengemeinde Marienwerder-Stöcken nach einer nur kurzen Phase deutsch-christlicher Dominanz relativ frühzeitig eine wirksame Abwehrfront gegen die Glaubensbewegung. In allen drei Fällen war das spätestens seit 1935 geschlossene und entschlossene Auftreten der Pastoren für den Bekenntnisstandpunkt entscheidend für die effektive und umfassende Verdrängung der Deutschen Christen. Auch die Herrenhäuser Kirchengemeinde kann im weiteren Sinne in diesen Kontext eingeordnet werden, repräsentiert allerdings insofern einen Sonderfall, als das Zurückdrängen der Glaubensbewegung in Herrenhausen nicht im Zuge einer spektakulären Zuspitzung des innerkirchlichen Machtkampfes erfolgte, sondern vielmehr auf einen längerfristig angelegten, eher schleichenden Prozeß der Rückbesinnung auf die Glaubens- und Bekenntnisgrundlagen zurückging.

Anders als in den bisher genannten Fallbeispielen kam es in der Kirchroder Kirchengemeinde gar nicht erst zu einer Konsolidierung der deutsch-christlichen Machtposition. Die von der Glaubensbewegung und von NSDAP-Vertretern zum Teil mit großer Verbissenheit vorgetragenen Angriffe gegen den renitenten Gemeindepfarrer mußten gewissermaßen von außen an die bekenntnisorientierte Gemeinde herangetragen werden. In der Stadt Hannover hatten sich ähnliche Verhältnisse auch an der Döhrener Petrikirche und der Markuskirche in der List ergeben.

Als weiterer – bislang nicht ausführlicher betrachteter – Typus sind die Kirchengemeinden zu nennen, in denen man versuchte, trotz der Entstehung von kirchenpolitischen Fraktionen bewußt eine „neutrale" Position einzunehmen.[388] So bemühte man sich etwa in der Südstädter Pauluskirche, durch gemeinsame Veranstaltungen eine Verständigung zwischen den Gemeindegruppen der Deutschen Christen und der Bekenntnisgemeinschaft zu erreichen.[389] Pastoren und Kirchenvorsteher sahen es als „Führer" der Gemeinde ausdrücklich als ihre Aufgabe an, den kirchenpolitischen Streit von den ihnen anvertrauten Gläubigen fernzuhalten und bestehende

---

388 Sie werden hier nicht mit einem ausführlichen Gemeindebeispiel vorgestellt, da diese Position exemplarisch am Beispiel des Stephansstiftes (im folgenden Kapitel) diskutiert wird. In diese Kategorie gehört auch die andernorts ausführlicher untersuchte Vahrenwalder Kirchengemeinde (Hans-Dieter Schmid, „Kirchenkampf" in Vahrenwald? Eine städtische Kirchengemeinde in der Zwischenkriegszeit, in: Grosse, Bewahren, S. 271–290) sowie selbst die Marktkirche, die auf Gemeindeebene keineswegs zu einem Brennpunkt des innerkirchlichen Kampfes wurde, obgleich sie aufgrund ihrer exponierten Stellung als Predigtkirche des Landesbischofs hierfür durchaus prädestiniert gewesen wäre. Vgl. hierzu: Werner Dannowski, Die Marktkirche im Nationalsozialismus, in: Grosse, Bewahren, S. 253–270.

389 Fragebogen zur Geschichte der Landeskirche von 1933 bis zum Kriegsende, Pauluskirchengemeinde, LKA: S 1 H III 213.

Gegensätze zu überbrücken.[390] Im Januar 1935 vertrat beispielsweise Superintendent Rohde[391] die Ansicht, daß keine der beiden kirchlichen Fronten Ziel und Sinn ihres Kampfes klar herausgestellt habe. Er rief auf, „einerlei, ob wir Bekenntnisfront oder Deutsche Christen sind, immer besser und entschiedener das zu werden..., was wir doch alle sein sollen und wollen: evangelische Christen, die ihr Vaterland lieben, ihre Obrigkeit ehren, Gott aber über alle Dinge fürchten, lieben und vertrauen."[392] Durch diese Ausgleichspolitik konnten die in den widerstreitenden kirchenpolitischen Gruppen eingebundenen Geistlichen der Gemeinde[393] noch 1934 bewirken, daß das kirchliche Leben sich auf der 1933 vorübergehend erreichten Höhe hielt. Als sich die Gegensätze auf Landes- und Reichsebene verschärften, zog sich ein großer Teil der Kirchenbesucher vom gottesdienstlichen Leben zurück, während sich eine kleinere Kerngemeinde fester zusammenschloß.[394] Zunehmend wurde die Unmöglichkeit einer „neutralen" Position zwischen den kirchenpolitischen Gruppen offensichtlich. Nach der Entmachtung der Deutschen Christen im Landeskirchenamt orientierte man sich, wie in den meisten der „neutral" geführten Gemeinden, auch in der Pauluskirche zurückhaltend im Sinne der Bekenntnisgemeinschaft und stand damit im Einklang mit der Politik der hannoverschen Kirchenführung.[395] Die Unterschiede zu den Kirchengemeinden, die einen kurzen heftigen innerkirchlichen Kampf erlebt hatten (Beispiel Lutherkirche) oder in einem sich in relativ ruhigen Bahnen entwickelnden Erkenntnisprozeß vom deutschchristlichen Einfluß frei machten (Beispiel Herrenhäuser Kirchengemeinde) verwischten sich daher ab 1937 weitgehend.

Schließlich ist auf die nicht geringe Zahl der Gemeinden zu verweisen, in denen die kirchenpolitischen Gegensätze in der Gemeindearbeit überhaupt nicht zum Tragen kamen und somit letztlich wohl von einer breiten Mehrheit der Gemeindeglieder als ein fernab stattfindender theoretischer Streit empfunden wurden. Aus diesen Gemeinden liegt verständlicherweise kein Material zum „Kirchenkampf" vor. Bemerkenswert ist, daß in der Stadt Hannover anscheinend in etwa der Hälfte der Kirchengemeinden keine offenen Auseinandersetzungen ausgetragen wurden, weil Pastoren und Kirchenvorsteher sich um eine Vermittlung der konkurrierenden Ansichten bemühten oder der Kirchenstreit keine Resonanz unter den Gemeindegliedern fand.

---

390 Vgl. hierzu: Superintendent Rohde, Zur kirchlichen Lage, in: Gemeindeblatt der Pauluskirche, Oktober 1934, zusammengestellt in: ders., Der Kirchenkampf in der Einzelgemeinde im Spiegel eines großstädtischen Gemeindeblattes (Pauluskirche Hannover), LKA: S 1 H III 213.
391 Ernst Rohde (1878–1965), 1924–1950 in der Paulusgemeinde, Superintendent des Kirchenkreises Hannover I, gehörte 1933/34 den Deutschen Christen, später der Bekenntnisgemeinschaft an.
392 Rohde im Gemeindeblatt der Pauluskirche, Januar 1935, LKA: S 1 H III 213.
393 Neben dem Superintendenten waren in der Gemeinde tätig: Pastor Schnacke (seit 1910), der bis zu seiner Pensionierung im Dezember 1936 Deutscher Christ blieb, und dessen Nachfolger Pastor Koll, der der Bekenntnisgemeinschaft angehörte.
394 Fragebogen zur Geschichte der Landeskirche..., Pauluskirche, LKA: S 1 H III 213.
395 Symbolischen Ausdruck fand diese kirchenpolitische Linie auch darin, daß Bischof Marahrens 1937 auf einer Kundgebung der Bekenntnisgemeinschaft in der Pauluskirche sprach.

# 6. Innere Mission zwischen Aufbruchstimmung und Existenzbedrohung

## 6.1 Das Stephansstift steht 1933 „mitten in der Bewegung"

Die Stadt Hannover war und ist nicht nur das Zentrum der Landeskirche, sondern auch ein Konzentrationspunkt von übergemeindlichen Einrichtungen. Das Friederikenstift und die Henriettenstiftung sind besonders wegen ihrer Krankenpflege bekannt geworden, im Annastift widmet man sich der Pflege behinderter Menschen. Das 1869 gegründete Stephansstift, dessen Haupttätigkeitsfelder die Ausbildung von Diakonen und die Fürsorge an schwer erziehbaren männlichen Jugendlichen waren, galt manchen gar als der „Augapfel der Landeskirche".[1] Diese Anstalt und ihre Brüdergemeinschaft zählten während der Weimarer Republik neben Bethel, Kästorf, dem Rauhen Haus in Hamburg und dem Brüderhaus in Treysa zu den größten und bekanntesten diakonischen Einrichtungen in Nordwestdeutschland.

Pastor Johannes Wolff, leitete von 1923 bis 1960 das Stift als Vorsteher. Er war am 1884 als Sohn einer Pastorenfamilie in Lachem bei Celle geboren worden. Nach dem Theologiestudium in Erlangen, Leipzig und Göttingen und einer vorübergehenden Tätigkeit als Hilfslehrer wurde er 1910 ordiniert und versah vier Jahre lang ein Pfarramt im Wendland. 1914 wurde er zum Vorsteher der Pestalozzi-Stiftung in Großburgwedel berufen und begann seine Karriere auf dem Gebiet der Inneren Mission. Mit Beginn seiner Tätigkeit als Leiter des Stephansstiftes wurde er auch zum Vorsitzenden des Allgemeinen Fürsorge-Erziehungstages gewählt.[2] Der Erhalt des Stephansstiftes in der NS-Zeit wurde nach Kriegsende in erheblichem Maße seinem taktischen Geschick zugeschrieben. Auf Drängen der britischen Besatzungsmacht wurde Wolff 1947 zum Leiter des Landesjugendamtes ernannt. In der Folgezeit übernahm er zahlreiche Ehrenämter im kirchlichen Bereich, z. B. als Präsident der Landessynode von 1950 bis 1959.[3] 1959 wurde er schließlich mit dem Großen Verdienstkreuz des Bundesverdienstordens ausgezeichnet.

Dieses positive Bild eines führenden Kirchenmannes, dem es gelungen zu sein schein, sich nationalsozialistischen Machtansprüchen erfolgreich zu widersetzen, wurde erst im Februar 1988 durch eine Fernsehsendung mit dem Titel „Die SA Jesu Christi" nachhaltig in Frage gestellt. Die Autoren Ernst Klee und Gunnar Petrich warfen Wolff vor, von den Diakonen und Diakonenschülern im Stephansstift ein Bekenntnis zum Nationalsozialismus verlangt und vier Diakone als Wachleute

---

1   Ein Ausdruck des Vorsitzenden des Vorstandes des Stephansstiftes, Baron von Reden, zitiert nach: Hundert Jahre Stephansstift, Hannover 1969 (ohne Seitenangabe).
2   Vgl. hierzu LKA: S 10, Nr. 69.
3   Ebenda.

in die Emslandlager geschickt zu haben.⁴ Die nun einsetzende öffentliche Diskussion⁵ führte inzwischen zu einer Aufarbeitung der Archivmaterialien, die eine Zusammenfassung der Ereignisse des Jahres 1933 im Stephansstift erlaubt.⁶

Bereits in den letzten Jahren der Weimarer Republik hatten die Nationalsozialisten in der Anstalt Fuß gefaßt. BDM-Mädchen verteilten Wahlflugblätter und Freiexemplare der Niedersächsischen Tageszeitung, während der Wahlkämpfe hielten Amtswalter der NSDAP-Ortsgruppe Kirchrode im Stift „Deutsche Abende" ab, die dazu dienten, den Bewohnern die Gedanken des Nationalsozialismus nahezubringen.⁷

Wie in der deutschen Diakonenschaft generell, so ist auch im Stephansstift die Machtübernahme durch die Hitlerregierung als „Wendepunkt in der deutschen Geschichte"⁸ ausdrücklich begrüßt worden. Den „Tag von Potsdam" beging man im Stift mit einer fast gottesdienstähnlich inszenierten Feier. Auch in der Folgezeit sah man sich im Stephansstift „mitten in der Bewegung, die durch Volk und Vaterland hindurchgeht".⁹ Diese Gefühlslage muß als durchaus repräsentativ für die große Mehrzahl der Geistlichen und die Stimmung im evangelischen Kirchenvolk angesehen werden.

„Ein Volk marschiert!", so leitete Pastor Wolff pathetisch seinen Bericht über die Teilnahme der Diakone und Zöglinge beim „Feiertag der nationalen Arbeit" am 1. Mai 1933 ein. Eine für die Anstaltsgemeinde veranstaltete Feierstunde, bei der man gemeinsam die Rundfunkansprachen von Goebbels und Hindenburg hörte, wurde mit einem „Sieg Heil auf Volk, Vaterland und die beiden großen Führer,

---

4   Ernst Klee und Gunnar Petrich, „Die SA Jesu Christi". Über die Deutsche Diakonenschaft in den Jahren nach 1933, Fernsehsendung des Hessischen Rundfunks, „Horizonte", am 1. 2. 1988. Die Thesen wurden weiter ausgeführt in: Ernst Klee, „Die SA Jesu Christi". Die Kirchen im Banne Hitlers, Frankfurt am Main 1989, S. 66–73.

5   Reinhard Greulich, Diakone im Straflager. Bericht über einen Versuch im Dritten Reich Gefangene seelsorgerlich zu betreuen, diakonie-report 3/88 (Ausgabe Niedersachsen), S. 17 ff.; „Diakone waren keine KZ-Aufseher", EZ, 15. 5. 1988; als Erwiderung der Diakoniegemeinschaft Stephansstift: „Diakone waren mit Waffen im KZ-Einsatz", EZ, 29. 5. 1988. Die Diakoniegemeinschaft hat inzwischen eine umfangreiche und kommentierte Dokumentation vorgelegt: Ernst-Christoph Merkel (Hg.), Schlaglichter. Dokumente zur Geschichte der Diakoniegemeinschaft Stephansstift 1927–1947, Hannover 1989. Als knappe Zusammenfassung: ders., Diakone als Wachtmänner in den Emslandlagern, in: Grosse, Bewahren, S. 291– 299.

6   Dazu auch: Christoph Mehl, Das Stephansstift im Jahr 1933. In: Theodor Storm/Jörg Thierfelder (Hg.), Diakonie im „Dritten Reich", Heidelberg 1990, S. 146–168; ders., Innere Mission und Nationalsozialismus am Beispiel des Stephansstiftes Hannover, in: Grosse, Bewahren, S. 301–327. Mehls Quellenstudien liefen zeitlich parallel zu denen des Verfassers, seine Ergebnisse wurden aber früher publiziert. Die folgende Darstellung stützt sich weitgehend auf die eigenen Quellenrecherchen des Verfassers. Inzwischen liegt eine umfassende überregionale Untersuchung zu diesem Themenfeld: Michael Häusler, „Dienst an Kirche und Volk". Die Deutsche Diakonenschaft zwischen beruflicher Emanzipation und kirchlicher Formierung (1913–1947), Stuttgart 1995.

7   Wolff an den Ortsgruppenleiter der NSDAP in Kirchrode, 30. 10. 1933, Archiv des Stephansstiftes Hannover (im folgenden kurz: ASt) I 997.

8   So pointiert der Monatsbote aus dem Stephansstift. Ein Monatsblatt für Innere Mission (im folgenden kurz: Monatsbote), 4/1933, S. 53.

9   Monatsbote 5/1933, S. 81.

Reichspräsident von Hindenburg und Reichskanzler Adolf Hitler" sowie dem Singen des Deutschlandliedes beschlossen.[10] Auf dem Brüdertag am 26. Mai 1933 kam „ein gewißer Gegensatz zwischen der älteren und der jüngeren Generation" zum Ausdruck, da die älteren Diakone sich zurückhaltender gegenüber dem Nationalsozialismus verhielten. Auf einer Vorstandssitzung des Stephansstiftes im September 1933 konnte Wolff allerdings bereits bekanntgeben, daß die meisten Brüder Beziehungen zur NSDAP gefunden hätten und auch Mitglied der Deutschen Christen geworden seien.[11] Im Oktober 1933 forderte er die in der Ausbildung stehenden Diakone auf, in die SA einzutreten.[12] Bis Februar 1934 seien, so Wolff, „fast alle" Brüder auch SA-Mitglieder geworden[13], viele von ihnen im Sturm Hannover-Kleefeld, zu dem zeitweise bis zu 80 Stephansstiftler gehörten.[14] Den Angestellten des Stiftes empfahl Wolff zudem den Eintritt in die Nationalsozialistische Volkswohlfahrt.[15]

Im neugebildeten „Führerrat" der Brüderschaft faßte Wolff im Sommer 1933 seine Leitgedanken für die künftige Arbeit zusammen: freudige Bejahung des nationalsozialistischen Staates, volksmissionarische Aktualisierung der Kirche, Besinnung auf die Grundlagen des christlichen Glaubens und das lutherische Bekenntnis. Um die in der deutschen Diakonenschaft stattfindende Gleichschaltung im Bereich des Stephansstiftes beeinflussen zu können, wirkte Wolff bei der demonstrativen Durchsetzung des Führerprinzips im eigenen Hause mit.[16] So präsentierte sich das Stephansstift ein Jahr nach der Hitlers Machtantritt gewissermaßen als nationalprotestantische Musteranstalt:

„Wir sind als Wohlfahrtsschule einer evangelischen Diakonenanstalt, die ihre Schüler als echte Nationalsozialisten und gehorsame Untertanen des Dritten Reiches und zugleich als ernste evangelisch-lutherische Christen erziehen will, in der erfreulichen Lage, daß hier grundsätzlich kein Mißklang vorliegt. Luthers Glaube und Hitlers Kampf finden sich in der Erkenntnis, daß ein Volk nur bestehen kann, wenn es antiliberal und organisch handelt in den Ordnungen, die Gott uns als seine Gabe und Aufgabe gegeben hat."[17]

In diesem Zusammenhang muß auch die Entsendung von vier zum Teil noch in der Ausbildung befindlichen Diakonen als bewaffnete Wachmänner in das Emsland la-

---

10 Monatsbote 5/1933, S. 80f.
11 Protokoll der Sitzung des Vorstandes für das Stephansstift am 22. 9. 1933, ASt I 286.
12 Der entsprechende Rundbrief vom 21. 10. 1933 (ASt I 1181) ist in der Dokumentensammlung „Schlaglichter", S. 149, abgedruckt. 1947 bestritt Wolff diesen Sachverhalt rundweg (ebenda, S. 154ff.).
13 Wolff an Pastor Neumann in Osnabrück, 5. 2. 1934 (ASt I 999). Eine bei Mehl, Mission, S. 310, zitierte Statistik für weist für 1939 allerdings nur 16 % der Diakone als SA-Mitglieder aus. Allerdings sollen bei Kriegsbeginn 80 % der Diakone Mitglieder der DAF und der NSV gewesen sein (ebenda).
14 ASt I 997.
15 Rundbrief Wolffs vom 9. 2. 1934, ASt I 998.
16 Mehl, Stephansstift sowie ders., Mission, S. 307ff.
17 Monatsbote, Januar-April 1934, S. 8.

ger Brual-Rhede[18] gesehen werden.[19] Auch als bereits nach kurzer Zeit deutlich geworden war, daß die erhofften Möglichkeiten, Gefangenenseelsorge zu betreiben, sich zunächst in keiner Weise realisieren ließen und die als Wachmänner eingesetzten Diakone Wolff eindringlich über die Verhältnisse im Lager berichtet hatten, konnte dieser sich nicht zu ihrem entschließen. Tatsache ist, daß drei Diakone[20] mindestens zwei Monate lang als bewaffnete Wachposten eingesetzt waren, ehe sie Funktionen in der Schreibstube und der Wäscherei des Lagers übernahmen, die freilich ebensowenig Möglichkeiten seelsorgerlicher Betätigung boten. Einer der Diakone berichtete Wolff über die menschenunwürdige Behandlung der politischen Gefangenen und drückte seine Überzeugung aus, daß diese moralisch weitaus integrer seien als die „Landsknechte" der SS in den Wachmannschaften. Seinen Dienst schilderte er dem Vorsteher in einer Deutlichkeit, die nichts zu wünschen übrig ließ:

„Da steht man nun seine 8 Stunden Tag und Nacht, bei Sonnenschein und Regen, bei Vollmond und pechschwarzer Nacht, bei Sturm und Nebel. Immer ist der Draht da und nächtens dahinter die 1000 Mann, 1000 Schicksale. Der Lauf vom Gewehr ist kühl. 5 Schuß sind drin. Neulich nacht hat einer seinen Leichtsinn mit dem Leben bezahlt. Es darf nämlich niemand in die Nähe des Drahtes kommen... Das ist unser Dienst, Herr Pastor, stehen und warten, daß man einmal auf einen Menschen schießen darf. Sind wir darum Diakone?"[21]

Wolffs Verhalten scheint ursprünglich auch durch das Bemühen motiviert gewesen zu sein, für die von Erwerbslosigkeit bedrohten Diakone ein neues Arbeitsfeld zu erschließen. Zudem sah er in der Anforderung von Diakonen als Wachpersonal einen Vertrauensbeweis der Staatsführung und damit eine Möglichkeit der Diakonie zur Mitarbeit im nationalsozialistischen Staat, die er selbst dann nicht aufgekündigt hat, als ihm die konkreten Umstände der Tätigkeit unmißverständlich berichtet wurden.

## 6.2 Die Gleichschaltung der Inneren Mission und das Scheitern Hustedts

Im folgenden soll ein bislang wenig beachteter, aber für den weiteren Verlauf der innerkirchlichen Auseinandersetzungen in der hannoverschen Landeskirche durchaus symptomatischer Vorgang betrachtet werden: die Ablösung Hustedts als Landesführer der Inneren Mission durch Wolff.

---

18 Dieses Lager unterstand zwar nicht offiziell der SA oder SS, sondern der preußischen Justizverwaltung, war aber gleichwohl ein Konzentrationslager für politische Häftlinge.
19 Im einzelnen müssen die Vorgänge um die Entsendung hier nicht mehr geschildert werden. Sie sind vor allem in der eingangs zitierten Dokumentation „Schlaglichter" eindrucksvoll geschildert.
20 Einer der entsandten Diakone wollte den Wachdienst mit der Waffe nicht tun und verließ nach wenigen Tagen das Lager.
21 Brief des Diakons H. an Wolff, 27. 5. 1934 (in: Schlaglichter, S. 182 f.).

Die Ausgangssituation war für diese beiden in führenden Positionen der Diakoniearbeit stehenden Pastoren recht ähnlich. Johannes Wolff rechnete sich vor 1933 zum Lager des national geprägten Protestantismus. In einem Briefwechsel mit dem Landesvorsitzenden des Christlich-sozialen Volksdienstes, Pastor Dr. Depuhl, hatte Wolff sich als „Freund der Sache" des Volksdienstes bezeichnet, wenngleich er auch eine persönliche Beteiligung an der Parteiarbeit ablehnte.[22] Nach der Machtübernahme durch die Nationalsozialisten gab Wolff seine zuvor theologisch begründete Zurückhaltung gegenüber jedem politischen Engagement auf[23], wurde Mitglied der Deutschen Christen und soll nach einer Zeitzeugenerinnerung sogar die Absicht gehabt haben, der NSDAP beizutreten.[24] Von seinen Mitarbeitern im Stephansstift verlangte er, nicht eine abwartende Zuschauerhaltung einzunehmen, sondern freudig an der vaterländischen Aufgabe des Aufbaues eines neuen Staates mitzuarbeiten.

Auch Johannes Hustedt[25] hatte es zunächst abgelehnt, der in der Landeskirche entstandenen Vereinigung völkischer Pfarrer beizutreten, weil er den Standpunkt vertrat, daß sein kirchliches Amt „um der freien Entscheidung willen" es nicht gestatte, einer nationalsozialistischen Organisation beizutreten. In der Annahme, daß die „Deutschen Christen" nicht nur die Interessen des neuen Staates in der Kirche, sondern „mindestens in gleichem Maße auch umgekehrt Interessen der Kirche im neuen Staat vertreten würde", schloß er sich im April 1933 der Glaubensbewegung an. Nach eigener Auffassung habe er sich dann vom ersten Tage an dafür eingesetzt, eine Überfremdung der Kirche durch anders geartete weltanschauliche Vorstellungen zu verhindern.[26]

Als staatlicher Bevollmächtigter für die Innere Mission in Hannover legte Hustedt Anfang Juli 1933 seine Grundsätze für die künftige Arbeit bei einer kurzfristig einberufenen Besprechung der hauptberuflichen Mitarbeiter der Inneren Mission dar. Er bekannte sich zum Staat Hitlers und wollte „in diesen Staat die Kirche hineinbauen". Seine These, daß die „Erweckungsbewegung" der Deutschen Christen dabei eine entscheidende Rolle spiele, wurde allerdings nicht von allen Pastoren geteilt. Man war sich aber einig, daß das Führerprinzip die bisherige demokratische Interessensvertretung in den Verbänden und Einrichtungen ersetzen sollte.[27] Die Innere Mission in Hannover hatte sich damit – in sehr gemäßigter Form – selbst „gleichgeschaltet". Etliche Mitarbeiter der diakonischen Einrichtungen waren zu diesem Zeitpunkt bereits den Deutschen Christen beigetreten.

---

22 Wolff an Depuhl, 21. 11. und 14. 12. 1929, LKA: N 115.
23 „Schlaglichter", S. 6 ff.
24 Brief Dr. Krauses an den Vorstand der Diakoniegemeinschaft, 26. 2. 1988, in: Schlaglichter, S. 44 f.
25 Johannes Hustedt (1891–1966), seit 1927 Vorsteher des Friederikenstiftes, nach Ablösung von diesem Amt seit 1947 Pfarrer in Hemmendorf, 1951–1961 Superintendent des Kirchenkreises Coppenbrügge.
26 Hustedt an Wolff, 2. 1. 1934, ASt I 1692.
27 Niederschrift über die Besprechung der Berufsarbeiter der Inneren Mission am 6. Juli 1933, ASt I 1497.

Als Landesführer der Inneren Mission sah Hustedt sich in seinem Bemühen, die kirchlichen Interessen wahrzunehmen, vom Central-Ausschuß für Innere Mission in Berlin bald enttäuscht. In Zusammenarbeit mit dem Landesbischof und dem Präsidenten des Landeskirchenamtes bemühte sich Hustedt darum, die „besonderen Bedürfnisse" der Inneren Mission in Hannover gegenüber den Zantralisierungstendenzen in Berlin zur Geltung zu bringen.[28] Nachdem er keine konkreten Ansatzpunkte für eine in seinem Verständnis notwendige kirchliche Erneuerung und „sinnvolle Gestaltung der Deutschen Evangelischen Kirche und ihrer Inneren Mission im neuen Staat" finden konnte, wandte er sich ohne vorherige Absprache mit dem regionalen DC-Fraktionsführer Hahn an die Mitglieder des Landeskirchentages mit dem Vorschlag, die kirchenpolitische Gruppenbildung aufzulösen und dem Landesbischof weitreichende Befugnisse zu übertragen.[29] Dieses eigenmächtige Vorgehen gegen die radikalen „Parteisoldaten" innerhalb der Glaubensbewegung, das von deren Führer Gerhard Hahn als „Meuterei" und „Verrat" bezeichnet wurde, leitete in Hannover den Niedergang der Deutschen Christen ein. Hustedt wurde aus der Organisation ausgeschlossen und aufgefordert, sein Mandat im Landeskirchentag zurückzugeben.

Aufgrund von Hustedts kirchenpolitischen Aktivitäten kam es auch im Bereich der Inneren Mission zur Akzentuierung unterschiedlicher Standpunkte. Der Landesführer wurde bei einer Ende Dezember 1933 im Stephansstift stattfindenden Berufsarbeiterkonferenz aufgefordert, über seine Initiative und die daraus erwachsenen Konsequenzen zu berichten. Die Mitarbeiter der bescheinigten ihm daraufhin „lautere Motive" und gaben der Überzeugung Ausdruck, daß von einer „vorsätzlichen Übertretung der Fraktionsverpflichtung" nicht die Rede sein könne.[30] Eine schon am folgenden Tag im Lutherhaus erneut zusammengetretene Versammlung der Diakonie-Mitarbeiter verdeutlichte den bestehenden Zwiespalt. Während Hustedt die günstige Lage, die durch das überwältigende Ergebnis der von ihm initiierten Vertrauensabstimmung für Marahrens nutzen wollte, um den Einfluß der radikalen Deutschen Christen weiter zurückzudrängen, konnte sich die Mehrheit der Mitarbeiter nicht zu einer solchen kirchenpolitischen Offensive entschließen. Hustedt stellte enttäuscht fest, daß er sich bei einem weiteren Engagement „nicht in dem mir erforderlich erscheinenden Umfange der Unterstützung von seiten der Berufsarbeiter würde versichert halten dürfen."[31] Somit könne er es auch der von ihm geleiteten Anstalt des Friederikenstiftes nicht zumuten, sich weiter zu exponieren. Tags darauf trat Hustedt als Landesführer der Inneren Mission zurück[32] und kündigte an, sich aus der Berufsarbeiterkonferenz zurückzuziehen. In einem ausführlichen Schreiben an Pastor Wolff als Vorsitzendem der Konferenz legte Hustedt dar, daß er den vom Landeskirchenamt, vom Landeskirchentag und vom Landesbischof

---

28 LKA: L 2, 21, Bd. 1.
29 Hustedt an die Delegierten des Landeskirchentages, 4. 12. 1933, LKA: S 1 H I 408.
30 Niederschrift über die Verhandlungen der Theologischen Berufsarbeiterkonferenz der Inneren Mission der hannoverschen Landeskirche, 21. 12. 1933, ASt I 1497.
31 Hustedt an Wolff, 2. 1. 1934, ASt I 1692.
32 Hustedt an das Landeskirchenamt, 2. 1. 1934, ASt I 1692. Hustedts Rücktritt erfolgte am 23. 12. 1933.

eingeschlagenen Kompromisskurs für verhängnisvoll halte. Die von ihm forcierte Auseinandersetzung über kirchliche Fragen sei von Hahn auf das parteipolitische Gleis geschoben worden. Es sei absehbar, daß die von Marahrens und dem Landeskirchenamt angestrebte Befriedung der kirchlichen Gegensätze „je länger je mehr den Landesbischof und die ganze Landeskirche in eine verhängnisvolle Lage bringen würde." Er überlasse die Verantwortung dafür ohne jede persönliche Empfindlichkeit „gern denen, die sie mir durch ihre abwartende und kritisierende Haltung abgenommen haben. Ich halte den Angriff immer noch für die beste Verteidigung."[33] In einem persönlichen Brief bedauerte Wolff den Rücktritt Hustedts. Zwar hätten die Berufsarbeiter der Inneren Mission dessen offensives Vorgehen kritisiert, aber es sei nicht beabsichtigt gewesen, ihn in einer schwierigen Lage im Stich zu lassen.[34]

Anfang Januar 1934 forderte der Landesbischof Hustedt in Ausführung eines Beschlusses des deutsch-christlichen Kirchensenates auf, sein Mandat im Landeskirchentag niederzulegen. Nachdem Marahrens zu erkennen gegeben hatte, daß er diese Entscheidung auch persönlich für richtig halte, entschloß Hustedt sich „auch diesen letzten Punkt der Widerstandsmöglichkeit preiszugeben."[35] Damit zog er sich endgültig von der kirchenpolitischen Bühne zurück und widmete sich ausschließlich seiner Arbeit im Friederikenstift.

Ende Januar 1934 erstattete Wolff den Mitarbeitern der Inneren Mission einen Bericht über den inzwischen vollzogenen Rücktritt Hustedts. Darin beurteilte er die Lage der Inneren Mission als kritisch. Die radikale DC-Strömung, die im Deutschen Diakonenverband Oberhand gewonnen hatte, könne für die Entwicklung der männlichen Diakonie recht bedenklich werden.[36] Einer Einladung des Reichsbischofs Müller zu einem Gespräch über die Zukunft der Inneren Mission sah er mit Befürchtungen entgegen: „Hoffentlich wird uns nichts zugemutet, was wir mit unseren gewissenhaften Überlegungen nicht vereinbaren können."[37] Anfang Februar wurde Wolff von Marahrens als Beauftragter für die Innere Mission in der hannoverschen Landeskirche berufen[38] und zwei Tage später vom deutsch-christlichen Reichsführer der Inneren Mission, dem Berliner Pfarrer Karl Themel, im Einvernehmen mit dem Landesbischof zum kommissarischen Landesführer ernannt.[39] Unter ihm wurde die Innere Mission in die innerhalb der Landeskirche von einer breiten Mehrheit getragenen und vom Landesbischof angestrebten „neutrale Linie" eingebunden.

---

33 Hustedt an Wolff, 2. 1. 1934, ASt I 1692.
34 Wolff an Hustedt, 3. 1. 1934, ASt I 1692.
35 Hustedt an Wolff, 11. 1. 1934, ASt I 1692.
36 Wolff an von Reden, 3. 9. 1933, ASt I 612.
37 Wolff an von Reden, 5. 2. 34, ASt I 612. Am 17. 2. 1934 unterrichtete Wolff den Landesbischof darüber, daß bei den Verhandlungen über eine Zusammenarbeit der Inneren Mission und der Caritas mit der Nationalsozialistischen Volkswohlfahrt der Reichsführer der Inneren Mission, Themel, von Reichsbischof Müller ausgeschaltet worden war (LKA: L 2, 21, Bd. 2).
38 Marahrens an Wolff, 10. 2. 1934, ASt I 1692.
39 Themel an Wolff, 12. 2. 1934, ASt I 1692.

Im Juni 1934 berichtete Wolff in Anwesenheit des Landesbischofs der Berufsarbeiterkonferenz, daß er in einem Schreiben an die Leitung der Deutschen Christen für die Neutralität der Inneren Mission im Kirchenkampf eingetreten sei und dies auch durch seinen Austritt aus der Glaubensbewegung[40] persönlich bekräftigt habe. Dem Leiter der Bekenntnisgemeinschaft habe er mitgeteilt, daß die Innere Mission zwar auf dem Boden des Bekenntnisses stünde, aber in den Kirchenstreit nicht eintreten wolle. Wolff ersuchte alle Mitarbeiter, aus den kirchenpolitischen Gruppen auszuscheiden. Es gehe darum „eine Entpolitisierung der Kirche herbeizuführen"[41]. Zudem wurde eine Kommission gebildet, um die „Neutralisierung" der Inneren Mission voranzutreiben. Nach der spektakulären Trennung Jacobshagens von den Deutschen Christen[42] verließen weitere kirchliche Mitarbeiter die Glaubensbewegung. Die Aufforderung Jacobshagens, an seiner gegen die radikalen Deutschen Christen gerichteten Initiative mitzuwirken, lehnte Wolff mit folgender Begründung strikt ab:

„Der Auftrag, den wir in der Inneren Mission haben, geht dahin, daß wir jetzt mit allen uns zu Gebote stehenden Kräften das uns anvertraute Werk durch die schwere Zeit hindurchzuführen. Das ist nicht leicht – und darum möchte ich mich für meine Person am weiteren Kirchenkampf nicht beteiligen...".[43]


## 6.3 „Kirchenkampf" in einer diakonischen Anstalt: Vorsteher Wolff setzt im Stephansstift die „neutrale" hannoversche Linie durch

Am Beispiel des Stephansstiftes läßt sich die Konstellation, die den innerkirchlichen Streit an der Spitze der Landeskirche bestimmte, im kleinen Rahmen betrachten. Zu den Mitarbeitern des „neutralen" Vorstehers Wolffs zählten nämlich entschiedene Exponenten der gegeneinander arbeitenden kirchenpolitischen Fraktionen: Hans Müller[44], Leiter des auf den Kronsberg ausgelagerten Erziehungsheimes, gehörte zu denjenigen Pfarrern, die bereits vor den Kirchenwahlen im Sommer 1933 und über das Jahr 1934 hinaus aktiv für die Deutschen Christen eintraten. Dagegen engaierten sich Arnold Fratzscher, seit 1933 Leiter der Wohlfahrtspflegerschule des Stiftes, und Bruno Bendokat[45] von Beginn an in der hannoverschen

---

40 Wolff trat am 8.Juni 1934 aus (Hahn an Wolff, 22. 6. 1934, ASt I 1695).
41 Aktenvermerk über die Berufsarbeiterkonferenz vom 11. 6. 1934, ASt I 1497.
42 Vgl. hierzu Kapitel 3.1.
43 Wolff an Jacobshagen, 4. 8. 1934, ASt I 1497.
44 Hans Müller (1890–1949), Pfarrer, seit 1922 Erzieher, seit 1925 Leiter des Erziehungsheimes für schulentlassene männliche Fürsorgezöglinge auf dem Kronsberg tätig; zum 1. 1. 1940 aus dem Dienst des Stephansstiftes ausgeschieden, 1940–1949 Pfarrer in Raguhn (anhaltinische Landeskirche).
45 Bruno Bendokat, Dr. phil. (geb.1904), Lehrer und Pastor; 1923–1926 Studium der Theologie mit Examen in Koblenz, 1930/31 Lehramtsstudium für die Fächer Geschichte und Deutsch in Berlin und Halle, 1932 Promotion in Halle, 1932–1937 Dozent an der Wohlfahrtspflegerschule des Stephansstiftes, seit 1935 Hilfsgeistlicher.

Bekenntnisgemeinschaft. Ähnlich kontrovers stellten sich die Positionen im Vorstand des Stiftes dar, zu dem neben Vorsteher Wolff und Pastor Müller noch zwei Diakone[46], Pastor Fehly von der Apostelkirche sowie der Landesbischof gehörten. Die staatliche Seite wurde durch Schatzrat Hartmann[47] und den Generaldirektor der Niedersächsischen Landesbank, Dr. Brandes[48], vertreten. Als Vorstandsvorsitzender fungierte Landschaftsrat Baron von Reden, alter Stahlhelmer und gemäßigter Bekenntnismann[49].

Bei der Gegensätzlichkeit der im Stephansstift vertretenen Standpunkte lag es nahe, daß es bald zu Konfrontationen kommen mußte. Bereits in seinen Ausführungen anläßlich der Visitation im Jahre 1934 sprach Vorsteher Wolff davon, daß die kirchenpolitischen Ereignisse des Jahres 1933 „dem Gemeindeleben nicht immer förderlich gewesen" seien.[50] In der Folgezeit häuften sich die Konflikte zwischen ihm und Müller. Dieser hatte beispielsweise einen vom Landesbischof angeordneten Bittgottesdienst am 21. Oktober 1934 auf dem Kronsberg nicht gehalten. Als er von Wolff wegen seines deutsch-christlichen Engagements angegriffen wurde, erklärte Müller, er habe nur einmal vor den versammelten Angestellten des Erziehungsheimes über die Ziele der Glaubensbewegung gesprochen. Dies sei Anfang Juli 1933 gewesen und auf Anregung Wolffs geschehen. Im übrigen habe er sich in seiner Anstaltsgemeinde niemals agitatorisch betätigt und im besonderen die Person oder Auffassung des Landesbischofs niemals beurteilt oder gar verurteilt.[51] Durch den Bericht eines jungen Diakons, der als Erzieher auf dem Kronsberg tätig war, sah Wolff sich bald in seiner Auffassung bestätigt, daß die seelsorgerische Arbeit im dortigen Erziehungsheim vernachlässigt werde.[52] Nachdem Müller sich in einem Zeitschriftenartikel[53] ganz im Sinne der nationalsozialistischen Eugenik gegen alle „menschlichen Existenzen" geäußert hatte, die bevölkerungsmäßig „wenig oder keinen Wert" hätten[54], kam es zu einem heftigen Protest seitens eines im Stephansstift ausgebildeten und nun auswärts im Beruf stehenden Diakons, der Wolff vorwarf, er vertrete nicht entscheiden genug den Bekenntnisstandpunkt.[55] Der Vorsteher rechtfertigte sich mit einem taktischen Entlastungsangriff, indem er darauf hinwies, man habe ihm zugetragen, einflußreiche Kreise wollten ihn aus dem Vor-

---

46 Es handelte sich um Diakon Lilje, den Vater des späteren Landesbischofs, und einen deutschchristlich eingestellten Diakon.
47 Er war Mitglied der Deutschen Christen.
48 Brandes war Mitglied der nationalsozialistischen Beamtenarbeitsgemeinschaft und förderndes Mitglied der NSDAP (ASt I 1692).
49 Von Reden an Wolff, 4. 11. 1934, ASt I 37. Baron von Reden nahm u. a. an der Bekenntnissynode in Berlin-Dahlem teil.
50 Beantwortung der Fragen über den kirchlichen und sittlichen Zustand der Gemeinde durch Wolff anläßlich der Visitation im Jahre 1934, ASt I 1033.
51 Müller an Wolff, 5. 11. 1934, ASt I 37.
52 Wolff an von Reden, 25. 2. 1935, ASt I 37.
53 „Heimwart". Blätter aus dem Kronsberg und seinem Lehrlingsheim, 15. 11. 1933, S. 1 f.
54 Müller beließ es nicht nur bei solcher Rhetorik. Wie Mehl, Mission, S. 314 ff., herausgearbeitet hat, sind unter Verantwortung von Müller (aber wohl auch noch nach seinem Weggang im Jahre 1940) an den Zöglingen des Erziehungsheimes Kronsberg mindestens in 52 Fällen Zwangssterilisationen durchgeführt worden.
55 Diakon K. an Wolff, 16. 11. 1935, ASt I 37.

sitz des Allgemeinen Fürsorgeerziehungstages entfernen, da er „zu konfessionell" sei. Es scheine ihm so, als ob es in Deutschland „Mode werde, die Männer, die eine klare, ruhige Linie haben, fortgesetzt zu kritisieren und damit mürbe zu machen". Dem Landesbischof ergehe es ebenso.[56]

Konflikte traten erneut auf, nachdem Müller im Mai 1936 bei Vortragsabenden der Deutschen Christen als Redner aufgetreten war.[57] Aufgrund von einlaufenden Beschwerden wandte Wolff sich mit umfangreichen Vorschlägen an den Vorstandsvorsitzenden von Reden. Dabei beklagte er sich nicht nur über die deutsch-christliche Agitation Müllers, der ohne Absprache mit den örtlichen Geistlichen durch seine Vorträge Zwist in fremde Kirchengemeinden getragen habe, sondern wies auch darauf hin, daß die Lage des Stiftes deshalb so schwierig sei, weil Bendokat und Fratzscher auf der anderen Seite eine Position einnähmen, die dem Standpunkt der Dahlemer Richtung der Bekennenden Kirche entspräche. Der Geschäftsführer der Bekenntnisgemeinschaft, Duensing, habe ihm mitgeteilt, daß die Haltung Bendokats und Fratzschers für die Bekenntnisgemeinschaft und für den Landesbischof auf Dauer „schwer erträglich" sei.[58] Wolff schlug daher vor, allen Mitarbeitern jede kirchenpolitische Betätigung außerhalb des Stiftes zu verbieten, da man nicht nur Müller auswärtige Reden und Vorträge untersagen könne. Man müsse nach beiden Seiten hin aussprechen, daß solches kirchenpolitische Engagement nicht mit dem Wohl des Stephansstiftes vereinbar sei, da sonst die Provinzialverwaltung eines Tages Schwierigkeiten machen werde. Zunächst scheinen im Vorstand des Stephansstiftes so weitreichende Schritte allerdings nicht beschlossen worden zu sein.

Zu einer weiteren Zuspitzung des Konfliktes kam es, als Müller von dem inzwischen schon aus Hannover abwesenden Landesleiter der Deutschen Christen, Gerhard Hahn, Anfang Juli 1936 gebeten wurde, anstelle des aus dem Dienst der Landeskirche scheidenden Stadtsuperintendenten Rademacher die geistliche Führung der Glaubensbewegung in Hannover zu übernehmen.[59] In dieser Situation sah sich der Vorsteher zu energischem Eingreifen veranlaßt. Er wies Müller darauf hin, daß das Stift zwar nicht direkt Mitglied der Bekenntnisgemeinschaft sei, sich aber von den kirchenpolitischen Ansichten der Deutschen Christen distanziere. Es ginge nicht an, daß ein Pfarrer einer diakonischen Anstalt, zu deren Vorstand der Landesbischof gehöre, am Kampf gegen diesen teilnehme. Müller habe sich zudem nicht bemüht, die Gemeinden der Landeskirche kennenzulernen. Vor diesem Hintergrund müsse die Übernahme eines kirchenpolitischen Amtes durch ihn als Herausforderung wirken und dem Stift schweren Schaden zufügen.[60] In einem Schreiben an den Vorstandsvorsitzenden von Reden kritisierte Wolff, daß Müller seit mehreren Jahren keine Andacht mehr auf dem Kronsberg gehalten habe und seine

---

56 Wolff an Diakon K., 21. 11. 1935, ASt I 37.
57 Belegt ist ein Vortrag Müllers am 17. 5. 1936 in Steinhude. Er scheint aber auch an anderen Orten gesprochen zu haben. So beklagte sich beispielsweise ein Bekenntnispfarrer aus Laatzen darüber, daß Müller vom Kronsberg aus agitiert habe.
58 Wolff an von Reden, 16. 5. 1936, ASt I 37.
59 Müller an Wolff, 1. 7. 1936, ASt I 37.
60 Wolff an Müller, 30. 6. 1936, ASt I 37.

persönlichen Kontakte mit den Zöglingen auf ein Minimum beschränke. Bei Missionsfesten werde immer wieder moniert, daß das Stephansstift noch einen deutschchristlichen Pastor habe. Er selbst habe sich als Vorsteher immer schützend vor Müller gestellt, wenn dieser aber zum Führer einer Kampfgruppe gegen den Landesbischof werde, dann könne er dies nicht mehr vertreten, weil dies nirgends in der Landeskirche verstanden werden würde.[61] Nach einer telefonischen Unterredung mit Baron von Reden versicherte Müller, daß er keinerlei Amt in der Glaubensbewegung übernehmen werde.[62] Anläßlich einer Nachfrage teilte Wolff im Herbst 1936 dem Evangelischen Reichs-Erziehungs-Verband in Berlin mit, daß er nicht wünsche, daß Müller zu Aufsätzen, Gutachten oder Vorträgen über nationalsozialistische Erziehungsarbeit aufgefordert werde. Müller sei im Stift total isoliert, verhalte sich den Kollegen gegenüber vollkommen ablehnend und beteilige sich nicht an den Konferenzen der Mitarbeiter. Er arbeite eigentlich nur am Schreibtisch und kümmere sich um seine Anstalt so wenig, daß er als Vorsteher in vielen Fällen selbst in die Arbeit eingreifen müsse. Wolff empfahl dagegen Bendokat als Referenten.[63]

Das erneute öffentliche Auftreten Müllers, der seit August 1935 auch Parteimitglied der NSDAP war[64], führte zu einer weiteren Zuspitzung des Konfliktes. Am 25. Februar 1937 sprach Müller vor nur 30 Anwesenden auf einer Versammlung der Deutschen Christen im Gasthaus „Zur Börse" in Hameln. Er bekannte sich zu den Grundsätzen und Zielen der Thüringer Richtung der Deutschen Christen und referierte im Sinne der NS-Propaganda über die „Judenfrage" sowie über Rassekunde und Erbbiologie. Im Hinblick auf die anstehende Kirchenwahl äußerte er, der Bruderrat der Bekennenden Kirche sei eine „verjüdischte Kirche" und der lutherische Rat sei „internationalistisch". Allein die Deutschen Christen seien in der Kirche eine nationalsozialistisch fühlende und handelnde Gruppe.[65] Drei Tage später sprach Müller auf Einladung des örtlichen deutsch-christlichen Pastors Bell in der voll besetzten Aula des Osnabrücker Lyzeums über „Die christliche deutsche Nationalkirche".[66] Aufgrund einer Beschwerde des Osnabrücker Diakoniepfarrers Neumann hatte Wolff am Tag vor der Versammlung von Müllers geplantem Vortrag erfahren. Nach Rücksprache mit dem Landesbischof verzichtete er darauf, gegen Müllers Auftreten einzuschreiten.[67] Wenige Tage nach der Veranstaltung trafen die ersten Protestschreiben bei Wolff ein, der mit Müller umgehend eine dienstliche Unterredung führte und dem Vorstandsvorsitzenden von den neuerlichen Schwie-

---

61 Wolff an von Reden, 30. 6. 1936, ASt I 37.
62 Müller an Wolff, 1. 7. 1936, ASt I 37.
63 Wolff an den Evangelischen Reichs-Erziehungs-Verband in Berlin, 30. 9. 1936, ASt I 37.
64 BDC, Personalakte Hans Müller.
65 Bericht über die DC-Versammlung in Hameln, 25. 2. 1937, ASt I 37.
66 Bericht über die DC-Versammlung in Osnabrück, 28. 2. 1937, ASt I 37.
67 Wolff an von Reden, 27. 2. 1937, ASt I 37.

rigkeiten berichtete.[68] Von Reden drückte daraufhin sein Bedauern aus, daß man Müller nicht bereits früher entlassen habe.[69]

Gleichzeitig hatte sich Duensing als Geschäftsführer der Bekenntnisgemeinschaft an einige Pastoren mit der Bitte gewandt, einen Beschwerdebrief über Müllers Auftreten zu schreiben.[70] Rund ein Dutzend Protestschreiben erreichten den Vorsteher des Stephansstiftes.[71] So forderte der Obmann der Bekenntnisgemeinschaft in Osnabrück, dafür zu sorgen, „daß die Propaganda eines Anstaltsgeistlichen des Stephansstiftes zugunsten der Thüringer D.C. ein für alle mal unterbleibt." Offen wurde ausgesprochen, daß die Willigkeit der Gemeinden, Kollekten für das Stephansstift einzusammeln, durch Müllers Agitation gegen den Landesbischof in Frage gestellt werde.[72] Wolff befand sich damit in einer schwierigen Lage. In einer Beschlußvorlage für den Stiftsvorstand hatte er festgestellt, daß das öffentliche oder private Eintreten für die Ziele der Thüringer DC nicht mit dem Amt eines Pastors am Stephansstift zu vereinbaren sei. Zudem versuchte er, den Vorstandsmitgliedern Hartmann und Brandes zu vermitteln, daß Müller für das Stift nicht mehr tragbar sei.[73] Nach einem persönlichen Gespräch mit Müller kam Hartmann aber zu dem Schluß, daß keine Treupflichtverletzung vorliege und wies darauf hin, daß man auch Bendokat nicht verboten habe, für die von ihm vertretene Richtung zu agitieren.[74] Wolff mußte Baron von Reden berichten, daß Schatzrat Hartmann angedeutet habe, daß bei einem weiteren Vorgehen gegen Müller für ihn eine Situation entstehen könne, in der er seine Mitgliedschaft im Vorstand des Stephansstiftes gezwungenermaßen niederlegen müsse. Der bei der Provinzialbehörde für die Fürsorgerziehung zuständige Dezernent, Landesrat Koeppchen, habe den Standpunkt eingenommen, daß es nicht „opportun" sei, im Augenblick die Angelegenheit Müller weiter zu erörtern.[75] Diese prekäre Situation wird in Wolffs Antwortschreiben an die protestierenden Bekenntnispfarrer angedeutet. Er gehöre der Bekenntnisseite „von Herzen an"[76], versicherte Wolff. Der Vorstandsvorsitzende und er stünden nun aber vor der Frage, ob sie gegebenenfalls „auch Kämpfe mit der Provinzialverwaltung austragen wollten." Das Wohl des Stiftes und die von ihm geforderte Entlassung von Müller seien miteinander unvereinbar geworden.[77] Der für den Konfliktfall nicht auszuschließende Rückzug der 500 im Stift untergebrachten Zöglinge durch die Provinzialverwaltung würde das Schicksal der Anstalt besiegeln.[78] Als Vorsteher habe er oft darunter gelitten, als Taktiker gelten zu müssen. Er sei nun in der Stimmung, seine Aufgabe abzugeben und ein Gemeindepfarramt zu überneh-

---

68 Briefe Wolffs an von Reden vom 4. 3. und 5. 3. 1937 sowie an den Landesbischof, 5. 3. 1937, ASt I 37.
69 Von Reden an Wolff, 2. 3. 1937, ASt I 37.
70 Mehrere Briefe an Pastoren, alle vom 19. 3. 1937, ASt I 37.
71 LKA: S 1, H I 915 und H II 421.
72 Pfarrer Schlie (Osnabrück) an Wolff, 20. 3. 1937, LKA: S 1, H II 421.
73 Wolff an Hartmann, 18. 3. 1937, und an Brandes, 16. 3. 1937, ASt I 37.
74 Hartmann an Wolff, 18. 3. 37, ASt I 37.
75 Wolff an von Reden, 19. 3. 1937, ASt I 37.
76 Wolff an Pastor Neddenriep in Uetze, 24. 3. 1937, ASt I 37.
77 Wolff an Superintendent Jakobi in Bleckede, 22. 3. 1937, ASt I 37.
78 Wolff an Pastor Ehlers in Schledehausen (bei Osnabrück), 21. 3. 1937, ASt I 37.

men. Aber, so fragte Wolff, sollte es nicht richtiger sein, wenn er in einer so schwierigen Lage auf seinem Platz bliebe, um zu retten, was zu retten sei? Das könne er aber nur, wenn er das Vertrauen der Amtsbrüder und Gemeinden habe. Er sei in den letzten vier Jahren sechsmal bei unterschiedlichen Behörden denunziert worden. Allmählich fingen auch bei ihm die Nerven an zu versagen.[79]

Am 22. März 1937 forderte Baron von Reden Müller nochmals auf, sich nicht mehr als Redner für die Deutschen Christen zu betätigen. Obgleich dessen Position durch einen Erlaß des Reichskirchenministers, daß disziplinarische Maßnahmen aufgrund von kirchenpolitischen Angelegenheiten zu ruhen hätten[80], gestärkt worden war, akzeptierte Müller diese Beschränkung seiner Tätigkeit, behielt sich aber ausdrücklich vor, auch außerhalb des Stiftes Gottesdienste zu halten. Gleichzeitig bemühte sich Wolff um Schadensbegrenzung. Beispielsweise bat er den Landessuperintendenten, sich aktiv für die Beilegung der entstandenen Verägerung einzusetzen, „denn für das Stephansstift ist es unerträglich, wenn die Angelegenheit im Lande so aufgefaßt wird, als ob die Anstalt den alten Boden, auf welchem sie gegründet worden ist, verlassen hätte."[81]

Die komplizierte interne Situation des Stiftes und die wachsende Bereitschaft des Staates, die Entkonfessionalisierung des Fürsorgewesens in Angriff zu nehmen[82], führten dazu, daß Wolff in der Folgezeit noch pragmatischer und kompromissloser auf Konflikte reagierte, die den Bestand seiner Anstalt gefährden konnten. Problematische Bestrebungen, die geeignet waren, das Stephansstift bei den staatlichen Behörden in Mißkredit zu bringen, sah er vor allem durch die kirchenpolitische Tätigkeit Bendokats gegeben. Dieser war 1933 noch mit einem ganz auf der Linie der NS-Propaganda liegenden Artikel über die „nationalpolitische Erziehung im Fürsorgeheim" hervorgetreten[83], in dem er sich energisch gegen eine politisch neutrale Erziehung gewandt hatte. Die konkreten Aufgaben, auf die sich die politische Arbeit im Fürsorgeheim konzentriere, seien Wehrsport, Hitlerjugend und politischer Unterricht. Es gehe darum, den Typus des Gelehrten durch den des Soldaten zu ersetzen. Ziel der Fürsorgetätigkeit sei die Erziehung zum deutschen, nationalen Sozialismus, der dem konservativen Nationalismus entgegengesetzt sei.[84]

Im Herbst 1933 war Bendokat der SA beigetreten.[85] Nach dem Ausscheiden von zwei Dozenten aus ihrer Unterrichtstätigkeit in der Diakonenausbildung, hatte

---

79 Ebenda.
80 Der Erlaß des Reichskirchenministers Kerrl stammt bereits vom 15. 2. 1937, wurde aber erst am 23. 3. 1937 im Hannoverschen Kurier publik gemacht.
81 Wolff an Landessuperintendent Laasch, 7. 4. 1937, LKA, L 5a, 161, Faszikel 12.
82 Wolff berichtete am 27. 9. 1937 von Reden über ein vertrauliches Gespräch mit dem Dezernenten Dr. Weber von der westfälischen Provinzverwaltung in Münster, bei dem er sich informierte, inwieweit in Westfalen konfessionelle Heime vom Staat übernommen worden seien.
83 Monatsbote, Nr. 8–12/1933, S. 125–134. Für Mehl, Mission, S. 315, ist dieser Artikel Indiz für den „pädagogischen Bankrott" der Erziehungsarbeit des Stephansstiftes.
84 Monatsbote Nr. 8–12/1933, S. 128 f. Es existiert auch ein nur leicht vom veröffentlichten Artikel abweichendes Manuskript von Bedokat mit dem Titel „Politische Erziehung im Fürsorgeheim", ASt I 612.
85 ASt I 997.

Wolff den bisher im Erziehungsheim auf dem Kronsberg tätigen Mitarbeiter dem Vorstand empfohlen.[86] Bereits nach kurzer Zeit war es aber zu einer ersten Verstimmung zwischen Wolff und Bendokat gekommen, als letzterer es ablehnte, eine von der Staatsregierung angesetzte Feierstunde zu gestalten. Zudem hätte Bendokat kein besonderes Interesse an der Wortverkündigung gezeigt.[87] Wolff fühlte sich zusätzlich in seiner Autorität angegriffen, als Bendokat ihm gegenüber erklärte, er sei nicht der „Kollaborator des Vorstehers".[88] Nachdem Bendokat sich für sein Verhalten entschuldigt hatte, durfte er seine Tätigkeit im Stift fortsetzen, ohne allerdings sofort eine feste Anstellung zu erhalten. Im Sommer 1935 setzte sich Wolff dafür ein, Bendokat, „den wir alle sehr schätzen gelernt haben"[89], als Hilfsprediger zu ordinieren. Die entschiedene kirchenpolitische Position Bedokats, der zum bruderrätlichen Oppositionskreis innerhalb der Bekenntnisgemeinschaft gehörte, führte allerdings zunehmend zu Konflikten. Wolff bemängelte gegenüber Baron von Reden, daß Bendokat aus der Bekenntnisgemeinschaft ausgetreten sei, weil diese „seiner Meinung nach nicht bekenntnismäßig genug war. Er vertritt einen Standpunkt, der hier in der Landeskirche tatsächlich nur von ganz wenigen vertreten wird..."[90] Der renitente Hilfsprediger habe bereits anläßlich der auf der Oeynhausener Synode vollzogenen Trennung der Kirchenführer von der Dahlemer Richtung der Bekennenden Kirche „gegen den Standpunkt des Herrn Landesbischof Front gemacht." Man habe es hier mit „dem äußersten Flügel der Bekenntnisgemeinschaft" zu tun und es sei davon auszugehen, daß Bendokat auch in Zukunft nicht zögern würde, den Landesbischof zu desavouieren.[91] Dieses Auftreten habe gerade auch in Bekenntniskreisen Anstoß und Befremden erregt und Landesbischof Marahrens habe sich bereits geäußert, „daß die Art, wie Herr Dr. Bendokat sich betätige, ihm auf die Nerven falle, und daß er fast bedaure, daß Herr Dr. Bendokat in die Hannoversche Landeskirche aufgenommen sei."[92]

Zum offenen Ausbruch des Konfliktes kam es, als Wolff Ende August 1937 das Verlesen einer Kanzelabkündigung der Kirchenführer im sonntäglichen Gottesdienst des Stephansstiftes verhinderte.[93] Zur Begründung erklärte der Vorsteher gegenüber Baron von Reden: „...es ist für mich innerlich ausgeschlossen, kritische Bemerkungen gegenüber einem Staat zu machen, in dessen Auftrag ich gleichzeitig sozusagen zwangsweise Zöglinge und Pfleglinge in die Kirche führe..."[94] Was in einer Gemeindekirche möglich oder unter Umständen sogar geboten sei, so Wolff,

---

86 Wolff an von Reden, 3. 9. 1933, ASt I 612.
87 Wolff an von Reden, 16. 1. 1934, ASt I 612.
88 Wolff an von Reden, 17. 1. 1934, ASt I 612.
89 Wolff an von Reden, 17. 8. 1935, ASt I 608.
90 Wolff an von Reden, 17. 9. 1937, ASt I 613.
91 Ebenda.
92 Wolff an von Reden, 30. 8. 1937, ASt I 613.
93 Wolff an von Reden, 17. 9. 1937, ASt 613. Diese Verlautbarung über das aktuelle Verhältnis zwischen Staat und Kirche wurde anscheinend in fast allen hannoverschen Gemeinden am 29. August 1937 verlesen. In der ganzen Landeskirche sollen allerdings das Henriettenstift und das Friederikenstift die einzigen Einrichtungen der Inneren Mission gewesen sein, in denen die Abkündigung stattfand.
94 Wolff an von Reden, 30. 8. 1937, ASt 613.

könne für eine Anstaltskirche nicht ohne weiteres in Frage kommen. Da Bendokat bereits in einem früheren Gottesdienst kritische Äußerungen über das Verhältnis zum gegenwärtigen Staat gemacht habe, die die Mitarbeiter des Stephansstiftes in größte Erregung versetzt hätten, habe er selbst den Gottesdienst übernommen und sich bemüht, in besonderer Entschiedenheit das Bekenntnis zu predigen ohne die kritischen Passagen der Abkündigung wörtlich zu verlesen. Bendokat habe ihm tags darauf einen Bruch der Solidarität vorgeworfen und ihm mitgeteilt, daß er beim zuständigen Superintendenten Anzeige erstattet habe. Daraufhin beurlaubte Wolff seinen Mitarbeiter mit sofortiger Wirkung und teilte dem Vorstandsvorsitzenden mit, daß er nicht länger mit Bendokat zusammenarbeiten könne.[95] Seine Verärgerung war so groß, daß er den Vorfall noch am selben Tag gegenüber dem Stadtschulrat erwähnte und damit einen Mechanismus der politischen Überwachung in Gang setzte. Über den Stadtschulrat erfuhr der Regierungspräsident, Bendokat habe ein Rundschreiben mit „Spitzen gegen die Regierung" im Gottesdienst verlesen wollen. In seiner amtlichen Denunziation äußerte der Schulrat weiter, er melde den Vorgang, weil er überzeugt sei, daß Bendokat Anhänger von Niemöller sei und sich im staatsfeindlichen Sinne betätige. Schließlich kam er zu dem Schluß: „Pastor Wolff halte ich für einen entschiedenen Anhänger der Bekenntnisfront. Wenn er so von Dr. Bendokat abrückt, dann erscheint die Nachprüfung der politischen Haltung Dr. Bendokats durch die Geheime Staatspolizei dringend erforderlich."[96]

Zusammenfassend ist festzustellen, daß für Wolff die kirchenpolitischen Aktivitäten Bendokats und Müllers in gleicher Weise Störungen seines gemäßigten „neutralen" Kompromisskurses darstellten: „Es scheint, daß die beiden auf den äußersten Flügeln stehenden Herren es nicht mit ansehen können, daß der Vorsteher des Stephansstiftes um des Lebens der Anstalt willen Wege gehen muß, die ihnen theologisch nicht liegen."[97] So kam es Wolff durchaus gelegen, als Bendokat in einem persönlichen Gespräch am Mitte September 1937 sein Dienstverhältnis kündigte. Dieser begründete seinen Schritt damit, daß ein unüberbrückbarer sachlicher Gegensatz zwischen ihm und dem Vorsteher des Stiftes darüber bestehe, was die Aufgabe der Inneren Mission in dieser Zeit sei. „Es geht dabei in der Hauptsache um die Frage, ob die Innere Mission und die kämpfende Kirche heute unter allen Umständen auch bei konkreten Anlässen zusammengehören oder nicht."[98] Befriedigt konnte Wolff daraufhin dem Vorstandsvorsitzenden von Reden mitteilen, daß Bendokat eingesehen habe, daß „sein Weg ihn aus dem Stephansstift herausführe".[99]

Inzwischen hatte sich das Bemühen der Provinzialverwaltung, die Fürsorgeerziehung zu „entkonfessionalisieren", also den kirchlichen Einrichtungen zu entziehen,

---

95 Wolff an von Reden, 30. 8. 1937, ASt I 613.
96 Der Stadtschulrat an den Regierungspräsidenten, Abt. für Kirchen und Schulen, 31. 8. 1937, StAH: Schulamt 3237. Einschneidende Folgen der angeregten Überprüfung durch die Gestapo sind nicht belegt.
97 Wolff an von Reden, 30. 8. 1937, ASt I 613.
98 Bendokat an von Reden, 13. 9. 1937, ASt I 613.
99 Wolff an von Reden, 11. 9. 1937, ASt I 613.

weiter verstärkt.[100] Vorstandmitglied Hartmann warnte Wolff davor, das Angebot der Provinz zur Übernahme des Erziehungsheimes auf dem Kronsberg in staatliche Regie auszuschlagen. Die Provinzialverwaltung könne sonst unabhängig vom Kronsberg eine eigene Anstalt für schulentlassene Zöglinge schaffen und damit das Stephansstift „aushöhlen".[101] Im Gegensatz zur Situation in Westfalen war in Hannover die Zahl der Überweisungen von Fürsorgezöglingen in die konfessionellen Anstalten stark zurückgegangen.[102] Dennoch vertrat Wolff die Ansicht, daß die Provinzialverwaltung angesichts des hinhaltenden Widerstandes gegen die Entkonfessionalisierung den Rückzug angetreten habe. In einem ausführlichen Bericht über seine vertraulichen Gespräche mit der westfälischen Provinzialverwaltung wies Wolff Baron von Reden darauf hin, daß die Übernahme der Fürsorgeerziehungsheime durch die Provinz wesentlich teurer sei als die Arbeit der kirchlichen Anstalten. Selbst wenn das Erziehungsheim auf dem Kronsberg seine Arbeit ganz einstellen müßte, sei die regelmäßige Schuldentilgung des Stiftes noch gewährleistet. Er habe daher den Eindruck gewonnen, daß das Stephansstift sich nicht nervös machen lassen sollte, sondern tunlichst auch weiterhin seine Arbeit ruhig fortsetzen solle.[103] Im Stiftsvorstand beantragte Wolff, das Kaufangebot der Provinzialverwaltung, die das Heim auf dem Kronsberg für eine Million Reichsmark erwerben wollte, endgültig abzulehnen. Diese Außenstelle sei für die Zukunft des immer mehr in den Bereich der Großstadt einverleibten Stiftes in Kleefeld „lebenswichtig".[104]

Nun versuchte Wolff auch den zweiten Störfaktor, den deutsch-christlichen Pastor Müller, aus dem Stift zu entfernen. Der staatliche Vertreter Hartmann riet hierbei dringend, nicht das unhaltbare Verhältnis Müllers zur Landeskirche, sondern eine Umstrukturierung der Fürsorgeerziehung als Begründung für den Wunsch nach freiwilligem Ausscheiden Müllers anzugeben: „Stellen Sie sich die Entrüstung innerhalb der Partei vor, wenn Müller als Amtswalter zur Partei kommt, sein Ausscheiden meldet und dann auf Befragen ihre Begründung angibt und angeben muß, daß es einen fürchterlichen Krach der Stiftsleitung mit der Partei gibt...".[105] Diese Situation sei für ihn als Beamten der Provinzialverwaltung untragbar und würde ihn zum Ausscheiden aus dem Vorstand zwingen. Das Verhältnis des Stiftes zum Landeshauptmann müßte sich dann notwendigerweise ungünstig gestalten. „Verstehen Sie bitte meinen Wunsch richtig: er liegt im Sinne des Friedens des Stiftes mit Partei und Provinz."[106]

---

100 Bereits im Sommer 1936 hatte man sich im Vorstand des Stephansstiftes sorgenvoll mit der Bedrohung auseinandergesetzt, daß die Fürsorgeerziehung den Anstalten der Inneren Mission in naher Zukunft von der Staatsregierung entzogen werden könnte (Protokoll der Vorstandssitzung vom 1. 7. 1936, ASt I 286).
101 Hartmann an Wolff, 22. 9. 1937, ASt I 613.
102 Hartmann an Wolff, 4. 10. 1937, ASt I 613.
103 Wolff an von Reden, 27. 9. 1937, ASt I 613. Schatzrat Hartmann hatte auf Nachfrage erklärt, daß der Landeshauptmann nicht abgeneigt sei, dem Stephansstift geistig behinderte Patienten zuzuweisen, falls der Anstalt die Fürsorgeerziehung abgenommen würde.
104 Protokoll der Vorstandssitzung vom 8. 11. 1937, ASt I 613.
105 Hartmann an Wolff, 23. 10. 1937, ASt I 613.
106 Ebenda.

Obwohl Müller durchaus erkannt hatte, daß die Deutschen Christen in absehbarer Zeit keinen wesentlichen Einfluß mehr auf die kirchliche Entwicklung gewinnen würden[107], erklärte er, daß er sich nicht freiwillig entschließen könne, seine Stellung im Stephansstift aufzugeben. Die Reichsführung der Nationalkirchlichen Bewegung habe ihm erklärt, daß er nicht für seine Person, sondern für die Deutschen Christen auf seinem Posten stehe. Der Bund für deutsches Christentum müsse Wert darauf legen, auch in der Inneren Mission Einfluß zu behalten. Infolgedessen könne nicht zugelassen werden, daß einer der Mitarbeiter kampflos einen wichtigen Platz räume.

Als Müller im Januar 1938 einer Feierstunde für die Nationalkirchliche Einung der Deutschen Christen in Peine hielt, kam es zu heftigen Protesten der dortigen Pastoren.[108] Im September 1938 beklagte sich Duensing erneut bei Wolff, daß Müller in der „Nationalkirche", der Zeitschrift der Thüringer Deutschen Christen, laufend Artikel publiziere.[109] Wolff erwiderte, daß Müller sich sich seit der mit ihm getroffenen Abmachung über seine kirchenpolitische Enthaltsamkeit „tatsächlich sehr zusammengenommen" habe. Hin und wieder traue er persönliche Freunde, halte dabei aber den üblichen Weg ein und bitte die zuständigen Geistlichen um Genehmigung. Im Hinblick auf die beanstandete publizistische Tätigkeit wies Wolff darauf hin, daß er und der Stiftsvorstand mittlerweile noch weniger als früher in der Lage seien, mit Gewaltmaßnahmen gegen Müller vorzugehen. Dieser genieße „an gewissen Stellen großes Vertrauen".[110]

Im Februar 1939 hatten sich die Verhältnisse im Erziehungsheim Kronsberg weiter verschärft. Wolff warf Müller nun vor, daß die Art, wie das Heim schon seit längeren Jahren pädagogisch geleitet werde, nicht länger ertragen werden könne. Er konnte dabei auf eine Intervention der Fürsorgebehörde Bezug nehmen, die im Sommer 1938 erklärt hatte, keine Zöglinge mehr auf den Kronsberg einzuweisen, da die pädagogische Leitung unzulänglich sei.[111] Unter Inanspruchnahme eines Rechtsanwaltes wurde Müller nahegelegt, zu kündigen, da man ihn sonst fristlos entlasse.[112]

Gleichzeitig wurde Müller durch eine Satzungsänderung aus dem Stiftsvorstand herausgedrängt.[113] Der angegriffene DC-Pfarrer mußte verwaltungsmäßige Versäumnisse und finanzielle Unregelmäßigkeiten einräumen. Da er „in den Rahmen des Stephansstiftes nicht mehr recht hineinpasse", sprach er im Juni 1939 seine Kündigung zum Jahresende aus[114], stellte aber schon Anfang August seine Tätigkeit

---

107 Nach einem Bericht von Wolff an Marahrens, 9. 10. 1937, ASt I 71.
108 Wolff an Superintendent Siemers in Peine, 30. 1. 1938, ASt I 71.
109 Duensing an Wolff, 19. 9. 1938, ASt I 71.
110 Wolff an Duensing, 22. 9. 1938, ASt I 71.
111 Wolff an Müller, 17. 2. 1939, ASt I 71.
112 Wolff an Rechtsanwalt Phillippi, 21. 2. 1939, ebda.
113 Protokoll der Vorstandssitzung vom 17. 3. 1939, ASt I 286.
114 Notiz zur Akte Pastor Müller, 22. 6. 1939, ASt I 71.

als Leiter des Erziehungsheimes ein[115] und wechselte nach einigen Monaten in den Pfarrdienst der anhaltinischen Landeskirche.[116]

Während des Krieges wurde die Diakonenausbildung im Stephansstift eingestellt, da die Landeskirche keine Zuschüsse mehr zahlte. Die Schließung der Wohlfahrtspflegerschule konnte aber durch die Ausdehnung der Fürsorgearbeit aufgefangen werden. Während das Stift 1938/39 finanzielle Verluste verkraften mußte, verlief das Geschäftsjahr 1940/41 dagegen „besonders befriedigend".[117] Der Versuch des hannoverschen Jugendamtsleiters, die gesamte Anstalt der Reichsjugendführung und der Reichsleitung der Deutschen Arbeitsfront zu übergeben, konnte durch eine persönliche Intervention des Vorstandsvorsitzenden von Reden beim Gauleiter verhindert werden.[118] Schließlich wurde das Erziehungsheim auf dem Kronsberg im August 1943 durch Bombenangriffe schwer beschädigt. Die Zöglinge des Knabenhofes mußten evakuiert werden.[119]

Die „große Klugheit im Umgang mit Menschen"[120] und die „Wendigkeit im Erfassen neuer Situationen"[121], die Vorsteher Wolff bescheinigt wurden, kam wohl auch zum Tragen, als er sich im Sommer 1944 ganz besonders um Assessor Fratzscher bemühte, der zu diesem Zeitpunkt immerhin bereits dreizehn Jahre im Stift tätig war. Nachdem Fratzscher gerade geheiratet hatte und entschlossen sei „etwas länger bei uns zu bleiben", sorgte Wolff für eine zusätzliche Altersversorgung.[122] Als eine der führenden Persönlichkeiten der Bekenntnisgemeinschaft spielte Fratzscher nach dem Kriegsende eine wichtige Rolle beim Neuaufbau demokratischer Strukturen. Von 1945 bis 1971 war er als Generalsekretär für die CDU in Niedersachsen tätig. Von 1949 bis 1970 gehörte er, mit einer Unterbrechung von vier Jahren, dem niedersächsischen Landtag an.

Welche Bilanz hatte das Stephansstift über die Jahre der NS-Herrschaft zu ziehen? Durch konsequentes Zusammenwirken war es Vorsteher Wolff und dem Vorstandsvorsitzenden von Reden gelungen, die Existenz der diakonischen Anstalt während des Dritten Reiches zu erhalten. Die von Wolff konsequent vertretene „neutrale" hannoversche Linie bedingte ein rigoroses Hinausdrängen kirchenpolitisch exponierter und daher wenig kompromissbereiter Mitarbeiter. Bendokat stellte für diese auf Kompromiss und Mitarbeit im NS-Staat angelegte Konzeption als „radikaler" Vertreter der bekennenden Richtung in gleicher Weise einen zu eliminierenden Störfaktor dar wie DC-Pfarrer Müller. Bemerkenswert ist, daß die Auseinandersetzungen im Stephansstift auf unterer Ebene recht genau die strukturellen

---

115 Wolff gegenüber hatte er geäußert, daß er entweder im volksmissionarischen Dienst der Nationalkirchlichen Einung der Deutschen Christen oder als Offizier tätig werden wolle (Wolff an von Reden, Hartmann, Marahrens und Laasch, alle Briefe vom 8. 11. 1939, ASt I 71).
116 Frau Müller-Zadow an Wolff, 14. 9. 1953, ASt I 71.
117 Protokolle der Vorstandssitzungen vom 28. 11. 1939, 6. 8. 1940 und 14. 11. 1941 (ASt I 286).
118 Nach einem Bericht Wolffs, zitiert bei Klügel, Landeskirche, S. 445.
119 Protokoll der Vorstandssitzung vom 7. 10. 1943, ASt I 286. Vgl. auch Mehl, Mission, S. 322f.
120 So eine Charakterisierung in: Hundert Jahre Stephansstift, Hannover 1969, ohne Seitenzählung.
121 So Landesbischof Lilje anläßlich der Pensionierung Wolffs im Jahre 1960, ebenfalls nach: Hundert Jahre Stephansstift.
122 LKA, E 2, 139.

Konflikte widerspiegeln, die auch den innerkirchlichen Streit auf der Ebene der Kirchenführung bestimmten. Dabei erweist sich, daß die in der hannoverschen Landeskirche mehrheitlich vertretene „neutrale Position" vom entschiedenen Bekenntnisstandpunkt Dahlemer Richtung ähnlich stark distanziert war wir von der Position der Deutschen Christen.

## 6.4 Konflikte, Verweigerungshaltungen und Eingriffe in anderen Einrichtungen der Inneren Mission

Das Henriettenstift war von Anfang an der Bekenntnisgemeinschaft eng verbunden. Bevor die Gemeinschaft ihr Büro in der Weinstraße einrichten konnte, wurden Flugblätter im Stift hergestellt und Beratungen in seinen Räumen abgehalten.[123] Zahlreiche größere Versammlungen und Gottesdienste der Bekenntnisgemeinschaft fanden im Saal des Henriettenstiftes statt.[124] Das Büro des Vorstehers Otto Meyer[125], der zu den Gründungsmitgliedern der Gemeinschaft gehörte, wurde nach staatsfeindlichen Schriften durchsucht. Drei Monate lang, so berichtete Meyer nach Kriegsnde, sei seine Post sowie die seiner Oberin und seiner Sekretärin überwacht worden.[126] Von Parteiseite sei man auf privater Ebene gegen die Überlassung des Saales an die Bekenntnisgemeinschaft vorstellig geworden.[127] Nach der nationalsozialistischen Machtübernahme sei die Stiftung durch Drohung der gerichtlichen Verfolgung einzelner Schwestern vom Gauamtsleiter der Nationalsozialistischen Volkswohlfahrt gezwungen worden, ihre Schwestern aus dem Krankenhaus I (heute Nordstadt-Krankenhaus) zurückzuziehen, um Platz zu machen für die Etablierung der „braunen Schwesternschaft". Ein aus 70 Hausgehilfinnen bestehender Jugendverein sei aufgrund des Verbotes der vereinsmäßigen kirchlichen Jugendarbeit aufgelöst worden.[128]

Pastor Friedrich Wasmuth[129], Leiter des zur Henriettenstiftung gehörenden Mädchenheimes Birkenhof, berichtete 1945 von mehreren Anzeigen gegen ihn und seine Mitarbeiterinnen. Gegen ihn selbst sei eine Post- und Telefonsperre verhängt worden, weil er in einem seelsorgerlichen Brief geschrieben hatte, daß die evangelische und die katholische Kirche gegen den gemeinsamen Feind des Christentums zusammenstehen müßten. Er habe damit seinerzeit den Atheismus gemeint, es sei aber behauptet worden, er haben den Nationalsozialismus treffen wollen. Gleichzeitig sei eine Erzieherin beschuldigt worden, staatsfeindliche Äußerungen gemacht zu haben. Die Hälfte der weiblichen Fürsorgezöglinge sei, ohne nennenswertes Er-

---

123 Bericht von Adolf Wischmann, in: W. Heltig (Hg.), 125 Jahre Henriettenstiftung... neue Wege, alte Ziele, Hannover 1985, S. 200.
124 Fragebogen zur Geschichte der Landeskirche von 1933 bis Kriegsende, Henriettenstift, LKA: S 1 H III 211.
125 Otto Meyer (1885–1957), 1926–1954 Vorsteher des Henriettenstiftes.
126 Otto Meyer an Superintendent Strasser, 1. 10. 1945, LKA, S 1 H III 211.
127 Fragebogen zur Geschichte der Landeskirche..., Henriettenstift, LKA: S 1 H III 211.
128 Otto Meyer an Strasser, 1. 10. 1945, LKA: S 1 H III 211.
129 Friedrich Wasmuth (1882–1967), Pastor am Birkenhof 1920–1949.

gebnis, verhört worden. Letztlich kam es zu keinen gravierenden Eingriffen in die Erziehungsarbeit, selbst der Religionsunterricht konnte weiterhin ungestört erteilt werden.[130] Der „Kirchenkampf" habe sich im Leben des Birkenhofes nicht ausgewirkt, da es keine Deutschen Christen in der Einrichtung gegeben habe. Die Veranstaltungen der Bekenntnisgemeinde in Kirchrode seien von den Gemeindegliedern zahlreich besucht worden, heißt es zusammenfassend in dem 1945 ausgefüllten Fragenbogen.[131]

---

130 Wasmuth an Strasser, 12. 10. 1945, in: LKA, S 1 H II 214.
131 Fragebogen zur Geschichte der Landeskirche…, Birkenhofgemeinde, LKA: S 1 H III 212.

## 7. Institutionelle Loyalität und individuelle Verweigerungshaltungen während der Kriegszeit (1939–1945)

### 7.1 Der Kurs der hannoverschen Kirchenleitung und die staatliche Kirchenpolitik

Wenige Wochen bevor durch den deutschen Überfall auf Polen der Zweite Weltkrieg entfesselt wurde, hatte Bischof Marahrens fünf vom Reichskirchenminister Kerrl vorgelegte „Grundsätze" unterzeichnet, die die Basis einer „den Erfordernissen der Gegenwart entsprechenden neuen Ordnung der Deutschen Evangelischen Kirche" werden sollten.[1] Das Bemühen durch einen Kommentar die Erklärung entscheidend abzuschwächen, mißlang Marahrens.[2] Die nationalsozialistische Weltanschauung wurde für evangelische Christen als verbindlich erklärt. Es gäbe im Bereich des Glaubens keinen schärferen Gegensatz „als den zwischen der Botschaft Jesu Christi und der jüdischen Religion der Gesetzlichkeit und politischen Messiashoffnung"[3], hieß es in diesen Grundsätzen. Im Gehorsam gegen die göttliche Schöpfungsordnung bejahe die evangelische Kirche die Verantwortung für die Reinerhaltung des deutschen Volkstums und stehe damit im Einklang mit der nationalsozialistischen Weltanschauung, die „mit aller Unerbittlichkeit den politischen und geistigen Einfluß der jüdischen Rasse auf unser völkisches Leben" bekämpfe.[4] Durch diese weitreichende Loyalitätserklärung, die zumindest indirekt auch die Zustimmung zu diskriminierenden Maßnahmen gegen Juden einschloß[5], war die politische Position des Landesbischofs und der hannoverschen Kirchenführung für die folgenden Jahre festgeschrieben worden.

---

1 Klügel, Dokumentenband, S. 153–155. Außer Marahrens unterschrieben nur noch der deutschchristliche Bischof von Braunschweig (Johnsen) und der Vorsitzende des Kasseler Kirchenausschusses (Happich) diese von Kerrl vorgelegten „Fünf Grundsätze". Meiser und Wurm verweigerten die Unterschrift, nachdem das Kirchenministerium Abänderungen der Vorlage seitens der Kirchenführerkonferenz zurückgewiesen hatte (vgl. Klügel, Landeskirche, S 361–369). Zu der unterschiedlich akzentuierten Bewertung der Unterschrift von Marahrens: Joachim Perels, Die hannoversche Landeskirche im Nationalsozialismus 1935–1945. Kritik eines Selbstbildes, in: Grosse, Bewahren, S. 153–178, hier S. 163 f.; Hans Otte, Ein Bischof im Zwielicht. August Marahrens (1875–1950), in: Grosse, Bewahren, S. 179–222, hier S. 203 f.
2 Der Kommentar ist abgedruckt in Klügels Dokumentenband, S. 155/156. In seinem 1947 abgelegten Rechenschaftsbericht bezeichnet Marahrens die 1939 geleistete Unterschrift unter die „Fünf Grundsätze" als eine Verfehlung seinerseits (Klügel, Landeskirche S. 369 f.).
3 Klügel, Dokumentenband, S. 153 f.
4 Ebenda.
5 Auf die insgesamt „widersprüchlichen Positionen" der Landeskirche zur Entrechtung und Ermordung der Juden hat Perels, Landeskirche, S. 172 ff. dezidiert hingewiesen.

Im Februar und März 1938 waren mit der Gethsemanekirche im östlichen Bereich der List und der Bugenhagenkirche im Neubaugebiet der Südstadt die beiden letzten während der NS-Zeit in Hannover erbauten Kirchen eingeweiht worden. Der neu gebildete Kirchenvorstand der Bugenhagenkirche wurde aus diesem Anlaß eingehend staatspolitisch überprüft. Zwar befand sich erstaunlicherweise nur ein NSDAP-Mitglied unter den acht Laien, aber mehreren Kirchenvorstehern wurde von der Gestapo ihre Mitgliedschaft in der SA, der NSV oder anderen Gliederungen und Nebenorganisationen der NSDAP zugute gehalten. Parteimitgliedschaften der Ehefrauen und Kinder wurden in dem ausführlichen Dossier ebenso vermerkt wie die Spendenbereitschaft für das Winterhilfswerk und den Eintopfsonntag.[6] Da in keinem Fall belastende Erkenntnisse vorlagen, wurde die vom Regierungspräsidenten zur Auflage gemachte Zustimmung seiner Dienststelle zur Bildung des Kirchenvorstandes an der Bugenhagengemeinde erteilt.[7] Dieser Vorgang zeigt beispielhaft, in welchem Maße kirchliches Handeln in der Radikalisierungsphase des Regimes kontrolliert und beeinflußt wurde. Gleichzeitig bestanden aber offensichtlich punktuell auch erstaunliche Spielräume: So lehnte beispielsweise der Kirchenvorstand der Bugenhagenkirche die Bitte des NSDAP-Ortsgruppenleiters Saarplatz, der Partei Gemeindehaus und Kirchsaal für die Dauer des Krieges zur Benutzung zu überlassen, im November 1939 rundweg ab[8], ohne daß dies schwerwiegende Konsequenzen gehabt hätte.

Die hannoversche Landeskirche verhielt sich, gemäß der im Römerbrief des Apostels Paulus aufgestellten Forderung, daß jedermann seiner Obrigkeit willig untertan sein solle, während der gesamten Kriegszeit der nationalsozialistischen Staatsführung gegenüber uneingeschränkt loyal. Landesbischof Marahrens, der sein Handeln an der „unkritischen Staatsnähe des späten Luthertums" orientierte[9], arbeitete im Geistlichen Vertrauensrat[10] mit und formulierte kritische Einwände gegenüber den Machthabern ausschließlich in vertraulichen Eingaben. So beklagte er das nach dem Tode von Minister Kerrl und der Übernahme der Geschäfte durch Staatssekretär Muhs erheblich verschärfte Vorgehen des Reichskirchenministeriums und die dadurch „aufgebrochene kirchliche Not" in vertraulichen Schreiben an den Chef der Reichskanzlei, Dr. Lammers.[11] Innenminister Frick gegenüber drückte er seine Sorgen über die radikalen Maßnahmen der Judenverfolgung aus, die „das christliche Gewissen weiter Volkskreise schwer beunruhigt haben."[12]

---

6 Staatspolizeistelle Hannover an den Regierungspräsidenten, Abt. für Kirchen und Schulen, 25. 2. 1938 und 22. 5. 1939, NHStA Hannover: Hann. 180 Hann II E 2, Nr. 47.
7 Landeskirchenamt an den Regierungspräsidenten, 25. 1. 1937 und 22. 4. 1939, NHStA Hannover: Hann. 80 Hann II E 2, Nr. 47.
8 Tabellarische Chronik der Kirchengemeinde, KgmA Bugenhagen.
9 Schmidt-Clausen, Marahrens, S. 98. Otte, Bischof, S. 202 f., vertritt in diesem Zusammenhang die Auffassung, Marahrens sei um eines guten Verhältnisses zum Staate willen, „immer wieder in Vermittlungspositionen gedrängt (worden), die er von sich aus nicht bezogen hätte".
10 Karl-Heinz Melzer, Der Geistlichen Vertrauensrat. Geistliche Leitung für die Deutsche Evangelische Kirche im Zweiten Weltkrieg?, Göttingen 1991.
11 Marahrens an Lammers, 11. 5. und 3. 6. 1942, LKA: L 2, 20d, Bd. 1.
12 Marahrens an Frick, 19. 1. 1943, LKA, L 2, 11a.

Konflikte mit der Finanzabteilung und das Engagement des Landesbischofs in der Kirchenführerkonferenz trugen den in ihrer Haltung insgesamt sehr gemäßigten Führerpersönlichkeiten der hannoverschen Kirchenregierung während der Kriegszeit massive Kritik von Seiten radikaler nationalsozialistischer Gegner ein. So behauptete etwa Staatssekretär Muhs in einem Schreiben an die Reichskanzlei, „die Staatsfeindlichkeit des Oberlandeskirchenrates D. Mahrenholz...(sei) seit langem bekannt und hier im Ministerium aktenkundig."[13] Mit ähnlicher Begründung hatte Rechtsanwalt Cölle als Vorsitzender der Finanzabteilung seine Zustimmung zur vertretungsweisen Versehung einer Pfarrstelle in Osterode durch Mahrenholz versagt, da gegen diesen „schwerste politische Bedenken" bestünden. Ihm sei „zur Erreichung der Ziele der Bekenntnisfront jedes Mittel recht." Man müsse ihn „nahezu als Feind des Nationalsozialismus" bezeichnen.[14] Die Überzogenheit der Beurteilung, mit der diese Denunziation arbeitet, wird nicht nur durch die in aller Regel vorsichtig abwägende und durchweg kompromißbereite Politik der hannoverschen Kirchenregierung unter Beweis gestellt, sondern zusätzlich auch durch ein Dossier des Sicherheitshauptamtes erhärtet. Mahrenholz wird hier zutreffend „zur gemäßigten Richtung der Bekenntnisfront"[15] gerechnet und in diesem Sinne zwar als „politisch nicht zuverlässig", aber auch nicht als krasser Regimegegner eingestuft. Möglicherweise hat Muhs die Rolle von Mahrenholz aufgrund der zwischen beiden vorgefallenen persönlichen Auseinandersetzungen bewußt überakzentuiert. Immerhin hatte Mahrenholz sich im Januar 1937 veranlaßt gesehen, von Muhs eine öffentliche Richtigstellung im Hinblick auf einen Artikel in einer deutsch-christlichen Wochenschrift zu verlangen, in der er als Lügner hingestellt worden war.[16]

Selbst Landesbischof Marahrens wurde 1942 von Muhs beim Chef der Reichskanzlei denunziert, er habe durch eine „Mitteilung" der Kirchenführerkonferenz den Führer persönlich kritisiert und dadurch Unruhe in breite Bevölkerungskreise getragen und der ausländischen „Hetzpropaganda" Vorschub geleistet.[17] Ganz im Gegensatz zu dieser haltlosen Unterstellung betonte Marahrens, ganz der lutherischen Tradition[18] folgend, gerade während des Krieges die enge Verbindung zwischen Kirche, Volk und Staat. Wiederholt ließ er sich dazu hinreißen, seiner vaterländischen Gesinnung durch Verwendung völkischen Vokabulars Ausdruck zu verleihen.[19] In einem seiner Wochenbriefe, in dem er auf die Bombardierung Wuppertals einging, forderte Marahrens die Pastoren auf, „Gott zu bitten, daß er unseren Herzen die rücksichtslose Entschlossenheit" schenken möge. Kritiker haben diese

---

13 Muhs an Lammers, 15. 7. 1942, LKA: N 48, 164.
14 Cölle an Muhs, 16. 6. 1942, LKA: N 48, 164.
15 Beurteilung des Oberlandeskirchenrates Dr. phil. Christian Mahrenholz durch das Sicherheitshauptamt Berlin, 24. 11. 1938, IfZ München: MA 292.
16 Mahrenholz an Muhs, 7. 1. 1937, LKA: N 6, II 5. Muhs räumte die Unrichtigkeit dieser Behauptung, die ihm in dem Zeitungsartikel nur in den Mund gelegt worden sei, ein und entschuldigte sich (Muhs an Mahrenholz, 16. 1. 1937, ebenda).
17 Muhs an Lammers, 15. 7. 1942, LKA, N 48, 164.
18 Zur theologischen Standortbestimmung von Marahrens: Otte, Bischof, S. 184 ff.
19 Waldemar Röhrbein, Kirche in Bedrängnis – Die Hannoversche Landeskirche zwischen 1933 und 1945, in: ders. (Hg.), Reformation und Kirchentag. Kirche und Laienbewegung in Hannover, Hannover 1983, S. 209–246, hier S. 242; Perels, Landeskirche, S. 164 ff.

Äußerung als Unterstützung des „totalen Kriegs" gewertet.[20] In einem vom Landesbischof zwar nicht verfaßten, aber gebilligten Telegramm des Geistlichen Vertrauensrates an Hitler ist zum Beginn des Kriegs gegen die Sowjetunion die Rede vom „Pestherd des Bolschewismus", der nun beseitigt werde, „damit in ganz Europa unter Ihrer Führung eine neue Ordnung erstehe und aller inneren Zersetzung, aller Beschmutzung des Heiligsten, aller Schändung der Gewissensfreiheit ein Ende gemacht werde."[21] Als Marahrens nach dem Krieg wegen seiner kooperativen Haltung und seinen mit der nationalsozialistischen Weltanschauung in weiten Bereichen übereinstimmenden Verlautbarungen scharf kritisiert wurde, räumte er ein, in manchen Äußerungen zu weit gegangen zu sein. Hierzu zählte er auch das emphatische Dankgebet „zur gnädigen Errettung unseres Führers" nach dem Umsturzversuch am 20. Juli 1944.[22] Dem Leiter der Finanzabteilung, Rechtsanwalt Cölle, war diese Verlautbarung des Landesbischofs allerdings noch nicht weit genug gegangen. Er hatte gegenüber dem Kirchenministerium in Berlin beanstandet, daß der Landesbischof im seiner Reaktion auf das Attentat nicht noch deutlicher erklärt habe, daß das christliche Deutschland im Kampf gegen den „Erzfeind kirchlicher, religiöser Haltung, den Kommunismus" stehe. „Eine bessere Gelegenheit, die Verbundenheit der Kirche mit der kämpfenden Nation darzutun, hat sich wohl selten geboten. Stattdessen liest man zwischen den Zeilen des Gebets den Aufruf, innerhalb der christlichen Kirche zusammenzustehen gegen alles das, ‚was wider unseren Herrn streitet'. Für mich ergibt sich daraus, daß Kirchenführer von der Art des Landesbischof Marahrens niemals mehr die Zeichen der Zeit begreifen und zur Führung einer wohlverstandenen Volkskirche völlig außerstande sind."[23]

Auf staatlicher Seite war die endgültige Lösung der Kirchenfrage auf die Zeit nach dem erwarteten Endsieg verschoben worden. Hitler hatte angeordnet, während des

---

20 Klügel, Landeskirche, S. 405 f. Eine dezidierte Kritik an der verkürzten Sichtweise Klügels, der die theologische Rechtfertigung des Kriegs durch den Landesbischofs und die hannoverschen Kirchenleitung aus apologetischer Perspektive relativiert hat, bei: Kathrin Meyn/Heinrich Grosse, Die Haltung der hannoverschen Landeskirche im Zweiten Weltkrieg, in: Grosse, Bewahren, S. 429–460, sowie bei Perels, Landeskirche, S. 164 ff.

21 Das Telegramm des Geistlichen Vertrauensrates vom 30. 6. 1941 wurde mit den Namen Marahrens, Schultz und Hymmen gezeichnet. Nach Klügel soll Hymmen der Verfasser dieses und anderer in völkischem Vokabular gehaltener Aufrufe des Geistlichen Vertrauensrates gewesen sein (Klügel, Landeskirche, S. 403 f., Anm. 138). Fest steht allerdings, daß der Wortlaut des Telegramms zum Beginn des Rußlandfeldzuges mit Billigung von Marahrens durch das Landeskirchenamt am 5. Juli 1941 an die Kirchengemeinden zur Kenntnisnahme gesandt wurde (KgmA Herrenhausen Alt Reg. 153 und KgmA St. Martin Linden A 110, 1 II).

22 KABl. 21. 7. 1944, Stück 11. Nach Schmidt-Clausen, Marahrens, S. 85 f., soll angeblich der noch aus der deutsch-christlichen Periode übernommene Präsident des Landeskirchenamtes, Schnelle, der Urheber dieses Danktelegramms gewesen sein. Marahrens, der später äußerte, Telegramm und Dankgebet hätten einen „Unwürdigen" erreicht, soll danach 1944 Schnelle nur gedeckt haben. Einen nachprüfbaren Beweis für seine These bleibt Schmidt-Clausen allerdings schuldig. Zur kritischen Einordnung des „Dankgebetes": Perels, Landeskirche, S. 175 f.

23 Cölle an das Reichsministerium für kirchliche Angelegenheiten, 24. 7. 1944, LKA, S 1, H I 1102.

Kriegs keine Maßnahmen gegen die Kirche durchzuführen.[24] Dennoch kam es zu einer spürbaren Einengung des Tätigkleitsfeldes der kirchlichen Arbeit. So wurde beispielsweise die Krankenhausseelsorge und die Versendung von religiösen Schriften an Soldaten untersagt. Im Juni 1941 erfolgte reichsweit die weitgehende Stilllegung der christlichen Presse. Aufgrund der Papierbewirtschaftung mußten in Hannover die einzelnen Gemeindeblätter eingestellt werden, die nun in einem Kirchenblatt für die ganze Stadt zusammengefaßt wurden. Deutsch-christliche Blätter wurden von den Einschränkungen ebenso betroffen wie bekenntnis-orientierte Schriften. Die im Hannoverschen Kurier regelmäßig veröffentlichten „Sonntagsbetrachtungen" durch stadthannoversche Pfarrer mußten auf Anordnung des Gauleiters im Mai 1942 eingestellt werden. Vorübergehend wurde die Verlagsbuchhandlung Feesche, die einzige größere evangelisch geprägte Buchhandlung in Hannover, geschlossen und mußte eine andere Firma in ihren Räumen aufnehmen. Durch die Tätigkeit der staatlichen Finanzabteilung konnte das Reichskirchenministerium bei Stellenbesetzungen, Disziplinarsachen und Konfliktfällen Einfluß auf innerkirchliche Entscheidungen nehmen.[25]

In der Regel leistete die Kirche auch bei den zahlreichen Rohstoffsammlungen für die Kriegswirtschaft die von ihr erwarteten Beiträge. So wurde 1942 ein großer Teil der Kirchenglocken vom Staat eingezogen. Zu einem Zwischenfall war es im April 1940 gekommen, als die Kirchengemeinde in Misburg sich geweigert hatte, ein das Kirchengrundstück umgebendes kunstgeschmiedetes Eisengitter im Rahmen der Entgitterungsaktion abzugeben. Unbekannte rissen das Gitter aus seinem Fundament und stürzten es um. In der Kirchengemeinde herrschte starke Empörung. Der Kirchenvorstand habe die Ablieferung des Gitters abgelehnt, da es sich um einen handwerklichen Kunstgegenstand aus der Werkstatt des Stephansstiftes handele. Offensichtlich hatten die Täter daran Anstoß genommen, daß die Gemeinde Misburg den Zaun um das Gelände der Gemeinschaftsschule entfernt habe, während die Umzäunung des Kirchengrundstückes stehengeblieben war. Kirchenvorstand und Kirchengemeinde glaubten in der nächtlichen Aktion „das Bemühen sehen zu müssen, die Ablieferung des Gitters zu der sogenannten Schrottsammlung erreichen zu wollen." Man erstattete Strafanzeige gegen Unbekannt.[26]

Die Erfüllung der „vaterländischen Pflichten" als Soldat galt den meisten Protestanten als selbstverständlich. Der Präsident des Landeskirchenamtes, Schnelle, schrieb an die zum Heeresdienst einberufenen Pfarrer und Kandidaten anläßlich der ersten Kriegsweihnacht, „daß auch von dem Kriegsdienst unserer Geistlichen ein großer Segen ausgehen kann, und daß sich ihnen, die jetzt mit anderen deutschen Männern in der Verteidigung des Vaterlandes zusammenstehen, Türen öffnen können, die sonst verschlossen blieben." Die Soldatenpfarrer würden sich in ih-

---

24 Den Willen, die Kirchenfrage endgültig erst nach siegreicher Beendigung des Krieges zu regeln, belegt das Protokoll der Konferenz der Kirchensachbearbeiter im Reichssicherheitshauptamt am 22./23. 9. 1941 (IfZ: Fa 218).
25 Vgl. dazu Klügel, Landeskirche, S. 430f. sowie 457–468.
26 Kirchenvorstand der ev.-luth. Kirchengemeinde Misburg an den Oberstaatsanwalt in Hannover, 23. 4. 1940, in: EZA 1/A 4, 278.

„Normalität" und Katastrophe in den Kriegsjahren. Oben: Konfirmation an der Neustädter Kirche, 1940. Unten: Die Marktkirche nach der Zerstörung durch die Bombenangriffe im Herbst 1943.

rem persönlichen Einsatz für das Vaterland von niemandem übertreffen lassen.[27] Die in der deutschen Öffentlichkeit damals weit verbreitete Überzeugung, daß es sich bei dem von Hitler inszenierten Angriffskrieg um die Verteidigung des Vaterlandes handele, wurde von der Kirchenleitung fraglos übernommen.[28]

Zur Jahresmitte 1941 waren rund ein Drittel, im Herbst 1943 etwa die Hälfte der Pfarrer der hannoverschen Landeskirche zum Wehrdienst einberufen.[29] Amtshandlungen und Seelsorgearbeit der eingezogenen Geistlichen mußten vertretungsweise von Pfarrern aus den Nachbargemeinden übernommen werden. Zusätzliche Belastungen ergaben sich aus dem sich verschärfenden Raummangel aufgrund von Bombenschäden und durch die Beschlagnahme von kirchlichen Räumen durch Staat und Partei.[30] Das Leben der Kirchengemeinden wurde nicht nur durch Zwangsmaßnahmen von außen beschränkt. Ein Teil der bislang am Gemeindeleben partizipierenden Kirchenmitglieder zog sich in der Kriegszeit aus der Kirche zurück. Die Pastoren der Gartenkirche klagten 1946, die Menschen seien durch die Kriegssituation so stark in Anspruch genommen worden, daß sie zwangsläufig dem kirchlichen Leben entwöhnt worden wären.[31] Die durchschnittliche Zahl der sonntäglichen Gottesdienstbesucher sank (in allen Kirchen Hannovers zusammengenommen) von knapp 10 000 (1937) auf weniger als 3 000 (1944). Dabei ist allerdings in Rechnung zu stellen, daß aufgrund von Ausbombung oder Evakuierung die am Ort befindliche Mitgliederzahlzahl der evangelischen Kirchengemeinden in Hannover 1943/44 nahezu halbiert wurde. Dennoch ist ein deutliches Absinken des Kirchenbesuches nicht zu verkennen. 1937/38 hatten sich in Hannover durchschnittlich noch rund 2,5 % des Kirchenvolkes an den sonntäglichen Gottesdiensten beteiligt, in den ersten Kriegsjahren waren es rund 2 %, 1943 1,6 % und 1944 nur noch rund 1,3 % der evangelischen Kirchenmitglieder.[32] Zwischen 1937 und 1942 traten zudem rund 17 500 Personen (4,4,% der 1937 vorhandenen Mitglieder) aus der evangelisch-lutherischen Kirche aus.[33]

Seit Herbst 1943 durften ausländische „Zivilarbeiter" mit Ausnahme der polnischen Zwangsarbeiter und der „Ostarbeiter" an den normalen Gottesdiensten teilnehmen. Sondergottesdienste oder eine soziale Betreuung der Fremdarbeiter blieben den Geistlichen allerdings untersagt.[34] Zur Bewältigung der durch den Krieg

---

27 Schnelle an die zum Heeresdienst einberufenen Geistlichen, Hilfsgeistlichen und Kandidaten der Landeskirche, 19. 12. 1939, LKA S 1, H I 1101.
28 Perels, Landeskirche, S. 164 ff.
29 LKA, B I, 6884; Klügel, Landeskirche, S. 411.
30 Beispielsweise wies Pastor Voges (Gartenkirche) auf Beeinträchtigungen des Gemeindelebens hin, die durch Nutzung von Räumen im Gemeindehaus durch die NSDAP-Ortsgruppe bestanden (LKA, B 6 I). In der Christuskirchengemeinde hatte die NSDAP 1943 Konfirmandenräume und Gemeindesäle für ihre Zwecke beschlagnahmt.
31 Voges und Jacobshagen im Fragebogen zur Geschichte der Landeskirche..., Gartenkirche, LKA, S 1, H III 211.
32 Ergebnisse aus der Statistik über Äußerungen des kirchlichen Lebens für die Aufsichtsbezirke in der Stadt Hannover für die Jahre 1937–1947, KgmA Herrenhausen Alt Reg. 1120.
33 Berechnet nach der bereits zitierten Statistik über Äußerungen des kirchlichen Lebens..., KgmA Herrenhausen Alt. Reg. 1120.
34 Mitteilung des Landeskirchenamtes vom 1. 11. 1943, KKA Limmer, A 340.

auch auf kirchlichem Gebiet hervorgerufenen außergewöhnlichen Probleme unterbreitete Landessuperintendent Laasch[35] im August 1943 der hannoverschen Kirchenregierung Vorschläge, wie sich die Geistlichen aus eigener Initiative den Erfordernissen des „totalen Krieges" anpassen könne. Es müsse dabei unterschieden werden, „was wir unaufgebbar durch diese Zeit hindurchzutragen haben", was andererseits zurückgestellt werden könne und was man neu in Angriff nehmen müsse.[36] Durch die Luftangriffe auf Hannover wurden zahlreiche Kirchen, Pfarr- und Gemeindehäuser zerstört. In der Bombennacht vom 8./9.Oktober 1943 brannte das Landeskirchenamt am Neustädter Markt völlig aus.[37] Bei Kriegsende war von sämtlichen Kirchen Hannovers nur die des Stephansstiftes benutzbar geblieben.[38]

## 7.2 Die Randexistenz der Deutschen Christen

Die Anhänger der Nationalkirchlichen Einung der Deutschen Christen bildeten in den Kriegsjahren nur noch eine kleine kirchliche Minderheit in Hannover. 1938 verfügten sie noch über rund 1 400 Mitglieder im Stadtgebiet.[39] Da diese keine hinreichende Gelegenheit hätten, Gottesfeiern in ihrem Sinne zu besuchen, hatte der Leiter der DC-Landesgemeinde Hannover beim Regierungspräsidenten beantragt, der Glaubensbewegung die Schloßkirche zur Verfügung zu stellen. Zu dieser im staatlichen Besitz befindlichen Kirche, so die vorgetragene Argumentation, gehöre nur eine kleine Personalgemeinde von höheren Beamten, welche unschwer eine geistliche Betreuung in den Gemeinden finden könne, zu denen sie gebietsmäßig gehöre. Nach eingehenden Verhandlungen mit Vertretern der Stadt, dem zuständigen Regierungsdirektor und einem Vertreter der Deutschen Christen stimmte der Kirchenvorstand „im Interesse der kirchlichen Befriedung" einer Überlassung der Schloßkirche für deutsch-christliche Gottesfeiern an jedem zweiten Sonntag vor dem regulären Gottesdienst zu. Darüber hinaus sollten in der Woche zu solchen Zeiten, in denen die Kirche nicht benutzt würde, Taufen und Trauungen von deutsch-christlichen Pfarrern vollzogen werden dürfen.[40] Pastor Duensing wandte sich daraufhin an den Ephorus der Schloßkirche, Superintendent Strasser, um ihn darauf hinzuweisen, daß er den Deutschen Christen seine Kanzel nach den Bestimmungen der Kirchengemeindeordnung verweigern könne. Man erwarte von Strasser als Vorsitzendem der Lutherischen Vereinigung, daß er sich mit allen ihm zu

---

35 Theodor Laasch (1894–1956), 1923 Pastor in Duderstadt, seit 1929 Konventual-Studiendirektor im Kloster Loccum, seit 1936 Landessuperintendent des neu geschaffenen Sprengels Calenberg.
36 Landessuperintendent Laasch an die Kirchenregierung, 24. 8. 1943, LKA, L 5 a, Nr. 1443, Faszikel 11,
37 Bericht Oberlandeskirchenrat Lampe, NHStA, VVP 17, 1582.
38 Landeskirchenamt an die Superintendenten, 17. 5. 1945, LKA, B 1, 6870.
39 Dienststelle des Regierungspräsidenten an Oberbürgermeister Haltenhoff, 1. 4. 1938, StAH: XIII C 3b 59, 1a.
40 Kirchenvorstand der Schloßkirche an den Regierungspräsidenten und das Landeskirchenamt, 24. 5. 1938, KgmA Schloßkirche, ohne Signatur.

Gebote stehenden Mitteln gegen die Überlassung seiner Kirche an die Deutschen Christen zur Wehr setze.[41] In einem schroffen Antwortbrief teilte dieser aber dem Geschäftsführer der Bekenntnisgemeinschaft mit, daß er es ablehne, von ihm Belehrungen über sein Verhalten als Kirchenvorstandsvorsitzender entgegenzunehmen. Duensing habe an den zwischen Staat und Landeskirchenamt bzw. Kirchenvorstand schwebenden Verhandlungen Kritik geübt ohne die rechtlichen Grundlagen zu kennen.[42] Das Landeskirchenamt bedauerte es ausdrücklich, daß der Kirchenvorstand der Schloßkirchengemeinde entgegen einer getroffenen Absprache bereits seine Zustimmung zur Abhaltung von deutsch-christlichen Gottesfeiern gegeben habe.[43] Nachdem Regierungspräsident Diels die Genehmigung erteilt hatte[44], fand am Ende August 1938 die erste „Gottesfeier" der Nationalkirchlichen Einung in der Schloßkirche statt.

In einer Denkschrift über die Lage der Deutschen Christen in der hannoverschen Landeskirche konnte Landesbischof Marahrens im Januar 1940 feststellen, daß der Besuch dieser Gottesfeiern erheblich abgenommen habe. Es scheine, „als ob das NS-Kirchenvolk sein gottesdienstliches Bedürfnis *nicht* bei den DC befriedigt".[45] Zu dieser Zeit zählten sich noch sechs stadthannoversche Gemeindepastoren[46], der pensionierte Pfarrer Stöckmann, ein nicht bei der Landeskirche angestellter Geistlicher und der Geschäftsführer der Landesgemeinde, Dr. Ulrich[47], zu den Deutschen Christen. Neben der Schloßkirche stand der Glaubensbewegung der Gemeindesaal der Gartenkirche gegen Erstattung von Mietkosten zur Verfügung, während Anträge zur Benutzung der Gemeinderäume in der Apostelkirche und der Lister Kirche abgelehnt worden waren.[48]

Im Sommer 1941 erhoben sechs deutsch-christliche Gemeindeglieder der Apostelkirche Einspruch gegen die vom Gemeindeausschuß beschlossene Ergänzung des Kirchenvorstandes, aus dem mehrere Mitglieder durch Wohnungswechsel ausgeschieden waren. Die Beschwerdeführer beanstandeten, daß sämtliche neuen Kirchenvorsteher aus den „Reihen der Bekenner" kämen und sie selbst als kirchenpolitische Gruppe, die von 40 % der Gemeindemitglieder unterstützt werde, nicht angemessen berücksichtigt worden seien.[49] Bekenntnispfarrer Dornblüth bestritt, daß diese Angabe auch nur annähernd den wirklichen Verhältnissen entspreche.[50] Sein

---

41 Duensing an Strasser, 8. 6. 1938, LKA, N 6, II 6.
42 Strasser an Duensing, 9. 6. 1938, LKA, N 6, II 6.
43 Landeskirchenamt (Stalmann) an Strasser, 1. 8. 1938, KgmA Schloßkirche, ohne Signatur.
44 Diels an Strasser, 14. 7. 1938, LKA, N 6, II 6.
45 Denkschrift von Marahrens an die DEK, 29. 1. 1940, EZA, 1/A 4, 272.
46 Gemeint sind u. a. die Pastoren Wiebe (Bethlehemkirche), Fahlbusch (St. Martin Linden), Kahle (Apostelkirche), Kage (Kreuzkirche) und Nordhausen (Herrenhausen).
47 Ulrich soll Gottesdienst gehalten haben ohne jemals ein theologisches Examen abgelegt zu haben (Denkschrift Marahrens, EZA, 1/A 4,272).
48 Denkschrift Marahrens, EZA, 1/A 4,272. An der Apostelkirche bestand seit 1935 eine generelle Vereinbarung, daß die Gemeinderäume für Veranstaltungen der kirchenpolitischen Gruppen nicht zur Verfügung stehen sollten.
49 Kirchenvorsteher K. an den Kreiskirchenvorstand Hannover II, 7. 6. 1941, KgmA Apostelkirche A 131.1.
50 Dornblüth an Kreiskirchenvorstand Hannover II, 11. 6. 1941, KgmA Apostelkirche A 131.1.

Kontrahent, der DC-Pfarrer Kahle, konnte die Einführung der neu bestimmten Kirchenvorsteher hinauszögern und immerhin durchsetzen, daß zusätzlich ein Anhänger der Deutschen Christen in den neuen Kirchenvorstand aufgenommen wurde. Im übrigen wurden die nach kirchlichen Gesichtspunkten ausgewählten Kandidaten vom Landeskirchenamt als Kirchenvorsteher bestätigt und die Beschwerde abgewiesen.[51] Dieser Vorgang macht exemplarisch deutlich, daß die Deutschen Christen selbst in denjenigen Kirchengemeinden ihren Einfluß weitgehend eingebüßt hatten, in denen sie während des innerkirchlichen Machtkampfes dominierend gewesen waren.

Der größte Teil der Gemeindemitglieder scheint zudem den deutsch-christlich geprägten Gottesdiensten Kahles ferngeblieben zu sein, der stattdessen Deutsche Christen aus den benachbarten Gemeinden in die Apostelkirche zog.[52] Im Dezember 1941 wurde Kahle als Hauptmann der Reserve zum Militärdienst beim Wehrmachtsfürsorge- und versorgungsamt in Hannover eingezogen, so daß auch die Apostelkirche als einer der wenigen verbliebenen deutsch-christlichen Stützpunkte in Hannover wegfiel. Im Mai 1944 bemühte sich der Pfarrer darum, aus dem Militärdienst entlassen zu werden und wieder in seine Gemeinde zurückzukehren. Rechtsanwalt Cölle unterstützte dieses Anliegen, da Kahle „als Deutscher Christ gemäßigter Richtung dem Landeskirchenamt wenig bequem" sei. Seine Rückkehr in die Apostelgemeinde sei sehr wünschenswert, da dort derzeit nur zwei Bekenntnispfarrer tätig seien.[53] Im übrigen bat er Kahle, ihm weiterhin die Rundschreiben des Landesbischofs weiterzugeben.[54] Bereits 1938 war unter den Pfarrern des Kirchenkreises die Überzeugung verbreitet gewesen, daß Kahle eng mit der Finanzabteilung zusammenarbeite. Beispielsweise hatte Cölle die Ernennung des Bekenntnispfarrers Sander von der Markuskirche zum stellvertretenden Superintenden des Kirchenkreises Hannover II verhindert, weil dieser angeblich bis in das Jahr 1938 hinein an nationalen Feiertagen das Pfarrhaus nicht geflaggt habe. Zwar wurde Sander in einem von ihm selbst beantragten Disziplinarverfahren, bei dem Kahle als Hauptbelastungszeuge auftrat[55], freigesprochen, aber dennoch nicht für das Amt bestätigt. Kahle gehörte somit zu den wenigen Pfarrern, die eine extreme deutsch-christliche Position noch während der Kriegszeit ganz ungebrochen und ungeniert vertraten. Dennoch geriet auch er in politische Schwierigkeiten. Nachdem er 1941 das Verfahren, nationalsozialistische Geistliche in den staatlichen Ver-

---

51 Landeskirchenamt an K., 3. 9. 1941, KgmA Apostelkirche A 131.1.
52 Bericht des Superintendenten Badenhop an das Landeskirchenamt, 19. 10. 1946, sowie Bericht von Fleisch gemäß Par. 4 der Notverordnung über Maßnahmen bei Verletzung der Amtspflicht in den Jahren 1933–1945, 31. 1. 1947, LKA: B 7, 933.
53 Aktenvermerk Cölles vom 6. 5. 1944, LKA: B 6 I.
54 Cölle an Kahle, 19. 6. 1944, LKA: B 6 I.
55 Steinwand an das Landeskirchenamt, 19. 8. 1946; Badenhop an das Landeskirchenamt, 11. 10. 1946; Bericht Fleisch, a. a. O.; Beschluß des Außerordentlichen Kirchengerichtes vom 22. 1. 1946, alle LKA: B 7, 933.

waltungsdienst zu übernehmen, als kirchenfeindliche Maßnahme kritisiert habe, soll er von der Gestapo verhört und verwarnt worden sein.[56]

Als 1943 die Schloßkirche unbenutzbar wurde, beschlagnahmte die Finanzabteilung im Einvernehmen mit dem Oberbürgermeister Hoffmeister, der das Patronat ausübte, die Kreuzkirche für Gottesdienste und kultische Handlungen der Nationalkirchlichen Einung.[57] Ebenso wurde die Überlassung des Gemeindesaales der Nikolaikirche in Limmer für deutsch-christliche Versammlungen gegen den Willen der Gemeinde erzwungen.[58] In den letzten Kriegsjahren umfaßte die Markgemeinde Hannover der Thüringer Deutschen Christen noch rund 1 000 Mitglieder. Deutsch-christliche Gottesfeiern fanden 1944 nur noch alle drei Wochen statt. Der Geschäftsführer der Landesgemeinde bemühte sich, die Mitglieder der Markgemeinde Hannover durch Hausbesuche und Vorträge zusammenzuhalten.[59] Nachdem auch die DC-Geschäftsstelle in der Königstraße bei dem großen Bombenangriff in der Nacht vom 8. zum 9. Oktober 1943 völlig ausgebrannt war, wurde die Arbeit der Landesgemeinde schkließlich von Goslar aus organisiert.[60] Vergeblich bemühte sich im Sommer 1944 der Herrenhäuser Pastor Nordhausen nach seiner Entlassung aus dem Wehrmachtsdienst vom Landeskirchenamt mit der geistlichen Versorgung der deutsch-christlichen Minderheiten in Hannover und Umgebung beauftragt zu werden.[61]

## 7.3 Die Bekenntnisgemeinschaft während der Kriegszeit

Als Obmann der Bekenntnisgemeinschaft fungierte bereits seit 1935 der Bremervörder Superintendent Schulze[62]. Die organisatorische Arbeit wurde während des Krieges von Wilhelm Mahner, Pastor an der Aegidienkirche, und dem im Stephansstift tätigen Arnold Fratzscher gemeinsam geleitet. Die Hauptlast der vielfältigen Büroarbeiten trug die Sekretärin Leni Schütt[63]. Sie tippte die Manuskripte der Briefe des Göttinger Studentenpfarrers Wischmann und die Freundesbriefe Professor

---

56 Kahle an das Landeskirchenamt, 12. 9. 1946 sowie Beschluß des Außerordentlichen Kirchengerichtes vom 21. 7. 1947, LKA: B 7, 933.
57 Brief Mahners an Duensing, 14. 8. 1943, in: LKA, S 1, H II 361b, sowie KgmA Crucis 161.
58 KgmA Nikolai Limmer 161 III.
59 Zusammenfassender Bericht über die Markgemeinde Hannover nach dem Stand vom 1. 2. 1944, LKA, B 6 I.
60 Rundbrief Thiele an die Mitglieder der Nationalkirchlichen Einung, November 1943, LKA, B 6 I.
61 Nordhausen an Cölle, 12. 4. 1944; Cölle an das Landeskirchenamt, 6. 5. 1944; Cölle an Nordhausen, 7. 6. 1944, alle LKA: B 7, 667.
62 Johannes Schulze (1901–1980), 1931–1936 Pastor in Hankensbüttel, 1936–1948 Superintendent in Bremervörde, 1948–1957 Landesbevollmächtigter für die Innere Mission, später Landessuperintendent für den Sprengel Calenberg-Hoya und Konventual des Klosters Loccum.
63 Helene (Leni) Schütt (1898–1978), vor 1933 Gemeindehelferin an der Apostelkirche und Mitarbeiterin in der Geschäftsstelle des Stadtjugendpastors Duensing, seit Pfingsten 1933 für die Landeskirchliche Sammlung bzw. Bekenntnisgemeinschaft als Sekretärin tätig, nach 1945 mit dem Aufbau der Verwaltung in der Akademie Loccum beschäftigt.

Thielickes und sorgte für die Erstellung und den Versand der Einladungen und Rundschreiben der Bekenntnisgemeinschaft. Des öfteren fanden Haussuchungen in der Geschäftsstelle[64] statt. Einen Teil des belastenden Materials schaffte Frau Schütt außer Haus.[65] Mahner berichtete später, daß der bei der Gestapo als Sachgebietsleiter für Kirchenfragen zuständige Kriminalobersekretär Heinrichsmeier bei diesen Durchsuchungen absichtlich manches übersehen habe. „Obgleich Herrn Heinrichsmeier bekannt war, daß wir regelmäßig Versendungen herausgehenließen, auch an Wehrmachtsangehörige, was streng verboten war, hat er nur gelegentlich eingegriffen und Beanstandungen erhoben. Als stellvertrender Leiter der Geschäftsstelle der Bekenntnisgemeinschaft habe ich bis in den Juli 1944 hinein regelmäßig Lageberichte an einen großen Kreis versenden können."[66] Die durch die Bedrohung mit schweren Strafen erzwungene Einstellung dieser Tätigkeit im Sommer 1944 sei auf das Eingreifen höherer Gestapostellen zurückzuführen gewesen.

Durch einen umfangreichen Briefwechsel hielt Mahner den zur Wehrmacht eingezogenen Duensing über die Entwicklung der Gemeinschaft und die kirchenpolitische Lage auf dem laufenden. So berichtete er auch über ein staatspolizeiliches Verhör, zu dem die Sekretärin Leni Schütt vorgeladen worden war. Anfang Dezember 1942 ging sie gemeinsam mit Assessor Fratzscher in die Gestapo-Dienststelle in der Schlägerstraße, wo beide von einem Beamten verhört wurden. „Sachlich ging es bei der Vernehmung um die Frage, wer die Verantwortung für die Arbeit in der Weinstraße trüge. Darauf ist erwidert, daß seit Deinem Fortgehen zum Militär die Verantwortung dreigeteilt sei, und von Fratzscher, Schulze und mir übernommen wäre. Du wärest über alles unterrichtet und hättest im Einzelfall auch einmal eine Vervielfältigung als unerwünscht bezeichnet, die daraufhin unterblieben ist."[67] Der Gestapobeamte ordnete an, daß jede Versendung zu unterbleiben habe, bis eine Person benannt sei, die allein die Verantwortung für die Geschäftsstelle übernehmen müsse. Mahner bat Duensing, so bald wie möglich nach Hannover zu kommen, um die Angelegenheit mit dem Leiter der Stapostelle zu klären. „Du wirst fordern müssen, daß Deine Arbeit nicht zerschlagen wird, solange Du Dich im Heeresdienst befindest. Auch wirst Du von Deiner Fronterfahrung im Westen und im Osten aus bezeugen können, was Dir persönlich unsere Versendungen bedeutet haben. Du hast es Johannes Schulze und mir ja oft genug zum Ausdruck gebracht, welche Stärkung gerade im Einsatz Dir die Briefe des Landesobmannes an die eingezogenen Brüder und auch die beigelegten Predigten und sonstigen

---

64 Nach der Zerstörung des Büros in der Weinstraße, wo sich die Geschäftsstelle der Bekenntnisgemeinschaft von 1934 bis zur Bombennacht des 8./9. Oktober 1943 befand, wurde die Arbeit zunächst vom Gemeindehaus der Apostelkirche und dann von dem der Markuskirche (Hubertusstraße 4) aus fortgesetzt.
65 Sie soll ein Paket mit Unterlagen in der elterlichen Firma Schütt & Bleckmann, Ludwigstraße 15, untergebracht haben (Zeitzeugenbericht Wilhelm Schütt).
66 Bescheinigung Pastor Mahners, 14. 4. 1947, zum Verfahren der Spruchkammer Bielefeld gegen Christian Heinrichsmeier, BA: Z 42, IV/4980.
67 Mahner an Duensing, 12. 12. 1942, LKA, S 1, H I 361b.

Schriften gebracht haben. Wir würden meinen, daß eine derartige Argumentation Eindruck machen müßte."[68]

*Wilhelm Mahner*

Aus der Korrespondenz zwischen Mahner und Duensing werden allerdings auch kontroverse Positionen zwischen der alten und neuen Leitung deutlich. In der Rückschau stellte Mahner kritisch fest, daß die Bekenntnisgemeinschaft unter dem Landesbischof und ihrem früheren Landesobmann Bosse mehr als einmal gelitten hätte, weil diese in entscheidenden Situationen die Kraft zu einem entschiedenen Nein nicht hätten finden können.[69] Während Duensing aus der Sicht des Frontsoldaten heraus eine „völkisch-kirchliche Einheit" forderte und sich weitgehend der Propaganda des totalen Krieges angepaßt hatte[70], setzte Mahner in seiner Antwort den Akzent auf die Not der Kirche:

---

68 Mahner an Duensing, 12. 12. 1942, LKA: S 1, H I 361b.
69 Mahner an Duensing, 3. 4. 1943, LKA, S 1 H II 155.
70 Duensing hatte an Mahner geschrieben: „Alles, was dem genannten Ziel (Sieg im Rußlandfeldzug; Anm. d.Vf.) hilft, ist entscheidend – und alles, was sich dem Zwang und der Konsequenz dieser Gedankenfolge nicht rücksichtslos einordnet, ist auch kirchlich negativ zu bewerten". Zitiert von Mahner in seinem Antwortbrief vom 3. 4. 1943 an Duensing, LKA, S 1, H II 155.

„Siehst Du denn nicht, was vorgeht? Seit fast zwei Jahren ist die christliche Presse stillgelegt, dagegen sind die Modezeitschriften... bis jetzt herausgekommen... Daß das Stichwort des totalen Krieges nur den Schein des Rechts für eine sehr deutliche kulturkämpferische Maßnahme abgeben muß, sieht jeder, der die antichristliche Prägung weitester Teile des heutigen Schrifttums in der Presse und auf dem Buchmarkt kennt".[71]

*Friedrich Duensing*

---

[71] Mahner an Duensing, 3. 4. 1943, LKA: S 1 H II 155. Diese Sicht der Dinge wird bestätigt durch den Bericht des Chefs der Sicherheitspolizei und des Sicherheitsdienstes über die gegenwärtige politische Haltung der Kirchen und Sekten, in dem bereits am 20. 10. 1939 die Grundzüge der nationalsozialistischen Kirchenpolitik während des Krieges skizziert wurden. Dort wird ausdrücklich vorgeschlagen, die rund 3 000 konfessionellen Zeitschriften, Wochenblätter usw. auf ein Minimum zu beschränken und gleichzeitig über das „staatsfeindliche Verhalten konfessioneller Kreise" in der Presse zu berichten. „In vielen Fällen gilt jedoch, daß das beste Abwehrmittel der konfessionellen Tätigkeit das absolute Totschweigen der konfessionellen Kräfte ist". Vgl. Heinz Boberach (Hg.), Berichte des SD und der Gestapo über Kirchen und Kirchenvolk in Deutschland 1934–1944, Mainz 1971, S. 352–365.

Mahner sprach offen die Wandlung an, die Duensing durch das Kriegserlebnis an der Ostfront durchgemacht habe. Man wolle ihn nicht aus den Reihen der Bekenntnisgemeinschaft verlieren, aber viele Freunde fragten nach der Lektüre seiner Briefe aus dem Felde, ob Duensing nun Deutscher Christ geworden sei.[72]

Zu einem Zentrum der Aktivitäten der Bekenntnisgemeinschaft wurde in den Kriegsjahren die Markuskirche. Hier sprach der Berliner Pfarrer und spätere hannoversche Landesbischof Dr. Hanns Lilje[73] im November 1939 über den „Weg der Kirche Jesu Christi im Kriege" und hielt im August 1943 mehrere Evangelisationsvorträge, u. a. „Über die Möglichkeiten eines Christenlebens in der Gegenwart".[74] Seit 1940 amtierte der aus Estland geflohene Theologe Dr. Eduard Steinwand[75] an der Markuskirche als Vertreter für den im Kriegseinsatz befindlichen Pfarrer Brinkmann. Bald wurden Steinwands intellektuell anspruchsvolle Predigten hektographiert und in Bekenntniskreisen von Familie zu Familie weitergereicht.[76] Zum Jahresbeginn 1943 wurde der Theologe, der sich inzwischen durch seine Predigten und seine katechetische Arbeit den Ruf erworben hatte, einer der führenden Geistlichen der hannoverschen Bekenntnisgemeinschaft zu sein, als Nachfolger für den an der Ostfront gefallenen Kriegspfarrer Brinkmann gewählt. Bei mehreren Vorladungen zur Gestapo im Jahre 1942 hielt man ihm seine Predigten vor und untersagte deren Vervielfältigung. Am 7. Januar 1943 wurde Steinwand verhaftet und von einem aus Berlin angereisten Mitarbeiter des Sicherheitsdienstes der SS zwei Tage lang verhört. Seine Frau erhielt die Auskunft, er sei ohne sein Wissen „an den Rand eines staatsgefährlichen Unternehmens" geraten.[77] Man warf Steinwand vor, daß er Gottesdienste für „Ostarbeiter" in Nienburg gehalten habe und russischen Kriegsgefangenen und „Ostarbeitern" Hilfe leiste. Zudem beargwöhnte die Gestapo seine brieflichen Kontakte zu Freunden im Osten. Er sei daher „dringend verdächtig, durch sein Verhalten den Bestand und die Sicherheit des Volkes und Staates zu gefährden", hieß es in dem gegen ihn erlassenen Schutzhaftbefehl.[78] Ohne konkrete Anschuldigung oder Anklageerhebung wurde Steinwand zweieinhalb Monate, bis

---

72 Mahner an Duensing, 3. 4. 1932, LKA, S 1, H II 155.
73 Hanns Lilje, Dr. theol., (1899–1977), 1927 Generalsekretär der Deutschen Christlichen Studentenvereinigung, seit 1933 Pfarrer in Berlin, 1935 Generalsekretär des Lutherischen Weltkonventes, nach dem Attentat vom 20. Juli 1944 verhaftet und zu vier Jahren Gefängnis verurteilt, 1947–1971 Bischof der hannoverschen Landeskirche. Eine kritische Einschätzung seines Verhältnisses zum Krieg bei: Hartwig Hohnsbein, Hanns Lilje und der Krieg des NS-Regimes, in: Grosse, Bewahren, S. 461–470.
74 LKA, S 1, H III 202c. Die Mehrzahl der Vorträge der Bekenntnisgemeinschaft fand in den Kriegsjahren in der Markuskirche statt. Es gab aber auch Veranstaltungen in anderen Gemeinden. So sprach beispielsweise der in der Bekenntnisgemeinschaft einflußreiche Theologe Professor Thielicke 1942 in der Neustädter Kirche.
75 Eduard Steinwand (1890–1960), Dr. theol., bis 1939 Dozent für praktische Theologie in Dorpat, 1940–1949 Pastor an der Markuskirche, danach Professor in Erlangen. 1947 benannte ihn das Landeskirchenamt als kirchlichen Vertreter für die Vereinigung der Verfolgten des Naziregimes.
76 Zeitzeugenbericht J. Borchers, 11. 3. 1989.
77 Professor D. Eduard Steinwand zum Gedächtnis, o.O.u.o.J., S. 32.
78 Schutzhaftbefehl IV C 2 H Nr. St 7665 vom 22. 2. 1943, RSHA Berlin, sowie Angaben Steinwands zu seiner Verhaftung, NHStA Hannover: Nds. 110 W/Acc. 63/90, Akte Steinwand.

zum 19. März 1943, im hannoverschen Gerichtsgefängnis in Einzelhaft festgehalten, um dann ohne weiteren Kommentar entlassen zu werden.[79]

## 7.4 Pastor Klose nennt Goebbels einen Lügner

Während die hannoversche Kirchenführung schwieg, wagten es einzelne Pfarrer, ihrer Kritik an Maßnahmen des Staates Ausdruck zu verleihen. Zu ihnen gehörte der in Stöcken tätige Pfarrer Walter Klose[80], der bei einem seelsorgerlichen Gespräch in der Lungenheilstätte Heidehaus äußerte, in Deutschland herrsche Zwang und es gäbe keine Freiheit mehr. Früher habe ihm manches besser gefallen. Weiterhin soll er den Patientinnen erzählt haben, die Arbeiter beschwerten sich darüber, daß ihnen die Beiträge für das Winterhilfswerk ohne weiteres vom Lohn abgezogen würden. Im Hinblick auf die Propaganda habe er geäußert, „daß im Kriege immer etwas gelogen werde, man könne nicht bei der reinen Wahrheit bleiben." Goebbels – von Klose lax als „unser Jupp" bezeichnet – lüge genauso wie die englische Propaganda. Das Sondergericht Hannover verurteilte den Pastor wegen staatsfeindlicher Äußerungen im Sinne des Heimtückegesetzes zu sechs Monaten Gefängnis.[81] Man unterstellte Klose dabei nicht eine prinzipiell staatsfeindliche Gesinnung, sondern nur eine „momentane Entgleisung"[82]. Ende September 1940 trat Klose seine Haftstrafe an, aus der er am Ende Januar 1941 auf Bewährung vorzeitig entlassen wurde.[83] Bereits am Anfang August 1940 hatte das Landeskirchenamt ein Disziplinarverfahren gegen Klose eingeleitet und ihm im Oktober die Dienstbezüge gekürzt. Der Vertreter der kirchlichen Disziplinarkammer warf dem Pfarrer vor, er habe durch seine Äußerungen die Kirche und ihre Vertreter „in ein schiefes Licht gesetzt" und durch sein Verhalten den geistlichen Stand „auf das schwerste gefährdet".[84] Kloses Rechtsanwalt Dr. Blumberg entgegnete, daß das hannoversche Sondergericht „mit seiner erfahrungsgemäß sehr strengen Auffassung"[85] zu dem milden Urteil gekommen sei, weil es die nervöse Anspannung und Überarbeitung Kloses in Rechnung gestellt habe. Dennoch wurde der regimekritische Pastor wegen

---

79 Mahner an Duensing, 27. 2. 1943, LKA, S 1, H II 361b sowie Zeitzeugenbericht Borchers.
80 Walter Klose (1894–1968), 1930–1945 Pfarrer in Stöcken-Marienwerder, 1945–1960 Pfarrer in Barnstorf bei Diepholz.
81 Anschuldigungsschrift des Vertreters der kirchlichen Einleitungsbehörde gegen Pastor Klose, 14. 2. 1941, LKA: B 7/611. Das Urteil erfolgte am 21. 8. 1940. Die entsprechenden Gerichtsakte wurden vermutlich durch Kriegseinwirkung vernichtet und ist nur noch durch die Erwähnungen in den kirchlichen Ermittlungsakten und der Wiedergutmachungsakte Walter Klose (NHStA Hannover: Nds. 110 W, Acc. 61/89) teilweise zu rekonstruieren.
82 Rechtsanwalt Blumberg an den Vorsitzenden der Disziplinarkammer des Landeskirchenamtes, Oberlandeskirchenrat Lampe, 4. 3. 1941, LKA: B 7/611.
83 Anschuldigungsschrift vom 14. 2. 1941, LKA: B 7/611. Vermutlich verbüßte Klose seine Haftstrafe im Gerichtsgefängnis von Hannover.
84 Anschuldigungsschrift vom 14. 2. 1941, LKA: B 7/611.
85 Blumberg an Lampe, 4. 3. 1941, LKA: B 7/611.

einer „dienstlichen Verfehlung" zu einer Gehaltskürzung für die Dauer von drei Jahren verurteilt.[86]

Auch in der Kirchengemeinde kam es zu Auseinandersetzungen. Der stellvertretende Ortsgruppenleiter der NSDAP in Stöcken bezeichnete Klose als „Schweinehund" und „Halunken". Mit Nachdruck forderte die Partei, den schon mehrfach aus ihren Reihen denunzierten Pastor aus seiner Gemeinde zu entfernen. Wenn Klose bliebe, sollten sich die Kirchenvorsteher nicht wundern, wenn er in der Kirche ausgepfiffen würde.[87] Kirchenvorstand und Gemeinde stellten sich aber hinter ihren Pastor, der seine Pfarrstelle behielt. Im Februar 1945 verließ Klose Hannover, um als Pfarrer in Barnstorf bei Diepholz tätig zu werden. Aufgrund seiner anti-nationalsozialistischen Einstellung erschien er der britischen Besatzungsmacht als besonders vertrauenswürdig und wurde daher an seiner neuen Wirkungsstätte sofort als Bürgermeister eingesetzt. Über den Landessuperintendenten von Osnabrück-Diepholz ließ Klose nunmehr dem Landeskirchenamt mitteilen, daß er die „Wiedergutmachung eines Unrechtes" erwarte, das an ihm durch die Diszplinarstrafe begangen worden sei.[88] Die Kirchenbehörde stellte sich aber auf den Standpunkt, daß es sich bei der Korrektur des Disziplinarurteiles nicht um eine „Wiedergutmachung eines geschehenen Unrechtes" handeln könne, sondern nur um einen Gnadenakt, der darin begründet sei, daß die Aufrechterhaltung der disziplinarischen Bestrafung „nicht mehr angezeigt sei", nachdem sich die politischen Verhältnisse grundlegend verändert hätten. Grundsätzlich aber war das Landeskirchenamt nach wie vor von der Berechtigung seiner damaligen Entscheidung überzeugt: „Die diszilpinarische Bestrafung war wegen Verstoßes gegen die Gehorsamspflicht, die, wie jeder Staatsbürger auch Pastor Klose und jeder andere Geistliche nach evangelischer Auffassung der jeweiligen und damit auch der damaligen Obrigkeit gegenüber hatte, rechtmäßig."[89] Deutlicher konnte die obrigkeitsstaatliche Fixierung als Maxime kirchenpolitischen Handelns wohl kaum formuliert werden. Pastor Klose versah bis zu seiner Pensionierung im Jahre 1960 die Pfarrstelle in Barnstorf. Bei Visitationen wurde wiederholt berichtet, daß seine Amtstätigkeit nicht frei von Ressentiments gegen ehemalige Nationalsozialisten sei.[90]

## 7.5 Das Verweigerungsverhalten Pastor Jacobshagens

Ebenfalls 1940 wurden beim Sondergericht Hannover Ermittlungen gegen Paul Jacobshagen eingeleitet, der zu den ersten Pfarrern der Landeskirche gehört hatte, die offen für den Nationalsozialismus eingetreten waren. Ihm wurde ein Vergehen

---

86 Kirchenregierung an Landeskirchenamt, 15. 8. 1945, LKA: B 7/611.
87 Protokoll der Sitzung des Kirchenvorstandes von Stöcken-Marienwerder, 9. 6. 1941, KgmA Marienwerder A 200.
88 Landessuperintendent Brandt an das Landeskirchenamt, 18. 7. 1945, LKA: B 7/611.
89 Landeskirchenamt an die Kirchenregierung, Manuskript mit handschriftlichen Ergänzungen, 21. 6. 1945, LKA: B 7/611.
90 LKA: B 7/611.

*Walter Klose*

gegen das Heimtückegesetz vorgeworfen, anscheinend im Zusammenhang mit einer von ihm vollzogenen Trauung eines „Halbjuden" in der Gartenkirche.[91] In seinem abschließenden Bericht kam der Oberstaatsanwalt zu dem Schluß, daß kein

*Paul Jacobshagen, 1950*

Verfahren vor dem Sondergericht eingeleitet werden solle, da „beweismäßige Bedenken" vorlägen.[92] Auf Weisung aus dem Stab des Stellvertreters des Führers wurde aber ein Parteigerichtsverfahren gegen Jacobshagen angestrengt, da seine Einlassungen zu dem erhobenen Heimtückevorwurf Gesichtspunkte enthielten, die eine Maßregelung als notwendig erscheinen ließen.[93] Dem Ausgang dieses Verfahrens kam der stellvertretende Gauleiter Schmalz, mit dem Jacobshagen bereits 1934

---

91 Aussagekräftige Akten über das Ermittlungsverfahren sind nicht erhalten. Der Hinweis auf die beanstandete Trauung geht auf die Erinnerungen des Zeitzeugen Walter Schindler zurück, der als Organist an der Gartenkirche tätig war.
92 Oberstes Parteigericht der NSDAP an das Gaugericht der NSDAP Südhannover-Braunschweig, 26. 8. 1940, BDC. Leider fehlt der Bericht des Oberstaatsanwaltes in den Parteigerichtsakten, die im Document Center nur bruchstückhaft erhalten sind.
93 Personalakte Jacobshagen, BDC.

heftige Auseinandersetzungen gehabt hatte[94], zuvor, indem er im Juli 1941 den umstrittenen Pastor durch einstweilige Verfügung aus der NSDAP ausschloß.[95] Im August 1943 kam es nochmals zu einer amtlichen Korrespondenz über den verhassten Renegaten Jacobshagen. Die Parteikanzlei erbat beim Mitgliedschaftsamt Auskunft darüber, ob die in einem gegen Jacobshagen anhängigem Heimtückeverfahren von diesem gemachte Aussage zuträfe, daß er bereits Ende 1941 vom Gaugericht ausgeschlossen worden sei. Demnach müßte es sich hierbei um ein zweites Ermittlungsverfahren der Staatsanwaltschaft beim Sondergericht Hannover handeln, denn Jacobshagen war erst aus der Partei ausgeschlossen worden, nachdem der Vorwurf des Heimtückevergehens im Sommer 1940 fallengelassen worden war.[96]

Bei einer Visitation seiner Gemeinde wies Jacobshagen 1944 nachdrücklich auf kirchenfeindliche Bestrebungen hin, die im wesentlichen von „völkischer Seite" kämen. Die Tätigkeit der Pastoren müsse sich darauf beschränken, im Rahmen von Gottesdienst, Konfirmandenunterricht und seelsorgerlichen Gesprächen „die ewige Wahrheit der Erlösungsbotschaft Jesu Christi gegenüber allen ‚schwärmerischen' Religionsversuchen der Gegenwart zu bezeugen."[97] Die inzwischen offen oppositionelle Haltung Jacobshagens zum NS-Regime wurde im Visitationsbericht mit Sorge angesprochen. Man müsse ihn davon abbringen „immer wieder bei Gemeindebesuchen und mehr noch in der Arbeit mit der Jugend in unvorsichtiger Weise politisch zu werden."[98]

## 7.6 Überwachung oppositioneller Pfarrer

Pastor Brammer gehörte zu den wenigen Geistlichen, die den Mut hatten, auch in der Öffentlichkeit zu brisanten Themen Stellung zu nehmen. Als 1940 der Propagandafilm „Ich klage an", der für die von den Nazis so genannte „Vernichtung unwerten Lebens"[99] werben sollte, in hannoverschen Kinos zu sehen war, stellte Brammer in einer Predigt die Frage „Wem gehört eigentlich unser Leben?". Das Echo auf die Predigt war groß, vielfach verteilte der Pastor seinen Predigttext. Als er das Thema auch in einem Feldpostbrief anschnitt, erhielt er von der Gestapo

---

94 Zeitzeugenbericht Schindler.
95 Mitgliedschaftsamt der NSDAP an die Parteikanzlei der NSDAP, 28. 8. 1943, BDC, Parteigerichtsakten.
96 Eine zweifelsfreie Klärung ist nicht möglich, da die entsprechenden Akten des Sondergerichtes Hannover, vermutlich durch Kriegseinwirkung, vernichtet worden sind.
97 Beantwortung der Visitationsfragen durch Pastor Jacobshagen anläßlich der Visitation der Gartenkirchengemeinde am 25. 6. 1944, LKA: L 5d KG Gartenkirche.
98 Bericht des Superintendenten Trautmann über die Verhandlung mit Pastor Jacobshagen anläßlich der Visitation 1944, LKA: L 5d KG Gartenkirche. Zur Wandlung Jacobshagens zusammenfassend: Detlef Schmiechen-Ackermann, Vom „alten Kämpfer" zum kirchlichen Opponenten. Die gebrochene Lebensgeschichte des Pastors Paul Jacobshagen in der Zeit des Nationalsozialismus, in: Hann. Gbll. NF 43 (1989), S. 179–198.
99 Dagegen zur ambivalenten Haltung der hannoverschen Kirchenleitung zum Anstaltsmord: Perels, Landeskirche, S. 170 ff.

eine Verwarnung.[100] Ende 1943 wurde er von der Parteileitung vorgeladen, weil er nach den großen Bombenangriffen versucht hatte, die Kirche aus Trümmerresten wieder notdürftig herzurichten.[101] Schließlich wurde er 1944 wegen Übertretung des Sammlungsgesetzes zu einer Geldstrafe von 500.– RM verurteilt. An dieser Stelle bewährte sich die kirchliche Solidarität, denn schon nach wenigen Monaten waren mehr als 10 000.-RM an Spenden eingegangen[102]. Trotz seiner offenkundigen Verweigerungshaltung gegenüber bestimmten Maßnahmen von Staat und Partei blieb Brammer von ernsthaften Verfolgungsmaßnahmen verschont. Er berichtet in seinen Lebenserinnerungen, daß ein Gestapobeamter, der gleichzeitig Mitglied seiner Gemeinde gewesen sei, ihm 1936 ein Aktenbündel gezeigt habe, welches das seit der Machtübernahme gegen ihn gesammelte Belastungsmaterial enthielt. Der Beamte habe ihn gebeten, mit seinen Worten vorsichtig zu sein, sonst könne ihn niemand vor „Ungelegenheiten" schützen.[103]

Generell ist zu beobachten, daß sich die hannoversche Gestapo bei der Verfolgung und Bestrafung von evangelischen Geistlichen wegen politischer Delikte sehr zurückhaltend verhielt, während gegen andere Regimekritiker drastisch vorgegangen wurde. Der von Dezember 1937 bis März 1942 im Sachgebiet „Evangelische Kirche und Sekten" der Staatspolizeistelle Hannover beschäftigte Kriminalassistent Heinrich Koch sagte in seinem Spruchkammerverfahren aus, daß während seiner Tätigkeit bei der Gestapo Hannover keine Einweisung in ein Konzentrationslager durch das Referat „Kirchen und Sekten" erfolgt sei.[104] Diese Angabe scheint nach den verfügbaren Quellen der Wahrheit zu entsprechen. Oberkirchenrat Cillien schrieb 1948, er habe die Überzeugung gewonnen, daß Koch „entschlossen war, alle Bedrängungen und Bedrohungen von der kirchlichen Arbeit fernzuhalten."[105] Auch Christian Heinrichsmeier, seit 1933 Sachbearbeiter für Kirchenangelegenheiten, in den letzten Kriegsjahren Sachgebietsleiter für Kirchen- und Judenfragen bei der Gestapo Hannover, wurde in seinem Spruchkammerverfahren zu gute gehalten, „auf dem Gebiet der religiösen Verfolgung seinen Dienst maßvoll versehen zu haben."[106] Mahner bezeugte, daß Heinrichsmeier sich – allerdings im Gegensatz zu allen übrigen Angestellten und Beauftragten der Gestapo – bemüht habe, „die Arbeit unserer Bekenntnisgemeinschaft nicht zu zerstören."[107] Cillien bestätigte zudem, daß Heinrichsmeier aus seinem kirchlichen Bewußtsein keinen Hehl gemacht

---

100 Brammer, Retrospektiver Erinnerungsbericht, S. 91 f.
101 Brammer, Retrospektiver Erinnerungsbericht, S. 114.
102 Brammer, Retrospektiver Erinenrungsbericht, S. 122.
103 Brammer, Retrospektiver Erinnerungsbericht, S. 53. Brammer bestätigt weiterhin, bei einem weiteren Verhör im Jahre 1937 von den Gestapobeamten „einwandfrei" behandelt worden zu sein (S. 61).
104 Aussage Heinrich Koch, 23. 1. 1948, Ermittlungssache des Spruchgerichtes Bergedorf gegen Heinrich Koch, BA: Z 42, III/3540.
105 Cillien an den Staatsanwalt des Spruchgerichtes Bergedorf, 4. 2. 1948, BA: Z 42, III/3540.
106 Urteil des Spruchgerichtes Bielefeld gegen Christian Heinrichsmeier, 17. 2. 1950, BA: Z 42, IV/4980.
107 Bescheinigung Pastor Mahners, 14. 4. 1947, BA: Z 42, IV/4980.

habe[108] und verschiedentlich durch ihn sogar Pastoren gewarnt worden seien, die sich in einer bedrohlichen Lage befunden hätten.[109] Der 1943 inhaftierte Bekenntnispfarrer Steinwand bestätigte, daß Heinrichsmeier sein Möglichstes getan habe, um ihm die Haft zu erleichterten. Er habe zusätzliche Ernährung erhalten, Briefe schreiben und empfangen dürfen und über Heinrichsmeier auch Bücher erhalten.[110] Der ehemalige Landesjugendpfarrer Kayser drückte seine Überzeugung aus, „daß es lediglich der Haltung Heinrichsmeiers zu verdanken ist, wenn es trotz ständiger Schwierigkeiten und Veranlassungen in all den Jahren des nationalsozialistischen Regimes nie zu einer Schließung der Geschäftsräume und der Arbeit der Bekenntnisgemeinschaft gekommen ist."[111]

Dieses moderate Vorgehen gegen Geistliche bedeutete allerdings keineswegs, daß die Gestapo auf dem Gebiet des Kirchenwesens nur geringe Aktivitäten entfaltet hätte. Im Hinblick auf 40 % der stadthannoverschen Pastoren läßt sich nämlich eine Ermittlungs- oder Überwachungstätigkeit der Staatspolizei nachweisen.[112] Auch für die Kriegszeit läßt sich wieder eine ganze Reihe von Vorfällen auflisten[113]: So wurde Pastor Pommerien wegen seiner früheren Tätigkeit in der liberalen „Gesellschaft der Freunde der evangelischen Freiheit" verhört. Pastor Meyer aus Lenthe wurde nach mehreren Vorladungen verwarnt, weil er den Begriff „Sondermeldung" in einer Predigt verwandt hatte.[114] Mahner wurden Äußerungen in einem seelsorgerlichen Gespräch aufgrund einer Denunziation zunächst als Wehrkraftzersetzung ausgelegt.[115] Pfarrer Sehlbrede von der Nazarethkirche mußte ein Sicherheitsgeld von 500.– RM auf ein Sperrkonto einzahlen, weil Äußerungen in einem Schreiben an Konfirmandeneltern beanstandet wurden.[116] Den gleichen Betrag mußte der Langenhagener Pastor Kirchhefer hinterlegen, der denunziert worden war, weil er sich in einem Trauergespräch mit der Mutter eines gefallenen SS-Man-

---

108 Heinrichsmeier erhielt bis 1938 auch seine Kirchenmitgliedschaft aufrecht. Der für ihn zuständige Gemeindepfarrer Raabe aus Kleefeld berichtet, Heinrichsmeier habe ihm gegenüber 1934 geäußert, daß seine Behörde zwar ganz auf Seiten der Deutschen Christen stehe, er aber mit dem Herzen bei der Bekenntnisgemeinde sei. Sein Kirchenaustritt im Jahre 1939 sei auf Druck seiner Dienststelle gegen seine Überzeugung geschehen (Bescheinigung Raabe, 6. 8. 1946, BA: Z 42, IV 4980).
109 Bescheinigung Cillien, 4. 2. 1947, BA: Z 42, IV/ 4980.
110 Bescheinigung Steinwand, 10. 4. 1947, BA: Z 42, IV/4980.
111 Bescheinigung Kayser, 11. 3. 1947, BA: Z 42, IV/4980.
112 Da die entsprechenden Gestapo-Akten vernichtet worden sind, lassen sich die Aktivitäten der Staatspolizei nur aus Berichten von Betroffenen und einzelnen erhaltenen Aktenstücken rekonstruieren. Es ist also denkbar, daß die Überwachungstätigkeit der Gestapo ausgedehnter war, als dies in der beigefügten Tabelle dokumentiert wird.
113 Vgl. zu den für die Vorkriegsjahre belegten Interventionen von NSDAP und Gestapo Kapitel 4.4.
114 LKA: S1 H III 214.
115 Mahner, Niederschrift über die Vernehmung auf der Geheimen Staatspolizei am 20. Oktober 1944, LKA: S 1 H II 371e. Übrigens berichtet auch Mahner über eine korrekte Behandlung durch die Gestapobeamten. Die Zeugenaussagen ergaben, daß sich der gegen ihn erhobene Vorwurf als nicht haltbar erwies.
116 Fragebogen zur Geschichte der Landeskirche..., Nazarethkirche LKA, S 1, H III 211.

nes nach der Kirchenzugehörigkeit der Familienmitglieder erkundigt hatte.[117] Ernster als diese vergleichsweise harmlosen Vorgänge liegt der Fall des Pfarrers Heinz Wetenkamp, dem wohl aufgrund einer Denunziation Unzucht mit Minderjährigen vorgeworfen wurde. Er wurde im November 1943 verhaftet, im Februar 1944 vom Landgericht Hannover zu einer Strafe von einem Jahr und neun Monaten Zuchthaus verurteilt und starb, vermutlich an Tuberkulose, im Dezember 1944 in der Haft.[118]

Erfolgung der kirchlichen Opposition in der Stadt Hannover 1933–1945:

Nachgewiesene Maßnahmen von Staat und Partei gegen Pfarrer und engagierte Laien in den vier stadthannoverschen Kirchenkreisen.

| Jahr | Maßnahmen und Strafen | | | | | | | | |
|---|---|---|---|---|---|---|---|---|---|
|  | (1) | (2) | (3) | (4) | (5) | (6) | (7) | (8) | (9) |
| 1933 | --- | --- | --- | --- | --- | --- | --- | --- | --- |
| 1934 | --- | --- | 1 | --- | --- | --- | --- | --- | --- |
| 1935 | --- | --- | --- | --- | 1 | --- | --- | 1 | --- |
| 1936 | 2 | --- | --- | --- | --- | --- | --- | 1 | --- |
| 1937 | 1 | 2 | 2 | --- | --- | --- | 1* | 3(1)* | --- |
| 1938 | --- | 11 | 2 | 1* | --- | 1 | --- | 1* | --- |
| 1939 | --- | --- | 2 | --- | --- | --- | --- | 1 | --- |
| 1940 | --- | --- | --- | 1 | --- | --- | --- | 1 | 1 |
| 1941 | --- | --- | --- | 1 | --- | --- | --- | --- | --- |
| 1942 | --- | --- | 2 | 1 | --- | --- | --- | --- | --- |
| 1943 | --- | 1 | 1 | 1 | --- | 1 | 1 | 1 | --- |
| 1944 | --- | --- | 1 | --- | --- | 1 | --- | --- | --- |
| 1945 | --- | --- | --- | --- | --- | --- | --- | --- | --- |
| nicht zu datieren | --- | --- | 2 | 1 | --- | 1 | --- | --- | --- |
| insgesamt | 3 | 14 | 13 | 5 | 1 | 4 | 2 | 9 | 1 |

Mit * wurden Maßnahmen oder Strafen gegen Laien gekennzeichnet.

---

117 LKA: S 1 H III 213. Die Bekenntnisgemeinschaft streckte die Summe vor; 1945 erhielt der Pfarrer sein Geld zurück.
118 Einzelheiten des Falles waren aufgrund der lückenhaften Quellenlage nicht genauer zu rekonstruieren. Bislang sind nur einige bruchstückhafte Unterlagen im Landeskirchlichen Archiv gefunden worden. Die konkreten Umstände der gegen Wetenkamp erhobenen Beschuldigungen und die genaue Begründung seiner Verurteilung konnten nicht ermittelt werden. Eine erste Zusammenfassung des Vorganges gibt: Rainer Hoffschildt, Olivia. Die bisher geheime Geschichte des Tabus Homosexualität und der Verfolgung der Homosexuellen in Hannover, Hannover 1992, S. 121 f.

Maßnahmen und Strafen:

(1) persönliche Angriffe gegen einzelne Pfarrer in der nationalsozialistischen Presse

(2) Anzeigen bei der Gestapo wegen Verstößen gegen das Sammlungsgesetz

(3) Gestapo-Verhöre wegen politischer Anschuldigungen ohne Einleitung von Maßnahmen (mehrfache Verhöre einer Person zur selben Sache wurden als ein Fall aufgenommen)

(4) Verhöre mit Verwarnungen durch die Gestapo

(5) Verhängung eines Redeverbotes

(6) Verhängung von Geldstrafen und Sicherheitsgeldern durch die Gestapo

(7) Schutzhaft

(8) Ermittlungen des Staatsanwaltes beim Sondergericht Hannover wegen Heimtückevergehen o. ä. Delikte ohne Durchführung eines Strafprozesses

(9) Verurteilung durch das Sondergericht Hannover (Haftstrafe)

Überwachung der Predigten, Haussuchungen und Beschlagnahmen, Post- und Telefonüberwachung kamen sicherlich recht häufig vor, sind aber nur in einzelnen konkreten Fällen nachzuweisen, so daß eine Quantifizierung nicht sinnvoll erschien.

Nicht berücksichtigt wurden in dieser Aufstellung innerkirchliche Maßnahmen gegen Geistliche und Beamte des Landeskirchenamtes (z. B. Dienstentlassungen) und die Entfernung aus kirchenpolitischen Ämtern.

## 8. Ein belasteter Neuanfang: Rechtfertigung und „kirchliche Selbstreinigung" nach dem Krieg

### 8.1 Entnazifizierung als lästige Pflicht

Als im September 1945 die Entnazifizierungsmaßnahmen durch die britische Militärregierung in Hannover in Angriff genommen wurden, begannen sogleich auch regelmäßige Gespräche zwischen der Education & Religious Affairs Branch und dem Landeskirchenamt, vertreten in der Regel durch Oberlandeskirchenrat Stalmann.[1] Im Oktober 1945 trug dieser zusammen mit Landesbischof Marahrens dem britischen Major Beattie „Grundsätze betreffend Verfahren gegen ehemalige Parteigenossen unter den Geistlichen" vor.[2] Darin hieß es u. a., daß der Umstand, „daß ein Geistlicher formal Pg. (sic!) war, für die Kirche noch kein Anlaß sein kann, ihn zu entfernen." Vielmehr sei entscheidend, ob ein Pfarrer in seiner Verkündigung vom Bekenntnis der Kirche abgewichen sei oder Spaltung und Unordnung in die Gemeinde getragen habe.[3] Da Beattie sich mit diesen Grundsätzen einverstanden erklärte, fanden auf der von Stalmann vorgeschlagenen Basis insgesamt sieben Besprechungen über konkrete Fälle zu beurteilender Pastoren zwischen den Vertretern der Militärregierung und dem Landeskirchenamt statt. Endgültige negative Entscheidungen wurden von der Kirchenseite konsequent verhindert, indem man in solchen Fällen das Einholen von weiteren Auskünften für notwendig erklärte.[4] Per Verordnung setzte zudem der Vorläufige Kirchensenat der hannoverschen Landeskirche im Januar 1946 ein Außerordentliches Kirchengericht ein, das sich mit Amtspflichtverletzungen während der Jahre von 1933 bis 1945 beschäftigen sollte. Dadurch sollte der Anspruch auf eine von den staatlichen Behörden unabhängige kirchliche „Selbstreinigung" unterstrichen werden. Tatsächlich erreichten Stalmann und Marahrens in ihren Verhandlungen mit der Militärregierung, daß am 15.Juli 1946 eine spezielle kirchliche Entnazifizierungs-Jury für Geistliche ihre Arbeit aufnehmen konnte. Allerdings mußten deren Verhandlungsergebnisse den britischen Kontrollbehörden vorgelegt werden und bei unterschiedlichen Beurteilungen sollte die letzte Entscheidung dem Berufungsausschuß des Ständigen Entnazifizierungsausschusses obliegen.[5] Nachdem sich die kirchliche Jury bis Oktober 1946 mit 570 der über 1300 zu bearbeitenden Pastoren beschäftigt und in keinem einzi-

---

1  Über die Entwicklung des Entnazifizierungsverfahrens für Geistliche in der hannoverschen Landeskirche orientiert ausführlich: Gerhard Besier, „Selbstreinigung" unter britischer Besatzungsherrschaft. Die Evangelisch-lutherische Landeskirche Hannovers und ihr Landesbischof Marahrens 1945–47, Göttingen 1986, S. 66 ff.
2  Besier, Selbstreinigung, S. 67.
3  LKA: N 48, Nr. 103.
4  Besier, Selbstreinigung, S. 68 f.
5  Hierzu Besier, Selbstreinigung, S. 74 f.

gen Fall eine Entfernung aus dem Dienst vorgeschlagen hatte, beanstandete die Militärverwaltung die zu „laxe" Handhabung der versprochenen kirchlichen „Selbstreinigung".[6] Zum Anlegen strengerer Maßstäbe kam es aber nicht mehr, da im April 1947 beschlossen wurde, die Verantwortung für den gesamten Prozeß der Entnazifizierung nunmehr in die Hände der deutschen Behörden zu legen.[7] Die weit verbreitete distanzierte Haltung zur Entnazifizierung wird in einem Schreiben des ehemaligen Leiters der Bekenntnisgemeinschaft, Bosse, deutlich, der im Sommer 1946 rund 250 Anfragen wegen Leumundszeugnissen erhalten hatte. Seinem früheren Kontrahenden Jacobshagen antwortete er auf dessen Bitte um eine persönliche Stellungnahme:

„Darf ich es mit Ihnen genau so machen, wie mit bisher allen, die mich um ein solches Zeugnis gebeten haben? Ich halte es für am besten, wenn Sie ganz offen und ehrlich ein Schreiben aufsetzen, wie Sie es glauben, von mir erwarten zu können. Das hilft mir am meisten und wenn ich nur irgendwie die Möglichkeit dazu sehe, werde ich gewiß das Zeugnis unterschreiben. Denn die jetzigen Methoden und die immer wieder von neuem geübte Vergeltung bringen uns nur weiter in das Chaos."[8]

Das Außerordentliche Kirchengericht verhandelte insgesamt gegen 23 Pastoren wegen vermuteter Amtspflichtverletzungen. Nur sechs Geistliche wurden aus dem Dienst der Landeskirche entfernt.[9] Von den in Hannover bis zum Kriegsende tätigen Deutschen Christen wurde nur Friedrich Nordhausen belangt. Der Kirchenvorstand der Herrenhäuser Kirchengemeinde hatte zwar ausdrücklich die „persönliche Aufrichtigkeit und charakterliche Lauterkeit" Nordhausens betont, eine Versetzung des Pastors aber doch für wünschenswert gehalten, da er in weiten Kreisen der Gemeinde kein Vertrauen mehr besitze und eine gedeihliche Fortführung seines Pfarrdienstes in der Gemeinde nicht mehr möglich sei.[10] Anfang November 1945 wurde Nordhausen in den Wartestand versetzt[11], im Jahre 1949 aber mit der Verseung einer Pfarrstelle in Bremerhaven beauftragt, auf die er ein Jahr später ernannt wurde. Bis zu seiner Pensionierung im Jahre 1957 war Nordhausen dort, offensichtlich mit guter Resonanz, als Pfarrer tätig. Er tat sich offensichtlich besonders durch intensive Besuchsarbeit in seiner Gemeinde hervor und seine Gottesdienste waren sogar besser besucht als die seiner Amtskollegen in der Gemeinde.[12]

---

6  Besier, Selbstreinigung, S. 79.
7  Besier, Selbstreinigung, S. 108 f. Zum den einzelnen Etappen der Entnazifizierung: Clemens Vollnhals, Evangelische Kirche und Entnazifizierung 1945–1949. Die Last der nationalsozialistischen Vergangenheit, München 1989. Aus der Perspektive einer benachbarten Landeskirche: Klaus Erich Pollmann, Die Entnazifizierung in der Braunschweigischen Landeskirche nach 1945, in: ders. (Hg.), Der schwierige Weg in die Nachkriegszeit. Die Evangelisch-lutherische Landeskirche in Braunschweig 1945– 1950, Göttingen 1995, S. 26–99.
8  Bosse an Jacobshagen, 22. 7. 1946, LKA, N 6 II 2c.
9  Besier, Selbstreinigung, S. 105.
10  Protokoll der Sitzung des Kirchenvorstandes der Kirchengemeinde Herrenhausen, 27. 7. 1945, KgmA Herrenhausen, Alt. Reg. 203.
11  Superintendent Ohlendorf an den Kirchenvorstand in Herrenhausen, 8. 11. 1945, KgmA Herrenhausen, Alt. Reg. 203.
12  LKA: B 7, 667.

Die Lindener DC-Pfarrer Wiebe (Bethlehemkirche) und Fahlbusch (Martinskirche) blieben ohne Anfechtung in ihren Pfarrämtern.[13] Pastor Kahle von der Apostelkirche war im März 1945 auf dem Seelhorster Friedhof bei einem Bombenangriff schwer verletzt worden und wurde daraufhin Ende 1945 im Alter von nur 52 Jahren pensioniert. Zwar wurde festgestellt, daß Kahle durch seine kirchenpolitische Betätigung „viel Unruhe und Schaden gestiftet" habe, da er sich jedoch bereits im Ruhestand befinde und an den Folgen der im Dienst davongetragenen Verletzung leide, verzichtete die kirchliche Jury auf Maßnahmen gegen ihn.[14] Pastor Kage von der Kreuzkirche, der sich ebenfalls noch während des Krieges zu den Deutschen Christen bekannt hatte, war im Oktober 1944 pensioniert worden und im Frühjahr 1945 in den Wirren des Kriegsendes in Pommern verschollen.[15]

Pastor Stöckmann, der in den Kriegsjahren als einer der schärfsten Agitatoren der Glaubensbewegung aufgetreten war, konnte vor der Jury glaubhaft belegen, daß er von der Gestapo überwacht worden sei, einmal sogar in Untersuchungshaft genommen wurde und wegen einer Predigt gegen die freidenkerische Gesinnung des Gauleiters von Hannover Redeverbot erhalten habe. Trotz seines auch nach dem Kriegsende noch fortgesetzten Eintretens für die Deutschen Christen wurde Stöckmann von den Briten quasi als Verfolgter des Nationalsozialismus entnazifiziert.[16]

## 8.2 Der Fall Hustedt

Pastor Johannes Hustedt, der seit 1927 das Friederikenstift leitete, hatte sich bereits Ende 1933 bemüht, kirchlichen Gesichtspunkten innerhalb der Glaubensbewegung Geltung zu verschaffen. Als er die Aussichtslosigkeit seines Engagements einsehen mußte, gehörte er in Hannover zu den ersten, die der sich radikalisierenden Glaubensbewegung den Rücken kehrten und dabei auch persönliche Schwierigkeiten nicht scheuten.[17] In der von ihm herausgegebenen Festschrift zum 100jährigen Bestehen der Stiftung im Jahre 1940 wurde allerdings die Übereinstimmung mit dem nationalsozialistischen Staat emphatisch betont:

„Nirgends in der Stadt Hannover ist der Sieg Adolf Hitlers herzlicher begrüßt worden als im ‚Hitlerikenstift', wo man seit Jahren Freud und Leid der Bewegung mit durchlebt hatte bei der Versorgung der Blutopfer der Freiheitsbewegung."[18]

---

13 Wiebe wurde am 30.September 1949, Fahlbusch am 1.Mai 1946 pensioniert.
14 Beschluß des Außerordentlichen Kirchengerichtes vom 21. 7. 1947, LKA: B 7, 933.
15 Stadtkirchenarchiv, ohne Signatur.
16 Besier, Selbstreinigung, S. 57 f., der sich auf Akten des Public Record Office in London bezieht. Tatsächlich scheint Stöckmann im Rahmen der DC-Landesorganisation Im Gegensatz zu den sich immer wieder radikalisierenden Kräften um den Uelzener Pastor Blankerts eine noch auf den christlichen Glauben bezogene Linie vertreten zu haben (LKA: B 7, 667).
17 Zu seiner Ablösung als Landesführer der Inneren Mission vgl. Kap. 6.2, zu seiner Initiative für die umfassende Bevollmächtigung des Landesbischofs Kap. 3.1.
18 Die ersten hundert Jahre des Friederikenstiftes in Hannover 1840–1940, eingeleitet und herausgegeben von Pastor Hustedt, Hannover 1940, S. 116. Ein weiterer Hinweis darauf, daß das Friederikenstift sich mit der nationalsozialistischen Bewegung verbunden fühlte, findet sich in der

Im Januar 1947 publizierte die linkssozialistische Zeitschrift „Geist und Tat" unter dem Titel „Das ‚Hitlerikenstift'" belastende Zitate aus dieser Festschrift und stellte einen direkten Bezug zu dem noch amtierenden Vorsteher Hustedt her.[19] Die darauf erfolgte sofortige Beurlaubung Hustedts durch den Vorstand des Friederikenstiftes löste unter seinen Amtskollegen im Kirchenkreis „ein Gefühl der Bedrückung"[20] aus, so daß vier Pastoren beauftragt wurden, ein Gespräch mit dem Stiftsvorstand zu führen. Man fühlte sich „beunruhigt durch die kampflose Preisgabe eines Amtsbruders, die ohne vorherige Entscheidung der Jury und des Entnazifizierungsausschusses" erfolgt war.[21] Der Vorstand rechtfertigte seine Entscheidung damit, daß durch die Veröffentlichung der einschlägigen Auszüge aus der Festschrift des Jahres 1940 das Friederikenstift in eine „bedenkliche Lage" geraten sei und eine Verhandlung vor den politischen Ausschüssen zur Folge haben könnte, daß nicht nur Hustedt, sondern auch die Oberin und leitende Ärzte aus ihrer Stellung ausscheiden müßten. Um den ruhigen Fortgang der Arbeit im Stift nicht zu gefährden, habe man sich entschlossen „Herrn Pastor Hustedt preiszugeben, weil er der zunächst allein angegriffene war".[22] Des weiteren wurde in dem vertraulichen Gespräch deutlich, daß es „Differenzen grundsätzlicher Art" im Vorstand gegeben hatte und ein Wechsel in der Leitung deshalb als ohnehin „unvermeidlich" angesehen wurde. In einem Schreiben an den Vorsitzenden des Pfarrvereins rechtfertigt der Vorstandsvorsitzende Fleisch die Entscheidung, Hustedt nahezulegen, sich in eine andere Pfarrstelle versetzen zu lassen, allerdings mit einer ganz anderen Akzentuierung: „Es stand so, daß eine Entnazifizierung Pastor Hustedts als Anstaltsleiter ziemlich sicher unmöglich war, während eine Entnazifizierung in einem einfachen Pfarramt wahrscheinlich glatt ging. Das ist der entscheidende Gesichtspunkt gewesen."[23] Wie weit interne Konflikte eine Trennung des Stiftes von seinem bisherigen Vorsteher als wünschenswert erscheinen ließen, müsse allein der Entscheidung des Vorstandes überlassen bleiben. Offentsichtlich war Hustedt, der im Winter 1933/34 immerhin entscheidend zum Niedergang der Deutschen Christen in Hannover beigetragen hatte, nicht stärker belastet als die Oberin und leitende Ärzte des Stiftes, die davor bewahrt werden sollten, vor einem öffentlichen Ausschuß Rechenschaft über ihr Verhalten während der nationalsozialistischen Zeit ablegen zu müssen. So wurde Johannes Hustedt einer der wenigen Pastoren, die ihre leitende Position nach dem Kriege einbüßten. Verbittert beklagte er sich, daß Parteige-

---

NTZ vom 4. April 1933. Dort findet sich unter dem Titel „Der letzte Weg des Sturmführers Schuricht" ein Bericht über die Beerdigung eines SA-Sturmführers aus der Standarte 13. Die Predigt bei der als „eindrucksvoll" charakterisierten Trauerfeier hielt Pastor Hustedt. Der Verstorbene war im Friederikenstift aufgebahrt worden (NTZ, 4. 4. 1933).
19 Geist und Tat. Monatsschrift für Recht, Freiheit und Kultur, 2.Jg., Januar 1947, Nr. 1, S. 29. Schriftleiter war der ehemalige Vorsitzende des Internationalen Sozialistischen Kampfbundes (ISK) und spätere SPD-Politiker Willi Eichler.
20 Schreiben des Vorsitzenden des Hannoverschen Pfarrvereins, Spanuth, an den Vorstand des Friederikenstiftes und an das Landeskirchenamt, beide vom 27. 3. 1947, LKA, D 4, 13 VII.
21 Bericht der Geistlichen Rohde, Ehrenfeuchter, Dornblüth und Renner an den Sprengelkonvent des Kirchenkreises Hannover I, 10. 4. 1947, LKA, E 2 (Friederikenstift).
22 Ebenda.
23 Fleisch an Spanuth, 11. 4. 1947, LKA, D 4, 13 VII.

nossen und SA-Leute im Dienst blieben, während er ungerechtfertigt gemaßregelt werde. Nicht zu Unrecht empfand er „dieses Messen mit doppeltem Maß" als „anstößig".[24]

Hustedt mußte nicht gehen, weil ihm in einer öffentlichen Untersuchung eine erhebliche Mittäterschaft im NS-Staat nachgewiesen worden wäre, sondern weil es opportun war, ihn abzulösen. Indem man ihn als „politisches Opfer" preisgab, wurden peinliche Diskussionen in der Öffentlichkeit vermieden. Dieser Vorgang belegt noch einmal beispielhaft, daß auch nach Kriegsende taktisches und pragmatisches Verhalten die zaghaften Versuche einer „Vergangenheitsbewältigung" in der hannoverschen Landeskirche überlagerten. Die notwendige vorbehaltlose und offene Diskussion über Fehlentwicklungen und eine Mitschuld am nationalsozialistischen Unrechtsstaat blieb aus.

## 8.3 Der erzwungene Rücktritt des Landesbischofs

Der britischen Besatzungsmacht galt die hannoversche Landeskirche „als die vom Nationalsozialismus affizierteste und der ‚Bekennenden Kirche' gegenüber distanzierteste" der großen westzonalen Kirchen.[25] Die in Hannover verfolgte „neutrale Linie" einer gemäßigten Bekenntnisorientierung bei gleichzeitiger Loyalität gegenüber der staatlichen Obrigkeit und die „bedingte Mitarbeit" des Landesbischofs im Reichskirchenausschuß und im Geistlichen Vertrauensrat führten zwangsläufig zu einer „unsicher schwankenden Haltung der Kirchenleitung während des Dritten Reiches".[26] So konnte DC-Pfarrer Stöckmann in einer Rechtfertigung seines kirchenpolitischen Engagements durchaus treffend argumentieren, das Landeskirchenamt tue erst nach der Besetzung im Jahre 1945 so, als sei es schon immer gegen den Nationalsozialismus gewesen.[27]

Im Juni 1945 hatten Offiziere der britischen Militärregierung zunächst den Eindruck gewonnen, August Marahrens, dessen Persönlichkeit als „impressive" charakterisiert wurde, sei zwar patriotisch für einen deutschen Kriegserfolg eingetreten, aber politisch nicht durch eine Zusammenarbeit mit der NS-Führung belastet. Beanstandet wurden jedoch Ausführungen, die der Landesbischof im Sommer 1945 in seinen „Wochenbriefen" an die Geistlichen der Landeskirche gemacht hatte. Marahrens hatte die militärische Niederlage des Dritten Reiches als „Demütigung aus Gottes Hand" bezeichnet. Obwohl er beklagte, daß seine kritischen Eingaben an die Staatsführung ungehört verhallt seien, wollte er sich „nicht an die Seite derer stellen, die diesseits und jenseits unserer Grenzen heute viel Anklage, Verurteilung und Verwünschung gegen die Männer laut werden lassen, die in den vergangenen 12 Jahren an der Spitze unseres Volkes und Reiches gestanden ha-

---
24 Hustedt an das Landeskirchenamt, 25. 6. 1947, LKA: B 7, 921.
25 So eine bei Besier, Selbstreinigung, S. 17, zitierte Charakterisierung.
26 Besier, Selbstreinigung, S. 57.
27 Besier, Selbstreinigung, S. 56 f.

ben...".²⁸ Die nähere Untersuchung der „Wochenbriefe" aus den Kriegsjahren, mit denen Marahrens, so die kritische Würdigung von Besier, zu einer „religiösen Glorifizierung der politisch-militärischen Maßnahmen des NS-Regimes entscheidend beigetragen hatte"²⁹, bewogen die Militärregierung, schließlich doch auf seine Entfernung aus dem Bischofsamt zu drängen. Noch im Sommer 1945 rückten deutsche Kirchenführer wie Wurm und Bodelschwingh von Marahrens ab und der Generalsekretär des in Genf entstehenden Ökomenischen Rates, Vissert't Hooft, verlangte, daß der umstrittene hannoversche Landesbischof unverzüglich zurücktreten müsse. Auch einige Anhänger der bruderrätlichen Richtung der Bekennenden Kirche, darunter auch Richard Karwehl als Kopf des Osnabrücker Kreises, richteten öffentlich Angriffe gegen ihn. Dennoch sprach die Vorläufige Landessynode der hannoverschen Landeskirche dem Kirchensenat unter Vorsitz von Marahrens am 30. November 1945 ihr volles Vertrauen aus. Obwohl der Landesbischof sich durch sein Wohlverhalten gegenüber der nationalsozialistischen Führung desavouiert hatte, galt er in weiten Teilen der Pastorenschaft und der niedersächsischen Bevölkerung bereits als rehabilitiert. Allerdings wies der Obmann der Bekenntnisgemeinschaft, Johannes Schulze, den Bischof darauf hin, daß auch die kritischen Stimmen in der Landeskirche nicht leiser würden.³⁰ Mit einer Beilage zum Kirchlichen Amtsblatt versuchte die Kirchenleitung, die Haltung der hannoverschen Landeskirche im Kirchenkampf und in der aktuellen Situation zu rechtfertigen.³¹ Dabei wurde auf Römer 13 und Luthers Zweireichelehre bezug genommen und noch einmal ausdrücklich die Auffassung vertreten, daß nach der Heiligen Schrift und der Lehre Martin Luthers auch einer unchristlichen Obrigkeit Gehorsam geschuldet sei, solange diese nichts fordere, was gegen Gottes Gebote oder das Gewissen verstoße. Eine theologische Rechtfertigung des politischen Umsturzes oder eines „politischen Mordanschlages", wie er am 20. Juli 1944 geschah, sei religiös-ethisch nicht zu rechtfertigen. Im Februar 1947 griff die sozialdemokratische Tageszeitung „Hannoversche Presse" im Rahmen einer breiten Diskussion über Probleme der Entnazifizierung den Landesbischof als „bemerkenswert fügsamen Untertan der nazistischen Obrigkeit" scharf an und forderte seinen Rücktritt.³² Als Vertreter des Landesbruderrates der Bekenntnisgemeinschaft wies Arnold Fratzscher, der selbst des öfteren von der Position des Landesbischofs abweichende Standpunkte eingenommen hatte, Inhalt und Form der Kritik zurück. Marahrens habe in den großen Versammlungen der Bekenntnisgemeinschaft „mannhaft die Freiheit der kirchlichen Verkündigung gegen die Machtansprüche des Dritten Reiches verteidigt... Mag Landesbischof D. Marahrens gelegentlich falsch gehandelt haben, eins wird ihm niemand abstreiten können, daß seine Persönlichkeit zu lauter ist und die Angelegenheit zu ernst, als

---

28 Wochenbriefe vom 11. 6. 1945 und vom 13. 8. 1945, LKA.
29 Besier, Selbstreinigung, S. 114.
30 Besier, Selbstreinigung, S. 37 ff.
31 „Die Haltung der Hannoverschen Landeskirche im Kirchenkamf und heute" (KABl. Nr. 17, 25. 10. 1946, Beilage). Diese erste Rechtfertigungsschrift wurde von Heinz Brunotte verfaßt (abgedruckt in: Klügel, Dokumentenband, S. 215–226).
32 Hannoversche Presse, 21. 2. 1947.

daß sie in dieser Form zur Sprache gebracht wird."[33] Ende März 1947 meldete die „Hannoversche Presse", der Landesbischof wolle sein Amt auf der bevorstehenden Landessynode zur Verfügung stellen.[34] Am 15. April 1947 vollzog August Marahrens schließlich den von vielen als überfällig erachteten Rücktritt. Er erklärte, bereits seit August 1945 beabsichtigt zu haben, sein Amt der ersten ordentlichen Landessynode zur Verfügung zu stellen. Entscheidend dafür seien Altersgründe, nicht die politischen Angriffe gegen ihn gewesen.[35] Allerdings hatte Marahrens einem Vertreter der Militärregierung gegenüber geäußert, er gehe als „unschuldig Verurteilter".[36] In dem vor der Synode gegebenen Rechenschaftsbericht räumte er Fehler insbesondere im Hinblick auf die Unterzeichnung der „Fünf Grundsätze" und das Telegramm des Geistlichen Vertrauensrates anläßlich des Rußlandfeldzuges[37] ein. Auch sein „Dank für die gnädige Errettung des Führers" habe einem „Unwürdigen" gegolten. Er wisse auch, daß viele an der von ihm 1936 vollzogenen Trennung von der bruderrätliche Richtung der Bekennenden Kirche Anstoß genommen hätten.[38] Am Ende nahm die Synode „mit großem Bedauern" den Rücktritt an, nicht ohne dem scheidenden Bischof „ihr volles Vertrauen" im Hinblick auf seine Amtsführung als Ganzes und „ihre bleibende Dankbarkeit" auszudrücken.

---

33 „Mehr Verantwortungsbewußtsein", Leserbrief von Arnold Fratzscher in einer (nicht feststellbaren) Tageszeitung, 25. 2. 1947, in: LKA: S 1, H II 911. In der „Hannoverschen Presse" wurden einige Leserbriefe zu dem Artikel vom 21. 2 .47 veröffentlicht. Pfarrer Werner Koch meinte, der Rücktritt von Marahrens sei „mehr als fällig" (HP, 11. 3. 47), der Stader Pastor Ubbelohde zeigte sich beschämt über die Form des Angriffes, erklärte aber, daß in der Sache „ein kleiner Kreis, der sich um die Hannoversche Pfarrbruderschaft sammelt", mit dem Kern der Kritik übereinstimme (ebenda). Dagegen forderte des Lautenthaler Pfarrer Haefermann, daß kirchliche Dinge nur kirchlich behandelt werden sollten. Das Handeln des Landesbischofs sei immer nur kirchlich, nie politisch bestimmt gewesen (HP, 21. 3 .47).
34 Hannoversche Presse, 25. 3. 1947.
35 Rechenschaftsbericht von D. Marahrens vor der hannoverschen Landessynode am 15. 4. 1947, abgedruckt in: Klügel, Dokumentenband, S. 205–215.
36 Besier, Selbstreinigung, S. 145.
37 Zu den problematischen Äußerungen von Marahrens im Zusammenhang mit dem Überfall auf die Sowjetunion: Meyn/Grosse, Haltung, S. 445 ff.
38 Rechenschaftsbericht Marahrens, hier S. 209.

## 9. Zwischen Kooperation und Verweigerung: Kirchenführung und evangelische Christen in Hannover 1933–1945. Ein Fazit

Die Geschichte der evangelischen Kirche während des Dritten Reiches, und damit auch die Analyse der Auseinandersetzungen ihrer Pfarrer und Amtsträger mit der nationalsozialistischen Obrigkeit, ist ein komplexes Thema. In der Frage des Spannungsverhältnisses von taktisch kluger Selbstbehauptung als Institution und prinzipientreuem Bekenntnis zur christlichen Nächstenliebe stehen letzten Endes ethische Grundwerte zur Diskussion. Zudem wurde die Bewertung des kirchlichen Verhaltens während der Zeit des Nationalsozialismus bereits im 1945 einsetzenden Prozeß der politischen Neuordnung zu einer tagespolitisch aktuellen Frage.

Hinzu kommt, daß die Thematik nicht frei von Widersprüchen und gegenläufigen Entwicklungen ist. Wie soll man das Verhalten Deutscher Christen bewerten, bei denen sich erweist, daß sie ideologisch keine radikalen Nationalsozialisten, sondern eher pragmatische Mitläufer waren? Was ist von vermeintlichen Gegnern der NSDAP zu halten, die in hohem Maße von der nazistischen Ideologie affiziert sind? Auf allzu einfache Schwarz-Weiß-Muster der Bewertung wird man daher verzichten müssen. In der vorliegenden Analyse wurde versucht, aus den oft leisen Zwischentönen und widersprüchlichen Entwicklungen die Geschichte der evangelischen Kirche in der Stadt Hannover zwischen 1933 und 1945 zu rekonstruieren. Zusammenfassend lassen sich folgende Ergebnisse festhalten:

1. Politischen Widerstand der Institution Kirche gegen das NS-Regime hat es durch die hannoversche Kirchenführung und ihre Kirchenverwaltung zu keiner Zeit gegeben.

2. Insgesamt sind fünf kirchenpolitische Richtungen[1] in der Landeskirche zu unterscheiden, die den innerkirchlichen Machtkampf der dreißiger Jahre beeinflußten:

Die zunächst nicht unbedeutende Gruppe der Deutschen Christen zerfiel nach der breiten Widerspruch provozierenden Sportpalastrede des Berliner Gauobmannes Krause binnen Jahresfrist in zwei Fraktionen. Nur eine Minderheit blieb der sich radikalisierenden DC-Organisation treu. Einige wenige deutsch-christliche Gemeindepfarrer versahen bis 1945 unbehelligt ihr Pfarramt, konnten jedoch seit den späten dreißiger Jahren auf die große Mehrheit der Kirchenmitglieder keinen prägenden Einfluß mehr ausüben. So schnell die hannoversche DC-Bewegung 1933 bin-

---
1 Diese Gruppierung in fünf Richtungen entspricht im wesentlichen der von van Norden vorgeschlagenen Typologisierung der kirchenpolitischen Gruppen: Günther van Norden, Kirche und Staat im Kirchenkampf, in: ders. (Hg.), Zwischen Bekenntnis und Anpassung, Köln 1985, S. 101 f.

nen weniger Monate eine größere Zahl an Mitgliedern hatte gewinnen können, so schnell verlor sie diese wieder, als die theologischen und kirchenpolitischen Konsequenzen der DC-Politik immer deutlicher wurden.

Um den sich an keine kirchenpolitische Gruppe fest bindenden Landesbischof gab es eine nicht geringe Anzahl von Pastoren und Kirchenbeamten, die sich um einen vermeintlich „neutralen" Standpunkt ohne Einbindung in eine der konträren Positionen bemühten. Die zahlenmäßig größte Gruppe stellten in der hannoverschen Landeskirche die bekennenden Christen gemäßigter Richtung. Im Verlauf des innerkirchlichen Streites bildete sich innerhalb der einen sehr gemäßigten Kurs steuernden Bekenntnisgemeinschaft der evangelisch-lutherischen Landeskirche Hannovers eine kleine Oppositionsgruppe heraus, die in ihren theologischen und kirchenpolitischen Grundüberzeugungen der bruderrätlichen Orientierung innerhalb der Bekennenden Kirche nahestand.

3. Die drei mittleren kirchenpolitischen Fraktionen der ausgetretenen ehemaligen Deutschen Christen, der „Neutralen" und eine breite Mehrheit der Bekenntnisgemeinschaft bildeten seit 1934 die gemeinsame Basis, auf der Bischof Marahrens seinen von taktischen Überlegungen und Kompromissen geprägten Kurs aufbauen konnte. Festhalten am überlieferten lutherischen Bekenntnis und unbedingte Loyalität zur staatlichen Obrigkeit kennzeichneten diesen Weg gleichermaßen. Gegen diese gemäßigte Kirchenpolitik, die von mehr als drei Vierteln der Geistlichen mitgetragen wurde, standen mit den nun als „Nationalkirchliche Einung" sich organisierenden radikaleren Deutschen Christen und der bruderrätlichen Opposition auf der Seite der bekennenden Christen jeweils nur sehr kleine entschiedenere Gruppen. Dabei gewannen innerhalb der extrem deutsch-christlichen Richtung immer mehr auch theologische Vorstellungen an Boden, die auf eine Entkonfessionalisierung und die Aufgabe von evangelischen Glaubensgrundsätzen zugunsten nationalsozialistischer Weltanschauung hinausliefen. Auf der anderen Seite gelangten im Verlauf des Dritten Reiches einzelne weitblickende Bekenntnispfarrer und in der Bekennenden Kirche engagierte Laien zu der Erkenntnis, daß es einen unüberbrückbaren Gegensatz zwischen dem Bekenntnis zum Evangelium und der nationalsozialistischen Weltanschauung und Kirchenpolitik gab. Daß diese Erkenntnis in der hannoverschen Landeskirche keine weitere Verbreitung fand, muß neben den prägenden lutherischen Traditionen auch der Tatsache zugeschrieben werden, daß die hannoversche Kirchenführung unter August Marahrens keine prinzipielle Infragestellung der nationalsozialistischen Obrigkeit zuließ.

4. Im Vergleich zu anderen Regionen und Landeskirchen stechen zwei Dinge in Hannover besonders hervor: auf der einen Seite die geringe Intensität der Verfolgung kirchlicher Opponenten durch Gestapo und Justiz, auf der anderen Seite, bedingt durch die vom Landesbischof bestimmte und sowohl von der Pfarrerschaft als auch vom Kirchenvolk breit unterstützte Politik eines „neutralen" Kurses, besonders schwierige Rahmenbedingungen für eine konsequente Verweigerungshaltung oder gar christlich motivierten Widerstand gegen den Nationalsozialismus. Geringe Verfolgungsintensität und politischer Loyalitätsdruck bedingten sich einander gegenseitig.

In deutlichen Kontrast etwa zu den Verhältnissen in Sachsen[2], wo zahlreiche Notbundpfarrer verhaftet wurden und die DC-Kirchenleitung mit Disziplinarmaßnahmen und Dienstentlassungen rigide gegen Bekenntnispfarrer vorging, spielte sich der innerkirchliche Machtkampf in Hannover in vergleichsweise ruhigen Bahnen ab. Während in Sachsen neben der „neutralen Mitte" auch der Pfarrernotbund und die Deutschen Christen als kirchenpolitische Gruppen einflußreich blieben[3], drängte der Integrationskurs der hannoverschen Kirchenleitung sowohl die extreme DC-Bewegung als auch die bruderrätliche Richtung der Bekennenden Kirche in die Marginalität.[4]

Auch in Preußen[5] und in Bremen[6], wo allerdings mit der weitgehend unabhängigen Stellung der einzelnen Kirchgemeinden eine völlig andere Ausgangsbasis gegeben war, schlugen die Wellen des innerkirchlichen Kampfes höher als in Hannover, das sich im regionalen Vergleich somit eher als Sonderfall eines sehr gemäßigten „Kirchenkampfes" darstellt.

5. Nach Kriegsende führte die Auseinandersetzung mit dem eigenen Handeln als Institution im NS-Staat in Teilen der evangelischen Kirche zu einer kritischen Selbsteinschätzung, die sich unter anderem in der „Stuttgarter Schulderklärung" niederschlug. In der hannoverschen Landeskirche überdeckte dagegen die Diskussion um den schließlich erzwungenen Rücktritt Landesbischofs Marahrens mit ihrem Rechtfertigungscharakter diesen kritischen Selbstreflexionsprozeß. Dies ist insofern zu bedauern, als damit der Weg zur Beantwortung der Frage, warum die evangelische Landeskirche sich angesichts der Herausforderung durch den Nationalsozialismus so verhalten hat, für viele Jahre verstellt wurde.[7]

6. Leistete die Landeskirche als Institution keinen politischen Widerstand gegen die Naziherrschaft, so verstand sich auch die Bekenntnisgemeinschaft nicht als Bewegung gegen den nationalsozialistischen Staat, sondern immer nur als kirchliche Vereinigung zur Bewahrung des Bekenntnisses[8]. Insofern kann Bethges pointierte Be-

---

2   Zum regionalen Vergleich: Meier, Kirchenkampf.
3   Meier, Kirchenkampf, Band 3, S. 498, nennt für Sachsen 1939 folgende Aufteilung der kirchenpolitischen Richtungen: etwa 50 % „Mitte", rund 20 % DC, 30 % Notbund.
4   In der hannoverschen Landeskirche standen 1939 höchstens noch jeweils 5 % der Pastoren und des Kirchenvolkes zu den radikalen Deutschen Christen bzw. zur Bekennenden Kirche bruderrätlicher Ausprägung. Dagegen hatten sich etwa 90 % als „Neutrale" oder Mitglieder der gemäßigten Bekenntnisgemeinschaft hinter Marahrens gestellt.
5   Über einige Berliner Kirchengemeinden: Manfred Gailus (Hg.), Kirchengemeinden im Nationalsozialismus. Sieben Beispiele aus Berlin, Berlin 1990
6   Dazu einschlägig: Almuth Meyer-Zollitsch, Nationalsozialismus und evangelische Kirche in Bremen, Bremen 1985. Die Verfasserin bezieht bewußt das „Gemeindeleben im Kirchenkampf" (S. 218–253) in ihre Untersuchung ein. Aufgrund der völlig anderen Ausgangsbedingungen ist aber eine Vergleichbarkeit mit der Analyse der hannoverschen Kirchengemeinden kaum gegeben.
7   Die immer noch kontroverse Rezeption des kirchlichen Handelns in der NS-Zeit verdeutlichen die bereits mehrfach zitierten kontroversen Beiträge von Perels, Lindemann und Otte, in: Grosse, Bewahren.
8   Vgl. hierzu auch Wilhelm Niemöller, Die Evangelische Kirche im Dritten Reich. Handbuch des Kirchenkampfes, Bielefeld 1956, S. 396, der diese Sichtweise für die gesamte Bekennende Kirche vermittelt.

schreibung des Verhaltens der Bekennenden Kirche in der Altpreußischen Union auch und gerade für die hannoverschen Bekenntniskreise eine besondere Gültigkeit beanspruchen: „Wir haben widerstanden mit dem Bekenntnis, aber wir haben nicht bekannt mit dem Widerstand"[9].

7. Trotz dieser kritischen Gesamtsicht ist festzuhalten, daß die sich um den Landesbischof bildende Abwehrfront gegen die Eingliederung der Landeskirche in eine deutsch-christlich geprägte Reichskirche, mit den Worten des Leipziger Kirchenhistorikers Kurt Meier gesprochen, zumindest im „Ernüchterungsjahr" 1934[10] einen „objektiven Störfaktor"[11] für die Naziherrschaft darstellte. Das Ziel einer deutsch-christlichen Nationalkirche mußte aufgrund der kirchlichen Abwehrhaltung und des politischen Drucks deutsch-nationaler Kreise am Ende von der Hitlerregierung aufgegeben werden. Das Nebeneinander von deutsch-christlichen regierten Landeskirchen, einer in diesen Gebieten opponierenden Bekennenden Kirche und auf einer gemäßigten Bekenntnislinie geführten „intakten" Landeskirchen mußten die Nationalsozialisten schließlich akzeptieren.

8. Die von Nowak vertretene These, daß die „wirksamste Resistenz" von „einem relevanten, d. h. in der ganzen Breite der Gesellschaft anwesenden und wirksamen volkskirchlichen Protestantismus und also weniger von bekennenden Minoritäten" ausgegangen sei[12], läßt sich durch die Untersuchung der stadthannoverschen Verhältnisse in keiner Weise bestätigen.[13] Vielmehr scheint für den hannoverschen Fall die Charakterisierung von Kershaw zuzutreffen, der davon ausgeht, daß der „Kirchenkampf" nur vorübergehend und mit begrenzter Reichweite zu Spannungen in den Herrschaftsbeziehungen führte.[14] Solche Situationen traten in Hannover vor allem während des innerkirchlichen Machtkampfes 1933/34 und noch einmal im Vorfeld der angekündigten, dann aber abgesagten Kirchenwahl des Jahres 1937 auf.

9. Die Mikroanalyse belegt, daß die Situation in den Kirchengemeinden sehr differenziert zu betrachten ist. Etwa in der Hälfte der stadthannoverschen Gemeinden traten die kirchenpolitischen Gegensätze nicht zu Tage oder wurden durch um Vermittlung bemühte Pastoren und Kirchenvorsteher stark abgemildert. Etliche Be-

---

9 Eberhard Bethge, Zwischen Bekenntnis und Widerstand: Erfahrungen in der APU; in: Schmädeke/Steinbach, Widerstand, S. 291.
10 So die Charakterisierung bei Scholder, Kirchen, Band 2.
11 Kurt Meier, Der evangelische Kirchenkampf, Band 3, Göttingen 1984, S. 588 und 616. Vgl. auch Kurt Nowak, Evangelische Kirche und Widerstand im Dritten Reich. Kirchenhistorische und gesellschaftsgeschichtliche Perspektiven, in: GWU 6/1987, S. 356.
12 Kurt Nowak, Wie es zu Barmen kam. Problem- und ereignisgeschichtliche Aspekte der Barmer Bekenntnissynode und ihrer „Theologischen Erklärung", in: R. Ritter (Hg.), Barmen und das Luthertum, Hannover 1984, S. 35.
13 Vgl. zur diesbezüglichen Kontroverse zwischen Nowak und van Norden auch: Gerhard Besier, Widerstand im Dritten Reich – ein kompatibler Forschungsgegenstand für gegenseitige Verständigung heute?, in: KZG 1 (1988), S. 50–68 sowie Günther van Norden, Widerstand im deutschen Protestantismus 1933–1945, in: Klaus-Jürgen Müller (Hg.), Der deutsche Widerstand 1933–1945, Paderborn u. a. 1986, S. 117.
14 Ian Kershaw, „Widerstand ohne Volk?" Dissens und Widerstand im Dritten Reich, in: Schmädeke/Steinbach, Widerstand, S. 779–798, hier S. 791.

kenntnispfarrer hatten heftige Konflikte mit Amtswaltern der Partei oder der Glaubensbewegung zu bestehen, aber nur in ganz wenigen Gemeinden kam es zu längerfristigen und polarisierenden Auseinandersetzungen zwischen ausgeprägten kirchenpolitischen Gemeindegruppen. Dort, wo sich die Konflikte im Gemeindeleben zuspitzten, oder wo Pfarrer, ausgehend von der Opposition in kirchenpolitischen Fragen, zunehmend den Unrechtscharakter des NS-Regimes erkannten, konnte freilich aus einer begrenzten Verweigerungshaltung heraus ein „Widerstand wider Willen"[15] entstehen.

Pastoren, die bereit waren, dem Staat in Fragen, die den eng gefaßten Bereich der Kirchenpolitik überschritten, die Loyalität zu verweigern, konnten allerdings zu keiner Zeit auf Unterstützung durch die offiziellen Kirchenbehörden in Hannover hoffen. Oder wie Pastor Brammer es formulierte:

„Wir Pastoren würden doch gewiß viel mutiger streiten, wenn wir gewiß wären, daß sie <die Kirchenleitung> hinter uns steht und für uns eintritt, wenn wir angefochten werden..."[16].

10. Diese Ergebnisse der regionalgeschichtlichen Untersuchung widersprechen in zentralen Punkten dem von Eberhard Klügel vermittelten, erheblich geschönten und stilisierten Selbstbild des „Kirchenkampfes" in der hannoverschen Landeskirche. Klügels Darstellung erfolgte durchgängig aus dem Blickwinkel eines selbst an den Vorgängen Beteiligten, dessen Position mit der des Landesbischofs und der Mehrheit der hannoverschen Pastorenschaft weitgehend identisch war.

Klügels Konstruktion eines hannoverschen „Kirchenkampfes" folgt damit in wesentlichen Zügen den Überzeugungen, die er selbst während der NS-Zeit und danach vertreten hat. Dies erklärt auch, warum die Aktivitäten der entschieden bruderrätlich orientierten Kritiker des Kurses der hannoverschen Kirchenführung kaum erwähnt und damit in ihrer qualitativen Bedeutung konsequent verzeichnet wurden. Demgegenüber hat die Analyse der stadthannoverschen Situation gezeigt, daß es über die bei Klügel nur ganz knapp erwähnten Ansätze hinaus auch im Zentrum der „intakten", oder besser „wiederhergestellten" hannoverschen Landeskirche Pfarrer und Laien gab, die eine entschiedenere Haltung innerhalb der Bekennenden Kirche einnahmen und den nach außen hin vertretenen Kurs der Kirchenführung nur aus kritischer Solidarität tolerierten oder sich sogar enttäuscht aus dieser Form des „Kirchenkampfes" zurückzogen. Die in der Landeskirche zweifellos große Autorität des Bischofs Marahrens bewirkte kirchenintern, daß es nicht zu einer entschiedeneren Ausprägung der Bekennenden Kirche kam, auf der anderen Seite sorgte sie aber auch dafür, daß die staatlichen Interventionen gegen oppositionelle Pastoren sich in moderaten Bahnen hielten.

---

15 Ernst Wolf, Zum Verhältnis der politischen und moralischen Motive in der deutschen Widerstandsbewegung; in: Walter Schmitthenner/Hans Buchheim (Hg.), Der deutsche Widerstand gegen Hitler. Vier historisch-kritische Studien, Köln/Berlin 1966, S. 219 ff.
16 Brammer, Retrospektiver Erinnerungsbericht, S. 66.

# Quellen- und Literaturverzeichnis

## A. Ungedruckte Quellen

Landeskirchliches Archiv Hannover:

Landeskirchenamt, Generalakten (B 1)
Finanzabteilung (B 6)
Personalakten (B 7)
Pfarrverein (D 4)
Bekenntnisgemeinschaft 1943–1964 (E 6)
Evangelischer Landesverband für Kinderpflege (E 26)
Kanzlei des Landesbischofs Marahrens (L 2)
Landessuperintendentur Calenberg-Hoya (L 5a)
Stadtkirchenausschuß
Kirchenkampfdokumentation (S 1)
Archivaliendokumentation (S 10)

Nachlässe:

Bosse (N 6),
Brinkmann (N 11),
Brüdern (N 18),
Duensing (N 19),
Fratzscher (N 115),
Klügel (N 38),
Mahner (N 72),
Mahrenholz (N 48),
Niemann (N 75),
Rasch (N 56),
Stalmann (N 64)

Kirchengemeinde- und Kirchenkreisarchive:

Apostelkirche (Oststadt)
Bethlehem (Linden)
Bothfeld
Bugenhagenkriche (Südstadt)
Gartenkirche
Herrenhausen
Jakobikirche Kirchrode
Lutherkirche (Nordstadt)
Marienwerder
Martinskirche (Linden)
Michaelis Ricklingen

Nazarethkirche (Südstadt)
Nikolai Limmer
Petri Döhren
Petri Kleefeld
Schloßkirche, Ephoralarchiv
Kirchenkreisarchiv Limmer (für den Kirchenkreis Hannover-Linden)
Stadtkirchenarchiv (für die innerstädtischen Gemeinden Marktkirche, Kreuzkirche und Aegidienkirche) und Akten des Stadtkirchenausschusses (im Landeskirchlichen Archiv verwahrt)
Archiv des Stephansstiftes Hannover

Niedersächsisches Hauptstaatsarchiv Hannover:

Regierungspräsidium Hannover (Hann. 80 Hann. II)
Zeitungsausschnittssamllung (VVP 17)

Stadtarchiv Hannover:

Akten des Schulamtes
XIII C (betr. Schloßkirche)

Evangelisches Zentralarchiv Berlin:

Akten der Kirchenkanzlei der Deutschen Evangelischen Kirche

Bundesarchiv:

Akten des Reichskirchenministeriums
Reichssicherheitshauptamt (R 58, St 3 und PSt 3)
Spruchkammerakten (Z 42)
Sammlung Schumacher

Berlin Document Center:

Personenakten

Institut für Zeitgeschichte:

MA 292
Fa 218

Geheimes Staatsarchiv Berlin-Dahlem:

Geheimes Staatspolizeiamt (Rep. 90 P)

Aus Privatbesitz:

Unterlagen von Wilfried Feldmann
Unterlagen von Arnold Fratzscher
Unterlagen von Eberhard Wenckebach

## B. Interviews und Auskünfte von Zeitzeugen

Interview mit Gerda Ackermann, 15. 4. 1987, geführt von Michael Bayartz und Detlef Schmiechen-Ackermann, Forschungsprojekt Widerstand in Hannover
Interview mit Rudolf Herrfahrdt, 17. 12. 1985, geführt von Michael Bayartz und Claudia Bahr, Seminar „Widerstand in Hannover 1933–1945", Universität Hannover
Interview mit Albert Vieth, 16. 4. 1987, geführt von Michael Bayartz und Detlef Schmiechen-Ackermann, Forschungsprojekt Widerstand Hannover
Interview mit Hans-Hermann Voigtmann, 16. 1. 1989, geführt von Detlef Schmiechen-Ackermann, Forschungsprojekt Widerstand in Hannover
Interview mit Eberhard Wenckebach, 20. 6. 1987, geführt von Detlef Schmiechen-Ackermann, Forschungsprojekt Widerstand in Hannover
Interview mit Erwin Wilkens, 14. 4. 1988, geführt von Detlef Schmiechen-Ackermann, Forschungsprojekt Widerstand in Hannover

Mündliche bzw. schriftliche Auskünfte von:

J. Borchers
Rudolf Herrfahrdt
Walter Schindler
Wilhelm Schütt

## C. Publizierte Berichte, Quellen und Dokumente

Bernhard Ahlers, Hannoversches Pfarrbuch. Kurze Beschreibung der Pfarrstellen der ev.-luth. Landeskirche Hannovers, Hannover 1930, 2. Aufl.
Heinz Boberach (Hg.), Berichte des SD und der Gestapo über Kirchen und Kirchenvolk in Deutschland 1934–1044, Mainz 1971
Heinz Boberach (Hg.), Meldungen aus dem Reich. Die geheimen Lageberichte des Sicherheitsdienstes der SS 1938–1945, 17 Bde., Herrsching 1984
Deutschlandberichte der Sozialdemokratischen Partei Deutschlands (Sopade) 1934–1940, 7 Bde., Frankfurt/Main 1980
Festschrift 100 Jahre Erlöserkirche Hannover-Linden, Zionskirche zu Linden 1880–1980, Hannover 1980
Festschrift 100 Jahre Stephansstift, Hannover 1969
Paul Fleisch, Erlebte Kirchengeschichte. Erfahrungen in und mit der hannoverschen Landeskirche, Hannover 1952
Fritz Garbe, Inventare der Archive der hannoverschen Kirchenkreise, Göttingen 1959 ff.
Von Hageringhusen nach Herrenhausen. 75 Jahre Kirchengemeinde Herrenhausen [verfaßt 1931 von Robert Rasch, neu bearbeitet von Heinecke 1967 und Blaume 1981], Hannover 1981
Gerhard Hahn, Christuskreuz und Hakenkreuz, Hannover 1934
Handbuch der evangelisch-lutherischen Landeskirche Hannovers, Hamburg 1933
W. Heltig (Hg.), Festschrift 125 Jahre Henriettenstiftung... Neue Wege, alte Ziele, Hannover 1985
Heinrich Hermelink (Hg.), Kirche im Kampf. Dokumente des Widerstands und des Aufbaus in der evangelischen Kirche Deutschlands 1933 bis 1945, Tübingen/Stuttgart 1950
Richard Karwehl, Politisches Messiastum. Zur Auseinandersetzung zwischen Kirche und Nationalsozialismus, in: Zwischen den Zeiten, 9. Jg. (1931), S. 519–543
Jochen Klepper, Unter dem Schatten Deiner Flügel. Aus den Tagebüchern 1932–1942, Berlin u. a. 1959

Ernst-Christoph Merkel (Hg.), Schlaglichter. Dokumente zu Geschichte der Diakoniegemeinschaft Stephansstift 1927–1947, Hannover 1989 (Selbstverlag)
Philipp Meyer, Die Kirchengemeinden Hannovers in der werdenden Großstadt (1830–1890), in: Zeitschrift der Gesellschaft für niedersächsische Kirchengeschichte 38 (1933), S. 283–369
Philipp Meyer, Die Pastoren der Landeskirchen Hannovers und Schaumburg-Lippes seit der Reformation, 2 Bde., Göttingen 1941
Klaus Mlynek (Bearb.), Gestapo Hannover meldet... Polizei- und Regierungsberichte für das mittlere und südliche Niedersachsen zwischen 1933 und 1937, Hildesheim 1986
Georg Kretschmar/Carsten Nicolaisen (Hg.), Dokumente zur Kirchenpolitik des Dritten Reiches, Bd. 1, München 1981
Prediger und Seelsorger. Lebensbilder hannoverscher Pastoren, dargestellt von Ernst Rohde, 2. Folge, Hannover 1962
Henning Rischbieter, Hannoversches Lesebuch, Teil 1, Velber 1975
Ernst Rolffs, Evangelische Kirchenkunde Niedersachsens. Das kirchliche Leben in den Landeskirchen von Hannover, Braunschweig, Oldenburg und Schaumburg-Lippe, Göttingen 1938, 2. Aufl.
Statistische Vierteljahresberichte der Stadt Hannover
Ursachen und Folgen. Vom deutschen Zusammenbruch 1918 und 1945 bis zur staatlichen Neuordnung Deutschlands in der Gegenwart, hg. von E. Michaelis und E. Schraepeler, Berlin, Bd. 1 ff., Berlin 1958 ff.
Zehn Jahre Aufbau. Die Hauptstadt Hannover von 1925 bis 1935, Hannover 1935


## D. Tageszeitungen und Periodika

### Tages- und Wochenzeitungen:

Evangelische Zeitung
Hannoversche Presse
Hannoverscher Anzeiger
Hannoverscher Kurier
Hannoversches Tageblatt
Niederdeutsche Zeitung
Niedersächsische Arbeiter-Zeitung
Niedersächsische Tageszeitung
Volkswille


### Gemeindeblätter:

Evangelischer Gemeindebote für Herrenhausen und Leinhausen
Gemeindeblatt der Lutherkirche zu Hannover
Gemeindeblatt für Vahrenwald und Hainholz
Kirche und Haus. Gemeindeblatt der Christus-Kirchen-Gemeinde
Kirchenblatt der ev.-luth. Kirchengemeinden der luth. Kirche in Misburg, der Bothefelder Kirche, der Petrikirche in Kleefeld und der Kirchröder Kirche
Kirchliches Gemeindeblatt für die evangelisch-lutherischen Gemeinden von Linden, Kirchwehren, Lenthe und Seelze
Marienstädter Turmwächter
Der Marktürmer
Monatsbote aus dem Stephansstift

# E. Literatur

Lothar Albertin u. a., Christlicher Widerstand, in: Erich Matthias/Hermann Weber (Hg.), Widerstand gegen den Nationalsozialismus in Mannheim, Mannheim 1984, S. 359–436

Karl Anschütz, Protestantismus und Arbeiterschaft. Von der Bewältigung des Alltags in St. Georgen im Schwarzwald in den Jahren 1914–23, Stuttgart 1992

Dietrich Bartels, Nachbarstädte. Eine siedlungsgeographische Studie anhand ausgewählter Beispiele aus dem westlichen Deutschland, Bad Godesberg 1960

Karl-Adolf Bauer (Hg.), Predigamt ohne Pfarramt? Die „Illegalen" im Kirchenkampf. Neukirchen-Vluyn 1993

Heidrun Becker, Der Osnabrücker Kreis, in: Grosse u. a., Bewahren, S. 43–104

Gerhard Besier, Ansätze zum politischen Widerstand in der Bekennenden Kirche. Zur gegenwärtigen Forschungslage, in: Jürgen Schmädeke/Peter Steinbach (Hg.), Der Widerstand gegen den Nationalsozialismus. Die deutsche Gesellschaft und der Widerstand gegen Hitler, München 1985, S. 265–280

Gerhard Besier, Der Prozeß „Schramm gegen die Landeskirche". Zur Rolle der niedersächsischen Justiz im hannoverschen Kirchenkampf, in: Glaube – Bekenntnis – Kirchenrecht. Festschrift für Hans Philipp Meyer zum 70. Geburtstag, Hannover 1989, S. 56–95

Gerhard Besier, „Selbstreinigung" unter britischer Besatzungsherrschaft. Die Evangelisch-lutherische Landeskirche Hannovers und ihr Landesbischof Marahrens 1945–1947, Göttingen 1986

Gerhard Besier, Widerstand im Dritten Reich – ein kompatibler Forschungsgegenstand für gegenseitige Verständigung heute, in: KZG 1 (1988), S. 50–68

Eberhard Bethge, Zwischen Bekenntnis udn Widerstand: Erfahrungen in der Altpreußischen Union, in: Schmädeke/Steinbach (Hg.), Widerstand, S. 281–294

Siegfried Bräker, Jahre der Okkupation. Vorgeschichte und Geschichte der Okkupation der Evangelischen Kirchengemeinde Opladen durch den Nationalsozialismus, Opladen 1984

Günter Brakelmann (Hg.), Kirche im Krieg. Der deutsche Protestantismus am Beginn des Zweiten Weltkriegs, München 1980, 2. Aufl.

Hans Christian Brandy, Gustav Oehlert und Paul Leo. Zwei Pastoren jüdischer Herkunft in der Evangelisch-Lutherischen Landeskirche Hannovers, in: Grosse u. a., Bewahren, S. 375–427

Karl Buchheim, Geschichte der christlichen Parteien in Deutschland, München 1953

Goetz Buchholz, „Mit Luther für Glaube und Hoffnung", in: NaNa 2. 6. 1983

Hans-Reinhard Bunnemann, August Marahrens, in: Geschichten um Hannovers Kirchen. Studien, Bilder, Dokumente, Hannover 1983, S. 73–75

Walter Buschmann, Linden. Geschichte einer Industriestadt im 19. Jahrhundert, Hannover 1981

Cord Cordes, Geschichte der hannoverschen Kirchengemeinden der Evangelisch-lutherischen Landeskirche Hannovers 1848–1980, Hannover 1983

Cord Cordes, Pfarrer und Politik 1918–1929, in: Hannoversches Pfarrerblatt 1967, Nr. 3, S. 78–99

Karl-Wilhelm Dahm, Pfarrer und Politik 1918–1933, Köln/Opladen 1965

Hans-Werner Dannowski, Die Marktkirche im Nationalsozialismus, in: Grosse u. a., Bewahren, S. 253–270

Hillard Delbanco, Kirchenkampf in Ostfriesland 1933–1945, Aurich 1988

Wilfried Duckstein, „Uns geht die Sonne nicht unter". Evangelische Jugend in Hannover zwischen Kaiserreich und Faschismus, Stuttgart 1989

Robert P. Ericksen, Theologen unter Hitler. Das Bündnis zwischen evangelischer Dogmatik und Nationalsozialismus, München/Wien 1986

Manfred Gailus (Hg.), Kirchengemeinden im Nationalsozialismus. Sieben Beispiele aus Berlin, Berlin 1990

Wolfgang Gerlach, Als die Zeugen schwiegen. Bekennende Kirche und die Juden, Berlin 1993, 2. Aufl.

Helmut Gollwitzer, Aus der Bekennden Kirche, in: R. Löwenthal/P. von zur Mühlen (Hg.), Widerstand und Verweigerung in Deutschland 1933 bis 1945, Bonn 1984, S. 129–139

Martin Greschat, Die evangelische Kirche nach 1945, in: Pollmann, Weg, S. 13–25

Reinhard Greulich, Diakone im Straflager. Bericht über einen Versuch, im Dritten Reich Gefangene seelsorgerlich zu betreuen, in: diakonie-report 3 (1988), Ausgabe Niedersachsen, S. 17 ff.

Heinrich Grosse/Hans Otte/Joachim Perels (Hg.), Bewahren ohne Bekennen? Die hannoversche Landeskirche im Nationalsozialismus, Hannover 1996

Günther Harder/Wilhelm Niemöller (Hg.), Die Stunde der Versuchung. Gemeinden im Kirchenkampf 1933–1945. Selbstzeugnisse, München 1963

Michael Häusler, „Dienst an Kirche und Volk". Die Deutsche Diakonenschaft zwischen beruflicher Emanzipation und kirchlicher Formierung (1913–1947), Stuttgart 1995

Klaus Heidel/Christian Peters, Nicht nur ein Kampf um Seelen: Die Kirchen und das „Dritte Reich" in Heidelberg, in: Jörg Schadt/Michael Caroli (Hg.), Heidelberg unter dem Nationalsozialismus. Studien zu Verfolgung, Widerstand und Anpassung, Heidelberg 1985, S. 51–342

Arnd Henze, Zustimmung zu erwiesenem Unrecht? Bischof Marahrens und die nationalsozialistische Obrigkeit, in: LM 12 (1987), S. 544–547

Karl Herbert, Der Kirchenkampf. Historie oder bleibendes Erbe?, Frankfurt am Main 1985

Michael Hermsdorf, Die Bekennende Kirche in Hannover vor und nach der Machtübernahme Hitlers. Schriftliche Hausarbeit für das Gewerbelehramt, Universität Hannover, Masch. Manuskript 1980

Rainer Hoffschildt, Olivia. Die bisher geheime Geschichte des Tabus Homosexualität und der Verfolgung der Homosexuellen in Hannover, Hannover 1992

Hartwig Hohnsbein, Hanns Lilje und der Krieg des NS-Regimes, in: Grosse u. a., Bewahren, S. 461–470

Peter Hüttenberger, Vorüberlegungen zum Widerstandsbegriff, in: J. Kocka (Hg.), Theorien in der Praxis des Historikers, Göttingen 1977, S. 117–139

Jochen-Christoph Kaiser, Arbeiterbewegung und organisierte Religionskritik. Proletarische Freidenkerverbände in Kaiserreich und Weimarer Republik, Stuttgart 1981

Jochen-Christoph Kaiser/Martin Greschat (Hg.), Der Holocaust und die Protestanten. Analysen einer Verstrickung, Frankfurt am Main 1988

Ian Kershaw, „Widerstand ohne Volk?" Dissens und Widerstand im Dritten Reich, in: Schmädeke/Steinbach (Hg.), Widerstand, S. 779–798

Heinz Günther Klatt, Ein politischer Mensch war er nicht. Marahrens verstand sich als Theologe und Seelsorger, in: LM 12 (1987), S. 547–549

Ernst Klee, „Die SA Jesu Christi". Die Kirchen im Banne Hitlers, Frankfurt/Main 1989

Eberhard Klügel, Die lutherische Landeskirche Hannovers und ihr Bischof 1933–1945, 2 Bde., Berlin/Hamburg 1964/1965

Sigrid Regina Koch, Die langfristige Kirchenpolitik Hitlers beleuchtet am „Fall Behrens" in Stade. In: JGNK 85 (1987), S. 253–292

Walter Ködderitz (Hg.), D. August Marahrens. Pastor Pastorum zwischen den Weltkriegen, Hannover 1952

Paul Kremmel, Pfarrer und Gemeinden im evangelischen Kirchenkampf in Bayern bis 1939, Lichtenfels 1987

Hans-Walter Krummwiede, Reichsverfassung und Reichskirche, in: JGNK 59 (1961), S. 142–167

Hans-Walter Krummwiede, Die evangelisch-lutherische Kirche und Theologie und die theologische Erklärung von Bramen 1934/84, in: JGNK 82 (1984) S. 97–112

Dietrich Kuessner (Hg.), Kirche und Nationalsozialismus in Braunschweig, Braunschweig 1980

Dietrich Kuessner, Geschichte der Braunschweigischen Landeskirche 1930–1947 im Überblick, Blomberg 1981

Hans-Friedrich Lenz, „Sagen Sie, Herr Pfarrer, wie kommen Sie zur SS?" Bericht eines Pfarrers der Bekennenden Kirche über seine Erlebnisse im Kirchenkampf und als SS-Oberscharführer im Konzentrationslager Hersbruck, Gießen/Basel 1982

Gerhard Lindemann, Landesbischof August Marahrens (1875–1950) und die hannoversche Geschichtspolitik, in: KZG 8 (1995), S. 396–425 (Wiederabdruck in: Grosse u. a., Bewahren, S. 515–543)

Gerhard Lindemann, Christen jüdischer Herkunft als Gegenstand hannoverscher Kirchenpolitik im NS-Staat, in: Grosse u. a., Bewahren, S. 329–373

Andreas Lindt, Das Zeitalter des Totalitarismus. Politische Heilslehren und ökumenischer Aufbruch, Stuttgart 1981

Andreas Lindt, Kirchenklampf und Widerstand als Thema der Kirchlichen Zeitgeschichte. in: Gerhard Besier/Gerhard Ringshausen (Hg.), Bekentnnis, Widerstand, Martyrium Von Barmen 1934 bis Plötzensee 1944, Göttingen 1986, S. 75–89

Hartmut Lohmann, „Hier war doch alles nicht so schlimm". Der Landkreis Stade in der Zeit des Nationalsozialismus, Stade 1991

Hartmut Ludwig, Für die Wahrheit des Evangeliums streiten. Zur Entlassung des Hilfspredigers Winfired Feldmann aus dem Dienst der Landeskirche 1939, in: Grosse u. a., Bewahren, S. 105–126

Inge Mager, August Marahrens (1875–1950), der erste hannoversche Bischof, in: Joachim Mehlhausen (Hg.), „... über Barmen hinaus." Studien zur kirchlichen Zeitgeschichte. Festschrift für Carsten Nicolaisen, Göttingen 1994, S. 126–144 (Wiederabdruck in: Grosse u. a., Bewahren, S. 135–151)

Christoph Mehl, Das Stephansstift im Jahr 1933, in: Theodor Storm/Jörg Thierfelder (Hg.), Diakonie im „Dritten Reich", Heidelberg 1990, S. 146–168

Christoph Mehl, Innere Mission und Nationalsozialismus am Beispiel des Stephansstiftes Hannover, in: Grosse u. a., Bewahren, S. 301–327

Kurt Meier, Der evangelische Kirchenkampf, 3 Bde., Halle und Göttingen 1976–1984

Kurt Meier, Kreuz und Hakenkreuz. Die evangelische Kirche im Dritten Reich, München 1992

Karl-Heinz Melzer, Der Geistlichen Vertrauensrat. Geistliche Leitung für die Deutsche Evangelische Kirche im Zweiten Weltkrieg?, Göttingen 1991

Björn Mensing, „Hitler hat eine göttliche Sendung". Münchens Protestantismus und der Nationalsozialismus, in: ders./Friedrich Prinz (Hg.), Irrlicht im leuchtenden München? Der Nationalsozialismus in der „Hauptstadt der Bewegung", Regensburg 1991, S. 92–123

Ernst-Christoph Merkel, Diakone als Wachtmänner in den Emslandlagern, in: Grosse u. a., Bewahren, S,. 291–299

Almuth Meyer-Zollitsch, Nationalsozialismus und evangelische Kirche in Bremen, Bremen 1985

Kathrin Meyn/Heinrich Grosse, Die Haltung der hannoverschen Landeskirche im Zweiten Weltkrieg, in: Grosse u. a., Bewahren, S. 429–460

Friedrich Middendorf, Der Kirchenkampf in einer reformierten Kirche. Geschichte des Kirchenkampfes während der nationalsozialistischen Zeit innerhalb der evangelisch-reformierten Kirche in Nordwestdeutschland, Göttingen 1961

Wilhelm Niemöller, Die Evangelische Kirche im Dritten Reich. Handbuch des Kirchenkampfes, Bielefeld 1956

Günther van Norden, Der deutsche Protestantismus im Jahr der nationalsozialistischen Machtergreifung, Gütersloh 1979

Günther van Norden, Widerstand in den Kirchen, in: Löwenthal/von zur Mühlen (Hg.), Widerstand, S. 111–128

Günther van Norden, Widerstand im deutschen Protestantismus 1933–1945, in: Christoph Kleßmann/Falk Pingel (Hg.), Gegner des Nationalsozialismus, Frankfurt am Main/ New York 1980, S. 103–125

Günther van Norden, Der deutsche Protestantismus. Zwischen Patriotismus und Bekenntnis, in: Günther Heydemann/Lothar Kettenacker (Hg.), Kirchen in der Diktatur, Göttingen 1983

Günther van Norden, Kirche und Staat im Kirchenkampf, in: ders. (Hg.), Zwischen Bekenntnis und Anpassung, Köln 1985, S 101 ff.

Günther van Norden, Widerstand im deutschen Protestantismus 1933–1945, in: Klaus-Jürgen Müller (Hg.), Der deutsche Widerstand 1933–1945, Paderborn 1986, S. 108–134

Günther van Norden, Zwischen Kooperation und Teilwiderstand: Die Rolle der Kirchen und Konfessionen, in: Schmädeke/Steinbach (Hg.), Widerstand, S. 227–239

Günther van Norden, Widersetzlichkeit von Kirchen und Christen, in: Wolfgang Benz/ Walter Pehle (Hg.), Lexikon des deutschen Widerstandes, Frankfurt am Main 1994, S. 68–82

Kurt Nowak, Evangelische Kirche und Weimarer Republik. Zum poltischen Weg des deutschen Protestantismus zwischen 1918 und 1932, Göttingen 1988

Kurt Nowak, Evangelische Kirche und Widerstand im Dritten Reich. Kirchenhistorische und gesellschaftsgeschichtliche Perspektiven, in: GWU 6 (1987), S. 352–364

Kurt Nowak, Wie es zu Barmen kam. Problem- und ereignisgeschichtliche Aspekte der Barmer Bekenntnissynode und ihrer „Theologischen Erklärung", in: R. Rittner (Hg.), Barmen und das Luthertum. Wie es zu Barmen kam. Problem- und ereignisgeschichtliche Aspekte der Barmer Bekenntnissynode und ihrer „Theologischen Erklärung", Hannover 1984, S. 9–35

Günter Opitz, Der Christlich-soziale Volksdienst. Versuch einer protestantischen Partei in der Weimarer Republik, Düsseldorf 1969

Hans Otte, Landeskirche und Laienbewegung in der Weimarer Republik, in: Röhrbein, Reformation, S. 189–208

Hans Otte, Loyalität und Modernisierung in der Krise. Die Evangelisch-lutherische Kirche und ihr politisches Umfeld im Hannover der Weimarer Republik, in: Hann. Gbll. NF 48 (1994), S. 291–325

Hans Otte, Bischof im Zwielicht. August Marahrens (1875–1950), in: Grosse u. a., Bewahren, S. 179–221

Hans Otte, Zeitgeschichte in der hannoverschen Landeskirche. Tendenzen und Perspektiven, in: Grosse u. a., Bewahren, S. 545–563

Hans Otte, Evangelische Kirchengemeinden als resistentes Milieu? Einige Beobachtungen anhand der vorliegenden Regionalstudien, in: Detlef Schmiechen-Ackermann (Hg.), Anpassung, Verweigerung, Widerstand. Soziale Milieus, Politische Kultur und der Widerstand gegen den Nationalsozialismus in Deutschland im regionalen Vergleich, Berlin 1997, S. 165–191

William L. Patch, Adolf Hitler und der Christlich-soziale Volksdienst, in: VjZG 1 (1989), S. 145–155

Joachim Perels, Die hannoversche Landeskirche im Nationalsozialismus 1935–1945. Kritik eines Selbstbildes, Beiheft zu: Junge Kirche 56 (1995), Heft 9 (Wiederabdruck in: Grosse u. a., Bewahren, S. 153–177)

Klaus Erich Pollmann, Die Entnazifizierung in der Braunschweigischen Landeskirche nach 1945, in: ders. (Hg.), Der schwierige Weg in die Nachkriegszeit. Die Evangelisch-lutherische Landeskirche in Braunschweig 1945–1950, Göttingen 1994, S. 26–99

Anja Rinnen, Kirchenmann und Nationalsozialst. Siegfried Lefflers ideelle Verschmelzung von Kirche und Drittem Reich, Weinheim 1995

Eberhard Röhm/Jörg Thierfelder, Die evangelische Kirche und die Machtergreifung, in: W. Michalka (Hg.), Die nationalsozialistische Machtergreifung, Paderborn 1984, S. 168–181

Waldemar Röhrbein, Gleichschaltung und Widerstand in der Evangelisch-lutherischen Landeskirche Hannover 1933/35, in: Hannover 1933. Eine Großstadt wird nationalsozialistisch. Beiträge zur Ausstellung, Hannover 1983, S. 179–192 (Wiederabdruck in: Grosse u. a., Bewahren, S. 11–42)

Waldemar Röhrbein, Gleichschaltung und Widerstand in der Evangelisch-lutherischen Landeskirche Hannovers 1933–35, in: Vorträge. 1933 und danach. Aus Anlaß der Sonderausstellung „Hannover 1933 – Eine Großstadt wird nationalsozialistisch", Historisches Museum am Hohen Ufer, Hannover 1983, S. 105–142

Waldemar Röhrbein, Die Hannoversche Landeskirche im Dritten Reich, in: Geschichten um Hannovers Kirchen. Studien, Bilder, Dokumente, Hannover 1983

Waldemar Röhrbein, Kirche in Bedrängnis – Die Hannoversche Landeskirche zwischen 1933 und 1945, in: ders. (Hg.), Reformation und Kirchentag. Kirche und Laienbewegung in Hannover. Handbuch zur Ausstellung, Historisches Museum am Hohen Ufer, Hannover 1983, S. 209–246

Ger van Roon, Widerstand im Dritten Reich, München 1984, 3. Aufl.

Heidi Rosenbaum, Proletarische Familien. Arbeiterfamilien und Arbeiterväter im frühen 20. Jahrhundert zwischen traditioneller, sozialdemokratischer und kleinbürgerlicher Orientierung, Frankfurt am Main 1992

Jan Olaf Rüttgardt, Das Kloster Loccum im Dritten Reich, in: JGNK 85 (1987) S. 197–222

Hans-Dieter Schmid, „Anständige Beamte" und „üble Schläger". Die Staatspolizeistelle Hannover, in: Gerhard Paul/Klaus-Michael Mallmann (Hg.), Die Gestapo – Mythos und Realität, Darmstadt 1995, S. 133–160

Hans-Dieter Schmid, „Kirchenkampf" in Vahrenwald? Eine städtische Kirchengemeinde in der Zwischenkriegszeit, in: Grosse u. a., Bewahren, S. 271–289

Kurt Schmidt-Clausen, August Marahrens. Landesbischof in Hannover. Wirklichkeit und Legende, Hannover 1989

Detlef Schmiechen-Ackermann, Ländliche Armut und die Anfänge der Lindener Fabrikarbeiterschaft. Bevölkerungswanderungen in der frühen Industrialisierung des Königreichs Hannover, Hildesheim 1990

Detlef Schmiechen-Ackermann, Vom „alten Käpfer" zum kirchlichen Opponenten. Die gebrochene Lebensgeschichte des Pastors Paul Jacobshagen in der Zeit des Nationalsozialismus, in: HanGe NF 43 (1989), S. 179–198

Detlef Schmiechen-Ackermann, Nazifizierung der Kirche – Bewahrund des Bekenntnisses – Loyalität zum Staat: Die Evangelische Kirche in der Stadt Hannover 1933 bis 1945, in: NJBL 62 (1990), S. 97–132

Detlef Schmiechen-Ackermann, Gemeindeleben und Konfliktverhalten im evangelischen „Kirchenkampf" in Hannover, in: Hans-Dieter Schmid (Hg.), Zwei Städte unter dem Hakenkreuz. Widerstand und Verweigerung in Hannover und Leipzig 1933–1945 Leipzig 1994, S. 223–242

Detlef Schmiechen-Ackermann, „Kirchenkampf" oder Modus vivendi? Zum Verhalten von Pfarrern, Gemeinden und Kirchenleitung der Evangelisch-klutherischen Landeskirche Hannovers in den Jahren der nationalsozialistischen Diktatur, in: Grosse u. a., Bewahren, S. 223–251

Klaus Scholder, Die Kirchen und das Dritte Reich, Band 1: Vorgeschichte und Zeit der Illusionen 1918–1934, Frankfurt am Main/Berlin 1986

Klaus Scholder, Die Kirchen und das Dritte Reich, Band 2: Das Jahr der Ernüchterung 1934. Barmen und Rom, Frankfurt am Main/Berlin 1988

Rainer Schröder, „... aber im Zivilrecht sind die Richter standhaft geblieben!" Die Urteile des OLG Celle aus dem Dritten Reich, Baden-Baden 1988

Christian Simon, Richard Karwehl (1885–1979). Der streitbare Pastor aus Osnabrück und sein Kampf gegen die hannoversche Kirchenleitung nach 1945, in: Osnabrücker Mitteilungen 99 (1984), S. 185–198

Karl-Ludwig Sommer, „Kirchenkampf vor Ort" – Nationalsozialistischer Alltag und Bekennende Gemeinden in Oldenburg 1933 bis 1939, in: NJBL 62 (1990), S. 133–152

Karl-Kudwig Sommer, Bekenntnisgemeinschaft und bekennende Gemeinden in Oldenburg in den Jahren der nationalsozialistischen Herrschaft. Evangelische Kirchlichkeit und nationalsozialistischer Alltag in einer ländlichen Region, Hannover 1993

Hans-Joachim Sonne, Die politische Theologie der Deutschen Christen. Einheit und Vielheit deutsch-christlichen Denkens, dargestellt anhand des Bundes für „Deutsche Christen" und der Christlich-deutschen Bewegung, Göttingen 1982

Clemens Vollnhals, Evangelische Kirche und Entnazifizierung 1945–1949. Die Last der nationalsozialistischen Vergangenheit, München 1989

Clemens Vollnhals, Die Evangelische Kirche zwischen Traditionswahrung und Neuorientierung, in: Martin Broszat u. a. (Hg.), Von Stalingrad zur Währungsreform. Zur Sozialgeschichte des Umbruchs in Deutschland, München 1988, S. 113–167

Clemens Vollnhals (Hg.), Die evangelische Kirche nach dem Zusammenbruch. Berichte ausländischer Beobachter aus dem Jahre 1945, Göttingen 1988

Herwart Vorländer, Kirchenkampf in Elberfeld 1933–1945, Göttingen 1968

Heinrich Wilhelmi, Die Hamburger Kirche in der nationalsozialistischen Zeit 1933–1945, Göttingen 1968

Erwin Wilkens, Der „Fall Marahrens" aus der Sicht eines Zeitzeugen, in: Zeitschrift für Evangelisches Kirchenrecht 33 (1988), S. 427–441

E. Wolf, Zum Verhältnis der politischen und moralischen Motive in der deutschen Widerstandsbewegung, in: W. Schmitthenner/H. Buchheim (Hg.), Der deutsche Widerstand gegen Hitler. Vier historisch-kritische Studien, Köln/Berlin 1966, S. 215–255

Teil 3

Rückzug und Selbstbehauptung des
katholischen Sozialmilieus

# Forschungsstand und Quellenlage

In den Überblicksdarstellungen zum deutschen Widerstand gegen den Nationalsozialismus wird dem weltanschaulich motivierten Widerstand von Katholiken gegen das Hitlerregime regelmäßig ein fester Platz eingeräumt.[1] Ausgehend von dem umfassend und detailliert belegten Widerstand einzelner Personen hat die katholische Zeitgeschichtsforschung darüber hinausgehend immer wieder versucht, die katholische Kirche als Institution in die Reihen des Widerstandes zu stellen. Als „wichtigste gesellschaftliche Großgruppe, die im Dritten Reich mit intakten Institutionen und eigenständigem Wertsystem übrig geblieben" sei, habe sie an entscheidenden Punkten öffentlichen Protest erhoben und „in die Verteidigung der eigenen Identität die allgemeinen Menschenrechte einbezogen". Indem die katholische Kirche um ihre eigenen Freiräume gekämpft habe, so beispielsweise die von Klaus Gotto, Hans-Güner Hockerts und Konrad Repgen vorgetragenen Argumentation, „setzte sie der nationalsozialistischen Herrschaft Grenzen. Vor allem darin lag ihr Widerstand."[2] Allerdings ist dieser apologetischen Sichtweise auch in den eigenen Reihen vehement widersprochen worden. So kommt der Bamberger Kirchenhistoriker Georg Denzler ganz im Gegensatz zu der Hauptrichtung der katholischen Zeitgeschichtsforschung zu dem Schluß, das Verhalten der katholischen Bischöfe, Priester und auch der Gläubigen sei adäquat mit der Formel „vereinzelter Widerstand inmitten allgemeiner Anpassung"[3] zu fassen.

Die hier vorgelegte regionalgeschichtliche Untersuchung des Katholizismus in der Großstadt Hannover orientiert sich nicht an dieser kontrovers geführten Debatte über das Verhalten der Institution Kirche und ihrer lokalen Vertreter im Dritten Reich. Gefragt wird vielmehr nach dem Verhältnis der katholischen Bevölkerung, der sich bewußt zum katholischen „Lager" zählenden Katholiken oder des katholi-

---

1 Vgl. dazu Heinz Hürten, Selbstbehauptung und Widerstand der katholischen Kirche, in: Klaus-Jürgen Müller (Hg.), Der deutsche Widerstand 1933–1945, Paderborn 1986, S. 135–156; Ger van Roon, Der katholische Widerstand, in: Widerstand und Exil 1933–1945, Bonn 1989, 3. Aufl., S. 112–126; Ulrich von Hehl, Die Kirchen in der NS-Diktatur. Zwischen Anpassung, Selbstbehauptung und Widerstand, in: Karl Dietrich Bracher u. a. (Hg.), Deutschland 1933–1945. Neue Studien zur nationalsozialistischen Herrschaft, Bonn 1992, S. 153–181; Günther van Norden, Widerstand in den Kirchen, in: Richard Löwenthal/Patrick von zur Mühlen (Hg.), Widerstand und Verweigerung in Deutschland 1933 bis 1945, Berlin/Bonn 1984, S. 111–128; Ludwig Volk, Der Widerstand der katholischen Kirche, in: Christoph Kleßmann/Falk Pingel (Hg.), Gegner des Nationalsozialismus. Wissenschaftler und Widerstandskämpfer auf der Suche nach historischer Wirklichkeit, Frankfurt am Main/New York 1980, S. 126–139.
2 Klaus Gotto/Hans Günter Hockerts/Konrad Repgen, Nationalsozialistische Herausforderung und kirchliche Antwort. Eine Bilanz, in: Karl Dietrich Bracher u. a. (Hg.), Nationalsozialistische Diktatur 1933–1945, Bonn 1986, S. 655–668, hier S. 667.
3 Georg Denzler, Widerstand oder Anpassung? Katholische Kirche und Drittes Reich, München/Zürich 1984, S. 141.

schen Sozialmilieus[4] zum Nationalsozialismus. Bislang liegen erst vereinzelt Regionalstudien vor, die von einem solchen Milieu-Ansatz[5] ausgehen und danach fragen, inwieweit die katholische Bevölkerung und die kirchlichen Organisationen in die Realität der nationalsozialistischen „Volksgemeinschaft" integriert wurden.

Doris Kaufmann betont in ihrer Studie über Münster, daß sich die katholische Opposition gegen den Nationalsozialismus ausschließlich auf kirchliche und kulturpolitische Belange beschränkte, ihr aber jeglicher politischer Bezugsrahmen gefehlt habe. Infolgedessen sei die bis zur Machtergreifung durchgehaltene Distanzierung vom Nationalsozialismus nach dem 30. Januar 1933 letztlich doch in eine schnelle und tiefgreifende Integration des katholischen Volksteils in die nationalsozialistische „Volksgemeinschaft" hinausgelaufen.[6] Zu ähnlichen Ergebnissen kommt Cornelia Rauh-Kühne in ihrer Studie über die badische Kleinstadt Ettlingen. Sie konstatiert, daß die gewachsenen Traditionen und Bindungen des örtlichen katholischen Sozialmilieus zwar nach 1933 zunächst die auf Totalität angelegte gesellschaftliche Gleichschaltung im Sinne der Nationalsozialisten behinderte und verzögerte, es jedoch längerfristig zu einer immer stärkeren Auszehrung des gewachsenen Sozialmilieus kam.[7]

Andere Regionalstudien betonen stärker die Gleichzeitigkeit von Anpassung und Opposition. So kommt etwa Thomas Breuer für die Erzdiözese Bamberg zu dem Schluß, daß zwar weder der katholische Klerus noch das Kirchenvolk in toto Widerstand gegen das NS-Regime geleistet hätten, sich aber in der Bilanz gleichwohl ein „beeindruckendes Bild von Widersetzlichkeiten gegen bestimmte antikirchliche Maßnahmen bzw. Vorhaben des NS-Regimes" ergebe. Zwar sei durch dieses „Beharrungsvermögen des katholischen Milieus" das Funktionieren der NS-Diktatur

---

4   Zu dem in der Wahlforschung geprägten „Lager"-Begriff vgl. Karl Rohe, Wahlen und Wählertraditionen in Deutschland, Frankfurt am Main 1992, S. 19–29. Zur Anwendung des „Milieu"-Begriffes auf die Konfessionen: Herbert Kühr, Katholische und evangelische Milieus: Vermittlungsinstanzen und Wirkungsmuster, in: Dieter Oberndörfer u. a. (Hg.), Wirtschaftlicher Wandel, religiöser Wandel und Wertewandel. Folgen für das politische Verhalten in der Bundesrepublik Deutschland, Berlin 1985, S. 245–261; Wilfried Loth, Integration und Erosion: Wandlungen des katholischen Milieus, in: ders. (Hg.), Deutscher Katholizismus im Umbruch zur Moderne, Stuttgart/Berlin/Köln 1991, S. 266–281.
5   Zur Bedeutung des Milieukonzeptes für die moderne Katholizismusforschung: Arbeitskreis für kirchliche Zeitgeschichte (AKKZG), Münster, Katholiken zwischen Tradition und Moderne. Das katholische Milieu als Forschungsaufgabe, in: Westfälische Forschungen 43 (1993), S. 588–654; Cornelia Rauh-Kühne, Anpassung und Widerstand? Kritische Bemerkungen zur Erforschung des katholischen Milieus, in: Detlef Schmiechen-Ackermann (Hg.), Anpassung, Verweigerung und Widerstand. Soziale Milieus, Politische Kultur und der Widerstand gegen den Nationalsozialismus in Deutschland im regionalen Vergleich, Berlin 1997, S. 145–163. Kontrovers hierzu: Ulrich von Hehl, Umgang mit katholischer Zeitgeschichte. Ergebnisse, Erfahrungen, Aufgaben, in: Bracher u. a. (Hg.), Staat und Parteien, S. 379–395.
6   Doris Kaufmann, Katholisches Milieu in Münster 1928–1933. Politische Aktionsformen und geschlechtsspezifische Verhaltensräume, Düsseldorf 1984, besonders S. 160 ff.
7   Cornelia Rauh-Kühne, Katholisches Milieu und Kleinstadtgesellschaft. Ettlingen 1918–1939, Sigmaringen 1991, besonders S. 422 ff. Eine ähnliche Position vertritt auch Klaus Fettweis (Zwischen Herr und Herrlichkeit. Zur Mentalitätsfrage im Dritten Reich an Beispielen aus der Rheinprovinz, Aachen 1989), der insbesondere den ausgeprochen defensiven Charakter der kirchlichen Selbstbehauptung betont.

„nicht entscheidend gestört" worden, immerhin sei aber der „totalitäre Herrschaftsanspruch der Nationalsozialisten auf deutliche Grenzen" gestoßen.[8] Noch prägnanter akzentuiert Roland Weis die Ambivalenz seines am Beispiel der Erzdiözese Freiburg erhobenen Befundes. Reduziere man die Frage des „Widerstehens" auf ein „möglichst unbeschadetes ‚Überstehen'" der Institution, so komme der katholischen Kirche zweifelsfrei „der erste Rang unter den Widerstandsorganisationen" zu. „Sobald aber unter Widerstand auch ein gezieltes Gegenarbeiten verstanden wird, verliert sich der katholische Widerstand in wenigen individuellen Einzelleistungen." Zum Scheitern des NS-Regimes habe die katholische Kirche als Institution „wenig beigetragen".[9]

Wesentlich optimistischer beurteilt dagegen Werner Blessing, übrigens wiederum anhand des Fallbeispieles Bamberg, das im Katholizismus steckende Resistenzpotential. Für ihn gewinnt das katholische Milieu geradezu die Qualität eines „inneren Reservates im nationalsozialistisch beherrschten Alltag".[10] Schließlich hatte Martin Broszat in seiner Zwischenbilanz zu dem umfangreichen Forschungsprojekt „Bayern in der NS-Zeit" dem organisierten Katholizismus gar den „Rang einer außerordentlich wirksamen Resistenzkraft gegenüber dem Nationalsozialismus" zugeschrieben.[11] Diese Interpretationslinie berührt sich also recht eng mit den traditionellen Wertungen der institutionsnahen katholischen Zeitgeschichtsforschung.[12]

Im Rahmen der hier vorgelegten Regionalstudie stellte sich somit die Frage, ob für die katholische Diaspora in Hannover eher die an den Beispielen Münster und Ettlingen nachgewiesenen erheblichen Einbrüche in das Milieu oder aber die insbesondere für Bayern hervorgehobene „Resistenz" charakteristisch waren. Daher wird im folgenden versucht, die Strukturen und Ergebnisse der Auseinandersetzung zwischen dem katholischem Sozialmilieu und dem Nationalsozialismus nach-

---

8 Thomas Breuer, Verordneter Wandel? Der Widerstreit zwischen nationalsozialistischem Herrschaftsanspruch und traditionaler Lebenswelt im Erzbistum Bamberg, Mainz 1992, S. 369 und 371.
9 Roland Weis, Würden und Bürden. Katholische Kirche im Nationalsozialismus, Freiburg 1994, S. 217. Mit ähnlichem Befund, aber wesentlich kritischerer Bewertung: Gerhard Paul, „... gut deutsch, aber auch gut katholisch". Das katholische Milieu zwischen Selbstaufgabe und Selbstbehauptung, in: ders./Klaus-Michael Mallmann, Milieus und Widerstand. Eine Verhaltensgeschichte der Gesellschaft im Nationalsozialismus, Bonn 1995, S. 26–152; Klaus-Michael Mallmann/Gerhard Paul, Resistenz oder loyale Widerwilligkeit. Anmerkungen zu einem umstrittenen Begriff, in: ZfG 41 (1993), S. 99–116.
10 Werner K. Blessing, „Deutschland in Not, wir im Glauben...". Kirche und Kirchenvolk in einer katholischen Region 1933–1949, in: Martin Broszat u. a. (Hg.), Von Stalingrad zur Währungsreform, München 1988, S. 3–111, S. 37.
11 Martin Broszat, Resistenz und Widerstand. Eine Zwischenbilanz des Forschungsprojekts, in: ders. u. a. (Hg.), Bayern in der NS-Zeit, Bd. 4, München/Wien 1981, S. 691–710, hier S. 702.
12 Als exemplarische Fallstudie: Ulrich von Hehl, Katholische Kirche und Nationalsozialismus im Erzbistum Köln 1933–1934, Mainz 1977. Mit unterschiedlichen Akzentsetzungen: Ludwig Volk, Katholische Kirche und Nationalsozialismus. Ausgewählte Aufsätze, Mainz 1987; Klaus Gotto/Konrad Repgen (Hg.), Die Katholiken und das Dritte Reich, Mainz 1990, 3. Aufl. ; Von Hehl, Kirchen; Heinz Hürten, Verfolgung, Widerstand und Zeugnis. Kirche im Nationalsozialismus. Fragen eines Historikers, Mainz 1987; ders., Deutsche Katholiken 1918–1945, Paderborn u. a. 1992; ders., Katholische Kirche und Widerstand, in: Peter Steinbach/Johannes Tuchel (Hg.), Widerstand gegen den Nationalsozialismus, Bonn 1994, S. 182–192.

zuzeichnen, die Einzelbefunde im größeren Zusammenhang zu interpretieren sowie alle lokal aufgetretenen Formen oppositionellen Verhaltens von Katholiken zusammenzustellen und in ihren Kontext einzuordnen.

Detaillierte wissenschaftliche Untersuchungen über den hannoverschen Katholizismus im Dritten Reich liegen bisher nicht vor. Eine Dokumentation des damaligen Bistumsarchivars Hermann Engfer konzentriert sich ganz auf einzelne Konflikte und die nachweisbaren Maßnahmen der Nationalsozialisten gegen die katholische Kirche. Dabei wird die Institution Kirche in ihrer Gesamtheit und ohne kritische Überprüfung in apologetischer Weise zum prinzipiellen Gegenspieler des Nationalsozialismus stilisiert sowie Bischof Machens als „unerschrockener Kämpfer dieser Zeit" präsentiert, der einen „gigantischen Kampf" um die Konfessionsschule geführt habe.[13] Nach dem Verhalten der kirchlichen Basis während der nationalsozialistischen Herrschaft wird nicht gefragt. Die große Zahl der Geistlichen, die mit dem NS-Regime nicht in Konflikte gerieten, wird ausgeblendet. Aufgrund ihres chronologischen Charakters wird in der von Hans-Georg Aschoff verfaßten und vom Katholikenausschuß für den Großraum Hannover herausgegebenen Überblicksdarstellung zur Entwicklung der katholischen Kirche in der Region Hannover dagegen die NS-Zeit nur sehr knapp behandelt.[14]

Als durchaus unbefriedigend stellt sich die Quellenlage dar. Die bei der Gestapo geführten Personalakten über politisch auffällige Pfarrer sind nicht erhalten, die in den überlieferten Lageberichten und Tagesmeldungen enthaltenen Feststellungen zum „Politischen Katholizismus" und zur Haltung der katholischen Geistlichkeit in Hannover oft nur sehr summarisch. Auch im Bistumsarchiv Hildesheim ist ein großer Teil der einschlägigen Quellen während des Zweiten Weltkrieges verloren gegangen.[15] Ergänzt werden konnte und mußte diese lückenhafte regionale Überlieferung einerseits durch die Auswertung von Kirchengemeindearchiven[16], andererseits durch systematische Ergänzungen aus zentralen Überlieferungen (wie etwa den Akten überlokaler Verfolgungsbehörden und den Unterlagen des Reichskirchenministeriums). Durch Befragung zahlreicher Zeitzeugen wurde überdies versucht, die insgesamt erheblichen Lücken in der Quellenüberlieferung zumindest teilweise zu schließen.

---

13 Hermann Engfer, Das Bistum Hildesheim 1933–1945. Eine Dokumentation, Hildesheim 1971, Zitate aus dem Vorwort, S. VIII.

14 Hans-Georg Aschoff, Um des Menschen willen. Die Entwicklung der katholischen Kirche in der Region Hannover. Hg. vom Katholikenausschuß für den Großraum Hannover, Hildesheim 1983. Zur NS-Zeit nur die S. 100–109.

15 Joseph König, Quellenlage und Archivbenutzung, in: Engfer, Bistum, S. 2. Zudem erschwerte die mangelhafte Sicherung von neuen und die schleppende Erschließung von vorhandenen Quellenbeständen durch das Bistumsarchiv bis in die jüngste Zeit hinein die wissenschaftliche Bearbeitung des Themas. Etliche der vom Verfasser eingesehenen Akten verfügten zur Zeit der Benutzung über keine systematische Aktensignatur und können daher in dieser Darstellung auch nur beschreibend zitiert werden.

16 Zu nennen ist hier an erster Stelle die Überlieferung der St. Benno-Gemeinde in Linden-Nord. In anderen Kirchengemeinden ist der größte Teil der Archivalien, oft durch Kriegseinwirkung, verloren gegangen. So beispielsweise in den hier nur punktuell angesprochenen Gemeinden Herz Jesu (Misburg) und St. Godehard (Hannover-Linden). Ein umfassenderer Zugriff auf gemeindliche Archive, wie etwa für die evangelische Kirche in Hannover realisiert, war daher nicht möglich.

## 1. Zuwanderer und Außenseiter: das soziale Profil der katholischen Minderheit in Hannover

Nachdem die Stadt Hannover bereits im 16. Jahrhundert gegen den Willen ihres Landesherrn zum lutherischen Glauben übergetreten war, setzte sich im 17. Jahrhundert nach langwierigen Auseinandersetzungen die Reformation auch im welfischen Herrscherhaus und damit im gesamten Fürstentum Calenberg durch.[17] Die nach den konfessionellen Streitigkeiten übriggebliebene, zahlenmäßig sehr kleine katholische Gemeinde erhielt erst im Jahre 1718 mit der Clemenskirche wieder auf Dauer ein eigenes Gotteshaus.[18] Der sozialen Geringschätzung entsprechend wurde dieses nicht zentral in der Altstadt, sondern am Rande der Neustadt errichtet.[19] Die hannoversche Gemeinde, die seit einer 1824 vorgenommenen Neuordnung der Kirchengebiete dem Bistum Hildesheim unterstand, galt als so schwierige Diasporagemeinde, daß es bald darauf gleich zwei Priester nacheinander ablehnten, die Seelsorge in Hannover zu übernehmen, weil „Verdruß jeder Art zu befürchten sei".[20]

Um die Mitte des 19. Jahrhunderts lebten in Hannover und Linden zusammen nur 1700 Katholiken, was einem Bevölkerungsanteil von 4,6 % entsprach.[21] Erst durch die Arbeitsmigrationen des 19. Jahrhunderts kamen Katholiken in größerer Zahl in das frühindustrielle Fabrikdorf Linden[22] und den sich entwickelnden Industriestandort Hannover. Die meist nur wenig qualifizierten Arbeiter und Arbeiterinnen fanden zunächst vor allem in der Textilindustrie („Lindener Samt", Hannoversche Baumwollspinnerei, Döhrener Wollwäscherei) Beschäftigung.

Seit der Mitte des 19. Jahrhunderts stellte insbesondere das Eichsfeld eine große Zahl der zuziehenden Katholiken. In Döhren konzentrierten sich katholische Zuwanderer seit 1890 in der Arbeitersiedlung der „Wolle" und den neu errichteten

---

17 Edgar Kalthoff, Kirchliches Leben und Reformation in Calenberg-Göttingen, in: Calenberg. Von der Burg zum Fürstentum. Beiträge zur Ausstellung im Historischen Museum Hannover 1979, S. 53–58.
18 Einen umfassenden Überblick bietet: Hans-Georg Aschoff, Um des Menschen willen. Die Entwicklung der katholischen Kirche in der Region Hannover, hg. vom Katholikenausschuß für den Großraum Hannover, Hildesheim 1983.
19 Carl-Hans Hauptmeyer, Nicht nur Bürger – Wer lebte im 17. Jahrhundert in der Residenzstadt Hannover?, in: Hans-Dieter Schmid (Hg.), Hannover. Am Rande der Stadt, Bielefeld 1992. S. 37–65.
20 Helmut Kulle, Katholische Kirche in Hannover. Ein Überblick von ihrer Wiederbegründung im Jahre 1655 bis hin zur Gegenwart, Hildesheim 1962.
21 Ebenda.
22 Dazu Detlef Schmiechen-Ackermann, Ländliche Armut und die Anfänge der Lindener Fabrikarbeiterschaft. Bevölkerungswanderungen in der frühen Industrialisierung des Königreichs Hannover, Hildesheim 1990.

Mietshäusern um den Fiedlerplatz. Neben dem alten Dorf Döhren war ein neuer Ortsteil entstanden, der im Volksmund wegen seiner sehr homogenen Herkunftsstruktur auch als „Klein Eichsfeld" bezeichnet wurde.[23] Im September 1893 wurde die Bernwardskirche geweiht, von der zu dieser Zeit rund 1 000 Katholiken in Döhren sowie den angrenzenden Orten Wülfel, Laatzen, Mittelfeld und Bemerode versorgt wurden. Wie umfangreich der Zuzug katholischer Arbeiterfamilien nach Döhren und Wülfel um die Jahrhundertwende war, belegt eindrucksvoll die Tatsache, daß die „Mission Döhren" bei ihrer Erhebung zur eigenständigen Kirchengemeinde im Jahre 1908 bereits um die 5 000 Gläubige zählte. Als die Gemeinde auf 7 500 Personen herangewachsen war, erhielt die Kapellengemeinde Wülfel mit St. Michael eine eigene Kirche.[24]

Durch die Ansiedlung mehrerer großer Zementwerke entwickelte sich das östlich von Hannover gelegene Dorf Misburg seit 1880 „mit fast amerikanischer Schnelligkeit"[25] zu einem ausgesprochenen Arbeitervorort. Die vor allem um die Jahrhundertwende aus den preußischen Ostprovinzen herangezogenen polnischen Arbeiter konstituierten in Misburg ein spezifisches Milieu einer nationalen Minderheit. Die 1905 errichtete Herz-Jesu-Kirche blieb, wie andere „Polengemeinden" im Bistum Hildesheim auch, nicht nur in ihrem protestantischen Umfeld, sondern auch in der katholischen Kirche ein Fremdkörper.[26]

Die nach St. Clemens zweite Kirche im Raum Hannover war bereits 1874 im schnell expandierenden Arbeitervorort Linden errichtet worden. Schon nach wenigen Jahren entwickelte sich die St. Godehardikirche nach Hannover und Braunschweig zur drittgrößten Gemeinde des Bistums, so daß schon wenige Jahre später die Vorbereitungen für den Bau einer weiteren Kirche in Linden in Angriff genommen wurden.[27] Schließlich wurde 1902 die Benno-Gemeinde in Linden-Nord von St. Godehardi abgezweigt. In der vorübergehend selbständigen Stadt Linden und ihren Vororten Badenstedt, Davenstedt und Limmer vermischten sich unterschiedliche Gruppen von katholischen Zuwanderern. Um die Mitte des 19. Jahrhunderts kamen vor allem die aufgrund der regen Bautätigkeit meist schon in jugendlichem Alter aus dem Eichsfeld zugereisten Bauhandwerker sowie zahlreiche Textilarbeiterinnen und die in den frühindustriellen Fabriken beschäftigten Nahwanderer aus dem südniedersächsischen Raum nach Linden. Während des Kaiserreichs traten gering qualifizierte polnische Zuwanderer und Industriearbeiter aus dem Rheinland hinzu. Bei allen feststellbaren Unterschieden war diesen Zuwanderergruppen gemeinsam, daß sie fast ausnahmslos aus vergleichsweise gering qualifizierten Ar-

---

23 1000 Jahre Döhren. Aus der Vergangenheit in die Gegenwart, Hannover 1983, besonders S. 55–66, 80–85, 110–114, 169–172 und 186–191.
24 1000 Jahre Döhren, S. 111 sowie Festschrift zum 75jährigen Bestehen der St. Elisabethgemeinde, Hannover 1970, S. 24.
25 So die zeitgenössische Charakterisierung in der Chronik der katholischen Herz-Jesu-Gemeinde in Misburg, S. 2, Kirchengemeindearchiv (= KgmA) Herz Jesu Misburg.
26 Detlef Schmiechen-Ackermann, Zwischen Integration und Rückzug in das Sozialmilieu einer nationalen Minderheit: Polnische Zuwanderer in Misburg 1880–1930, in: Hans-Dieter Schmid (Hg.), Hannover. Am Rande der Stadt, Bielefeld 1992, S. 143–220.
27 Aschoff, Menschen, S. 70.

beitskräften bestanden und in bescheidenen Verhältnissen leben mußten. Sie wurden sowohl von den hannoverschen Bürgern als auch von der Mehrheit der protestantisch dominierten Lindener Arbeiterschaft als Fremdkörper und Außenseiter angesehen und behandelt. „Katholisch, das war ein Beigeschmack..."[28]

Im Vergleich zu den Arbeitergemeinden in Linden, Döhren und Misburg war die soziale Struktur im Kernbereich der Stadt Hannover heterogener. Bis 1933 wurden von der Propsteikirche St. Clemens fünf eigenständige Gemeinden[29] abgezweigt: im Jahre 1890 die St. Marienkirche im „Kleine-Leute-Viertel" Nordstadt und die St. Elisabethkirche im gehobenen bürgerlichen Zooviertel, 1912 die St. Jospehgemeinde, zu deren sozial heterogenem Einzugsbereich Vahrenwald und die List gehörten, 1928 St. Antonius im sozial scharf segregierten Kleefeld und 1929 St. Heinrich im schnell wachsenden Neubaugebiet der Südstadt. Trotz dieser ins Auge fallenden Expansion der institutionellen Basis des Katholizismus blieben im lutherisch dominierten Hannover selbst für sozial besser gestellte Katholiken mit gehobener Schulbildung manche Türen verschlossen. Dies galt insbesondere für dem Aufstieg im öffentlichen Dienst. Noch am Ende der Republik waren „die höheren Posten durchweg mit Evangelen besetzt".[30]

Ende der zwanziger Jahre lebten knapp 50 000 Katholiken in Hannover und Misburg. Das entsprach einem Bevölkerungsanteil von etwas über 10 %. Allerdings konzentrierten sich die katholischen Gläubigen in einigen Wohnquartieren, und zwar charakteristischerweise in ausgesprochenen Arbeitervierteln. In Döhren stellten sie im Jahre 1925 31 %, in Wülfel 22 % und in Linden, in der Calenberger Neustadt und in Teilen der Nordstadt (im Quartier um die Marienkirche) jeweils rund 15 % der Stadtteilbevölkerung.

In den fünf Kirchen, die in arbeiterkulturell dominierten Quartieren angesiedelt waren (St. Benno, St. Godehard, St. Bernward, St. Michael und Herz Jesu) wurden insgesamt 21 200 Gläubige betreut. Dem standen nur zwei Gemeinden in einem gehobenen bürgerlichen Umfeld (St. Elisabeth und St. Antonius) mit zusammen 5 700 Mitgliedern und eine erst im entstehen begriffene mittelständisch geprägte Gemeinde (St. Heinrich) gegenüber. Der Einzugsbereich der restlichen drei Gemeinden (St. Clemens, St. Marien, St. Joseph) war sozial stark durchmischt. Insgesamt bestätigt sich also auch durch die sozialräumliche Verortung der in Hannover vorhandenen Kirchen das stark durch die Arbeiterschaft bestimmte soziale Profil des hannoverschen Katholizismus.

---

28 Interview Dahlen.
29 Zum Ausbau des Pfarreiensystems in Hannover: Aschoff, Menschen, S. 68 ff. Zu den einzelnen Kirchenbauten: Hermann Seeland, Die katholischen Kirchen Hannovers in Wort und Bild. 39 Aufnahmen und Erläuterungen, Hannover-Linden 1924.
30 Interview Möller.

Legende zur »Kirchlichen Landkarte« der Hannoverschen Volkszeitung 136, 15. 6. 1927;
Sonderbeilage zu Fronleichnam

St. Clemens-Propsteikirche, Bäckerstraße 30
St. Maria, Marschnerstraße 14
St. Elisabeth, Gellertstraße 58
St. Joseph, Steinmetzstraße 23
St. Godeherd, Posthornstraße 23
St. Benno, Velvetstraße 28
St. Heinrich, Albert-Niemann-Straße 3
St. Bernward, Hildesheimer Chaussee 167 a
St. Michael, Hildesheimer Chaussee 61
Kapelle Herrenhausen, Herrenhäuser Straße 36 c
Kapelle Kleefeld, Kirchröder Straße 13
1: Katholisches Vereinshaus, Bäckerstraße 31
1a: Katholisches Vereinshaus St. Maria, Paulstraße 5
2: St. Ursula-Lyzeum, Clemensstraße 2/3
3: Katholisches Gesellenhaus, Clemensstraße 5
4: Bürgerschule 6, Am Kanonenwall 19
5: Stift Maria Hilf, Escherstraße 13/15
6: Lehrlingsheim Kolpinghof, Escherstraße 12
6a: Katholisches Gesellenhaus Kolpinghaus, Windthorststr. 1

7: Hannoversche Volkszeitung, Münzstraße 2
7a: Hannoversche Volkszeitung ab 1. 10, Nordmannstraße 3
8: Bürgerschule 16, Hainhölzer Straße 58
9: Stift Maria-Elisabeth, Gerhardistraße 4
10: Bürgerschule 46, Kaplanstraße 26/27
10a: Hilfsschule 5, Posthornstraße 8
11: St. Godehardstift, Allerweg 8, 5, 7
12: St. Josephsstift, Bennostraße 4/6
13: St. Bennostift, Bennostraße 5
14: Bürgerschule 52, Hennigesstraße 3
15: Katholisches Vereinshaus, Konkordiastraße 14
16: St. Vinzenzstift, Scharnhorststraße 1
17: Marienhaus, Gellertstraße 3
18: Bürgerschule 23, Bonifatiusplatz 6
19: Waisenhaus Döhren, Hildesheimer Chaussee 160
20: Bürgerschule 37, Hildesheimer Chaussee 180
21: Katholische Schule Wülfel, Im Wölpfelde 13

(Quelle: Festschrift 75 Jahre Sankt Joseph 1912–1987, Hannover 1987, S. 64/65.)

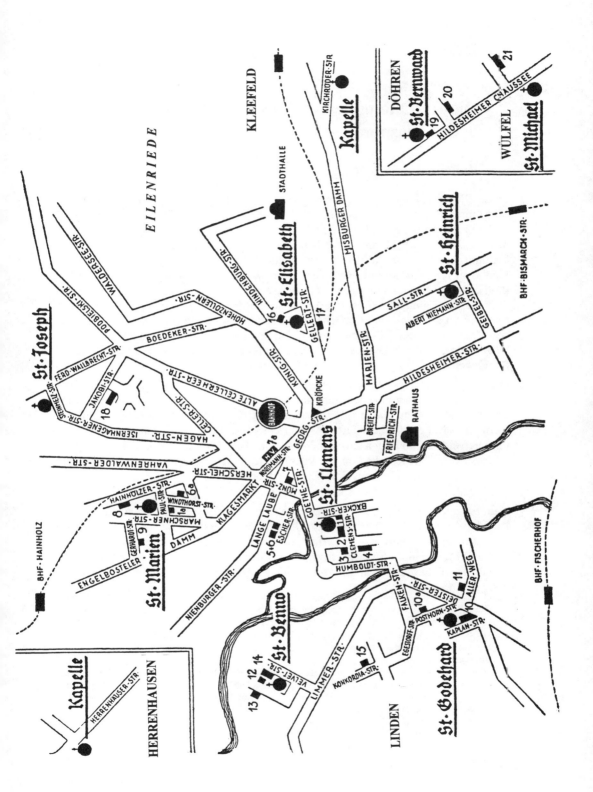

## 2. Die Entfaltung des katholischen Milieus in der Diaspora

### 2.1 Religiöse und gesellige Vereine

In der Diözese Hildesheim blieb die Großstadt Hannover an Bedeutung immer weit hinter dem nahegelegenen Bischofssitz zurück. Hildesheim (mittlerweile rund 100 000 Einwohner, 1937 62 500, davon 34 % Katholiken) ist bis heute unangefochten das religiöse Zentrum des Bistums geblieben. Seit den sechziger Jahren des 19. Jahrhunderts entfaltete sich aber auch in der schnell wachsenden Großstadt Hannover ein reges katholisches Vereinsleben, das im Zusammenspiel mit der katholischen Presse, den christlichen Gewerkschaften und der Zentrumspartei ein katholisches Sozialmilieu[1] konstituierte, das sich aufgrund der skizzierten Diasporasituation und der in einigen Bereichen der Stadt sozial und herkunftsmäßig homogenen Verhältnisse partiell sogar durch besonders enge und konsistente Mikromilieus auszeichnete. „In der Diaspora hält man ein bißchen mehr zusammen als in anderen Gegenden..."[2]

Das Fundament dieser Gesinnungsgemeinschaft war die aktive Teilnahme an Gottesdienst und Gemeindeleben und damit das Bekenntnis zum katholischen Werte- und Normensystem, das als „Kohäsions-, Integrations- und Abgrenzungsinstrument"[3] des Milieus funktionierte. Als weitere konstitutive Bedingung für das Funktionieren des katholischen Sozialmilieus stellt Kühr die „totale Ritualisierung des Alltagslebens" heraus, die von der kirchlichen Praxis und der Orientierung an der katholischen Soziallehre ausging. Eine bedeutende Rolle spielte zudem die Mitgliedschaft in den zahlreichen katholischen Vereinen.

Nahezu in jeder Gemeinde vertreten war der Bonifatiusverein, der vor allem den Kirchbau und die Errichtung neuer Gemeinden förderte. Fast überall existierten auch Borromäus-, Vinzenz- und Elisabethvereine, die sich vor allem um finanzielle und praktische Hilfen für bedürftige Gemeindemitglieder kümmerten.[4] Eine wichtige Rolle spielten die lokal unterschiedlich ausgeprägten Männervereine, wie z. B.

---

1 Zum Begriff des sozial-moralischen Milieus: M. Rainer Lepsius, Parteiensystem und Sozialstruktur: zum Problem der Demokratisierung der deutschen Gesellschaft, zuerst in: Wilhelm Abel u. a. (Hg.), Wirtschaft, Geschichte und Wirtschaftsgeschichte. Festschrift zum 65. Geburtstag von Friedrich Lütge, Stuttgart 1966, S. 371–393.
2 Interview Kirchner.
3 Herbert Kühr, Katholische und evangelische Milieus: Vermittlungsinstanzen und Wirkungsmuster, in: Dieter Oberndörfer u. a. (Hg.), Wirtschaftlicher Wandel, religiöser Wandel und Wertewandel. Folgen für das politische Verhalten in der Bundesrepublik Deutschland, Berlin 1985, S. 245–261, hier S. 249.
4 Aschoff, Menschen, S. 86.

der traditionsreiche und in seinem Quartier hochangesehene St. Josephsverein in Döhren.[5] In der „Polengemeinde" Misburg ergab sich zeitweise ein konfliktreiches Nebeneinander des nationalpolnisch geprägten St. Adalbert-Vereins und des vom örtlichen Pfarrer auf Germanisierung ausgerichteten deutschen Männervereins.[6] Während bei den Männervereinen ihr geselliger und repräsentativer Charakter – in der Regel wurde der Gemeindepfarrer auch zum Präses des jeweiligen Vereins ernannt – hervorsticht, wurde in den Frauen- und Müttervereinen mehr Gewicht auf die religiöse Unterweisung gelegt. Bereits 1904 entstand in Hannover zudem ein übergemeindlich organisierter Zweigverein des Katholischen Deutschen Frauenbundes (KDF).[7] Eine typische Arbeitsteilung hatte sich im Hinblick auf die gemeindlich organisierten Jugendvereine ergeben: In der Regel übernahm der jeweilige Kaplan die Leitung der männlichen Gemeindejugend, während eine katholische Lehrerin den „Jungfrauen-" oder „Marienverein" leitete. In den zwanziger Jahren kam in fast allen Gemeinden ein Zweigverein der „Deutschen Jugendkraft" hinzu, in dem sich katholische Jungen und Mädchen milieugebunden sportlich betätigen konnten. Auf Initiative von Jesuitenpatern wurde zudem eine übergemeindliche Ortsgruppe des „Bundes Neudeutschland" gegründet, der katholische Oberschüler ansprach.[8]

Ebenfalls übergemeindlich organisiert und in stärkerem Maße von Laien verantwortlich geleitet war das breite Spektrum der beruflichen Standesvereine. Als zentraler Versammlungsort diente diesen Gruppen das in der Bäckerstraße neben der Clemenskirche gelegene katholische Vereinshaus. Um die Jahrhundertwende waren in Hannover parallel der „Verein katholischer erwerbstätiger Mädchen und Frauen", der „Verein katholischer kaufmännischer Gehilfinnen und Beamtinnen", der „Katholische Meisterverein St. Bernward" und der „Katholische Kaufmännische Verein" entstanden. Von herausgehobener Bedeutung war der „Kolpingverein", der seit 1893 in der Nähe der Clemenskirche ein eigenes Vereinshaus mit Übernachtungsmöglichkeiten für wandernde Gesellen unterhielt. Er baute 1926 ein zweites Gesellenhaus in der Nordstadt und im folgenden Jahr ein Lehrlingsheim in der Escherstraße.[9]

In dem stark von der Arbeiterschaft geprägten hannoverschen Katholizismus spielten naturgemäß die katholischen Arbeitervereine eine wichtige Rolle. Als erster wurde der „St. Josephsverein" 1874 an der Clemenskirche ins Leben gerufen. Die größte Bedeutung erlangte jedoch der zunächst an der Godehardikirche gegründete, später jedoch übergemeindlich in Linden tätige Arbeiterverein.

---

5  Festschrift 75 Jahre St. Josephsverein Hannover-Döhren, Hannover 1962 sowie die erhaltene handschriftliche Chronik der Vereinsberichte des St. Josephsvereins Hannover-Döhren 1928–1956, KgmA St. Bernward.
6  Schmiechen-Ackermann, Integration, S. 158 ff.
7  Zum KDF allgemein: Ursula Baumann, Religion und Emanzipation: Konfessionelle Frauenbewegung in Deutschland 1900–1933, in: TAJB 21 (1992), S. 171–206.
8  Aschoff, Menschen, S. 93 f.
9  Festschrift „Vom Werden und Wachsen des Katholischen Gesellenvereins Hannover-Zentral" 1865–1927, Hannover 1927 und Hilmar Mecke/Werner Dlugaiczyk, 100 Jahre Kolping in Hannover, Hannover [1965] sowie Aschoff, Menschen, S. 86/87.

Im Herbst 1898 war in Hannover ein Zweigverein des als Dachorganisation der katholischen sozialen Bewegung gebildeten „Volksvereins für das katholische Deutschland" ins Leben gerufen worden, der sich durch seine publizistische und sozialpolitische Tätigkeit bemühte, den Einfluß der Sozialdemokratie auf die katholische Arbeiterschaft einzudämmen. Zahlreiche christliche Gewerkschafter und katholische Politiker erhielten zu Beginn des Jahrhunderts ihre sozialpolitische Ausbildung im Rahmen des Volksvereines. Im Jahr 1900 wurde ein „Volksbüro" eröffnet, das Hilfesuchenden Rechtsberatung und praktische Unterstützung im Verkehr mit Behörden und Verbänden anbot und insofern die sozialen Betreuungsangebote, die Caritas und Innere Mission in Notfällen bereithielten, ergänzte.[10]

## 2.2 Die katholische Presse

Seit 1896 erschien in Hannover eine katholische Tageszeitung, die sich an der größeren, im Bistum verbreiteten „Hildesheimischen Zeitung" des Verlages Kornacker in Hildesheim orientierte. Ihr Gründer und Herausgeber Dr. Wilhelm Maxen, der während seiner Tätigkeit als Pfarrer an der Lindener Godehardikirche (1906–1917) und an der Marienkirche (1917–1938) zur wohl prominentesten Persönlichkeit des katholischen Hannover avancierte, wollte mit seiner „Hannoverschen Volkszeitung" eine intensivere Zusammenfassung der einzelnen Gemeinden und eine Stärkung des politischen Bewußtseins erreichen, kurz „einen geistigen Mittelpunkt für die Katholiken Hannovers schaffen".[11] Aufgrund der Konkurrenz zu der über den lokalen Rahmen hinaus verbreiteten „Hildesheimischen Zeitung" und den zahlreichen Vereinsblättern und -schriften blieben Auflage und Abonnentenzahl aber zu gering, um wirtschaftlich eigenständig zu existieren. Daher wurde die „Volkszeitung" bei Kornacker in Hildesheim mitgedruckt.[12]

## 2.3 Die Christlichen Gewerkschaften

Aus den Kreisen des Volksvereins für das katholische Deutschland und der örtlichen Arbeitervereine kamen um die Jahrhundertwende die Impulse für die lokale Etablierung christlicher Gewerkschaften, die freilich angesichts der erdrückenden Übermacht der Freien Gewerkschaften in Hannover immer einen schweren Stand behielten. Eine überkonfessionelle Zusammensetzung wurde angestrebt, aber nicht erreicht. Anknüpfend an die katholischen Traditionen der zugewanderten Eichsfelder Bauhandwerker etablierte sich der Zentralverband christlicher Bauarbeiter Deutschlands als größte christliche Einzelgewerkschaft in Hannover, blieb aber im-

---

10 Zur Struktur der karitativen Organisationen und des Volksvereins in Hannover: Aschoff, Menschen, S. 87 und 89.
11 Aschoff, Menschen, S. 88.
12 Aschoff, Menschen, S. 88 f.

mer noch weit hinter dem konkurrierenden „freien" Verband zurück. Insgesamt waren 1928 in den zwölf branchenspezifischen Einzelverbänden der christlichen Gewerkschaften in Hannover 4 708 Mitglieder organisiert. Dem standen in den 32 Einzelgewerkschaften des Ortskartells der Freien Gewerkschaften 67 370 organisierte Mitglieder gegenüber. Wie fast überall mußte der christliche Verband auch in Hannover den Konkurrenzkampf der beiden rivalisierenden gewerkschaftlichen Richtungen eindeutig aus einer defensiven Position führen.[13]

Am Arbeitsplatz sahen sich christliche Arbeitnehmer oft Anfeindungen durch freigewerkschaftlich organisierte Kollegen ausgesetzt. In einigen Großbetrieben sei man bei der Einstellung in die Freie Gewerkschaft „automatisch... hineinbefördert" worden, berichtet ein Zeitzeuge. So gab es nicht wenige Katholiken, die in den Freien und nicht in den christlichen Verbänden organisiert waren, sei es aufgrund einer milieuübergreifenden Orientierung oder aus reinem Opportunismus. „...wenn Sie auf der Hanomag waren..., dann war das ein mutiges Bekenntnis, wenn Sie in der christlichen Gewerkschaft waren."[14] Im christlichen Gewerkschaftsbund hatte sich in Hannover jedenfalls nur eine Minderheit der männlichen, im Beruf stehenden Gemeindemitglieder organisiert. „Die ganz aktiven Katholiken, die waren in der christlichen Gewerkschaft".[15]

Aufgrund der doppelt problematischen Situation des hannoverschen Katholizismus, erstens in einem Diasporagebiet und zweitens im sozialen Gelände der Großstadt, ist es erklärlich, daß die kirchliche Hierarchie, das katholische Vereinswesen, die Christlichen Gewerkschaften und der Politischen Katholizismus relativ harmonisch und sich ergänzend zusammenarbeiteten und sich nicht, wie andernorts zu beobachten, in einem oft konfliktreichen Spannungsverhältnis zueinander befanden. Für ein sich weitgehend problemlos ergänzendes Miteinander der katholischen Milieuorganisationen standen in Hannover auch die von Ludwig Windthorst[16] und Wilhelm Maxen geprägten Traditionen. Insofern ist für den Spezialfall Hannover davon auszugehen, daß eine Mitgliedschaft in den christlichen Gewerkschaften einen hohen Grad an Milieuintegration signalisiert und die dort organisierten Arbei-

---

13 Wilfried Loth, Katholizismus und Moderne. Überlegungen zu einem dialektischen Verhältnis, in: Frank Bajohr u. a. (Hg.), Zivilisation und Barbarei. Die widersprüchlichen Potentiale der Moderne. Detlev Peukert zum Gedenken, Hamburg 1991, S. 83–97, hier S. 95. Ein knapper Überblick zur organisatorischen Entwicklung der christlichen Gewerkschaftsbewegung bei: Michael Schneider, Kleine Geschichte der Gewerkschaften. Ihre Entwicklung in Deutschland von den Anfängen bis heute, Bonn 1989, S. 82 ff., 100 ff. und 155 ff. Detaillierter: ders., Die Christlichen Gewerkschaften 1894–1933, Bonn 1982. Ergänzend: ders., Die christlich-nationale Gewerkschaftsbewegung zwischen nationaler Ordnungsmacht und sozialer Reformkraft: Zu drei Neuerscheinungen, in: AfS 27 (1987), S. 655–662.
14 Interview Weinreich. Zum Lindener Quartiersmilieu, das eindeutig sozialdemokratisch dominiert war: Heidi Rosenbaum, Proletarische Familien. Arbeiterfamilien und Arbeiterväter im frühen 20. Jahrhundert zwischen traditioneller, sozialdemokratischer und kleinbürgerlicher Orientierung, Frankfurt am Main 1992.
15 Interview Weinreich.
16 Hans-Georg Aschoff, Welfische Bewegung und Politischer Katholizismus, Düsseldorf 1987; ders., Ludwig Windthorst. Ein christlicher Politiker in einer Zeit des Umbruchs, Hannover 1991.

ter eher zum festen Kern als zum Randbreich des katholischen Sozialmilieus zu rechnen sind.

## Die größten in Hannover bestehenden Ortsverbände der christlichen Gewerkschaften (1928)[17]

(in Klammern die Mitgliederzahl der vergleichbaren Einzelgewerkschaften aus dem „freien" Ortskartell Hannover)

| | | |
|---|---|---|
| Zentralverband christlicher Bauarbeiter Dlds. | 1150 | ( 5037) |
| Christlicher Metallarbeiterverband Deutschlands | 849 | (18305) |
| Zentralverband christl. Textilarbeiter Dlds. | 563 | ( 1506) |
| Gewerkschaft deutscher Eisenbahner | 540 | ( 4811) |
| Bund der Hotel-, Restaurant- und Cafe-Angestellten | 512 | ( 609) |
| Zentralverband christl. Fabrik- u. Transportarbeiter Deutschlands | 496 | (10906) |

Führende Persönlichkeiten der christlichen Gewerkschaftsbewegung waren in Hannover Anton Storch und Hans Wellmann. Letzterer war vor 1933 als Geschäftsführer der Christlichen Gewerkschaften in Hannover tätig.[18] Die Biographie Storchs spiegelt in typischer Weise eine tiefe Verwurzelung im katholischen Milieu wider. In Fulda 1892 als Sohn einer in Not geratenen Arbeiterfamilie geboren, wird Storch nach dem frühen Tod seiner Eltern im Alter von zwölf Jahren in das städtische Waisenhaus eingewiesen und erhält an der Fuldaer Domschule seine Volksschulbildung. Nach Abschluß einer Tischlerlehre tritt er dem Christlichen Holzarbeiterverband bei und schließt sich dem Katholischen Gesellenverein an. Während seiner Wanderjahre wohnt er in Kolpinghäusern und bildet sich im Rahmen des Gesellenvereins auch fachlich weiter. Zudem wird er Mitglied im Windthortstbund, der Jugendorganisation der Zentrumspartei. Bei Beginn des Ersten Weltkrieges zu einem Artillerieregiment eingezogen, wird er dort im November 1918 in einen Soldatenausschuß gewählt. Nach eigenen Aussagen bemüht er sich, „große politische Auseinandersetzungen zu verhindern" und wirkt revolutionären Vorstellungen entgegen. Nach der Entlassung aus dem Militärdienst wird er als Tischler in Ahlen (Westfalen) tätig und tritt der Zentrumspartei bei. Seine Funktionärskarriere beginnt er als ehrenamtlicher Vorsitzender der dortigen Zahlstelle des Christlichen Holzarbeiterverbandes, rückt aber schon nach wenigen Monaten zum hauptamtlichen Unterbezirksleiter in Koblenz auf. Von 1921 bis 1933 ist er hauptberuflich als Gauleiter für den in Hannover nur schwach vertretenen Christlichen Holzarbeiterverband (1928 hatte er nur 179 Mitglieder) tätig. Von 1929 bis 1931 übernimmt er ehrenamtlich den Vorsitz im Ortskartell Hannover der christlichen Gewerkschaf-

---
17 Die Zahlen sind einer Aufstellung in den Statistischen Vierteljahresberichten der Stadt Hannover IV 1928, S. 136/137, entnommen.
18 Der an die CDA in Hannover gelangte Nachlaß Wellmanns wurde nach Aukunft der dortigen Geschäftsstelle Ende der siebziger Jahre (aus dem Verfasser unerfindlichen Gründen) vernichtet. Andere Quellen konnten nicht erschlossen werden.

ten, seit 1931 den Landesvorsitz des christlichen Dachverbandes „Deutscher Gewerkschaftsbund" in der Provinz Hannover.[19]

## 2.4 Der Politische Katholizismus: die Zentrumspartei und das Wahlverhalten der Katholiken

Der bekannteste katholische Politiker Hannovers war im 19. Jahrhundert zweifellos Ludwig Windthorst, der unter dem letzten Welfenherrscher Georg V. das hannoversche Justizministerium geleitet hatte und seit 1865 als Kronoberanwalt in Celle tätig gewesen war, bis er nach der Annexion von der preußischen Regierung entlassen wurde. Seit 1867 Mitglied des Reichstages und des Preußischen Abgeordnetenhauses entwickelte sich Windthorst als Gegenspieler Bismarcks zu einem der führenden Exponenten des Politischen Katholizismus im Kaiserreich. Der durch den Zusammenschluß katholischer Abgeordneter seit 1870 entstehenden Zentrumspartei schloß sich Windthorst, der zeitweise mit der Welfenbewegung sympathisierte, erst nach einigem Zögern an. Programmatisch setzte er sich für den überkonfessionellen Charakter christlicher Partei- und Gewerkschaftsarbeit ein. Nach seinem Tode im Jahr 1891 wurde Windthorst in seiner Heimatgemeinde, St. Marien in Hannovers Nordstadt, beigesetzt.[20]

Die Erfahrungen des Kulturkampfes und die zunehmende Entfremdung zwischen der Welfenbewegung und den führenden Katholiken Hannovers führte um die Jahrhundertwende zur Entstehung eines Zentrumswahlvereines für Hannover, Linden und Umgebung. Aufgrund seiner Tätigkeit als Herausgeber des „Hannoverschen Volksblatts" und seines Engagements auf sozialem Gebiet wurde Wilhelm Maxen zur Symbolfigur des Politischen Katholizismus[21] in Hannover. An die Traditionen der wilhelminischen Zeit noch einmal anknüpfend, in der die Katholiken in Hannover zumindest in den Stichwahlen in der Regel die welfischen Kandidaten unterstützt hatten, kandidierten Zentrumspartei und Deutschhannoversche Partei 1919 bei der Wahl zur verfassunggebenden Nationalversammlung in Hannover auf einer gemeinsamen Liste. Seit 1920 aber ging man getrennte Wege. Als Kandidat

---

19 Hans Günter Hockerts, Anton Storch (1892–1975), in: Jürgen Aretz u. a. (Hg.), Zeitgeschichte in Lebensbildern, Band 4: Aus dem deutschen Katholizismus des 19. und 20. Jahrhunderts, Mainz 1980, S. 250–266 sowie biographische Auskünfte aus dem Archiv des DGB in Düsseldorf.
20 Aschoff, Welfische Bewegung, sowie Aschoff, Windthorst.
21 Zum Politischen Katholizismus allgemein: Wilfried Loth, Katholiken im Kaiserreich. Der politische Katholizismus in der Krise des wilhelminischen Deutschlands, Düsseldorf 1984; Rudolf Morsey, Die Deutsche Zentrumspartei 1917–1923, Düsseldorf 1966; Ulrich von Hehl, Staatsverständnis und Strategie des politischen Katholizismus in der Weimarer Republik, in: K.D. Bracher/M. Funke/H.-A. Jacobsen (Hg.), Die Weimarer Republik 1918–1933, Bonn 1988, 2. Aufl., S. 238–253; Georg Kotowski, Auf dem Boden der gegebenen vollendeten Tatsachen! Der politische Katholizismus, in: D. Lehnert/K. Megerle (Hg.), Politische Identität und nationale Gedenktage. Zur Politischen Kultur in der Weimarer Republik, Opladen 1989, S. 159–180; Karl-Egon Lönne, Politischer Katholizismus im 19. und 20. Jahrhundert, Frankfurt/Main 1986

der Zentrumspartei im Wahlkreis 16 (Südhannover-Braunschweig) rückte Maxen in den Reichstag ein, gab jedoch bereits im folgenden Jahr sein Mandat wegen Arbeitsüberlastung zurück. Von 1924 bis 1928 vertrat der Generalsekretär der Landwirtschaftskammer Hannover und spätere preußische Landwirtschaftsminister Heinrich Steiger und seit 1930 der in der Lindener Bennogemeinde tätige Pfarrer Dr. Wilhelm Offenstein die Zentrumspartei im Reichstag. Im Vorstand des Provinzialausschusses der hannoverschen Zentrumspartei nahmen zudem der Rechtsanwalt Dr. Bernhard Pfad und der Gewerkschaftssekretär Adolf Lensing die stadthannoverschen Interessen wahr.[22] Bei den letzten Bürgervorsteherwahlen im März 1933 kandidierten neben dem besoldeten Senator Dunkelberg noch Lensing sowie ein Schulrektor und ein Handwerksmeister. Die starken personellen Überschneidungen zwischen den Kandidatenlisten für die Kommunal-, Landtags- und Reichstagswahlen sprechen dafür, daß die personelle Decke der regionalen Zentrumspartei recht dünn war. Gleichzeitig weist das soziale Profil der Kandidaten signifikante Unterschiede zur sozialen Gliederung der katholischen Einwohnerschaft Hannovers aus. Während vor allem Angehörige des gehobenen Mittelstandes lokal und regional die Politik der Partei bestimmten, stellten Arbeiter und kleine Angestellte die Masse der Zentrumswähler.

Geistliche spielten in der Partei zwar eine nicht unbedeutende Rolle, dominierten sie aber keineswegs. Neben Offenstein und Maxen ist noch für Leupke (Propst an St. Clemens) und die Pfarrer Ludewig (zunächst in der Elisabethgemeinde, später Nachfolger Leupkes in St. Clemens), Kopp (St. Joseph), Scholle (St. Bernward) und Henning (seit 1938 in St. Marien) eine Mitgliedschaft in der Zentrumspartei nachweisbar. In einer Stichprobe, die die Entnazifizierungsbögen von zwölf in der nationalsozialistischen Zeit in Hannover tätigen Pfarren, Kaplänen und Ordensgeistlichen umfaßt, waren allerdings nur fünf Mitglieder der Zentrumspartei, sieben dagegen nicht.[23] Die persönliche Mitgliedschaft in der Zentrumspartei war für die katholischen Geistlichen in Hannover also keineswegs selbstverständlich.

Mit Anton Storch und Hans Wellmann gehörten auch die beiden führenden christlichen Gewerkschafter der Zentrumspartei an, hatten aber in den letzten Jahren der Republik offensichtlich keine herausgehobenen Ämter inne. Das Erscheinungsbild der Partei bestimmten vor allem drei Persönlichkeiten: der langjährige Senator Dunkelberg als führender Kommunalpolitiker, der in katholischen Kreisen prominente Rechtsanwalt Pfad, der seit 1927 als örtlicher Parteivorsitzender fungierte, und der Lindener Pfarrer und Reichstagsabgeordnete Offenstein, der meist als Hauptredner bei lokalen Zentrumsveranstaltungen auftrat. Letzterer unterstützte im Februar 1932 in der Mitgliederversammlung eines hannoverschen Teilbezirkes

---

22 Die Osnabrücker Volkszeitung berichtete am 17. 6. 1931 über die Zusammensetzung des neuen Vorstandes der Zentrumspartei in der Provinz Hannover. Unter den 27 Listenkandidaten des Wahlkreises Südhannover-Braunschweig für die Reichstags- und Landtagswahlen im März 1933 befanden sich insgesamt acht Hannoveraner: ein Pfarrer, ein Gewerkschaftssekretär, ein Lehrer, ein Unternehmer, ein Handwerksmeister, zwei technische Angestellte und ein Facharbeiter (Wahlzeitung der Hannoverschen Volkszeitung vom 5. 3. 1933 mit den Kandidatenlisten.).
23 Niedersächsisches Hauptstaatsarchiv Hannover (im folgenden: NHStA), Hann. 80 Hann. II e 1, Nr. 322, Bd. II.

ausdrücklich die Politik Brünings. Zwar setzte Offenstein mit seiner Rede zum Thema „Der Freiheitskampf des deutschen Volkes" durchaus auch nationale Akzente, warnte aber gleichzeitig vor dem übertriebenen Nationalismus der rechtsbürgerlichen Parteien.[24] In einem in Hildesheim gedruckten Flugblatt zur Reichstagswahl im Sommer 1932 wurde das Zentrum den protestantischen Mittelschichten geradezu als „der tatsächliche Gegenspieler des Nationalsozialismus auf bürgerlicher Grundlage" offeriert.[25]

Das Zentrum war auch in Hannover eine Wähler- und keine Mitgliederpartei. Nur ein kleiner Teil der fest in das katholische Sozialmilieu integrierten Glaubensgenossen gehörte dem Zentrumswahlverein bzw. der Zentrumspartei an. Der Aufbau eines leistungsfähigen Parteiapparates und einer eigenständigen, von den kirchlichen Strukturen unabhängigen Parteipresse gelang nicht.[26] Sowohl bei den Bürgervorsteherwahlen als auch bei den Reichstagswahlen verfügte die Partei allerdings über einen sehr stabilen Wählerstamm, der gegenüber den Erschütterungen des traditionellen Parteiensystems in den Jahren der Republik offensichtlich weitgehend unempfindlich blieb.[27] Bei allen Wahlen zwischen 1920 und 1933 erhielt das Zentrum in der Stadt Hannover zwischen 4,1 % und 4,7 % der gültigen Stimmen und konnte ein Potential von rund 11 000 Wählern mit großer Konstanz an sich binden.[28] In

---

24 Hannoversche Volkszeitung, 17. 2. 1932, Bericht über die Jahreshauptversammlung des Teilbezirks 2 der Zentrumspartei Hannover (Stadtarchiv Hannover, im folgenden: StAH, AR BVK 68).
25 „Protestanten, der 31. Juli ist nah!", Faksimile des Flugblattes, in: Günter Buchstab (Hg.), Keine Stimme dem Radikalismus. Christliche, liberale und konservative Parteien in den Wahlen 1930–1933, Berlin 1984, S. 85. Aufgrund der lückenhaften Quellenlage muß offen bleiben, ob die Zentrumspartei möglicherweise regional konsequenter gegen die Nationalsozialisten aufgetreten sein könnte als auf der Reichsebene, für die herausgestellt worden ist, daß das Zentrum mit der Ausnahme des Juli-Wahlkampfes 1932 „nie in politischer Opposition und eindeutiger Kampfstellung zur NSDAP gestanden" habe (Detlev Junker, Die Deutsche Zentrumspartei und Hitler 1932/33. Ein Beitrag zur Problematik des politischen Katholizismus in Deutschland, Stuttgart 1969, S. 231). Dafür sprechen könnte, daß Offenstein selbst später darauf Wert gelegt hat, in diesen Jahren „fast täglich in öffentlichen Versammlungen gegen die Nationalsozialisten aufgetreten" zu sein (zitiert in einer Pressemappe der Bischöflichen Pressestelle Hildesheim zum 20. Todestag Offensteins, 20. 2. 1984, BAHi, Personalakten Offenstein). Diese aufgrund der Quellenlage schwer überprüfbare Behauptung erscheint insofern glaubwürdig, als die Nationalsozialisten später mehrfach und ohne Benennung konkreter Verstöße gegen eine Berufung Offensteins in höhere kirchliche Ämter Einwendungen erhoben, weil dieser „politisch nicht genehm sei".
26 Die hannoverschen Verhältnisse spiegeln hierin nur den Gesamtzustand der Zentrumspartei im Reich wider (Kotowski, Boden, S. 161).
27 Zur Entwicklung auf Reichsebene: Die langfristig nachlassende Bindekraft des katholischen Lagers stellen Rohe, Wahlen, S. 131–134 sowie von Hehl, Staatsverständnis, S. 241, heraus. Letzterer weist darauf hin, daß die Zentrumspartei auf dem Höhepunkt des Kulturkampfes 83 % aller wahlberechtigten Katholiken für sich mobilisierenden konnte, in der Endphase der Republik dagegen nur noch 43 %. Die vergleichsweise hohe Resistenz der katholischen Wähler gegenüber dem Nationalsozialismus ist belegt bei Jürgen W. Falter, Hitlers Wähler, München 1991, S. 169 ff.
28 Das schlechteste Ergebnis erzielte das Zentrum bei der Bürgervorsteherwahl im Mai 1924 mit nur 9 627 Stimmen, das beste bei der Reichstagswahl im Dezember 1924 mit 12 281 Stimmen. Zu den Wahlergebnissen: Günther Franz, Die politischen Wahlen in Niedersachsen 1867–1956,

Relation zur ortsansässigen katholischen Bevölkerung, die 1925 mit 46 069 Personen einen Anteil von 10,9 % an der Wohnbevölkerung stellte[29], bedeutet dies, daß knapp die Hälfte der in Hannover lebenden Katholiken sich durch die Wahlentscheidung für die Zentrumspartei politisch zum katholischen Lager bekannten. Dieser Wert stimmt recht genau mit der von Aschoff gegebenen Schätzung überein, nach der rund 40 % der nominellen Kirchenmitglieder auch tatsächlich praktizierende Katholiken waren.[30]

Es ist somit davon auszugehen, daß in den Jahren der Republik knapp die Hälfte der katholischen Einwohner Hannovers regelmäßig am Gemeinde- und Vereinsleben ihrer Kirche teilnahmen, die Zentrumspartei als ihre gegebene Interessensvertretung wählten und sich aufgrund ihrer Weltanschauung und ihrer lebensweltlichen Einbindung als Teil des lokalen katholischen Sozialmilieus verstanden. Dieses scheint sich aufgrund der Diasporasituation und seiner quartiersweise sehr starken Homogenität sogar durch eine hohe Konsistenz ausgezeichnet zu haben.

## 2.5 Das Nebeneinander von relativer Stabilität in den Milieukernen und gleichzeitigen Auflösungserscheinungen an den Rändern des katholischen Sozialmilieus in den Jahren der Republik

Die hohe, bis zu den Märzwahlen 1933 anhaltende Stabilität der Zentrumswählerschaft gegenüber den erdrutschartigen Veränderungen im Parteiensystem bestätigt auch für Hannover die gemeinhin vertretene These, daß das katholische Wählerlager zumindest in seinen festgefügten Milieukernen bis zur Machtübernahme der Nationalsozialisten dem nationalsozislistischen Werben ähnlich distanziert gegenüberstand wie der Kern der freigewerkschaftlich organisierten Industriearbeiterschaft.[31]

Betrachtet man freilich die andere Hälfte der nominellen Kirchenmitglieder, die offensichtlich nicht mehr oder zumindest nicht mehr stabil in das Gefüge des katholischen Sozialmilieus integriert war, so kommen auch die gleichzeitig auftretenden Tendenzen einer fortschreitenden Milieuerosion[32] in den Blick. Zwischen 1921 und 1932 traten 3 958 Personen in Hannover aus der katholischen Kirche aus, von 1933 bis 1938 weitere 3 376. Etwa jeder siebte hannoversche Katholik verließ somit in

---

Bremen-Horn 1957 sowie die Veröffentlichungen in den Tageszeitungen, diverse Zusammenfassungen in den Statistischen Vierteljahresberichten der Stadt Hannover und die in den Akten des Stadtarchivs Hannover überlieferten Ergebnisse (XXXI B 6 bis B 9 sowie Bürgervorsteherkollegium 67 und 69.

29 StVjB Han, 1/1928, S. 77.
30 Aschoff, Menschen, S. 101.
31 Exemplarisch hierfür: Kaufmann, Milieu, und Rauh-Kühne, Milieu, aber auch Detlev J. Peukert, Volksgenossen und Gemeinschaftsfremde. Anpassung, Ausmerze und Aufbegehren unter dem Nationalsozialismus, Köln 1982, S. 99 sowie Rohe, Wahlen, S. 140 ff.
32 Zum Sprachbild der Erosion eines Milieus: Kühr, Milieus, S. 252.

den zwanziger und dreißiger Jahren seine Glaubensgemeinschaft.[33] Stellt man in Rechnung, daß der Vollzug des Kirchenaustritts meist der letzte Schritt in einem längerfristigen Entfremdungsprozeß gewesen sein wird, so muß man in Ergänzung zu der eben entwickelten These von der relativen Resistenz des katholischen Sozialmilieus gegenüber dem aufstrebenden Nationalsozialismus nun allerdings auch festhalten, daß ein großer Teil der katholischen Einwohnerschaft bereits nicht mehr durch intakte Milieubindungen gegen den Nationalsozialismus immunisiert war.[34] Wie groß dabei der Anteil derjenigen Katholiken anzusetzen ist, die nach ihrer Entfremdung aus dem katholischen Sozialmilieu zur sozialistischen Arbeiterbewegung tendierten und wie stark die Gruppe derjenigen war, die eher vom nationalen Lager angezogen wurden, kann aufgrund der vorhandenen Daten nicht einmal annähernd quantifiziert werden. Festzuhalten ist aber, daß am Ende der Republik rund die Hälfte der nominellen Kirchenmitglieder von den Milieuvereinen und vom Politischen Katholizismus weltanschaulich und organisatorisch nicht mehr stabil eingebunden werden konnten. Tendenzen der Entkirchlichung wurden manifest, auch das vergleichsweise stabile katholische Sozialmilieu franste an seinen Rändern aus.

Anhand einer vergleichenden Analyse von Mikromilieus auf der Quartiersebene können einige Bedingungsfaktoren für eine relativ hohe Stabilität oder eine relativ hohe Instabilität des katholischen Sozialmilieus vor der Machtergreifung der Nationalsozialisten präzisiert werden.

---

33 Die 7 334 Ausgetretenen stellen in Relation zu den in der Stadt Hannover im Jahre 1933 rund 47 000 noch in der Kirche Befindlichen und den bereits rund 4 000 Ausgetretenen (Ausgangszahl also etwa 51 000) einen Prozentanteil von 14,4 %.
34 Diese Gleichzeitigkeit von Resistenz und Schwäche wird von Detlev Peukert als „Handlungsblockade... im katholischen Milieu" bezeichnet (Die Weimarer Republik. Krisenjahre der Klassischen Moderne, Frankfurt am Main 1987, S. 158).

## Katholische Wohnbevölkerung und Wahlerfolg der Zentrumspartei in einzelnen Quartieren[35]

| Statistischer Bezirk (Stadtteil) | Katholiken- (anteil) im Bezirk (1925) | Kirchen- gemeinde | Zahl der Gemeinde- glieder (1929) | Ergebnis der Zentrumspar- tei in % der gültigen St. (1930) | Index |
|---|---|---|---|---|---|
| Döhren | 4008 (30,9 %) | Bernward | 5000 | 13,3 % | 43 |
| Wülfel | 1254 (21,7 %) | Michael | 2500 | 8,7 % | 40 |
| Linden-Nord | 4907 (16,1 %) | Benno | 5800 | 5,9 % | 37 |
| Linden-Mitte | 2234 (13,5 %) | Godehard | 5500 | 5,8 % | 43 |
| Linden-Süd | 3463 (16,1 %) | Godehard | " | 5,6 % | 35 |
| Nordstadt/ Bahnseite | 3018 (14,4 %) | Marien | 9200 | 7,2 % | 50 |
| Nordstadt/ Parkseite | 2340 ( 9,7 %) | Marien | " | 3,4 % | 35 |
| Altstadt | 2081 (11,7 %) | Clemens | 7000 | 2,7 % | 23 |
| Neustadt | 2927 (15,6 %) | Clemens | " | 5,4 % | 35 |
| Stadtmitte | 1347 ( 8,1 %) | Clemens | " | 3,1 % | 38 |
| Hainholz/ Vahrenwald | 1717 ( 8,9 %) | Joseph | 4500 | 3,4 % | 38 |
| List | 2443 ( 7,8 %) | Joseph | " | 3,0 % | 38 |
| Südstadt/Bahns. | 2471 ( 7,0 %) | Heinrich | 2200* | 3,0 % | 43 |
| Südstadt/ Maschviertel | 835 ( 7,0 %) | Heinrich | " | 2,2 % | 31 |
| Waldhausen/ Waldheim | 208 ( 9,6 %) | Heinrich | " | 4,9 % | 51 |
| Kleefeld | 473 ( 6,3 %) | Antonius | 1200 | 3,3 % | 52 |
| Kirchrode | 206 ( 4,8 %) | Antonius | " | 1,5 % | 31 |
| Bult (Zooviertel) | 910 (11,5 %) | Elisabeth | 4500 | 6,0 % | 52 |
| Justizviertel | 2090 ( 8,2 %) | Elisabeth | " | 3,0 % | 37 |
| Misburg** | 2140 (34,6 %) | Herz Jesu | 2900 | 9,2 % | 27 |

35 Quellen: Katholische Wohnbevölkerung in den einzelnen Bezirken nach dem StVjb Han 1929, S. 77; Mitgliederzahlen der Kirchengemeinden nach der Festschrift St. Elisabeth, S. 24; prozentuales Stimmenergebnis für die Zentrumspartei bei der RTW 1930 nach dem StVjB Han 3/1930, S. 22/23.

\* aufgrund zahlreicher Wohnungsneubauten im Pfarrbezirk von St. Heinrich stieg die Zahl der Kirchenmitglieder schnell an. Nach den Zählbögen für die Kirchliche Statistik waren es 1930 2 500, 1931 2 700 und 1932 bereits 4 000 (Bistumsarchiv Hildesheim, im folgenden: BAHi, Akten St. Heinrich)

\*\* für Misburg: Angaben nach Scholand (1950); Prozentwert errechnet unter Verwendung der Angaben über die Wohnbevölkerung bei Gustav Uelschen, Die Bevölkerung in Niedersachsen 1821–1961, Hannover 1966; Gemeindemitglieder nach den Zählbogen der Kirchlichen Statistik für *1930* (BAHi, Akten Herz Jesu); Anteil der Zentrumsstimmen, hier allerdings für die RTW vom November *1932* (da für die RTW 1930 keine Angaben verfügbar sind) nach dem im Volkswillen am 8. 11. 1932 veröffentlichten Ergebnis.

Mit dem berechneten *Index* soll annäherungsweise dargestellt werden, in welchem Maße die katholische Bevölkerung des jeweiligen Quartiers die Zentrumspartei wählte, nach der hier zugrunde gelegten Interpretation also mithin fest in das katholische Sozialmilieu eingebunden war.[36] Insgesamt werden dabei erhebliche Unterschiede im Wahlverhalten der Katholiken in den einzelnen Quartieren deutlich. So war die Präferenz für die Zentrumspartei im Zooviertel, in Kleefeld, in Waldhausen und Waldheim sowie im Quartier um die Marienkirche in der Nordstadt wohnenden Katholiken etwa doppelt so stark als die der katholischen Wähler in der hannoverschen Altstadt und in Misburg. Unter Bezugnahme auf den für die Stadt Hannover[37] errechneten durchschnittlichen Indexwert von 37,6 läßt sich folgende Gruppierung vornehmen[38]:

## Präferenz der Katholiken für die Zentrumspartei (1930) in ausgewählten Quartieren

| unterdurchschnittlich (Indexwerte unter 34) | durchschnittlich (Werte 34–41) | überdurchschnittlich (Indexwerte über 41) |
|---|---|---|
| Altstadt | Neustadt | Zooviertel |
| Misburg | Nordstadt/Parks. | Kleefeld |
| Maschviertel | Linden-Süd | Waldhausen |
| Kirchrode | Linden-Nord | Waldheim |
|  | Justizviertel | Nordstadt/Bahns. |
|  | Stadtmitte | Döhren |
|  | List | Linden-Mitte |
|  | Hainholz/Vahrenwald |  |
|  | Wülfel |  |

---

36 Dabei wird erstens angenommen, daß sich der Anteil der katholischen Bevölkerung in den einzelnen Wohnbezirken zwischen 1925 und 1929 nicht wesentlich verändert hat. Zweitens wird vorausgesetzt, daß der Prozentanteil der Katholiken an der Wohnbevölkerung und ihr Anteil an den im Bezirk abgegebenen gültigen Stimmen in etwa übereinstimmen und die möglicherweise vorhandenen Abweichungen vernachlässigt werden dürfen. Drittens wird angenommen, daß die Stimmen für die Zentrumspartei ausschließlich von katholischen Wahlberechtigten abgegeben wurden. Der auf der Basis dieser Annahmen berechnete Indexwert weist für jeden Bezirk den Zentrumsanteil an den gültigen Stimmen in Relation zum Anteil der Katholiken an der Wohnbevölkerung aus. Er stellt also eine annäherungsweise Schätzung darüber dar, wieviel Prozent der wahlberechtigten Katholiken in einem bestimmten Viertel tatsächlich die Zentrumspartei wählten. Die Tabelle ist also wie folgt zu lesen: Im Zooviertel beträgt der katholische Bevölkerungsanteil 11,5 %, der Anteil der Zentrumsstimmen an den gültigen Stimmen aber 6 %, so daß man auf der Basis der oben genannten Annahmen davon ausgehen kann, daß etwa 52 von 100 wahlberechtigten Katholiken ihre Milieupartei gewählt haben. Dagegen lag der katholische Bevölkerungsanteil in der hannoverschen Altstadt mit 11,7 % annähernd gleich hoch, die Zentrumspartei erhielt aber nur 2,7 % der Stimmen. Demnach hätten hier nur etwa 23 von 100 wahlberechtigten Katholiken Zentrum gewählt.

37 Also ohne den Vorort Misburg, aber unter Einschluß aller der in der obigen Tabelle nicht berücksichtigten Quartiere, die nur einen geringen katholischen Bevölkerungsanteil hatten

38 Nicht berücksichtigt sind hier die Stadtviertel, in denen Katholiken nur in sehr geringer Zahl lebten.

Bemerkenswert sind die Verhältnisse in der ursprünglichen „Polengemeinde" Misburg. Nach einem recht konfliktreichen Prozeß der gesellschaftlichen Integration votierten zu Beginn der dreißiger Jahre mindestens ebensoviele Katholiken für das „sozialistische Lager" wie für die Zentrumspartei.[39] Der Weg in das katholische Sozialmilieu stellte in diesem Zuwandererquartier eine mögliche Option dar, er war aber keineswegs mehr fest vorgegeben. Viele der assimilierten polnischen Migranten und erst recht ihre Nachkommen waren Teil des im Arbeitervorort Misburg dominierenden sozialistischen Milieus geworden.[40] Für Döhren ist zu beachten, daß die Daten des heterogen strukturierten statistischen Bezirkes, der sowohl den alten protestantischen Dorfkern als auch die katholisch dominierten Zuwandererquartiere umfaßte, die internen Unterschiede des Bezirkes nivellieren. Man muß davon ausgehen, daß in den Arbeitersiedlungshäusern und in dem der Kirche zugewandten Wohnquartier am Fiedlerplatz der Katholikenanteil wesentlich höher lag[41] und demgemäß die Milieubindungen dichter und die Präferenz für die Zentrumspartei stärker waren, als es der statistische Mittelwert erkennen läßt.

Vergleicht man die einzelnen Quartiere miteinander, so ergibt sich ein Erklärungsmodell mit vier Faktoren, die sich auf die soziale Dynamik im Quartier, die räumliche Nähe zur Kirche, die kulturelle Dominanz der sozialistischen Arbeiterbewegung und die soziale Differenzierung der bürgerlichen Schichten beziehen.

Besonders labil war die Einbindung in die katholische Gesinnungsgemeinschaft offensichtlich vor allem dort, wo im Quartier eine starke soziale Dynamik vorherrschte. In der hannoverschen Altstadt, die sich im Verlauf der Urbanisierung zu einem Quartier der Deklassierten entwickelt hatte, scheinen die Katholiken am stärksten ihrem traditionellen Milieu entfremdet worden zu sein (Indexwert 23). Dagegen scheinen stabile soziale Verhältnisse im Stadtviertel die Aufrechterhaltung der tradierten Milieustrukturen begünstigt zu haben. Bemerkenswert ist, daß dies sowohl für „Kleine-Leute-Viertel" wie Döhren und die Nordstadt (Indexwerte 43 bzw. 50 und 35), als auch für Arbeiterviertel mit einem ausgesprochen proletarischen Milieu (Linden mit Indexwerten von 43, 37 und 35) und ebenso für gewachsene bürgerliche Quartiere (z. B. Zooviertel mit Indexwert 52) gilt.

Aus den Zahlenwerten ist weiter zu schließen, daß die räumliche Nähe zur Kirche für die Aufrechterhaltung der Milieubindungen eine wichtige Rolle spielte. In der Realität dürfte allerdings vor allem dem Umkehrschluß eine hohe Evidenz zukommen: Wer sich dem katholischen Milieu intensiv verbunden fühlte, bemühte sich, in die Nähe seiner Kirche zu ziehen. Dieser Zusammenhang drängt sich jedenfalls auf, wenn man für St. Clemens, St. Marien, St. Godehard, St. Heinrich, St. Elisabeth und St. Antonius die Bezirke miteinander vergleicht, die in unmittelbarer Nähe zur Kirche und weiter entfernt liegen. Die um den Kirchturm sich erstreckenden Quartiere haben einen durchschnittlichen Indexwert von 46, die weiter entfernten dagegen nur von 34.

---

39 Zum Dreilager-System vgl. Rohe, Wahlen, S. 140 ff.
40 Schmiechen-Ackermann, Integration, S. 195 ff.
41 1100 Jahre Döhren, S. 169.

Für die hauptsächlich von der Arbeiterschaft und den unteren Gruppen der Angestellten bewohnten Viertel spielte die Stärke der sozialistischen Arbeiterbewegung eine wesentlich Rolle. Dort, wo das proletarische Milieu kulturell sehr stark dominierte (in der Untersuchungsgruppe also Misburg und Linden), war die Einbindung in das katholische Milieu, also neben der Beteiligung am katholischen Vereinsleben und der Mitgliedschaft in einer christlichen Gewerkschaft auch die Wahlentscheidung für das Zentrum, offensichtlich stärkeren Anfechtungen ausgesetzt als in den „Kleine-Leute-Vierteln" Döhren, Vahrenwald, Hainholz oder der Nordstadt. Insbesondere fanden auch die „uniformierten Arbeiter", die bei der Straßenbahn (insbesondere in Döhren und Vahrenwald) oder der Reichsbahn (in Hainholz und Leinhausen) beschäftigt waren, hier ein ihrer Mentalität angemessenes Milieu. Insofern kann das Beispiel des in Döhren ab 1890 rund um den Fiedlerplatz entstehenden Quartiers als typisch gelten: „Viele Straßenbahner zogen ein; das Anmieten einer Wohnung im ‚Neuen Viertel' wurde nun zum erstrebenswerten Ziel vieler sozial aufgestiegener Wolle-Arbeiter. Hier in den 60qm großen, hellen Wohnungen hofften sie das Elend ihrer proletarischen Vergangenheit zu vergessen. Demgemäß wurden die Hausfassaden nicht länger in einfachem Backstein ausgeführt, sondern in Formen der Neurenaissance und des Jugendstils. Eine kleinbürgerliche Welt; nur in ihrem ausgeprägten Vereinsleben ist noch ein Rest solidarischen Handelns geblieben."[42] In diesen Wohnquartieren der Unterschichten und unteren Mittelschichten existierten sozialistische, katholische und kleinbürgerliche Milieuvereine relativ gleichberechtigt nebeneinander. Das Bekenntnis zum katholischen Sozialmilieu und zum Politischen Katholizismus war also nicht besonders konfliktbelastet, sondern eine mögliche Option neben anderen. Eine wesentliche Bedingung dafür, daß diese Option auch tatsächlich wahrgenommen wurde, war allerdings das Vorhandensein einer traditionell verwurzelten und breit entfalteten katholischen Vereinsstruktur.

Schließlich scheint auch signifikant zu sein, daß sozial privilegierte, zum gehobenen Bürgertum zählende Katholiken sich recht kirchentreu und milieuverbunden verhielten. Dafür sprechen die hohen Indexwerte für das Zooviertel, für Waldhausen und Waldheim und für Kleefeld (jeweils über 50). In der Südstadt als einem typischen Wohnquartier der kleinen und mittleren Beamten und Angestellten (also der neuen Mittelschichten) waren die Milieubindungen offensichtlich weitaus anfälliger (Indexwerte 31 bzw. 43).

Aus diesen Beispielen wird klar, daß für die einzelnen Quartiersmilieus jeweils eine Bündelung mehrerer Einflußfaktoren angenommen werden muß. Teilweise relativierten sich auch stabilisierende und destabilisierende Tendenzen durch Überlagerung. Faßt man die herausgearbeiteten Merkmale zusammen, so ergibt sich für die Endphase der Republik als idealtypische Konturierung der Merkmale für den Zustand des katholischen Sozialmilieus auf der Mikroebene:

---

42  1100 Jahre Döhren, S. 62.

## Stabilität und Instabilität des katholischen Sozialmilieus auf der Ebene des Wohnquartiers in den zwanziger Jahren

| Faktoren der Stabilisierung: | Faktoren der Destabilisierung: |
|---|---|
| konstante und stabile soziale Verhältnisse im Wohnviertel | soziale Auf- oder Abstiegsdynamik im Quartier |
| räumliche Nähe zur Kirche | größere Distanz zur Kirche |
| starke kleinbürgerliche Orientierung in „Kleine-Leute-Vierteln" | starke kulturelle Dominanz der sozialistischen Arbeiterbewegung in proletarischen Quartieren |
| gehobenes Bürgertum der alten Mittelschichten als soziale Basis einer bürgerlichen Gemeinde | starke Dominanz der neuen Mittelschichten (kleine und mittlere Beamte und Angestellte) |

## 3. Erosion und Resistenz des katholischen Milieus während der nationalsozialistischen Herrschaft

### 3.1 Der nationalsozialistische Angriff auf die Milieustrukturen

Vor dem eben skizzierten Hintergrund einer bereits in den Jahren der Republik beginnenden, aber nach den lokalspezifischen Bedingungen des jeweiligen Mikromilieus unterschiedlich weit fortgeschrittenen Auflösung der traditionellen Milieustrukturen mußte das Jahr 1933 für die deutschen Katholiken zu einer tiefgreifenden Verunsicherung führen. Dazu trugen wesentlich die Interessenspolitik des Vatikan und das irritierende Verhalten der deutschen Bischöfe bei, die bis zur „Machtergreifung" eine Linie der klaren Distanzierung verfolgt hatten. In ihren Erklärungen hatten sie zunächst die nationalsozialistische Ideologie als unvereinbar mit dem katholischen Glauben bezeichnet. Der Abschluß des Konkordates zwischen dem Heiligen Stuhl und der Hitlerregierung sowie die konziliante Haltung der Bischöfe gegenüber dem an die Macht gelangten Nationalsozialismus mußten dagegen als eine Revision der bisherigen Distanzierung aufgefaßt werden.[43] Durch sein wiederholtes Bekenntnis zu den christlichen Grundlagen des Staates, aber auch durch das von den Bischöfen durchaus begrüßte Vorgehen gegen „Marxismus" und „Bolschewismus"[44] rang Hitler der katholischen Kirche eine Art Loyalitätsbekundung zur „nationalen Erhebung" ab. Dabei mag die Befürchtung, ähnlich wie im Kulturkampf erneut unter die national Unzuverlässigen eingereiht zu werden, eine wich-

---

43 Kardinal Bertram an Hitler, 16. 4. 1933, Bundesarchiv (im folgenden kurz: BA) R 43 II, 954, Bl. 9–11. Zu den kritischen Verlautbarungen der Jahre 1930 und 1931 in den einzelnen Kirchenprovinzen und zur richtungsweisenden Annäherung durch die Kundgebung der Fuldaer Bischofskonferenz vom 28. März 1933 detailliert: Bernhard Zimmermann-Buhr, Die katholische Kirche und der Nationalsozialismus in den Jahren 1930–1933, Frankfurt am Main/New York 1982, S. 11–21 und 58–62 sowie Klaus Scholder, Die Kirchen und das Dritte Reich, Band 1, Frankfurt am Main 1986, S. 160–184 und 300–322. Vgl. zur Politik der katholischen Kirchenführung auch die umfangreiche Quellenedition „Akten deutscher Bischöfe über die Lage der Kirche 1933–1945", Mainz 1968 ff.

44 Zahlreiche Belege für die fanatische Frontstellung der katholischen Kirche gegen die deutsche und internationale Arbeiterbewegung finden sich in den Hirtenworten der deutschen Bischöfe ebenso wie in den Erklärungen des Hildesheimer Bischofs Machens. Besonders markant ist das „Hirtenwort über die Abwehr des Bolschewismus" (veröffentlicht am 2. 1. 1937 im Kirchlichen Anzeiger der Diözese Hildesheim, S. 1 ff., BAHi). Darin heißt es: „Geliebte Diözesanen! Der Führer und Reichskanzler Adolf Hitler hat den Anmarsch des Bolschewismus von weitem gesichtet und sein Sinnen und Sorgen darauf gerichtet, diese ungeheure Gefahr von unserem deutschen Volk und dem gesamten Abendland abzuwehren. Die deutschen Bischöfe halten es für ihre Pflicht, das Oberhaupt des Deutschen Reiches in diesem Abwehrkampf mit allen Mitteln zu unterstützen, die ihnen aus dem Heiligtum zur Verfügung stehen..."

tige Rolle gespielt haben: „Anpassung lag in der Luft".[45] Tatsächlich schlug dieser Sinneswandel auch sofort auf die Ebene der Gemeinden durch. Noch im Dezember 1932 war es zu einem Eklat gekommen, als der Pfarrer der Lindener Godehardi-Gemeinde eine kirchliche Beerdigung auf dem Ricklinger Friedhof verweigert hatte, weil in der Kapelle ein Trupp uniformierter SA-Leute anwesend war.[46] Fünf Monate später veröffentlichte das nationalsozialistische Parteiblatt unter der Überschrift „Die erste katholische Beerdigung unter der Hakenkreuzfahne" triumphierend ein Foto, daß einen nationalsozialistisch gestalteten Trauerzug bei einer katholischen Beerdigung zeigte.[47]

Der Angriff der Nationalsozialisten auf die katholischen Milieuorganisationen war in der hannoverschen Diaspora nicht besonders zugespitzt, sondern folgte ganz der auf Reichsebene feststellbaren Entwicklung, die nach der durch die „Machtergreifung" markierten Zäsur weitere deutliche Einschnitte 1936/37 und nach Kriegsbeginn aufweist.[48] Tiefgreifende Veränderungen brachte bereits das Jahr 1933 mit der Gleichschaltung und Auflösung der im politischen Raum aktiven katholischen Organisationen (Zentrumspartei, Christliche Gewerkschaften und katholische Berufsvereine). Im Gegenzug gab Hitler der Kirche im Konkordat Garantien für ihr Wirken auf religiösem Gebiet. Jasper hat dieses Vorgehen sehr treffend als „Doppelstrategie des Friedensangebotes bei gleichzeitiger Zurückdrängung der Kirche aus dem politischen Leben"[49] charakterisiert.

Die Liquidierung der lokalen Zentrumspartei verlief in Hannover ruhig und unspektakulär. Offensichtlich zählten die lokalen Repräsentanten wie Pfarrer Offenstein[50] und Rechtsanwalt Pfad eher zu dem Flügel, der in der auseinanderdriftenden Partei gegen die sich nach rechts öffnende Mehrheit um den Vorsitzenden Kaas[51] stand. Mit der von der Reichsleitung des Zentrums am 5. Juli 1933 erklärten

---

45 Gotthard Jasper, Die gescheiterte Zähmung. Wege zur Machtergreifung Hitlers 1930–1934, Frankfurt/Main 1986, S. 204.
46 NTZ, 6. 12. 1932.
47 NTZ, 18. 5. 1933.
48 Zur Periodisierung vgl. Klaus Gotto/Hans Günter Hockerts/Konrad Repgen, Nationalsozialistische Herausforderung und kirchliche Antwort. Eine Bilanz, in: Karl Dietrich Bracher u. a. (Hg.), Nationalsozialistische Diktatur 1933–1945. Eine Bilanz, Bonn 1986, S. 655–668. Dort wird die Auffassung vertreten, daß sich „die Wucht des Angriffs gegen die Kirche" in der Kriegszeit deutlich steigerte (S. 659). Sowohl einige Ergebnisse der hier vorgelegten regionalgeschichtlichen Untersuchung als auch der Entschluß des Reichssicherheitshauptamtes, die „Lösung der Kirchenfrage" auf die Zeit nach dem Kriegsende zu vertagen, stellen diese gradlinige Einschätzung zumindest in Frage.
49 Jasper, Zähmung, S: 204.
50 Ein Zeitzeuge behauptet sogar, Offenstein sei nach der Zustimmung des Zentrums zum Ermächtigungsgesetz aus Protest aus der Partei ausgetreten (Interview Bettin). Dieser Vorgang ist aber nicht verifizierbar und erscheint zweifelhaft, denn bei der Abstimmung im Reichstag am 23. März 1933 votierte Offenstein ebenfalls mit „Ja" (Protokoll der 2. Sitzung des Reichstags vom 23. 3. 1933, S. 44).
51 Dazu im einzelnen: Zimmermann-Buhr, S. 31–48 und Scholder, Band 1, S. 300–322. Vgl. auch Klaus Gotto, Die historisch-politische Beurteilung des Zentrums aus nationalsozialistischer Sicht, in: Karl Dietrich Bracher u. a. (Hg.), Staat und Parteien. Festschrift für Rudolf Morsey zum 65. Geburtstag, Berlin 1992, S. 711–726.

Selbstauflösung verschwand die letzte noch durch einen festen Wählerstamm unterstützte bürgerliche Mittelpartei sang- und klanglos von der politischen Bühne.[52]

Am 23. Juni 1933 wurde das Ortskartell Hannover der Christlichen Gewerkschaften in die Deutsche Arbeitsfront eingeliedert[53] und seine Zentrale in der Steintorfeldstraße 2 von der Nationalsozialistischen Betriebszellenorganisation (NSBO) besetzt.[54] Während die Parteipresse in einem umfangreichen Artikel unter der Überschrift „4364 Mark Gewerkschaftsgelder unterschlagen! Die christlichen Gewerkschaften nicht besser als die Freien..."[55] einen Vorfall aus dem Eichsfeld propagandistisch aufbauschte, um die Legitimationsbasis für die Ausschaltung der christlichen Gewerkschaftsorganisation zu verbereitern, erklärte der mit der Gleichschaltung beauftrage NSBO-Funktionär Görres wenige Tage später, daß die Geschäfte in Hannover einwandfrei geführt worden seien und man kein belastendes Material vorgefunden habe.[56] Anton Storch, ehrenamtlich Vorsitzender des christlichen Dachverbandes in der Provinz Hannover und hauptberuflich Gewerkschaftssekretär des Zentralverbandes Christlicher Holzarbeiter, wurde im August fristlos entlassen. Mit Unterstützung von Bernhard Pfad als Rechtsbeistand prozessierte er in drei Instanzen gegen die Deutsche Arbeitsfront, bis schließlich das Leipziger Reichsarbeitsgericht seine Ansprüche auf sechsmonatige Gehaltsfortzahlung und Rückerstattung der eingezahlten Beiträge für die Altersversorgungskasse der Christlichen Gewerkschaften bestätigte.[57]

Aus den Reihen der in Hannover nur schwach vertretenen christlichen Gewerkschaften gab es keine Ansätze zur organistorischen Selbstbehauptung oder gar zum Widerstand gegen den Nationalsozialismus. Die Staatspolizeistelle Hannover teilte 1935 dem Gestapa auf eine Routineanfrage mit, daß sich die führenden Mitglieder der zerschlagenen lokalen christlichen Gewerkschaftsbewegung nicht staatsfeindlich betätigt hätten und auch nicht öffentlich für den Katholizismus werben würden.[58] Allerdings bildeten katholische Gewerkschafter wie Storch, Blume und Wellmann einen informellen Freundeskreis[59] und hielten Kontakte mit dem Oppositi-

---

52 Vgl. zur reichsweiten Entwicklung Hugo Stehkämper, Protest, Opposition und Widerstand im Umkreis der (untergegangenen) Zentrumspartei – Ein Überblick, in: Schmädeke/Steinbach (Hg.), Widerstand, S. 113–150; Junker, Zentrumspartei; Rudolf Morsey, Der Untergang des politischen Katholizismus. Die Zentrumspartei zwischen christlichem Selbstverständnis und „Nationaler Erhebung" 1932/33, Stuttgart/Zürich 1977 sowie die einschlägigen Dokumente in: „Ursachen und Folgen. Vom deutschen Zusammenbruch 1918 und 1945 bis zur staatlichen Neuordnung Deutschlands in der Gegenwart", Band 9, Berlin 1964, S. 194 ff.
53 Storch an den hannoverschen Regierungspräsidenten, 19. 3. 1935, NHStA Hannover: Hann. 80 Hann. II 670, Bd. 2, Bl. 7.
54 NTZ, 27. 6. 1933.
55 NTZ, 30. 6. 1933.
56 NTZ und HA, beide am 4. 7. 1933.
57 NHStA Hannover: Hann. 80 Hann. II, 670 Bd. 2 sowie Hockerts, Storch, S. 252/253.
58 Stapo Hannover an Gestapa, 7. 2. 1935, NHStA Hannover: Hann. 180, 755.
59 Dieser Kreis wird von Hockerts, Storch, S. 253, als „We.-Gruppe" bezeichnet, was vermutlich auf einen Bericht von Albin Karl über die von ihm so genannte „hannoversche Untergrundbewegung" zurückgeht (in: Ulrich Schröder, Der Ausschuß für Wiederaufbau und die antifaschistische Bewegung in Hannover, in: Lutz Niethammer u. a. (Hg.), Arbeiterinitiative 1945. Anti-

onszirkel um Bernhard Pfad. Storch soll mehrfach wegen „angeblich staatsfeindlicher Reden" denunziert und zur Gestapo vorgeladen worden sein, ohne daß man ihm jedoch etwas nachweisen konnte.[60] Gegen Ende des Krieges hat sich dieser Kreis an einem Netzwerk konspirativer Gesprächskreise beteiligt[61], das von Albin Karl[62], einem führenden Kopf der sozialdemokratisch ausgerichteten Freien Gewerkschaften, geknüpft worden war. Bei der lokalen Gründung der Einheitsgewerkschaft konnte auf diesem Zusammenrücken während des Dritten Reiches aufgebaut werden.[63]

Eine reichsweite Aktion, bei der Geschäftsstellen durchsucht und geschlossen und die Vereinsvermögen beschlagnahmt wurden, richtete sich im Juli 1933 gegen die aus Sicht der Nationalsozialisten gesellschaftspolitisch bedeutsamen Vereine des katholischen Sozialmilieus, wie den Volksverein für das katholische Deutschland und den Friedensbund deutscher Katholiken sowie die Jugendbünde Sturmschar, Kreuzschar, Windthorst-Bund, die Deutsche Jugendkraft und den Katholischen Jungmännerverband.[64]

Nach dieser im Zuge der „Machtergreifung" erfolgten ersten Welle tiefer Einschnitte in die Milieustrukturen wurde der zwischen katholischer und nationalsozialistischer Weltanschauung vorprogrammierte Konflikt bis 1936 zunächst mit vergleichsweise geringer Intensität fortgesetzt. Die Verfolgungsorgane von Staat und Partei beschränkten sich im wesentlichen auf Vorstöße in denjenigen Bereichen, denen eine strategische Bedeutung zugemessen wurde. Obenan stand hierbei die Gewinnung der Jugend und die Abwehr der als Fortsetzung des Politischen Katholizismus verstandenen „Katholischen Aktion"[65], deren Durchführung in der Diözese Hildesheim im Dezember 1933 noch von dem scheidenden Bischof Bares propagiert worden war. Als Sammlungsbewegung der kirchentreuen Katholiken sollte sie gegen die „fortschreitende Kirchenentfremdung bei den einzelnen, Entchristlichung

---

faschistische Ausschüsse und Reorganisation der Arbeiterbewegung in Deutschland, Wuppertal 1976, S. 459).
60 Hockerts, Storch, S. 253.
61 Schröder, Ausschuß, S. 459.
62 Bezeichnenderweise wohnte Albin Karl mit Hans Wellmann Tür an Tür.
63 Franz Hartmann, Entstehung und Entwicklung der Gewerkschaftsbewegung in Niedersachsen nach dem Zweiten Weltkrieg, Diss. Göttingen 1977, S. 38.
64 NTZ, 2. 7. 1933. Die vorübergehend geschlossenen Geschäftsstellen des Katholischen Jungmännerverbandes wurden nach wenigen Tagen wieder geöffnet und das vorübergehend beschlagnahmte Vereinsvermögen wieder freigegeben (Stapo Hannover an die Ortspolizeibehörden, 6. 7. 1933, NHStA Hannover: Hann. 180 Hann. II 785, Bl. 186).
65 Bei der „Katholischen Aktion" handelt es sich ursprünglich um eine 1886 in Italien ins Leben gerufene Laienbewegung, die den Katholizismus im politischen Leben zur Geltung bringen sollte, aber aufgrund der neu ins Leben gerufenen katholischen Parteien bald an Bedeutung verlor. Papst Pius XI. erneuerte im Rahmen der Enzyklika „Ubi arcano" 1922 die „Katholische Aktion" als religiöse und soziale Bewegung. Nach dem Verzicht des Vatikans auf eine parteipolitische Repräsentanz war ihr die Rolle einer politischen Interessensvertretung im faschistischen Italien zugedacht. Als päpstlicher Nuntius in Berlin bemühte sich Pacelli seit 1928 um eine Übertragung dieses Modells auf Deutschland, um im Falle einer autoritären Staatsentwicklung auf die Zentrumspartei verzichten zu können (Vgl. „Katholische Aktion", in: Christian Zentner/Friedemann Bedürftig (Hg.), Das große Lexikon des Dritten Reiches, München 1985, S. 304).

und Entgottung des öffentlichen Lebens" und die „Verdiesseitigung des kulturellen Strebens" wirken.[66] Aufgrund dieses weitgespannten Anspruches mußte die Katholische Aktion vom NS-Regime als eine feindliche Bewegung verstanden werden, da sie der angestrebten totalen Durchdringung des öffentlichen Lebens mit nationalsozialistischen Prinzipien entgegenstand. Folgerichtig reihte man sie in die Reihen der von der Staatspolizei zu beobachtenden Gegner ein.[67] Die Ermordung Erich Klauseners, der auf dem Berliner Katholikentag im Juni 1934 als führender Kopf der „Katholischen Aktion" aufgetreten war und wenige Tage später im Rahmen der Röhm-Aktion von der SS erschossen wurde, machte exemplarisch deutlich, daß die Nationalsozialisten bereit waren, auch gegen diesen weltanschaulichen Gegner das Mittel des Terrors einzusetzen.[68]

Unmißverständlich brachte Reichsjugendführer Baldur von Schirach im März 1934 in seiner Essener Rede zum „Tag des Jungarbeiters" auch die Frontstellung der Hitlerjugend gegenüber den katholischen Jugendgruppen zum Ausdruck. Man habe nicht den Marxismus überwunden, um nun vor der Reaktion zu kapitulieren. Wörtlich erklärte er: „Wir machen nicht Halt vor der Gruppe der katholischen Jugendorganisationen. Wir erklären feierlichst, daß konfessionelle Jugendgruppen kein Sonderrecht besitzen."[69] Ganz im Sinne der oben skizzierten Doppelstrategie bekräftigte Schirach die Freiheit der Jugendlichen zur religiösen Betätigung, unterstrich aber gleichzeitig den Anspruch der Hitlerjugend auf die staatspolitische Erziehung aller Jugendlicher. Wie die praktische Ausgestaltung des Verhältnisses von Hitlerjugend und katholischer Jugendarbeit[70] aussehen sollte, wurde bereits wenige Wochen später auch auf der lokalen Ebene deutlich, als eine Abteilung der Hitlerjugend das hannoversche Heim des katholischen Schülerbundes „Neudeutschland" besetzte. Trotz der auch polizeilich bestätigten Widerrechtlichkeit dieser Maßnah-

---

66 Dazu zwei umfangreiche, auf der Titelseite plazierte Abhandlungen des Hildesheimer Domvikars Dr. Konrad Algermissen: „Was will die Katholische Aktion?" (Katholisches Kirchenblatt für das Bistum Hildesheim, 1934, Nr. 5) und „Wie kommen wir zur Katholischen Aktion?" (ebenda, Nr. 6).
67 Mehrfach berichtete die hannoversche Gestapo, daß der Klerus „ganz im Sinne der Katholischen Aktion arbeite", indem vor allem Veranstaltungen, die sich gegen Rosenbergs Ideen und die Deutsche Glaubensbewegung wandten, organisiert wurden (vor allem in den Lageberichten für Februar, März und Juli 1935 sowie Februar 1936, Mlynek, S. 330, 340, 403 f., und 521 f.). Die allgemeine Einschätzung des Katholizismus und der Katholischen Aktion war durch einen geheimen Lagebericht des Sicherheitsamtes der SS vom Mai/Juni 1934 vorgegeben worden (abgedruckt in: Heinz Boberach (Hg.), Berichte des SD und der Gestapo über Kirchen und Kirchenvolk in Deutschland 1934-1944, Mainz 1971, Dokument Nr. 1, S. 3-63). Zur Entstehung dieses kenntnisreichen Berichtes: Klaus Scholder, Die Kirchen und das Dritte Reich, Band 2, Frankfurt am Main 1988, S. 235. Der organistorische Aufbau und die Arbeitsweise der Katholischen Aktion wurden in einem weiteren Sonderbericht des Sicherheitsamtes der SS unter dem Titel „Neue Werbeformen des politischen Katholizismus" noch spezifiziert (BA: R 58, 404, Bl. 1-26).
68 Dazu Scholder, Kirchen, Band 2, S. 242-264.
69 Ausführliche Berichterstattung mit wörtlichen Zitaten aus der Rede Schirachs in Essen in der NTZ, 12. 3. 1934.
70 Zum Stand der katholischen Jugendarbeit existiert ein detaillierter Sonderbericht des Sicherheitshauptamtes der SS vom September 1935 (abgedruckt in: Boberach, Berichte, Dokument Nr. 5, S. 118 ff.).

me blieb dem örtlichen Leiter des Bundes, Jesuitenpater Grünewald, nichts anderes übrig, als das Heim an die Hitlerjugend zu vermieten.[71] Durch polizeiliche Anordnungen und den von der Hitlerjugend fortlaufend ausgehenden Anpassungsdruck[72] wurden die Freiräume der katholischen Jugendgruppen zunehmend eingeschränkt und ihnen ihre traditionellen bündischen und sportlichen Aktivitäten untersagt. Erlaubt blieb nur noch die seelsorgerliche Betreuung der Jugendlichen innerhalb der jeweiligen Pfarrgemeinde.[73]

Zu Konflikten mit den Nationalsozialisten kam es auch auf dem Gebiet der Presse. Wegen der Veröffentlichung eines Aufrufes der katholischen Verbände, durch den sich die Hitlerregierung verunglimpft sah, war die „Hannoversche Volkszeitung" bereits unmittelbar vor den Märzwahlen 1933 kurzfristig verboten und schließlich verwarnt worden. Anfang 1934 erfolgte eine Fusion mit der „Hildesheimischen Zeitung" zur „Landespost", die schon bald darauf wegen eines kritischen Artikels zur Rassenfrage, der als „volksverräterisches Vorgehen" von der Parteipresse gegeißelt wurde[74], ein vierwöchiges Erscheinungsverbot erhielt. In den folgenden Jahren verlor die „Landespost" ihren Charakter als katholisch geprägte Tageszeitung.[75] Diese Funktion als Medium der katholischen Milieuöffentlichkeit ging nun zunehmend an das seit Juni 1933 erscheinende „Kirchenblatt für das Bistum Hildesheim" über, das als amtliches Organ des Hildesheimer Bischofs zumindest bis 1936 die verbleibenden Freiräume für eine kritische Auseinandersetzung mit der nationalsozialistischen Weltanschauung nutzen konnte.[76]

Eine erhebliche Zuspitzung der sich seit 1936 verschärfenden Auseinandersetzung brachte das Jahr 1937: Auf die vom Vatikan durch die Enzyklika „Mit brennender Sorge"[77] öffentlichkeitswirksam vorgetragene Kritik an der Behinderung des kirchlichen Lebens in Deutschland reagierte das inzwischen stabilisierte NS-Regime mit einer neuen Offensive. Zum einen versuchte man, die Kirche moralisch und politisch zu diskreditieren, indem man zahlreiche Geistliche als Sittlichkeitsverbrecher,

---

71 Lagebericht der Stapo Hannover an das Gestapa für Juli 1934, 4. 8. 1934, Mlynek, Gestapo, S. 187. Vgl. auch Engfer, Bistum, S. 86 und Aschoff, Menschen, S. 104.

72 Beispielhaft dafür: der Aufruf des Gebietsführers Niedersachsen, „Katholische Jugend, entscheide dich!", 26. 3. 1934, als Faksimile abgedruckt bei Engfer, Bistum, S. 461. Zur Gesamtentwicklung vgl. Scholder, Kirchen, Band 1, S. 651–654.

73 Exemplarisch hierzu: Barbara Schellenberger, Katholischer Jugendwiderstand, in: Schmädeke/Steinbach (Hg.), Widerstand, S. 314–326.

74 Die NTZ berichtete darüber mit einem Aufmacher auf der ersten Seite am 19. 2. 1934.

75 Aschoff, Menschen, S. 103. Eine parallele Entwicklung ist für Ettlingen belegt bei Rauh-Kühne, Milieu, S. 384 ff. Zur „Landespost": Anke Dietzler, Ausschaltung, Gleichschaltung, Anpassung – die hannoverschen Tageszeitungen nach der nationalsozialistischen Machtübernahme, in: Hann.Gbll. NF 41 (1987), S. 193–271, hier speziell S. 218–226.

76 Aschoff, Menschen, S. 103. Ein scharfer Angriff gegen das Kirchenblatt erschien am 19. 7. 1936 in der NTZ. Die Rohstoffknappheit während des Krieges lieferte 1941 den willkommenen Anlaß durch Verweigerung der notwendigen Papierzuweisungen mit dem Kirchenblatt das letzte noch in der Region hergestellte katholische Presseerzeugnis auszuschalten.

77 Der Abdruck der päpstlichen Eyzyklika im „Kirchlichen Anzeiger der Diözese Hildesheim" (Nr. 5, am 17. 3. 1937) brachte dem Blatt die sofortige Beschlagnahme und ein dreimonatiges Erscheinungsverbot ein (NHStA Hannover: Hann. 174 Springe, Acc. 70/83, Nr. 38).

„Devisenschieber" oder politische Staatsfeinde vor Gericht stellte. Zum anderen wurde der kirchliche Einfluß in der Öffentlichkeit weiter zurückgedrängt.

Der wichtigste Ansatzpunkt hierfür war das Vorgehen gegen die Konfessionsschule. Bereits im November 1936 war katholischen Lehrerinnen, die gleichzeitig im Nationalsozialistischen Lehrerbund (NSLB) und im Katholischen Lehrerinnenverein organisiert waren, vom Kreisleiter des NSLB mitgeteilt worden, daß Doppelmitgliedschaften nicht mehr geduldet würden.[78] Allerdings löste daraufhin nur ein kleiner Teil der Lehrerinnen ihre Bindungen zu dem katholischen Berufsverband[79], während zwölf Lehrerinnen aus dem NSLB austraten. Sie wurden daraufhin von einem städtischen Schulrat verhört, da ihre politische Zuverlässigkeit in Frage gestellt sei.[80] Aufgrund ihres zum Teil „leidenschaftlichen Willens zum Widerstand"[81] wurden schließlich im Oktober 1937 sechs der ursprünglich zwölf renitenten Lehrerinnen aus dem Schuldienst entlassen. Der nächste Schritt der Nationalsozialisten bestand darin, sämtlichen hannoverschen Geistlichen die Genehmigungen zur Erteilung von Religionsunterricht in den öffentlichen Schulen zu entziehen und sie durch weltliche Lehrkräfte zu ersetzen.[82] Gleichzeitig wurde der Religionsunterricht in den Schulen reduziert, 1943 schließlich ganz abgeschafft.[83] Bis zum Beginn des Schuljahres 1939/1940 wurden alle Bekenntnisschulen in Hannover aufgelöst.[84] Auch die Mädchen-Oberschule der Ursulinnen mußte zu Ostern 1939 schließen, nachdem Beamte bereits seit 1936 genötigt worden waren, ihre Kinder dort abzumelden.[85] Die Verdrängung des kirchlichen Einflusses aus den Schulen konnte trotz der Elternproteste gegen das Entfernen der Kreuze aus den Klassenzimmern[86], trotz des Einspruches von Propst Leupke gegen die offensichtliche Verletzung des

---

78 Kreisleiter des NSLB an die städtische Schulverwaltung, 24. 2. 1937, StdA Hannover: Schulamt 2002.
79 Im Jahr 1928 hatte der Katholische Lehrerinnenverein, der sich 1933 gegen seine Gleichschaltung erfolgreich wehrte (vgl. dazu Stehkämper, Protest, S. 138) in Hannover nur 45 Mitglieder; der 1933 gleichgeschaltete Katholische Lehrerverein 60 Mitglieder (1928).
80 StdA Hannover: Schulamt 2002.
81 So Schulrat K. an die Städtische Schulverwaltung, 26. 2. 1937, NHStA Hannover: Hann. 180 Hann. II 456.
82 Schulverwaltung Hannover an den hannoverschen Regierungspräsidenten (im folgenden kurz: RP), Abteilung für Kirchen und Schulen, 23. 9. 1937 und 31. 3. 1938, StdA Hannover: Schulamt 2827. Bereits im Juni 1936 wurde Geistlichen, für die erstmalig um die Genehmigung zur Erteilung von Religionsunterricht in den Schulen nachgesucht wurde, eine Absage erteilt, weil kein zusätzlicher Bedarf an Lehrkräften bestehe (RP, Abteilung für Kirchen und Schulen an das Bischöfliche Generalvikariat (im folgenden kurz: BGV), 13. 6. 1936, in: Engfer, Bistum, S. 245).
83 Aschoff, Menschen, S. 105 f.
84 In Hannover existierten bis 1939 47 evangelische und sechs katholische Konfessionsschulen.
85 Maria Krebs, Der Kampf um die konfessionelle Schule, in: Engfer, Bistum, S. 135–285, hier S. 162/163 sowie KgmA St. Benno, Ordner 23.
86 Sie erfolgte in Hannover in der Regel zusammen mit der Einführung der Gemeinschaftsschule. Zu den Reaktionen in der Elternschaft: Interview Weinreich.

Konkordates[87] und trotz der zahlreichen Proteste des Bischofs Machens[88] nicht verhindert werden.

Auch das Vorgehen gegen die verbliebenen Milieuvereine wurde nun verschärft. Der hannoversche Kolpingverein wurde 1938 gezwungen, seine Häuser zu verkaufen.[89] Im Januar 1939 wurde der Katholischen Jungmännerverband unter Berufung auf die Reichstagsbrand-Verordnung als „volks- und staatsfeindliche Organisation" verboten[90], und wenige Monate später mußte auch der Schülerbund „Neudeutschland" seine Arbeit einstellen.[91]

Die Auseinandersetzung des Nationalsozialismus mit den beiden großen Kirchen trat während des Kriegs in ein neues Stadium. Dies galt insbesondere seit Beginn des Rußlandfeldzuges, als aus taktischen Gründen beschlossen wurde, die Lösung der „Kirchenfrage" auf die Zeit nach dem vermeintlichen Endsieg zu verschieben.[92] Infolgedessen hielten sich, im Vergleich zur ungeheuren Radikalisierung der Herrschaftspraxis während des Krieges[93], die Maßnahmen gegen das katholische Milieu in den letzten Kriegsjahren in Grenzen. Man begnügte sich damit, hart gegen als politische Gegner eingestufte Einzelpersonen durchzugreifen und den öffentlichen Aktionsradius der Kirche weiter einzuschränken. Dies kann beispielhaft an den Fronleichnamsprozessionen verfolgt werden. Der weltliche Teil der Feier wurde in Hannover seit 1936 polizeilich verboten.[94] Die für die Prozession zugelassene Wegstrecke wurde 1938 in der Mariengemeinde bereits verkürzt und gleichzeitig den katholischen Lehrerinnen die Teilnahme untersagt. Seit 1939 mußte in allen Gemeinden „jede Ausschmückung von Gebäuden, Straßen und Plätzen, freistehenden Masten, Prozessionsaltären usw. mit Kirchenfahnen oder Kirchenfarben" unterbleiben.[95] Seit 1941 wurde die traditionell durch die Straßen rings um die Kirchen führenden Prozessionen „aus verkehrspolizeilichen Gründen"[96] verboten und die Feier auf kirchliches Gelände beschränkt. Zudem waren die kirchlichen Feiertage Christi

---

87 Leupke an den RP, Abteilung für Kirchen und Schulen, 14. 4. 1939, BAHi, Personalakte Leupke.
88 Die Erklärungen des Bischofs von Hildesheim, der im Rahmen einer Arbeitsteilung der deutschen Bischofskonferenz für Schulfragen zuständig war, sowie die Hirtenworte der deutschen Bischöfe zur Verteidigung der Bekenntnisschulen sind im Kirchlichen Anzeiger für das Bistum Hildesheim veröffentlicht worden.
89 Mecke/Dlugaiczyk, 100 Jahre Kolping, S. 19.
90 Erlaß des Reichsführers SS und Chefs der Deutschen Polizei vom 26. 1. 1939 (Stapo Hildesheim an BGV, 24. 3. 1939, BAHi).
91 Aschoff, Menschen, S. 104.
92 Vgl. dazu den Bericht über die Arbeitstagung der Kirchensachbearbeiter beim Reichssicherheitshauptamt am 22. und 23. September 1941, IfZ: Fa 218.
93 Dazu einschlägig: Martin Broszat, Der Staat Hitlers. Grundlegung und Entwicklung seiner inneren Verfassung, München 1989, 12. Aufl., S. 380 ff. sowie Norbert Frei, Der Führerstaat. Nationalsozialistische Herrschaft 1933 bis 1945, München 1987, S. 130 ff.
94 Protokollbuch des St. Jospehsvereins Hannover-Döhren 1928–1956, Jahresbericht des Schriftführers für 1936, KgmA St. Bernward.
95 Polizeipräsident Hannover an Pfarramt St. Benno, 24. 5. 1939 (KgmA St. Benno, Ordner 7), gleichlautend an Pfarramt St. Maria, 31. 5. 1939 (KgmA St. Maria, Ordner 41).
96 Polizeipräsident an Pfarramt St. Maria, 28. 5. 1942, KgmA St. Marien, sowie an St. Benno, 9. 6. 1941, KgmA Benno.

Himmelfahrt und Fronleichnam auf Anordnung des Reichskirchenministeriums als staatliche Feiertage „mit Rücksicht auf die Erfordernisse der Kriegswirtschaft" auf den jeweils folgenden Sonntag gelegt, der eigentliche Feiertag in der Woche also de facto abgeschafft worden.[97] Diese zunehmende Verdrängung des kirchlichen Festes aus dem öffentlichen Raum[98] tat allerdings dem Selbstbehauptungswillen der strenggläubigen Katholiken kaum Abbruch. An der nunmehr am Sonntag und nur noch auf kircheneigenem Gelände rund um das jeweilige Gotteshaus durchgeführten „Prozession" beteiligten sich in der Nordstädter Mariengemeinde noch 1942 rund 1 250 Personen.[99] Eine damals als Jugendliche beteiligte Zeitzeugin betont den eindrucksvollen Charakter des Festes gerade in diesen Jahren der Bedrängnis:

> „Da ging man hin. Das war Ehrensache. Und wenn man sich also einen Tag freinehmen mußte... Zum Schluß durften wir nur noch auf dem Kirchhof rum. Und trotzdem, dann standen die Leute trotzdem auf der Straße, weil es viel zu viele Leute waren, die gar nicht alle drauf paßten... Es war nicht mal Protest dabei. Sondern man hatte das Gefühl, also wir müssen zusammenhalten."[100]

## 3.2 Gemeindeleben in den dreißiger und vierziger Jahren

### 3.2.1 Nachlassende Integrationskraft an den Rändern und Zusammenrücken im Kernbereich des katholischen Milieus

Ähnlich wie in den evangelischen Kirchengemeinden scheinen die Erfahrungen und Konflikte der nationalsozialistischen Zeit auch in den katholischen Diasporagemeinden Hannovers zu teilweise gegensätzlichen Entwicklungen und damit zu einer Differenzierung der Kirchenmitglieder geführt zu haben. Einerseits ist festzustellen, daß die Kirche einen Teil ihrer Mitglieder endgültig verlor, andererseits rückten die strenggläubigen Katholiken enger zusammen.

Eine quantitative Auswertung der zur Verfügung stehenden Daten[101] ergibt, daß in den dreißiger Jahren der Anteil der am Gottesdienst teilnehmenden Gemeindeglie-

---

97 RMKiA an die kirchlichen Behörden, 17. 5. 1941, KgmA St. Benno, Ordner 7.
98 Rauh-Kühne spricht für das kleinstädtische Ettlingen von einem „Wandel der Festkultur im Zeichen der Entkonfessionalisierung" (Milieu, S. 388 f.).
99 KgmA St. Marien, Ordner 41.
100 Interview Stieglitz. Diese Erinnerungen beziehen sich konkret auf die Clemensgemeinde, dürften aber durchaus repräsentativ sein.
101 Die quantitative Auswertung mußte sich leider auf sechs Gemeinden beschränken, da sich das Bistumsarchiv in Hildesheim nicht in der Lage sah, die einschlägigen, zum Teil aber nicht verzeichneten und erschlossenen Quellen für alle hannoverschen Gemeinden einer Benutzung zugänglich zu machen. Zugrunde gelegt wurden die Angaben über die Zahl der Gottesdienstbesucher an den beiden Zählsonntagen (in der Fastenzeit und im September), auf denen auch die offizielle Kirchliche Statistik fußt. Das Sample der sechs Gemeinden dürfte für Hannover in etwa repräsentativ sein, da unterschiedliche Sozialprofile vertreten sind: St. Elisabeth als gehoben bürgerliche Gemeinde, St. Benno und Herz Jesu als typisch proletarische Gemeinden, allerdings mit jeweils unterschiedlicher Akzentsetzung, St. Godehard und St. Bernward als Gemeinden in gemischten Unter- und Mittelschichts-Quartieren und schließlich St. Heinrich als typische Mittelschichtsgemeinde.

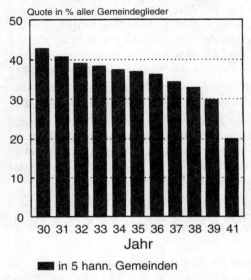

*Gottesdienstbesuch an den Zählsonntagen in sechs ausgewählten hannoverschen Gemeinden 1930–1941*
(Quelle: Kirchl. Statistik, fehlerbereinigt)

der kontinuierlich gesunken ist: in den sechs untersuchten Gemeinden durchschnittlich um etwa ein Drittel von rund 43 % im Jahre 1930 auf knapp 30 % im Jahre 1939.[102] Ein prozentualer Rückgang der Kirchenbesucher ist ungeachtet der unterschiedlichen sozialen Zusammensetzung in allen sechs Gemeinden festzustellen. Wie ein Vergleich der einzelnen Daten zeigt, spielten sich die Veränderungen allerdings auf unterschiedlichen Niveaus ab:

### Kirchenbesucher im Verhältnis zur Zahl der Gemeindeglieder (in %)

| Gemeinde | soziale Prägung | Quoten | | | |
|---|---|---|---|---|---|
| | | 1932 | 1934 | 1936 | 1939 |
| St. Benno | Arbeiterquartier | 38,9 | 39,1 | 36,5 | 29,0 |
| Herz Jesu | Arbeitervorort | 33,9 | 40,3 | 37,6 | 30,0 |
| St. Bernward | Kleine-Leute-Viertel | 57,8 | 49,3 | 48,8 | 46,5 |
| St. Godehard | Arbeiterquartier | 45,2 | 38,7 | 35,5 | 28,2 |
| St. Heinrich | Mittelschichtsquartier | 23,2 | 25,8 | 25,8 | 28,2 |
| St. Elisabeth | gehobenes Bürgerviertel | 31,0 | 30,4 | 32,8 | 22,0 |

---

102 Der bis 1941 (gegenüber 1939) noch einmal um etwa ein Drittel gesunkene Kirchenbesuch ist dagegen nicht aus einer wachsenden Abkehr von der Kirche, sondern durch die Abwesenheit der zum Kriegsdienst eingezogenen Männer zu erklären.

Wie bereits geschildert, verlor die katholische Kirche in Hannover zwischen Machtergreifung und Kriegsbeginn fast 3 400 Mitglieder, wobei 1938 die höchsten Werte erreicht wurden. Dabei lag die Zahl der Kirchenaustritte im bürgerlichen Umfeld[103] tendenziell höher lag als in Arbeiterquartieren. Diese deutlichen Anzeichen für ein Abbröckeln des Milieus an seinen Rändern müssen freilich im Zusammenhang mit den gleichzeitigen Hinweisen auf stabile und in sich konsistente Milieukerne gesehen werden. Die Gestapo betonte in ihren monatlichen Lageberichten, daß es zwar kein offen staatsfeindliches Verhalten von Seiten der Kirche und der katholischen Bevölkerung gäbe, aber sehr wohl eine „versteckte Opposition".[104] Diese zeigte sich besonders deutlich in den intensivierten Bemühungen um die Jugend sowie im ostentativen Festhalten der Kerngemeinde an den Glaubenssätzen und den traditionellen kirchlichen Organisationen.

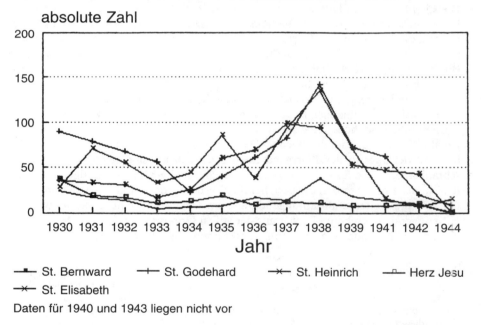

*Kirchenaustritte in fünf ausgewählten hannoverschen Kirchengemeinden 1930–1944*

---

103 Die Pfarre St. Godehard lag zwar im Lindener Arbeiterquartier, im Bezirk Linden-Mitte gab es aber wesentlich mehr kleinbürgerliche Existenzen als im proletarischen Linden-Nord um die Bennokirche. Da für die Bennokirche keine Daten erhoben werden konnten, werden in der folgenden Grafik nur fünf Gemeinden berücksichtigt.

104 Lagebericht der Stapo Hannover für Januar 1935 (an das Gestapa, 5. 2. 1935), Mlynek, Gestapo, S. 294.

Im Vereinswesen, soweit es aufgrund des Konkordates vor der Auflösung bewahrt geblieben war, versuchte man dem politischen Druck durch organisatorische Anpassung oder unauffälliges Verhalten zu begegnen. Die auf Gemeindeebene bestehenden Abteilungen der Deutschen Jugendkraft (DJK) wandelten sich in Hannover zu eigenständigen Sportvereinen wie „Marathon" oder „Saxonia" um, wobei zum Teil mehrere Gemeindegruppen zusammen einen organisatorisch zwar neuen und von der Kirchengemeinde unabhängigen, aber eben weiterhin katholisch geprägten Sportverein bildeten. Die gemeindlichen Männer- und Frauenvereine existierten in der Regel zunächst weiter, beschränkten sich aber in ihren Aktivitäten. In der Döhrener Bernwardsgemeinde stellte 1937 der traditionsreiche Männerverein St. Joseph seine Aktivitäten ein und existierte nur noch in einer aus seinen Reihen gegründeten „Liedertafel", also einer unverdächtigen und von der Kirche nach außen hin unabhängigen Organisationsform, fort.[105] In anderen Fällen wurden die offiziellen Vereinsstrukturen im Laufe der Jahre ganz aufgegeben, aber man traf sich informell im gleichen Personenkreis weiter.[106]

Die kirchliche Jugendarbeit wurde in besonderem Maße zu einem neuralgischen Punkt im Verhältnis zwischen katholischer Kirche und NSDAP. Anfang 1935 berichtete die hannoversche Gestapo, daß die katholische Kirche unter den Frauen und Mädchen große Erfolge mit ihrer Werbearbeit zu verzeichnen gehabt und den Bund Deutscher Mädel ganz in die Defensive gedrängt habe.[107] Am Dreikönigstag sei Bischof Machens in der hannoverschen Josephskirche anläßlich eines „Treuegelöbnisses der Jugend zu Christus und seiner Kirche" ein begeisterter Empfang bereitet worden.[108] Schließlich habe ein gegen die Hitlerjugend gerichteter Hirtenbrief der deutschen Bischöfe „eine starke Wirkung" unter der katholischen Bevölkerung gehabt.[109] Aufgrund der bestehenden Verbote mußten sich die Kapläne in ihrer Arbeit mit der Jugend der Pfarrgemeinden eigentlich auf rein religiöse Fragen beschränken und jede Form bündischer, sportlicher und geselliger Betätigung vermeiden. In der Praxis wurden die bestehenden Verbote jedoch immer wieder unterlaufen und die weitergeführten Jugendkreise im Grunde als eine „Alternative" zur Hitlerjugend angesehen: „Es war aus der stillen Opposition gegen den Nationalsozialismus heraus auch eine Stärkung dieser kirchlichen Jugendarbeit zu spüren."[110]

---

105 Protokollbuch des St. Josephsvereins, KgmA St. Bernward; Festschrift 75 Jahre St. Josephsverein Hannover-Döhren, Hannover 1962; 50 Jahre Liedertafel von 1888 Hannover und Döhren, Hannover 1938.
106 Vgl. zur Verdrängung der Vereine aus der Öffentlichkeit auch Rauh-Kühne, Milieu, S. 382 ff., die diesen für Hannover durch Äußerungen von Zeitzeugen belegten Prozeß bereits für Ettlingen nachgezeichnet hat.
107 Lagebericht der Stapo Hannover für Dezember 1934 (an Gestapa, 7. 1. 1935, Mlynek, Gestapo, S. 292 f.).
108 Lagebericht der Stapo Hannover für Januar 1935 (an Gestapa, 5. 2. 1935, Mlynek, Gestapo, S. 305).
109 Lagebericht der Stapo Hannover für September 1935 (an das Gestapa, 1. 10. 1935, Mlynek, Gestapo, S. 426). Die Werbung um die Jugend nimmt in der Berichterstattung der Staatspolizeistelle Hannover über die katholische Kirche eine zentrale Rolle ein. Vgl. dazu auch Mlynek, Gestapo, S. 176, 258 und 367.
110 So wörtlich im Interview Knackstedt. Vgl. auch die Interviews Kirchner, Blume und Möller.

Neben solchen Jugendkreisen, die in den meisten hannoverschen Kirchengemeinden weiterbestanden, existierten in den Vorkriegsjahren noch kleinere Kreise des Jungmännerverbandes, der Sturmschar und des Jugendbundes „Quickborn" sowie der sogenannte „Bordenau-Kreis", in dem illegal bündische Aktivitäten fortgesetzt wurden.

Das stärkere Zusammenrücken der glaubenstreuen Katholiken läßt sich vor allem an zwei Beispielen festmachen. Die 1933 erstmalig durchgeführten Glaubenswallfahrten für die katholischen Männer und Jungmänner gestalteten sich zu einer in der Öffentlichkeit sichtbaren Demonstration kirchlichen Selbstbehauptungswillens.[111] An der Prozession und dem feierlichen Gottesdienst im Park des Monikaheims in Hannover-Ricklingen beteiligten sich 1934 rund 3500, im folgenden Jahr bereits rund 5000 Personen. Mit deutlicher Kritik an den in Deutschland herrschenden Verhältnissen sparte Bischof Machens in seiner Predigt durchaus nicht. Er sprach von der „schweren Prüfung", die die Kirche in Deutschland durchmache, und verteidigte im folgenden die Position der Bischöfe: „Wir klagen, daß man uns vorwirft, wir trieben politischen Katholizismus. Man stellt es so dar, als könnten wir nachts nicht schlafen, weil wir nach Macht im Staate hungerten... Wenn wir Angriffe gegen unsere Kirche abwehren, wenn wir Einbrüche in religiöses Gebiet zurückweisen, soll das politischer Katholizismus sein? Wie wären stumme Hunde, wollten wir das alles ohne Widerstand über uns ergehen lassen. Wir wären Verräter an Christus."[112]

In den Gemeinden[113] kursierten während des Krieges Abschriften der Predigten des Münsteraner Bischofs Clemens von Galen, in denen dieser die „Euthanasie"-Maßnahmen des NS-Staates brandmarkte. „Galen-Briefe" wurden beispielsweise gut getarnt von katholischen Jugendlichen auf dem Vervielfältigungsapparat einer Tischlerwerkstatt in der Kaplanstraße (nahe der Godehardikirche) hergestellt und dann „nur an Freunde im kleinen Kreis der bewährten Katholiken" verteilt.[114] Abschriften der Galen-Predigten stellte zudem auch eine Sekretärin aus der Josephsgemeinde her, die die Schriften an ihrer Arbeitsstelle in einer Bank vervielfältigte. Sie wurde bei der Duplizierung der Galen-Briefe überrascht, nach ihrer Verhaftung von der Gestapo offensichtlich massiv unter Druck gesetzt und soll schließlich in eine Nervenheilanstalt eingeliefert worden sein.[115]

Wie bereits dieser allgemeine Überblick zeigt, wurden in den katholischen Mikromilieus während des Dritten Reiches sowohl Tendenzen der Zersetzung wie auch der Verdichtung der vorhandenen Milieubindungen wirksam. Im folgenden wird versucht, anhand zweier unterschiedlich gelagerter Beispiele, der Arbeitergemein-

---

111 Detailliert dazu: Interview Heinrich und Friedrich Koch.
112 Katholisches Kirchenblatt für das Bistum Hildesheim, Nr. 35, 1. 9. 1935, S. 1 f.
113 Zu belegen anhand von Zeitzeugen-Interviews für St. Clemens, St. Godehard, St. Benno und St. Joseph.
114 Interviews Koch und Knackstedt.
115 Interview Dahlen. Der Vorgang konnte aufgrund der lückenhaften Quellenlage aktenmäßig nicht verifiziert werden, wird aber auch von anderen Zeitzeugen erwähnt und darf daher wohl als glaubwürdig gelten.

de St. Benno und der Mittelschichtsgemeinde St. Heinrich, die konkreten Bedingungen für Milieuerosion oder Milieukonsistenz zu differenzieren.

### 3.2.2 Milieuerosion in einer neu entstehenden Mittelschichtsgemeinde: St. Heinrich in der Südstadt

In den zwanziger und dreißiger Jahren entstand mit den Neubaugebieten der schnell wachsenden Südstadt Hannovers ein Wohnquartier, das sich sowohl von den traditionellen Arbeitervierteln als auch von den Quartieren des gehobenen Bürgertums deutlich unterschied. Für kleine und mittlere Angestellte und Beamte, aber auch für aufstiegsorientierte Arbeiterfamilien symbolisierte der Umzug in die vergleichsweise großzügig angelegten Wohnungen der Südstadt einen sozialen Aufstieg und die Teilhabe an den Segnungen des „modernen" Lebens. Gehörte die Betonung des Individuellen und die Distanzierung von kollektiven Lebenszusammenhängen ohnehin zum Habitus der Mittelschichten, so forcierte die strenge Ordnung der Wohnblöcke und des öffentlichen Raumes offensichtlich noch die Individualisierung der Quartiersbewohner. In den Jahren der Wirtschaftskrise wurde die Südstadt polemisch als „Känguruh-Viertel" bezeichnet: Ihre Bewohner hatten nichts im Beutel, wollten aber große Sprünge machen. Aus dem wirtschaftlichen Druck, der in den Krisenjahren auch auf den Mittelschichten lastete, entwickelte sich aufgrund des selbstgesetzten hohen Anspruchsniveaus und des Fehlens kollektiver Strategien zur Krisenbewältigung eine weit verbreitete politische Kopflosigkeit. Die Südstadt gehörte daher in Hannover zu den frühen Hochburgen der Nationalsozialisten, die in etlichen Wahllokalen bereits 1930 zur stärksten Partei wurden.

Nach längeren Vorbereitungen war 1928 mit dem Bau der großzügig dimensionierten St. Heinrichskirche[116] begonnen worden, um den in der Südstadt lebenden und fortlaufend zuziehenden Katholiken den langen Weg zur Clemenskirche in der Innenstadt zu ersparen. Die Zahl der zum Pfarrbezirk zählenden Kirchenmitglieder wuchs zwischen der Einweihung der Kirche (1929) und der Errichtung als eigenständige Gemeinde (1939) von etwa 2 500 auf über 6 000 Personen.[117] Der Anteil der Katholiken an den Quartiersbewohnern lag Ende der dreißiger Jahre in der Südstadt bei knapp 10 %.

Der Aufbau einer tragfähigen Gemeindestruktur stellte sich in den Jahren der wirtschaftlichen Krise und des Dritten Reiches als sehr schwierig dar. Der durchschnittliche Kirchenbesuch war in St. Heinrich geringer als in den anderen stadthannoverschen Gemeinden. Er lag in den dreißiger Jahren nur bei etwa 25 %[118] der nominellen Kirchenmitglieder, während in der benachbarten Döhrener Bernwardsge-

---

116 Mit 1 200 Plätzen zählt sie noch heute zu den größten katholischen Kirchen im Raum Hannover (Aschoff, Menschen, S. 95).
117 Kirchliche Statistik, Zählbogen für St. Heinrich, BAHi, Gemeindeakten St. Heinrich.
118 Eigene Berechnung anhand der Kirchlichen Statistik, Zählbogen St. Heinrich, BAHi, Gemeindeakten St. Heinrich. Vgl. auch die Festschrift 50 Jahre St. Heinrichskirche Hannover, Hannover 1979, S. 27.

meinde, in der ein auf allen Ebenen breit gefächertes Netzwerk katholischer Vereine existierte, zur gleichen Zeit fast die Hälfte der Katholiken den Gottesdienst besuchte. Zudem gelang auch die Etablierung der kirchlichen Vereine in der Heinrichsgemeinde nur bruchstückhaft und schleppend. Allein die 1930 gegründete Gruppe des Kolpingvereins, die eine frühere Notkapelle als Jugendheim nutzen konnte, gewann im Gemeindeleben an Bedeutung. Wichtige Zweige des katholischen Vereinswesens wie die Männervereine und Jungmännervereine, die Arbeitervereine und christlichen Gewerkschaften fehlten völlig.[119]

Ein schwerwiegendes Hindernis für den Aufbau einer lebendigen Gemeinde stellten offensichtlich die schichtspezifischen Kommunikationsstrukturen im Quartier dar, die vor allem durch einen starken Rückzug in die Privatsphäre gekennzeichnet waren. In dieser „Beamtengemeinde" sei man zwar höflich aufgenommen worden, berichtet ein damaliger Kaplan, aber die gutbürgerlichen Kreise der Südstadt hätten immer auf Distanz zu ihrer Umgebung geachtet. Ihre Devise sei gewesen: „Nur ja nicht zu nahe kommen."[120] Dieses permanente Abstandhalten habe auch das Gemeindeleben auf das nachhaltigste geprägt. So berichtet ein Geistlicher, er sei bei einem Hausbesuch in einer katholischen Familie ausgesprochen nett aufgenommen worden und habe mit dem Hausherrn sogar Cognac getrunken. Wenige Tage später seien dann der Vater und der älteste Sohn der Familie ganz unvermittelt und ohne Kommentar aus der Kirche ausgetreten.[121]

Gemeindepfarrer Sauermost[122] klagte, daß für die „Katholische Aktion" in seiner Gemeinde überhaupt keine Ansätze vorhanden seien.[123] Besondere Bedeutung erlangte die schichtenspezifische Form der Anpassung gegenüber dem Nationalsozialismus für die katholischen Jugendlichen dieser Gemeinde: „Die Kinder mußten alle irgendwo in der Partei oder in der HJ oder Jungvolk und so weiter sein. Die Eltern achteten auch drauf, daß sie dann schon hingingen."[124] Der hauptsächliche Beweggrund für dieses Verhalten seien wohl Ängste der Eltern gewesen, politisch aufzufallen. Ihre Devise sei gewesen: „Nur ja nicht anstoßen".[125]

Gestützt wird die Annahme, daß der Anpassungsprozeß der katholischen Mittelschichten an den Nationalsozialismus weitaus intensiver war als der katholischer Arbeiterfamilien, auch durch ein anderes Gemeindebeispiel. Ein damaliger Kaplan der Lindener Godehardi-Gemeinde betont, daß vor allem Beamte und unter ihnen wiederum speziell die Lehrer sich vom Glauben lossagten: „Die distanzierten sich dann zum Teil von der Kirche nicht mal innerlich, aber äußerlich. Da wußte man innerlich oft nicht, ob sie wirklich Nationalsozialisten waren, oder, ob sie es nicht waren. Aber ... es gab natürlich auch einige, die übergeschwenkt sind."[126] Andererseits habe der

---

119 Festschrift St. Heinrich, S. 87 ff.
120 Interview Möller.
121 Interview Möller.
122 Anton Sauermost (1894–1945), Theologiestudium in Münster, 1921 Priesterweihe in Hildesheim, wo er anschließend auch als Kaplan tätig war, 1935–1945 Seelsorger von St. Heinrich.
123 Sauermost an BGV, 2. 4. 1935, BAHi
124 Interview Möller.
125 Interview Möller.
126 Interview Knackstedt.

vom Regime ausgeübte Druck bei vielen Gemeindemitgliedern gerade zu einer Stärkung des Glaubens und einer schärferen Distanzierung vom Nationalsozialismus geführt. Dies sei allerdings eher in Arbeiterkreisen festzustellen gewesen.

Bemerkenswert ist die Beobachtung eines aus Linden zugezogenen katholischen Polizeibeamten, daß es in der Südstadt innerhalb der katholischen Bevölkerungsgruppe kaum intensivere Beziehungen gegeben habe als zu den protestantischen Nachbarn.[127] Der Pfarrer der Heinrichsgemeinde klagte seinem Kaplan gegenüber, er sei nach sechs Jahren Amtstätigkeit mit den Leuten hier „immer noch nicht warmgeworden". Erst nach der einschneidenden Erfahrung des Bombenkrieges, die auch in diesem sozialen Umfeld eine scharfe Zäsur darstellte, habe er positive Anzeichen gesehen und erleichtert geäußert: „Ich glaube, jetzt wird es eine Gemeinde!"[128]

Zusammenfassend kann festgehalten werden, daß in den katholischen Bevölkerungskreisen der Südstadt offensichtlich mehrere Faktoren auf eine frühzeitige und recht weitgehende Lösung aus den traditionellen Milieubindungen hinwirkten. Die Etablierung neuer kirchlicher Strukturen in einem schnell wachsenden Stadtteil erwies sich unter den Bedingungen von Wirtschaftskrise und politischer Radikalisierung als schwierig. Der im Wohnviertel dominierende neue Mittelstand präferierte in seinen Verhaltensformen stärker einen aufstiegsorientierten Individualismus als kollektive und solidarische Lebenszusammenhänge. Damit war eine wichtige Grundlage für die Einbindung der abhängig arbeitenden Volksschichten in das katholische Sozialmilieu nicht mehr gegeben. Mehr noch: Ein deutlicher Trend zur Überschreitung der Milieugrenzen und in vielen Fällen auch zur Entfremdung von der Kirche wurde spürbar. Durch den Aufstieg des Nationalsozialismus gerieten insbesondere die im öffentlichen Dienst Beschäftigten in einen Zwiespalt. Für viele waren die weltanschaulich und glaubensmäßig geprägten traditionellen Milieubindungen mit der politischen Loyalität zum neuen Staat nicht mehr zur Deckung zu bringen.

### 3.2.3 Verdichtung der Glaubensgemeinschaft in einer gewachsenen Arbeitergemeinde: St. Benno in Linden-Nord

Die St. Benno-Gemeinde in Linden-Nord setzte sich in den dreißiger Jahren zu 90 % aus Arbeitern, kleinen Angestellten und gering verdienenden Kleingewerbetreibenden zusammen. Fast 40 % der Kirchenmitglieder konnten wegen ihres geringen Verdienstes nicht zur Kirchensteuer herangezogen werden.[129] Unter dem Eindruck der großen finanziellen Probleme bezeichnete der Pfarrer 1934 seine Gemeinde sogar als „das ausgesprochene Armenviertel von ganz Hannover".[130] Selbst

---

127 Interview Stichternath.
128 Interview Möller.
129 Katholisches Pfarramt St. Benno [an das Regierungspräsidium Hannover], 17. 5. 1935, NHStA Hannover: Hann. 180 Hann. II E 2 Nr. 106.
130 Offenstein an den Diözesanvorstand des Bonifatiusvereins in Hildesheim, 19. 12. 1934, KgmA St. Benno, Ordner 8.

in der besser gestellten, sozial etwas gemischteren Nachbargemeinde St. Godehardi in Linden-Mitte verfügten von 3 700 kirchensteuerpflichtigen Personen 60 % nur über ein monatliches Einkommen von weniger als 100.– RM, und weniger als 10 % hatten regelmäßige Einkünfte von mehr als 250.– RM im Monat.[131] Dieses ausgeprägt proletarische Sozialprofil der beiden Lindener Gemeinden schlug sich auch im kirchlichen Vereinswesen nieder. Immerhin zählte der „Godehardverein", ein katholischer Arbeiterverein für ganz Linden, damals 300 Mitglieder. Die katholischen Arbeiter und ihre Organisationen, die mit einem eigenen Vereinshaus in der Konkordiastraße 14 über einen festen Anlaufpunkt im Quartier verfügten, repräsentierten neben dem dominierenden sozialdemokratischen Arbeitermilieu eine zwar zahlenmäßig kleinere, aber in der Öffentlichkeit durchaus wahrgenommene Bevölkerungsgruppe. Bei besonderen Anlässen, wie der Beerdigung des populären Gemeindepfarrers Becker im Jahre 1927, gewann diese Selbstbehauptung der Katholiken im „roten Linden" bisweilen den Charakter einer sozio-kulturellen Manifestation. Die alljährlichen Fronleichnamsumzüge führten rund um das „katholische Viereck" oder den „katholischen Block", der von der Konfessionsschule, dem katholischen Krankenhaus, dem Josephs-Stift und der Bennokirche gebildet wurde.[132]

Den dichten Kommunikationsstrukturen im Viertel und in der Gemeinde entsprechend, hatten sich im Laufe der Jahre eine Vielzahl katholischer Milieuvereine gebildet. Die Jugendlichen trafen sich im „Jungmännerverein St. Benno", im „Marien-Verein Linden" oder in der „Deutschen Jugendkraft St. Benno", dem 1912 gegründeten Sportverein der Gemeinde. Neben den meist übergemeindlich organisierten beruflichen Standesvereinen konnten die Erwachsenen in mehreren Kreisen und Vereinen gesellig miteinander verkehren: im traditionsreichen „Katholischen Männerverein St. Benno", im „Männerwerk" der Gemeinde, im bereits erwähnten Lindener Arbeiterverein, im „Katholischen Arbeiterinnenverein", im „Frauen- und Mütterverein St. Benno", im Kirchenchor, in den karitativ engagierten Gemeindegruppen des „Vincenz-" und des „Elisabeth-Vereins".[133]

Nach der Machtübernahme der Nationalsozialisten wurden die Entfaltungsmöglichkeiten dieser Vereine beschnitten. Die „Deutsche Jugendkraft St. Benno" wurde aus dem kirchlichen Zusammenhang ausgegliedert und konnte als Sportverein „Saxonia" weiterexistieren. Die Jugendarbeit wurde in ihren Aktions- und Organisationsformen noch stärker eingeschränkt. Erlaubt war nur noch die gemeindlich organisierte Pfarrjugend, die zudem auf sportliche und jugendbewegte Aktivitäten verzichten mußte. Mehrere Zeitzeugen berichten übereinstimmend, daß diese Verbote aber immer wieder unterlaufen wurden. Dabei ging es auch im vergleichsweise „resistenten" Mikromilieu der Bennogemeinde nicht etwa um eine politisch moti-

---

131 Pfarrgemeinde St. Godehard an den RP, [1936], NHStA Hannover: Hann. 180 Hann. II E 2, Nr. 109.
132 Zu den im Volksmund gebräuchlichen Bezeichnungen des zusammenhängenden Komplexes: Interview Friedrich Grimm („katholisches Viereck") bzw. Heinrich Fahlbusch im Pfarrführer St. Benno, Hildesheim 1949, S. 9 („katholischer Block").
133 Pfarrführer St. Benno, S. 15 ff.; Pfarrchronik und Festschrift zum goldenen Jubiläum der katholischen St. Bennokirche Hannover-Linden 1902–1952, Hannover 1952, S. 51 ff.

*Trauerzug für Pastor Becker am 27. Dezember 1927. Eine Manifestation katholischer Selbstbehauptung im „roten Linden"*

*„Die letzten Getreuen während des Krieges" (so die originale Bildunterschrift). Mitglieder der in „Saxonia" umbenannten Deutschen Jugendkraft der Bennogemeinde, mit Siegerkränzen nach einem Sportfest im Jahre 1942*

vierte Opposition gegen den Nationalsozialismus, sondern ausschließlich um die Verteidigung der traditionellen milieugeprägten Lebensformen. „Wir wollten mal zeigen, daß wir noch da waren", kommentiert ein Mitglied der Sturmschar eine noch 1937 in Uniform vorgenommene Weihe des Christusbanners.[134]

In den Vorkriegsjahren fanden noch regelmäßige Gruppenstunden der katholisch geprägten bündischen Jugend in einem Kellerraum des Benno-Stiftes, eines zum Krankenhaus Josephsstift gehörenden Schwesternhauses, statt. Häufiger sei es zu „Kloppereien" zwischen der als „Puschenklub" bezeichneten katholischen Jugend und der Hitlerjugend gekommen, erinnert sich ein Zeitzeuge.[135]

Der damalige Jugendkaplan Möller, der noch während des Krieges regelmäßig wöchentlich zwei Gruppen von Jungmännern (inzwischen als „Pfarrjugend") betreute, betont die durch das Elternhaus vermittelte starke kirchliche Bindung vieler junger Katholiken in der Bennogemeinde:

---

134 Interview Weinreich. Eine kritische Reflexion dieses Milieuverhaltens entfaltet mit Bezug auf die katholische Jugendarbeit: Christel Beilmann, Eine Jugend im katholischen Milieu. Zum Verhältnis von Glaube und Widerstand, in: Wilfried Breyvogel (Hg.), Piraten, Swings und Junge Garde. Jugendwiderstand im Nationalsozialismus, Bonn 1991, S. 57–73. Dokumente dazu in: Christel Beilmann, Eine katholische Jugend in Gottes und dem Dritten Reich. Briefe, Berichte, Gedrucktes 1930–1945. Kommentare 1988/89, Wuppertal 1989.
135 Interview Friedrich Grimm.

„Auf die konnte man sich hundertfünfzigprozentig verlassen. Wenn ich danach fragte: HJ? Doch, klar sind wir in der HJ. Geht ihr da noch hin? Gehen wir einfach nicht. Wie die Lindener waren. Und ich habe das selbst eines Tages erlebt. Es war auf einem Wochentag, ich glaube, es war Mittwoch. Da hatten wir, im Mai hatten wir jeden Abend Maiandacht. Die Jugendlichen waren in der Maiandacht. Wenigstens ein Großteil von denen, nicht alle. Und nach der Andacht stehen wir vor der Kirche. Plötzlich kommt so ein ‚Goldfasan'[136] an. Was macht ihr hier? Na ja, wir kommen aus der Kirche. ‚Ist doch HJ-Dienst!' Und er hat sie... gescheucht. Da konnte ich auch nichts gegen machen. Das dauerte keine Viertelstunde, da waren die wieder da. Ach, sagten sie, wir haben erst mal einen Anpfiff gekriegt und mußten uns dann eingliedern. Und dann ging der Marsch los. An der nächsten Ecke sind wir wieder raus. Nun sind wir wieder hier. Insofern waren das also alles so ganz echte Kerle, an denen man auch viel Freude haben konnte."[137]

In vielen Elternhäusern seien die Jugendlichen auch gar nicht angehalten worden, regelmäßig zum Dienst der Hitlerjugend zu gehen. „Wenn ihr dahin geht, geht ihr hin. Wenn nicht, bleibt ihr weg.", sei eine verbreitete Haltung gewesen.[138]

Auch der traditionsreiche „Männerverein St. Benno" mußte seine geselligen Aktivitäten einschränken.[139] Der Sohn eines eifrigen Vereinsmitgliedes erinnert sich, daß sich rund 20 Männer trotzdem jeden Mittwoch trafen und über die Jahre der nationalsozialistischen Herrschaft hinweg ihren Zusammenhalt bewahrten:

„Rund um den Schulplatz gingen sie dann mal nach dem Wirt und dann mal nach dem Wirt und so weiter. Aber die trafen sich also den ganzen Krieg immer. Mein Vater..., sogar wenn die Bomben fielen und der Bombenalarm war um halb neun wieder vorbei, dann ging er noch zum Verein..., er ging immer. Insofern lebte also, will ich damit nur sagen, so eine Zelle von katholischen Familien und Männern hier weiter."[140]

Wer sich zu dieser absolut kirchentreuen Kerngemeinde zählte, besuchte weiterhin regelmäßig den Gottesdienst und die kirchlichen Vereine[141], nahm trotz der wie überall zunehmenden Behinderungen an den traditionellen Fronleichnamsprozessionen teil, schickte seine Kinder in die von den Kaplänen mühsam aufrecht erhaltenen Jugendkreise und las auch die unter den Gemeindemitgliedern kursierenden Galen-Briefe.[142] Nach den Angaben des Pfarrers waren in den Vorkriegsjahren

---

136 Eine volkstümliche, verspottende Bezeichnung für die Politischen Leiter der NSDAP, die aus der goldbraunen Farbe der Parteiuniform und den roten Kragenspiegeln abgeleitet wurde.
137 Interview Möller.
138 Interview Möller.
139 KgmA Benno, Ordner 9.
140 Interview Weinreich.
141 Die Visitationsberichte aus den Jahren 1936, 1938 und 1940 weisen für die Männer-, Frauen- und Jungmädchen-Vereine der Bennogemeinde weitgehend konstante Mitgliedszahlen aus. Nur bei den Jungmännern halbierte sich, möglicherweise im Zusammenhang mit der Einführung der Dienstpflicht in der Hitlerjugend, die Teilnehmerzahl (KgmA Benno, Ordner 10).
142 Interview Möller.

rund fünfzig Gemeindemitglieder für die „Katholische Aktion" tätig.[143] Zu einem Aufsehen erregenden Zwischenfall sei es in der Kirche anläßlich der Verlesung der Enzyklika „Mit brennender Sorge" im März 1937 gekommen, berichten übereinstimmend mehrere Zeitzeugen. Trotz der Aufforderung der Gestapo an den Pfarrer, die entsprechenden Broschüren sofort abzuliefern, seien diese sogar in der Kirche verteilt worden[144]:

> „Dann standen da plötzlich zehn junge Herren, die alle einen Arm voll Enzykliken hatten. Und die gingen weg wie Semmel. Nun war da einer, der behielt den Hut auf dem Kopf. Das hat uns nicht gefallen. Und der ging ausgerechnet zu dem zweitjüngsten Sohn des ehemaligen Zentrumsvorsitzenden hier von Linden und sagte: ‚Geben Sie mal die Broschüren her.' Der konnte nun wieder nicht hören, der Junge. Und der konnte auch sich nicht bewegen. Der hat dann einfach nur so 'ne Bewegung gemacht. Und dann sind 200 Dinger durch die Gegend geflogen. Und es war kein einziges wiederzufinden. Und nun war da wohl noch ein anderer, der konnte nun wiederum nicht sehen. Ein Schlag auf den Kopf und der Hut saß hier und der Gestapo-Mann war blind. Und dann ist ein anderer aus Barmherzigkeit hingegangen und hat ihm den Hut hochgehoben und hat gesagt: ‚Mensch, den müssen Sie auch in der Kirche abnehmen. Das ist doch hier so üblich.' Ja, dann hat er uns, die so neben waren, mitgenommen in die Sakristei. Hat der Pastor gesagt: ‚Es tut mir leid, ich habe am Altar Dienst getan. Ich kann davon nichts sagen.' Und ein paar andere haben ihm dann auch zugeredet. Der wollte Adressen von uns haben. Haben wir gesagt: ‚Heute ist Sonntag, heute schreiben und lesen wir nicht. Kommen Sie morgen wieder.' Und der Mann ist tatsächlich gemaßregelt von der Gestapo, weil er sich die Dinger hat wegnehmen lassen."[145]

Soweit die sehr blumige und im nachhinein sicher verklärte und ausgeschmückte, in der Sache aber wohl zutreffende Schilderung eines Zeitzeugen. Übereinstimmend wird auch berichtet, daß im intakten Kern dieses vergleichsweise „resistenten" Mikromilieus „Überläufer" zum Nationalsozialismus geschnitten wurden:

> „Mit den paar Nazis, die wir hier gehabt haben, sind wir schnell fertig geworden. Es ist nur einmal bei uns vorgekommen, daß drei Nazis in Uniform in der Kirche gewesen sind. Die haben dann plötzlich in der Bank allein gekniet. Weil man ja an einem Bankende reingehen kann und am anderen Bankende rausgehen kann."[146]

Eine Distanzierung zwischen strenggläubigen Katholiken und fanatischen oder karriereorientierten Nationalsozialisten habe es sogar in der Verwandtschaft gegeben:

---

143 Angaben in den Visitationsberichten 1936, 1938 und 1940, KgmA Benno, Ordner 10.
144 Eine Zeitzeugin aus der Bennogemeinde ist noch heute im Besitz einer solchen damals erhaltenen Broschüre und stellte sie dem Verfasser zur Verfügung.
145 Interview Bettin.
146 Interview Bettin.

„Ich hatte einen Schwager gehabt, der war SA-Mann. In Linden..., da war ihm ein junges Mädchen[147] auf der Treppe begegnet und ein halbes Jahr später waren dieses junge Mädchen und dieser junge Mann verheiratet. Und wie sie schon drei Monate verheiratet waren, da sagte meine Mutter eines Tages zu mir: ‚Du wirst zwar furchtbar wütend sein, aber..., also Otto kann wohl doch in der SA sein.' Naja, er hat dann vierzehn Tage später eine städtische Stellung gekriegt, hat die vierzig Jahre gehalten. Und damit war es aus. Aber zwischen 1933 und 1950 haben wir... wenig miteinander Kontakt gehabt. Aber '52..., '53, als mein Sohn geboren wurde in der zweiten Ehe, da hat sich das dann wieder eingerenkt."[148]

Abgesehen von einigen Karrieremachern, so ein anderer Zeitzeuge, seien die in Linden-Nord wohnenden Arbeiter und kleinen Angestellten nicht Nazis gewesen:

„Es gab so ein paar, wissen Sie,... die wollten was werden, nicht, und sind dann wahrscheinlich auch was geworden, die dann auf einmal ihre völkische Vergangenheit entdeckten... Aber sonst konnte man hier auch, wenn man nicht gerade sich an die große Glocke hing, eigentlich noch leben, ohne daß man unbedingt... Das ist hier so ein bißchen ein anderes Klima gewesen."[149]

In der Bennogemeinde symbolisierten vor allem zwei Pfarrer die distanzierte Haltung vieler Katholiken gegenüber dem Nationalsozialismus. Wilhelm Offenstein[150], als echter „Lindener Junge"[151] aus einfachen Verhältnissen stammend, war hier seit 1928 Gemeindepfarrer. Seit 1923 hatte er sich für die Zentrumspartei als Redner engagiert und war von 1930 bis 1933 Mitglied des Reichstages.[152] Offenstein hatte 1932 entschieden gegen die „Intrigenpolitik der Rechten" Stellung bezogen und den Kurs Brünings verteidigt.[153] In Arbeitsgemeinschaften und Versammlungen habe Offenstein immer wieder darauf hingewiesen, daß die größte Gefahr nicht vom Bolschewismus, sondern vom Nationalsozialismus drohe.[154] Den Nazis galt er als unbequemer Mann und entschiedener Hitlergegner, für die britische Besatzungsmacht stellte er später vom Typus her eine „graue Eminenz" dar.[155] Nach

---

147 Der Zeitzeuge formuliert hier etwas merkwürdig: Bei dem „Mädchen" handelte sich um die Schwester des Interviewten. Erst durch die Eheschließung mit ihr wurde der SA-Mann zum Schwager des Berichtenden.
148 Interview Bettin.
149 Interview Weinreich.
150 Dr. Wilhelm Offenstein (1889–1964), 1909 Abitur in Hannover, anschließend Studium in Freiburg im Breisgau und Rom, dort 1914 zum Priester geweiht und 1911 an der „Gregoriana" zum Dr. der Philosophie, 1915 zum Dr. der Theologie promoviert, im Ersten Weltkrieg Felddivisionspfarrer, 1925–1928 Pfarrer in Wilhelmsburg, 1928–1936 an St. Benno, seit 1936 Generalvikar der Diözese Hildesheim. In der Folgezeit zahlreiche Ehrentitel, u. a. 1943 Ernennung zum päpstlichen Hausprälaten.
151 Interview Möller.
152 BAHi, Personalakte Offenstein.
153 Bericht über die Jahreshauptversammlung des Teilbezirkes 2 der Zentrumspartei Hannover, mit einer Inhaltsangabe der Rede Offensteins, Hannoversche Volkszeitung, 17. 2. 1932.
154 Interview Bettin.
155 Andreas Röpcke, Who's who in Lower Saxony. Ein politisch-biographischer Leitfaden der britischen Besatzungsmacht 1948/49, in: NJBL 55 (1983), S. 293 f.

Zeitzeugenberichten kam die Reserviertheit gegenüber dem Hitlerregime in seinen Predigten auch nach der Machtübernahme deutlich zum Ausdruck. Offene Kritik übte Offenstein allerdings nicht.[156] Im Frühjahr 1936 wurde er als Generalvikar und damit rechte Hand des Bischofs nach Hildesheim berufen, nachdem seine Ernennung zum Leiter eines Predigerseminars und als Domkapitular durch staatliche Einsprüche verhindert worden waren.

Dr. Wilhelm Offenstein (1889–1964), von 1928 bis 1936 Pfarrer der Bennogemeinde

Otto Bank (1900–1983), von 1943 bis 1968 Pfarrer der Bennogemeinde

Otto Bank[157], von September 1943 bis zu seinem Ruhestand im Jahre 1968 Pfarrer in St. Benno, hatte allen Grund, sich in Linden eher unauffällig und vorsichtig zu verhalten. Er war am 17. März 1938 in seiner damaligen Gemeinde in Hildesheim aufgrund einer Denunziation verhaftet und vom Sondergericht Hannover wegen Vergehens gegen das Heimtückegesetz verurteilt worden, da er den „Anschluß" Österreichs kritisiert und die nationalsozialistische Weltanschauung als „großen und gemeinen Schwindel" bezeichnet hatte. In Deutschland, so habe Bank behauptet, dürfe man so wenig seine Meinung sagen wie in der Sowjetunion, nur gehe es hier eben moderner zu.[158] Die gegen ihn verhängte einjährige Gefängnisstrafe verbüßte der katholische Geistliche im Gerichtsgefängnis Hannover. Zwar fiel er unter

---

156 Bericht der Stapo Hannover an den RP, 24. 4. 1936, NHStA Hannover: Hann. 180 e 1, 332 IV.
157 Otto Bank (1900–1983), nach Theologiestudium 1923 Priesterweihe in Hildesheim, anschließend als Kaplan in zwei stadthannoverschen Gemeinden, 1932 bis zu seiner Verhaftung Kompastor an der Hildesheimer St. Godehard-Gemeinde, 1941–1943 Pastor der St. Konrad-Gemeinde in Hannover-Buchholz, 1943–1968 Gemeindepfarrer in St. Benno.
158 Bericht des Oberstaatsanwaltes in Hildesheim über den Stand der Ermittlungen in der Hochverratssache Otto Bank an den Oberreichsanwalt beim Volksgerichtshof, 21. 3. 1938, BDC, Prozeßakten Otto Bank; Abschrift der Anklageschrift des Oberstaatsanwaltes beim Sondergericht Hannover gegen Otto Bank, 6 S Ja 343/38, 14. 6. 1938, BA: RMKiA Nr. 22257; Abschrift des Urteils des Sondergerichtes Hannover gegen Otto Bank, 6 SMs 85/39 vom 19. 7. 1939, BA: RMKiA Nr. 22257.

die bei Kriegsbeginn erlassene Amnestie, blieb aber dennoch bis September 1940 in „Schutzhaft"[159]. Nach der Haftentlassung übernahm er die inzwischen verwaiste Bennogemeinde, hielt sich aber in seinen öffentlichen Äußerungen ebenso zurück wie sein als „ängstlich" charakterisierter Vorgänger.[160]

Aufschlußreich ist, wer nach den Berichten von Zeitzeugen am ehesten anfällig für eine Abkehr von der Kirche und eine Hinwendung zum Nationalsozialismus war. Besonders frisch ist bei mehreren Zeitzeugen die Erinnerung an den Rektor der katholischen Konfessionsschule in der Bennogemeinde, der nach der Machtübernahme schnell die Fahne wechselte, aus dem Kirchenchor und dem Männerverein, später wohl auch aus der Kirche austrat, und als besonderer Scharfmacher aufgetreten sei. So habe er Druck auf die katholischen Schüler ausgeübt, ohne Ausnahme der Hitlerjugend beizutreten, damit seine Schule möglichst als erste die HJ-Fahne erhalten sollte.[161] Unter seiner Leitung seien dann 1937 auch die Kreuze aus den Klassenräumen entfernt und die Schule in eine Gemeinschaftsschule umgewandelt worden.[162] Vor allem Beamte, insbesondere auch einige der katholischen Lehrer, hätten sich eher dem Nationalsozialismus zugewandt als andere Gemeindemitglieder, berichten mehrere Zeitzeugen:

„Die waren ja einem gewissen Zwang ausgesetzt, nicht wahr. Und mußten also praktisch mehr oder weniger... oder wurden sogar gezwungen, Parteigenosse zu werden, nicht wahr, während wir... ich meine, so'n Arbeiter, nicht war... da war das egal."[163]

Selbst strenggläubige Katholiken, die ihre Glaubensgemeinschaft gern als „Bollwerk gegen den Nationalsozialismus"[164] stilisieren, müssen einräumen, daß Teile der Gemeindemitglieder den kirchlichen Anschauungen entfremdet wurden und mit den Nationalsozialisten sympathisierten. So war beispielsweise auch der Küster der Bennogemeinde zu den Nationalsozialisten übergelaufen und schwärzte sogar seinen Pfarrer bei der Schulbehörde an.[165] Auch einer der in St. Benno tätigen Kapläne hatte sich der SA angeschlossen und wurde dementsprechend von vielen Kirchgängern mit Reserve betrachtet. Er habe aber nicht versucht, in der Gemeinde für die Nazis „zu missionieren", deshalb habe man ihm zunächst „Narrenfreiheit"

---

[159] Bischof Machens an Bischof Wienken in Berlin, 31. 8. 1939, sowie Wienken an Machens, 6. 9. 1939, BAHi, Personalakte Otto Bank. Erhalten ist eine Abschrift des Schutzhaftbefehles gegen Otto Bank vom 15. 11. 1938, BAHi, Personalakte Otto Bank.
[160] Von 1936 bis zu seinem Tod im Juli 1943 war Pastor Karl Voß als Seelsorger der Bennogemeinde tätig gewesen. Er hatte sich zwar erfolgreich bemüht, das religiöse Leben zu pflegen, sich politisch allerdings immer sehr stark zurückgehalten. Übereinstimmend charakterisieren mehrere Zeitzeugen Voß als „ängstlichen Typ", der jedem möglichen Konflikt aus dem Wege gegangen sei.
[161] Interviews Grimm und Weinreich.
[162] Interview Weinreich.
[163] Interview Heinrich und Friedrich Grimm.
[164] Interview Schwester Irmentrud.
[165] BAHi, Gemeindeakten St. Benno.

gelassen. Freilich sei er nirgends in der Gemeinde „angekommen" und auch nicht, wie sonst allgemein üblich, Jugendpräses geworden.[166]

In einer besonders rüden Form vollzog ein strammer Nationalsozialist im November 1939 durch einen respektlosen Brief „an den Seelsorger" seinen Abschied aus der Gemeinde:

> „Auf dein obiges Schreiben[167] teile ich Dir mit, daß ich für die Kirche und ihren Einrichtungen keine (sic!) Interesse aufweisen kann. Auch verbitte ich mir in Zukunft die Belästigung durch derartige Briefe. Dann möchte ich Dir nur kurz sagen, daß die Kirche für mich keinen Seelsorger stellen kann, sondern daß dieses bereits genügend von der NSDAP bezw. der Hitler-Jugend gemacht ist, bezw. gemacht wird. Ferner möchte ich Dich darauf aufmerksam machen, daß die Hitlerjugend laut Verfügung der Reichsjugendführung an den Wochentagen Mittwochs und Freitags (sic) ihren Dienstabend abhält. Ebenfalls habe ich meinem Vorgesetzten das Schreiben vorgelegt, da anscheinend in demselben die Aufforderung zum Beten für den Führer absichtlich vergessen ist. Gleichzeitig mit diesem Schreiben erkläre ich meinen Austritt aus der röm.kath.Kirche. Heil Hitler! [Paraphe]"[168]

In der Stabilisierungsphase des Hitlerregimes und den ersten Kriegsjahren wendete sich manches Gemeindemitglied von seiner Kirche ab, wenngleich auch in der Regel nicht so spektakulär wie im eben zitierten Falle. Zwischen 1936 und 1939 sank die Zahl der in der Bennogemeinde erteilten Kommunionen um 8 %, während die Zahl der Kirchenmitglieder durch Zuzug in benachbarte Wohngegenden sogar anwuchs.[169] Ein strenggläubiger Katholik wies im August 1943 in einer Eingabe darauf hin, daß in der Bennogemeinde ein „merklicher Rückgang im kirchlichen Leben" zu verzeichnen sei. Dieser werde dadurch deutlich, „daß an den ersten Feiertagen der Hauptfeste beim Hauptgottesdienst nicht einmal die Bänke besetzt waren".[170]

Insgesamt ergibt sich für die Lindener Arbeitergemeinde St. Benno somit keineswegs ein eindeutiges und harmonisches Bild einer den Zumutungen der Zeit vermeintlich nicht ausgesetzten Nische im System. Die Einschnitte in den Milieuzusammenhang waren empfindlich, die quantitative Schrumpfung der Gemeinde durchaus sichtbar, und die politischen Gegensätze drangen sogar bis ins Pfarrhaus vor. Allerdings konnte sich der in sich konsistente Milieukern bis zu einem gewissen Grad ein Eigenleben bewahren und traditionelle Kommunikationsstrukturen erhalten. Diese Form der Selbstbehauptung war aber verbunden mit einer durch die Nationalsozialisten forcierten und zunehmenden Verdrängung aus der Öffentlichkeit. Sie hatte den Charakter eines Rückzugs. Für das hier untersuchte, vergleichsweise

---

166 Interview Weinreich.
167 Das angesprochene Schriftstück ist nicht überliefert. Vermutlich handelte es sich um die Einladung zu einem Jugendkreis der Gemeinde.
168 KgmA St. Benno, Ordner 23. Die fehlerhafte Schreibweise im Original.
169 Kirchliche Statistik der Bennogemeinde, KgmA Benno, Ordner C. Zahlen für die Jahre bis 1935 liegen leider nicht vor.
170 Eingabe von Hermann C. an Bischof Machens, 4. 8. 1943, BAHi, Gemeindeakten Benno.

„resistente" katholische Mikromilieu ist festzustellen, daß die latent vorhandene Verweigerungshaltung sich nicht im öffentlichen Raum manifestierte, also z. B. im Gottesdienst oder im offiziellen Vereinsleben, sondern in den informell aufrecht erhaltenen Kontaktkreisen der kirchentreuen Katholiken.

So ist es verständlich, daß es längerfristig vor allem zu einer Relativierung der sozio-kulturellen Abgrenzung, zu einem Aufbrechen der traditionellen Milieuabgrenzungen, zu einer Öffnung gegenüber den anderen sozialen Gruppen im Wohnviertel kam. Etliche Lindener Zeitzeugen berichten übereinstimmend, daß es besonders in den Kriegsjahren zu einem Zusammenrücken der bis dato stärker segmentierten Quartiersbevölkerung gekommen sei. Selbstverständlich habe man sich im Chaos des Bombenkrieges ohne Ansehen der Person gegenseitige Hilfe geleistet.[171] Trotz des verbreiteten Denunziantentums[172] wuchs offensichtlich gleichzeitig auch die Solidarität über die traditionellen Milieugrenzen hinweg. In mehreren Fällen berichten Zeitzeugen, wie Katholiken politisch verfolgten oder in Not geratenen Sozialisten oder Kommunisten Hilfe leisteten oder umgekehrt.

Wenn auch manches in den Erinnerungen der Zeitzeugen sicherlich verklärt wird, so spricht doch sehr viel dafür, daß die im Quartier gewachsenen Traditionen und Lebensformen sowie die homogene Sozialstruktur die Grundlage für eine vergleichsweise hohe „Resistenz" sowohl des dominierenden sozialistischen als auch des katholischen Mikromilieus boten. Beispielhaft geschildert wird dieses Klima einer gewissen Distanz zum NS-Regime durch einen Geistlichen, der zuvor in der Südstadt tätig gewesen war und daher die feinen Unterschiede im Vergleich zu einem durch und durch nazifizierten Quartier deutlich spürte:

„Dieser Gegensatz zwischen katholisch und evangelisch, SPD oder Zentrum, Kommunisten. Irgendwie war das auch eine Trennung. Aber doch nicht so, daß man sich nun also gesellschaftlich vollständig geschnitten hätte. Das nicht... Weil man wußte, der ist genauso wie du. Was für mich zum Beispiel ganz interessant war: Als Kaplan von St. Heinrich fahr ich eines Tages zu meinen Eltern nach Linden in der Straßenbahn. Stehe vorne neben dem Fahrer. Zivil, mit Schlips und so weiter. Bei den Nazis gingen wir ja viel zivil. Und der fing auf die Nazis an zu schimpfen. Und da sage ich. Na hören sie mal, haben sie gar keine Angst? Na, das sieht man doch, was sie sind. Wenn sie auch einen Schlips umhaben, daß sie Pastor sind. Da darf ich wohl ehrlich sein."[173]

---

171 Interview Möller.
172 Über Denunziationen als wichtige Grundlage für die Überwachungs- und Verfolgungstätigkeit der Gestapo: Reinhard Mann, Protest und Kontrolle im Dritten Reich. Nationalsozialistische Herrschaft im Alltag einer rheinischen Großstadt, Frankfurt am Main/New York 1987, besonders S. 287- 305; Robert Gellately, Die Gestapo und die deutsche Gesellschaft. Die Durchsetzung der Rassenpolitik 1933–1945, Paderborn u. a. 1993; Klaus-Michael Mallmann/Gerhard Paul, Herrschaft und Alltag. Ein Industrierevier im Dritten Reich, Bonn 1991, S. 229 ff.; Inge Marßolek, Die Denunziantin. Die Geschichte der Helene Schwärzel 1944–1947, Bremen 1993; Gisela Diewald-Kerkmann, Politische Denunziation im NS-Regime oder die kleine Macht der „Volksgenossen", Bonn 1995.
173 Interview Möller.

## 3.3 Opposition in resistenten Milieukernen

### 3.3.1 Das Verweigerungsverhalten eines katholischen Unternehmers: Friedrich Kochheim

Mancherorts entstanden Rückzugsräume, in denen sich Nazigegner den Verhaltensanforderungen des Regimes so weit wie möglich entzogen. Eine solche Nische im System stellte nach 1933 zunächst das „Tänzer-Gruden-Werk" dar. Der katholische Unternehmer Friedrich Kochheim hielt seine Geschäftsbeziehungen mit jüdischen Handelsvertretern aufrecht und bemühte sich, seinen Betrieb von nationalsozialistischen Einflüssen freizuhalten. Als eindrucksvolles Dokument dieser distanzierten Haltung zum NS-Staat ist ein Erinnerungsfoto zum Beginn der „Arbeitsschlacht" im März 1934[174] erhalten. Kein Mitglied der Belegschaft ist in Uniform, keine Hakenkreuzfahne ist zu sehen.

*Ein resistentes Betriebsmilieu ohne NS-Pomp: Belegschaftsversammlung der Firma Tänzer (Inhaber Friedrich Kochheim) anläßlich der Eröffnung der „Arbeitsschlacht" am 21. 3. 1934*

Bald jedoch wurden Maßnahmen ergriffen, um dieses „resistente" Milieu nationalsozialistisch zu durchzusetzen. Rückblickend erinnert sich Kochheim:

---

174 Zu dem in der Presse groß propagierten „Beginn der Arbeitsschlacht" ein ausführlicher Artikel in der NTZ am 21. 3. 1934.

„1934 überfiel man – ich kann es nicht anders bezeichnen – auch meinen Betrieb. Ein ‚Beauftragter' der Partei hielt, ohne vorherige Benachrichtigung an mich, an die Angestellten und Arbeiter meines Werkes... eine Ansprache und man wußte nun, was die Glocke geschlagen hatte."[175]

Durch „anmassende Propagandisten und Acquisiteure", so berichtet Kochheim, seien er als Betriebsführer sowie einige Vorarbeiter, Meister und Büroangestellte 1934 dann gezwungen worden, fördernde Mitglieder der SS zu werden.

„Als man den Betrieb abgegrast hatte, kam man zum Schluß in mein Büro, und zwar ein Vertreter der Arbeitsfront, mein Betriebszellenobmann O. und mein Kassierer B. Ich lehnte das Ansinnen, auch als förderndes Mitglied in die SS aufgenommen zu werden, ab. Man verlangte geradezu erpresserisch von mir einen monatlichen Mindestbeitrag von 300.– RM... B. zeichnete dann ohne meine Zustimmung beim Abschluß der Aufnahmekarten für mich eine monatliche Zahlung von 3.– RM. Gerade diese höhnische, mit Rücksicht auf meine Vermögensverhältnisse herausfordernd niedrige Zahlung wurde mir später bei meinem Gerichtsverfahren insofern zum Verhängnis, weil man gerade ein solches Verhalten für unvereinbar mit einer nationalsozialistischen Einstellung brandmarkte."[176]

In der Folgezeit, so der renitente Unternehmer, habe man sogar Erkundigungen darüber eingezogen, in welcher Höhe er der katholischen Kirche Spenden zukommen lasse, um diese zu seiner Reserviertheit gegenüber der SS in Beziehung zu setzen.

Friedrich Kochheim stand aufgrund seines christlichen Glaubens und seiner von der katholischen Soziallehre geprägten ethischen Vorstellungen dem Nationalsozialismus feindlich gegenüber. Als jüngstes von vier Geschwistern 1891 in Dortmund geboren, wuchs er in bescheidenen Verhältnissen auf. Die Eltern stammten aus westfälischen Tagelöhnerfamilien, hatten aber den Aufstieg in die Mittelschicht geschafft: Sie betrieben eine Bäckerei. Das Familieneinkommen war offensichtlich knapp, und Friedrich Kochheim mußte bereits als Kind im elterlichen Betrieb mit zufassen.[177] Nach dem frühen Tod der Eltern wird er im Haushalt einer älteren, bereits verheirateten Schwester aufgenommen, erhält in einem technischen Büro eine Lehrstelle und absolviert mit gutem Erfolg die Gewerbeschule in Dortmund. Als technischer Mitarbeiter tritt er 1910 in eine hannoversche Eisenbaufirma ein, wird bald Betriebsassistent und schließlich in einem anderen Unternehmen Werksleiter. Aus der 1912 geschlossenen Ehe mit Dorothea Bussmann geht nach einem Jahr eine Tochter hervor. Vier weitere Kinder folgen. Da Friedrich Kochheim wegen seiner Qualifikation von seiner Firma reklamiert wird, dauert für ihn die Soldatenzeit nur wenige Monate. Noch während des Ersten Weltkrieges macht er sich selbständig und läßt in seinen noch bescheidenen Unternehmen nacheinander Flaschenkor-

---

175 Friedrich Kochheim, Bilanz. Erlebnisse und Gedanken, Hannover 1952, S. 5.
176 Aus einer im Rahmen seines Wiedergutmachungsverfahrens abgegebene Stellungnahme Friedrich Kochheims zum Vorwurf der SS-Mitgliedschaft, 11. 9. 1945 (NHStA Hannover: Nds. 110 W Acc. 61/89, Nr. 18).
177 Friedrich Kochheim, Weg und Ziel. Ein Buch vom Wachsen und Reifen, München [1936].

ken, dann Kerzen und schließlich Transportanlagen herstellen. Durch die Zusammenarbeit mit dem Erfinder Hermann Tänzer entsteht „Tänzers Original-Grudeofen-Fabrik GmbH", die mit den von ihr hergestellten Heißluftherden und Haushaltsgeräten seit Mitte der zwanziger Jahre gute geschäftliche Erfolge verzeichnet.[178] Die im Elternhaus erfahrene, besonders von der Mutter praktizierte christliche Erziehung wirkt bei den Kindern nach: Eine Schwester Friedrich Kochheims tritt in einen Orden ein; er selbst nimmt als überzeugter Katholik rege am kirchlichen Leben teil und wird Kirchenvorsteher in der Nordstädter Mariengemeinde. Als angesehene Bürger und vermögende Leute bewohnen die Kochheims ein großzügiges Haus in der Blumenhagenstraße, einem privilegierten Wohnquartier am Georgengarten.

Durch eidesstattliche Versicherungen des Prokuristen und der Sekretärin der Tänzer-Grudeofen-Fabrik ist die dezidierte Oppositionshaltung Kochheims gegenüber den Nazis detailliert belegt. Mindestens viermal wurde er zwischen 1934 und 1939 bei der Gestapo vernommen.[179] Bei der ersten Vorladung ging es um den Kontakt zu seinem Vetter, dem katholischen Pfarrer Bernhard Wüste, der später drei Jahre lang im KZ Dachau inhaftiert wurde.

> „Man verbot mir jede Reise zu ihm, jeden Briefwechsel mit ihm, man schrie mir ins Gesicht, mein Vetter sei ein Verbrecher und Feind der Regierung und man drohte mir, daß ich bei Zuwiderhandlungen mit einer Verhaftung zu rechnen hätte. Ich habe jedoch den Briefwechsel nicht eingestellt und auch meine Reisen nicht aufgegeben."[180]

Mehrfach wurde Kochheim von der Gestapo vorgeladen, weil er in seiner Firma jüdische Vertreter und einen jüdischen Werbeleiter beschäftigte. Standhaft weigerte er sich, diese Geschäftsbeziehungen abzubrechen, bis ihm nach der Pogromnacht vom November 1938 die eigene Verhaftung angedroht wurde und er schließlich einlenkte. In den Augen der Nationalsozialisten war die Firma Tänzer ein Sammelbecken von Staatsfeinden. In mindestens acht Fällen ist namentlich belegt, daß Kochheim Personen beschäftigte, die sich nach Verbüßung von Haftstrafen wegen politischer Delikte regelmäßig polizeilich melden mußten. Vom Arbeitsamt seien sogar mehrfach vorbestrafte „Staatsfeinde" an Tänzer vermittelt worden, da die Einstellung des Firmeninhabers auch dort bekannt gewesen sei. Kochheim selbst habe es bei Betriebsfeiern und -versammlungen „ständig unterlassen, in der sonst üblichen Form Adolf Hitler zu erwähnen." Er habe sich nicht nur in jeder Beziehung von Veranstaltungen der Partei „betont ferngehalten", sondern im Umgang mit den in seiner Firma Beschäftigten und seinen Bekannten sogar öffentlich gegen den Nationalsozialismus Stellung bezogen. „Es handelte sich nicht um irgendwelche gelegentliche Nörgeleien aus irgendeiner Verstimmung, sondern um eine grundsätzliche Einstellung. Herr Kochheim hat auch mehrfach Hirtenbriefe des Bi-

---

178 Kochheim, Weg sowie Von Nofretete bis Tänzer. Ein Streifzug durch vier Jahrtausende, Hannover o.J.
179 Eidesstattliche Versicherung des Prokuristen Wilhelm Morcinek und der Sekretärin Annemarie Bennholz in der Revisionssache Kochheim, Staatsarchiv Wolfenbüttel: 42 B Neu Fb 7 Nr. 1093.
180 Kochheim, Bilanz, S. 8.

schofs von Münster, Herrn Graf von Galen, die gegen den Nationalsozialismus Stellung nahmen, im Betrieb herumgegeben."[181] Die Sekretärin erklärte, ihren Chef verschiedentlich zur Vorsicht gemahnt zu haben, weil dieser sich in seinem Briefwechsel „wiederholt in sehr scharfer Form gegen den Nationalsozialismus wandte".[182]

Auch während des Krieges habe ihr Vater kein Blatt vor den Mund genommen, erinnert sich die Tochter Dorothea Berendes. Aus Ärger über die Verdunkelungsmaßnahmen habe er während eines Fußweges auf der Podbielskistraße laut räsoniert: „Dazu haben sie sich diesen Gefreiten ausgesucht, daß ich hier jetzt im Dunk-

*Friedrich Kochheim*

---

181 Eidesstattliche Versicherung Morcinek, a. a. O.
182 Eidesstattliche Versicherung Bennholz, a. a. O.

len herumstolpere..."[183] Nach unvorsichtigen Äußerungen bei einem Aufenthalt in seinem Landhaus in Rhene (bei Salzgitter) wurde Friedrich Kochheim im August 1942 von seiner Wirtschafterin und seinem Verwalter denunziert und von Gestapo-Beamten der Außenstelle Goslar verhaftet. Nachdem er zweieinhalb Wochen im „SS-Lager 21" in Hallendorf bei Salzgitter inhaftiert war, wurde er in die Untersuchungshaft zuerst nach Braunschweig und bald darauf nach Hannover überstellt. Hier erlaubte man ihm unter Bewachung durch einen Polizeibeamten in seinem Betrieb, der inzwischen in die Rüstungsproduktion einbezogen war, zu arbeiten.

Vom Sondergericht Braunschweig wurde Friedrich Kochheim am 5. März 1943 wegen „staatsfeindlicher Äußerungen" im Sinne des Heimtückegesetzes sowie wegen Verleumdung und „Kriegswirtschaftsverbrechens" zu einer Zuchthausstrafe von insgesamt fünf Jahren verurteilt. Das Gericht sah es als erwiesen an, daß Kochheim wiederholt gegenüber dem Verwalter und der Wirtschafterin seines Hauses in Rhene „seine dem Nationalsozialismus feindliche Einstellung zu erkennen gegeben" habe. Die Verluste an der Ostfront im Winter 1941/42 habe er mit der Bemerkung kommentiert, Hitler sei ein Massenmörder. Wiederholt habe er auch „den Führer und Mitglieder der Reichsregierung" als „Verbrecher" bezeichnet und nach Erhalt eines Feldpostbriefes von seinem Sohn aus Rußland dessen militärische Vorgesetzte als „Hitler-Schweine" beschimpft. Obwohl Kochheim die ihm zur Last gelegten Äußerungen bestritt, sah das Gericht ein Heimtückevergehen als erwiesen an, da die ihn belastenden Zeugenaussagen glaubhaft seien.[184] Nachdem Kochheim sein bei der Gestapo abgelegtes Geständis widerrufen hatte, weil es „unter Druck" und unter Anwendung von Mißhandlungen zustande gekommen sei, wurde er vom Sondergericht zusätzlich wegen Verleumdung des Gestapo-Beamten verurteilt[185], der ihm – nach der Schilderung Kochheims – einen Stiefel derart an den Kopf geworfen hatte, daß er eine klaffende Wunde an der Stirn davontrug.[186] Schließlich wurde als erwiesen angesehen, daß Kochheim unerlaubterweise und über seine Ration als Normalverbraucher hinaus in den Jahren 1939 bis 1941 insgesamt rund 150kg Butter, 50l Sahne, 400l Vollmilch und 2500 Eier aus seinem Landgut in Rhene bezogen und privat verbraucht habe. Die Verteidigung, er habe den Bezug der Lebensmittel als berechtigt angesehen, weil der Betrieb in Rhene ihm ja auch hohe Kosten verursacht habe, wertete das Gericht als besonders „gemeinschaftsschädlich": „Dem Angeklagten geht offenbar jedes Gefühl für die gemeinschaftsgebende und für die Ernährung unseres Volkes in der Kriegszeit entscheidende Bedeutung jedes, auch des kleinsten landwirtschaftlichen Betriebes ab und er setzt sich demgemäß rücksichtslos über die Belange der Gemeinschaft hinweg."[187]

---

183 Interview mit Gerhard Kochheim und Dorothea Berendes, geb. Kochheim.
184 Urteil des Sondergerichtes Braunschweig gegen Friedrich Kochheim vom 5. 3. 1943, 1 Sond. KLs. 14/43, Niedersächsisches Staatsarchiv Wolfenbüttel: 42 B neu Fb 7 Nr. 1093.
185 Urteil des Sondergerichts Braunschweig gegen Friedrich Kochheim vom 5. 3. 1943, 1 Sond. Kls. 39/43, StA Wolfenbüttel: 42 B Neu Fb 7, Nr. 1093.
186 Schilderung des Vorfalles im Brief des Rechtanwaltes Fritz an die Staatsanwaltschaft des Landgerichts Braunschweig, 23. 12. 1949, StA Wolfenbüttel: 42 B Neu Fb 7, Br. 1093.
187 Aus der Urteilsbegründung 1 Sond.KLs 39/43, StA Wolfenbüttel: 42 B Neu Fb 7, Nr. 1093.

Der Verurteilung vor einem solchen „Standgericht der inneren Front"[188] folgte ein mehr als zweijähriger Leidensweg mit mehreren Stationen.[189] Zunächst wurde Kochheim über Haftanstalten in Hannover, Köln und Frankfurt am Main in das Arbeitslager Rollwald (Hessen) eingeliefert, in dem er gut acht Monate, eingesetzt als Abteilungsleiter eines Rüstungsbetriebes, unter erträglichen Bedingungen lebte. Der ältesten Tochter gelang es in dieser Zeit sogar, ihren Vater zu besuchen.[190] Von der Rüstungsinspektion des Wehrkreises Hannover wurde ein Gesuch vorgelegt, Kochheim aus der Haft zu beurlauben, damit er seinen Betrieb wieder führen könne. Die Staatsanwaltschaft beim Sondergericht Braunschweig widersprach dem allerdings sofort, und die Gestapo erklärte, daß sie in diesem Falle Kochheim unverzüglich in „Schutzhaft" nehmen würde. Daraufhin habe die Rüstungsinspektion es „im Interesse von Herrn Kochheim für richtig befunden, den gestellten Urlaubsantrag sofort zurückzuziehen".[191]

Ende 1943 sicherte sich die SS den direkten Zugriff auf den unliebsamen Regimegegner. Nach einem dreiwöchigen Zwischenaufenthalt im Konzentrationslager Buchenwald wurde Kochheim in die Stollen des unterirdischen Rüstungsbetriebes und Konzentrationslagers Dora-Mittelbau geschickt, wo die V 2-Waffe hergestellt wurde. Als „Bürohäftling" arbeitete er tagsüber im oberirdischen Teil des Betriebes, mußte nachts aber in die berüchtigten Stollen zurückkehren. Dort wurden „die Toten... zusammengetragen und bis zum Verbrennen aufgeschichtet. Sie wurden nicht anders behandelt wie irgendwelches, zum Abtransport bestimmtes Material. Niemand wagte dagegen etwas einzuwenden. Die Angst verschloß allen den Mund, gleichviel ob Zivilisten oder Häftlingen", notierte Kochheim in seinen Erinnerungen.[192] Nach vier Wochen wurde er in den Block 9 des oberirdischen Teils des Konzentrationslagers verlegt, da seine Arbeitskraft offensichtlich als wertvoll angesehen wurde. Als das Lager Anfang April 1945 „evakuiert" wurde, gehörte Kochheim zu dem Teil der Häftlinge, der nach Oberösterreich transportiert wurde. In einem von ihm als „Sterbelager" beschriebenen Außenkommando des Konzentrationslagers Mauthausen überstand er die die letzten Wochen bis kurz vor Kriegsende, als er zusammen mit anderen Häftlingen fliehen und sich nach Rhene durchschlagen konnte.[193]

Seinem 1952 veröffentlichten Erlebnisbericht „Bilanz", mit dem er seinen Leidensweg als politisch Verfolgter aufarbeitet, stellte Kochheim einen Auszug aus einer Schrift des französischen Geistlichen Jean Renard voran, der mit ihm zusammen im KZ Dora inhaftiert war. Darin heißt es: „Man kann dem Menschen alles nehmen, aber nicht das, woraus er die Kraft schöpft, die ihm auferlegten Leiden zu ertragen,

---

188 Zu dieser Charakterisierung der Sondergerichte vgl. Ingo Müller, Furchtbare Juristen. Die unbewältigte Vergangenheit unserer Justiz, München 1987, S. 163.
189 Dazu ausführlich: Kochheim, Bilanz, S. 36 ff.
190 Interview Kochheim/Berendes.
191 Vertrauliche Mitteilung des Rechtsanwaltes Bodemann an den für die Firma Kochheim zuständigen Wirtschaftstreuhänder Gramann, 8. 9. 1943 (StA Wolfenbüttel: 42 B Neu Fb 7, Nr. 1093).
192 Kochheim, Bilanz, S. 59.
193 Kochheim, Bilanz, S. 50 ff.

nicht das, woraus er die Stärke nimmt, seine Seele rein zu erhalten, nämlich den Glauben an seinen Schöpfer!"[194] Diese Passage verdeutlicht das Selbstverständnis des gläubigen Katholiken Friedrich Kochheim und stellt die religiöse Überzeugung als die Motivationsbasis für seine Distanz zum Nationalsozialismus heraus.

Beschämend ist die Auseinandersetzung des Nazigegners Kochheim mit der noch in ihren eigenen Verstrickungen befangenen Justiz der Nachkriegszeit. In Ausübung des ihm von der Militärregierung übertragenen Gnadenrechtes (!) erließ der Braunschweiger Generalstaatsanwalt im Februar 1946 dem politisch Verfolgten den Rest seiner noch nicht verbüßten Zuchthausstrafe.[195] Inzwischen offiziell als politisch Verfolgter anerkannt[196], ließ Kochheim durch seine Rechtsanwälte im Dezember 1949 bei der Staatsanwaltschaft des Landgerichtes Braunschweig und im März 1950 beim Oberlandesgericht Braunschweig die Aufhebung des gegen ihn ergangenen Sondergerichtsurteils beantragen. Im Mai 1950 hob das OLG Braunschweig zwar die Verurteilungen wegen Heimtücke und Verleumdung des Gestapo-Beamten auf, wies die Beschwerde im Hinblick auf das „Kriegswirtschaftsverbrechen" jedoch zurück. Auf Grund der seinerzeit vom Sondergericht getroffenen Feststellungen könne die inzwischen durch das Landgericht Braunschweig auf ein Jahr und zehn Monate ermäßigte Gefängnisstrafe „nicht als übermäßig hoch bezeichnet werden, da die vom Antragsteller s. Zt. zusätzlich verbrauchten hochwertigen Lebensmittel sehr erheblich sind und er sich als Teilselbstversorger ohnehin ernährungsmäßig schon wesentlich besser stand als ein Normalverbraucher."[197] Diese Argumentation belegt drastisch, in welchem Maße sich Juristen in der Nachkriegszeit noch selbstverständlich in Denkmustern wie „Volksgemeinschaft" und „Volkschädling" bewegten.

Bisweilen wurde Kochheim nicht wie ein Opfer behandelt, sondern wie ein Täter. Obwohl er erklärte, daß er als Betriebsleiter geradezu erpreßt worden sei, förderndes Mitglied der SS zu werden, und zahlreiche eidesstattliche Erklärungen vorlegen konnte, die anhand konkreter Beispiele seine anti-nazistische Einstellung eindeutig belegten[198], stellte sich der Kreissonderhilfsausschuß im Februar 1951 auf den Standpunkt, sein Anspruch auf Haftentschädigung sei verwirkt, weil nicht nachweisbar sei, daß er die Beitragszahlung an die SS eingestellt habe. Letztendlich wurde sein Antrag auf Wiedergutmachung im Oktober 1952 aber vom Sonderhilfsausschuß für den Regierungsbezirk Hannover abgelehnt, weil das Urteil des Sondergerichtes nicht in allen Punkten Verurteilungen aufgehoben worden war.

---

194 Abbé Jean Renard, Temoignage sur l'Eucharisie en camp de concentration. Zitiert nach: Kochheim, Bilanz, Geleitwort.
195 StA Wolfenbüttel: 42 B neu Fb 7, Nr. 1093.
196 Bescheinigung des Kreissonderhilfsausschusses Hannover vom 20. 12. 1949, StA Wolfenbüttel: 42 B neu Fb 7 Nr. 1093.
197 Beschluß des Oberlandesgerichtes Braunschweig vom 20. 5. 1950, StA Wolfenbüttel: 42 B Neu Fb 7, Nr. 1093.
198 Dies wurde vom Hauptausschuß ehemaliger politischer Häftlinge in der Stadt Hannover am 10. 5. 1946 auch ausdrücklich bestätigt (NHStA Hannover: Nds. 110 W Acc. 61/89, Nr. 18).

### 3.3.2 Opposition und Verfolgung einzelner Geistlicher

In der Dokumentation „Priester unter Hitlers Terror"[199] hat Ulrich von Hehl das Vorgehen von Gestapo, Justiz und NSDAP-Stellen gegen rund 8 000 katholische Pfarrer und Ordensgeistliche in Deutschland zusammengestellt. Erfaßt wurden dabei alle Maßnahmen von Verhören und Verwarnungen bis zur gerichtlichen Verurteilung oder der Ermordung in den Konzentrationslagern. Durch die Sammlung wird belegt, daß während des Dritten Reiches etwa jeder dritte Gemeindepfarrer in Konflikte mit Staat oder Partei geriet. Nach von Hehl wurden über 2 000 deutsche Pfarrer zu Haftstrafen verurteilt, 418 in Konzentrationslager eingewiesen und 110 dort ermordet.

Freilich wäre es ein Fehlschluß, aus diesen eindrucksvollen Zahlen zu folgern, daß die katholische Kirche oder ihre Geistlichen massenhaften Widerstand gegen das Hitlerregime geleistet hätten. Spätestens seit der Pogromnacht vom November 1938 und dem Beginn des Zweiten Weltkrieges war die immer schärfere Verfolgung von Personengruppen, die zwar keinen bewußten Widerstand gegen das Regime leisteten, aber aufgrund ihrer partiellen Verweigerungshaltung als politische Gegner bzw. nicht in die nationalsozialistische „Volksgemeinschaft" eingegliederte „Volksschädlinge" oder „Gemeinschaftsfremde" definiert wurden, ein integraler Bestandteil der sich radikalisierenden nationalsozialistischen Herrschaftspraxis.[200] So wurden beispielsweise auch Bürger, die einzelne Maßnahmen des Regimes kritisierten oder ihnen mißliebige Repräsentanten des Dritten Reiches beschimpften, ebenso wie Jugendliche, die durch Swingtanzen oder die Mitgliedschaft in einer Jugendclique auffällig wurden, als vermeintliche „Staatsfeinde" verfolgt, ohne daß man sie summarisch als Widerstandskämpfer, die auf den Sturz des nationalsozialistischen Systems hingearbeitet hätten, bezeichnen könnte.

Für das Bistum Hildesheim sind bei von Hehl insgesamt 28 Fälle von Verfolgung aufgelistet, davon nur drei mit Bezug zur Stadt Hannover[201]. Auffällig ist, daß mit Ausnahme einer unbedeutenden Region[202] das Bistum Hildesheim reichsweit das relativ geringste Ausmaß an Verfolgungsmaßnahmen aufweist. Während in weiten Teilen West- und Süddeutschlands mindestens jeder zweite katholische Geistlichen von Verfolgungsmaßnahmen betroffen war[203], waren es im Bistum Hildesheim nur 9 % der Seelsorger. Diese relativ geringe Verfolgungsintensität scheint zwei Gründe zu haben: Priester und Kirchenleitung verhielten sich während der nationalsozialistischen Herrschaft generell in den Diasporagebieten recht zurückhaltend, weil

---

199 Ulrich von Hehl, Priester unter Hitlers Terror. Eine biographische und statistische Erhebung, Mainz 1984 (Veröffentlichungen der Kommission für Zeitgeschichte, Reihe A, Band 37).
200 Martin Broszat, Der Staat Hitlers, München 1989, 12. Aufl., S. 380 ff.; Detlev Peukert, Volksgenossen und Gemeinschaftsfremde. Anpassung, Ausmerze und Aufbegehren unter dem Nationalsozialismus, Köln 1982, S. 233 ff.
201 Es handelt sich um die Fälle Beckmann, Guenter und Maxen. Aufgrund des lückenhaften Forschungsstandes wurden also die weiteren unten dokumentierten Vorfälle nicht erfasst.
202 Es handelt sich um das Generalvikariat Branitz in Oberschlesien, wo insgesamt nur 76 Geistliche tätig waren.
203 So in den Diözesen Eichstätt, Augsburg, Würzburg, München, Paderborn, Limburg, Trier, Speyer sowie im Ermland (von Hehl, Priester, Tabelle LXXIII).

sie sich ihrer schwachen und angreifbaren Position bewußt waren. Sie scheinen damit in der zugespitzten Ausnahmesituation ein Verhaltensmuster fortgesetzt zu haben, das sie bereits in „normalen" Zeiten gegenüber einer protestantisch dominierten lokalen Öffentlichkeit entwickelt hatten. Dementsprechend richteten die lokalen Verfolgungsbehörden ihr Hauptaugenmerk wiederum auf die gesellschaftlichen Gruppen, von denen am ehesten eine wirksame Opposition auszugehen schien: die organisierte Arbeiterbewegung, die konsequenten Verfechter der Bekenntnisposition in der evangelischen Kirche sowie die Herrschaftskonflikte im nationalen Lager.

Während des Dritten Reiches bestanden in der Stadt Hannover[204] 14 Pfarrstellen, die aufgrund von Stellenwechseln von insgesamt 24 verschiedenen Pfarrern versorgt wurden. Sie wurden unterstützt von einigen Ordensgeistlichen und rund 20 Kaplänen. Insgesamt versahen mindestens 85 verschiedene katholische Geistliche während der Nazizeit in Hannover zeitweise ihren Dienst.[205] Wenn also im folgenden alle ermittelbaren Konfliktfälle genannt werden, so ist die Zahl derjenigen Geistlichen, die eine Auseinandersetzung mit Staat oder Partei riskierten und sich nicht von vornherein an die Erwartungen der Nationalsozialisten anpaßten, zur Gesamtzahl der in Hannover tätigen katholischen Seelsorger in Beziehung zu setzen. Hierdurch bestätigt sich eindrucksvoll die These Denzlers, daß es in den institutionellen Strukturen der katholischen Kirche nur ganz vereinzelten Widerstand „inmitten allgemeiner Anpassung" gegeben habe.[206] Eine offensiv vertretene politische Oppositionshaltung kann nur bei ganz wenigen der in Hannover tätigen Seelsorger festgestellt werden, und auch diese steckten nach ernstlichen Konflikten zurück. Die meisten Geistlichen mögen dem Nationalsozialismus weltanschaulich und vielleicht auch politisch ablehnend gegenübergestanden haben, durch ihr öffentliches Auftreten demonstrierten sie dies in der Regel nicht. Nahezu alle befragten Zeitzeugen erklären, daß sie in den Predigten ihrer Pfarrer ein weltanschauliches Gegengewicht zum Nationalsozialismus gesehen haben. Offene Kritik aber wurde, jedenfalls in der von vielen als besonders gefährdet erlebten Diasporasituation in Hannover, von der Kanzel aus nicht geäußert. Immer wieder betonen strenggläubige Gemeindeglieder in den Zeitzeugeninterviews auch, daß dieser oder jener Gemeindepfarrer zu große Angst vor den Nationalsozialisten gehabt hätte, um sich öffentlich zu exponieren. In der Rückschau reflektiert ein damaliger Kaplan sein Verhalten folgendermaßen:

„... ich muß ehrlich sagen, ich habe nicht viele Schwierigkeiten gehabt. Weil ich immer sehr vorsichtig war und alles, nach außen jedenfalls, vermieden habe, was unnötig hätte aufmerksam machen können." Und an anderer Stelle: „Ich

---

[204] Inklusive der Herz-Jesu-Gemeinde im Vorort Misburg.
[205] Die Zusammenfassung basiert auf den Gemeindeakten und den Festschriften zu Gemeindejubiläen. Die Hilfsgeistlichen blieben in der Regel nur für wenige Jahre in ihrer ersten Gemeinde, daher ist die Zahl der zwischen 1933 und 1945 in Hannover eingesetzten Kapläne vergleichsweise hoch.
[206] Denzler, Widerstand, S. 141.

meine, ich bin kein Held. Ich hätte machnmal etwas mehr sagen können oder mehr sagen sollen."[207]

Die starke Zurückhaltung vieler Geistlicher spiegelt sich auch in einer politischen Beurteilung der Staatspolizei aus dem Frühjahr 1936 über alle an den hannoverschen Schulen Religionsunterricht erteilenden Geistlichen wider.[208] Bei insgesamt 25 aufgeführten Geistlichen wird fünf Pfarrern (darunter den Gemeindepfarrern von St. Godehard, St. Joseph, St. Bernward und St. Antonius) sowie 15 Kaplänen von der Gestapo ausdrücklich bestätigt, daß sie weder in politischer noch in kirchenpolitischer Hinsicht in Erscheinung getreten seien. Bei einer politischen Begutachtung des in den Schulen durch Geistliche erteilten Religionsunterrichtes lobte ein Schulrat gar einen Kaplan, weil er Beispiele aus dem politischen Leben, wie „SA im Kampfe gegen den Bolschewismus", „Horst Wessel" oder „Verbot politischer Witze" aufgreife und diese „durchaus im Sinne unserer Anschauung" behandele.[209] Aufmerksam machte die Staatspolizei nur auf fünf Geistliche, darunter den früheren Zentrums-Abgeordneten Offenstein, dem aber bescheinigt wurde, daß er seit der Machtübernahme in politischer Hinsicht nicht mehr in Erscheinung getreten sei. Als profilierte weltanschauliche Gegner wurden vor allem Wilhelm Maxen und der an der Clemenskirche wirkende Propst Leupke ausgemacht.

Seit seiner Berufung nach Hannover im März 1932 trat Heinrich Leupke[210] als eindeutiger Gegner der Nationalsozialisten auf. Schon bald wurde er von der NS-Tagespresse als „Zentrums-Probst" (sic) angegriffen, weil er in Kleefeld Schülern, die der Hitlerjugend angehörten, den Ausschluß vom Religionsunterricht angedroht und diese Maßnahme schließlich auch vollzogen hatte. Leupke gehörte in den Augen der Nationalsozialisten zu denjenigen Pfarrern, „denen die Geschäfte ihrer Partei höher stehen als ihr verantwortungsreiches geistliches Amt" und damit, so die NTZ, mißbrauche er den Religionsunterricht. Schließlich hätte Religion mit Politik „nichts zu tun".[211]

Auch nach der Machtübergabe an Hitler hielt sich Leupke, nach den Worten des Bischöflichen Generalvikariats in Hildesheim, der „erste und führende Geistliche der rund 50 000 Katholiken der Stadt Hannover"[212], zunächst mit seiner Kritik nicht zurück. In einem Artikel über die Erlösung der Menschen von der Erbsünde, den Leupke im September 1933 für die Westdeutsche Arbeiterzeitung verfaßt hatte, setzte er sich kritisch mit dem Faschismus auseinander und stellte ihn mit dem überwundenen „Marxismus" als verfehltes „Menschenwerk" auf eine Stufe:

---

207 Interview Möller.
208 Stapo Hannover an den hannoverschen Regierungspräsidenten, 24. 4. 1936, NHStA Hannover: Hann. 180 e 1, 332 IV.
209 Revisionsbericht eines Schulrates der Stadt Hannover an den Regierungspräsidenten, Abteilung für Kirchen und Schulen über Kaplan H., 10. 2. 1936, StdA Hannover: Schulamt 2827.
210 Heinrich Leupke (1871–1952), Studium der Theolgie in Münster und Würzburg, 1897 Priesterweihe in Hildesheim, als Kaplan in Helmstedt, Goslar, Peine und Obernfeld, 1916–1932 Pfarrer in Peine, 1932–1941 Propst an St. Clemens.
211 „Zentrumsskandal in Kleefeld", NTZ, 20. 8. 1932.
212 BGV an den RP, Abteilung Kirchen und Schulen, 9. 10. 1936, BAHi, Personalakte Leupke.

„… Nicht anders wird auch die Welle enden, die sich heute über die Völker zu ergiessen droht im Faschismus. Millionen sind von ihm erfasst und hoffen glücklich zu werden, weil ihnen Befreiung von irdischer Not, Aufstieg, Freiheit, Sieg versprochen wurde. Als ‚Gottgesandte' sehen und verehren Millionen jene Führer, die ihnen dieses bringen wollen. Aber wie der Sozialismus die Menschen bitter enttäuschte, so wird es auch hier sein. Die Natur läßt sich nicht auf die Dauer vergewaltigen. Der harte Zwang läßt sich nicht auf die Dauer ertragen. Die Organisation wird sich selbst totlaufen. Musik und Aufmärsche und Massenkundgebungen und Feste können eine Zeit lang die Menschen berauschen, aber dann kommt die Realität des Lebens und die bittere Erkenntnis, daß auch dieser Weg schliesslich nur zur Beraubung der höchsten Güter der Menschheit führt, zur Knechtung, zur Willkür, zur Brutalität, zur Entfesselung der Leidenschaften, zum Ruin der Völker."[213]

Zwar hatte die katholische Verbandszeitung auf den Abdruck dieses regimekritischen Artikels verzichtet, aber anläßlich einer Durchsuchung bei dem Kölner Schriftleiter des Blattes wurde das von Leupke eingereichte Manuskript gefunden. Der Oberstaatsanwalt beim Sondergericht in Hannover erhob daraufhin aufgrund der Verordnung des Reichspräsidenten zur Abwehr heimtückischer Angriffe gegen die Regierung der nationalen Erhebung Anklage gegen Leupke. Dieser wurde im Januar 1934 vom Sondergericht Hannover zu einer Gefängnisstrafe von zwei Monaten verurteilt, die in eine Geldstrafe von 1200.– RM umgewandelt wurde.[214]

Im August 1934 statuierte die Staatspolizei erneut ein Exempel an dem ranghöchsten katholischen Geistlichen in Hannover. Leupke hatte die Anordnung der Reichsregierung, daß am Sterbetag von Reichspräsident Hindenburg von 20 bis 21 Uhr alle Kirchenglocken zu läuten seien, nicht befolgt. Er rechtfertigte dies damit, daß er diesbezügliche Anordnungen nur von der zuständigen bischöflichen Behörde entgegennehme und aufgrund des Konkordats der Staat in diesem Falle keine Anordnungen treffen könne. Für die Staatspolizei hatte sich Leupke inzwischen als Staatsfeind entlarvt: „Auf Grund seiner hier erfolgten Vernehmung und seines früheren Verhaltens dem heutigen Staat gegenüber muß eine böswillige Handlungsweise angenommen werden… In einem weiteren Falle ist Propst Leupke ebenfalls wegen Verächtlichmachung der Reichsregierung beschuldigt, doch hat die Untersuchung Anhaltspunkte zum Einschreiten gegen L.[eupke] nicht ergeben."[215] Am 9. August 1934 wurde Leupke von der Staatspolizeistelle Hannover „für 48 Stunden" in „Schutzhaft" genommen. Sofort schaltete sich das Bischöfliche Generalvikariat ein und bemühte sich, den Fall tiefer zu hängen. Leupke habe die Anordnung der bischöflichen Behörde zum Trauergeläut für Hindenburg erst verspätet erhalten, im übrigen bedauere man, daß er nicht von sich aus auf die Anordnung der Reichsre-

---

213 Wörtliches Zitat aus dem inkriminierten Artikel, nach der Anklageschrift des Oberstaatsanwaltes beim Sondergericht Hannover gegen Heinrich Leupke, 9. 1. 1934, 6 SJ 943/33, BAHi, Personalakte Leupke.
214 Oberstaatsanwalt beim Sondergericht Hannover an den Bischof von Hildesheim, 23. 1. 1934, BAHi, Personalakte Leupke.
215 Stapo Hannover an Gestapa, 10. 8. 1934, NHStA Hannover: Hann. 180 Hann. II 798, Bl. 323.

gierung reagiert habe. Schließlich seien aber vom 3. August an bis zum Tage der Beisetzung an jedem Abend zwischen 20 und 21 Uhr vorschriftsmäßig die Glocken der Clemenskirche für Hindenburg geläutet worden.[216] Unter Bezugnahme auf eine allgemeine Amnestie, wohl aber auch aus Gründen der Opportunität, wurde Leupke bereits nach 24 Stunden wieder aus der „Schutzhaft" enlassen.

Welche Wirkung diese Demonstration der verfügbaren Machtmittel auf die katholischen Geistlichen Hannovers gehabt hat, läßt sich weder aus den erhaltenen Akten noch aus den Erinnerungen von Zeitzeugen abschätzen. Jedenfalls ist festzustellen, daß es Leupke in den folgenden Jahren offensichtlich nicht mehr gewagt hat, sich öffentlich zu exponieren. Zudem wurde ihm im September 1936 trotz einer Intervention der bischöflichen Behörde vom Regierungspräsidenten die Zulassung zur Erteilung des katholischen Religionsunterrichtes an den Schulen entzogen. Als Begründung wurde angeführt, Leupke biete „leider nicht die Gewähr, daß er sich rückhaltlos hinter den heutigen Staat stellt".[217]

In einem weiteren Fall wurde gegen einen hannoverschen Geistlichen wegen „Heimtücke" ermittelt, ein Gerichtsverfahren allerdings nicht eröffnet. Dem Leiter des hannoverschen Jesuitenhauses, Pater Hermann Grünewald, wurde vorgeworfen, er habe sich in einem Vortrag, den er im Januar 1937 vor etwa 70 bis 80 Frauen in der Herz-Jesu-Kapelle in der Hildesheimer Straße gehalten hatte, staatsfeindlich geäußert. Nach den Aussagen der Denunziantin, einer evangelischen Haushälterin, die dem Vortrag beigewohnt hatte, habe er u. a. wörtlich geäußert: „Wenn ich über die Straße gehe und die Schar der schreienden Mädchen mit verzerrten Gesichtern ihre Rachelieder singen sehe, wende ich mein Gesicht mit Entsetzen und frage mich: ‚Können das christliche Mütter werden?'." Zudem habe er kritisiert, daß die jungen Männer zur „Kühnheit" erzogen würden. Es sei aber vielmehr richtig „wenn der junge Mensch sich demütigt und zerschlagen fühlt".[218] Der Oberstaatsanwalt sah zwar ein Vergehen im Sinne des Heimtückegestzes als gegeben an, erklärte sich aber bereit, kein entsprechendes Verfahren zu eröffnen, sofern eine eindringliche Verwarnung erfolge.

Nachweisbar sind weiterhin eine Reihe kleinerer Konflikte, die für die betroffenen Geistlichen zwar unangenehme, aber keine bedrohlichen Folgen hatten. In drei Fällen ging es um die Fortführung verbotener Formen von Jugendarbeit. Kaplan Aloys Spindeler wurde im Herbst 1940 zu einer Geldstrafe von 500.– RM verurteilt, weil er mit etwa 20 bis 30 Meßdienern der Josephsgemeinde wiederholt geschlossene Wanderungen unternommen hatte, bei denen auch „Fußball- und andere Tummelspiele" unternommen worden seien. Zudem habe er des öfteren im Kreise der Meßdiener Schießübungen mit Luftgewehren durchgeführt und diese als Wettkampf organisiert. Mit seiner auf Abenteuer und Erlebnis angelegten Jugendarbeit war Spindeler in eine Domäne der Hitlerjugend eingedrungen, was juristisch einen Verstoß

---

216 Bischof Machens an den Reichsinnenminister, 9. 8. 1934, BAHi, Personalakte Leupke.
217 RP, Abteilung für Kirchen und Schulen, an das BGV, 30. 9. 1936, sowie Generalvikariat an RP, 9. 10. 1936, BAHi, Personalakte Leupke.
218 Oberstaatsanwalt beim Sondergericht Hannover an das Reichsinnenministerium, 10. 3. 1937, BA: RMKiA Nr. 22256, Bl. 243 f.

gegen das Betätigungsverbot für konfessionelle Jugendverbände bedeutete. Als Beteiligter, aber nicht Initiator der verbotenen Jugendarbeit wurde der ebenfalls an der Josephsgemeinde tätige Kaplan Theodor Burchard zu 250.- RM Geldstrafe verurteilt.[219] Pater Hermann Herzig hatte mit Mitgliedern des Jungmännervereins der Antoniusgemeinde mehrfach Tischtennis gespielt und erhielt daraufhin einen Strafbefehl, weil er durch diese sportliche Betätigung in der Jugendarbeit – in den Augen der Verfolgungsorgane – „fortgesetzt den von den obersten Landesbehörden und den ihnen nachgeordneten Behörden zur Durchführung der Verordnung des Reichspräsidenten zum Schutz von Volk und Staat vom 28. Februar 1933... erlassenen Anordnungen... zuwidergehandelt" habe.[220] Herzig legte Widerspruch gegen die verhängte Geldstrafe in Höhe von 250.- RM ein. Das Verfahren wurde schließlich aufgrund des Amnestiererlasses vom September 1939 eingestellt.

Ähnlich banal waren auch die wegen Verstößen gegen das Sammlungsgesetz erhobenen Vorwürfe. Kaplan Josef Winter wollte anläßlich des 40jährigen Dienstjubiläums von Propst Leupke diesem ein Geschenk der Clemensgemeinde überreichen und hatte dafür einige ausgewählte Gemeindeglieder um eine Spende gebeten. Deswegen erhielt er zunächst einen Strafbefehl in Höhe von 400.- RM. Aufgrund des Straffreiheitsgesetzes vom 30. April 1938 wurde das Verfahren später jedoch eingestellt.[221] Der bereits erwähnte Pater Herzig wurde zu einer Geldstrafe von 30.- RM verurteilt, weil er in einer öffentlichen Veranstaltung der Antoniusgemeinde zu einer nicht genehmigten Sammlung aufgerufen hatte.[222] Schließlich wurde Pfarrer Joseph Ludewig[223], in den Augen des Oberstaatsanwaltes beim Sondergericht Hannover ein „eifriger Förderer der Katholischen Aktion", mehrmals beschuldigt, gegen das Sammlungsgesetz verstoßen zu haben. Zunächst wurde 1935 das Verfahren gegen eine Zahlung von 80.- RM an die NSV eingestellt, beim zweiten Konflikt wurde Ludewig zu einer Geldstrafe verurteilt, das Verfahren aber später aufgrund der Amnestie vom April 1938 eingestellt. Anlaß für das Tätigwerden der Staatsanwaltschaft war die Kassierung von Beiträgen im Rahmen der von Ludewig gegründeten „Männer-Sodalität" gewesen, einer losen Männervereinigung zum Zwecke der Weiterbildung und Vervollkommnung auf religiösem Gebiet.[224]

Wegen Devisenvergehens wurde 1935 der hannoversche Ordensgeistliche Pater Wendelin, mit bürgerlichem Namen Josef Günther, zusammen mit zwei weiteren Franziskanermönchen vor dem Berliner Schöffengericht angeklagt. Man warf ihnen vor, Ordensgelder unrechtmäßigerweiser nach Holland transferiert zu haben. Während die beiden Hauptangeklagten zu vier Jahren Zuchthaus bzw. einem Jahr

---

219 Amtsgericht Hannover an Spindeler, 31. 10. 1940, BA: RMKiA Nr. 22257.
220 BA: RMKiA Nr. 22257.
221 BA: RMKiA Nr. 22256 sowie BAHi, Personalakte Winter. Vgl. auch Engfer, Bistum, S. 506.
222 BA: RMKiA, Nr. 22256, fol. 338.
223 Joseph Ludewig (1884–1955), Theologiestudium in Münster, 1908 Priesterweihe in Hildesheim, als Kaplan in Goslar, Hannover und Sarstedt, 1929–1941 Pfarrer an der hannoverschen Elisabethkirche (im Zooviertel), seit 1941 als Nachfolger von Leupke Propst an St. Clemens; 1913–1933 Mitglied der Zentrumspartei.
224 BA: RMKiA Nr. 22256, Bl. 293 ff.

Gefängnis verurteilt wurden, blieb Pater Wendelin wegen seiner nur geringen Beteiligung an dem Vergehen aufgrund einer Amnestie straffrei.[225]

Im Dezember 1935 waren gegen den an der Marienkirche wirkenden Dr. Wilhelm Maxen und seinen Kaplan Franz Frese Sondergerichtsverfahren wegen Kanzelmißbrauchs eingeleitet worden, die später jedoch eingestellt wurden. Die Staatspolizei charakterisierte Maxen in diesem Zusammenhang als „fanatischen Zentrumsmann" und berichtete, er sei auch nach der Machtübernahme durch die Nationalsozialisten weiter rege im Sinne des politischen Katholizismus tätig geblieben.[226] Auch der Pfarrer der Lindener Godehardigemeinde, Aloys Beckmann, scheint dreimal von der Gestapo vorgeladen und verhört worden zu sein.[227]

Die hier aufgezählten Konflikte bestätigen, daß viele Pfarrer dem Nationalsozialismus zwar weltanschaulich distanziert gegenübergestanden haben und sich punktuell auch dem Totalitätsanspruch der Nationalsozialisten verweigerten, eine in der Öffentlichkeit sichtbare Demonstration ihrer oppositionellen Haltung aber scheuten. Auf der anderen Seite gingen die Verfolgungsbehörden bisweilen schon bei nichtigen Anlässen gegen politisch verdächtige Geistliche vor, taten dies aber zumindest in Hannover in aller Regel in einer sehr moderaten Weise und eher mir präventivem Charakter. Vor diesem Hintergrund darf das Schicksal des einzigen Blutopfers des hannoverschen Katholizismus nicht unerwähnt bleiben, auch wenn es sich nicht aus Vorgängen in der Stadt Hannover ergeben hat.

Als Seelsorger seiner Harzer Gemeinde geriet der aus Hannover stammende Pfarrer Christoph Hackethal in die Mühlen der Verfolgungsorgane und wurde im August 1942 im Konzentrationslager Dachau ermordet. Hackethal entstammt einer wohlsituierten, streng katholischen Bürgerfamilie der Nordstadt. Nach dem Theologiestudium in Münster wird er 1923 in Hildesheim zum Priester geweiht. Von 1924 bis 1928 ist er als Kaplan in der hannoverschen Elisabethgemeinde tätig. 1934 wird er auf die Pfarrstelle in Bündheim berufen, von der aus er auch die Katholiken in Bad Harzburg, Oker und Braunlage zu versorgen hat. Von Beamten der Gestapo-Außenstelle Bad Harzburg wird er 1936 verhört, weil er in einem Privathaus in Oker Gottesdienst gehalten hat. 1940 legt man ihm zur Last, verbotenerweise polnischen Fremdarbeitern und Deutschen in einem gemeinsamen Gottesdienst die Kommunion gereicht zu haben.[228] Am 18. April 1941 wird er in seinem Pfarrhaus in Bündheim von der Gestapo verhaftet. Aufgrund einer Denunziation wirft man ihm „staatsabträgliches Verhalten und defaitistische Äußerungen" vor. „In einem Privatgespräch hatte er un-

---

225 Prozeßbericht dazu in der NTZ, 18. 11. 1935.
226 Stapo Hannover an den RP, 24. 4. 1936, NHStA Hannover: Hann. 180 e 1, 332 IV. Die aufgrund einer Anzeige gegen Maxen und Frese aufgenommenen Ermittlungen werden (ohne Namensnennung) auch in einem monatlichen Lagebericht der Stapostelle (an das Gestapa, 6. 1. 1936) erwähnt (Mlynek, Gestapo, S. 480).
227 Festschrift zum 100jährigen Bestehen der St. Godehard-Gemeinde 1874–1974, Hannover-Linden 1974, S. 20.
228 Zum Lebenslauf und zur Verfolgung durch die Gestapo: BAHi, Personalakte Hackethal sowie Engfer, Bistum, S. 546–550. Zudem ein Artikel von Dieter Tasch, „Man muß täglich neu sein Bestes geben". Das Leben und Sterben des hannoverschen Pfarrers Christoph Hackethal, HAZ 24. 12. 1987.

vorsichtigerweise gesagt: der Krieg könne bei langer Dauer auch verloren gehen. Diese Äußerung wurde weitergetragen, kam einem SS-Mann zu Ohren, es erfolgte Anzeige und Christoph Hackethal war in den Händen der Gestapo."[229]

Rund drei Monate wird Hackethal im SS-Lager Hallendorf festgehalten. Auf Nachfrage erhält das Bischöfliche Generalvikariat von der Braunschweiger Staatspolizeistelle die hinhaltende Antwort, „daß er nach wenigen Tagen freigelassen würde, bei einer Gerichtsverhandlung dagegen sicherlich zu einigen Monaten Gefängnis hätte verurteilt werden müssen."[230] Statt freizukommen wird Hackethal Ende Juli von der Gestapo in das Konzentrationslager Dachau transportiert, wo er in den ausschließlich mit Priestern besetzten Block 26 eingewiesen wird. Obwohl der Berliner Bischof Wienken mehrfach persönlich im Reichssicherheitshauptamt vorstellig wird, können die kirchlichen Stellen eine Freilassung nicht erreichen. Eingaben der Familie, die anführt, daß ihr Sohn „stets in Treue voll und ganz zum Führer und Vaterland gestanden und dies auch stets bei jeder sich bietenden Gelegenheit offen bekannt hat"[231], werden abgewiesen, die „Schutzhaft" offensichtlich immer wieder verlängert. Seit Frühjahr 1942 werden die inhaftierten Priester aus dem Block 26 zur schweren Arbeit auf der „Plantage" im Dachauer Moor eingeteilt. Ein Mitgefangener berichtet über das Sterben des „feinnervigen" und künstlerisch empfindenden Christoph Hackethal: „Körperlich war er dem Lager nicht gewachsen. Eines Tages kam das Fieber, damit war er reif für das Revier. Lungenentzündung! Er hatte keine Widerstandskraft mehr."[232] Am 25. August 1942 stirbt Pfarrer Hackethal im Krankenblock des Konzentrationslagers Dachau. „Was den Eltern als angebliche Asche ihres Sohnes ausgeliefert wurde, wurde unter großer Anteilnahme der Bevölkerung beigesetzt. Die Marienkirche war überfüllt. Viele geistliche Mitbrüder erwiesen ihm die letzte Ehre. Da ein Leichenkondukt zum Friedhof verboten war, gingen die Freunde des Toten in grossen Scharen auf den Bürgersteigen zum Strangrieder Friedhof."[233]

Zusammenfassend muß noch einmal betont werden, daß es politischen Widerstand, der auf den Sturz der nationalsozialistischen Herrschaft hingearbeitet hätte, in den Reihen der katholischen Geistlichen Hannovers nicht gegeben hat. Weit verbreitet war eine zwar in der Regel nur widerwillig, aber letztlich eben doch vollzogene Anpassung an die von Staat und Partei geforderten Verhaltensnormen. Einige wenige Seelsorger machten aus ihrer oppositionellen Haltung zu einzelnen Maßnahmen des Staates keinen Hehl. Sie wurden unter den Bedingungen einer in Hannover sehr moderaten Überwachung der kirchlichen Oppositionsbestrebungen kaum behelligt, da ihre punktuelle Verweigerungshaltung den prinzipiellen Konsens mit dem nationalsozialistischen Staat noch nicht ernstlich tangierte. Auffällig ist, daß die drei gra-

---

229 Ein zum 25jährigen Todestag von Pfarrer Jäger, einem Mitgefangenen in Dachau, verfaßter Artikel [1977], BAHi: Personalakte Hackethal.
230 BGV (gez. Offenstein) an das RSHA, 26. 9. 1941, BAHi, Personalakte Hackethal.
231 Abschrift einer Eingabe von Carl Hackethal an das RSHA, 26. 9. 1941, sowie Familie Hackethal an Bischof Machens, 4. 11. 1941, BAHi, Personalakte Hackethal.
232 Pfarrer Jäger, Zeitungsartikel zum zehnjährigen Todestag Hackethals [1952], BAHi, Personalakten Hackethal.
233 Bericht Jäger [1977].

vierendsten Fälle von Verfolgung (Hackethal, Kochheim, Bank) ihren Ausgangspunkt außerhalb Hannovers hatten. Offensichtlich griffen die Stapostelle Hildesheim und die Außenstellen der Stapo Braunschweig, zu deren Zuständigkeitsbereichen auch katholisch geprägte Gebiete gehörten, wesentlich schärfer gegen oppositionelle Bestrebungen aus katholischen Kreisen durch als die in konfessionellen Fragen sehr gemäßigt agierende hannoversche Staatspolizeileitstelle.

### 3.3.3 Ansätze politischer Opposition: der Kreis um Bernhard Pfad

Der 1885 in Heiligenstadt (Eichsfeld) geborene Dr. Bernhard Pfad war bereits in der Weimarer Zeit „einer der führenden Katholiken Hannovers".[234] Nach Studium in München, Wien, Berlin und Halle wurde Pfad 1914 als Rechtsanwalt und seit 1920 auch als Notar in Hannover tätig. Bereits in den Jahren der Republik war er in katholischen Kreisen bei Rechtsstreitigkeiten gern in Anspruch genommen worden. Als örtlicher Vorsitzender der Zentrumspartei, Mitglied ihres Reichsparteiausschusses sowie als Abgeordneter im Provinziallandtag war Pfad auf der lokalpolitischen Bühne eine prominente Persönlichkeit. Seit 1933 leistete er von den Nazis gemaßregelten oder verfolgten Katholiken häufig Rechtsbeistand. Pfad selbst wurde von der Gestapo dreimal verhaftet, im Jahre 1935 für zwei, 1937 für vier Tage und zuletzt im Zusammenhang mit der „Aktion Gewitter", als er auf Anordnung des Sicherheitsdienstes der SS vom 22. August bis zum 15. September 1944 im Polizei-Ersatzgefängnis Ahlem[235] festgehalten wurde.[236] Die Nationalsozialisten sahen in ihm einen typischen Vertreter des von ihnen bekämpften Politischen Katholizismus und stuften ihn daher als „politisch unzuverlässig" ein.

Tatsächlich hatte sich Pfad zusammen mit einigen politischen Freunden in den letzten Kriegsjahren den informell gebildeten Oppositionszirkeln um den Sozialdemokraten und früheren Gewerkschaftsfunktionär Albin Karl angeschlossen. Dieses Netz konspirativer Gruppen[237] war zwar von Anhängern der sozialistischen Arbeiterbewegung dominiert, umfaßte aber auch Vertreter des liberalen und konservativen Bürgertums. Man leistete selbst keinen aktiven Widerstand, traf aber Vorbereitungen für einen gesellschaftlichen Neuanfang nach der Befreiung vom Faschismus.

---

234 Interview Dahlen; ähnliche Äußerungen bei zahlreichen Zeitzeugen. Zur Biographie: NHK, 15. 1. 1946.
235 Zur Ahlemer Außenstelle der Gestapo: Herbert Obenaus, „Sei stille, sonst kommst Du nach Ahlem!" Zur Funktion der Gestapostelle in der ehemaligen Israelitischen Gartenbauschule von Ahlem (1943–1945), in: Hann.Gbll. NF 41 (1987), S. 301–327.
236 Hinweise hierzu in der Wiedergutmachungsakte Pfad, NHStA Hannover: Nds. 110 W Acc. 61/89, Nr. 23. Pfad scheint in der Gestapostelle Ahlem besser behandelt worden zu sein als die wegen ihrer früheren Tätigkeit in der Arbeiterbewegung Mitgefangenen oder die besonders brutal behandelten ausländischen Häftlinge. Nach dem Bericht eines Zeitzeugen wurde Pfad in einer Einzelzelle im sonst unbesetzten Dachgeschoß festgehalten (Obenaus, Ahlem, S. 310 f.). Er scheint zudem der einzige der politischen Gefangenen („Aktion Gewitter") gewesen zu sein, der nicht von Ahlem aus in das Konzentrationslager Neuengamme eingeliefert wurde.
237 Albin Karl selbst spricht von der „hannoverschen Untergrundbewegung" (vgl. hierzu: Schröder, Ausschuß). Diese Kennzeichnung wird hier nicht übernommen, weil sie die falsche Assoziation einer aktiv und bewaffnet das NS-Regime bekämpfenden Widerstandsgruppe, wie etwa der französischen Résistance, weckt.

## 4. Kriegserfahrung und Neubeginn

Trotz gravierender Unterschiede der gesellschaftspolitischen Traditionen und des sozio-kulturellen Hintergrundes der beiden großen Kirchen war die Haltung der katholischen Kirchenführung im Dritten Reich ähnlich wie die der evanglisch-lutherischen Landeskirche. Man wehrte sich auf kirchenpolitischem Gebiet vehement gegen den nationalsozialistischen Totalitätsanspruch, stellte allerdings die politische Loyalität zur staatlichen Obrigkeit nie ernsthaft in Frage. Der weltanschaulich motivierten Distanz zum Regime fehlte jegliche politische Perspektive. Mit den Worten von Christel Beilmann: „Wer die Notwendigkeit von Widerstand nicht denkt, weil er selbst hierarchische Obrigkeit ist, formuliert Widerstand nicht, und er organisiert ihn auch nicht."[1]

Besonders deutlich wird dies in der Einschätzung des Krieges, der nicht als Folge nationalsozialistischer Gewaltpolitik, sondern als über das Vaterland hereingebrochenes Verhängnis interpretiert wurde. Die Position des katholischen Klerus unterschied sich in keiner Weise von der Haltung der evangelischen Geistlichen, die einerseits als Bekenntnispfarrer mutig für die Glaubensfreiheit eintreten konnten, andererseits von sich selbst und von ihren Gemeinden aber den rückhaltlosen Kriegsdienst für das Vaterland erwarteten. Insofern ist die Aufforderung des Hildesheimer Bischofs Machens an die ihm unterstellten Seelsorger, angesichts des Krieges alles zu vermeiden, „was als Störung der Einheit und Schwächung der Volkskraft durch uns erscheinen könnte"[2] Ausdruck einer in nahezu allen Bevölkerungskreisen vollzogenen Trennung von nationalsozialistischer Weltanschauung und nationalen Kriegserfordernissen. In Machens Stellungnahme werden der defensive Charakter der katholischen Selbstbehauptung und die Trennung von Kirchenpolitik und staatlicher Herrschaftspraxis geradezu exemplarisch formuliert:

„Es geht z. B. nicht an, die Nöte der Zeit zu schildern, um sie zu bejammern, statt zu kraftvoller, christlicher Überwindung des Leidens anzuleiten. Es geht nicht an, den Krieg als Zorngericht Gottes über Deutschland darzustellen statt darin eine Heimsuchung und Prüfung Gottes für die gesamte Menschheit zu sehen, aus der wir geläutert hervorgehen sollen. Es geht nicht an, behördliche Maßnahmen zu bemängeln, statt einfach die katholischen Lehren klar und siegreich vorzutragen. Auch manches, was vielleicht zu anderer Zeit keinen Anstoß erregte, muß jetzt bei veränderten Zeitverhältnissen ungesagt bleiben."[3]

---

1 Beilmann, Eine Jugend im katholischen MIlieu, S. 63.
2 Rundschreiben von Bischof Machens an die Geistlichen seiner Diözese, 7. 2. 1940, KgmA St. Marien, Ordner 43.
3 Ebenda.

Eine Folge dieser apolitischen Haltung war ein Anhalten der politisch-moralischen Desorientierung nach der Beseitigung des Hitlerregimes. Das Kriegsende wurde auch von vielen gläubigen Katholiken nicht als Befreiung vom Faschismus, sondern als Zusammenbruch Deutschlands erlebt. Ein Geistlicher erinnert sich:

> „Der Krieg, das war eine andere Sache. Da geht es nicht um die Nazis, da geht es um unser Land. Und da setzten sie [die Katholiken der Bennogemeinde, Anm. d.Vf.] sich für ein. Aber schon sehr bald kam doch in diesen Kreisen mehr die Resignation. Das kann nicht gut gehen. Es gab sicher auch da noch Leute, die bis ans Ende geglaubt haben, die gehofft haben... Was mich nur tief erschüttert hat...: Als die Amerikaner einrückten... da war die ganze Nacht ja noch gekämpft worden hier in Ahlem. Artilleriebeschuß. Und wir hörten das also morgens. Wir haben ja die ganze Nacht im Keller gesessen, damals im Josephs-Stift... Dann hörten wir, daß da geschossen wurde. Sollten auch Tote sein. Der Pfarrer und ich gleich rausgegangen, Richtung Limmer. Und da zogen an uns die ganzen amerikanischen Panzer vorbei. Die Leute standen an den Straßen, jubelten und schmissen Blumen. Das habe ich nicht verstanden. Ich habe gesagt, ich verstehe, daß ihr euch freut. Aber die haben heute nacht eure Jungs totgeschossen. 27 Gefallene. Nein, das verstehe ich nicht. ‚Hauptsache, wir sind jetzt frei'. Ich meine, wir waren doch alle froh, das der Spuk vorbei war."[4]

Die sich aus der politischen Desorientierung ergebende Zwiespältigkeit der Gefühle erklärt, wieso es auch in der Bennogemeinde, einem Mikromilieu, in dem man dem Hitlerregime eher distanziert gegenüberstand, rasch zu einer Verkehrung der Fronten kam. Von einzelnen wurden wahllos „Persilscheine" ausgestellt und die Inhaftierung belasteter Nazis – immerhin handelte es sich ja um „deutsche Männer"[5] – durch die Besatzungsmacht als menschliche Härte bedauert. Eine politische Analyse der Faschismuserfahrung, aus der sich eine Neubesinnung hätte ergeben können, fand nicht statt. Vor dem Erfahrungshintergrund ihrer damaligen Tätigkeit als Jugendleiterin betont Christel Beilmann, man habe 1945 „weitergemacht mit dem gleichen Rüstzeug, mit unerschüttert gebliebenem Glauben, mit unseren überkommenen Wertvorstellungen, mit unserer Alles-hat-einen-Sinn-Gewißheit, unserer Selbsteinschätzung, zu Hohem berufen zu sein als Katholiken und als Deutsche."[6]

Die ähnliche Position der katholischen und evangelischen Kirchenführung gegenüber dem Hitlerregime sowie der gemeinsam erlittene Druck der NS-Maßnahmen führte auch an das Basis zu einem Zusammenrücken der Konfessionen. Etliche Zeitzeugen betonen, daß die vorher im Alltagsleben recht rigide Trennung von katholischen und protestantischen Quartiersbewohnern durch Nazizeit und Krieg in starkem Maße relativiert worden sei. Ausdruck dieser Entwicklung war unter ande-

---

4 Interview Möller.
5 So wörtlich in einem Interview. Ähnliche Hinweise auch in den Erinnerungen weiterer Zeitzeugen.
6 Beilmann, Eine Jugend im katholischen Milieu, S. 72. Vgl. auch die kommentierten Materialien in: dies., Eine katholische Jugend in Gottes und dem Dritten Reich.

rem, daß sich während des Krieges erstmalig katholische und evangelische Geistlichen in einem gemeinsamen Arbeitskreis zusammenfanden.⁷

Auch auf politischer Ebene kam es zu strukturellen Veränderungen. Nach der Befreiung vom Faschismus wurde Bernhard Pfad als Vertreter des Zentrums Mitglied im neugebildeten Ausschuß für Wiederaufbau, der zunächst die Reorganisation des öffentlichen Lebens in Hannover in die Hand nahm. Von den tonangebenden Sozialdemokraten wurde er aufgrund seiner Haltung gegenüber dem NS-Regime akzeptiert. Der spätere niedersächsische Innenminister Otto Bennemann bezeichnete ihn als „linken" bzw. „fortschrittlichen Katholiken und zuverlässigen Anti-Nazi"⁸ und attestierte ihm im Juli 1945, in einem Ausschuß zur Reinigung der Justiz von belasteten Nazis gute Arbeit geleistet zu haben. Pfad habe „die Enteignung der Nazis und das Verstopfen von allen Hintertüren zur Verschiebung der Nazivermögen" befürwortet und trete auch für „die Entfernung von Nazis aus guten Wohnungen zugunsten ausgebombter Anti-Nazis" ein.⁹ Freilich repräsentierte der aktive Nazigegner Pfad damit sicherlich keinen allgemein im katholischen Milieu verbreiteten Bewußtseinsstand.

Nach einer Zeit des Schwankens entschied sich Pfad im Herbst 1945 gemeinsam mit seiner politisch ebenfalls aktiven Ehefrau, Dr. Martha Pfad, für ein Engagement in der neu gebildeten und überkonfessionell angelegten Christlich-Demokratischen Union (CDU) und damit gegen die alte Zentrumspartei. In seinem Haus wurden die ersten konkreten Gespräche mit lokalen evangelischen Repräsentanten, vor allem Fratzscher und Cillien, geführt.¹⁰ Im November 1945 wurde Pfad zum Vorsitzenden des Landesverbandes Hannover der CDU gewählt.¹¹ In Hannover stießen mit Storch und Wellmann aus den Reihen der Christlichen Gewerkschaften, mit dem Ehepaar Pfad und einigen weiteren lokalen Zentrumspolitikern¹² die führenden Vertreter des Politischen Katholizismus der Weimarer Zeit nach 1945 zur CDU. Pfad erklärte im Januar 1946, daß die alten Parteigrenzen überholt seien und der konfessionelle Hader auf politischem Gebiet auszuschalten sei. In einem Zeitungsartikel faßte er aus seiner Sicht die Erfahrung des Faschismus wie folgt zusammen:

„Überzeugt davon, daß die Hitler-Herrschaft und der letzte große Krieg nur möglich waren, weil das deutsche Volk bis in die christlichen Kreise hinein von Christus und seiner Lehre abgewichen war, nehmen wir aber doch für die posi-

---

7 Interview Möller.
8 Berichte Otto Bennemanns an Willi Eichler vom 15. 6. 1945 und vom 27. 7. 1945 (Archiv der sozialen Demokratie: IJB/ISK, Box 57 und 58).
9 Bericht vom 27. 7. 1945, Archiv der sozialen Demokratie: IJB/ISK, Box 58.
10 Arnold Fratzscher, Die CDU in Niedersachsen. Demokratie der ersten Stunde, Hannover 1971, S. 14 ff.
11 Fratzscher, CDU, S. 21.
12 Dem fünfköpfigen vorläufigen Vorstand der hannoverschen Ortsgruppe der CDU gehörten neben Bernhard Pfad auch der Techniker Franz Blume und der Mechaniker Wilhelm Argendorf an, beide Lindener Katholiken, die 1933 bereits auf den Listen des Zentrums kandidiert hatten (StdA Hannover: HR II M 131).

tiv Christlichen in Anspruch, daß sie im Nazi-Deutschland größte Opfer gebracht und zur Überwindung des Nazismus entscheidend beigetragen haben."[13]

---

13 Artikel Pfads über die „Christlich-Demokratische Union", NHK, 15. 1. 1946.

## 5. Die katholische Minderheit in Hannover 1933–1945: ein „resistentes" Milieu?

Die Analyse des Verhaltens der katholischer Bevölkerung gegenüber dem Nationalsozialismus auf der Ebene von quartiersmäßig strukturierten Mikromilieus hat gezeigt, daß eine eindeutige und einheitliche Antwort auf die Frage nach der viel beschworenen „Resistenz" des katholischen Sozialmilieus gegenüber dem Nationalsozialismus nicht gegeben werden kann. Bereits in den einzelnen Wohnvierteln einer Großstadt wurde das Alltagsleben der Bewohner durch signifikante Unterschiede des politischen Klimas beeinflußt und selbst innerhalb von einzelnen Kirchengemeinden gab es eine erhebliche Spannbreite des Verhaltens.

Ausgehend vom Bewußtsein des weltanschaulichen Gegensatzes zwischen Katholizismus und Nationalsozialismus, das trotz der seit 1933 konzilianten Haltung der Kirchenführer gegenüber dem NS-Regime von vielen Geistlichen den Gemeinden weiterhin vermittelt wurde, wahrten vor allem katholische Arbeiterkreise eine gewisse Distanz zum Nationalsozialismus. Wichtige Voraussetzungen für eine solche relative „Resistenz" auch gegenüber dem an die Macht gekommenen Nationalsozialismus waren allerdings gewachsene kirchliche Strukturen mit einem entfalteten Kommunikationszusammenhang und eine gewisse soziale Stabilität im Wohnquartier. Für viele Katholiken war andererseits aber auch die milieugebundene katholische Mentalität nicht mehr mit der Loyalität zur staatlichen Obrigkeit, als die der Nationalsozialismus fraglos anerkannt wurde, zur Deckung zu bringen. Die Entfremdung aus dem Milieu war somit vorprogrammiert, am stärksten offensichtlich bei Lehrern[14] und anderen Beamten, die einem höheren Anpassungsdruck ausgesetzt waren.

Bei allen Differenzierungen im einzelnen ist als genereller Trend festzustellen, daß die nationalsozialistische Herrschaft die Auflösung aller traditionellen Sozialmilieus beschleunigte. Auch im Katholizismus hatte – in weitgehender Parallelität zum sozialistischen Milieu – bereits während der Weimarer Republik dieser Prozeß der Milieuerosion, der erst in der Nachkriegszeit seinen Abschluß fand[15], begonnen. Das NS-Regime wirkte bei dieser einmal in Gang gekommenen Entwicklung als Katalysator. Wo sich bestimmte Bedingungen ergänzten (großstädtische Verhältnisse, individuelle Aufstiegsorientierung der neuen Mittelschichten, Entsolidarisierung der Kommunikationsstrukturen, Anpassungsdruck auf Beamte, schwach aus-

---

14 Die Befunde für die Großstadt Hannover und die Kleinstadt Ettlingen sind hier praktisch deckungsgleich (vgl. dazu Rauh-Kühne, Milieu, S. 376 f.).

15 Mit starker Betonung der Zäsur in den späten fünfziger und sechziger Jahren hierzu: Karl Gabriel, Die Katholiken in den 50er Jahren: Restauration, Modernisierung und beginnende Auflösung eines konfessionellen Milieus, in: Axel Schildt/Arnold Sywottek (Hg.), Modernisierung im Wiederaufbau. Die westdeutsche Gesellschaft der 50er Jahre, Bonn 1933, S. 418–430.

geprägte kirchliche Traditionen) schritt der Zerfall der Milieustrukturen nach 1933 schnell voran. Aber auch relativ stabile Mikromilieus (eher in ländlicher oder kleinstädtischer Umgebung, mit starker Betonung kollektiver Lebensformen, mit dichten Kommunikationsstrukturen, mit gewachsenen kirchlichen Traditionen, mit sozialräumlicher Identifikationsmöglichkeit in einem „katholischen Block" rund um die nahegelegene Kirche) blieben von Erosionserscheinungen keineswegs frei. Allerdings war die generelle Entwicklung hier deutlich verlangsamt.

Die von einem Milieuansatz ausgehenden regionalen Untersuchungen von Doris Kaufmann und Cornelia Rauh-Kühne kommen übereinstimmend zu dem Ergebnis, daß die These eines gegenüber dem Nationalsozialismus dauerhaft „resistenten" katholischen Milieus nicht zu halten ist. Die Untersuchung des hannoverschen Katholizismus bestätigt diesen Befund in der Tendenz, legt aber zusätzlich noch eine weitergehende Differenzierung nahe. So ist festzustellen, daß sich die Verfolgungsbehörden in der Stadt Hannover gegenüber der katholischen Opposition auffallend maßvoll und zurückhaltend verhielten. Politische Gegner wurden überwacht, einzelne Pfarrer wegen kleinerer Vergehen (wie z. B. Verstößen gegen das Sammlungsgesetz oder verbotener Fortführung der Jugendarbeit) verwarnt oder nur mit geringfügigen Strafen belegt. Der Katholizismus stellte in der Diaspora keinen nennenswerten „Störfaktor"[16] für das NS-Regime dar. Entsprechend sahen sich sowohl die Gestapo als auch die Sondergerichte nur in seltenen Ausnahmefällen dazu veranlaßt, Exempel zu statuieren. Während die evangelische Kirchenführung unter Bischof Marahrens aus prinzipiellen Erwägungen eine loyale Haltung zum NS-Staat einnahm, legte sich die katholische Kirche „ihrer Lage... entsprechend"[17] in der hannoverschen Diaspora auch aus taktischen Gründen eine deutliche Zurückhaltung auf und zog sich, so gut es eben ging, in eine Nische im System zurück, die eine begrenzte, defensiv angelegte Selbstbehauptung auf religiösem Gebiet gestattete. „In Hannover hatten wir verhältnismäßig Glück, weil die katholische Kirche... ja nicht so stark war und nicht so hervortrat, wie das etwa im Westen der Fall war. Infolgedessen galten wir so nebenher vielleicht als quantité négligeable...", resümiert völlig zutreffend ein Geistlicher die hannoversche Situation.[18] Ähnliche Befunde aus Bremen[19] und Hamburg legen die Vermutung nahe, daß sich der Katholizismus in der norddeutschen Diaspora im allgemeinen weitgehend „im Windschatten"[20] befunden hat. Das schloß allerdings unbarmherzige Härte in Einzelfällen (wie z. B. gegen den im KZ ermordeten Pfarrer Hackethal oder den reni-

---

16 Kurt Meier hat diesen Begriff mit seinem Standardwerk „Der evangelische Kirchenkampf" (Göttingen 1976 ff., 3 Bde.) eingeführt. Er vertritt auch in seiner neuesten Schrift „Kreuz und Hakenkreuz" (München 1992, S. 235) die Auffassung, durch ihren Weltanschauungskampf und ihr Zeugnis hätten beide Kirchen der nationalsozialistischen Ideologie „spürbare Schranken" gesetzt.
17 So die pointierte Wendung im Lagebericht der Stapo Hannover für Februar 1936 (an das Gestapa, 4. 3. 1936), Mlynek, Gestapo, S. 521 f.
18 Interview Knackstedt.
19 Inge Marßolek/René Ott, Bremen im Dritten Reich. Anpassung, Widerstand, Verfolgung, Bremen 1986, S. 300 ff.
20 Bernd Nellessen, Das mühsame Zeugnis. Die katholische Kirche in Hamburg im zwanzigsten Jahrhundert, Hamburg 1992.

tenten Unternehmer Friedrich Kochheim) nicht aus. Die potentiellen Konfliktfelder waren in katholisch geprägten Großstädten naturgemäß breiter und vielfältiger, der Anpassungsdruck der nationalsozialistischen Machthaber auf ein dominierendes katholisches Milieu stärker, weil existentiell notwendig.[21]

Festzuhalten ist, daß es eine Erosion des Milieus sowohl in katholischen Großstädten wie München, Düsseldorf oder Münster, als auch in den „schwarzen Hochburgen" der Provinz (Beispiel Ettlingen) sowie in der Diaspora gegeben hat. Wesentliche Unterschiede gibt es dagegen offensichtlich im Hinblick auf die Intensität und die Geschwindigkeit dieses Zersetzungsprozesses. Während Doris Kaufmann trotz der mutigen, aber eben doch punktuell bleibenden Kritik des Bischofs von Galen für Münster eine vergleichsweise schnelle Integration des lokal dominierenden katholischen Milieus in den NS-Staat konstatiert[22], interpretiert Cornelia Rauh-Kühne den Fall Ettlingen eher als „Musterbeispiel für den schrittweisen Vollzug der nationalsozialistischen Machtergreifung".[23] Sie beschreibt das Zurückdrängen der katholischen Vereine und der Kirche aus der Öffentlichkeit als „jahrelang anhaltenden Prozeß..., der aber auf Dauer wohl bewirkt hätte, daß auch die noch existierenden Vereine ihre milieuspezifische Integrationskraft und Rekrutierungsfähigkeit einbüßten."[24] Trotz „partieller Resistenz der Katholiken gegenüber antikirchlichen Bestrebungen des Regimes" sei bereits nach wenigen Jahren nationalsozialistischer Herrschaft eine alle traditionellen Sozialmilieus betreffende „weitreichende Zerstörung des Überkommenen" festzustellen. In der hier skizzierten Spannbreite bewegen sich auch die Befunde für die in Hannover untersuchten Mikromilieus. Sie reichen von der schnellen und weitgehend problemlosen Integration des katholischen Bevölkerungsanteils (Beispiel St. Heinrich in der Südstadt) bis zur längerfristigen Aufweichung eines relativ „resistenten" Mikromilieus (St. Benno in Linden-Nord).

Der Begriff der „relativen Resistenz" meint also, daß es 1945 noch in nennenswertem Umfang erhalten gebliebene Milieukerne gab, und damit der Prozeß der Milieuzersetzung zwar inzwischen vorangeschritten, aber noch keineswegs im Sinne der nationalsozialistischen Machthaber abgeschlossen war. Allerdings ist wohl davon auszugehen, daß die vom Hitlerregime auf die Zeit nach dem erhofften „Endsieg" vertagte „Regelung der Kirchenfrage" mit der zügigen und gründlichen Zerschlagung auch des katholischen Milieus gleichbedeutend gewesen wäre.

Wie auch das hannoversche Beispiel unterstreicht, ist der längerfristig angelegte Prozeß der Auflösung der traditionellen Milieustrukturen grundsätzlich keineswegs

---

21 Georg Denzler, „Ein Gebetssturm für den Führer". Münchens Katholizismus und der Nationalsozialismus, in: Björn Mensing/Friedrich Prinz (Hg.), Irrlicht im leuchtenden München? Der Nationalsozialismus in der „Hauptstadt der Bewegung", Regensburg 1991, S. 124–153; Gerhard Hetzer, Die Industriestadt Augsburg. Eine Sozialgeschichte der Arbeiteropposition, in: Martin Broszat u. a. (Hg.), Bayern in der NS-Zeit, Band 3, München/Wien 1981, S. 1–234, hier S. 218 ff.; Peter Hüttenberger, Düsseldorf in der Zeit des Nationalsozialismus, in: Düsseldorf. Geschichte von den Anfängen bis ins 20. Jahrhundert. Band 3: Die Industrie- und Verwaltungsstadt (20. Jahrhundert), Düsseldorf 1989, S. 421–658, hier S. 599 ff.
22 Kaufmann, Milieu, S. 168 ff.
23 Rauh-Kühne, Milieu, S. 362.
24 Rauh-Kühne, Milieu, S. 396.

negativ zu bewerten. Er ermöglichte nämlich erst eine Öffnung über die Milieugrenzen hinweg und damit eine breitere Zusammenarbeit unterschiedlicher gesellschaftlicher Gruppen, und stellte somit eine notwendige Bedingung dar, um die Fragmentierung der deutschen Gesellschaft durch die nach außen abgeschotteten Milieus und die Ghettoisierung der klassischen politischen Lager[25] zu überwinden. Im Grunde wurden damit erst die Voraussetzungen für das Funktionieren einer bürgerlichen Demokratie geschaffen. Insofern war durch die beginnende Erosion der sozial-moralischen Milieus während der Republik ein Prozeß der gesellschaftlichen Modernisierung in Gang gesetzt worden, der dann vom NS-Regime ausgenutzt und pervertiert werden konnte. Erst im Kontext der gesellschaftlichen Gleichschaltung zur totalitären „Volksgemeinschaft" wurde die forcierte Auflösung der traditionellen Milieustrukturen zum Problem.

Abschließend soll die Frage nach dem Verhältnis von katholischer Milieubindung und Widerstand diskutiert werden. Wie die Untersuchung gezeigt hat, gab es keinen auf den Sturz des nationalsozialistischen Herrschaftssystems aktiv hinarbeitenden Widerstand im hannoverschen Katholizismus. Diese Feststellung gilt auch für die vergleichsweise „resistenten" Milieukerne. Weder aus dem politischen Katholizismus noch aus der „Katholischen Aktion" heraus enstand eine breite politische Oppositionsbewegung. Politisch oder weltanschaulich motivierte Verweigerungshaltungen mutiger Einzelner (in Hannover sind vor allem Bernhard Pfad, Heinrich Leupke oder Friedrich Kochheim zu nennen) unterstreichen aufgrund ihres exzeptionellen Charakters eher das Gesamtbild einer weitgehend loyalen Mitarbeit im nationalsozialistischen Staat. Ein Zeitzeuge beschreibt die Ursachen für die nur partielle Verweigerungshaltung in der katholischen Bevölkerung mit einfachen Worten, aber vermutlich recht treffend:

> „... die Opposition bei den Katholiken, die war ja nur, weil der Druck da war. Man schrieb uns etwas vor. Und wenn ich Druck bekomme, dann wehre ich mich. Und so kam es raus."[26]

Das bemerkenswerte Nebeneinander von weltanschaulicher Festigkeit und völliger politischer Desorientierung erklärt sich sowohl aus einer im katholischen Milieu verbreiteten partiellen Affinität zum Ideengut des Nationalsozialismus[27] als auch aus der widersprüchlichen Haltung der Kirchenführer. Die problematische Interessenpolitik des Vatikan führte nicht nur zur Preisgabe des politischen Katholizismus, sie schloß auch einen von der Kirche getragenen politischen Widerstand gegen das Hitlerregime aus. Für Scholder besteht daher „kein Zweifel, daß die Bereitschaft zur Opposition gegen das Regime des Dritten Reiches aus vielerlei Gründen im deutschen Katholizismus größer war als im Protestantismus. Aber es ist ebensowenig zweifelhaft, daß alle Ansätze zu einer solchen Opposition entsprechend der kirchenpolitischen Linie Pacellis von der Hierarchie der Kirche selbst unterbunden worden sind."[28]

---

25 Zum klassischen Dreilagersystem (national, katholisch, sozialistisch) vgl. Rohe, Wahlen.
26 Interview Rodenberg.
27 Dazu exemplarisch anhand von konkreten Beispielen: Rauh-Kühne, Milieu, S. 359.
28 Scholder, Kirchen, Band 2, S. 154.

In einer kritischen und differenzierten Selbstreflexion hat Christel Beilmann, die während des Dritten Reiches in katholischen Jugendgruppen aktiv war und selbst zu einem vergleichsweise „resistenten" Milieukern gehörte, zudem die These vertreten, daß der über die Milieuzusammenhänge vermittelten katholischen Mentalität die Voraussetzungen und Ansatzpunkte für einen politischen Widerstand gänzlich gefehlt hätten. Sie geht davon aus, daß die wenigen Katholiken, die tatsächlich Widerstand geleistet haben, ihrem Milieu geradezu entwachsen mußten, um zu einer bewußt politischen Haltung gegenüber dem Nationalsozialismus zu kommen.[29] Diese These müßte an exemplarischen Fallbeispielen und in regional vergleichenden Milieustudien sicherlich noch weiter überprüft werden. Nach dem heutigen Kenntnisstand erscheint sie durchaus plausibel. Das Milieu trüge somit eine Janusgestalt: einerseits konnte es, zumindest partiell und zeitweise, Schutz gegen die totale Vereinnahmung durch das NS-Regime bieten, andererseits blieb es ein Ghetto, das die notwendige politische Auseinandersetzung mit dem Nationalsozialismus verhinderte.

---

29 Beilmann, Eine Jugend im katholischen Milieu, S. 70.

# Quellen- und Literaturverzeichnis

## A. Ungedruckte Quellen

### Bistumsarchiv Hildesheim:

Gemeindeakten:
St. Benno, St. Godehard, St. Bernward, St. Elisabeth, St. Heinrich und Herz-Jesu Misburg sowie diverse Personalakten

Pfarrarchive hannoverscher Kirchengemeinden (= KgmA):

St. Benno
St. Marien
St. Bernward
Herz Jesu Misburg

### Niedersächsisches Hauptstaatsarchiv Hannover:

| | |
|---|---|
| Hann. 174 Springe | Landkreis Springe |
| Hann. 180 Hannover | Regierungspräsidium Hannover |
| Nds. 110 W | Wiedergutmachungsakten |

### Stadtarchiv Hannover:

Akten des Bürgervorsteherkollegiums
Akten des Schulamtes

### Bundesarchiv:

Reichskanzlei (R 43 II)
Reichssicherheitshauptamt (R 58)
Reichsministerium für kirchliche Angelegenheiten

### Berlin Document Center:

Prozeßakten Otto Bank

### Institut für Zeitgeschichte, München:

Fa 218

### Archiv der sozialen Demokratie, Bonn:

Bestand IJB/ISK

### Niedersächsisches Staatsarchiv Wolfenbüttel:

42 B Neu Fb 7 Nr. 1093 Sondergerichtsakte Kochheim

## B. Interviews mit Zeitzeugen

Hermann Bettin, 22. 1. 1987, geführt von Susanne Döscher-Gebauer
Josef Blume, 23. 9. 1987, geführt von Michael Bayartz und Detlef Schmiechen-Ackermann
Jutta und Werner Bode, 7. 8. 1987, geführt von Susanne Döscher-Gebauer
Elisabeth und Hanna Dahlen, 3. 11. 1988, geführt von Detlef Schmiechen-Ackermann
Heinrich und Friedrich Grimm, 11. 3. 1987, geführt von Susanne Döscher-Gebauer und Detlef Schmiechen-Ackermann
Schwester Irmentrud, 3. 11. 1987, geführt von Susanne Döscher-Gebauer und Detlef Schmiechen-Ackermann
Heinrich Kirchner, 11. 8. 1987, geführt von Michael Bayartz
Johannes Kirchner, 25. 3. 1987, geführt von Michael Bayartz
Hans-Otto Knackstedt, 14. 12. 1987, geführt von Susanne Döscher-Gebauer und Detlef Schmiechen-Ackermann
Wilhelm Koch, 23. 4. 1987, geführt von Michael Bayartz
Gerhard Kochheim und Dorothea Berendes, 10. 12. 1987, geführt von Susanne Döscher-Gebauer und Detlef Schmiechen-Ackermann
Frido Möller, 8. 12. 1987, geführt von Detlef Schmiechen-Ackermann
Julius Rodenberg, 20. 3. 1987, geführt von Michael Bayartz
Wilhelm Stichternath, 2. 11. 1987, geführt von Detlef Schmiechen-Ackermann
Elisabeth Stieglitz, 6. 7. 1987, geführt von Michael Bayartz und Detlef Schmiechen-Ackermann
Curt Wolfgang Vincenz, 11. 3. 1988, geführt von Michael Bayartz und Susanne Döscher-Gebauer
Heinz und Ursula Weinreich, 4. 11. 1987, geführt von Susanne Döscher-Gebauer und Detlef Schmiechen-Ackermann
Hermann Wolckenhaar, 22. 6. 1987, geführt von Michael Bayartz
(Alle Interviews wurden im Rahmen des Forschungsprojektes „Widerstand in Hannover" geführt).

## C. Publizierte Berichte, Quellen und Dokumente

Akten deutscher Bischöfe über die Lage der Kirche 1933–1945, Mainz 1986 ff.
Christel Beilmann, Eine katholische Jugend in Gottes und dem Dritten Reich. Briefe, Berichte, Gedrucktes 1930–1945. Kommentare 1988/89, Wuppertal 1989
Heinz Boberach (Hg.), Berichte des SD und der Gestapo über Kirchen und Kirchenvolk in Deutschland 1934–1944, Mainz 1971
1000 Jahre Döhren. Aus der Vergangenheit in die Gegenwart, Hannover 1983
Festschrift 50 Jahre St. Heinrichskirche Hannover, Hannover 1979
Festschrift zum goldenen Jubiläum der katholischen St. Bennokirche Hannover-Linden 1902–1952, Hannover 1952
Festschrift 75 Jahre Herz-Jesu-Kirche Hannover-Misburg, Hannover 1980
Festschrift zum 75jährigen Bestehen der St. Elisabethgemeinde Hannover, Hannover 1970
Festschrift 75 Jahre Sankt Joseph 1912–1987, Hannover 1987
Festschrift 75 Jahre St. Josephsverein Hannover-Döhren, Hannover 1962
Festschrift zum 100jährigen Bestehen der St. Godehard-Gemeinde 1874–1974, Hannover-Linden 1974
Festschrift „Vom Werden und Wachsen des Katholischen Gesellenvereins Hannover-Zentral", 1865–1927, Hannover 1927
Friedrich Kochheim, Bilanz. Erlebnisse und Gedanken, Hannover 1952
Friedrich Kochheim, Weg und Ziel. Ein Buch vom Wachsen und Reifen, München [1936]
Hilmar Mecke/Werner Dlugaiczyk, 100 Jahre Kolping in Hannover, Hannover [1965]
50 Jahre Liedertafel von 1888 Hannover und Döhren, Hannover 1938

Klaus Mlynek (Bearb.), Gestapo Hannover meldet... Polizei- und Regierungsberichte für das mittlere und südliche Niedersachsen zwischen 1933 und 1937, Hildesheim 1986
Von Nofretete bis Tänzer. Ein Streifzug durch vier Jahrtausende, Hannover o.J.
Pfarrführer St. Benno, Hannover [1945]
Andreas Röpcke, Who's who in Lower Saxony. Ein politisch-biographischer Leitfaden der britischen Besatzungsmacht 1948/49, in: NJBL 55 (1983), S. 243–310
Hermann Seeland, Die katholischen Kirchen Hannovers in Wort und Bild. 39 Aufnahmen und Erläuterungen, Hannover-Linden 1924
Gustav Uelschen, Die Bevölkerung in Niedersachsen 1821–1961, Hannover 1966
Statistische Vierteljahresberichte der Stadt Hannover
Ursachen und Folgen. Vom deutschen Zusammenbruch 1918 und 1945 bis zur staatlichen Neuordnung Deutschlands in der Gegenwart, hg. von E. Michaelis und E. Schraepeler, Band 9, Berlin 1964

## D. Tageszeitungen

Hannoverscher Anzeiger
Hannoversche Volkszeitung
Katholisches Kirchenblatt für das Bistum Hildesheim
Kirchlicher Anzeiger für die Diözese Hildesheim
Landespost
Niedersächsische Tageszeitung

## E. Literatur

Arbeitskreis für kirchliche Zeitgeschichte (AKKZG), Münster, Katholiken zwischen Tradition und Moderne. Das katholische Milieu als Forschungsaufgabe, in: Westfälische Forschungen 43 (1993), S. 588–654
Hans-Georg Aschoff, Um des Menschen willen. Die Entwicklung der katholischen Kirche in der Region Hannover. Hg. vom Katholikenausschuß für den Großraum Hannover, Hildesheim 1983
Hans-Georg Aschoff, Welfische Bewegung und Politischer Katholizismus, Düsseldorf 1987
Hans-Georg Aschoff, Ludwig Windthorst. Ein christlicher Politiker in einer Zeit des Umbruchs, Hannover 1991
Ursula Baumann, Religion und Emanzipation: Konfessionelle Frauenbewegung in Deutschland 1900–1933, in: TAJB (21) 1992, S. 171–206
Christel Beilmann, Eine Jugend im katholischen Milieu. Zum Verhältnis von Glaube und Widerstand, in: Wilfried Breyvogel (Hg.), Piraten, Swings und Junge Garde. Jugendwiderstand im Nationalsozialismus, Bonn 1991, S. 57–73
Werner K. Blessing, „Deutschland in Not, wir im Glauben...". Kirche und Kirchenvolk in einer katholischen Region 1933–1949, in: Martin Broszat u. a. (Hg.), Von Stalingrad zur Währungsreform, München 1988, S. 3–111
Thomas Breuer, Verordneter Wandel? Der Widerstreit zwischen nationalsozialistischem Herrschaftsanspruch und traditionaler Lebenswelt im Erzbistum Bamberg, Mainz 1992
Martin Broszat, Der Staat Hitlers, München 1989, 12. Aufl.
Günter Buchstab (Hg.), Keine Stimme dem Radikalismus. Christliche, liberale und konservative Parteien in den Wahlen 1930–1933, Berlin 1984
Georg Denzler, „Ein Gebetssturm für den Führer". Münchens Katholizismus und der Nationalsozialismus, in: Björn Mensing/Friedrich Prinz (Hg.), Irrlicht im leuchtenden München? Der Nationalsozialismus in der „Hauptstadt der Bewegung", Regensburg 1991, S. 124–153
Georg Denzler, Widerstand oder Anpassung? Katholische Kirche und Drittes Reich, München/Zürich 1984
Gisela Diewald-Kerkmann, Politische Denunziation im NS-Regime oder die kleine Macht der „Volksgenossen", Bonn 1995

Walter Dirks, Katholiken zwischen Anpassung und Widerstand, in: Richard Löwenthal/ Patrick von zur Mühlen (Hg.), Widerstand und Verweigerung in Deutschland 1933 bis 1945, Berlin/Bonn 1984, S. 140–142

Hermann Engfer, Das Bistum Hildesheim 1933–1945. Eine Dokumentation, Hildesheim 1971

Jürgen W. Falter, Hitlers Wähler, München 1991

Klaus Fettweis, Zwischen Herr und Herrlichkeit. Zur Mentalitätsfrage im Dritten Reich an Beispielen aus der Rheinprovinz, Aachen 1989

Günther Franz, Die politischen Wahlen in Niedersachsen 1867–1956, Bremen-Horn 1957

Arnold Fratzscher, Die CDU in Niedersachsen. Demokratie der ersten Stunde, Hannover 1971

Karl Gabriel, Die Katholiken in den 50er Jahren: Restauration, Modernisierung und beginnende Auflösung eines konfessionellen Milieus, in: Axel Schildt/Arnold Sywottek (Hg.), Modernisierung im Wiederaufbau. Die westdeutsche Gesellschaft der 50er Jahre, Bonn 1933, S. 418–430.

Robert Gellately, Die Gestapo und die deutsche Gesellschaft. Die Durchsetzung der Rassenpolitik 1933–1945, Paderborn u. a. 1993

Klaus Gotto/Hans Günter Hockerts/Konrad Repgen, Nationalsozialistische Herausforderung und kirchliche Antwort. Eine Bilanz, in: Karl Dietrich Bracher u. a. (Hg.), Nationalsozialistische Diktatur 1933–1945, Bonn 1986, S. 655–666

Klaus Gotto/Konrad Repgen (Hg.), Die Katholiken und das Dritte Reich, Mainz 1990, 3. Aufl.

Klaus Gotto, Die historisch-politische Beurteilung des Zentrums aus nationalsozialistischer Sicht, in: Karl Dietrich Bracher u. a. (Hg.), Staat und Parteien. Festschrift für Rudolf Morsey zum 65. Geburtstag, Berlin 1992, S. 711–726

Franz Hartmann, Entstehung und Entwicklung der Gewerkschaftsbewegung in Niedersachsen nach dem Zweiten Weltkrieg, Diss. Göttingen 1977

Carl-Hans Hauptmeyer, Nicht nur Bürger – wer lebte im 17. Jahrhundert in der Residenzstadt Hannover?, in: Hans-Dieter Schmid (Hg.), Hannover. Am Rande der Stadt, Bielefeld 1992, S. 37–65

Ulrich von Hehl, Katholische Kirche und Nationalsozialismus im Erzbistum Köln 1933–1934, Mainz 1977

Ulrich von Hehl, Priester unter Hitlers Terror. Eine biographische und statistische Erhebung, Mainz 1984

Ulrich von Hehl, Staatsverständnis und Strategie des politischen Katholizismus in der Weimarer Republik, in: Karl Dietrich Bracher u. a. (Hg.), Die Weimarer Republik 1918–1933, Bonn 1988, 2. Aufl., S. 238–253

Ulrich von Hehl, Die Kirchen in der NS-Diktatur. Zwischen Anpassung, Selbstbehauptung und Widerstand, in: Karl-Dietrich Bracher u. a. (Hg.), Deutschland 1933–1945. Neue Studien zur nationalsozialistischen Herrschaft, Bonn 1992, S. 153–181

Ulrich von Hehl, Umgang mit katholischer Zeitgeschichte. Ergebnisse, Erfahrungen, Aufgaben, in: Bracher u. a. (Hg.), Staat und Parteien, S. 379–395

Gerhard Hetzer, Die Industriestadt Augsburg. Eine Sozialgeschichte der Arbeiteropposition, in: Martin Broszat u. a. (Hg.), Bayern in der NS-Zeit. Herrschaft und Gesellschaft im Konflikt, Band 3, München/Wien 1981, S. 1–234

Hans Günter Hockerts, Anton Storch (1892–1975), in: Jürgen Aretz u. a. (Hg.), Zeitgeschichte in Lebensbildern. Band 4: Aus dem deutschen Katholizismus des 19. und 20. Jahrhunderts, Mainz 1980, S. 250–266

Heinz Hürten, Selbtsbehauptung und Widerstand der katholischen Kirche, in: Klaus-Jürgen Müller (Hg.), Der deutsche Widerstand 1933–1945, Paderborn 1986, S. 135–156

Heinz Hürten, Verfolgung, Widerstand und Zeugnis. Kirche im Nationalsozialismus. Fragen eines Historikers, Mainz 1987

Heinz Hürten, Deutsche Katholiken 1918–1945, Paderborn u. a. 1992

Heinz Hürten, Katholische Kirche und Widerstand, in: Peter Steinbach/Johannes Tuchel (Hg.), Widerstand gegen den Nationalsozialismus, Bonn 1994, S. 182–192

Peter Hüttenberger, Düsseldorf. Geschichte von den Anfängen bis ins 20. Jahrhundert. Band 3: Die Industrie- und Verwaltungsstadt (20. Jahrhundert), Düsseldorf 1989

Gotthard Jasper, Die gescheiterte Zähmung. Wege zur Machtergreifung Hitlers 1930–1934, Frankfurt am Main 1986

Detlev Junker, Die Deutsche Zentrumspartei und Hitler 1932/33. Ein Beitrag zur Problematik des politischen Katholizismus in Deutschland, Stuttgart 1969

Edgar Kalthoff, Kirchliches Leben und Reformation in Calenberg-Göttingen, in: Calenberg. Von der Burg zum Fürstentum. Beiträge zur Ausstellung im Historischen Museum Hannover, Hannover 1979, S. 53–58

Doris Kaufmann, Katholisches Milieu in Münster 1928–1933. Politische Aktionsformen und geschlechtsspezifische Verhaltensräume, Düsseldorf 1984

Susanna Keval, Widerstand und Selbstbehauptung in Frankfurt am Main 1933–1945, Frankfurt am Main/New York 1988

Georg Kotowski, Auf dem Boden der gegebenen vollendeten Tatsachen! Der politische Katholizismus, in: Detlef Lehnert/Klaus Megerle (Hg.), Politische Identität und nationale Gedenktage. Zur politischen Kultur in der Weimarer Republik, Opladen 1989, S. 159–180

Herbert Kühr, Katholische und evangelische Milieus: Vermittlungsinstanzen und Wirkungsmuster, in: Dieter Oberndörfer u. a. (Hg.), Wirtschaftlicher Wandel, religiöser Wandel und Wertewandel. Folgen für das politische Verhalten in der Bundesrepublik Deutschland, Berlin 1985, S. 245–261

Helmut Kulle, Katholische Kirche in Hannover. Ein Überblick von ihrer Wiederbegründung im Jahre 1655 bis hin zur Gegenwart, Hildesheim 1962

M. Rainer Lepsius, Parteiensystem und Sozialstruktur: zum Problem der Demokratisierung der deutschen Gesellschaft, zuerst in: Wilhelm Abel u. a. (Hg.), Wirtschaft, Geschichte und Wirtschaftsgeschichte. Festschrift zum 65. Geburtstag von Friedrich Lütge, Stuttgart 1966, S. 371–393

Karl-Egon Lönne, Politischer Katholizismus im 19. und 20. Jahrhundert, Frankfurt am Main 1986

Wilfried Loth, Katholiken im Kaiserreich. Der politische Katholizismus in der Krise des wilhelminischen Deutschlands, Düsseldorf 1984

Wilfried Loth, Katholizismus und Moderne. Überlegungen zu einem dialektischen Verhältnis, in: Frank Bajohr u. a. (Hg.), Zivilisation und Barbarei. Die widersprüchlichen Potentiale der Moderne. Detlev Peukert zum Gedenken, Hamburg 1991, S. 83–91

Wilfried Loth, Integration und Erosion: Wandlungen des katholischen Milieus, in: ders. (Hg.), Deutscher Katholizismus im Umbruch zur Moderne, Stuttgart/Berlin/Köln 1991, S. 266–281

Klaus-Michael Mallmann/Gerhard Paul, Herrschaft und Alltag. Ein Industrierevier im Dritten Reich, Bonn 1991

Klaus-Michael Mallmann/Gerhard Paul, Resistenz oder loyale Widerwilligkeit. Anmerkungen zu einem umstrittenen Begriff, in: ZfG 41 (1993), S. 99–116

Gerhard Paul, „... gut deutsch, aber auch gut katholisch". Das katholische Milieu zwischen Selbstaufgabe und Selbstbehauptung, in: ders./Klaus-Michael Mallmann, Milieus und Widerstand. Eine Verhaltensgeschichte der Gesellschaft im Nationalsozialismus, Bonn 1995, S. 26–152

Reinhard Mann, Protest und Kontrolle im Dritten Reich. Nationalsozialistische Herrschaft im Alltag einer rheinischen Großstadt, Frankfurt am Main/New York 1987

Inge Marßolek/René Ott, Bremen im Dritten Reich. Anpassung, Widerstand, Verfolgung, Bremen 1986

Inge Marßolek, Die Denunziantin. Die Geschichte der Helene Schwärzel 1944–1947, Bremen 1993

Erich Matthias/Hermann Weber (Hg.), Widerstand gegen den Nationalsozialismus in Mannheim, Mannheim 1984

Kurt Meier, Kreuz und Hakenkreuz. Die evangelische Kirche im Dritten Reich, München 1992

Rudolf Morsey, Die Deutsche Zentrumspartei 1917–1923, Düsseldorf 1966

Rudolf Morsey, Der Untergang des politischen Katholizismus. Die Zentrumspartei zwischen christlichem Selbstverständnis und „Nationaler Erhebung" 1932/33, Stuttgart/Zürich 1977

Ingo Müller, Furchtbare Juristen. Die unbewältigte Vergangenheit unserer Justiz, München 1987

Bernd Nellessen, Das mühsame Zeugnis. Die katholische Kirche in Hamburg im zwanzigsten Jahrhundert, Hamburg 1992

Günther van Norden, Widerstand in den Kirchen, in: Löwenthal/von zur Mühlen (Hg.), Widerstand, S. 111–128

Detlev J. K. Peukert, Die Weimarer Republik. Krisenjahre der Klassischen Moderne, Frankfurt am Main 1987

Detlev J. K. Peukert, Volksgenossen und Gemeinschaftsfremde. Anpassung, Ausmerze und Aufbegehren unter dem Nationalsozialismus, Köln 1982

Cornelia Rauh-Kühne, Katholisches Milieu und Kleinstadtgesellschaft. Ettlingen 1918–1939, Sigmaringen 1991

Cornelia Rauh-Kühne, Anpassung und Widerstand? Kritische Bemerkungen zur Erforschung des katholischen Milieus, in: Detlef Schmiechen-Ackermann (Hg.), Anpassung, Verweigerung und Widerstand. Soziale Milieus, Politische Kultur und der Widerstand gegen den Nationalsozialismus in Deutschland im regionalen Vergleich, Berlin 1997, S. 145–163

Karl Rohe, Wahlen und Wählertraditionen in Deutschland, Frankfurt am Main 1992

Ger van Roon, Der katholische Widerstand, in: Widerstand und Exil 1933–1945, Bonn 1989, 3. Aufl., S. 112–126

Heidi Rosenbaum, Proletarische Familien. Arbeiterfamilien und Arbeiterväter im frühen 20. Jahrhundert zwischen traditioneller, sozialdemokratischer und kleinbürgerlicher Orientierung, Frankfurt am Main 1992

Barbara Schellenberger, Katholische Jugend und Drittes Reich. Eine Geschichte des katholischen Jungmännerverbandes 1933–1939 unter besonderer Berücksichtigung der ehemaligen Rheinprovinz, Mainz 1975

Barbara Schellenberger, Katholischer Jugendwiderstand, in: Jürgen Schmädeke/Peter Steinbach (Hg.), Der Widerstand gegen den Nationalsozialismus, München 1985, S. 314–326

Detlef Schmiechen-Ackermann, Ländliche Armut und die Anfänge der Lindener Fabrikarbeiterschaft. Bevölkerungswanderungen in der frühen Industrialisierung des Königreichs Hannover, Hildesheim 1990

Detlef Schmiechen-Ackermann, Zwischen Integration und Rückzug in das Sozialmilieu einer nationalen Minderheit: Polnische Zuwanderer in Misburg 1880–1930, in: Hans-Dieter Schmid (Hg.), Hannover. Am Rande der Stadt, Bielefeld 1992, S. 143–220

Michael Schneider, Die Christlichen Gewerkschaften 1894–1933, Bonn 1982

Michael Schneider, Die christlich-nationale Gewerkschaftsbewegung zwischen nationaler Ordnungsmacht und sozialer Reformkraft: Zu drei Neuerscheinungen, in: AfS 27 (1987), S. 655–662

Michael Schneider, Kleine Geschichte der Gewerkschaften, Ihre Entwicklung in Deutschland von den Anfängen bis heute, Bonn 1989

Klaus Scholder, Die Kirchen und das Dritte Reich, Band 1: Vorgeschichte und Zeit der Illusionen 1918–1934, Frankfurt am Main/Berlin 1986

Klaus Scholder, Die Kirchen und das Dritte Reich, Band 2: Das Jahr der Ernüchterung 1934. Barmen und Rom, Frankfurt am Main/Berlin 1988

Ulrich Schröder, Der Ausschuß für Wiederaufbau und die antifaschistische Bewegung in Hannover, in: Lutz Niethammer u. a. (Hg.), Arbeiterinitiative 1945. Antifaschistische Ausschüsse und Reorganisation der Arbeiterbewegung in Deutschland, Wuppertal 1976

Hugo Stehkämper, Protest, Opposition und Widerstand im Umkreis der (untergegangenen) Zentrumspartei – Ein Überblick, in: Schmädeke/Steinbach (Hg.), Widerstand, S. 113–150 und 888–916

Ludwig Volk, Der Widerstand der katholischen Kirche, in: Christoph Kleßmann/Falk Pingel (Hg.), Gegner des Nationalsozialismus. Wissenschaftler und Wiuderstandskämpfer auf der Suche nach historischer Wirklichkeit, Frankfurt am Main/New York 1980, S. 126–139

Ludwig Volk, Katholische Kirche und Nationalsozialismus. Ausgewählte Aufsätze, Mainz 1987

Roland Weis, Würden und Bürden. Katholische Kirche im Nationalsozialismus, Freiburg 1994

Bernhard Zimmermann-Buhr, Die katholische Kirche und der Nationalsozialismus in den Jahren 1930–1933, Frankfurt am Main/New York 1982

# Abbildungsnachweis

Seite:

| | |
|---|---|
| 33 | Privatbesitz Riehn |
| 41 | NTZ, 25. 5. 1934 |
| 61 | Historisches Museum Hannover |
| 89 | Volkswille, 3. 1. 1933 |
| 139 | Landeskirchliches Archiv Hannover, S 2 |
| 145 | Hannoverscher Anzeiger, 11. 7. 1933 (Historisches Museum Hannover) |
| 150 | Hannoverscher Anzeiger, 25. 7. 1933 (Historisches Museum Hannover) |
| 152, 155, 157, 165, 175, 178, 198, 240, 254, 292, 299, 300, 304, 305 | Landeskirchliches Archiv Hannover, S 2 |
| 342 und 343 | Festschrift 75 Jahre Sankt Joseph 1912–1987, Hannover 1987, S. 64/65 |
| 368, 369 | eigene Auswertung auf der Basis der Kirchlichen Statistik in den Gemeindeakten St. Benno, St. Bernward, St. Elisabeth, St. Godehard, St. Heinrich und Herz Jesu (im Bistumsarchiv Hildesheim) |
| 376, 377, 381 | Kirchengemeindearchiv St. Benno, Hannover-Linden |
| 385, 388 | Privatbesitz Kochheim |